普通高等教育"十二五"国家级规划教材
"十二五"江苏省高等学校重点教材(2013-1-074)
第三届中国大学出版社图书奖优秀教材二等奖
新世纪土木工程专业系列规划教材

路基路面工程

(第 4 版)

马 涛 黄晓明 编著

东南大学出版社
SOUTHEAST UNIVERSITY PRESS
·南京·

内容提要

全书分 11 章，主要介绍路基路面设计、施工、管理相关的基本概念和方法。内容包括概述、路基土分类及干湿类型、路基设计、路基防护与挡土墙设计、路基施工、交通荷载及路面设计参数、路面基层、沥青路面及其结构设计、水泥混凝土路面及其结构设计、路面施工及路基路面养护与管理等。

作为高等学校道路桥梁与渡河工程、交通工程（道路方向）、土木工程（道路方向）的专业课教材，编者结合多年的教学与科研经验，力求根据路基路面工程课程教学的基本环节及要求，着重介绍相关的基础理论、基本概念、基本方法，使读者通过本课程的学习，夯实基础、拓宽视野。

本书在编写过程中适当地介绍了路基路面工程结构、材料、工艺最新的趋势，并在每章开头部分明确提出了学习目的和教学要求，便于学生学习和掌握本章的内容。

本书既适用于本科和专科的教学，也适用于电大、职大、函大、自学考试及各类培训班的教学，并可供有关技术人员参考。

本书配有完整的讲课视频、讲课 PPT 可以参考。

图书在版编目（CIP）数据

路基路面工程/马涛，黄晓明编著．—4 版．—南京：东南大学出版社，2020.7
新世纪土木工程专业系列规划教材
ISBN 978-7-5641-8958-7

Ⅰ.①路… Ⅱ.①马… ②黄… Ⅲ.①路基工程—高等学校—教材 ②路面—道路工程—高等学校—教材 Ⅳ.①U416

中国版本图书馆 CIP 数据核字（2020）第 109721 号

东南大学出版社出版发行
（南京四牌楼 2 号 邮编 210096）
出版人：江建中
网址：http://www.seupress.com
江苏省新华书店经销 虎彩印艺股份有限公司印刷
开本：787mm×1092mm 1/16 印张：27 字数：680 千字
2020 年 7 月第 4 版 2020 年 7 月第 1 次印刷
定价：60.00 元

（凡因印装质量问题，可直接向出版社营销部调换。电话：025-83791830）

第 4 版 前 言

路基路面工程是道路桥梁与渡河工程、交通工程、土木工程等专业的专业课。由于国家本科专业目录的多次调整，各校对专业内涵理解各不相同，因此不管专业名称如何，设置道路工程方向的专业一般开设了路基路面工程课程。

本教材的基本特点是理论与实践的统一、融入最新的规范与标准、线上线下有机结合。本教材在第 3 版的基础上，结合最新的公路工程设计与施工规范及已有教材存在的问题，对第 3 版内容进行了全面修订。首先进行了章节目录及整体内容的调整，将原有的 12 章修订为 11 章，具体包括概论，路基土的分类、干湿类型及设计参数，路基设计，路基防护与挡土墙设计，路基施工，交通荷载及路面设计参数，路面基层，沥青路面及其结构设计，水泥混凝土路面及其结构设计，路面施工，路基路面养护与管理。

具体修订和补充的内容如下：

第 1 章概述：将路面使用性能分区、土的分类、路基土的基质吸力与饱和度、路基平衡湿度状况和路基平衡湿度预估方法、路基填土高度要求等移出，修订部分数据和概念表述。

第 2 章路基土的分类、干湿类型及设计参数：修订了路基土的分类方法和选择要求、路基干湿类型划分和路基平衡湿度确定方法、路基工作区、路基抗变形能力参数及其测定方法，完善了路基土的设计模量及边坡稳定性验算参数。

第 3 章路基设计：修订了折线滑动面边坡稳定性分析、瑞典圆弧法和简化毕肖普法、软土地基稳定性验算方法、地震区土质路堤稳定性验算方法，将特殊路基设计移入本章，修订了算例的具体数据。

第 4 章路基防护与挡土墙设计：将路基防护内容移入本章，删除了衡重式挡土墙浸水路堤挡土墙设计等内容。

第 5 章路基施工：修订了部分文字及表格。

第 6 章交通荷载及路面设计参数：根据 GB1589 修订了车辆轮廓、轴载及质量限值，修订了沥青路面轴载换算、水泥混凝土路面轴载换算的基本方法，修订了粒料类基层设计参数、无机结合料稳定类基层设计参数、沥青结合料类基层设计参数、水泥混凝土基层的试验方法和参数取值要求。

第 7 章路面基层：修订了各类基层的选用要求，按照粒料类基层、无机结合料稳定类基层、沥青结合料类基层、水泥混凝土基层进行阐述。

第 8 章沥青路面及其结构设计：从第一章移入沥青路面使用性能气候分区方法，增加了沥青路面结构类型选择、基层类型选择、功能层选择的内容，修订了沥青路面结构设计指标、标准和参数的确定要求。

第 9 章水泥混凝土路面及其结构设计：修订了设计算例及部分文字。

第 10 章路面施工：修订了部分文字。

第 11 章 路基路面养护与管理：增加了路基结构评价与养护的内容，修订了公路技术状况评定和养护方法。

修改了其他各章中的部分错误和遗漏。

本课程经过"国家精品课程""国家资源共享课程""国家在线开放课程"的建设，结合国家最新的技术规范和研究成果，形成了完整的讲课视频、讲课 PPT 等内容，具体可见爱课程网站 http://www.icourses.cn/coursestatic/course_2658.html（资源共享课程）、http://www.icourse163.org/course/SEU－1001753401（在线开放课程）。在学习和使用过程中可以结合个人和学校实际，采用线上教学、线上线下混合式教学等方式。

本教材第 1 版由黄晓明、朱湘、李昶共同完成。

本教材第 2 版修订由黄晓明、李昶、马涛共同完成。

本教材第 3 版修订由黄晓明、李昶、马涛共同完成。

本教材第 4 版修订由马涛、黄晓明负责完成。

本教材的历次修编得到了东南大学路基路面工程教学团队大力支持，同时吸收了全国来自全国高等学校教师对课程教学和教材建设的意见和建议，在此谨向他们表示感谢。

本教材采用国家法定计量单位。本书如有未尽善之处，希望有关院校师生及读者提出宝贵意见，以便及时修改完善，联系邮箱：huangxmseu@foxmail.com。

马 涛 黄晓明
2020 年 4 月于东南大学

目 录

第1章 概论 ... 1
- §1-1 路基路面的发展概况 ... 1
- §1-2 路基路面工程结构的功能要求 ... 6
- §1-3 路基路面结构及层位功能 ... 9
- §1-4 路基路面结构的影响因素 ... 14
- §1-5 公路的自然区划 ... 16

第2章 路基土的分类、干湿类型及设计参数 ... 20
- §2-1 路基土的分类及工程特性 ... 20
- §2-2 路基的力学强度特性 ... 27
- §2-3 路基干湿类型 ... 31
- §2-4 路基的抗变形能力及材料参数 ... 37

第3章 路基设计 ... 49
- §3-1 路基设计的一般要求 ... 49
- §3-2 路基设计 ... 52
- §3-3 路基稳定性分析 ... 58
- §3-4 特殊路基设计 ... 85
- §3-5 路基附属设施 ... 91

第4章 路基防护与挡土墙设计 ... 94
- §4-1 路基防护 ... 94
- §4-2 挡土墙的用途、构造与类型 ... 101
- §4-3 挡土墙土压力计算 ... 108
- §4-4 挡土墙设计 ... 115
- §4-5 地震地区挡土墙设计 ... 125
- §4-6 轻型挡土墙 ... 127

第5章 路基施工 ... 132
- §5-1 概述 ... 132
- §5-2 施工要点 ... 134

§5-3 路基压实 ……………………………………………………………… 140

§5-4 结构物背后的回填材料与施工 ……………………………………… 145

第6章 交通荷载及路面设计参数 …………………………………………… 149

§6-1 交通荷载及其对路面的作用 ………………………………………… 149

§6-2 标准轴载、轴载换算与累计标准轴载作用次数 …………………… 158

§6-3 路面材料的设计参数 ………………………………………………… 166

第7章 路面基层 ………………………………………………………………… 195

§7-1 概述 …………………………………………………………………… 195

§7-2 粒料类基层 …………………………………………………………… 196

§7-3 无机结合料稳定类基层 ……………………………………………… 202

§7-4 沥青结合料类基层 …………………………………………………… 212

§7-5 水泥混凝土类基层 …………………………………………………… 213

第8章 沥青路面及其结构设计 ……………………………………………… 216

§8-1 概述 …………………………………………………………………… 216

§8-2 沥青路面的分类以及特性 …………………………………………… 218

§8-3 弹性层状体系理论 …………………………………………………… 238

§8-4 沥青路面的破坏状态、设计指标及标准 …………………………… 243

§8-5 沥青路面结构组合设计 ……………………………………………… 245

§8-6 沥青路面厚度设计 …………………………………………………… 252

§8-7 路面结构排水设计 …………………………………………………… 268

§8-8 沥青路面改建设计 …………………………………………………… 279

第9章 水泥混凝土路面及其结构设计 ……………………………………… 283

§9-1 概述 …………………………………………………………………… 283

§9-2 水泥混凝土路面的分类与构造 ……………………………………… 284

§9-3 弹性地基板理论 ……………………………………………………… 290

§9-4 水泥混凝土路面的温度应力与应变分析 …………………………… 298

§9-5 水泥混凝土路面的破坏状态、设计指标及标准 …………………… 300

§9-6 路面结构设计的可靠度理论 ………………………………………… 304

§9-7 水泥混凝土路面结构组合设计 ……………………………………… 309

§9-8 水泥混凝土路面厚度设计 …………………………………………… 313

§9-9 特种水泥混凝土路面设计 …………………………………………… 322

§9-10 现代水泥混凝土路面新技术 ………………………………………… 326

目录

第10章 路面施工 ... 332
- §10-1 概述 ... 332
- §10-2 级配碎石层的组成设计与施工 ... 343
- §10-3 无机结合料稳定材料的组成设计 ... 346
- §10-4 无机结合料稳定材料层的施工与质量控制 ... 355
- §10-5 沥青混合料的组成设计与评价 ... 357
- §10-6 沥青混凝土路面的施工与质量控制 ... 365
- §10-7 水泥混凝土的配合比设计 ... 374
- §10-8 水泥混凝土路面的施工与质量控制 ... 381

第11章 路基路面养护与管理 ... 389
- §11-1 概述 ... 389
- §11-2 沥青路面主要病害及防治 ... 390
- §11-3 水泥混凝土路面主要病害及防治 ... 392
- §11-4 路面功能及其评价 ... 395
- §11-5 路面破损状况评价 ... 395
- §11-6 路面结构承载能力评价 ... 397
- §11-7 路面使用性能综合评价 ... 400
- §11-8 路基技术状况评价与养护 ... 404
- §11-9 路面状况调查评定与一般养护对策 ... 408
- §11-10 路面养护管理系统（PMS） ... 414

参考文献 ... 419

第1章 概 论

学习目的：路基路面结构通过分层铺筑而成，填方路基结构一般包括上路床、下路床、上路堤和下路堤，路面结构包括路面面层、基层、底基层等，不同的层位有不同的功能、不同的施工要求和不同的干湿类型要求。本章主要介绍路基路面设计的一些基本概念和基本要求。

教学要求：通过我国现有路基路面的交通和结构类型分析，讲解路基路面结构和各结构层的主要功能、路基路面结构设计的主要关键技术问题等，了解公路自然区划的概念及不同自然区划的特点。

§1-1 路基路面的发展概况

中国是一个有5 000多年文明史的国家。在这历史的长河中，我国勤劳、智慧的各族人民，在道路、桥梁的修建和车辆制造以及交通管理等方面都取得过辉煌的成就。道路交通对于繁荣经济和交流文化，对于维护民族团结和国家统一，都作出了巨大贡献。中国古代道路和桥梁建筑，在世界上曾处于领先地位，在世界道路交通史上留下了光辉的篇章。

公路，在我国历史上习称为"道路"。早在公元前2000年，我国已出现可行驶牛、马车的道路。秦朝时期的这种道路称为"驰道"，较长时期称为"驿道"，并强调"车同轨、书同文"。公元前2世纪，我国通往中亚细亚和欧洲的丝绸之路开始发展起来。唐代是我国古代道路发展的鼎盛时期，初步形成了以城市为中心的四通八达的道路网。元明时有"大道"之称。清代道路网系统分为三等，即将由京都通往各省会间的道路称为"官马大路"、由各省会通往各地城市的联络支线称为"大路"、市区内街道称为"马路"。"官马大路"分东北路、东路、西路和中路四大干线，共长2 000多 km。到了清代末期和民国初期，由于汽车和近代筑路法的输入，开始有了"汽车路"的名称。其后随着外文资料的输入，将英语"Public Road"译为"公路"，并将"Highway"一词也译为"公路"。国民政府成立后，一般将城市以外的汽车路称为"公路"，将市内和市郊的汽车路称为"道路"。在某些情况下，"公路"与"道路"两词互为通用。

近代的公路与古代的道路功能截然不同。公路为近代交通工具的载体，在交通流量和行驶速度日益增长的情况下，对公路的建设要求不断提高，这些都是古代道路无法比拟的。随着测量技术、筑路技术、筑路材料和检测技术的发展，近代道路结构不断完善和发展，它主要包括路基、路面、桥梁、涵洞、隧道、渡口、防护、景观及交通工程等。

汽车工业的发展，促进了公路建设的发展。公路运输较铁路、水运、航空、管道等运输方式，有其独特的特点，即直达、迅速、适应性强和服务面广。因此，汽车运输一出现，就在经济、政治、军事、文化和旅游等方面占有重要的地位。为了提高汽车运输的服务质量，公路的通车里程在不断增长，路基路面的建设质量、公路的等级也在不断提高。

1949年新中国成立以来,我国进入了社会主义建设的伟大时代。由于工农业生产迅速发展,人民生活水平逐步提高,尤其是建立和发展了汽车工业和石油工业,使我国公路交通事业得到了迅速的发展。特别是1978年以后,国家执行了以经济建设为中心的政策,开始了建设有中国特色社会主义的新时期,公路建设也开创了崭新的局面。到2019年底,中国公路总里程超过500万km,其中高速公路总里程达14.96万km。公路运输已渗入到经济建设和社会生活的各个方面,在国民经济中占有越来越重要的地位。高速公路的建设和使用,为汽车快速、高效、安全、舒适地运行提供了良好的条件,标志着我国公路运输事业和科学技术水平进入了一个崭新的时代。

路基路面直接承受行驶车辆和环境的作用,是道路工程的重要组成部分,通常都根据车辆行驶和环境特点,选用优质材料建成。我国古代曾以条石、块石或石板等铺筑道路路面,以提供人畜以及人力、兽力车辆的运行。欧洲在公元前3500年,在美索不达米亚(Mesopotamia),继发明了车轮后不久,即用石料修筑了第一条有硬质路面的道路。在古罗马的范·阿派(Via Appia)公元前312年修筑的道路(图1-1)目前仍然在使用。大约公元前3000年,闪族人(Sumerians)开始使用沥青胶结贝壳或石料作为行车路面。

图1-1 古罗马道路的表面

随着汽车工业和交通运输的发展,现代化公路的路基路面工程逐步形成了新的学科分支。它主要研究公路、城市道路和机场跑道路基路面的合理结构、设计原理、设计方法、材料性能要求以及施工、养护、维修和管理技术等。

我国广大道路工程科技工作者,从我国实际和建设需要出发,引进外国先进技术,刻苦钻研、反复实践,在路基路面工程建设和科学研究中,取得了许多突破性的系列成果,主要包括以下诸方面:

公路自然区划、温度区划与降雨区划 我国幅员辽阔,各地自然条件和道路的工程性质差异很大。为此将自然条件大致相近者划分为区,在同一区划内从事公路规划、设计、施工、管理时,有许多共性因素可以相互参照,形成了我国《公路自然区划标准》(见§1-5)。同时根据沥青路面的使用要求,对沥青路面的温度及降雨进行性能分区(见§8-2)。

土的工程分类 土是填筑公路路基的主要材料,由于天然成因的差异,不同的路基土表现出截然不同的工程特性。我国依据土颗粒组成特征、土的塑性指标(塑限、液限和塑性指数)、土中有机质存在情况,将公路用土按不同的工程特性划分为巨粒土、粗粒土、细粒土和特殊土四大类,并细分为12种土。确认土的类别需应用标准的仪器,按统一的规程进行测试界定。为了在野外勘查中能对不同土类作鉴别,系统地总结了"简易鉴别、分类和描述"的方法与细节。

路基强度与稳定性 路基作为路面结构的基础,应具有足够的强度和稳定性。我国较早就确定以回弹模量作为评价路基强度与稳定性的力学指标,并形成了成套的室内外试验标准方法与仪器。为了在施工中以物理量指标控制工程质量从而保证达到规定的强度指标,广泛开展了不同土种的最佳含水量与最大密实度相关关系的研究,并且统一以重型击实试验法作为基本控制标准。为了提高路基的强度与稳定性,根据不同类别土壤的特性,研究了粒料加固、石灰加固、水泥加固、专用固化剂加固等行之有效的技术措施。在多年冻土地区、膨胀土地区、沙漠地区、黄土地区、盐渍土地区等特殊地区,通过研究采用各种有效技术修建公路路基取得了十分宝贵的经验。

高路堤修筑技术与支挡结构 为了保证高路堤路基的稳定性,研究提出的技术措施包括减轻路堤自重,采用轻质粉煤灰,或采用轻质塑料块修筑路基;修筑轻型路基支挡结构,特别是加筋挡土墙的研究和工程建设在我国取得了许多成果。例如条带加筋、网络加筋、土工织物加筋等均取得良好效果。

软土地基稳定技术 在软土地基上修筑路基路面结构,天然地面的自然平衡状态将发生改变,在很长时间内路基将不断固结而产生路基变形。为此广泛研究了软土的调查与判别方法,提出了许多改变软土地基性质的技术措施,如沙井或塑料板排水固结法、沙层排水加载预压法、真空预压技术、碎石桩复合地基、薄壁管桩和无机结合料深层加固法等。在力学分析的研究方面,通过现场跟踪观测与建立预测分析模型,来预估与控制软土地基加固后的工后沉降,从而提高路基的稳定性和路面平整性。

岩石路基爆破技术 利用爆破技术开山筑路在我国有悠久的历史。但是在最近几十年中我国在山区筑路工程中有新的发展,创造了系统的大爆破技术,每次总装炸药量多达数十吨,一次爆破可清除岩石数十万立方米。大爆破以现代爆破理论为基础,事先进行周密的勘测与调查。经过精心设计的大爆破不仅能降低造价,缩短工期,而且能够使爆破后形成的坡面状况十分接近路基横断面设计要求。同时在山区,对于大粒径填料可以通过冲击碾压等高能量压实机械保证路基的强度和稳定性,从而提高了大粒径填料的利用率。

沥青路面结构 1960年代初,随着我国石油资源的规模开发,揭开了用国产沥青筑路的序幕。早期的沥青路面主要是铺设在现有中级路面上的薄层表面处治层,以改善其行车条件。1970年代末,逐步形成了以贯入式路面为主的沥青路面承重结构。1980年代末,开始兴建高速公路,沥青路面是主要结构形式。通过较长时间的科学研究,形成了我国沥青路面设计、施工及管理成套技术。包括沥青原材料的生产工艺、装备;沥青材料的技术指标与标准、试验设备及方法;沥青混合料的技术指标与标准、混合料设计技术、混合料性能检测设备及方法;沥青路面现代化施工整套设备、施工技术与施工管理等。近年来,我国又进行了 SMA 路面、排水路面、高模量沥青路面、橡胶沥青路面、再生沥青路面和柔性基层(包括沥青稳定基层 ATB、级配碎石基层、排水性沥青稳定基层)等路面结构的设计与施工技术的研究,逐步形成了适合中国气候和交通特点的沥青路面结构与材料设计方法。

水泥混凝土路面结构 1970年代中期,交通运输发展加快,部分干线公路、城市道路及厂矿道路为提高承重能力,相继采用水泥混凝土路面结构。随后,针对水泥混凝土路面各方面存在的问题,开展了系统而具有相当规模的科学研究,从而在我国形成了关于水泥混凝土路面结构的整套技术,包括道路水泥的性能、指标、标准以及生产工艺;水泥混凝土路面基层的作用,水泥混凝土路面结构性能与设计方法;接缝构造、工作原理以及接缝设计方法;水泥混凝土路面小规模施工和大规模现代化施工成套装备及施工方法、施工组织管理等。1980年代中期,东南大学负责在江苏盐城修筑了我国第一条连续配筋水泥混凝土路面;1990年代中期又在江苏镇江修筑了更大规模的连续配筋水泥混凝土路面,2001年南京绕城公路修筑了连续配筋水泥混凝土+沥青混凝土的路面结构,首次进行了长久性复合式沥青路面的尝试,为我国连续配筋水泥混凝土路面的使用奠定了一定的基础。对钢纤维混凝土路面、辗压混凝土路面、复合结构混凝土路面等新型路面结构开展系统研究并取得一批实用性研究成果。

沥青路面设计理论与方法 中国道路科技工作者通过广泛的调查研究和理论探索,形成了符合中国实际的沥青路面设计理论与方法体系,它吸取了世界上各种流派的学术思想以及各个国家设计方法的优点。在力学理论基础方面,建立了弹性力学多层结构承受多个圆形荷载的分析系统及相应的计算机程序;提出了多指标沥青路面设计体系,并通过调查或试验得到了相应的标准控制值;形成了符合我国当时交通状况的荷载模式及交通分析方法;提出了相应的设计参数、标准、测试仪器与方法。

水泥混凝土路面设计理论与方法 我国道路科技工作者对水泥混凝土路面设计进行了较系统而具有相当规模的研究。在力学基础理论方面,运用解析法及有限元法建立了弹性力学层状结构,弹性地基板体结构模型,形成了整套分析计算方法与计算机程序;建立了以弹性力学为基础,以混凝土弯拉疲劳应力、温度疲劳应力综合作用的设计体系与方法;研究并建立了地基支承、疲劳效应、动力效应等一整套设计参数的取值与测试方法;进行了系统的水泥混凝土路面参数变异性分析、可靠度设计方法等研究,其研究成果为现行的以可靠度为指标的水泥混凝土路面设计方法所采用。

道路工程扩建和改造技术 随着交通量的增加和路面结构损坏数量的增加,道路工程将面临拓宽或改造的任务。如沈阳—大连高速公路、上海—南京高速公路、广州—佛山高速公路、郑州—漯河高速公路、安阳—新乡高速公路等相继进行了拓宽改造。围绕拓宽过程中旧路评价和加铺设计、新旧路基路面拼接、多车道公路交通安全与管理技术等进行了深入的研究,逐步形成了高速公路拓宽改造成套技术。

沥青路面材料组成设计 沥青路面材料组成设计是路面施工的关键。通过对无机结合料稳定材料的深入研究,提出了无机结合料稳定材料的组成设计方法及控制指标和标准,同时提出了完整的施工控制技术要求,保证了无机结合料稳定基层的耐久性。同时,对沥青混合料组成设计也提出了完整的技术指标与标准,通过沥青的合理优选、集料的严格控制和施工过程的严格把关,提高了沥青路面的使用耐久性。结合中国国情,在中国推广使用 SMA、Superpave 技术,并研究了 OGFC、排水性表面层(Porous Asphalt Pavement)和排水基层技术(ATPB、LSPM)等在中国的应用技术,进一步提高了沥青路面的使用质量和使用品质。

路面使用性能与表面特性 路面的平整度、破损程度、承载能力及抗滑性能是路面使用性能的重要方面。目前,我国已对这些性能对行车的影响,与路面结构设计、材料、施工的关系,量测手段与量测方法,评价的指标与标准,在车辆的反复作用下性能的衰减及恢复等开展了广泛的研究,有的已成功地应用于工程之中。开展了低噪音沥青路面技术、排水性(抗水漂)沥青表面层技术(PA)、开级配沥青磨耗层(OGFC)技术等的研究,提高沥青路面的表面使用性能,提高沥青路面的使用安全性、舒适性。

道路材料再生利用技术 随着道路使用时间的延长,路面结构将出现各种类型的破坏,路面结构的再生利用技术成为可持续交通发展的重点之一。道路材料再生包括水泥路面结构再利用,即就地碎石化再利用和轧制碎石化再利用;沥青路面再利用,包括厂拌热再生、就地热再生、厂拌冷再生、就地冷再生和全厚式再生等。近年来,围绕改性沥青再生利用、温拌再生利用等也取得了系列研究成果。

路面养护管理 将系统工程、人工智能技术用于路面养护管理,是保证路面养护管理科学性的有效手段。多年来,我国在路面数据库开发、路面性能的非破损快速跟踪检测、路面破损自动识别、路面性能预估模型的建立、路面管理网络系统的建立以及项目级和路网级优化管理决策等方面取得了系列研究成果。路面使用性能的检测技术也有了很大的进步,路面弯沉检测、抗滑性能检测、平整度检测、路面破损检测等也由过去的人工检测向现代化的检测系统发展,有自动弯沉检测车、落锤式弯沉仪(FWD)、路面厚度雷达测试车、路面多功能监测车等,可为路面管理系统提供完整的路面使用状况数据。

综上所述,路基路面工程作为一个学科分支,随着我国交通运输的发展,正在以较快的速度逐步接近国外同类学科的前沿。我国道路科技工作者将会从中国的实际出发,不断吸取交叉学科的新成就以及世界各国的经验,全面推动路基路面工程学科的发展,为我国交通运输现代化作出贡献。根据当前路基路面工程科学技术的发展趋势,对于以下几方面学科的交叉与发展特别应该引起重视。

1. 材料科学

回顾历史,路基路面工程每一项新技术的出现,都是首先在材料方面有所突破。如路基土壤的改良与稳定路基的技术措施,沥青材料、水泥材料的改性研究,路用塑料、功能路面(自融雪路面、反射路面)材料等都与材料科学有关。材料微观结构研究、复合材料研究的许多成果也正在被引入路基路面工程,尤其是提高沥青路面耐久性添加剂(如抗剥离剂、聚合物改性材料、高黏度沥青添加剂等)、沥青再生添加剂等。

2. 岩土工程学与道路工程防灾减灾

路基路面作为地基结构物依托天然地表的岩石与土壤构筑而成。因此路基路面工程在诸多方面借鉴于岩土工程学的科技成果,如土力学、岩石力学、地质学、土质学、水文地质学等都是路基路面工程学科的重要基础理论。

由于地质运动、灾害气候等因素的影响,如2008年汶川地震,浙江、江西、重庆、贵州等山区多雨地区的强降雨造成道路中断、边坡失稳及泥石流、桥梁倒塌等灾害事故,道路工程的防灾、减灾工程引起重视并进行了相关的预测及预报工作。

3. 结构分析理论

路基路面设计由经验为主的方法演变成以结构分析理论为主的方法是一次飞跃。由于结构的复杂性以及车辆荷载与环境因素变化的复杂性,目前多数国家的设计方法所依据的静力线弹性力学分析理论还是不能完全满足要求,许多学者仍致力于路基路面结构分析的力学基础研究,如动力荷载与结构动力效应,非线性、黏弹性、黏弹塑性等数学、力学模型的建立以及适用于各种要求,各种边界条件的数学分析方法和数值解方法。今后进一步发展有可能使宏观结构分析与材料的组成,材料的特性以及材料的微观结构与微观力学融为一体,成为路基路面工程设计的重要基础。随着现代计算技术的发展,ABAQUS、FLAC3D、PFC3D等软件为工程结构分析提供了强有力的支撑。

4. 机电工程

现代化道路与机场路基路面工程的固有性能及使用品质越来越多地依赖于施工装备的性能与施工工艺。如振动压路机的吨位、频率与振幅对于各种结构层产生的效果截然不同。许多专用施工设备可根据结构强度形成理论和工艺要求进行专门设计,如振荡压路机、振动搅拌设备等。因此有些国家在研究一项路面工程新技术时,将施工工艺与施工装备也列入研究计划作同步开发研究。

5. 自动控制与量测技术

为确保路基路面的工程质量和良好的使用品质，必须在施工过程中严格控制各项指标，如材料用量、加热温度、辗压吨位、辗压质量等，竣工后以及开放运行在使用过程中需要长期作跟踪监测。所有这些控制与量测都在逐步采用高新技术，以达到较高的精确度。如配料自动控制、平整度自动控制等，在量测技术方面引用高速摄影、激光装置、红外线装置量测各项质量指标及性能指标等。路面响应的检测也由过去的应变片测定，向振弦式应变计和光纤应变测量过渡，路面应变测试不仅能测定某点的应变，还能测定应变场、弯沉盆、温度场等，应变检测不仅能测定相对值，还能测定绝对值。

随着物联网及人工智能研究的深入和工程应用，自动控制及量测技术与现代网络技术相结合，能够为工程结构的预测、预警和预报提供技术支持。

6. 现代管理科学

从现代管理科学的角度来看，路基路面工程在一个区域范围内属于一个大系统，而且从规划、设计、施工、养护、维修、管理全过程来看，延续数十年之久。通过大型的管理系统，对区域范围内路基路面工程各个阶段的信息进行跟踪、采集、存储、处理、定期作评估和预测，必要时提出维修决策，投放资金进行维修养护，使路基路面始终具有良好的使用性能，这是现代化管理的总的概念，有许多国家已在这方面取得实质性的进展，并从路面管理系统（PMS）理念发展到资产管理系统（AMS），用于工程实践。这对于节约维修养护投资，提高运输效率有重要作用。

§1-2 路基路面工程结构的功能要求

路基和路面是道路的主要工程结构物。路基是在天然地表面按照道路的设计线型（位置）和设计横断面（几何尺寸）的要求开挖或堆填而成的岩土结构物。路面是在路基顶面的行车部分用各种混合料铺筑而成的层状结构物。路基是路面结构的基础，是公路工程的主要组成部分，坚强而又稳定的路基为路面结构长期承受汽车荷载提供了重要的保证；而路面结构层的存在又保护了路基，使之避免了直接经受车辆和大气的破坏作用、处于稳定状态。路面损坏往往与路基填料不当、路基排水不畅、压实度不够、强度低等有直接关系。路基和路面相辅相成，实际上是不可分离的整体，应综合考虑它们的工程特点，综合解决两者的强度、稳定性和耐久性等工程技术问题。

路基与路面工程是道路工程的主要组成部分，工程数量十分可观，例如微丘区的三级公路，每公里土石方数量约 $8\,000\sim16\,000\ m^3$，山岭、重丘区的三级公路每公里可达 $20\,000\sim60\,000\ m^3$，对于高速公路，数量更为可观。路面结构在道路造价中所占比重很大，一般要达到 30%～50%。因此精心设计，精心施工，使路基路面能长时期具备良好的使用性能，对节约投资，提高运输效益，具有十分重要的意义。

路基路面是典型的线形工程，有的公路延续数百公里，甚至上千公里。公路沿线地形起伏，地质、地貌、气候特征多变，再加上沿线城镇经济发达程度与交通繁忙程度不一，因此决定了路基与路面工程复杂多变的特点，工程技术人员必须掌握广博的知识，善于识别各种变化的环境因素，恰当地进行处理，建造出理想的路基路面工程结构。

现代化公路运输，不仅要求道路能全天候通行车辆，而且要求车辆能以一定的速度，安全、舒适而经济地在道路上运行。这就要求路面具有良好的使用性能,提供良好的行驶条件和服务水平。

为了保证公路与城市道路最大限度地满足车辆运行的要求,提高行车速度,增强安全性和舒适性,降低运输成本和延长道路使用年限,要求路基路面具有下述基本性能:

1. 路基路面结构承载能力

路基路面结构承载能力是路基路面结构承受荷载的能力。行驶在路面上的车辆,通过车轮把荷载传给路面,由路面传给路基,在路基路面结构内部产生应力、应变及位移。如果路基路面结构整体或某一组成部分的强度或抗变形能力不足以抵抗这些应力、应变及位移,则会出现变形过大或断裂,路基路面结构会出现沉陷或裂缝,路面表面会出现波浪或车辙,使路况恶化,服务水平下降。因此要求路基路面结构整体及其各组成部分都具有与行车荷载相适应的承载能力。

路面结构应具有足够的强度以抵抗车轮荷载引起的各个部位的各种应力,如压应力、拉应力、剪应力等,使路面各个部位的各种应力在规定的范围内,保证路面结构不发生压碎、拉断、剪切等各种破坏。或者路面结构应能抵抗车轮荷载引起的各个部位的各种应变,如压应变、拉应变、剪应变等,使路面各个部位的各种应变在规定的范围内,使得在车轮荷载作用下不发生过量的应变或变形,保证不发生车辙、沉陷或波浪等各种病害。

2. 路基路面结构稳定性

路基的稳定性包括路基的整体稳定性和局部稳定性,路面的稳定性包括高温稳定性、低温抗裂性和水稳定性。

在天然地表面建造的路基路面结构改变了自然的平衡,在达到新的平衡状态之前,路基路面结构物处于一种暂时的不稳定状态。新建的路基路面结构袒露在大气之中,经常受到大气温度、降水与湿度变化的影响,结构物的物理、力学性质将随之发生变化,处于另外一种不稳定状态。路基路面结构的稳定性是路基路面结构经受这种不稳定状态而保持工程设计所要求的几何形态及物理力学性质。

在地表上开挖或填筑路基,必然会改变原地面地层结构的受力状态。原来处于稳定状态的地层结构,有可能由于填挖筑路而引起不平衡,导致路基失稳。如在软土地层上修筑高路堤,或者在岩质或土质山坡上开挖深路堑时,有可能由于软土层承载能力不足,或者由于坡体失去支承,而出现路堤沉落或坡体坍塌破坏。路线如选在不稳定的地层上,则填筑或开挖路基会引发滑坡或坍塌等病害出现。因此在选线、勘测、设计、施工中应密切注意,并采取必要的工程措施,以确保路基有足够的稳定性。

大气降水使得路基路面结构内部的湿度状态发生变化,低洼地带路基排水不良,长期积水,会使得矮路堤软化,失去承载能力。山坡路基,有时因排水不良,会引发滑坡或边坡滑塌。水泥混凝土路面,如果不能及时将水分排出结构层,会发生唧泥现象,冲刷基层,导致结构层提前破坏。沥青混凝土路面中水分的侵蚀,会引起沥青剥落,结构松散。砂石路面,在雨季时,会因雨水冲刷和渗入结构层而导致强度下降,产生沉陷、松散等病害,因此防水、排水是确保路基路面稳定的重要方面。

大气温度周期性的变化对路面结构的稳定性有重要影响,高温季节沥青路面软化,在车轮荷载作用下产生永久性变形,水泥混凝土结构在高温季节因结构变形产生过大内应力,导致路面压曲破坏。北方冰冻地区,在低温冰冻季节,水泥混凝土路面、沥青路面、半刚性基层由于低温收缩产生大量裂缝,最终失去承载能力。在严重冰冻地区,低温引起路基的不稳定是多方面的,低温会引起路基收缩裂缝,地下水源丰富的地区,低温会引起冻胀,路基上面的路面结构也随之发生破坏。春天融冻季节,在交通繁重的路段,有时引发翻浆,路基路面发生严重的破坏。

3. 路基路面结构耐久性

路基路面结构耐久性是其在交通和环境重复作用下保持其使用性能的能力。

路基路面工程投资昂贵,从规划、设计、施工至建成通车需要较长的时间,对于这样的大型工程都应有较长的使用年限,一般的道路工程使用年限至少数十年,因此路基路面工程应具有耐久的性能。

路基路面在车辆荷载的反复作用与大气水温周期性的重复作用下,路面使用性能将逐年下降,强度与刚度将逐年衰变,路面材料的各项性能也可能由于老化衰变,而引起路面结构的损坏。至于路基的稳定性也可能在长期经受自然因素的侵袭后,逐年削弱。因此,提高路基路面的耐久性,保持其强度、刚度、几何形态经久不衰,除了精心设计、精心施工、精选材料之外,要把长年的养护、维修、恢复路用性能的工作放在重要的位置。

4. 路表平整度

路面表面平整度是路表平整的程度,它是影响行车安全、行车舒适性以及运输效益的重要使用性能。特别是高速公路,对路面平整度的要求更高。不平整的路表面会增大行车阻力,并使车辆产生附加的振动作用。这种振动作用会造成行车颠簸,影响行车的速度和安全,驾驶的平稳和乘客的舒适。同时,振动作用还会对路面施加冲击力,从而加剧路面和汽车机件的损坏和轮胎的磨损,并增大油料的消耗。而且,不平整的路面还会积滞雨水,加速路面的破坏。因此,为了减少振动冲击力,提高行车速度和增进行车舒适性、安全性,路面应保持一定的平整度。优良的路面平整度,要依靠优良的施工装备,精细的施工工艺,严格的施工质量控制以及经常和及时的养护来保证。同时,路面的平整度同整个路面结构和路基顶面的强度和抗变形能力有关,同结构层所用材料的强度、抗变形能力以及均匀性有很大关系。强度和抗变形能力差的路基路面结构和面层混合料,经不起车轮荷载的反复作用,极易出现沉陷、车辙和推挤破坏,从而形成不平整的路面表面。

5. 路表抗滑性能

路表抗滑性能是制动过程中轮胎与路面之间的抗滑能力。

路面表面要求平整,但不宜光滑。汽车在光滑的路面上行驶时,车轮与路面之间缺乏足够的附着力或摩擦力。雨天高速行车,紧急制动与突然启动,或爬坡、转弯时,车轮也易产生空转或打滑,致使行车速度降低,油料消耗增多,甚至引起严重的交通事故。通常用摩擦系数表征抗滑性能,摩擦系数小,则抗滑能力低,容易引起滑溜交通事故。对于城市道路的交叉口,由于车辆经常需要制动,一般要求具有较高的抗滑性能。对于高速公路,由于高速车辆在雨天容易产生滑溜或水漂,需要路面有较高的纹理深度,减少车辆在制动时出现的水漂现象。

路面的抗滑性能在低速时主要取决于集料表面的微观纹理,高速时主要取决于路面表面的宏观纹理。路面表面的抗滑能力可以通过采用坚硬、耐磨、表面粗糙的粒料组成路面表层材料来实现,有时也可以采用一些工艺措施来实现,如水泥混凝土路面的刷毛或刻槽等。此外,路面上的积雪、浮冰或污泥等,也会降低路面的抗滑性能,必须及时予以清除。

§1-3 路基路面结构及层位功能

在不同的场合,路基内涵也不同。在进行路基设计时,路基的概念是道路整个横断面,实际上包含路堤(embankment)和路堑(cut),可称为广义的路基(substructure);在进行路面结构设计时,路基(subgrade)的概念是路面的基础,即路面结构层以下的部分。因此,路基设计中路基指整个横断面;路面设计中路基则指路面结构层以下的部分。

一、路基横断面

路基横断面沿横断面方向由行车道、中间带、硬路肩和土路肩所组成。各部分的宽度与道路等级、设计行车速度等有关,图 1-2 是典型的路基横断面和几种高速公路的路基横断面。

道路路堤结构路面下的路基,对轻、中、重等级交通 0~30 cm 称为上路床、30~80 cm 称为下路床、80~150 cm 称为上路堤、150 cm 以下称为下路堤;对特重及极重交通,0~30 cm 称为上路床,30~120 cm 称为下路床,120~190 cm 称为上路堤,190 cm 以下称为下路堤。不同的路堤范围对填土有不同的要求(具体要求见表 2-8)。路面横断面的形式随道路等级的不同,可选择不同形式,通常分为槽式横断面和全铺式横断面,如图 1-3 所示。

1. 槽式横断面

在路基上按路面行车道及硬路肩设计宽度开挖路槽,保留土路肩,形成浅槽,在槽内铺筑路面。也可采用培槽方法,在路基两侧培槽,或半填半挖的方法培槽。这种路面横断面由于路肩部分采用不透水的材料填筑,进入路面结构的水将不易被排出路肩外。路面横断面形式见图 1-3a 所示。

2. 全铺式横断面

在路基全部宽度内都铺筑路面。在高等级公路建设中,有时为了将路面结构内部的水分迅速排出,在全宽范围内铺筑基层材料保证水分由横向排入边沟。有时考虑到道路交通的迅速增长,适应扩建的需要,将硬路肩及土路肩的位置全部按行车道标准铺筑面层。在盛产石料的山区或较窄的路基上,全宽铺筑中、低级路面。路面横断面形式见图 1-3b 所示。

二、路拱横坡度

为了保证路面上雨水及时排出,缓解因雨水对路基路面的浸润和渗透而减弱路基路面结构强度,路面表面应做成直线形或抛物线形的路拱。等级高的路面,平整度和水稳定性较好,透水性也小,通常采用直线形路拱和较小的路拱横坡度。等级低的路面,为了有利于迅速排除路表积水,一般采用抛物线形路拱和较大的路拱横坡度。表 1-1 列出了各种不同类型路面的路拱平均横坡度。

选择路拱横坡度,应充分考虑有利于行车平稳和有利于横向排水两方面的要求。在干旱和有积雪、浮冰地区,应采用低值,多雨地区采用高值;当道路纵坡较大或路面较宽,或行车速度较高时,或交通量和车辆载重较大时,或常有拖挂汽车行驶时,应采用平均横坡度的低值;反之则应取用高值。

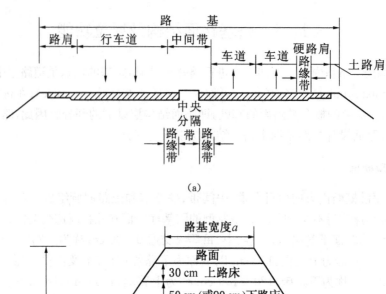

(a)

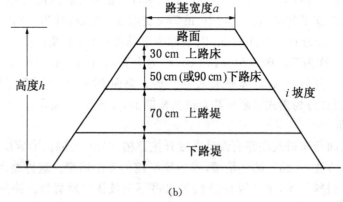

(b)

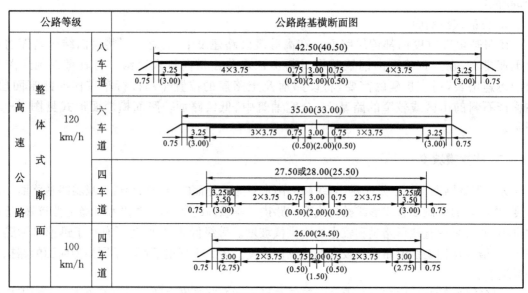

(尺寸单位:m)

(c)

图 1-2 路基横断面形式

(a)路基横断面图;(b)路基横断面分布;(c)几种高速公路的路基横断面

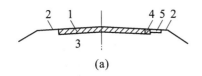
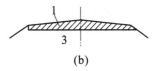

图1-3 路面横断面形式
1—路面；2—路肩；3—路基；4—路缘石；5—加固路肩
(a) 槽式横断面；(b) 全铺式横断面

表1-1 路拱横坡度

路面类型	路拱横坡度(%)
沥青混凝土、水泥混凝土	1~2
其他沥青路面	1.5~2.5
半整齐石块	2~3
碎、砾石等粒料路面	2.5~3.5
低级路面	3~4

高速公路和一级公路设有中央分隔带。通常采用两种方式布置路拱横断面。若分隔带未设置排水设施，则做成中间高，两侧路面低，由单向横坡向路肩方向排水。若分隔带设置排水设施，则两侧路面分别单独做成中间高两边低的路拱，向中间排水设施和路肩两个方向排水。

路肩横坡度一般较路面横坡大1%。但是高速公路和一级公路的硬路肩采用与路面行车道相同的结构时，应采用与路面行车道相同的路面横坡度。路拱坡度主要是考虑路面排水的要求，路面越粗糙，要求路拱横坡度越大。因此路拱横坡度应根据路面类型和当地自然条件来确定，路拱坡度过大对行车不利，故路拱坡度应限制在一定范围内，具体按表1-1规定的数值采用。同时路肩横向坡度一般应较路面横向坡度大1%~2%。

三、路基路面结构分层及层位功能

行车荷载和自然因素对路基路面的影响，随深度的增加而逐渐变化。沥青路面(图1-4)面层(0~10 cm)主要承受压应力和剪应力，基层底面(层间连续)主要承受拉应力；水泥混凝土路面(图1-5)则板顶主要承受压应力，板底主要承受拉应力。

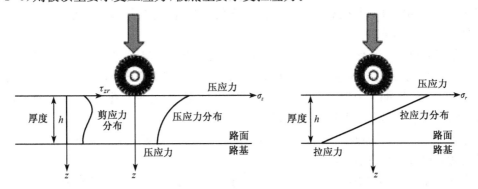

图1-4 沥青路面结构和受力特点

因此，对路面材料的强度、抗变形能力和稳定性的要求也随深度的增加而逐渐改变。为了适应这一特点，路面结构通常分层铺筑，按照使用要求、受力状况、土基支承条件和自然因素影响程度的不同，分成若干层次。通常按照各个层位功能的不同，路面结构一般由面层、基层、底基层组成，必要时设置功能层作为介于路基与基层之间温度和湿度的过渡层。高速公路、一级公路基层，应采用水泥混凝土、水泥稳定粒料、石灰粉煤灰稳定粒料、沥青混合料（包括密级配沥青混凝土 AC、沥青稳定粒料 ATB、排水性沥青混凝土稳定基层 ATPB、富油沥青疲劳层）以及级配碎砾石等材料铺筑，高速公路、一级公路底基层和二级及二级以下公路基层和底基层，除上述类型材料外，也可采用水泥稳定土、石灰稳定土、石灰粉煤灰稳定土、石灰工业废渣、填隙碎石等或其他适宜的当地材料铺筑。材料选择时必须考虑结构层的受力特点。

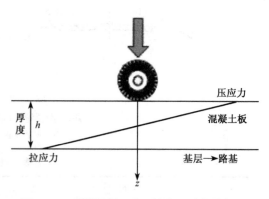

图 1-5　水泥混凝土路面结构和受力特点

各级公路当需要设置功能层时，一般可采用水稳定性好的粗粒料或各种稳定类材料铺筑。

1. 面层

面层是直接同行车和大气接触的表面层次，它承受较大的行车荷载的垂直力、水平力作用。同时还受到降水的浸蚀和气温变化的影响。因此，同其他层次相比，面层应具备较高的结构强度，抗变形能力，较好的水稳定性和温度稳定性，而且应当耐磨，不透水；其表面还应有良好的抗滑性和平整度。

修筑面层所用的材料主要有：水泥混凝土和沥青混凝土。

沥青面层有时分两层、三层或更多的层次铺筑，如高速公路沥青面层总厚度在 16 cm～30 cm 时可分为上、中、下层铺筑，并根据各分层的要求采用不同的沥青混凝土级配类型。水泥混凝土路面也有分上下两层铺筑，分别采用不同标号的水泥混凝土材料。也有水泥混凝土路面或连续配筋水泥混凝土上加铺 4 cm～10 cm 沥青混凝土这样的复合式结构。

2. 基层（含底基层）

基层主要承受由面层传来的车辆荷载的作用力（包括垂直力、拉应力、剪应力），并扩散到下面的路基中去，基层底面主要承受拉应力，它应具有良好的抗疲劳能力。基层遭受大气因素的影响虽然比面层小，但是仍然可能经受地下水和通过面层渗入雨水的浸湿，所以基层结构还应具有足够的水稳定性。基层表面虽不直接供车辆行驶，但仍然要求有较好的平整度，这是保证面层平整性的基本条件。

修筑基层的材料主要有各种结合料（如水泥等）稳定粒料基层，沥青稳定基层（包括沥青稳定基层 ATB、大碎石沥青混合料基层 LSAM、排水性沥青稳定基层 ATPB）、贫水泥混凝土、普通水泥混凝土、天然砂砾、各种碎石或砾石、片石、块石或圆石的基层，各种工业废渣（如煤渣、粉煤灰、矿渣、石灰渣等）和土、砂、石所组成的混合料等。

基层厚度较厚时，为保证工程质量，可分为两层、三层或更多的层次铺筑。当采用不同材料修筑基层时，基层的最下层称为底基层。

沥青混凝土路面必须采取措施保证沥青层与沥青层、沥青层与无机结合料稳定材料基层之间具有良好的黏结状态，增加路面结构的整体性和结构层的疲劳寿命。

水泥混凝土路面与基层之间也应设置水稳定性好的材料(如乳化沥青封层、沥青混凝土基层等),减少由于水的作用而产生的水泥混凝土路面与基层之间的唧泥现象。

3. 路基

路基是路面结构的基础。路基的强度和稳定性对路面结构影响很大。因此必须重视路基结构的整体稳定性和局部稳定性,保证路基不产生过大的沉降和不均匀沉降。

4. 功能层

功能层是为保证面层和基层不受水温状况变化所造成的不良影响,增加层间联结、减少反射裂缝等而设置的提高路面性能的层次,它包括防冻层、防水层、封层、黏层、透层、应力吸收层等。

四、路面的分类

路面类型可以从不同角度来划分,但是一般都按面层所用的材料区分,如水泥混凝土路面、沥青路面、砂石路面等。但是在工程设计中,主要从路面结构的力学特性的相似性出发,可以将路面结构划分为柔性路面(沥青混凝土路面)、复合式路面和刚性路面三类。根据基层材料类型及组合的不同又可以将沥青混凝土路面划分为柔性基层沥青路面、半刚性基层沥青路面、刚性基层沥青路面、组合式基层沥青路面。国外一般将水泥混凝土路面和沥青混凝土路面称为有铺装路面;表面处治、沥青碎石、沥青贯入式路面称为简易铺装路面;砂石路面等归入未铺装路面。砂石路面是以砂、石为骨料,以土、水、灰为结合料,通过一定的配合比铺筑而成的路面,包括级配砂(砾)石路面、泥结碎石路面、水结碎石路面、填隙碎石路面及其他粒料路面。

1. 柔性基层沥青路面

柔性基层沥青路面的总体结构刚度较小,在车辆荷载作用之下产生的弯沉变形较半刚性基层沥青路面大。虽然路面结构某一层的抗弯拉强度较低,但通过合理的结构组合和厚度设计可以保证路面结构整体具有很强的抵抗荷载作用的能力。同时通过各结构层将车辆荷载传递给土基,使土基承受的单位压力在一定的范围内。路基路面结构主要靠抗压强度和抗剪强度承受车辆荷载的作用。柔性基层主要包括各种未经处理的粒料基层和各类沥青层、碎(砾)石层或块石层组成的路面结构。

2. 半刚性基层沥青路面

用水泥、石灰等无机结合料处治的土或碎(砾)石及含有水硬性结合料的工业废渣修筑的基层,在前期具有柔性基层的力学性质,后期的强度和刚度均有较大幅度的增长,但是最终的强度和刚度仍远小于水泥混凝土。由于这种材料的刚性处于柔性基层与刚性基层之间,因此把这种基层和铺筑在它上面的沥青面层统称为半刚性基层沥青路面,也称为无机结合料稳定材料基层沥青路面。

3. 刚性基层沥青路面

用水泥混凝土(包括普通混凝土(JPC)、钢筋混凝土(JRC)、连续配筋混凝土(CRC)、钢纤维混凝土、预应力混凝土、装配式混凝土、碾压混凝土)作基层和沥青混凝土做面层的路面结构。水泥混凝土具有强度高、稳定性好等特点,沥青混凝土行车舒适、噪音小,这种复合式路面可以结合各自的优点,具有良好的使用性能和耐久性。普通混凝土、钢筋混凝土(JRC)基层沥青路面由于接缝处的反射裂缝,对使用性能有一定的影响;连续配筋混凝土基层(CRC)沥青混凝土路面由于连续的配筋将水泥混凝土的裂缝宽度约束在一定的范围内(一般要求小于1 mm),故有良好的使用性能和耐久性,但必须采取措施保证沥青层与沥青层、沥青层与水泥混凝土层之间有良好的黏结状态。

4. 水泥混凝土路面

水泥混凝土路面主要指用水泥混凝土作面层(包括普通混凝土路面(JPCP)、钢筋混凝土路面(JRCP)、连续配筋混凝土路面(CRCP)、钢纤维混凝土路面、预应力混凝土路面、装配式混凝土路面、碾压混凝土路面)的路面结构。水泥混凝土的强度高,与其他筑路材料比较,它的抗弯拉强度高,并且有较高的弹性模量,故呈现出较大的刚性。在车辆荷载作用下,水泥混凝土结构层处于板体工作状态,竖向弯沉较小,路面结构主要靠水泥混凝土板的抗弯拉强度承受车辆荷载。通过板体的扩散分布作用,传递给基础上的单位压力较柔性路面小得多。

5. 组合式基层沥青路面

沥青路面的基层含有无机结合料稳定材料、水泥混凝土材料等刚度较大或相对较大的材料,但是在沥青层与刚度相对较大的材料之间夹有柔性材料。如沥青混凝土层＋级配碎石＋无机结合料稳定材料层的路面结构、沥青混凝土层＋级配碎石＋普通水泥混凝土材料层的路面结构、沥青混凝土层＋级配碎石＋碾压式水泥混凝土材料层的路面结构等。

组合式基层沥青路面必须认真验算级配碎石基层上面各层的疲劳性能,以避免由于整体性材料与非整体性材料界面上的应力(或应变)突变而产生的疲劳破坏。

§1-4 路基路面结构的影响因素

一、路基路面稳定性的影响因素

路基路面裸露在大气中,其稳定性在很大程度上由当地自然条件所决定。因此,应深入调查公路沿线的自然条件,从总体到局部,从大区域到具体路段的自然情况,分析研究,掌握其规律及对路基路面稳定性的影响,因地制宜地采取有效的工程措施,以确保路基路面具有足够的强度和稳定性。

路基路面的稳定性与下列因素有关:

1. 地理条件

公路沿线的地形、地貌和海拔高度不仅影响路线的选定,也影响到路基与路面的设计。平原、丘陵、山岭各区地势不同,路基的水温情况也不同。平原区地势平坦,排水困难,地表易积水,地下水位相应较高,因而路基需要保持一定的最小填土高度,路面结构层应选择水稳定性良好的材料,并采取一定的结构排水设施;丘陵区和山岭区,地势起伏较大,路基路面排水设计至关重要,否则会导致稳定性下降,出现破坏现象,影响路基路面的稳定性。

2. 地质条件

沿线的地质条件,如岩石的种类、成因、节理、风化程度和裂隙情况,岩石走向、倾向、倾角、层理和岩层厚度,有无夹层或遇水软化的夹层以及有无断层或其他不良地质现象(岩溶、冰川、泥石流、地震等)都对路基路面的稳定性有一定的影响。

3. 气候条件

气候条件如气温、降水、湿度、冰冻深度、日照、蒸发量、风向、风力等都会影响公路沿线地面水和地下水的状况,并且影响到路基路面的水温情况。

在一年之中,气候有季节性的变化,因此路基路面的水温情况也随之变化。气候还受地形的影响,例如山顶与山脚,山南坡与山北坡气候有很大的差别。这些因素都会直接影响路基路面的稳定性。

4. 水文和水文地质条件

水文条件包括公路沿线地表水的排泄,河流洪水位、常水位,有无地表积水和积水时期的长短,河岸的淤积情况等。水文地质条件包括地下水位,地下水移动的规律,有无层间水、裂隙水、泉水等。所有这些地面水及地下水都会影响路基路面的稳定性,如果处理不当,常会引起各种病害。

5. 土的类别

土是建筑路基和路面的基本材料,不同的土类具有不同的工程性质,因而将直接影响路基和路面的强度与稳定性。

不同的土类含有不同粒径的土颗粒,砂粒成分多的土,强度构成以内摩擦力为主,强度高,受水的影响小,但施工时不易压实。较细的砂,在渗流情况下,容易流动,形成流砂。黏粒成分多的土,强度形成以黏聚力为主,其强度随密实程度的不同,变化较大,并随湿度的增大而降低。粉土类土毛细现象强烈,路基路面的强度和稳定性随着毛细水上升,湿度增大而下降,在负温度梯度作用下,水分通过毛细作用移动并积聚,使局部土层湿度大幅度增加,造成路基冻胀,最后导致路基翻浆,路面结构层断裂等各种破坏。

二、路基路面湿度的影响

路基路面的强度与稳定性在很大程度上与路基的湿度以及大气温度引起的路基路面的水温状况有密切的关系。路基路面结构在使用过程中,受到各种外界因素的影响,使湿度发生变化。路基路面结构湿度与以下几方面水源有关:

1. 大气降水——大气降水通过路面、路肩边坡和边沟渗入路基;
2. 地面水——边沟的流水、地表径流水因排水不良,形成积水,渗入路基;
3. 地下水——路基下面一定范围内的地下水浸入路基;
4. 毛细水——路基下的地下水,通过毛细管作用,上升到路基;
5. 水蒸气凝结水——在土的空隙中流动的水蒸气,遇冷凝结成水;
6. 薄膜移动水——在土的结构中水以薄膜的形式从含水量较高处向较低处流动,或由温度较高处向冻结中心周围流动。

上述各种导致路基路面湿度变化的水源,其影响程度随当地自然条件和气候特点以及所采取的工程措施等而不同。

三、大气温度及其对路基路面水温状况的影响

路基路面另一个重要影响因素是大气温度。湿度与温度变化对路基路面产生的共同影响称为路基路面的水温状况。沿深度方向出现较大的温度梯度时,水分在温差的影响下以液态或气态由热处向冷处移动,并积聚在该处。这种现象特别是在季节性冰冻地区尤为严重。

我国华北、东北和西北地区为季节性冰冻地区。这些地区的路基在冬季冻结的过程中会在负温度坡降的影响下,出现湿度积聚现象。气温下降到零度以下,路面和路基结构内的温度也随之由上而下地逐渐降到零下。在负温度区内,自由水、毛细水和弱结合水随温度降低而相继冻结,于是土粒周围的水膜减薄,剩余了许多自由表面能,增加了土的吸湿能力,促使水分由高温处向上移动,以补充低温处失去的部分。由试验得知,在温度下降到$-3\ ℃$以下时,土中未冻

结的水分在负温差的影响下实际上已不可能向温度更低处移动,因此,负温度区的水分移动一般发生在 0 ℃至－3 ℃等温线之间。在正温度区内,因零度等温线附近土中自由水和毛细水的冻结,形成了与深层次土层之间的温度坡差,从而促使下面的水分向零度等温线附近移动。而这部分上移的水分便又成了负温度区水分移动的补给来源。这就造成了上层路基湿度的大量积聚。

积聚的水冻结后体积增大,使路基隆起而造成面层开裂,即冻胀现象。春暖化冻时,路面和路基结构由上而下逐渐解冻。而积聚在路基上层的水分先融解,水分难以迅速排除,造成路基上层的湿度增加,路面结构的承载能力便大大降低。若是在交通繁重的地区,经重车反复作用,路基路面结构会产生较大的变形,严重时,路基土会以泥浆的形式从胀裂的路面缝隙中冒出,形成翻浆。冻胀和翻浆的出现,使路面遭受严重损坏。

当然并不是在季节性冰冻地区所有的道路都会产生冻胀与翻浆。对于渗透性较高的砂性土以及渗透性很低的黏性土,水分都不容易积聚,因此不易发生冻胀与翻浆,而相反,对于粉性土和极细砂则由于毛细水活动力强,极易发生冻胀与翻浆。周边的水文条件和气候条件亦是重要原因。地面排水不良,地下水位高,路基湿度大,水源充足,冬季温和与寒冬反复交替,路基冻结缓慢,这些都是产生冻胀与翻浆重要的自然条件。

沥青路面夏季高温季节在车辆荷载水平力的作用下会出现推挤、拥包等。水泥混凝土路面在夏季高温季节会出现拱胀等。

§1-5 公路的自然区划

我国地域辽阔,又是一个多山国家。从北向南处于寒带、温带和热带。从青藏高原到东部沿海高程相差 4 000 m 以上,因此自然因素变化极为复杂。不同地区自然条件的差异同公路建设有密切关系。为了区分各地自然区域的筑路特性,经过长期研究,制定了《公路自然区划标准》(JTJ 003)。公路自然区划的划分主要根据以下三原则制定:

1. 道路工程特征相似的原则

即在同一区划内,在同样的自然因素下筑路具有相似性,例如,北方不利季节主要是春融时期,有翻浆病害;南方不利季节在雨季,有冲刷、水毁等病害。

2. 地表气候区划差异性的原则

即地表气候是地带性差异与非地带性差异的综合结果。通常,地表气候随着当地纬度而变,如在北半球,北方寒冷,南方温暖,这称为地带性差异。除此之外,还与高程的变化有关,即沿垂直方向的变化,如青藏高原,由于海拔高,与纬度相同的其他地区相比,气候更加寒冷,即称为非地带性差异。

3. 自然气候因素既有综合又有主导作用的原则

即自然气候的变化是各种因素综合作用的结果,但其中又有某种因素起着主导作用。例如道路冻害是水和热综合作用的结果,但是在南方,只有水而没有寒冷气候的影响,不会有冻害,说明温度起主导作用;西北干旱区与东北潮湿区,同样都有负温度,但前者冻害轻于后者,说明水起主导作用。

我国公路自然区划,采用三级分区。一级区划主要按大范围的气候、地理和地貌等条件的差异,将全国划分为冻土、湿润、干湿过渡、湿热、潮暖、干旱和高寒 7 个大区。二级区划是在一级区划基础上以潮湿系数为主进行划分。三级区划是在二级区内划分更低一级的区域或类型单元。

(一) 一级区划

一级区划以全国性的纬向地带性和构造区域性为依据，根据对公路工程具有控制作用的地理、气候因素来拟定，对纬向性的，特别是东部地区的界线，采用了气候指标；对非纬向性的，特别是西部地区的界线，则较多地强调构造和地貌因素；中部个别地区则采用土质作为指标。

1. 以全年均温 -2 ℃ 等值线作为多年冻土和季节性冻土的分界线。
2. 以一月份均温 0 ℃ 等值线，作为季节性冰冻区的分界线。
3. 按我国自然地形的特点，以 1 000 m 和 3 000 m 等高线为界划分三级阶梯。三级阶梯的存在使气候具有不同特色，成为划分一级区的主要标志。
4. 秦岭淮河以南不冻区，因雨型、雨量、不利季节与不利月份的差异，划分为东西两大片。
5. 根据黄土对筑路的特殊性及其处于过渡的地区位置，同其他区域分开。

这样，根据气候、地理、地貌等综合性指标相互交错与迭合，将全国划分为 7 个一级区 (见图 1-6)。即：

Ⅰ区——北部多年冻土区

该区北部为连续分布多年冻土，南部为岛状分布多年冻土。对于泥沼地多年冻土层，最重要的道路设计原则是保温，不可轻易挖去覆盖层，使路基下保持冻结状态，若受大气热量影响融化，后患无穷。对于非多年冻土层的处理方法则不同，须将泥炭层全部或局部挖去，排干水分，然后填筑路堤。该区主要是林区道路，路面结构为中级路面。林区山地道路，因表土湿度大，地面径流大，最易翻浆，应采取换土、稳定土、砂垫层等处理方法。

Ⅱ区——东部温润季冻区

该区路面结构突出的问题是防止翻浆和冻胀。翻浆的轻重程度取决于路基的潮湿状态。可根据不同的路基潮湿状态采取措施。该区缺乏砂石材料，采用稳定土基层已取得一定的经验。

Ⅲ区——黄土高原干湿过渡区

该区特点是黄土对水分的敏感性，干燥土基强度高、稳定性好。在河谷盆地的潮湿路段以及灌区耕地，土基稳定性差，强度低，必须认真处理。

Ⅳ区——东南湿热区

该区雨量充沛集中，雨型季节性强，台风暴雨多，水毁、冲刷、滑坡是道路的主要病害，路面结构应结合排水系统进行设计。该区水稻田多，土基湿软，强度低，必须认真处理。由于气温高、热季长，要注意黑色面层材料的热稳定性和防透水性。

Ⅴ区——西南潮暖区

该区山多，筑路材料丰富，应充分利用当地材料筑路，对于水文不良路段，必须采取措施，稳定路基。

Ⅵ区——西北干旱区

该区大部分地下水位很低，虽然冻深多在 100～150 cm 以上，但一般道路冻害较轻。个别地区，如河套灌区，内蒙古草原洼地，地下水位高，翻浆严重。丘陵区 1.5 m 以上的深路堑冬季积雪厚，雪水浸入路面造成危害，所以沥青面层材料应具有良好的防透水性，路肩也应作防水处理。由于气候干燥，砂石路面经常出现松散、搓板和波浪现象。

Ⅶ区——青藏高寒区

该区局部路段有多年冻土，须按保温原则设计，由于地处高原，气候寒冷，昼夜气温相差很大，日照时间长，沥青老化很快，又因为年平均气温相对偏低，路面易遭受冬季雪水渗入而破坏。

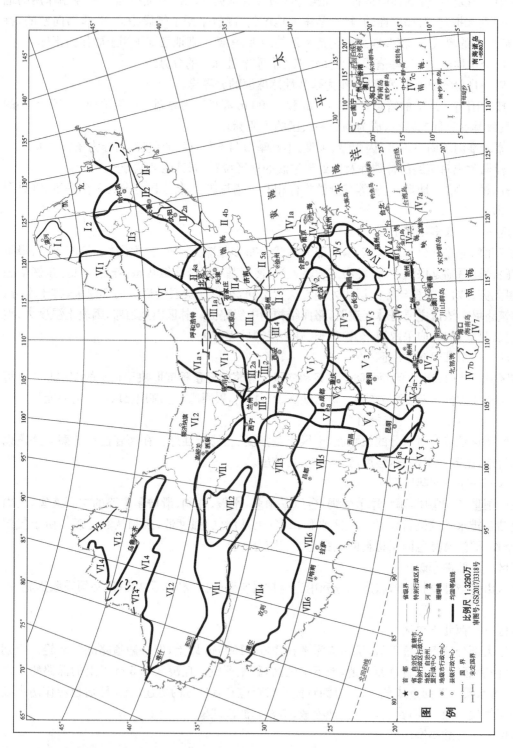

图 1-6 气候分区示意图

(二) 二级区划

在一级区划的基础上,以潮湿系数 K 为主要指标,综合考虑其他气候、地貌、土质、地下水和自然病害等多种因素,将全国划分为 33 个二级区和 19 个副区(亚区)。

潮湿系数 K 值按其大小分为 6 个等级:

过湿区	$K>2.00$
中湿区	$2.00>K>1.50$
润湿区	$1.50>K>1.00$
润干区	$1.00>K>0.50$
中干区	$0.50>K>0.25$
过干区	$K<0.25$

潮湿系数 K 值为年降水量 R 与年蒸发量 Z 之比,即

$$K = \frac{R}{Z} \tag{1-1}$$

(三) 三级区划

三级区划是二级区划的进一步具体化,按各区内气候、地貌、土质、水文等方面的差异,划分为更低一级的区划单位或类型单位。三级区划目前未列入全国区划图内,由各省、市和自治区结合当地自然条件自行划分。

各级区划的范围不同,在公路工程上的应用也各有侧重。一级区划主要为全国性的公路总体规划和设计服务;二级区划主要为各地的公路路基路面设计、施工、养护提供较全面的地理、气候依据和有关计算参数,如土基和路面材料的回弹模量、路基临界高度、土基压实标准等。

习题与讨论

习　题

1. 路基结构承载能力包含哪两个方面?各反映结构的哪些特征?与路面的病害有何关联?
2. 为什么要对路基的稳定性特别重视?其稳定过程受哪些因素影响?
3. 我国公路自然区划的原则是什么?各自然区划的道路设计应注重的特点有何差别?
4. 路面结构为什么要分层设计?沥青路面如何分层设计?水泥混凝土路面如何分层设计?
5. 柔性基层(沥青结合料类基层、粒料类基层)、半刚性基层(无机结合料类基层)、刚性基层沥青路面各有何特点?福建、山西、内蒙古各选择何种基层比较合适?
6. 沥青路面和水泥混凝土路面在交通荷载作用下的受力特点是什么?

讨　论

1. 路基路面的强度和稳定性是路基路面设计、施工及管理的核心,请各位同学通过周围道路路基路面使用状况的调查,分析提高路基路面强度和稳定的主要技术措施和目前存在的主要技术问题。
2. 查阅相关科技文献,分析福建、山东、江苏沥青路面有何特点,讨论各自在地质、降水、温度等影响因素方面路基路面结构的选择依据。

第2章 路基土的分类、干湿类型及设计参数

学习目的：路基用土主要分成12种，由于每种土的工程特性差异很大，必须选择合适的路基填料以保证强度和稳定性。同时路基干湿状况与地下水状况、路基高度和填料种类有关，而路基干湿状况直接影响路基抗变形能力。通过本章学习，要求学生掌握路基土的分类方法及工程特性、路基干湿类型确定方法；路基工作区、抗变形能力参数及路基稳定性验算参数确定方法。

教学要求：主要介绍路基土的分类方法和分类、路基土的基质吸力、路基工作区、路基干湿类型、路基抗变形能力参数和测定方法、路基稳定性验算主要参数。

§2-1 路基土的分类及工程特性

路基一般由土填筑而成，由于土的颗粒组成不同导致路基土的基本性能也有很大差别。为了保证路基的强度与稳定性，必须选择合适的路基填料。

一、路基土的分类

1. 土的粒组划分

世界各国公路用土的分类方法虽然不尽相同，但是分类的依据大致相近，一般都根据土颗粒的粒径组成、土颗粒的矿物成分或其余物质的含量、土的塑性指标进行区分。根据《公路土工试验规程》(JTG E40)，我国公路用土依据土的颗粒组成特征、土的塑性指标和土中有机质含量的情况，分为巨粒土、粗粒土、细粒土和特殊土四类，并进一步细分为12种土(图2-1)。土的颗粒组成特征用不同粒径粒组在土中的百分含量表示，即土的颗粒级配。表2-1所列为不同粒组的划分界限及范围，表2-2给出了土的基本代号。

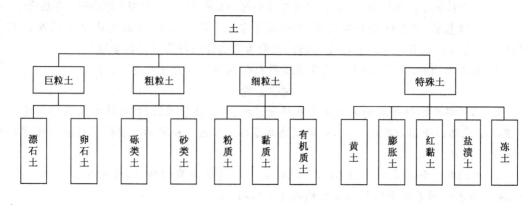

图2-1 土分类总体系

第2章 路基土的分类、干湿类型及设计参数

表 2-1 粒组划分表

粒径 200		60		20		5		2		0.5	0.25		0.075	0.002(mm)
巨粒组			粗粒组										细粒组	
漂石 (块石)	卵石 (小块石)	砾(角砾)			砂								粉粒	黏粒
		粗	中	细		粗		中			细			

表 2-2 土的基本代号表

名 称	代号	名 称	代号	名 称	代号
漂石	B	级配良好砂	SW	含砾低液限黏土	CLG
块石	Ba	级配不良砂	SP	含砂高液限黏土	CHS
卵石	Cb	粉土质砂	SM	含砂低液限黏土	CLS
小块石	Cba	黏土质砂	SC	有机质高液限黏土	CHO
漂石夹土	BSl	高液限粉土	MH	有机质低液限黏土	CLO
卵石夹土	CbSl	低液限粉土	ML	有机质高液限黏土	MHO
漂石质土	SlB	含砾高液限粉土	MHG	有机质低液限黏土	MLO
卵石质土	SlCb	含砾低液限粉土	MLG	黄土(低液限黏土)	CLY
级配良好砾	GW	含砂高液限粉土	MHS	膨胀土(高液限黏土)	CHE
级配不良砾	GP	含砂低液限粉土	MLS	红土(高液限粉土)	MHR
细粒质砾	GF	高液限黏土	CH	红黏土	R
粉土质砾	GM	低液限黏土	CL	盐渍土	St
黏土质砾	GC	含砾高液限黏土	CHG	冻土	Ft

土颗粒级配曲线的坡度与形状分别采用不均匀系数 C_u 和曲率系数 C_c 来表示。C_u 为土粒大小的均匀程度,C_c 反映粒径级配连续程度。不均匀系数 C_u 和曲率系数 C_c 定义为:

$$C_u = \frac{d_{60}}{d_{10}} \tag{2-1}$$

$$C_c = \frac{d_{30}^2}{d_{60} \times d_{10}} \tag{2-2}$$

式中 d_{10}、d_{30}、d_{60}——土的特征粒径(mm),在土的粒径分布(级配)曲线上,分别表示小于某粒径的土粒质量占总土质量的10%、30%、60%所对应的粒径。

关于各类土的符号可见《公路土工试验规程》(JTG E40)。

2. 巨粒土

试样中巨粒组(大于60 mm的颗粒)质量多于总质量75%的土称漂(卵)石;巨粒组质量为总质量的50%～75%(含75%)的土称漂(卵)石夹土;巨粒组质量为总质量15%～50%(含50%)的土称漂(卵)石质土;巨粒组质量少于或等于15%的土,可扣除巨粒,按粗粒土或细粒土

的相应规定分类定名。巨粒土分类如表 2-3 所示。

表 2-3　巨粒土分类表

土　组		土组代号	漂石粒（>200 mm 颗粒）含量（%）
漂(卵)石(大于 60 mm 颗粒>75%)	漂石	B	>50
	卵石	Cb	≤50
漂(卵)石夹土(大于 60 mm 颗粒>50%且≤75%)	漂石夹土	BSl	>50
	卵石夹土	CbSl	≤50
漂(卵)石质土(大于 60 mm 颗粒>15%且≤50%)	漂石质土	SlB	>50
	卵石质土	SlCb	≤50

3. 粗粒土

试样中巨粒组土粒质量少于或等于总质量15%，且巨粒组土粒与粗粒组土粒质量之和多于总质量50%的土称为粗粒土。粗粒土分砾类土和砂类土两种。砾粒组质量多于砂粒组质量的土称为砾类土，分类如表 2-4 所示。砾粒组质量少于或等于砂粒组质量的土称为砂类土，分类如表 2-5 所示。

表 2-4　砾类土分类表

土　组		土组代号	细粒组（<0.075 mm 颗粒）含量（%）	级配状况
砾	级配良好砾	GW	$F≤5$	级配：$C_u≥5,1≤C_c≤3$
	级配不良砾	GP		级配：不同时满足上述要求
含细粒土砾		GF	$5<F≤15$	
细粒土质砾	粉土质砾	GM	$15<F≤50$	细粒土位于塑性图 A 线以下
	黏土质砾	GC		细粒土位于塑性图 A 线以上

表 2-5　砂类土分类表

土　组		土组代号	细粒组（<0.075 mm 颗粒）含量（%）	级配状况
砂	级配良好砂	SW	$F≤5$	级配：$C_u≥5,1≤C_c≤3$
	级配不良砂	SP		级配：不同时满足上述要求
含细粒土砂		SF	$5<F≤15$	
细粒土质砂	粉土质砂	SM	$15<F≤50$	级配：$C_u≥5,1≤C_c≤3$
	黏土质砂	SC		级配：不同时满足上述要求

4. 细粒土

试样中细粒组土粒(小于 0.075 mm 的颗粒)质量不小于总质量50%的土总称为细粒土。

细粒土应按下列规定划分：①细粒土中粗粒组质量少于或等于总质量25%的土称为粉质土或黏质土；②细粒土中粗粒组质量为总质量25%~50%(含 50%)的土称为含粗粒的粉质土或含粗粒的黏质土；③试样中有机质含量多于或等于总质量5%，且少于总质量10%的土称为有机质土；试样中有机质含量多于或等于总质量10%的土称为有机土。

细粒土应按其在塑性图(图 2-2，低液限 $w_L<50\%$；高液限 $w_L≥50\%$)中的位置确定土的

第 2 章 路基土的分类、干湿类型及设计参数

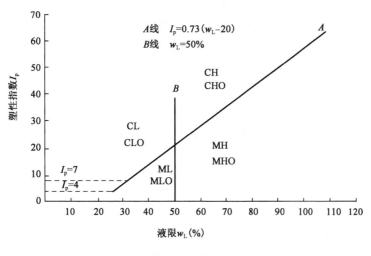

图 2-2 塑性图

名称:①当细粒土位于塑性图 A 线或 A 线以上时,如果在 B 线或 B 线右侧,称为高液限黏土,记为 CH;如果在 B 线左侧,$I_p=7$ 线以上,称为低液限黏土,记为 CL;②当细粒土位于塑性图 A 线以下时,如果在 B 线或 B 线右侧,称为高液限粉土,记为 MH;如果在 B 线左侧,$I_p=4$ 线以下,称为低液限粉土,记为 ML;③黏土和粉土过渡区(CL～ML)的土可按相邻土层的类别考虑细分。细粒土分类体系见图 2-3。

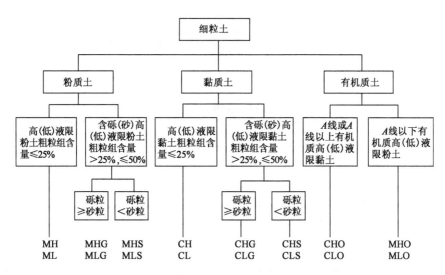

图 2-3 细粒土分类体系

土中有机质,包括未完全分解的动植物残骸和完全分解的无定形物质。后者多呈黑色、青黑色或暗色,有臭味,有弹性和海绵感,可以借目测、手摸及嗅感判别。当不能判别时,可将试样放在 105～110℃ 的烘箱中烘烤,若烘烤 24 h 后试样的液限小于烘烤前的 3/4,则该试样为有机质土。当需要测定有机质含量时,按有机质含量试验(T0151—1993)进行测定。

有机质土应按其在塑性图(图 2-2)中的位置确定土的名称:①当有机质位于塑性图 A 线或 A 线以上时,如果在 B 线或 B 线右侧,称为有机质高液限黏土,记为 CHO;如果在 B 线左侧,

$I_p=7$ 线以上，称为有机质低液限黏土，记为 CLO；②当有机质土位于塑性图 A 线以下时，如果在 B 线或 B 线右侧，称为有机质高液限粉土，记为 MHO；如果在 B 线左侧，$I_p=4$ 线以下，称为有机质低液限粉土，记为 MLO；③黏土和粉土过渡区(CL～ML)的土可按相邻土层的类别考虑细分。

5. 特殊土

特殊土包括黄土、膨胀土、红黏土、盐渍土和冻土。黄土、膨胀土和红黏土，按图 2-4 定名。①黄土：低液限黏土(CLY)，分布范围大部分在 A 线以上，且 $w_L<40\%$。②膨胀土：高液限黏土(CHE)，分布范围大部分在 A 线以上，且 $w_L>50\%$。③红黏土：高液限粉土(MHR)，分布范围大部分在 A 线以下，且 $w_L>55\%$。盐渍土按表 2-6 分类。冻土按冻结状态持续时间分为多年冻土、隔年冻土和季节性冻土，具体按表 2-7 分类。

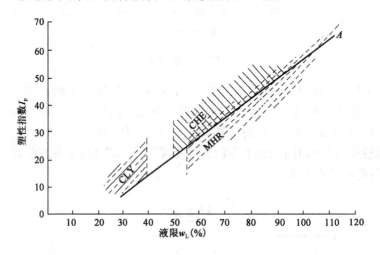

图 2-4 特殊土塑性图

表 2-6 盐渍土分类表

土层中平均总盐量(质量,%) 名 称	Cl^-/SO_4^{2-} 比值	氯盐渍土 >2.0	亚氯盐渍土 1.0～2.0	亚硫酸盐渍土 0.3～1.0	硫酸盐渍土 <0.3
弱盐渍土		0.3～1.5	0.3～1.0	0.3～0.8	0.3～0.5
中盐渍土		1.5～5.0	1.0～4.0	0.8～2.0	0.5～1.5
强盐渍土		5.0～8.0	4.0～7.0	2.0～5.0	1.5～4.0
过盐渍土		>8.0	>7.0	>5.0	>4.0

表 2-7 冻土分类表

类 型	持续时间 t(a)	地面温度(℃)特征	冻融特征
多年冻土	$t \geq 2$	年平均地面温度≤0	季节融化
隔年冻土	$2>t \geq 1$	最低月平均地面温度≤0	季节冻结
季节冻土	$t<1$	最低月平均地面温度≤0	季节冻结

二、路基土的工程性质

各类公路用土具有不同的工程性质,在选择路基填筑材料以及修筑稳定土路面结构层时,应根据不同的土类分别采取不同的工程技术措施。

巨粒土,包括漂石(块石)土和卵石(块石)土,有很高的强度和稳定性,是良好的用以填筑路基的材料,亦可用于砌筑边坡。

粗粒土分为砾类土和砂类土。

砾类土级配良好时,密实程度好,强度和稳定性均能满足要求。除了填筑路基之外,还可铺筑路面的基层、底基层。

砂类土无塑性,透水性强,毛细水上升高度小,具有较大的内摩擦系数,强度和水稳定性均好,但砂类土黏结性小,易于松散,压实困难。经充分压实的砂类土路基,压缩变形小,稳定性好。为了加强压实和提高稳定性,可以采用振动法压实,并可掺加少量黏土,以改善级配组成。砂类土级配较好时,含有一定数量的粗颗粒,又含有一定数量的细颗粒,强度、稳定性等都能满足要求,是理想的路基填筑材料。如细粒土质砂,其粒径组成接近最佳级配,遇水不黏着,不膨胀,雨天不泥泞,晴天不扬尘,便于施工。

粉质土含有较多的粉土颗粒,干时虽有黏性,但易于破碎,浸水时容易成为流动状态。粉土毛细作用强烈,毛细水上升高度大(可达 1.5 m)。在季节性冰冻地区容易造成冻胀、翻浆等病害。粉质土属于不良的公路用土,如必须用粉质土填筑路基,则应采取技术措施改良土质并加强排水或隔离水等。

黏质土中细颗粒含量多,土的内摩擦系数小而黏聚力大,透水性小而吸水能力强,毛细现象显著,有较大的可塑性。黏质土干燥时较坚硬,施工时不易破碎。浸湿后能长期保持水分,不易挥发,因而承载力小。对于黏质土,如在适当含水率时加以充分压实,并设置良好的排水设施,筑成的路基也能获得稳定。

很高液限黏土工程性质与黏质土相似,但其含黏土矿物成分不同时,性质有很大差别。黏土矿物主要包括蒙脱土、伊利土、高岭土。蒙脱土主要分布在东北地区,其塑性大,吸湿后膨胀强烈,干燥时收缩大,透水性极低,压缩性大,抗剪强度低。高岭土分布在南方地区,其塑性较低,有较高的抗剪强度和透水性,吸水和膨胀量较小。伊利土分布在华中和华北地区,其性质介于上述两者之间。很高液限黏土不透水,黏聚力特别强,塑性很大,干燥时很坚硬,施工时难以挖掘与破碎。

总之,土作为路基建筑材料,砂类土最优,黏质土次之,粉质土属不良材料,最容易引起路基病害,很高液限黏土,特别是蒙脱土也是不良的路基土。此外,还有一些特殊土类,如有特殊结构的土(黄土)、含有机质的土(腐殖土)以及含易溶盐的土(盐渍土)等。因黄土属大孔和多孔结构,有湿陷性;膨胀土受水浸湿发生膨胀,失水则收缩;红黏土失水后体积收缩量较大;盐渍土潮湿时承载力很低,如用以填筑路基必须采取相应技术措施。

三、路基填料的选择

路基填料是指路堤施工中的填方筑路材料。它可以是经检测合格的路线纵向土石方调配土、半填半挖横断面上的挖方土,也可以是取土坑内获取的土。在没有合适的天然土源的情况下,需要对获取的天然土填料进行改性,常用的改性方法有:掺配粗颗粒土改善物理级配;掺入石灰等无机结合料,甚至是专用的改性剂进行化学改性。

路基填料,应选择强度高、水稳性好、压缩性小,且运输便利、施工方便的天然土源。公路工程中常见的填料类型有以下几种。

1. 漂石、卵石(巨粒土)与粗砾石

这类材料的渗水性很强,水稳定性较好,强度高。施工不受季节限制,填石路堤(用粒径大于 40 mm、含量超过 70%的石料填筑的路堤)的残余下沉量小,荷载作用下塑性变形小,但一般不用于路床的填筑。填石路堤的单层填筑厚度根据其层位不同在 30～60 cm,上路堤单层填筑厚度要比下路堤小,填料最大颗粒粒径应不超过填筑层厚的 2/3,为增加稳定性,需要考虑其级配组成,单一大粒径颗粒的填料要增加小粒径颗粒以便压实稳固。填石路堤的压实设备有特殊要求,且损耗较大,其施工质量控制方式也与普通填料路堤有差异。这类填料的使用性能评定为优,施工性评定为中。

2. 土石混合料

土石混合料是由石块(粒径大于 40 mm,含量小于 70%)与土混合在一起形成的混合料。其力学性质与土、石含量有关。石块和砾含量高时,其渗水性、水稳定性和强度好;反之,若土(粉质土、黏质土)含量多,则较松散,遇水易造成边坡坍塌。在土石级配合理的情况下,土石混合料填筑的路堤强度优良、稳定性好。这类填料的使用性能评定为优,施工性评定为良。

3. 砾类土、砂类土

这类材料的渗水性强、水稳定性好,级配较好时,既含有一定数量的粗颗粒,使之具有足够的强度和水稳定性,又含有一定数量的细颗粒,将粗颗粒黏在一起,且施工方便。但其中黏质土含量过多时,水稳定性将下降很多,且细砂土易松散,对流水冲刷、风蚀的抵抗能力差,可能需要掺配黏质土,以加强稳定性。这类填料的使用性能评定为优,施工性评定为优。

4. 粉质土

粉质土含较多的粉粒,毛细现象严重,干时易被风蚀,浸水后很快湿透,强度急剧下降,是稳定性最差的填料;在季节性冰冻地区用粉质土填筑路基会引起冻胀、翻浆、唧泥,不得已要用时,应掺配其他填料,并加强排水,采取隔离措施。这类填料的使用性能评定为差,施工性评定为良。

5. 黏质土

黏质土渗水性差,干燥时较硬而不易挖掘,浸水后水稳性差,强度低,变形大。如在适当含水率时充分压实,并有良好排水的条件下,筑成的路堤也较稳定。高液限黏土不宜作路基填料。这类填料的使用性能评定为良,施工性评定为良。

6. 特殊土

特殊土如膨胀土、黄土、盐渍土、石膏土、泥炭、腐殖土等应限制使用。有机质含量较高的细粒土也要慎用。

7. 生活垃圾及工业废渣

生活垃圾中含有较多的有机质成分,在路基填方高度很大时(如峡谷内高填时),在填方下部可酌情使用,但应利用特殊设备充分压实。工业废渣特别是矿渣在粒径上属于巨粒土,且级配较好,在保证压实的情况下可以使用,且性能较好。这一类土的成分及特性往往不具有一般性,需要特殊问题特殊对待,如果用矿渣填筑路堤,需进行相应试验研究。

在具体工程中,路基填料的选择余地不大,根据以上原则初步选择可能的填料后,最终决定

第 2 章 路基土的分类、干湿类型及设计参数

其是否可以应用的还是其试验指标。《公路路基施工技术规范》(JTG/T 3610)要求路基填料选择依据的指标是加州承载比(CBR)值,试验方法参照《公路土工试验规程》(JTG E40)中的 T 0134—1993,选择标准如表 2-8 所示。

表 2-8 路基填料最小加州承载比要求

路基部位		路面底面以下深度(m)	填料最小加州承载比(CBR)(%)		
			高速公路、一级公路	二级公路	三、四级公路
上路床		0~0.3	8	6	5
下路床	轻、中等及重交通	0.3~0.8	5	4	3
	特重、极重交通	0.3~1.2	5	4	—
上路堤	轻、中等及重交通	0.8~1.5	4	3	3
	特重、极重交通	1.2~1.9	4	3	—
下路堤	轻、中等及重交通	1.5 以下	3	2	2
	特重、极重交通	1.9 以下			

注:① CBR 试验条件应符合现行《公路土工试验规程》(JTG E40)的规定。
② 年平均降雨量小于 400 mm 地区,路基排水良好的非浸水路基,通过试验论证可采用平衡湿度状态的含水率作为 CBR 试验条件,并应结合当地气候条件和汽车荷载等级,确定路基填料 CBR 控制标准。
③ 当路基填料 CBR 值达不到表列要求时,可掺石灰或其他稳定材料处理。
④ 当三、四级公路铺筑沥青混凝土和水泥混凝土路面时,应采用二级公路的规定。

对应路堤不同层位,只有满足相应的最低 CBR 值要求的填料才是可用的填料,在不满足要求的情况下,需考虑选择相应的改性措施。

§2-2 路基的力学强度特性

一、路基受力状况

路基承受着路基自重和车轮荷载这两种荷载。在这两种荷载的共同作用下,在一定深度范围内,路基土处于受压状态。正确的设计应使路基土所受的力在弹性限度范围内,当车辆驶过后,路基能恢复原状,以保证路基相对稳定,不致引起路面破坏。

路基土在车轮荷载作用下所引起的垂直应力 σ_Z 可以用近似公式(2-3)计算(注:用层状弹性体系理论更加准确)。计算时,假定车轮荷载为一垂直集中荷载,路基为一弹性均质半空间体(图 2-5),则:

$$\sigma_Z = K \frac{P}{Z^2} \quad (2-3)$$

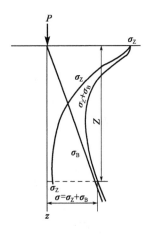

图 2-5 土基中应力分布图

式中 P——一侧车轮荷载(kN);
K——系数,一般取 $K = 0.5$;
Z——垂直集中荷载下应力作用点的深度(m)。

路基土自重在路基内深度为 Z 处所引起的垂直压应力 σ_B 按式(2-4)计算:

$$\sigma_B = \gamma Z \quad (2-4)$$

式中 γ——土的重度(kN/m^3);

Z——应力作用点深度(m)。

路基内任一点处的垂直应力包括由车轮荷载引起的 σ_Z 和由路基自重引起的 σ_B,两者的共同作用如图 2-5 所示。

二、路基工作区

在路基某一深度 Z_a 处,车轮荷载引起的垂直应力 σ_Z 与路基土自重引起的垂直压应力 σ_B 之比大于 0.1,该深度范围称为路基工作区。路面结构和车轮荷载对工作区范围内的路基影响较大,对工作区范围以外的路基影响较小。

路基工作区深度 Z_a 可以用式(2-5)计算:

$$Z_a = \sqrt[3]{\frac{KnP}{\gamma}} \tag{2-5}$$

式中 Z_a——路基工作区深度(m);

P——一侧车轮荷载(kN);

K——系数,一般取 $K=0.5$;

γ——土的重度(kN/m^3);

n——系数,$n=10$。

由式(2-5)可见,路基工作区随车轮荷载的加大而加深。

由于路基路面不是均质体,路面的刚度和重度较路基土大,路基工作区的实际深度随路面刚度和厚度的增加而减小。因此,如果采用应力简化公式(2-3),需要将路面折算为与路基同一性质的整体,得到沥青路面的当量厚度 h_e,可采用下式计算:

$$h_e = \sum h_i \sqrt[3.5]{\frac{E_i}{E_0}} \tag{2-6}$$

式中 h_i——沥青路面结构层的厚度(cm);

E_i——沥青路面结构层模量(MPa);

E_0——路基顶面的综合模量(MPa)。

在路基工作区内,路基的强度和稳定性对保证路面结构的强度和稳定性极为重要,对工作区深度范围内的土质选择、路基的压实度应提出较高的要求。

当工作区深度大于路基填土高度时(图 2-6),行车荷载的作用不仅施加于路堤,而且施加于天然地基的上部土层,因此,天然地基上部土层和路堤应同时满足工作区的要求,均应充分压实。

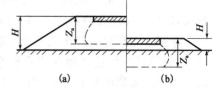

图 2-6 工作区深度和路基高度的关系
(a) 路堤高度 H 大于 Z_a;
(b) 路堤高度 H 小于 Z_a

例 2-1 已知某道路路面结构为 4 cmAC+6 cmAC+8 cmAC+38 cm 水泥稳定碎石+20 cm 二灰土,抗压模量分别为 9 800 MPa、9 500 MPa、8 500 MPa、11 000 MPa 和 3 200 MPa,路基模量为 50 MPa,路基高度为 3.0 m,请计算路基工作区深度。

解 利用式(2-3)和层状体系计算荷载应力,计算结果见表 2-9。

第 2 章 路基土的分类、干湿类型及设计参数

表 2-9 荷载垂直应力和自重应力计算结果

结构层名称	结构层参数			计算结果		
				1	2	3
	厚度 (cm)	模量 (MPa)	重度 (kN/m³)	式(2-3)计算的应力 (MPa)	按层状体系计算的应力 (MPa)	自重应力 (MPa)
沥青上面层	4	9 800	24.5	0.765 52	0.694 28	0.000 98
沥青中面层	6	9 500	24.3	0.123 79	0.586 05	0.002 438
沥青下面层	8	8 500	24.1	0.039 42	0.388 64	0.004 366
水泥稳定碎石层	38	11 000	23.1	0.003 783	0.020 46	0.013 144
稳定土层	20	3 200	21.5	0.002 401	0.002 586	0.017 444
路基土	20	50	16.2	0.002 129	0.002 301	0.020 684
	20			0.001 900	0.002 143	0.023 924

表 2-9 中的计算结果表明,如果采用简化式(2-3)计算荷载应力,那么荷载应力/自重应力等于 0.1 的位置在路基土里面(大概在路床顶面下 23.7 cm);如果采用层状体系计算荷载应力,那么荷载应力/自重应力等于 0.1 的位置在路基土里面(大概是路床顶面下 30.4 cm)。因此,采用简化公式计算得到的路基工作区不很准确,建议实际工程设计时采用层状体系程序计算荷载应力。

三、路基土的受力特性

路基是路面结构的支承体,车轮荷载通过路面结构将力传至路基,所以路基土的应力-应变特性对路基路面结构的整体强度和刚度有很大影响。路基变形过大是导致路面结构损坏的重要原因之一。路基土的变形,包括弹性变形和塑性变形两部分。弹性变形过大将使得沥青面层或水泥混凝土面板产生疲劳开裂。塑性变形过大将导致沥青路面产生车辙和纵向不平整。对于水泥混凝土路面,路基土过大的塑性变形将引起板块断裂。在路面结构总变形中,路基土的变形占很大部分,所以提高路基土的抗变形能力是提高路基路面结构整体强度和刚度的关键。

理想的线性弹性体在一定的应力范围内,应力与应变关系呈线性特性,而且当应力消失时,应变随之消失,恢复到初始状态。路基土的内部结构十分复杂,由固相、液相和气相三部分组成。所以,路基土在应力作用下呈现的变形特性同理想的线性弹性体有很大差别。

压入承载板试验是研究路基土应力-应变特性最常用的一种方法。这种方法是以一定尺寸的圆形刚性承载板置于路基顶面,逐级加荷卸荷,记录施加于承载板上的荷载及由该荷载所引起的沉降变形。根据试验结果,可绘出路基顶面压应力与回弹变形的关系曲线。图 2-7a 是典型的路基顶面应力与回弹变形关系曲线。

根据弹性力学理论,通过试验测得的回弹变形可以用式(2-7)计算路基的回弹模量:

$$E = \frac{\pi p D(1-\mu^2)}{4l} \tag{2-7}$$

式中 E——路基土的回弹模量(kPa);

p——承载板压强(kPa);

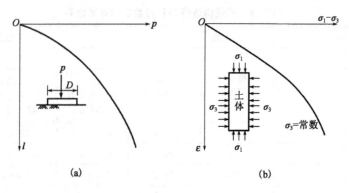

图 2-7 土的荷载-回弹变形(应力-应变)关系曲线

D——承载板的直径(m);
μ——路基土的泊松比;
l——承载板的回弹变形(m)。

假如路基土体为理想的线性弹性体,则 E 应为一常量,施加的荷载 p(应力 $\sigma_1-\sigma_3$)与回弹变形 l(应变 ε)之间应呈直线关系。但是实际上如图 2-7a、b 所示的 p(应力 $\sigma_1-\sigma_3$)与 l(应变 ε)之间的曲线关系十分普遍。因此,路基土的回弹模量 E 并不是常数。

路基土在车轮荷载作用下产生的应变,不仅与荷载应力的大小有关,而且与荷载作用的持续时间有关。这是由于土颗粒之间力的传递以及土颗粒与土颗粒之间的相对移动都需要一定的时间。通常在施加荷载的初期,变形量随荷载持续时间的延长而增大,以后逐渐趋向稳定,这又称为土的流变特性。试验表明,回弹应变与荷载的持续时间关系不大,路基土的流变特性主要同塑性应变有关。

汽车在道路上行驶,车轮对路基土作用的时间很短,在这一瞬间,产生的塑性应变比之于静荷载长期作用下的塑性应变小得多。因此,一般情况下,路基土的流变影响可以不予考虑。

四、重复荷载对路基土的影响

路基土承受着车轮荷载的多次重复作用。每一次荷载作用之后,回弹变形即时消失,而塑性变形则不能消失,残留在路基土之中。随着作用次数的增加,塑性变形不断积累,总变形量逐渐增大。最终会导致两种不同的情况:一种情况是土体逐渐压密,土体颗粒之间进一步靠拢,每一次加载产生的塑性变形量愈来愈小,直至稳定,停止增长,这种情况不致形成路基土的整体性剪切破坏;另一种情况是荷载的重复作用造成了土体的破坏,每一次加载作用在土体中产生了逐步发展的剪切变形,形成能引起土体整体破坏的剪裂面,最后达到破坏。

路基土在重复荷载作用下产生的塑性变形积累,最终将导致何种状况,主要取决于以下几个因素:

(1) 土的性质(类型)和状态(含水率、密实度、结构状态)。
(2) 重复荷载的大小,以重复荷载与一次静载下达到的极限强度之比来表示,即相对荷载。
(3) 荷载作用的性质,即重复荷载的施加速度、每次作用的持续时间以及重复作用的频率。

在重复应力低于临界值的范围内,总应变(ε)的累积规律在半对数(或对数)坐标上一般呈线性关系,可表示为:

$$\varepsilon = a + b\lg N \tag{2-8}$$

式中 a——应力一次作用下的初始应变;

b——应变增长回归系数;

N——应力重复作用次数。

正是因为路基承受着车轮荷载的重复作用,为适应这一特点,采用重复加载的三轴压缩试验来确定土的回弹模量值。

§ 2-3 路基干湿类型

路基湿度状况受大气降水和蒸发、地下水、温度、路面结构类型及其透水程度等因素影响。观测资料表明,在路面完工后 2～3 年内路基的湿度变化逐渐趋近于平衡湿度状态。路基的平衡湿度值与路基土的基质吸力等有关。

一、路基土的基质吸力与饱和度

采用平均稠度指标 $w_c \left(w_c = \dfrac{w_L - w}{w_L - w_P} \right)$ 作为路基湿度评价指标,虽然综合了土的塑性特性,包含了液限(w_L)与塑限(w_P),也能反映土的软硬程度,但是对于塑性指数为零或接近于零的土组,土的平均稠度不能全面反映路基土的工作状态。

若土粒的相对密度 G_s 和土的干密度 γ_s 已经确定,根据质量含水率 w、饱和度 S 和体积含水率 w_v 之间的相互关系,只要测定 w、S 和 γ_s 变量中任何一个,就可得出另外两个。如果吸湿过程或干燥过程中土样体积没有变化或者变化较小,则采用其中任何一个变量表征土体湿度已经足够。但是大多数情况下,土体体积随着湿度变化而变化,这样即使质量含水率不变,体积含水率和饱和度都会变化,因而表征湿度时,需要考虑土体密度和质量含水率两个因素,而饱和度和体积含水率均包含了含水率和密度两个参数,故可以选择饱和度和体积含水率中的任一个来表征土体湿度。

饱和度可用下式表示:

$$S = \dfrac{w_v}{1 - \dfrac{\gamma_d}{G_s \gamma_w}} \text{ 或 } S = \dfrac{w}{\dfrac{\gamma_w}{\gamma_d} - \dfrac{1}{G_s}} \tag{2-9}$$

式中 S——饱和度(%);

w——土的质量含水率(%);

w_v——土的体积含水率(%),$w_v = w \dfrac{\gamma_d}{\gamma_w}$;

γ_d、γ_w——土的干密度和水的密度(kg/m^3);

G_s——土的相对密度,$G_s = \dfrac{\gamma_s}{\gamma_w}$。

基质吸力(h_m)定义为孔隙气压力与孔隙水压力的差值,即:

$$h_m = u_a - u_w \tag{2-10}$$

式中 u_a——孔隙气压力(kPa);
u_w——孔隙水压力(kPa)。

路面竣工后,路基在整个使用期内处于非饱和状态,其湿度状况主要由基质吸力所决定。根据土力学理论,非饱和状态土的含水率与基质吸力的关系就是土-水特性曲线,只要知道路基土的基质吸力,就可以由图 2-8 土-水特性曲线预估路基湿度(饱和度)。

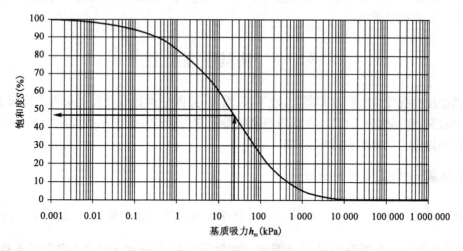

图 2-8 土-水特性曲线预估含水率方法图

基质吸力主要受地下水、土组类型、气候等因素影响。表征气候因素的参数有降雨量、蒸发量、降雨天数、相对湿度、年均温度、日照时间及湿度指数 TMI 等;土组表征参数主要有 $P_{0.075}$ 和塑性指数(PI)。

我国《公路路基设计规范》(JTG D30)采用湿度指数(Thnornthwaite Moisture Index,TMI)来描述气候因素控制下的基质吸力。湿度指数值包括各月降雨量及降雨天数、蒸发量、温度、典型土组参数、纬度等因素,而且包含地理位置因素,从而能量化一个地区干旱或者潮湿的程度。

某年度湿度指数 TMI 由式(2-11)计算。

$$\text{TMI} = \frac{100R - 60\text{DF}}{\text{PE}} \tag{2-11}$$

式中 R——某年度径流量(cm);
DF——某年度缺水量(cm);
PE——某年度蒸发蒸腾总量(cm)。

路基土的基质吸力预估模型如式(2-12)所示。

$$\begin{cases} h_m = y \cdot \gamma_w & \text{地下水位控制的基质吸力预估模型} \\ h_m = \alpha \{e^{\beta/(\text{TMI}+\gamma)} + \delta\} & \text{气候因素控制的基质吸力预估模型} \end{cases} \tag{2-12}$$

式中 y——计算点与地下水位之间的距离(cm);
γ_w——水的密度(kg/m³);
TMI——湿度指数;
α、β、γ、δ——回归参数,与 $\text{PI}_w = P_{0.075} \times \text{PI}$ 有关,$P_{0.075}$ 为 0.075 mm 筛的通过率,PI 为塑性指数(表 2-10)。

第2章 路基土的分类、干湿类型及设计参数

表 2-10 路基土的基质吸力预估模型回归参数

PI_w	α	β	γ	δ
0	0.300	419.07	133.45	15.0
0.5	0.300	521.50	137.30	16.0
5	0.300	663.50	142.50	17.5
10	0.300	801.00	147.60	25.0
20	0.300	975.00	152.50	32.0
50	0.300	1 171.20	157.50	27.8

利用预估的路基土基质吸力结合土-水特性曲线，就可以预估路基土饱和度。

二、毛细水上升高度

毛细水上升的最大高度与毛细管的直径成反比，不同类型的土由于其颗粒组成的差异，形成的毛细孔径也有较大差别，因而毛细水上升的最大高度与土的类型有密切联系。

毛细水在不同土质条件下的上升高度可采用海森公式（2-13）进行估算。

$$h_0 = \frac{C}{ed_{10}} \tag{2-13}$$

式中 h_0——毛细水上升高度(m)；

e——土的孔隙比；

d_{10}——土的有效粒径(mm)；

C——系数，与土粒形状及表面洁净情况有关，一般取 $1\times10^{-5} \sim 5\times10^{-5}$(m²)。

由于影响毛细水上升高度的因素复杂，用于计算的土质物理参数往往不准确，由经验公式计算得到的毛细水上升高度与现场实测结果有时相差较大。因此不少学者根据现场测试或室内试验的结果，对于不同类型的土质，分别给出了相应的毛细水上升高度推荐值。

根据野外观测资料，针对不同土质给出了相应的毛细水上升高度推荐值，其中黏性土约为 4 m，黏土质砂或粉土约为 3 m，砂土约为 0.9 m。

按粒径不同，分别给出了砾石、砂和粉土的毛细水上升高度推荐值，如表 2-11 所示。

表 2-11 不同土质毛细水上升高度

土组名称	颗粒粒径 d_{10}(mm)	孔隙比 e	毛细水(cm)	
			上升高度	饱和毛细水头
粗砾	0.82	0.27	5～10	6
砂砾	0.20	0.45	10～50	20
细粒质砾	0.30	0.29	20～80	20
粉质土砾	0.06	0.45	50～150	68
粗砂	0.11	0.27	60～160	60
中砂	0.03	0.36	80～200	112
细粒土砂	0.02	0.48～0.66	100～250	120
粉质土	0.006	0.93～0.95	200～400	180
黏质土	0.002	0.94～0.96	300～800	190

三、路基平衡湿度状况和路基平衡湿度预估方法

1. 路基平衡湿度状况

路基平衡湿度(用饱和度来表示)状况可依据路基的湿度来源分为潮湿、中湿、干燥三类。路基设计时依据路基工作区(Z'_a)、路床顶面至地下水位的相对高度(h)、地下水位高度(h_w)、毛细水上升高度(h_0)及路基填土高度(h_t)的关系确定湿度状况类型,示意图如图 2-9 所示。

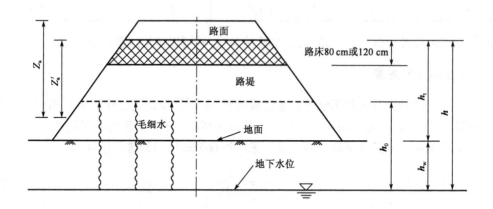

图 2-9 路基湿度划分示意图

h_t—路堤填土高度,$h_t \geqslant 0$ 时为路堤,$h_t < 0$ 为路堑;h_w—地下水位高度;h_0—毛细水上升高度;h—路基相对高度;Z_a—路基工作区深度

潮湿类路基的湿度由地下水控制,即地下水或地表长期积水的水位高,路基工作区 Z'_a 均处于地下水毛细润湿影响范围内,路基平衡湿度由地下水或地表长期积水的水位升降所控制。干燥类路基的湿度由气候因素控制,即地下水位很低,路基工作区 Z'_a 处于地下水毛细润湿面之上,路基平衡湿度完全由气候因素所控制。中湿类路基的湿度兼受地下水和气候因素影响,即地下水位较高,路基工作区 Z'_a 被地下水毛细润湿面分为上、下两部分,下部受毛细水润湿的影响,上部则受气候因素影响。

例 2-2 已知某道路路面结构为 4 cmAC+6 cmAC+8 cmAC+38 cm 水泥稳定碎石+20 cm二灰土,抗压模量分别为 9 800 MPa、9 500 MPa、8 500 MPa、11 000 MPa 和 3 200 MPa,路基模量为 50 MPa,路基高度为 2.5 m,填筑材料为细粒砂,地下水位距原地面 80 cm,请确定路基干湿类型。

解 采用层状体系计算的路基工作区深度结果,路基工作区是路床底面下约 30.4 cm。再利用公式(2-13)查相关参数或查表 2-11,得到细粒砂的毛细水上升高度为 $h_0=239.6$ cm。由于 $h_w=80$ cm,毛细水上升高度距原地面 159.6 cm。路面厚度为 76 cm,$h_t=250-76=174$ cm。因此路基工作区部分受毛细水润湿的影响,路基属于中湿类。

潮湿类路基的平衡湿度可根据路基土组类别及地下水位高度,按表 2-12 确定距地下水位不同高度处的饱和度。

第 2 章 路基土的分类、干湿类型及设计参数

表 2-12 各路基土组距地下水位不同高度处的饱和度(%)

土组	计算点距地下水位或地表长期积水水位的距离(m)						
	0.3	1.0	1.5	2.0	2.5	3.0	4.0
粉土质砾 GM	69~84	55~69	50~65	49~62	45~59	43~57	—
黏土质砾 GC	79~96	64~83	60~79	56~75	54~73	52~71	—
砂 S	80~95	50~70	—	—	—	—	—
粉土质砂 SM	79~93	64~77	60~72	56~68	54~66	52~64	—
黏土质砂 SC	90~99	77~87	72~83	68~80	66~78	64~76	—
低液限粉土 ML	94~100	80~90	76~86	73~83	71~81	69~80	—
低液限黏土 CL	93~100	80~93	76~90	73~88	70~86	68~85	66~83
高液限粉土 MH	100	90~95	86~92	83~90	81~89	80~87	—
高液限黏土 CH	100	93~97	90~93	88~91	86~90	85~89	83~87

注：① 对于砂(含级配好的砂 SW、级配差的砂 SP)，D_{60} 大时，平衡湿度取低值，D_{60} 小时，平衡湿度取高值。
② 对于其他含细粒的土组，通过 0.075 mm 筛的颗粒含量大和塑性指数高时，取低值，反之，取高值。

干燥类路基的平衡湿度可根据路基所在自然区划的湿度指标 TMI 和路基土组类别确定。即先根据不同自然区划由表 2-13 查取相应的 TMI 值，再按路基所在地区的 TMI 值和路基土组类别，根据表 2-14 插值得到该地区的路基饱和度。

中湿类路基的平衡湿度可参照图 2-10，先确定路基工作区上部和下部的平衡湿度，再以厚度加权平均计算路基的平衡湿度。毛细润湿面以上的路基工作区称为路基工作区上部，按路基土组类别和 TMI 值确定其平衡湿度；毛细润湿面以下的路基工作区称为路基工作区下部，按路基土组类别和距地下水位的距离确定毛细润湿面最上部(图 2-10A 点)及路基工作区最下部(图 2-10B 点)各自的平衡湿度，取二者的平均值作为路基工作区下部的平衡湿度。

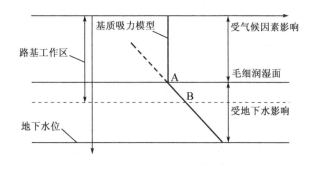

图 2-10 中湿类路基的湿度状况

2. 路基填土高度要求

路堤高度应满足下列要求：满足公路等级所对应的路基设计洪水频率及其设计洪水位；不含路面厚度的路基高度不宜小于中湿状态路基临界高度；不含路面厚度的路基高度不宜小于路基工作区深度；季节性冰冻地区，不含路面厚度的路基高度不宜小于道路冻结深度。

表 2-13 不同自然区划的 TMI 值范围

区划	亚区		TMI 范围	区划	亚区	TMI 范围
I	I$_1$		−5.0～−8.1	V	V$_1$	−25.1～6.9
	I$_2$		0.5～−9.7		V$_2$	0.9～30.1
II	II$_1$	黑龙江	−0.1～−8.1		V$_{2a}$	39.6～43.7
		辽宁、吉林	8.7～35.1		V$_3$	12.0～88.3
	II$_{1a}$		−3.6～−10.8		V$_{3a}$	−7.6～47.2
	II$_2$		−7.2～−12.1		V$_4$	−2.6～50.9
	II$_{2a}$		−1.2～−10.6		V$_5$	39.8～100.6
	II$_3$		−9.3～−26.9		V$_{5a}$	24.4～39.2
	II$_4$		−10.7～−22.6	VI	VI$_1$	−15.3～−46.3
	II$_{4a}$		−15.5～17.3		VI$_{1a}$	−40.5～−47.2
	II$_{4b}$		−7.9～9.9		VI$_2$	−39.5～−59.2
	II$_5$		−1.7～−15.6		VI$_3$	−41.6
	II$_{5a}$		−1.0～−15.6		VI$_4$	−19.3～−57.2
III	III$_1$		−21.2～−25.7		VI$_{4a}$	−34.5～−37.1
	III$_{1a}$		−12.6～−29.1		VI$_{4b}$	−2.6～−37.2
	III$_2$		−9.7～−17.5	VII	VII$_1$	−3.1～−56.3
	III$_{2a}$		−19.6		VII$_2$	−49.4～−58.1
	III$_3$		−19.1～−26.1		VII$_3$	−22.5～82.8
	III$_4$		−10.8～−24.1		VII$_4$	−5.1～−5.7
IV	IV$_1$		21.8～25.1		VII$_5$	−20.3～91.4
	IV$_{1a}$		23.2		VII$_{6a}$	−10.6～−25.8
	IV$_2$		−6.0～34.8			
	IV$_3$		34.3～40.4			
	IV$_4$		32.0～67.9			
	IV$_5$		45.2～89.3			
	IV$_6$		27.0～64.7			
	IV$_{6a}$		41.2～97.4			
	IV$_7$		16.0～69.3			
	IV$_{7b}$		−5.4～−23.0			

表 2-14 各路基土组在不同 TMI 值时的饱和度(%)

土 组	TMI					
	−50	−30	−10	10	30	50
砂 S	20～50	25～55	27～60	30～65	32～67	35～70
粉土质砂 SM	45～48	62～68	73～80	80～86	84～89	87～90
黏土质砂 SC						
低液限粉土 ML	41～46	59～64	75～77	84～86	91～92	92～93

续表 2-14

土 组	TMI					
	−50	−30	−10	10	30	50
低液限黏土 CL	39~41	57~64	75~76	86	91	92~94
高液限粉土 MH	41~42	61~62	76~79	85~88	90~92	92~95
高液限黏土 CH	39~51	58~69	85~74	86~92	91~95	94~97

路堤合理高度宜按式(2-14)计算确定。

$$H_{op} = \max\{(h_{sw} - h_0) + h_w + h_{bw} + \Delta h, h_1 + h_p, h_{wd} + h_p, h_f + h_p\} \quad (2-14)$$

式中 H_{op}——路堤合理高度(m);

h_{sw}——设计洪水位(m);

h_0——地面高程(m);

h_w——波浪侵袭高度(m);

h_{bw}——壅水高度(m);

Δh——安全高度(m);

h_1——中湿状态路基临界高度(m);

h_p——路面厚度(m);

h_{wd}——路基工作区深度(m);

h_f——季冻区道路冻结深度(m)。

§2-4 路基的抗变形能力及材料参数

在车轮荷载作用下,路基路面结构的强度与刚度大小,除了与路面材料的品质有关外,路基的支承起着决定性的作用。路基作为路面结构的基础,它抵抗车轮荷载能力的大小,主要取决于路基顶面在一定应力级位下抵抗变形的能力。用于表征路基抗变形能力的参数有路基回弹模量(E_0)、路基反应模量(K)和加州承载比(CBR)等。

一、路基抗变形能力参数

1. 路基回弹模量(Resilient Modulus of Subgrade)

路基回弹模量能较好地反映路基所具有的部分弹性性质,所以在以弹性半空间体地基模型表征路基的受力特性时,可以用回弹模量表示路基在瞬时荷载作用下的可恢复变形性质。我国公路水泥混凝土路面、沥青路面设计方法中,都以回弹模量 E 作为路基的刚度指标。为了模拟车轮印迹的作用,常用圆形承载板加载卸载法测定路基回弹模量。

用于测定路基回弹模量的承载板可分为柔性与刚性两种。用柔性承载板测定路基回弹模量时,路基与承载板之间的接触压力为常量,如图 2-11a 所示,即:

$$p(r) = \frac{P}{\pi r^2} \quad (2-15)$$

式中 $p(r)$——接触压力(MPa);

P——总压力(MN);

r——计算点离承载板中心的距离(m)。

承载板的挠度 $l(r)$ 与坐标 r 有关,在承载板中心处($r=0$),即:

$$l_{r=0} = \frac{2pa(1-\mu_0^2)}{E_0} \tag{2-16}$$

式中 p——单位压力(MPa);

a——承载板半径(m);

μ_0——路基土的泊松比;

E_0——路基回弹模量(MPa)。

在柔性承载板边缘处($r=a$),其挠度可以按下式计算:

$$l_{r=a} = \frac{4pa(1-\mu_0^2)}{\pi E_0} \tag{2-17}$$

因此,当测得承载板中心或边缘处的挠度之后,假如路基土的泊松比 μ_0 为已知值,即可通过式(2-16)或式(2-17)反算得到路基回弹模量 E_0 值。

用刚性承载板测定路基回弹模量时,承载板下路基顶面的挠度为等值,不随坐标 r 而变化。但是板底接触压力则随 r 值而变化,呈鞍形分布,如图 2-11b 所示,其挠度 l 值和接触压力 $p(r)$ 值可分别按式(2-18)与式(2-19)计算。

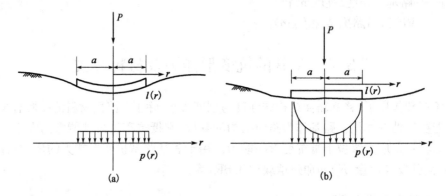

图 2-11 路基在圆形承载板下的压力与挠度分布曲线
(a) 柔性承载板;(b) 刚性承载板

$$l = \frac{2pa(1-\mu_0^2)}{E_0} \cdot \frac{\pi}{4} \tag{2-18}$$

$$p(r) = \frac{1}{2} \frac{pa}{\sqrt{a^2-r^2}} \tag{2-19}$$

测得刚性承载板的挠度之后,即可按式(2-18)反算路基回弹模量值 E_0。

在实际测定中,刚性承载板用得较多,因为它的挠度较易量测,压力较易控制。承载板直径通常采用标准车辆轮印当量圆直径。

同时,由于路基土在内部应力作用下表现出的变形,从微观的角度看,是土颗粒之间的相对移动。当相对移动的距离超出一定限度时,即使将应力解除,土颗粒也已不再能恢复原位。从宏观角度看,路基土将产生不可恢复的残余变形。因此,路基土的应力-应变关系除了出现非线性特性之外,还表现出弹塑性性质。由图 2-12a 可以看出,当荷载卸除,应力恢复到零时,曲线由 A 回到 B,OB 即为塑性或残余变形。

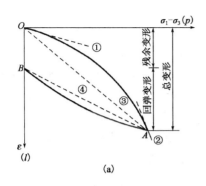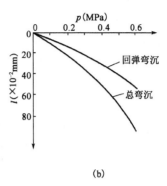

图 2-12 荷载-总弯沉和回弹弯沉曲线
(a) 承载板加载—卸载关系曲线;(b) 现场承载板试验曲线

尽管路基土的应力-应变关系如此复杂,但是在评定路基土应力-应变状态以及设计路面时通常仍然用模量值 E 来表征。最简单的方法是采用局部线性化的方法,即在曲线的某一个微小线段内,近似地将它视为直线,以它的斜率作为模量值。按照应力-应变曲线上应力取值方法的不同,模量有以下几种:

(1) 初始切线模量——应力值为零时的应力-应变曲线的斜率,如图 2-12a 中的①所示。

(2) 切线模量——某一应力级位处应力-应变曲线的斜率,如图 2-12a 中的②所示,反映该级应力处应力-应变变化的精确关系。

(3) 割线模量——以某一应力值对应的曲线上的点同起始点相连的割线的斜率,如图 2-12a 中③所示,反映路基土在工作应力范围内的应力-应变的平均状态。

(4) 回弹模量——应力卸除阶段,应力-应变曲线的割线模量,如图 2-12a 中④所示。

前三种模量中的应变值包含残余应变和回弹应变,而回弹模量则仅包含回弹应变,它部分地反映了土的弹性性质。

因此,承载板法回弹模量测定时宜采用逐级加载—卸载法,每级增加 0.05 MPa,待卸载稳定 1 min 后读取回弹弯沉值,再加下一级荷载。回弹弯沉值超过 1 mm 时,则停止加载。如此,即可绘出荷载-总弯沉和回弹弯沉曲线,如图 2-12b 所示。

在多数情况下,试验曲线呈非线性。在确定模量时,可以根据实际可能出现的最大压应力级位,或可能出现的最大弯沉范围,在曲线上选取合适的量值按式(2-20)进行计算:

$$E_0 = \frac{\pi a}{2}(1-\mu_0^2) \cdot \frac{\sum p_i}{\sum l_i} \tag{2-20}$$

式中 E_0——路基回弹模量(MPa);
μ_0——路基土的泊松比;
p_i、l_i——分别为各级荷载的单位压力(MPa)和对应的实际回弹弯沉(m)($l_i \leqslant 1$ mm);
a——承载板半径(m)。

承载板直径的大小对测定结果也有影响,通常用车轮的轮印当量圆直径作为承载板的直径。但是对于刚性路面下的土基,有时采用较大直径承载板进行测定,因为荷载通过刚性路面板施加于地基表面的压力范围比柔性路面大。

用刚性承载板或柔性承载板在路基顶面或路面结构层顶面可以测定其下的综合模量,一般称为路基顶面综合模量。

2. 路基土动态回弹模量(Dynamic Modulus of Subgrade)

路基结构在车辆重复荷载作用下所产生的变形可分为两部分:一部分为可恢复的回弹变形;另一部分为不可恢复的塑性变形。路基土回弹模量是荷载应力与回弹应变的比值,而路基土动态回弹模量是施加于试件的重复应力峰值与试件相应方向回弹应变峰值之比。由于重复应力峰值与回弹应变值并不同步,因此动态回弹模量是个近似意义上的概念。

路基土动态回弹模量标准试验,现场取土应采用薄壁试管取样。对于最大粒径大于19 mm的路基土与粒料,应筛除大于26.5 mm的颗粒,采用振动或冲击压实成型,试件尺寸应符合直径150 mm±2 mm、高300 mm±2 mm的要求。对于最大粒径不超过9.5 mm,且0.075 mm号筛通过百分率小于10%的路基土,应采用振动压实成型;最大粒径不超过9.5 mm,且0.075 mm号筛通过百分率不小于10%的路基土,应采用冲击或静压压实成型,试件尺寸都应符合直径100 mm±2 mm、高200 mm±2 mm的要求。室内压实成型试件含水率应符合目标含水率值±0.5%,压实密度应符合目标压实密度值±1.0%,并在试件上套装橡皮膜,确保密封不透气。

首先对试件施加30.0 kPa预载围压,并对试件施加至少1 000次、最大轴向应力为66.0 kPa的半正矢脉冲荷载,要求试件总的垂直永久应变小于5%。然后调整围压和半正矢脉冲荷载至目标设定值,以10 Hz的频率重复加载100次。试验采集最后5个波形的荷载及变形曲线,记录并计算试验施加荷载、试件轴向可恢复变形、动态回弹模量。加载过程中,若试件总的垂直永久应变超过5%,应停止试验并记录结果。

(1) 应力幅值按下式计算确定:

$$\sigma_0 = \frac{P_i}{A} \tag{2-21}$$

式中 σ_0——轴向应力幅值(MPa);

P_i——最后5次加载循环中轴向试验荷载平均幅值(N);

A——试件径向横截面面积(可取试件上下端面面积均值)(mm²)。

(2) 应变幅值按下式计算确定:

$$\varepsilon_0 = \frac{\Delta_i}{l_0} \tag{2-22}$$

式中 ε_0——可恢复轴向应变幅值(mm/mm);

Δ_i——最后5次加载循环中可恢复轴向变形平均幅值(mm);

l_0——位移传感器的量测间距(mm)。

(3) 动态回弹模量按下式计算:

$$M_R = \frac{\sigma_0}{\varepsilon_0} \tag{2-23}$$

式中 M_R——路基土或粒料的动态回弹模量(MPa)。

3. 路基反应模量(Reaction Modulus of Subgrade)

用温克勒(E. Winkler)路基模型描述路基工作状态时,用路基反应模量 K 表征路基的抗变形能力。根据温克勒地基假定,路基顶面任一点的弯沉 l,仅同作用于该点的垂直压力 p 呈正比,而同其相邻点处的压力无关。符合这一假定的路基如同由许多各不相连的弹簧所组成(图2-13)。压力 p 与弯沉 l 之比称为路基反应模量 K,即:

$$K = \frac{p}{l} \tag{2-24}$$

式中 K——路基反应模量(MPa/m 或 MN/m^3);
p——单位压力(MPa);
l——加载时的总弯沉值(m)。

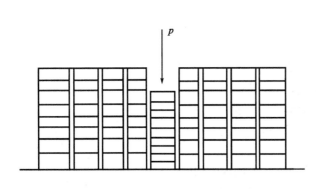

图 2-13 温克勒地基模型

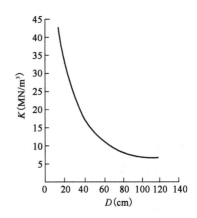

图 2-14 路基反应模量 K 与承载板直径 D 的关系

温克勒地基又称为稠密液体地基。路基反应模量 K 值相当于该液体的相对密度,路面板受到的路基反力相当于液体产生的浮力。

路基反应模量 K 值用承载板试验确定。承载板直径的大小对 K 值有一定影响,直径越小,K 值越大。由试验得知,当承载板直径大于 76 cm 时,K 值的变化很小,如图 2-14 所示。因此规定以直径为 76 cm 的承载板为标准。承载板试验测定方法与回弹模量测定方法相类似,但是采取一次加载到位的方法,施加荷载的量值根据不同的工程对象有两种方法供选用。当路基较为软弱时,用 0.127 cm 的弯沉量控制承载板的荷载。因为,通常情况下水泥混凝土路面板的弯沉不会超出这一范围。假如路基较为坚实,弯沉值难以达到 0.127 cm,则采用以单位压力 $p=70$ kPa 控制承载板的荷载。这是考虑到水泥混凝土路面下路基承受的压力通常不会超过这一范围。

当采用直径为 30 cm 的承载板测定时,可按下式进行修正:

$$K_{76} = 0.4 K_{30} \tag{2-25}$$

按上述方法确定的 K 值是一定荷载或弯沉条件下的荷载应力与总弯沉之比,其中包含回弹弯沉和残余弯沉。如果只考虑回弹弯沉,则可以得到路基回弹反应模量 K_R,通常 K_R 与总弯沉对应的路基反应模量 K 之间有如下关系:

$$K_R = 1.77 K \tag{2-26}$$

4. 加州承载比(California Bearing Ratio,CBR)

加州承载比是早年由美国加利福尼亚州(California)提出的一种评定路基及路面材料抗变

形能力的指标。抗变形能力以材料抵抗局部荷载压入的能力表征,并以高质量标准碎石为标准,以它们的相对比值表示 CBR 值。

试验时,用一个端部面积为 19.35 cm² 的标准压头,以 0.127 cm/min 的速度压入土中。记录每贯入 0.254 cm 时的单位压力,直至压入深度达到 1.27 cm 时为止。标准压力值是用高质量标准碎石由试验求得,其值如表 2-15 所示。

表 2-15 不同贯入值时的标准压力

贯入值(cm)	0.254	0.508	0.762	1.016	1.270
标准压力 p_s(kPa)	7 030	10 550	13 360	16 170	18 230

CBR 值按下式计算:

$$\mathrm{CBR} = \frac{p}{p_s} \times 100\% \tag{2-27}$$

式中 p——对应于某一贯入深度的荷载单位压力(kPa);
  p_s——相应贯入深度的标准压力(表 2-15)(kPa)。

计算 CBR 值时,取贯入深度为 0.254 cm,但是当贯入深度为 0.254 cm 时的 CBR 值小于贯入深度为 0.508 cm 时的 CBR 值时,应以后者为准。

CBR 试验设备有室内试验与室外试验两种。室内用 CBR 试验装置如图 2-15 所示。试件按路基施工时的含水率及压实度要求在试筒内制备,并在加载前浸泡在水中,饱水 4 d。为了模拟路面结构对路基的附加压力,在浸水过程中,以及压入试验时,在试件顶面施加环形砝码,其重力应根据预计的路面结构重力来确定。

CBR 野外试验方法基本上与室内试验相同,但其压入试验直接在路基顶面进行。有时,野外试验结果与室内试验结果不完全相同,这主要是由于土的含水率不一样,室内试验时,试件处于饱水状态;野外试验时,路基处于施工时的湿度状态。所以对野外试验结果必须加以修正,换算成饱水状态的 CBR 值。表 2-16 所列为常用路基土的 CBR 值。

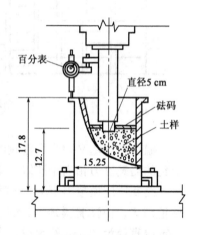

图 2-15 CBR 室内试验装置
(尺寸单位:cm)

表 2-16 常用路基土的 CBR 值

土 类	CBR(%)
级配良好的砾石,砾石-砂混合料	60~80
级配差的砾石,砾石-砂混合料	35~60
均匀颗粒的砾石和砂质砾石 粉质砾石,砾石-砂-粉土混合料	40~80
黏土质砾石,砾石-砂-黏土混合料; 级配良好的砂,砾石质砂;粉质砂,砂-粉土混合料	20~40

第2章 路基土的分类、干湿类型及设计参数

续表 2-16

土 类	CBR(%)
级配差的砂或砾石质砂	15～25
黏土质砂，石砂-黏土混合料	10～20
粉土，砂质粉土，砾石质粉土，贫黏土，砂质黏土，砾石质黏土，粉质黏土	5～15
无机质粉土，贫有机质黏土，云母质黏土或硅藻土	4～8
有机质黏土，肥黏土，有机质粉土	3～5

5. 路基模量参数及路基材料 CBR 要求

我国现场测定路基土回弹模量时，采用直径 30 cm 的刚性承载板用加载卸载的试验方法由式(2-20)确定，室内测定路基土和粒料回弹模量则采用动三轴试验由式(2-23)确定。

新建公路路基设计参数是路床顶面回弹模量，以路床顶面竖向压应变为验算指标。路面结构设计的路基回弹模量设计值 E_0 应符合下列规定：路基在平衡湿度状态下并考虑干湿与冻融循环后，路床顶面的回弹模量不应低于现行《公路沥青路面设计规范》(JTG D50)和《公路水泥混凝土路面设计规范》(JTG D40)的有关规定(表 2-17)。沥青路面路床顶面竖向压应变的计算值应满足沥青路面永久变形的控制要求；水泥混凝土路面路床顶面竖向压应变可不作控制。

新建公路路基回弹模量设计值 E_0 可由标准状态下的路基回弹模量 M_R 按式(2-28)通过湿度调整系数和模量折减系数确定，并应满足式(2-29)的要求。

$$E_0 = K_s K_\eta M_R \tag{2-28}$$

$$E_0 \geqslant [E_0] \tag{2-29}$$

式中 E_0——路基回弹模量设计值(MPa)；

$[E_0]$——路面结构设计的路基回弹模量要求值(MPa)(表 2-17)；

M_R——标准状态(最佳含水率、最大干密度)下路基回弹模量值(MPa)，按表 2-18 和表 2-19 确定；

K_s——路基回弹模量湿度调整系数，为平衡湿度(含水率或饱和度)状态下的回弹模量 M_s 与标准状态下的回弹模量 M_R 之比，计算经验公式如式(2-30)；

K_η——干湿循环或冻融循环条件下路基土模量折减系数，通过试验确定。初步设计时，非冰冻地区可根据土质类型、失水率确定，季节性冰冻区可根据冻结温度、含水率确定，折减系数可取 0.7～0.9。

表 2-17 路床顶面回弹模量要求(不小于)(MPa)

交通荷载等级	极重	特重	重	中等	轻交通
沥青混凝土路面	70	60	50	40	
水泥混凝土路面	80			60	40

表 2-18　标准状态下路基土回弹模量参考值(MPa)

土　组	取值范围(MPa)	土　组	取值范围(MPa)
砾(G)	110～135	粉土质砂(SM)	65～95
含细粒土砾(GF)	100～130	黏土质砂(SC)	60～90
粉土质砾(GM)	100～125	低液限粉土(ML)	50～90
黏土质砾(GC)	95～120	低液限黏土(CL)	50～85
砂(S)	95～125	高液限粉土(MH)	30～70
含细粒土砂(SF)	80～115	高液限黏土(CH)	20～50

注：① 对于砾和砂，D_{60}（通过率为60%时的颗粒粒径）大时，模量取高值，D_{60}小时，模量取低值。
② 对于其他含细粒的土组，小于0.075mm颗粒含量大和塑性指数高时，模量取低值，反之，模量取高值。
③ 同等条件下，轻、中等及重交通荷载时路基土回弹模量取较小值，特重、极重交通条件下取较大值。

表 2-19　标准状态下粒料回弹模量参考值(MPa)

粒料类型	取值范围(MPa)	粒料类型	取值范围(MPa)
级配碎石	180～400	级配砾石	150～300
未筛分碎石	180～220	天然砂砾	100～140

表 2-20　潮湿类路基的回弹模量湿度调整系数 K_s

土质类型	砂	细粒土砂	粉质土	黏质土
路基工作区顶面	0.8～0.9	0.5～0.6	0.5～0.7	0.6～1.0
路基工作区底面	0.5～0.6	0.4～0.5	0.4～0.6	0.5～0.9

注：① 对砾和砂，D_{60}大时，调整系数取高值，D_{60}小时，调整系数取低值。
② 对其他含细粒的土组，小于0.075mm颗粒含量大和塑性指数高时，调整系数取低值，反之，调整系数取高值。

表 2-21　干燥类路基的回弹模量湿度调整系数 K_s

土　组	TMI					
	−50	−30	−10	10	30	50
砂 S	1.30～1.84	1.14～1.80	1.02～1.77	0.93～1.73	0.86～1.69	0.80～1.64
粉土质砂 SM	1.59～1.65	1.10～1.26	0.83～0.97	0.73～0.83	0.70～0.76	0.70～0.76
黏土质砂 SC						
低液限粉土 ML	1.35～1.55	1.01～1.23	0.76～0.96	0.58～0.77	0.51～0.65	0.42～0.62
低液限黏土 CL	1.22～1.71	0.73～1.52	0.57～1.24	0.51～1.02	0.49～0.88	0.48～0.81

$$\log K_s = \frac{\log M_S}{\log M_R} = a + \frac{b-a}{1+\exp\left[\ln\left(-\frac{b}{a}\right)+K_m(S-S_{opt})\right]} \quad (2-30)$$

第2章 路基土的分类、干湿类型及设计参数

式中 a、b、K_m ——回归系数，$a=-0.6563$，$b=0.2548$，$K_m=6.4604$；

M_S、M_R ——对应于平衡湿度的饱和度 S 的模量（MPa）和最佳饱和度 S_{opt} 的模量（MPa）。

标准状态下路基回弹模量值应综合考虑公路等级和设计阶段，根据路床深度范围内路基土（或粒料）的回弹模量，按下列方法确定：路基土及粒料的回弹模量应根据路基结构应力水平，采用重复加载三轴压缩试验方法，通过试验获得。当受试验条件限制时，可按土组类别或粒料类型由表2-18和表2-19查取回弹模量参考值。初步设计阶段，也可参照式(2-31)、式(2-32)由路基土或粒料的CBR(%)值估算标准状态下路基土或粒料的回弹模量值。

$$M_R = 17.6 CBR^{0.64} \quad (2<CBR\leqslant 12) \tag{2-31}$$

$$M_R = 22.1 CBR^{0.55} \quad (12<CBR<80) \tag{2-32}$$

由于直接用公式(2-30)确定 K_s 比较复杂，《公路路基设计规范》(JTG D30)给出了 K_s 取值的推荐方法。对潮湿类（地下水控制类）路基的回弹模量湿度调整系数 K_s 可参照表2-20查取；对干燥类（气候因素控制类）路基的回弹模量湿度调整系数 K_s 可参照表2-21查取；对中湿类（兼受地下水和气候因素影响类）路基的回弹模量湿度调整系数 K_s，可按路基工作区内两类湿度来源的上部和下部分别确定其湿度调整系数，对下部潮湿区，可查得其上部和下部 K_s 值，然后求其平均值得到下部潮湿区 K_s 值，并再根据路基工作区上、下部的厚度加权计算路基总的回弹模量湿度调整系数。

我国《公路路基设计规范》(JTG D30)和《公路路基施工技术规范》(JTG/T 3610)对路基填料的CBR提出了最低值要求(表2-8)。

当路基结构的填料CBR、路床顶面回弹模量和竖向压应变、路基湿度状态等不能满足要求时，应根据气候、土质、地下水赋存和料源等条件，经技术经济比选后，采取换填、处治、排水、加筋等措施。换填可选用粗粒土、粒料或低剂量无机结合料稳定土等，并合理确定换填深度；细粒土处治可采用物理处治或化学处治。物理处治可采用砂、砾石、碎石等进行掺和；化学处治可采用石灰、水泥、粉煤灰等无机结合料进行稳定或综合稳定。细粒土路基的处治设计应通过相关物理力学试验，确定处治材料及其掺量、处治后的路基性能指标等。水文地质条件不良的土质挖方路基或者潮湿状态填方路基，应采取设置排水垫层、毛细水隔离层、地下排水渗沟（或盲沟）等措施。冰冻区各级公路的中湿、潮湿路段，应结合路面结构进行路基结构的防冻验算，必要时，应对路基结构设置防冻垫层或保温层。

二、路基稳定性验算的材料参数

为确定合理的边坡坡度，进行路基稳定性分析时需要试验确定相应参数，主要是黏聚力 c 和内摩擦角 φ。《公路路基设计规范》(JTG D30)规定，一般路堤、高路堤、陡坡路堤、深路堑等边坡稳定性分析的强度参数应根据填料来源、场地情况及分析工况的需要，选择有代表性的土样进行室内试验，并结合现场情况确定。试验方法应符合下列要求：

不固结
不排水试验

(1) 路基填土的强度参数黏聚力 c 和内摩擦角 φ 值，可采用直剪快剪或三轴不排水剪试验获得。不同工况下试样制备要求见表2-22。当路基填料为粗粒土或填石料时，应采用大型三轴试验仪或大型直剪试验仪进行试验。

固结不排
水试验

表 2-22 路堤填土强度参数试验试样制备要求

分析工况	试样要求	适用范围
正常工况	采用填筑含水率和填筑密度;当难以获得填筑含水率和填筑密度时,或进行初步稳定分析时,密度采用要求达到的密度,含水率采用击实曲线上要求密度对应的较大含水率	用于新建路堤
	取路基原状土	用于已建路堤
非正常工况 I	同正常工况试样要求,但要预先饱和	用于降雨入渗影响范围内的填土
非正常工况 II	同正常工况试样要求	—

注:① 正常工况:路基投入运营后经常发生或持续时间长的工况。
　　② 非正常工况 I:路基处于暴雨或连续降雨状态下的工况。
　　③ 非正常工况 II:路基遭遇地震等荷载作用的工况。

(2) 路基土的强度参数 c、φ 值,宜采用直剪固结快剪或三轴固结不排水剪试验获得。

(3) 分析高路堤沿斜坡地基或软弱层带滑动的稳定性时,应结合场地条件,选择控制性层面的土层试验获得强度参数 c、φ 值。可采用直剪快剪或三轴不固结不排水剪试验。当存在地下水影响时,应采用饱水试件进行试验。

(4) 分析岩体边坡时,岩体和结构面抗剪强度指标宜根据现场原位试验确定。试验应符合现行国家标准《工程岩体试验方法标准》(GB/T 50266)的规定。当无条件进行试验时,可采用现行《工程岩体分级标准》(GB 50218)、表 2-23 和反分析等方法综合确定。岩体结构面的结合程度可按表 2-24 确定。边坡岩体性能指标标准值可按地区经验确定。重要边坡应通过试验确定。岩体内摩擦角可由岩块内摩擦角标准值按岩体裂隙发育程度与表 2-25 所列的折减系数的乘积确定。

表 2-23 结构面抗剪强度指标标准值

结构面类型		结构面结合程度	内摩擦角 φ(°)	黏聚力 c(MPa)
硬性结构面	1	结合好	>35	>0.13
	2	结合一般	35~27	0.13~0.09
	3	结合差	27~18	0.09~0.05
软弱结构面	4	结合很差	18~12	0.05~0.02
	5	结合极差(泥化层)	根据地区经验确定	

注:① 表中数值已考虑结构面的时间效应。
　　② 极软岩、软岩取表中低值。
　　③ 岩体结构面连通性差时,取表中的高值。
　　④ 岩体结构面浸水时取表中的低值。

表 2-24 结构面的结合程度

结合程度	结构面特征
结合好	张开度小于 1 mm,胶结良好,无充填;张开度 1~3 mm,硅质或铁质胶结
结合一般	张开度 1~3 mm,钙质胶结;张开度大于 3 mm,表面粗糙,钙质胶结
结合差	张开度 1~3 mm,表面平直,无胶结;张开度大于 3 mm,岩屑充填或岩屑夹泥质充填
结合很差、结合极差(泥化层)	表面平直光滑,无胶结;泥质充填或泥夹岩屑充填,充填物厚度大于起伏差;分布连续的泥化夹层;未胶结的或强风化的小型断层破碎带

第 2 章　路基土的分类、干湿类型及设计参数

表 2-25　边坡岩体内摩擦角折减系数

边坡岩体特性	内摩擦角的折减系数	边坡岩体特性	内摩擦角的折减系数
裂隙不发育	0.90~0.95	裂隙发育	0.80~0.85
裂隙较发育	0.85~0.90	碎裂结构	0.75~0.80

(5) 粉煤灰等其他路基填筑材料应通过试验确定其黏聚力 c 和内摩擦角 φ 值,同时应通过试验确定其他材料参数,满足材料选用要求。

习题与讨论

习　题

1. 我国公路用土如何进行类型划分? 土的粒组如何区分?
2. 不同路基土有何工程特点? 如何根据因地取材的原则选择路基填料?
3. 何谓路基工作区? 当工作区深度大于路基填土高时应采取何措施? 为什么?
4. 什么是路基平衡湿度? 如何确定路基的平衡湿度状态?
5. 有一土路修筑在 IV_4 区,中等交通,黏质土(CH),地下水位距原地面 0.8 m,请确定当路基高度分别为 3.5 m、1.5 m 时路基的湿度状态以及路基工作区 1/2 位置和距地下水位 1.5 m 处的路基平衡湿度(假定荷载 $P=50$ kN,黏质土毛细水上升高度为 4.0 m,路基土密度取 16.4 kN/m³)。
6. 已知某一道路修筑在 V_1 区,轻交通,路面结构为 4 cmAC+6 cmAC+18 cm 级配碎石,抗压模量分别为 9 200 MPa、8 100 MPa、310 MPa,路基模量为 45 MPa,砂类土(SM),地下水位距原地面 0.38 m,请确定当路基高度分别为 2.0 m、1.0 m 时路基的湿度状态以及路基工作区 1/2 位置和距地下水位 0.4 m 处的路基平衡湿度(假定荷载 $P=50$ kN,砂类土毛细水上升高度为 0.8 m,路基土密度取 17.2 kN/m³)。
7. 已知某道路路面结构为 4 cmAC+6 cmAC+18 cm 水泥稳定碎石+20 cm 二灰土,极重交通,抗压模量采用 10 500 MPa、9 800 MPa、9 900 MPa 和 3 100 MPa,路基模量为 58 MPa,路基高度为 2.5 m,地下水位距原地面 2 m,如路基土分别为黏质土(CL)时,交通荷载等级为重,公路修筑在 V_2 区,请计算路基工作区、路基平衡湿度及路基湿度修正系数。(荷载规定:黄河 JN150 后轴 100 kN,压力 0.707 MPa,一侧单轮轮印直径 30 cm,各层材料的重度请查相关资料)
8. 已知某道路路面结构为 4 cmAC+6 cmAC+8 cmAC+38 cm 水泥稳定碎石+20 cm 二灰土,抗压模量分别为 9 500 MPa、11 000 MPa、9 100 MPa、11 000 MPa 和 3 100 MPa,路基模量为 63 MPa,路基高度为 3.0 m,请计算路基工作区、路基平衡湿度及路基湿度修正系数。(荷载规定:黄河 JN150 后轴 100 kN,压力 0.707 MPa,一侧单轮轮印直径 30 cm,各层材料的重度请查相关资料)
9. 何为路基顶面综合模量 E 和路基反应模量 K? 什么是 CBR?
10. 请说明路基顶面综合模量 E 和路基反应模量 K 的测试要求。
11. 如何确定新建公路路基回弹模量设计值 M_R?

讨 论

1. 路基工作区计算时荷载应力有两种计算方法：①用简化布辛尼斯克公式进行计算；②用层状体系计算软件计算，请结合习题7和8讨论荷载大小、不同路面结构、应力计算方法对工作区深度的影响。

2. 请讨论路基顶面综合模量E和路基反应模量K的意义和在路面设计中的作用，如何结合路基湿度的变化选择路基顶面综合模量E或路基反应模量K。

3. 土的分类规范有《公路土工试验规程》(JTG E40)、《公路工程地质勘察规范》(JTG C20)、《土的工程分类标准》(GB/T 50145)等，请参阅相关规范，讨论土的分类特点和意义。

第3章 路基设计

> **学习目的**：路基是公路的重要组成部分。一般路基通常指在良好的地质和水文等条件下，填方高度或挖方深度在1.5~18 m的路基。一般路基在正常的地质条件下可以结合当地的地形、地质情况，直接选用典型断面图或设计规定；在特殊的地质条件下，应进行个别论证和验算。特殊路基是位于特殊土地段、不良地质地段及受水、气候等自然因素影响强烈的路基，需要进行特殊设计。通过这一章的学习，要求学生掌握如何确定一般路基的宽度、高度和边坡坡度，并进行稳定性验算。了解特殊路基的基本特点。
>
> **教学要求**：主要介绍路基设计的一般规定、路基的类型和构造、路基的设计、路基稳定性验算的瑞典法和Bishop法以及附属设施等，介绍特殊路基的基本特点。

§3-1 路基设计的一般要求

公路路基是路面的基础，它承受着本身土体的自重和路面结构的重量，同时还承受由路面传递下来的行车荷载，所以路基是公路的承重主体。

公路路基属于带状结构，随着天然地面的高低起伏，标高不同，路基设计需根据路线平、纵、横设计，精心布置，确定标高，为路面结构提供具有足够宽度的平顺基面。

路基承受行车荷载作用，主要在应力作用区的路基工作区范围之内，其深度一般在路床顶面以下0.8或1.2 m范围以内。此部分路基按其作用可视为路面结构的路床，其强度与稳定性要求，可根据路基路面综合设计的原则确定。坚固的路基，不仅是路面强度与稳定性的重要保证，而且能为延长路面使用寿命创造有利条件，所以路基路面的综合设计至为重要。

为了确保路基的强度与稳定性，使路基在外界因素作用下，不致产生不允许的变形，在路基的整体结构中还必须包括各项附属设施，其中有路基排水、路基防护与加固以及与路基工程直接相关的设施，如弃土堆、取土坑、护坡道、碎落台、堆料坪及错车道等。

由于路基标高与原地面标高有差异，且各路段岩土性质的变化，各处附属设施的布置不尽相同，因此各路段的路基横断面形状差别很大。路基横断面形式的选定和各项附属设施的设计，同是路基设计的基本内容。

一般路基通常指在正常的地质与水文等条件下，填方高度和挖方深度小于规范规定高度和深度的路基。一般路基可以结合当地的地形、地质情况，直接选用典型断面图或设计规定，不必进行个别论证和验算。对于高路堤与陡坡路堤、深挖路堑以及地质和水文等条件特殊的路基，如滑坡地段路基、软土地区路基，为确保路基具有足够的强度与稳定性，需要进行个别设计和验算。

路基设计一般应该避免高路堤和深路堑，当路基中心填方高度超过20 m、中心挖方深度超过30 m时，应该结合路线方案与桥梁、隧道等构造物或分离式路基做方案比选。在进行方案比选时，既要考虑建设期间的工程量、施工方法等因素，又要考虑运营期间因路基病害所增加的养护维修工程量和因此造成的运营效益损失,还要考虑整个社会效益。在工程投资相差不多的情况下,应优先选用桥隧工程以及采用新技术、新工艺、新材料的工程方案。

为了保证路基的强度和稳定性,一般对路基的设计有如下要求:

(1) 路基设计之前,应做好全面调查研究,充分收集沿线地质、水文、地形、地貌、气象、地震等设计资料。改建公路设计时,还应收集历年路况资料及当地路基的翻浆、崩塌、水毁、沉降变形等病害的防治经验。

(2) 路基设计应根据当地自然条件和工程地质条件,选择适当的路基横断面形式和边坡坡度。河谷地段不宜侵占河床,可视具体情况设置其他结构物和防护工程。

山区高速公路

(3) 陡坡上的半填半挖路基,可根据地形、地质条件,采用护肩、砌石或挡土墙;当山坡高陡或稳定性差,不宜多挖时,可采用桥梁、悬出路台等构造物;三、四级公路的悬崖陡壁地段,当土体岩石整体性好时,可采用半山洞。

(4) 沿河路基边缘标高,应不低于路基设计洪水频率的水位加壅水高、波浪侵袭高,以及 0.5 m 的安全高度,并根据冲刷情况,设置必要的防护设施。沿河路基废方应妥善处理,以免造成河床堵塞、河流改道或冲毁沿线构造物、农田、房屋等不良后果。

美国高速公路

一、路堤

图 3-1 所示为路堤的几种常见横断面形式。按路堤的填土高度不同,划分为低路堤、高路堤和一般路堤。填土高度小于路基工作区深度的路基属于低路堤;填土高度大于 20 m 的路堤属于高路堤;修筑在地面坡度陡于 1:2.5 地段的路基属于陡坡路基;填土高度在 1.5 m 至 18 m 范围内的路堤为一般路堤。随其所处的条件和加固类型的不同,还有浸水路堤、护脚路堤及挖沟填筑路堤等形式。

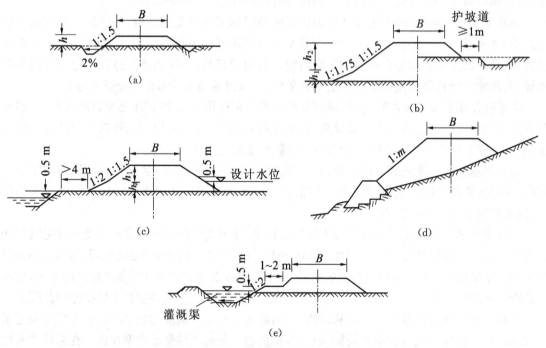

图 3-1 路堤常用横断面形式

(a) 矮路堤;(b) 一般路堤;(c) 浸水路堤;(d) 护脚路堤;(e) 挖沟填筑路堤

矮路堤常在平坦地区取土困难时选用。平坦地区地势低,水文条件较差,易受地面水和地下水的影响,设计时应注意满足最小填土高度的要求,力求不低于规定的临界高度,使路基处于干燥或中湿状态。路基两侧均应设边沟。

矮路堤的高度通常接近或小于路基工作区的深度,除填方路堤本身要求满足规定的施工要求外,天然地面也应按规定进行压实,达到规定的压实度,必要时进行换土或加固处理,以保证路基路面的强度和稳定性。

填方高度不大,$h=2\sim3$ m 时,填方数量较少,全部或部分填方可以在路基两侧设置取土坑,使之与排水沟渠结合。为保护填方坡脚不受流水侵害,保证边坡稳定,可在坡脚与沟渠之间预留 $1\sim2$ m 甚至大于 4 m 宽度的护坡道。地面横坡较陡时,为防止填方路堤沿山坡向下滑动,应将天然地面挖成台阶,或设置石砌护脚。

高路堤的填方数量大,占地多,为使路基稳定和横断面经济合理,需进行个别设计。高路堤和浸水路堤的边坡可采用上陡下缓的折线形式或台阶形式,如在边坡中部设置护坡道。为防止水流侵蚀和冲刷坡面,高路堤和浸水路堤的边坡,须采取适当的坡面防护和加固措施,如铺草皮、砌石等。

二、路堑

图 3-2 所示是路堑的几种常见横断面形式,有全挖路基、台口式路基及半山洞路基。土质挖方边坡高度大于 20 m 或岩质挖方边坡高度大于 30 m 的路堑称为深路堑。挖方边坡可视高度和岩土层情况设置成直线或折线。挖方边坡的坡脚处设置边沟,以汇集和排除路基范围内的地表径流。路堑的上方应设置截水沟,以拦截和排除流向路基的地表径流。挖方弃土可堆放在路堑的下方。边坡坡面易风化时,在坡脚处设置 $0.5\sim1.0$ m 的碎落台,坡面可采用防护措施。

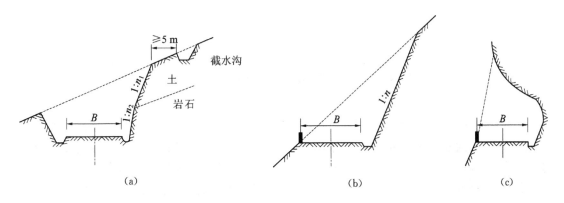

图 3-2 路堑常用横断面形式
(a) 全挖路基;(b) 台口式路基;(c) 半山洞路基

陡峻山坡上的半路堑,路中线宜向内侧移动,尽量采用台口式路基(图 3-2b),避免路基外侧的少量填方。遇有整体性的坚硬岩层,为节省石方工程,可采用半山洞路基(图 3-2c)。

挖方路基处土层地下水文状况不良时,可能导致路面的破坏,所以对路堑以下的天然地基,要人工压实至规定的密实程度,必要时还应翻挖,重新分层填筑、换土或进行加固处理,采取加铺隔离层,设置必要的排水设施等措施。

三、半填半挖路基

图 3-3 所示是半填半挖路基的几种常见横断面形式。位于山坡上的路基,通常取路中心的标高接近原地面的标高,以便减少土石方数量,保持土石方数量横向平衡,形成半填半挖路基。若处理得当,路基稳定可靠,是比较经济的断面形式。

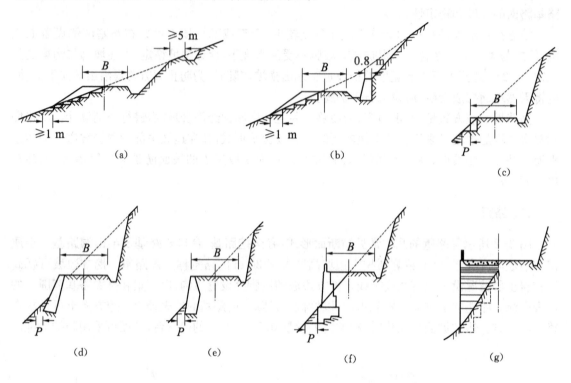

图 3-3 半填半挖路基常用横断面形式
(a)一般填挖路基;(b)矮挡土墙路基;(c)护肩路基;(d)砌石护坡路基;
(e)砌石护墙路基;(f)挡土墙支撑路基;(g)半山桥路基

半填半挖路基兼有路堤和路堑两者的特点,上述对路堤和路堑的要求均应满足。填方部分的局部路段,如遇原地面的短缺口,可采用砌石护肩。如果填方量较大,也可就近利用废石方,砌筑护坡或护墙,石砌护坡和护墙相当于简易式挡土墙,承受一定的侧向压力。有时填方部分需要设置路肩(或路堤)式挡土墙,确保路基稳定,进一步压缩用地宽度。石砌护肩、护坡与护墙,以及挡土墙等路基,参阅图 3-3 中 c~f。如果填方部分悬空,而纵向又有适当的基岩时,则可以沿路基纵向建成半山桥路基,如图 3-3g 所示。

上述三类典型路基横断面形式,各具特点,分别在一定条件下使用。由于地形、地质、水文等自然条件差异性很大,且路基位置,横断面尺寸及要求等,亦应服从于路线、路面及沿线结构物的要求,所以路基横断面类型的选择,必须因地制宜,综合设计。

§3-2 路基设计

在工程地质和水文地质条件良好的地段修筑的一般路基设计包括以下内容:① 选择路基

断面形式,确定路基宽度与路基高度;② 选择路堤填料与压实标准;③ 确定边坡形状与坡度;
④ 路基排水系统布置和排水结构设计;⑤ 坡面防护与加固设计;⑥ 附属设施设计。除了②、
④、⑤将在有关章节介绍之外,其余内容在本章作介绍。

一、路基宽度

路基宽度为行车道宽度及其两侧路肩宽度之和。当设有中间带、加(减)速车道、爬坡车道、紧急停车带、错车道等时,应计入这部分的宽度。技术等级高的公路,设有中间带、路缘石、变速车道、爬坡车道、紧急停车带等,均应包括在路基宽度范围内。路面宽度根据设计通行能力及交通量大小而定,一般每个车道宽度为 3.50~3.75 m。技术等级高的公路及城镇近郊的一般公路,路肩宽度尽可能增大,一般取 1~3 m,并铺筑硬质路肩,以保证路面行车不受干扰。各级公路路基宽度按《公路工程技术标准》(JTG B01)的规定进行设计,如图 3-4 和表 3-1 所示。

路基占用土地,是公路通过农田或用地受限制地区时的突出问题。建路占地必须综合规划,统筹兼顾,讲究经济效益,农业与交通相互促进。公路建设应尽可能利用非农业用地,少占农田。高速公路局部路段可选用高架道路,以桥代路。山坡路基应尽量使填挖平衡,扩大和改善林业用地,保护林区牧地,防止水土流失,维护生态平衡。减少高填深挖,利用植物防护,绿化与美化路基。所有这些,在路基设计与施工过程中,亦应予以综合考虑。

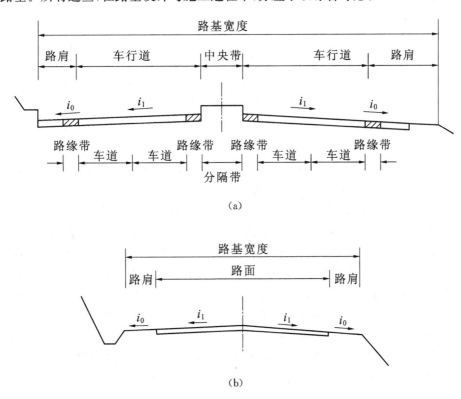

图 3-4 公路路基宽度图
(a) 高速公路和一级公路;(b) 二、三、四级公路

表 3-1 公路路基宽度

公路等级		高速公路、一级公路								
设计速度(km/h)		120			100			80		60
车道数		8	6	4	8	6	4	6	4	4
路基宽度(m)	一般值	45.00	34.50	28.00	44.00	33.50	26.00	32.00	24.50	23.00
	最小值	42.00	—	26.00	41.00	—	24.50	—	21.50	20.00
公路等级		二级公路、三级公路、四级公路								
设计速度(km/h)		80		60		40		30		20
车道数		2		2		2		2		2 或 1
路基宽度(m)	一般值	12.00		10.00		8.50		7.50		6.50（双车道） / 4.50（单车道）
	最小值	10.00		8.50		—		—		—

注：① "一般值"为正常情况下的采用值；"最小值"为条件受限制时可采用的值。
② 八车道高速公路路基宽度"一般值"为设置左侧硬路肩、内侧车道采用 3.50 m 时的宽度；八车道高速公路路基宽度"最小值"为不设置左侧硬路肩、内侧车道采用 3.75 m 时的宽度。

二、路基高度

路基高度是指路堤的填筑高度和路堑的开挖深度，是路基设计标高和地面中心线标高之差。路基设计标高，无中央分隔带的公路，应为路基边缘高度；有中央分隔带的公路，应为中央分隔带外侧边缘的高度；在设置超高加宽路段，则为设置超高加宽前的路基边缘高度。

路基的填挖高度，是在路线纵断面设计时，综合考虑路线纵坡要求、路基稳定性和工程经济等因素确定的。从路基的强度和稳定性要求出发，路床部分土层应处于干燥或中湿状态，路基高度应根据临界高度并结合公路沿线具体条件和排水及防护措施确定路堤的最小填土高度。

高路堤和深路堑的土石方数量大，占地多，施工困难，边坡稳定性差，行车不利，应尽量避免使用，不得已而一定要用时，应进行个别特殊设计。

为保证路基稳定，应尽量满足路基临界高度的要求，若路基高度低于按地下水位或地面水位计算的临界高度，可视为矮路堤。矮路堤通常处于行车荷载应力作用区范围内，同时经受着地面和地下水不利水文状况的影响。有时为了增强路基路面的综合强度与稳定性，需要另外增加投资加强路面结构或增设地下排水设施。同时，为满足行人需要，应设置上跨桥梁，因此，究竟如何合理确定路基的高度，需要进行综合比较后才可择优取用。

沿河及受水浸淹的路基，其高度应根据技术标准所规定的设计洪水频率（表 3-2），求得设计水位，再增加 0.5 m 的余量。如果河道因设置路堤而压缩过水面积，致使上游有壅水，或河面宽阔而有风浪，就应增加壅水高度和波浪冲上路堤的高度（即波浪侵袭高度）。所以沿河浸水路堤的高度，应高出上述各值之和，以保证路基不致淹没，并据此进行路基的防护与加固。

表 3-2 路基设计洪水频率

公路等级	高速公路	一级公路	二级公路	三级公路	四级公路
洪水设计频率	1/100	1/100	1/50	1/25	按具体情况确定

三、路基边坡坡度

路基边坡坡度对路基稳定十分重要,确定路基边坡坡度是路基设计的重要任务。公路路基的边坡坡度用边坡高度 H 与边坡宽度 b 之比值表示,并取 $H=1$,如图 3-5 所示,$H:b=1:0.5$(路堑边坡)或 $1:1.5$(路堤边坡),通常用 $1:n$(路堑)或 $1:m$(路堤)表示其坡率,称为边坡坡率。

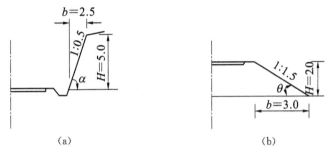

图 3-5 路基边坡坡度示意图
(a) 路堑边坡;(b) 路堤边坡

路基边坡坡度的大小,取决于边坡的土质、岩石的性质及水文地质条件等自然因素和边坡的高度。在陡坡或填挖较大的路段,边坡稳定不仅影响到土石方工程量和施工的难易,而且是路基整体稳定性的关键。因此,确定边坡坡度对于路基的稳定性和工程的经济合理性至关重要。一般路基的边坡坡度应通过边坡稳定性验算(具体验算方法见§3-3)或根据多年工程实践经验和设计规范推荐的数值采用。

1. 路堤边坡

当地质条件良好,边坡高度不大于 20 m 时,一般路堤边坡坡度可根据填料种类和边坡高度按表 3-3 所列的坡度选用,坡率不宜陡于表 3-3 的规定值。路堤边坡高度超过表列数值时,属高路堤,应进行单独设计。

表 3-3 路堤边坡坡率表

填料类别	边坡坡率	
	上部高度($H\leqslant 8$ m)	下部高度($H\leqslant 12$ m)
细粒土	1:1.5	1:1.75
粗粒土	1:1.5	1:1.75
巨粒土	1:1.3	1:1.5

沿河浸水路堤的边坡坡度,在设计水位以下视填料情况不宜陡于 1:1.75,在常水位以下部分可采用 1:2.0~1:3.0。

当公路沿线有大量天然石料或路堑开挖的废石方时,可用以填筑路堤。填石路堤应由不易风化的较大(大于 25 cm)石块砌筑,边坡坡度一般可用 1:1。

陡坡上的路基填方可采用砌石如图 3-6 所示,砌石应用当地不易风化的开山片石砌筑。

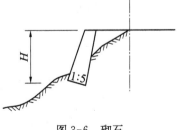

图 3-6 砌石

砌石顶宽一律采用 0.8 m 基底面以 1:1.5 的坡率向路

基内侧倾斜,砌石高度 H 一般为 2~15 m,墙的内外坡依砌石高度,按表 3-4 选定。

表 3-4　砌石边坡坡度表

序　号	高度(m)	内坡坡度	外坡坡度
1	≤5	1:0.3	1:0.5
2	≤10	1:0.5	1:0.67
3	≤15	1:0.6	1:0.75

在地震地区,应参照《公路工程抗震设计规范》(JTG B02)的有关规定。该规范规定,高速公路和一级公路的路堤,边坡高度大于表 3-5 的规定时,应放缓边坡坡度。

表 3-5　路堤边坡高度限值(m)

填　料	地震基本烈度	
	8	9
岩块和细粒土(粉质土和有机质土除外)	15	10
粗粒土(细砂、极细砂除外)	6	3

2. 路堑边坡

路堑是从天然地层中开挖出来的路基结构物,设计路堑边坡时,首先应从地貌和地质构造上判断其整体稳定性。在遇到工程地质或水文地质条件不良的地层时,应尽量使路线避绕它;而对于稳定的地层,则应考虑开挖后,是否会由于减少支承,坡面风化加剧而引起失稳。

影响路堑边坡稳定的因素较为复杂,除了路堑深度和坡体土石的性质之外,地质构造特征、岩石的风化和破碎程度、土层的成因类型、地面水和地下水的影响、坡面的朝向以及当地的气候条件等都会影响路堑边坡的稳定性,在边坡设计时必须综合考虑之。

土质(包括粗粒土)路堑边坡,边坡高度不大于 20 m 时,应根据边坡高度、土的密实程度、地下水和地面水的情况、排水防护措施、施工方法、土的成因及生成时代等因素,参照表 3-6、表 3-7 选定。路堑边坡高度大于 20 m 时,应进行单独设计。

表 3-6　土质路堑边坡坡率

土的类别		边坡坡率
黏土、粉质黏土、塑性指数大于 3 的粉质土		1:1
中密以上的中砂、粗砂、砾砂		1:1.5
卵石土、碎石土、圆砾土、角砾土	胶结和密实	1:0.75
	中　密	1:1

注:① 黄土、红黏土、膨胀土等特殊土质挖方边坡形式及坡度应按相关规范有关规定确定。
② 土的密实程度的划分见表 3-7。

表 3-7　土的密实程度划分表

分　级	试坑开挖情况
较　松	铁锹很容易铲入土中,试坑坑壁容易坍塌
中　密	天然坡面不易陡立,试坑坑壁有掉块现象,部分需用镐开挖
密　实	试坑坑壁稳定,开挖困难,土块用手使力才能破碎,从坑壁取出大颗粒处能保持凹面形状
胶　结	细粒土密实度很高,粗颗粒之间呈弱胶结,试坑用镐开挖困难,天然坡面可以陡立

第3章 路基设计

岩质路堑边坡形式及坡率应根据工程地质与水文地质条件、排水防护措施、边坡高度、施工方法,结合自然稳定边坡和人工边坡的调查综合确定,边坡高度不大于 30 m 时,设计时可根据这些因素参照表 3-8、表 3-9 和表 3-10 来选定。必要时可采用稳定性分析方法予以检算。

表 3-8 岩质路堑边坡坡率

边坡岩体类型	风化程度	边坡坡率	
		$H<15$ m	15 m$\leqslant H<30$ m
Ⅰ类	未风化、微风化	1:0.1~1:0.3	1:0.1~1:0.3
	弱风化	1:0.1~1:0.3	1:0.3~1:0.5
Ⅱ类	未风化、微风化	1:0.1~1:0.3	1:0.3~1:0.5
	弱风化	1:0.3~1:0.5	1:0.5~1:0.75
Ⅲ类	未风化、微风化	1:0.3~1:0.5	
	弱风化	1:0.5~1:0.75	
Ⅳ类	弱风化	1:0.5~1:1	
	弱风化	1:0.75~1:1	

注:① 有可靠的资料和经验时,可不受本表限制;
② Ⅳ类强风化包括各类风化程度的极软岩。

表 3-9 岩质边坡的岩体分类

边坡岩体类型 \ 判定条件	岩体完整程度	结构面结合程度	结构面产状	直立边坡自稳能力
Ⅰ	完整	结构面结合良好或一般	外倾结构面或外倾不同结构面的组合线倾角大于 75°或小于 35°	30 m 高边坡长期稳定,偶有掉块
Ⅱ	完整	结构面结合良好或一般	外倾结构面或外倾不同结构面的组合线倾角 35°~75°	15 m 高的边坡稳定,15~30 m 高的边坡欠稳定
	完整	结构面结合差	外倾结构面或外倾不同结构面的组合线倾角大于 75°或小于 35°	
	较完整	结构面结合良好或一般或差	外倾结构面或外倾不同结构面的组合线倾角小于 35°,有内倾结构面	边坡出现局部塌落
Ⅲ	完整	结构面结合差	外倾结构面或外倾不同结构面的组合线倾角 35°~75°	8 m 高的边坡稳定,15 m 高的边坡欠稳定
	较完整	结构面结合良好或一般	外倾结构面或外倾不同结构面的组合线倾角 35°~75°	
	较完整	结构面结合差	外倾结构面或外倾不同结构面的组合线倾角大于 75°或小于 35°	
	较完整(碎裂镶嵌)	结构面结合良好或一般	结构面无明显规律	

续表 3-9

判定条件 边坡岩体类型	岩体完整程度	结构面结合程度	结构面产状	直立边坡自稳能力
IV	较完整	结构面结合差或很差	外倾结构面以层面为主,倾角多为35°～75°	8 m 高的边坡不稳定
	不完整 (散体、碎裂)	碎块间结合很差		

注：① 边坡岩体分类中未含由软弱结构面控制的边坡和倾倒崩塌性破坏的边坡；
② Ⅰ类岩体为软岩、较软岩时,应降为Ⅱ类岩体；
③ 当地下水发育时,Ⅱ、Ⅲ类岩体可视具体情况降低一档；
④ 强风化岩和极软岩可划为Ⅳ类岩体；
⑤ 表中外倾结构面系指倾向与坡向的夹角小于30°的结构面；
⑥ 岩体完整程度按附表 3-10 确定。

表 3-10 岩体完整程度划分

岩体完整程度	结构面发育程度	结构类型	完整性系数 K_V
完整	结构面1～2组,以构造节理或层面为主,密闭型	巨块状整体结构	>0.75
较完整	结构面2～3组,以构造节理或层面为主,缝隙多呈密闭型,部分为微张型,少有充填物	块状结构、层状结构、镶嵌碎裂结构	0.35～0.75
不完整	结构面大于3组,在断层附近受构造作用影响较大,缝隙以张开型为主,多有充填物,厚度较大	碎裂状结构、散体结构	<0.35

注：① 完整性系数 $K_V = \left(\dfrac{V_R}{V_P}\right)^2$, V_R——弹性纵波在岩体中的传播速度；V_P——弹性纵波在岩块中的传播速度；
② 镶嵌碎裂结构为碎裂结构中碎块较大且相互咬合、稳定性相对较好的一种结构。

由于地表岩层和自然条件,以及路基构造要求与形式变化极大,岩石路堑边坡坡率难以定型,表列数值为一般条件下的经验数值,运用时应结合当地的工程地质和水文条件,参考各地现有自然稳定的山坡和人工成型稳定的山坡,加以对比选用。必要时应进行个别设计和稳定性验算,还必须采用排水和护坡与加固等技术措施。在地震地区的岩石路堑边坡坡率应参考《公路工程抗震规范》(JTG B02)规定。

§3-3 路基稳定性分析

路基边坡的稳定涉及岩土性质与结构、边坡高度与坡度、工程质量与经济等多种因素。一般情况下,对于边坡不高的路基,例如不超过 8.0 m 的土质边坡、不超过 12.0 m 的石质边坡,可按一般路基设计,采用规定的坡度值,不作稳定性分析计算。地质与水文条件复杂、高填深挖或特殊需要的路基,应进行边坡稳定性的分析计算,据此选定合理的边坡坡度及相应的工程技术措施。

路基坍陷实录

岩(土)质路基边坡的稳定是土力学与岩体力学的重要研究课题,长期以来各国已经提出多种计算原理与方法,计算机技术的发展,为边坡稳定计算开辟了新的途径。

土坡稳定性分析的各种方法,按失稳土体的滑动面特征,大体可归纳为直线、曲线和折线三大类,而且均以土的抗剪强度为理论基础,按力的极限平衡原理建立相应的计算式。

岩石路堑边坡的稳定性,很大程度上取决于岩石产状与结构,边坡失稳岩体的滑动面主要是地质构造上的软弱面。边坡稳定分析应首先进行定性分析,确定失稳岩体的范围和软弱面(滑动面),然后进行定量力学计算。

路基边坡稳定性的分析计算方法,还可以分成工程地质法(比拟法)、力学分析法和图解法。工程地质法属于实践经验的对比,力学分析法是数解方法,对于某些比较复杂的数解方法,亦可运用图解加以简化。任何一种方法,都带有某种针对性和局限性,为了便于工程上实际运用,采取某些假定条件,将主要因素加以简化,次要因素忽略不计,因此现有的各种方法均属于近似解。合理地选定岩土计算参数,如黏结力、内摩擦角及单位体积重力等,比选择何种计算方法更为重要,所以在路基设计前,要加强地质勘察测试工作。

路基边坡稳定的力学计算基本方法是分析失稳滑动体沿滑动面上的下滑力T与抗滑力R,按静力平衡原理,取两者之比值为稳定系数K,如式(3-1),即

$$K = \frac{R}{T} \tag{3-1}$$

$K=1$时,表示下滑力与抗滑力相等,边坡处于极限平衡状态;$K<1$时,边坡不稳定;$K>1$时,边坡稳定。考虑到一些意外因素,为安全可靠起见,工程上一般规定采用$K \geqslant 1.20 \sim 1.30$,作为路基边坡稳定性分析的界限值。

一、计算参数

行车荷载是边坡稳定性分析的主要作用力之一,计算时将行车荷载换算成相当于路基岩土层的厚度,计入滑动体的重力中去。换算时可按荷载的最不利布置条件,取单位长度路段,如图3-7所示,计算式如下:

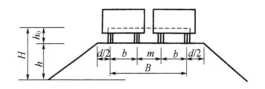

图3-7 计算荷载换算示意图

$$h_0 = \frac{NQ}{BL\gamma} \tag{3-2}$$

式中 h_0——行车荷载换算高度(m);

L——前后轮最大轴距,按《公路工程技术标准》(JTG B01)规定对于标准车辆荷载为12.8 m;

Q——一辆重车的重力(标准车辆荷载为550 kN);

N——并列车辆数,双车道$N=2$,单车道$N=1$;

γ——路基填料的重度(kN/m³);

B——荷载横向分布宽度(m),表示如下:

$$B = Nb + (N-1)m + d$$

其中 b——后轮轮距,取1.8 m;

m——相邻两辆车后轮的中心间距,取 1.3 m;

d——轮胎着地宽度,取 0.6 m。

行车荷载对较高路基边坡的稳定性影响较小,换算高度可以近似分布于路基全宽上,以简化滑动体的重力计算。采用近似方法(如图解或表解等)计算时,亦可以不计算行车荷载。边坡稳定性验算的其他参数见第 2 章第 4 节中的路基材料参数。

二、直线滑动面的边坡稳定性分析

砂类土路基边坡渗水性强、黏性差,边坡稳定主要靠其内摩擦力支承,失稳土体的滑动面近似直线形态。原地面为近似直线的陡坡路堤,如果接触面的摩擦力不足,整个路堤亦可能沿原地面成直线形态下滑。

如图 3-8 所示,假定 AD 为直线滑动面,并通过坡脚点 A,土质均匀,取单位长度路段,不计沿路线纵向滑移时土基的作用力,则可简化成平面问题求解。

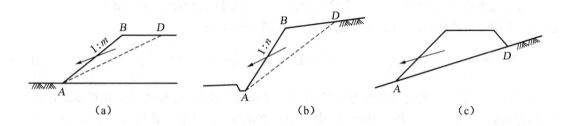

图 3-8 直线滑动面示意图

(a) 高路堤;(b) 深路堑;(c) 陡坡路堤

1. 试算法

由图 3-9,按静力平衡可得稳定系数 F:

$$F = \frac{R}{T} = \frac{N \cdot f + cL}{T} = \frac{Q \cdot \cos\omega \tan\varphi + cL}{Q \sin\omega} \tag{3-3}$$

式中 ω——滑动面的倾角;

f——摩擦系数,$f = \tan\varphi$;

L——滑动面 AD 的长度;

N——滑动面的法向分力;

T——滑动面的切向分力;

c——滑动面上的黏结力;

Q——滑动体的重力。

滑动面位置不同,F 值亦随之而变,边坡稳定与否的判断依据,应是稳定系数的最小值 F_{min},相应的最危险滑动面的倾角为 ω_0。式(3-3)表明,F 值是 ω 值的函数,为此可选择 4~5 个滑动面,计算并绘制 F 与 ω 的关系曲线,如图 3-10 所示,即可确定 F_{min} 及其相应的 ω_0。当 F_{min} 值符合规定,路基边坡为稳定,否则路基断面另行设计与验算,直到符合要求为止。

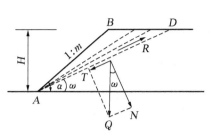
图 3-9 直线滑动面上的力系示意图

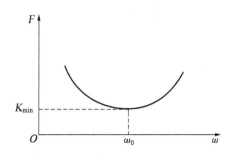
图 3-10 F 与 ω 的关系曲线示意图

对于砂类土，可取 $c = 0$，式(3-3)可简化为

$$F = \frac{\tan \varphi}{\tan \omega} \tag{3-4}$$

若取 $F = 1.25$，则 $\tan \omega = 0.8 \tan \varphi$。不难看出，用松散性填料修建的路堤，其边坡角的正切值，不宜大于填料摩擦系数的 0.8 倍。

例如，当填料 $\varphi = 40°$ 时，$\tan \omega = 0.8 \tan 40° = 0.6713$，得 $\omega = 33°52'$。如果采用 1∶1.5 的路基边坡，相应于边坡角 $\alpha = 33°41'$。由于 $\alpha < \omega$，该边坡稳定。由此类推，如果 $\varphi < 40°$，路基边坡应相应放缓。

2. 解析法

利用 $F = f(\omega)$ 的函数关系，对式(3-3)求导数，可得边坡稳定系数最小值的表达式，用以代替试算法，计算工作可以大为简化。

现以路堑边坡为例，不计行车荷载，计算图式如图 3-11 所示，分析如下。

令滑动面 $AD = L$，式(3-4)可改写为

$$F = f \cdot \cot \omega + \frac{cL}{Q \cdot \sin \omega}$$

由图 3-11，单位长度路基边坡滑动体 $\triangle ABD$ 的重力 Q，表达式为

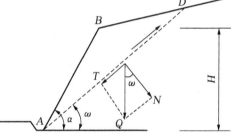
图 3-11 直线滑动面的计算图式

$$Q = \frac{1}{2} \gamma L \frac{H}{\sin \alpha} \sin(\alpha - \omega)$$

由此可得

$$F = f \cdot \cot \omega + \frac{2c}{\gamma H} \cdot \frac{\sin \alpha}{\sin(\alpha - \omega) \cdot \sin \omega} \tag{3-5}$$

令 $\dfrac{2c}{\gamma H} = a$，而 $f = \tan \varphi$，当进行边坡稳定性计算时，a、f 及 α 均为已知值。

为便于求导数，式(3-5)最末项改写成

$$\frac{\sin \alpha}{\sin(\alpha - \omega) \cdot \sin \omega} = \frac{\sin[(\alpha - \omega) + \omega]}{\sin(\alpha - \omega) \cdot \sin \omega} = \cot \omega + \cot(\alpha - \omega)$$

据此,式(3-5)简化成为下式

$$F = (f+a) \cdot \cot\omega + a \cdot \cot(\alpha-\omega) \tag{3-6}$$

欲求 $F_{\min}$ 值,对式(3-6)求导数,取 $\mathrm{d}F/\mathrm{d}\omega = 0$,则最危险滑动面的倾角 ω_0 表达式如下

$$\mathrm{d}F/\mathrm{d}\omega = -(f+a)\frac{1}{\sin^2\omega} + a\frac{1}{\sin^2(\alpha-\omega)} = 0$$

因为

$$\frac{\sin^2(\alpha-\omega)}{\sin^2\omega} = \left(\frac{\sin\alpha \cdot \cos\omega - \sin\omega\cos\alpha}{\sin\omega}\right)^2 = (\sin\alpha \cdot \cot\omega - \cos\alpha)^2 = \frac{a}{f+a}$$

所以

$$\cot\omega_0 = \cot\alpha + \sqrt{\frac{a}{f+a}} \cdot \csc\alpha \tag{3-7}$$

ω_0 的界限为 $\frac{\alpha}{2} \leqslant \omega_0 < \alpha$。

将式(3-6)中 $\cot(\alpha-\omega)$ 展开,并以 ω_0 代替 ω,得

$$\cot(\alpha-\omega_0) = \frac{\cot\omega_0 \cdot \cot\alpha + 1}{\cot\omega_0 - \cot\alpha} = \frac{\cot\alpha\left[\cot\alpha + \sqrt{\frac{a}{f+a}} \cdot \csc\alpha\right] + 1}{\left[\cot\alpha + \sqrt{\frac{a}{f+a}} \cdot \csc\alpha\right] - \cot\alpha} \tag{3-8}$$

$$= \cot\alpha + \frac{\csc\alpha}{\sqrt{\frac{a}{f+a}}}$$

式(3-7)与式(3-8)代入式(3-6),最后得

$$F_{\min} = (2a+f) \cdot \cot\alpha + 2\sqrt{a(f+a)} \cdot \csc\alpha \tag{3-9}$$

式(3-9)亦可绘成图式,计算工作更为简化。

式(3-9)可用来求路基边坡角 α 的 $F_{\min}$ 值,亦可在其他条件固定时,反求稳定的坡角 α(确定边坡)或计算路基的限制高度 H。

例3-1 某挖方边坡,已知 $\varphi = 25°$, $c = 14.7\,\mathrm{kPa}$, $r = 17.64\,\mathrm{kN/m^3}$, $H = 6.0\,\mathrm{m}$。现拟采用 1:0.5 的边坡,试验算其稳定性。

解 由 $\cot\alpha = 0.5$, $\alpha = 63°26'$, $\csc\alpha = 1.1181$

$$f = \tan 25° = 0.4663, \quad a = \frac{2c}{\gamma H} = 0.2778$$

代入式(3-9)得

$$F_{\min} = 1.53$$

因为 $F_{\min} > 1.25$,该路基边坡稳定。

三、折线滑动面的边坡稳定性分析

沿斜坡地基表面或已知软弱层带滑动情况下的边坡稳定性分析中,如果已知的滑动面在路基横断面上可简化为直线,则可以用直线滑动面分析方法来分析。但实际工程中,这些滑动面

也有可能不是直线,而是一条折线,这时就需要采用折线滑动面的边坡稳定性分析方法,不平衡推力法和传递系数法就是这样的方法。

其原理是:当滑动面为多个坡度的折线倾斜面时,可按折线滑动面考虑。将滑动面上土体按折线段划分成若干条块,自上而下分别计算各土体的剩余下滑力(剩余下滑力＝下滑力－抗滑力),根据最后一块土体的剩余下滑力的正负值确定整个路堤的整体稳定性。运用该方法分析边坡安全性问题时,为避免过大误差,要求做到条分合理或对某些滑面作局部调整,以确保每一条块下滑面夹角小于 10°。

1. 力的传递关系

按已知的折线形危险滑动面的坡度分界情况,把路基划分成多个土条,图 3-12 中划分了 1、2、3、4 共 4 个土条。其中土条 2 的受力情况如图 3-13 所示。

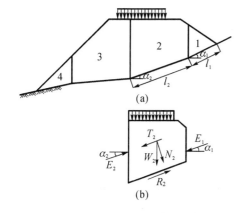

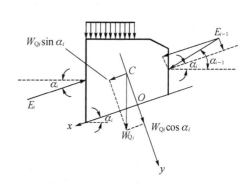

图 3-12 折线滑动面示意图

图 3-13 第 i 土条的静力平衡计算图示

不平衡推力法和传递系数法是一种平面分析方法,其计算过程中有如下假定:
(1) 危险滑动面的位置、形状已知,是由一组倾角已知的线段构成的一条折线。
(2) 沿折线折点将滑动土体划分的各个土条具有竖直边界,编号顺序由高到低。
(3) 当前 $i-1$ 个土条的总体抗滑力不足时,第 i 土条与 $i-1$ 土条的竖直边界上受到 $i-1$ 土条传递来的剩余下滑力 E_{i-1},作用方向与水平线夹角为 α_{i-1},倾斜向下,如果前 $i-1$ 个土条的总体抗滑力足够,则 $E_{i-1}=0$。

基于以上假定,对第 i 土条,沿其底部滑动面(与水平方向夹角为 α_i)建立力的平衡方程,计算 E_i,计算图式如图 3-13 所示。图中 C 为土条重心,O 为坐标轴原点,W_Q 为土条受到的重力与荷载力的竖向合力。

按图 3-13 建立 x、y 两个轴向力的平衡关系式:

$$\begin{cases} \sum X = 0 \Rightarrow -E_i + W_{Qi} \cdot \sin \alpha_i + E_{i-1} \cdot \cos(\alpha_{i-1} - \alpha_i) - R_i = 0 \\ \sum Y = 0 \Rightarrow W_{Qi} \cdot \cos \alpha_i + E_{i-1} \cdot \sin(\alpha_{i-1} - \alpha_i) - N_i = 0 \end{cases} \quad (3-10)$$

式中 W_{Qi} 为土条的重力与外加竖向荷载之和;R_i 和 N_i 分别是土条 i 的底部滑动面上的抗滑力(平行于 x 轴)和支持力(平行于 y 轴),没有在图 3-12 中标出。两者存在以下关系:

$$R_i = c_i l_i + f N_i = c_i l_i + N_i \tan \varphi_i \quad (3-11)$$

式中 c_i、φ_i 和 l_i 分别为第 i 土条底部滑动面上土体的黏聚力、内摩擦角和长度。

将式(3-11)代入式(3-10),可以得出 N_i 和 E_i 的表达式：

$$N_i = W_{Qi} \cdot \cos \alpha_i + E_{i-1} \cdot \sin(\alpha_{i-1} - \alpha_i)$$

$$\begin{aligned}
E_i &= W_{Qi} \cdot \sin \alpha_i + E_{i-1} \cdot \cos(\alpha_{i-1} - \alpha_i) - R_i \\
&= W_{Qi} \cdot \sin \alpha_i + E_{i-1} \cdot \cos(\alpha_{i-1} - \alpha_i) - c_i l_i - N_i \tan \varphi_i \\
&= W_{Qi} \cdot \sin \alpha_i + E_{i-1} \cdot \cos(\alpha_{i-1} - \alpha_i) - c_i l_i - [W_{Qi} \cdot \cos \alpha_i + E_{i-1} \cdot \sin(\alpha_{i-1} - \alpha_i)] \tan \varphi_i \\
&= W_{Qi} \cdot \sin \alpha_i - c_i l_i - W_{Qi} \cdot \cos \alpha_i \tan \varphi_i + E_{i-1} \cdot \cos(\alpha_{i-1} - \alpha_i) - E_{i-1} \cdot \sin(\alpha_{i-1} - \alpha_i) \tan \varphi_i \\
&= W_{Qi} \cdot \sin \alpha_i - (c_i l_i + W_{Qi} \cdot \cos \alpha_i \tan \varphi_i) + E_{i-1} [\cos(\alpha_{i-1} - \alpha_i) - \sin(\alpha_{i-1} - \alpha_i) \tan \varphi_i]
\end{aligned}$$

令 $\psi_{i-1} = \cos(\alpha_{i-1} - \alpha_i) - \sin(\alpha_{i-1} - \alpha_i) \tan \varphi_i$,则上式可简化为:

$$E_i = W_{Qi} \cdot \sin \alpha_i - (c_i l_i + W_{Qi} \cdot \cos \alpha_i \tan \varphi_i) + E_{i-1} \psi_{i-1} \tag{3-12}$$

2. 不平衡推力法

如果路堤修筑在斜坡地基上,路堤稳定性验算应采用不平衡推力法。

考虑到安全系数 F,则将所有的抗滑力项 R_i 除以安全系数 F,得到以下公式:

$$E_i = W_{Qi} \cdot \sin \alpha_i - \frac{1}{F}(c_i l_i + W_{Qi} \cdot \cos \alpha_i \tan \varphi_i) + E_{i-1} \psi_{i-1} \tag{3-13}$$

其中,$\psi_{i-1} = \cos(\alpha_{i-1} - \alpha_i) - \frac{1}{F}\sin(\alpha_{i-1} - \alpha_i) \tan \varphi_i$。

式(3-13)即为不平衡推力法分析的基本公式。

3. 传递系数法

当路堑边坡覆土层与基层间有软弱层,滑坡地段的稳定性验算应采用传递系数法。

如果考虑安全系数 F,则将下滑力 $W_{Qi} \sin \alpha_i$ 放大 F 倍,可得:

$$E_i = F \cdot W_{Qi} \sin \alpha_i + E_{i-1} \psi_{i-1} - (c_i l_i + W_{Qi} \cdot \cos \alpha_i \tan \varphi_i) \tag{3-14}$$

其中,$\psi_{i-1} = \cos(\alpha_{i-1} - \alpha_i) - \sin(\alpha_{i-1} - \alpha_i) \tan \varphi_i$。

式(3-14)即为传递系数法的基本公式。

例 3-2 已知断面参数如图 3-14 所示。

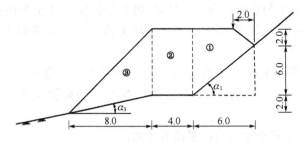

图 3-14 折线滑动面算例断面图(尺寸单位:m)

折线倾角为:$\alpha_1 = 45° = 0.785\ 4$ rad,$\alpha_2 = 0° = 0$ rad,$\alpha_3 = 14°02' = 0.246\ 4$ rad。滑动面上土的黏聚力、内摩擦角不变,都是 $c = 10$ kPa,$\varphi = 15° = 0.261\ 8$ rad,土体重度 $\gamma = 18$ kN/m³,安全系数 F 取 1.25。用不平衡推力法判断折线陡斜坡地基上路基的稳定性。

解 取单位厚度作为计算对象

(1) 先计算土条①产生的剩余滑动力 E_1

土条①的截面积＝(4.0＋6.0)×2.0/2＋6×6/2＝28(m²)
土条①的重力 W_{Q1}＝18×28＝504(kN/m)

$$E_1 = W_{Q1} \cdot \sin \alpha_1 - \frac{1}{F}(c_1 l_1 + W_{Q1} \cdot \cos \alpha_1 \tan \varphi_1)$$

$$= 504 \times \sin 0.7854 - \frac{1}{1.25} \times (10 \times 6.0 \times \sqrt{2} + 504 \times \cos 0.7854 \times \tan 0.2618)$$

$$= 212(kN/m)$$

(2) 再计算土条②产生的剩余滑动力 E_2

土条②的截面积＝4.0×8.0＝32(m²)
土条②的重力 W_{Q2}＝18×32＝576(kN/m)

$$\psi_1 = \cos(\alpha_1 - \alpha_2) - \frac{1}{F}\sin(\alpha_1 - \alpha_2)\tan \varphi_2$$

$$= \cos(0.7854 - 0) - \frac{1}{1.25}\sin(0.7854 - 0)\tan 0.2618$$

$$= 0.707 - 0.8 \times 0.707 \times 0.268 = 0.555$$

$$E_2 = W_{Q2} \cdot \sin \alpha_2 - \frac{1}{F}(c_2 l_2 + W_{Q2} \cdot \cos \alpha_2 \tan \varphi_2) + E_1 \psi_1$$

$$= 576 \times \sin 0 - \frac{1}{1.25} \times (10 \times 4.0 + 576 \times \cos 0 \times \tan 0.2618) + 212 \times 0.555$$

$$= -38(kN/m)$$

因为该值小于0，因此可认为土条②将不会传递滑动力至土条③。

(3) 最后考察土体③的剩余滑动力 E_3 的正负

土条③的截面积＝8.0×8.0/2＝32(m²)
土条③的重力 W_{Q3}＝18×32＝576(kN/m)
因为 $E_2<0$，因此无须计算 ψ_2，直接计算 E_3。

$$E_3 = W_{Q3} \cdot \sin \alpha_3 - \frac{1}{F}(c_3 l_3 + W_{Q3} \cdot \cos \alpha_3 \tan \varphi_3)$$

$$= 576 \times \sin 0.2464 - \frac{1}{1.25} \times \left(10 \times \frac{8.0}{\cos 0.2464} + 576 \times \cos 0.2464 \times \tan 0.2618\right)$$

$$= -45(kN/m)$$

$E_3<0$ 表示不会产生未平衡的推力，按1.25的安全系数考虑，该折线滑动面路基安全。

通过以上算例可知，不平衡推力法在划分土条后，其计算针对每一土条分别进行，将上一土条计算出的剩余滑动力施加在下一土条上，如果计算出的剩余滑动力小于零，则认为前面的所有土条已能自平衡，取剩余滑动力为零，进行下一土条的分析。

该分析方法也可以用于求出实际安全系数 F，可以用试算法，步骤与上述例题的相同，以上计算表明 $F>1.25$，增大该值直到 $E_3=0$，对应的 F 值即为所求。

四、边坡稳定分析的极限平衡法

边坡稳定分析的极限平衡法指的是极限平衡条分法，其理论思路是：假定土体破坏是由于边坡土体在滑动面上发生滑动而造成的，滑动面上土体服从破坏条件，并且假定滑动面已知，其形状可以是平面、圆弧面、对数螺旋或其他不规则曲面，通过考虑滑动面以上形成的隔离体的静力平衡确定沿这一滑面发生滑动时的破坏荷载。有些方法将隔离体看作整体来求解其平衡。然而绝大多数方法是把隔离体分成若干竖向的条块,并对其条间力作一些简化,然后考虑每一条块的静力平衡,这样可以系统地求出一系列滑面发生滑动时的破坏荷载,此即条分法。令边坡发生滑动破坏所能施加的最小荷载就是所要求的极限破坏荷载,与之对应的滑动面即为最危险的滑动面。

处于极限平衡状态的滑动面满足摩尔—库仑准则(即:$\tau = c + \sigma \tan\varphi$)。这种方法完全不讨论土体的应力应变关系,也不研究边坡土体的变位情况,在力学上作了一系列简化假定,但由于它抓住了问题的主要方面,所以若使用得当,分析结果可以与实际符合得较好。再者,极限平衡条分法在边坡稳定分析的实际工程中积累了丰富的经验,到目前为止,它仍然是边坡稳定性分析的主要方法。

1. 安全系数

土坡沿着某一滑裂面滑动的安全系数 F_s 是将土的抗剪强度指标降低为 c'/F_s 和 $\tan\varphi'/F_s$,则土体沿着此滑裂面处处达到极限平衡,即

$$\tau = c'_e + \sigma \tan\varphi'_e \tag{3-15}$$

$$c'_e = \frac{c'}{F_s} \tag{3-16}$$

$$\tan\varphi'_e = \frac{\tan\varphi'}{F_s} \tag{3-17}$$

上述将强度指标的储备作为安全系数定义的方法是经过多年的实践被工程界广泛承认的一种作法。采用这一定义,在数值计算方面,会增加一些迭代、收敛方面的问题。

2. 摩尔-库仑强度准则

设想土体的一部分沿着某一滑裂面滑动,在这个滑裂面上,土体处处达到极限平衡,即正应力 δ'_n 和剪应力 τ 满足摩尔-库仑强度准则。设土条底的法向力和切向力分别为 ΔN 和 ΔT,则有

$$\Delta T = c'_e \Delta x \sec\alpha + (\Delta N - \Delta u \Delta x \sec\alpha)\tan\varphi'_e \tag{3-18}$$

式中　Δx 为土条的宽度,α 为土条底面倾角,$\tan\alpha = \mathrm{d}y/\mathrm{d}x$,$u$ 为孔隙水压力,通常定义孔隙水压力系数

$$\gamma_u = \frac{u}{\mathrm{d}W/\mathrm{d}x} \tag{3-19}$$

3. 作用在土条上的力和平衡方程

假想某一边坡的滑动土体沿滑裂面 $y = y(x)$ 下滑,根据安全系数的定义,土体和滑裂面上的抗剪强度指标均已缩减为 c'_e、$\tan\varphi'_e$。在滑动土体中切出一垂直土条,如图 3-15。分析作用在其上的力,则有:

(1) 土条重量 W_i,浸润线上为天然容重,浸润线下为饱和容重;

(2) 坡表面垂直荷重 $q\Delta x$;

(3) 水平地震力 $Q_i = K_H W_i$,其作用点与土条底面距离为 h_e,K_H 为水平地震力系数;

(4) 作用在土条垂直边上的总作用力 G，它与水平线的夹角为 β，其作用点的纵坐标值为 y_t。

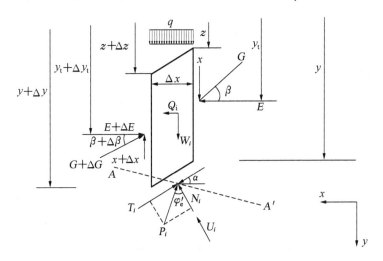

图 3-15　作用在土条上的力

对土条建立 x 和 y 方向的静力平衡方程：

$$N_i \sin \alpha - T_i \cos \alpha + Q_i - G \cos \beta = 0 \tag{3-20}$$

$$-N_i \cos \alpha - T_i \sin \alpha + (W_i + q\Delta x) - G \sin \beta = 0 \tag{3-21}$$

同时，将作用在土条上的力对土条底中点取矩，建立力矩平衡方程：

$$(G + \Delta G)\cos(\beta + \Delta \beta)\left[(y + \Delta y) - \frac{1}{2}\Delta y\right] - $$
$$G \cos \beta \left(y - y_t + \frac{1}{2}\Delta y\right) + G \sin \beta \Delta x - K_H W_i h_e \tag{3-22}$$

根据假定的方程不同，就可以演变出各种不同的极限平衡方程。

4. 瑞典（Fellenius）圆弧法

1927 年，瑞典人 Fellenius 提出对均质边坡圆弧形滑面的分析方法，即瑞典圆弧法，其核心是假定条块间没有相互作用力。其基本假定为：

(1) 假定滑动面为圆弧滑裂面，将滑动土体分为 n 条竖向土条，并假定每个土条为不变形的刚体。

(2) 认为土条间作用力的合力 S_i 和 S_{i-1} 平行于滑动面，并且相等，不考虑条间力的相互作用。

(3) 将土条重力分解为平行及垂直土条底面方向的两个力 $W \sin \alpha_i$ 和 $W \cos \alpha_i$。

由于不考虑条间相互作用，其静力简图见图3-16。首先建立土条垂直于滑动面的静力平衡方程得：

$$N_i = W_i \cos \alpha_i \tag{3-23}$$

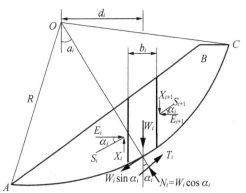

图 3-16　瑞典条分法静力简图

然后，通过整体对圆心的力矩平衡确定安全

系数：

$$\sum_{i=1}^{n}(-T_i+W_i\sin\alpha_i)R=0 \quad (3-24)$$

式中　$T_i=\dfrac{c_il_i+N_i\tan\varphi_i}{F}$。

将 T_i 和式(3-23)代入式(3-24)可得边坡稳定的安全系数：

$$F=\dfrac{\sum_{i=1}^{n}[c_il_i+W_i\cos\alpha_i\tan\varphi_i]}{\sum_{i=1}^{n}W_i\sin\alpha_i} \quad (3-25)$$

瑞典条分法是所有条分法的雏形。在它的假定中，滑裂面为圆弧面，实际上忽略土条间的相互作用力，并将土条底部法向力简单地看作土条重力在法线方向的投影。因此该法向力通过滑裂面的圆心，对圆心取矩时为零，从而使计算工作大大简化。

5. 简化毕肖普(Bishop)法

1955 年，毕肖普(Bishop)在瑞典条分法基础上提出了该简化方法。这一方法仍然保留了滑裂面的形状为圆弧形和通过力矩平衡条件求解这些特点。但是在确定土条底部法向力时，考虑了条间力的作用。静力简图见图 3-17。其基本假定为：

(1) 假定滑动面为圆弧滑裂面，将滑动土体分为 n 条竖向土条，并假定每个土条为不变形的刚体。

(2) 土条竖直侧向力 $X_i=X_{i+1}=0$，侧向力与水平向的夹角 $\beta=0$，即土条两侧作用力均为水平。

(3) 忽略成对条间力(E_i)产生的力矩。

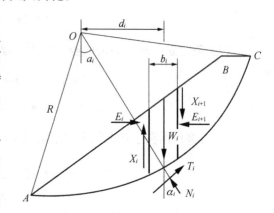

图 3-17　毕肖普法静力简图

首先，通过对每个土条建立竖直方向静力平衡方程：

$$W_i-N_i\cos\alpha_i-T_i\sin\alpha_i=0 \quad (3-26)$$

因 $T_i=\dfrac{c_il_i+N_i\tan\varphi_i}{F}$，代入式(3-26)可确定 N_i 的表达式：

$$N_i=\dfrac{1}{m_{\alpha i}}\left(W_i-\dfrac{c_il_i}{F}\sin\alpha_i\right) \quad (3-27)$$

式中　$m_{\alpha i}=\cos\alpha_i+\dfrac{\sin\alpha_i\tan\varphi_i}{F}$。

然后，通过整体对圆心的力矩平衡确定安全系数，由于相邻土条之间侧壁作用力的力矩相互抵消，而土条滑面上的有效法向力 N_i 的作用通过圆心，得到平衡方程式：

$$\sum_{i=1}^{n}W_id_i-\sum_{i=1}^{n}T_iR=0 \quad (3-28)$$

将 T_i 和式(3-27)代入式(3-28)，$d_i=R\sin\alpha_i$，可得计算边坡稳定的安全系数公式：

$$F = \frac{\sum_{i=1}^{n} \frac{1}{m_{\alpha i}}(c_i l_i \cos \alpha_i + W_i \tan \varphi_i)}{\sum_{i=1}^{n} W_i \sin \alpha_i} \qquad (3-29)$$

式(3-29)右侧也含有安全系数 F($m_{\alpha i}$ 中含有 F),不能直接解出 F 值,需要采用迭代法计算。首先,先假定 F 等于1,代入式(3-29)的右侧,计算出一个新的 F 值;如果算出的 F 不等于1,则用此 F 值再代入式(3-29)的右侧,计算出一个新的 F 值;如此反复迭代,直至前后两次的 F 值非常接近。通常迭代 3~4 次,就可以得到满足精度要求的解,而且迭代通常能够收敛。

简化的毕肖普法假定所有的 $X_i = 0$,减少了 $n-1$ 个未知量,又利用每一个土条竖直方向力的平衡及整个滑动土体的力矩平衡,避开了计算 E 及其作用点的位置,求出安全系数 F。但是它仍旧不能满足所有的平衡条件,还不是一个严格的方法,由此产生的误差为 2%~7%。

6. 算例

例 3-3 有一 1:1.5 的坡面,内摩擦角 $\varphi = 30°$,内聚力 $c = 14.7$ kPa,容重 $\gamma = 1.8$ kN/m³,饱和容重 $\gamma_{sat} = 19.5$ kN/m³,取土条数为 10,孔压系数 u 由 0、0.2、0.4、0.6,分别用瑞典法和毕肖普法试算稳定性系数。

计算结果见表 3-11。

表 3-11 毕肖普法和瑞典法计算安全系数结果表

孔压系数	中心角/(°)							
	75		88		103		120	
	瑞法	毕法	瑞法	毕法	瑞法	毕法	瑞法	毕法
0	2.278	2.440	2.354	2.558	2.269	2.544	2.226	2.629
0.2	1.892	2.059	1.946	2.163	1.851	2.136	1.777	2.197
0.4	1.507	1.681	1.530	1.770	1.424	1.732	1.328	1.774
0.6	1.122	1.307	1.114	1.371	0.994	1.336	0.878	1.367

7. 极限平衡法的综合比较

根据对滑动土体条间力和滑裂面形状假定以及对平衡条件选取的不同,提出了多种不同的简化分析方法,如瑞典圆弧法、简化 Bishop 法、简化 Janbu 法、罗厄法、Spencer 法、Sarma 法、Morgenstern-Price 法等等,见表 3-12。

表 3-12 各种条分法的简化假定比较

方法名称	滑面形状假定	条间力假定	平衡条件选取
瑞典圆弧法	圆弧	条间力和土条底面平行	土条底面法线方向静力平衡和整体对圆心力矩平衡
简化 Bishop 法	圆弧	条间力方向水平(条间力倾角 $\alpha = 0$)	垂直方向静力平衡和整体对圆心力矩平衡
简化 Janbu 法	任意形状	条间力方向水平($\alpha = 0$)	水平和垂直静力平衡
罗厄法	任意形状	α 等于该土条底面倾角和顶面倾角的平均值	水平和垂直静力平衡
Spencer 法	任意形状	α 为某一常数	水平和垂直静力平衡及整体土条底中点的力矩平衡
Sarma 法	任意形状	条间力为一分布函数	水平和垂直静力平衡及整体土条底中点的力矩平衡
Morgenstern-Price 法	任意形状	条间力为一分布函数	水平和垂直静力平衡及整体土条底中点的力矩平衡

五、最危险圆弧滑动面圆心的确定

边坡稳定性分析的极限平衡法中瑞典法和简化 Bishop 法的核心是确定滑动圆弧的圆心和半径。

一般情况下,圆心的位置是在圆心辅助线 EF 的延长线上移动,E 点和 F 点的位置可用 $4.5H$ 法确定。

边坡计算高度 $H = h_1 + h_0$(图 3-18a)或 $H = h_1$(图 3-18b),E 点的位置由垂线 AG 和水平线 GE 确定。F 点位置由角度 β_1 和 β_2 的边线相交而定,其中 β_1 以 AB' 平均边坡线为准,β_2 以 B' 点的水平线为准。β_1 和 β_2 取决于路基的边坡坡度(见表 3-13)。

最危险滑动面
的确定方法

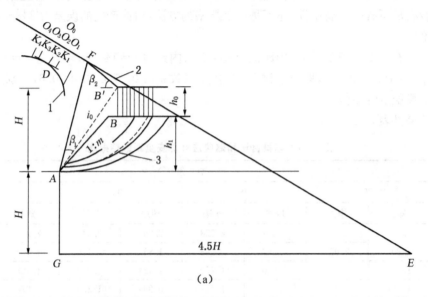

(a)

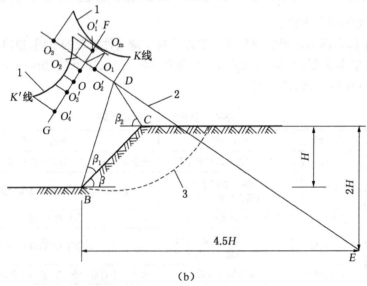

(b)

图 3-18 $4.5H$ 线法确定圆心位置图式
1—K 值曲线;2—圆心辅助线;3—最危险滑动面

表 3-13 辅助线的作图角值表

边坡坡度	边坡角	β_1	β_2	边坡坡度	边坡角	β_1	β_2
1∶0.5	60°00′	29°	40°	1∶3	18°26′	25°	35°
1∶1	45°00′	28°	37°	1∶4	14°03′	25°	36°
1∶1.5	30°40′	26°	35°	1∶5	11°19′	25°	37°
1∶2	26°34′	25°	35°				

圆心辅助线亦可同 36°线法绘制(如图 3-19)。36°法比较简单,但计算结果误差较大,可在试算中使用。

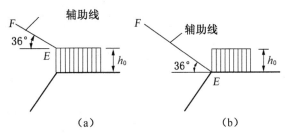

图 3-19 36°线法确定圆心位置图式

六、软土地基的路基稳定性分析

软土是由天然含水率大、压缩性高、承载能力低的淤泥沉积物及少量腐殖质所组成的土,主要有淤泥、淤泥质土及泥炭。软土按沉积环境分为下列四类:河海沉积、湖泊沉积、江滩沉积和沼泽沉积。

软土的抗剪强度低,填土后受压,可能产生侧向滑动或较大的沉降,从而导致路基的破坏,一般要求采取适当的稳定措施。对于薄层软土,原则上应清除换土;软土层较厚时,如果填土高度 H 超过软土所容许的填筑临界高度 H_c,换土量较大,应采取加固措施。

1. 临界高度的计算

软土地基的临界高度 H_c 是指天然地基状态下,不采取任何加固措施,所容许的路基最大填土高度。

(1) 均质薄层软土地基

此时圆弧滑动面与软土层底面相切,则

$$H_c = \frac{c}{\gamma} \cdot N_w \tag{3-30}$$

式中 H_c—— 容许填土的临界高度(m);

c—— 软土的快剪黏结力(kPa);

γ—— 填土的重度(kN/m³);

N_w—— 稳定因数,其值与路堤坡角 α 及深度因素 λ 值有关,可查图 3-20 而定,查图时路堤高度 H 为待定值,需用试算法假定 H,计算 $\lambda = \dfrac{d+H}{H}$,据以查图。

例 3-4 已知某软土层厚 $d = 2.0$ m,路基坡角 $\alpha = 33°41′(1∶1.5)$,$c = 3.00$ kPa,$\gamma = 17.00$ kN/m³。试求容许填土高度。

解 假定 $H = 1.0$ m,则 $\lambda = 3.0$,查图 3-20 得 $N_w = 5.65$。

由式(3-30)得

$$H_c = 5.65 \times \frac{3.00}{17.00} = 0.997 \text{ m}$$

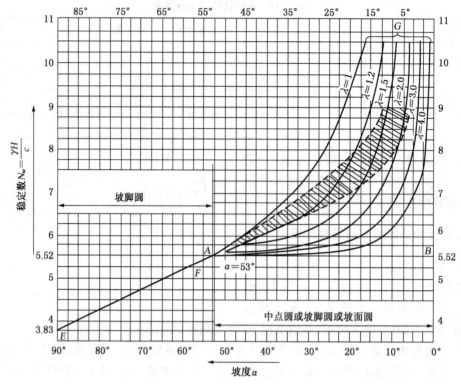

图 3-20　α 与 $\dfrac{\gamma H}{c}$ 及 λ 关系图（$\varphi=0$）

结论　由于计算值与假定值相差小于 1%，H_c 定为 1.00 m，如果假定值计算结果相差较大，应重新假定，直到满意为止。

(2) 均质厚层软土地基

由于 d 值很大，λ 值向无穷大数值接近，由图 3-20 可知，取 $N_w=5.52$，故

$$H_c = 5.52\dfrac{c}{\gamma} \tag{3-31}$$

鉴于填土的重度，一般为 $17.5\sim19.5\ \mathrm{kN/m^3}$，所以实际工程中可近似取 $H_c=0.3c$。

对于非均质软土地基的填土临界高度，涉及因素较多，实际计算时可直接根据稳定性分析结果而定。

2. 路基稳定性的计算方法

软土地基的路堤滑动成圆弧滑面，稳定验算方法采用圆弧条分法，根据计算过程中参数选择不同，可分为改进总强度法、有效固结应力法、简化 Bishop 法等（图 3-21）。

(1) 改进的总强度法

改进总强度法是以 $\varphi=0°$ 法为基础发展而来的，它是基于 $\varphi=0°$ 法利用原位测试资料〔采用静力触探试验的贯入阻力（单桥探头）

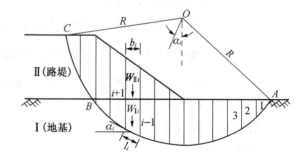

图 3-21　软土地基稳定性验算示意图

或锥尖阻力(双桥探头)换算的十字板抗剪强度或直接由十字板试验得到的抗剪强度],借用有效固结应力法计算地基强度随固结增加的思想,采用强度增长系数计算固结过程中强度的增量。采用该方法与静力触探试验相结合,为软基路堤稳定验算提供了一种高效可靠的途径。

稳定安全系数 F 的计算公式为:

$$F = \frac{\sum\limits_A^B (S_{ui} + W_{II i} \cos \alpha_i U_i m_i) l_i + \sum\limits_B^C (c_{qi} l_i + W_{II i} \cos \alpha_i \tan \varphi_{q_i})}{\sum\limits_A^B (W_I + W_{II})_i \sin \alpha_i + \sum\limits_B^C W_{II i} \sin \alpha_i} \tag{3-32}$$

式中 S_{ui}——由静力触探试验的贯入阻力(单桥探头)或锥尖阻力(双桥探头)换算的十字板抗剪强度或直接由十字板试验得到的抗剪强度;

m_i——地基土层强度增长系数,见表 3-14;

U_i——地基平均固结度。

表 3-14 地基土层强度增长系数

土 名	描 述	m_i
泥炭	在潮湿和缺氧条件下,由未充分分解的喜水植物遗体堆积而形成的泥沼覆盖层。呈纤维状,深褐色至黑色。有机质含量大于 60%,含水率大于 300%,孔隙比大于 10	0.35
泥炭质土	喜水植物遗体大部分完全分解后形成的有臭味、呈黑泥状的细粒土。有机质含量在 10%~60%之间(尚可细分为弱泥炭质土、中泥炭质土、强泥炭质土),含水率不超过 300%,孔隙比大于 3	0.20
有机质土	在多水环境下由不同分解的植被植物所组成的细粒土,其中混有矿物颗粒。有机质含量在 3%~10%之间,淤泥、淤泥质土属于此类	0.25
黏质土	塑性指数(76 g 锥)大于 17 的土	0.30
粉质土	塑性指数(76 g 锥)大于 10,但小于或等于 17 的土	0.25

(2) 有效固结应力法

有效固结应力法考虑了软基路堤施工的实际情况,即路堤并非瞬间填到设计高度,而是按照一定的施工速率逐渐填筑。当在强度很差的地基上需要修筑高路堤时,可以按照这一计算模式对采取分期加载的方法逐渐使地基固结强度提高后的安全系数进行验算,以保证路堤填筑过程中的稳定满足要求。

稳定安全系数 F 的计算公式为:

$$F = \frac{\sum\limits_A^B (c_{qi} l_i + W_{I i} \cos \alpha_i \tan \varphi_{qi} + W_{II i} \cos \alpha_i U_i \tan \varphi_{cqi}) + \sum\limits_B^C (c_{qi} l_i + W_{II i} \cos \alpha_i \tan \varphi_{q_i})}{\sum\limits_A^B (W_I + W_{II})_i \sin \alpha_i + \sum\limits_B^C W_{II i} \sin \alpha_i}$$

(3-33)

式中 c_{qi}、φ_{qi}——地基土或路堤填料快剪试验测得的黏聚力和内摩擦角;

φ_{cqi}——地基土固结快剪试验测得的内摩擦角。

(3) 简化 Bishop 法

简化 Bishop 法虽是一种比较精确的方法,但是由于计算中需要采用有效抗剪强度指标,取样试验的工作量较大,设计中全部采用这种方法有困难,因此建议在试验工程或路堤重点部位有选择性地采用。

简化 Bishop 法稳定安全系数 F 的计算公式为：

$$F = \frac{\sum\limits_{A}^{B}\{c'_i b_i + [(W_{\mathrm{I}} + W_{\mathrm{II}})_i u_i b_i]\tan\varphi_i\}/m_{\mathrm{I}\alpha i} + \sum\limits_{B}^{C}(c_{qi} b_i + W_{\mathrm{II}i}\cos\alpha_i \tan\varphi_{qi})/m_{\mathrm{II}\alpha i}}{\sum\limits_{A}^{B}(W_{\mathrm{I}} + W_{\mathrm{II}})_i \sin\alpha_i + \sum\limits_{B}^{C} W_{\mathrm{II}i}\sin\alpha_i}$$

(3-34)

$$m_{\mathrm{I}\alpha i} = \frac{\cos\alpha_i + \tan\varphi'_i \sin\alpha_i}{F}$$ (3-35)

$$m_{\mathrm{II}\alpha i} = \frac{\cos\alpha_i + \tan\varphi_{qi}\sin\alpha_i}{F}$$ (3-36)

式中 c'_i、φ'_i——地基土三轴试验测得的有效黏聚力和有效内摩擦角；

b_i——分条的水平宽度，即 $b_i = l_i \cos\alpha_i$；

u_i——滑动面上的孔隙水压力。

七、浸水路堤的稳定性分析

浸水路堤除承受自重和行车荷载作用外，还受到水浮力和渗透动水压力的作用。水的浮力取决于浸水深度，渗透动水压力则视水的落差（坡降）而定。

水位变化对路堤的影响如图 3-22、图 3-23 所示。其中对路基边坡不利的为水流向外，如果落水迅猛，渗透流速高，坡降大，则易带出路堤内的细土粒，动水压力使边坡失稳。

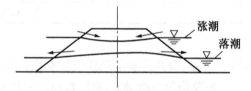

图 3-22 双侧渗水路堤水位变化示意图

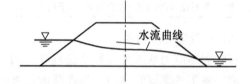

图 3-23 单侧浸水路堤水位变化示意图

透水性强的砂性土路堤，动水压力较小；黏性土路堤经人工压实后，透水性差，动水压力亦不大。介于两者之间的土质路堤，如粉质亚砂或粉质亚黏土等，浸水时的边坡稳定性较差。遇水膨胀及易溶或严重风化的岩土，浸水路堤边坡的稳定性更差。

浸水路堤的设计中，一般按设计洪水位及考虑壅水和浪高等因素，选定路堤高程。浸水部分采用较缓边坡（1∶2 或更缓），必要时设置护坡道，流速较大时予以防护加固，或设置导流结构物。为使设置更加合理，浸水路堤的边坡需进行稳定性计算。

浸水路堤的边坡稳定性计算，通常亦假定滑动面为圆弧，最危险的滑动面通过坡脚，圆心位置的确定与条分法相似。稳定性计算方法有多种，常用方法有：假想摩擦角法、悬浮法和条分法。

（一）渗透动水压力的计算

凡用黏性的土填筑浸水路堤（不包括渗透性极小的纯黏土），必须进行渗透动水压力计算。如图 3-24 所示，渗透动水压力 D 可按下式计算。

$$D = I\Omega_B\gamma_0 \tag{3-37}$$

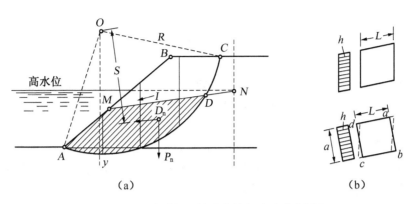

图 3-24 浸水路堤边坡稳定性与渗透动水压力

式中 I——渗流水力坡降(取用浸润曲线的平均坡降);
　　Ω_B——浸润曲线以下部分的土体面积(m^2);
　　γ_0——水的容重,为计算方便,γ_0 取 $10\ kN/m^3$。

式(3-37)求导如下:按前述分段法是将滑坍土体分块,如图 3-24b 所示,图中 $abcd$ 表示渗流所经的一小块。假定土具有均匀同向性,ad 及 bc 为流线,相邻断面 ab 与 dc 之间(即由 a 至 d 与由 b 至 c)的水头落差(或水头损失)同为 h,故 ab 与 dc 的相互关系是位差面。设土块边长为 a 及 L,垂直图面方向的厚度为 $1\ m$,则水由 ab 流至 dc 所损失的压力 D 为

$$D = a\cdot 1\cdot\gamma_0\cdot h = a\cdot 1\cdot L\cdot\gamma_0\frac{h}{L} = \Omega_B\gamma_0 I \tag{3-38}$$

损失压力由水传至土粒,即成为渗透动水压力,因 $\frac{h}{L}$ 为水力坡降 I,$a\cdot 1\cdot L$ 为土的体积,故施于土体的单位渗透动水压力为 $\gamma_0 I$,总的渗透动水压力如上式所示(当作堤长为 $1\ m$)。由此得一结论:在均匀同向性的土体中,渗透动水压力是沿水流方向作用着,与位差面成正交,并通过形心。

(二)假想摩擦角法

此法基本点是:适当改变填料的内摩擦角,利用非浸水时的常用方法,进行浸水时的路堤稳定性计算。

由库仑定律,滑动土体的总强度 S 为

$$S = Q\tan\varphi + cL \tag{3-39}$$

路堤浸水时,土基的抗剪强度有所降低,表示为 S_B,其中部分原因是浮力作用下重力减轻,Q 降为 Q_B,假想相当于 φ 减小为 φ_B。此时如果其他条件不变,浸水后的土基总强度有两种数值相等的表示方法,即

$$Q_B\tan\varphi + cL = Q\tan\varphi_B + cL$$

得
$$\tan\varphi_B = \frac{Q_B}{Q}\tan\varphi \tag{3-40}$$

同一滑动体浸水前后的重力之比，实际上就相当于干与湿的重度之比。

所以
$$\tan \varphi_B = \frac{\gamma_B}{\gamma} \tan \varphi \tag{3-41}$$

以 φ_B 代替 φ 值，代入有关圆弧滑动面的稳定性计算式，即可求得稳定系数。此法适用于全浸水路堤，是一种简易方法，可供粗略估算参考。

（三）悬浮法

此法基本点是：假想用水的浮力作用间接抵消动水压力对边坡的影响，即在计算抗滑力矩中，用降低后的内摩擦角 φ' 反映浮力的影响（抗滑力矩相应减小），而在计算滑动力矩中，不考虑浮力作用，滑动力矩没有减小，用以抵偿动水压力的不利影响。

图 3-25 中，未浸水时的作用力：

$$Q = \gamma U = \gamma(U_1 + U_2)$$

$$N = Q \cdot \cos \alpha_0 \quad T = Q \cdot \sin \alpha_0, \quad \alpha_0 = \arcsin \frac{a}{R}$$

路堤浸水后的附加作用力：浮力 $\sum_q = W = U_2 \cdot \gamma_0$

水重的法向力：$N' = W \cdot \cos \alpha_0', \quad \alpha_0' = \arcsin \frac{a'}{R}$

浸水后抗滑力矩 M_y 由两者组成：

浸水前　　$M_{y1} = (Q \cdot \cos \alpha_0 \tan \varphi + cL)R$

浸水后附加　　$M_{y2} = -(W \cos \alpha_0 \tan \varphi + c'L)R$

水的浮力作用向上，M_{y2} 取负值，近似取 φ、c 及 α_0 不变，所以：

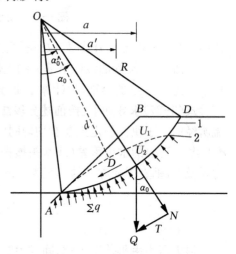

图 3-25　悬浮法计算图式

1—滑动面；2—降水曲线

$$M_y = [(Q-W)\cos \alpha_0 \tan \varphi + cL]R$$

对于滑动力矩 M_0：

滑水前　　$M_{01} = (U_1 + U_2)\gamma a$

滑水后附加浮力作用和动水压力作用，前者为负值：

$$M_{02} = D \cdot d - U_2 \cdot \gamma_0 \cdot a$$

为简化计算，本法取 $M_{02} = 0$，即假想相互抵偿，则：

$$F = \frac{M_y}{M_{01}} = \frac{[(Q-W)\cos \alpha_0 \tan \varphi + cL]R}{(U_1 + U_2)\gamma \cdot a} \tag{3-42}$$

因为式中 M_{01} 亦即 $Q \cdot \cos \alpha_0 R$，所以本式与式（3-25）仅仅是在 M_y 的 Q 中扣除水重 W 而已，此法亦较粗略，适用于方案比较时估算参考。

（四）条分法

该法的基本原理和计算步骤，与非浸水时的条分法相同，但土条分成浸水与干燥两部分，并直接计入浸水后的浮力和动水压力作用。这样显然比上述两法更符合实际条件,当需要比较精确计算时,可采用此法。

图 3-26 为滑动体的某一部分浸水土条,其重力 Q_i 由上干和下湿两者组成。

$$Q_i = U_{i1} \cdot \gamma_{干} + U_{i2} \cdot \gamma_W \tag{3-43}$$

全浸水时,$U_{i1} = 0$,未浸水时,$U_{i2} = 0$;$\gamma_{干}$ 与 γ_W 分别为填土的干、湿重度。

法向力　　$N_i = Q_i \cos\alpha_i$(近似取 $\alpha_i = \alpha'_i$)

摩擦力　　$N_i \cdot f_x$

黏结力　　$c_x \cdot l_i$

其中 f_x 与 c_x 表示有浸水与非浸水之分,而且未浸水时取 f_2 与 c_2 为为零,全浸水时取 f_1 与 c_1 为零,部分浸水时 $f_1 > f_2$ 及 $c_1 > c_2$。l_i 为土条的滑动圆弧长,不论浸水与否,近似取同一数值。

切向力　　$T_i = Q_s \sin\alpha_i$(有正、负之分)

动水压力　$D = U_2 \cdot \gamma_0 \cdot I$

其中 γ_0 为水的相对密度,I 为浸水线的水力坡降,d 为动水压力力臂。

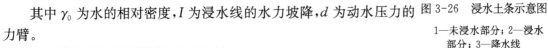

图 3-26　浸水土条示意图
1—未浸水部分;2—浸水部分;3—降水线

已知填土的渗透系数 K_w(m/s) 时

$$I = \frac{1}{3\,000\sqrt{K_w}}$$

浸水路堤的边坡稳定系数

$$F = \frac{\sum N_i f_x + \sum c_x l_i}{\sum T_i + D(d/R)} \tag{3-44}$$

例 3-5　某浸水路堤 $H_1 = 13.0$ m,堤顶宽 $B = 10.0$ m,设计最大水深为 7.0 m,拟定横断面见图 3-27。试验得知:土的重度 $\gamma = 25.48$ kN/m³,干重度 $\gamma_{干} = 18.13$ kN/m³,孔隙率 $\eta = 31\%$,$\varphi_1 = 26°$,$\varphi_2 = 22°$,$c_1 = 14.7$ kPa,$c_2 = 7.84$ kPa,换算土柱高 $h_0 = 1.0$ m。试计算其边坡稳定性。

解　按条分法的步骤如下:

(1) 按 1:50 比例作图,用 $4.5H$ 法作圆心辅助线,定圆心 O(本例仅计算一个滑动面)划分 9 个土条;量得:$R = 29.6$ m,$d = 25.0$ m,干土条 $l_1 = 7.3$ m,取 $I = 0.08$。

(2) 分别量取各土条重心与竖轴的间距 a_i(右正左负),计算 a;量面积 U_i(干与湿分开),分别计算重力 Q_i。

其中湿重度

$$\gamma_W = (\gamma - \Delta_0)(1 - \eta) = (25.84 - 9.80)(1 - 0.31) = 10.82 \text{ kN/m}^3$$

(3) 量滑动圆弧两端点对竖轴的间距,计算圆心角 α_0 和全弧长 L,浸水圆弧长 $l_2 = L - l_1 = 38.7$ m。

(4) 分别计算各土条圆弧面上的法向力 N_i 与切向力 T_i(区分正负)。

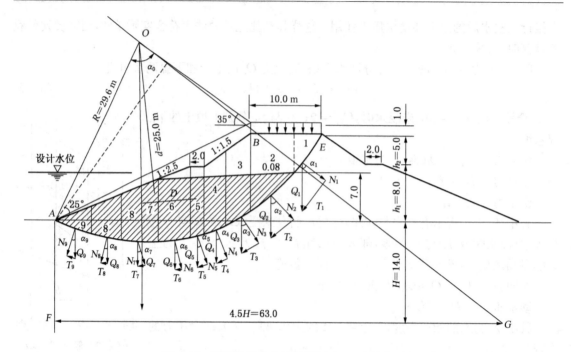

图 3-27 浸水路堤稳定性计算图式(尺寸单位:m)

以上所有计算结果,列于表 3-15 中。

表 3-15 条分法浸水路基稳定性验算表

土条号	x(m)	α	$\sin\alpha$	$\cos\alpha$	U_i(m²)		Q_i(kN)		Q_1+Q_2	$N_i=Q_i\cdot\cos\alpha$		$T_i=Q_i\cdot\sin\alpha$		L(m)
					U_1	U_2	Q_1	Q_2		N_{i1}	N_{i2}	T_{i1}	T_{i2}	
1	24.1	54°30′	0.814 2	0.580 7	20.0	—	362.2	—	362.2	210.3	—	271.3	—	7.3
2	19.3	40°41′	0.652 0	0.758 3	48.0	15.0	870.2	162.3	1 032.5	—	782.9	—	673.2	
3	14.5	29°20′	0.489 9	0.871 8	20.4	22.6	369.9	244.5	614.4	—	535.6	—	301.0	
4	10.8	20°24′	0.364 9	0.931 1	10.5	25.1	190.4	271.6	462.0	—	430.2	—	168.6	38.7
5	8.0	15°40′	0.270 3	0.962 8	4.0	26.4	72.5	285.6	358.1	—	344.8	—	96.8	
6	5.5	10°42′	0.185 8	0.962 6	6.5	42.7	117.8	462.0	579.8	—	563.7	—	107.7	
7	−0.5	0°58′	0.016 9	0.999 9	0.3	39.7	5.4	429.6	435.0	—	435.0	—	−7.4	
8	−4.5	8°44′	0.152 0	0.988 4	—	27.5	—	297.6	297.6	—	294.1	—	−44.7	38.7
9	−8.7	17°05′	0.293 8	0.955 9	—	10.0	—	108.2	108.2	—	103.4	—	−30.4	
合计		—			109.7	209.0				210.3	3 489.7	295.2	1 255.2	46.0

注:表中 x 是指各土条重心对竖轴的横距,右为正,左为负。

(5) 计算动水压力 $D = I \cdot \gamma_0 \cdot \sum U_2 = 0.08 \times 209.0 \times 9.8 = 163.9 \text{ kN}$

$$f_1 = \tan\varphi_1 = 0.487\ 7,\ f_2 = \tan\varphi_2 = 0.404\ 0$$

(6) 由式(3-44)

$$F = \frac{210.3 \times 0.487\ 7 + 3\ 489.7 \times 0.404\ 0 + 14.7 \times 7.3 + 7.48 \times 38.7}{295.2 + 1\ 255.2 + 163.9(25/29.6)} = 1.13$$

结论 本例第一个圆心的 F 值,不符合稳定要求,应重新设计后再计算,直到同一个图式经 3~5 个以上圆心试算后,取 F_{min} 判别稳定性。

例 3-6 利用例 3-5 的图式与数据,试用假想摩擦角法和悬浮法进行稳定性计算。

解 (1) 假想摩擦角法

已知:$U_1 = 109.7 \text{ m}^2$,$U_2 = 209.0 \text{ m}^2$,$\gamma_干 = 18.13 \text{ kN/m}^3$,$\gamma_w = 10.82 \text{ kN/m}^3$,$c_1 = 14.7 \text{ kPa}$,$\varphi_1 = 26°$,$L = 46.0 \text{ m}$。

区分 Y 轴左右两者有关数值:

$$\alpha_右 = 27°22', \alpha_左 = 5°48'$$

$$Q_右 = 4\ 373.1 \text{ kN}, Q_左 = 1\ 405.1 \text{ kN}$$

$$U_右 = 131.8 \text{ m}^2, U_左 = 77.2 \text{ m}^2$$

计算

$$\tan\varphi' = \frac{\gamma_w}{\gamma_干} \cdot \tan\varphi_1 = 0.291\ 1$$

$$N_右 = 3\ 883.7 \text{ kN}, N_左 = 1\ 397.9 \text{ kN}$$

$$T_右 = 2\ 010.0 \text{ kN}, T_左 = 142.0 \text{ kN}$$

$$W_右 = 1\ 291.6 \text{ kN}, W_左 = 756.6 \text{ kN}$$

由式(3-25)

$$F = \frac{(3\ 883.7 + 1\ 397.9) \times 0.291\ 1 + 14.6 \times 46}{2\ 010.0 - 142.0} = 1.18$$

(2) 悬浮法

已知数值同上,由式(3-42)

$$F = \frac{[(Q_右 - W_右) \cdot \cos\alpha_右 + (Q_左 - W_左)\cos\alpha_左] \cdot \tan\varphi_1 + c_1 L}{T_右 - T_左} = 1.24$$

结论 两法计算结果与条分法计算相差分别为 3%~8%。

例 3-7 利用例 3-5 的资料,如果是非浸水路堤,试计算其边坡稳定性。

解 因为已有表 3-15,不另列表。由该表已知

$$\sum N_i = 210.3 + 3\ 489.7 = 3\ 700.0 \text{ kN}$$

$$\sum T_i = 271.3 + 1\ 264.8 = 1\ 536.1 \text{ kN}$$

$$f = \tan 26° = 0.467\ 7$$

$$c = 14.7 \text{ kPa}$$

$$L = 46.0 \text{ m}$$

由式(3-25)

$$F = \frac{3\ 700 \times 0.467\ 7 + 14.7 \times 46}{1\ 536.1} = 1.57$$

结论 就已计算的滑动面而言,边坡稳定性符合规定的要求。

例 3-8 用瑞典条分法对例 3-5 进行不考虑浸水的稳定性分析计算。

解 利用例 3-5 资料:

$\gamma_干 = 18.13 \text{ kN/m}^3$ $L = 46 \text{ m}$ $C = 14.7 \text{ kPa}$ $\varphi = 26°$

$$F = \frac{\sum N_i \tan\varphi + cL}{\sum T_i} = \frac{6\,715.4 \times \tan 26° + 14.7 \times 46}{1\,830.4} = 2.09$$

就该滑动面而言,边坡稳定性符合规定的要求。

例 3-9 用简化 Bishop 法对例 3-5 进行不考虑浸水的稳定性分析计算。

解 利用表 3-16 数据及式(3-29),结果如表 3-17。

表 3-16 条分法非浸水路基稳定性验算表

号码	x(m)	α	$\sin\alpha$	$\cos\alpha$	$U(m^2)$	Q(kN)	$N = Q\cos\alpha$	$T = Q\sin\alpha$
1	24.1	54°31′	0.874 2	0.580 7	20.0	362.6	210.6	295.2
2	19.3	40°41′	0.652 0	0.758 3	63.0	1 142.2	866.2	744.6
3	14.5	29°20′	0.489 9	0.871 8	43.0	779.6	679.6	381.9
4	10.8	21°24′	0.364 9	0.931 1	35.6	645.4	600.9	235.5
5	8.0	15°40′	0.270 3	0.962 8	30.4	551.2	530.7	148.8
6	5.5	10°42′	0.185 8	0.982 6	49.2	892.0	876.5	165.6
7	−0.5	0°58′	0.016 9	0.999 9	40.0	725.2	725.1	−12.2
8	−4.5	8°44′	0.152 0	0.988 4	27.5	498.6	492.8	−75.7
9	−8.7	17°05′	0.293 8	0.955 9	10.0	181.3	173.3	−53.3
合计					318.7	5 778.1	5 155.7	1 830.4

表 3-17 简化 Bishop 法迭代算法表

$m_{ai} = \cos\alpha_i + \sin\alpha_i \tan\varphi/F_s$		$(C_i l_i \cos\alpha_i + Q_i \tan\varphi)/m_{ai}$	
$F_s = 1.9$	$F_s = 2.1$	$F_s = 1.9$	$F_s = 2.1$
0.789 7	0.769 8	302.845 7	310.676 3
0.925 7	0.909 7	488.413 9	496.971 2
0.997 6	0.985 6	436.381 8	441.684 5
1.024 8	1.015 8	364.601 1	367.802 7
1.032 2	1.025 6	289.896 7	291.764 6
1.010 3	1.005 8	505.877 4	508.162 0
0.995 6	0.996 0	434.613 4	434.433 2
0.949 4	0.953 1	338.378 3	337.059 1
0.880 5	0.887 7	186.201 7	184.695 2
		$\sum = 3\,530.01$	$\sum = 3\,534.72$

先假设 $F_s = 1.9$,算出各土条的 $m_{ai} = \cos\alpha_i + \sin\alpha_i \tan\varphi/F_s$,

$$F_s = \frac{\sum \frac{1}{m_{ai}}(C_i l_i \cos\alpha_i + Q_i \tan\varphi)}{\sum Q_i \sin\alpha_i} = \frac{3\,530.01}{1\,830.4}$$

$$= 1.93$$

再设 $F_s = 2.1$,

$$F_s = \frac{\sum \frac{1}{m_{ai}}(C_i l_i \cos \alpha_i + Q_i \tan \varphi)}{\sum Q_i \sin \alpha_i} = \frac{3534.72}{1830.4} = 1.93$$

八、路基边坡抗震稳定性分析

1. 地震与地震力

地震会导致软弱地基沉陷、液化,挡土墙等结构物破坏,还会造成路基边坡失稳。路基边坡遭震害的程度,除了地震烈度之外,主要取决于岩土的稳定状况,其中包括岩土的结构与组成等,同时亦与路基的形式与强度有关,其中包括路基的高度、边坡坡度及土基的压实程度等。

《公路工程抗震规范》(JTG B02)规定,应根据工程所在地的地震动峰值加速度进行路基的抗震稳定性验算,需进行验算的情况如表3-18所示。峰值加速度取值根据现行《中国地震动参数区划图》(GB 18306)规定的工程所在区域地震烈度按表3-19确定。

表3-18 路基抗震稳定性验算范围

项 目			基本地震动峰值加速度			
			高速公路、一级公路、二级公路			三、四级公路
			0.10 g(0.15 g)	0.20 g(0.30 g)	≥0.40 g	≥0.40 g
岩石、非液化土及非软土地基上的路堤	非浸水	用岩块及细粒土(粉性土、有机质土除外)填筑	不验算	$H>20$ m 验算	$H>15$ m 验算	$H>20$ m 验算
		用粗粒土(极细砂、细砂除外)填筑	不验算	$H>12$ m 验算	$H>6$ m 验算	$H>12$ m 验算
	浸水	用渗水性土填筑	不验算	$H_w>3$ m 验算	$H_w>2$ m 验算	水库地区 $H_w>3$ m 验算
	地面横坡度大于1:3的路基		不验算	验算	验算	验算
路堑	黏性土、黄土、碎石类土		一般不验算	$H>20$ m 验算	$H>15$ m 验算	$H>20$ m 验算

注:H为路基高度(m);H_w为浸水常水位的深度(m)。

表3-19 地震基本烈度和设计基本地震动峰值加速度对应表

地震基本烈度	6	7		8		9
水平向	≥0.05 g	0.10 g	0.15 g	0.20 g	0.30 g	≥0.40 g
竖向	0	0		0.10 g	0.17 g	0.25 g

地震时,地面产生地震波的加速度有水平与竖向之分。根据观测资料分析,地震波的最大水平加速度,为最大竖向加速度的1.0~1.5倍,而且较多的记录资料是偏向于大1倍的。

路基可采用静力法进行抗震稳定性验算,验算中考虑地震产生的水平和竖向加速度的影响,路基边坡抗震稳定系数 F_c 的计算中,将地震力施加在条分后各土条的重心位置。验算时,高速公路和一级、二级公路路基的边坡高度大于20 m的,路基边坡抗震稳定系数不应小于

1.15，路基边坡高度小于等于 20 m 时，不应小于 1.1；三级、四级公路的路基边坡抗震稳定系数不应小于 1.05。

2. 地震力的计算

作用于各土体条块重心处的地震作用应按下式计算。

水平地震作用：

$$E_{hsi} = \frac{C_i C_s A_h \psi_j W_{si}}{g} \tag{3-45}$$

竖向地震作用：

$$E_{vsi} = \frac{C_i C_s A_h W_{si}}{g} \tag{3-46}$$

式中 E_{hsi}——作用于路基计算土体重心处的水平地震作用(kN)；

E_{vsi}——作用于路基计算土体重心处的竖向地震作用(kN)；

C_i——抗震重要性修正系数，应按表 3-20 采用；

C_s——综合影响系数，取 0.25；

A_h——路基所处地区的水平向设计基本地震动峰值加速度；

W_{si}——路基计算第 i 条土体重力(kN)；

A_h——路基所处地区的竖向设计基本地震动峰值加速度，根据表 3-19 确定，作用方向取不利于稳定的方向；计算时向上取负，向下取正；

ψ_j——水平地震作用沿路堤边坡高度增大系数，取值：

$$\psi_j = \begin{cases} 1.0 & (H \leqslant 20 \text{ m}) \\ 1.0 + \frac{0.6}{H-20}(h_i - 20) & (H > 20 \text{ m}) \end{cases} \tag{3-47}$$

h_i——路基计算第 i 条土体的高度(m)；

H——路基边坡高度(m)。

表 3-20 路基抗震重要性修正系数表

公路等级	构筑物重要程度	抗震重要性修正系数 C_i
高速公路、一级公路	抗震重点工程	1.7
	一般工程	1.3
二级公路	抗震重点工程	1.3
	一般工程	1.0
三级公路	抗震重点工程	1.0
	一般工程	0.8
四级公路	抗震重点工程	0.8

注：抗震重点工程指隧道和破坏后抢修困难的路基、挡土墙工程。

第3章 路基设计

3. 土质路基边坡抗震稳定系数计算(图 3-28)

$$F_c = \frac{\sum\limits_{i=1}^{n}\{c_i b_i \sec \alpha_i + [(W_{si}+E_{vsi})\cos \alpha_i - E_{hsi}\sin \alpha_i]\tan \varphi_i\}}{\sum\limits_{i=1}^{n}[(W_{si}+E_{vsi})\sin \alpha_i + \dfrac{M_{hi}}{R}]} \quad (3\text{-}48)$$

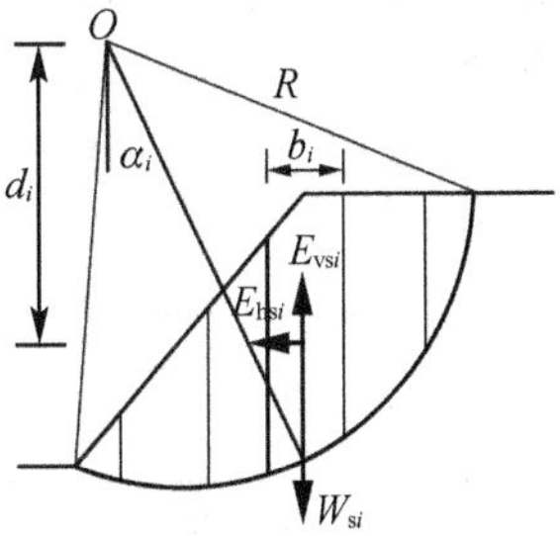

式中 F_c——抗震稳定系数；

R——圆弧半径(m)；

图3-28 圆弧滑动法计算示意图

b_i——滑动体条块宽度(m)；

α_i——条块底面中点切线与水平线的夹角(°)；

M_{hi}——作用在条块重心处的水平向地震惯性力代表值 E_{hsi}(kN/m)对圆心的力矩(kN·m)，E_{hsi}作用方向取不利于稳定的方向，$M_{ni}=E_{hsi} \cdot d_i$；

c_i——土石填料在地震作用下的黏聚力(kPa)；

φ_i——土石填料在地震作用下的摩擦角(°)。

九、公路路基设计规范(JTG D30)要求

(1) 路堤堤身稳定性、路堤和地基的整体稳定性宜采用简化 Bishop 法及基于简化 Bishop 法的拟静力法，稳定系数 F_s 按式(3-49)计算，计算图示见图 3-29。正常工况、非正常工况Ⅰ下，不计地震力作用。

$$F_s = \frac{\sum [c_i b_i + (W_i + Q_i)\tan \varphi_i]/m_{\alpha i}}{\sum (W_i + Q_i)\sin \alpha_i} \quad (3\text{-}49)$$

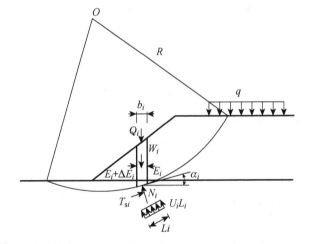

图 3-29 路堤堤身稳定性、路堤和地基的整体稳定性计算图示

式中 R——滑弧半径；

b_i——第 i 土条宽度；

W_i——第 i 土条重力；

Q_i——第 i 土条垂直方向外力；

α_i——第 i 土条底滑面的倾角；

c_{di}、φ_{di}——第 i 土条滑弧所在土层的粘结力和内摩擦角，依滑弧处于位置，取对应土层的粘结力和内摩擦角；

$m_{\alpha i}$——系数，按式(3-50)计算，式中各符号的意义同前；

$$m_{\alpha i} = \frac{\cos \alpha_i + \sin \alpha_i \tan \varphi_i}{F_s} \quad (3\text{-}50)$$

(2) 软土地基路堤的稳定验算可采用瑞典圆弧滑动法中的改进总强度法(3-32)或有效固结应力法(3-33)，有条件时也可采用简化 Bishop 法(3-34)。验算时应按施工期和营运期的荷

载分别计算稳定系数。施工期的荷载只考虑路堤自重,营运期的荷载应包括路堤自重、路面的增重及行车荷载。软土地基上路堤稳定系数应符合表3-21的要求。当计算的稳定系数小于表3-21规定值时,应针对稳定性进行地基处理设计。

表3-21 软土地基路堤的稳定安全系数容许值

指标	固结应力法		改进总强度法		简化Bishop法、Janbu法
	不考虑固结	考虑固结	不考虑固结	考虑固结	
直接快剪指标	1.1	1.2	—	—	—
静力触探、十字板剪指标	—	—	1.2	1.3	—
三轴有效剪切指标	—	—	—	—	1.4

注:当需要考虑地震力时,表列稳定安全系数减少0.1。

(3) 路堤沿斜坡地基或软弱层带滑动的稳定性可采用不平衡推力法及基于不平衡推力法的拟静力法,稳定系数 F_s 按式(3-13)计算,计算图示见图3-13。正常工况、非正常工况Ⅰ下,不计地震力作用。

(4) 各等级公路高填方路基与陡坡路堤稳定系数不得小于表3-22所列稳定安全系数值。对重要工程的抗震稳定安全系数,可提高一个等级考虑。

表3-22 高填方路基与陡坡路堤稳定安全系数

分析内容	地基强度指标	分析工况	安全系数	
			二级及以上公路	三、四级公路
路堤的堤身稳定性、路堤和地基的整体稳定性	采用直剪的固结快剪或三轴剪的固结不排水剪指标	正常工况	1.45	1.35
		非正常工况Ⅰ	1.35	1.25
		非正常工况Ⅱ	1.30	1.20
	采用快剪指标	正常工况	1.35	1.30
		非正常工况Ⅰ	1.25	1.15
		非正常工况Ⅱ	1.20	1.10
路堤沿斜坡地基或软弱层滑动的稳定性	—	正常工况	1.30	1.25
		非正常工况Ⅰ	1.20	1.15
		非正常工况Ⅱ	1.15	1.05

(5) 深挖方路基。对土质挖方边坡高度超过20 m、岩石挖方边坡高度超过30 m和不良地质地段挖方边坡,应按独立工点进行勘察设计。

(6) 当边坡覆土层与基层之间有软弱层时,覆土层可能会出现滑动失稳,滑坡地段的路基边坡稳定性分析采用传递系数法[式(3-14)]。

边坡稳定性计算方法,应根据边坡类型和可能的破坏形式,按下列原则确定:规模较大的碎裂结构岩质边坡和土质边坡宜采用简化Bishop计算;对可能产生直线形破坏的边坡宜采用平面滑动面解析法进行计算;对可能产生折线形破坏的边坡宜采用不平衡推力法计算;对结构复杂的岩质边坡,可配合采用赤平投影法和实体比例投影法分析及楔形滑动面法进行计算;当边坡破坏机制复杂时,宜结合数值分析法进行分析。

边坡稳定性计算应分成以下三种工况:正常工况:边坡处于天然状态下的工况;非正常工况

Ⅰ:边坡处于暴雨或连续降雨状态下的工况;非正常工况Ⅱ:边坡处于地震等荷载作用状态下的工况。处于季冻区的边坡,在上述三种工况基础外,应考虑冻融的影响。

边坡稳定性验算时,其稳定系数应满足表3-23规定的安全系数要求,否则应对边坡进行支护。

表3-23 路堑边坡安全系数

公路等级		路堑边坡安全系数
高速公路、一级公路	正常工况	1.20~1.30
	非正常工况Ⅰ	1.10~1.20
	非正常工况Ⅱ	1.05~1.10
二级及二级以下公路	正常工况	1.15~1.25
	非正常工况Ⅰ	1.05~1.15
	非正常工况Ⅱ	1.02~1.05

注:① 表中安全系数取值应与计算方法对应。
② 应确保施工边坡的临时稳定安全系数不小于1.05。

深挖方路基边坡宜采用折线式或台阶式边坡。台阶式边坡中部应设置边坡平台,边坡平台的宽度不宜小于2 m。坚硬岩石地段边坡可不设平台,其边坡坡率可调查附近已建工程的人工边坡及自然山坡情况,根据边坡稳定性分析综合确定。边坡防护设计应根据边坡地质和环境条件、边坡高度及公路等级,采取工程防护与植物防护的综合措施,稳定性差的边坡应设置综合支挡工程,并采用分层开挖、分层稳定和坡脚预加固技术。对地震烈度在7度及以上的强震区,边坡防护结构宜做抗震设计。

§3-4 特殊路基设计

特殊路基包括特殊土(岩)路基、不良地质路基和特殊条件下路基。路线通过特殊路段,应进行综合地质勘察,查明特殊地质体的性质、成因类型、规模、稳定状况及发展趋势;特殊路基设计所需要的物理力学参数,宜采用原位测试的数据,并结合室内试验资料综合分析确定。特殊路基设计应考虑地质和环境等因素对路基的影响,以及这些因素的发展变化规律。路基病害整治应遵循以防为主、防治结合、力求根治的原则,通过综合技术经济比较,因地制宜,采取合理的整治方案和有效的工程措施。如果分期整治,应保证在各种因素的变化过程中不降低路基的安全度,存在多种特殊土(岩)或特殊地质条件路基的工点应进行综合设计。

滑坡地段路基设计,应查明滑坡性质及滑坡体附近的地形地貌、水文地质和工程地质条件,以及滑坡的成因类型、滑坡规模与特征等,分析评价滑坡稳定状况、发展趋势和对公路工程的危害程度,及时采取有效措施,保证路基施工和运营安全。对规模大、性质复杂、变形缓慢以及短期内难以查明其性质的滑坡,可采取全面规划、分期整治的方案。滑坡防治应根据滑坡类型、规模、稳定性,并结合滑坡区工程地质条件、公路的重要程度、施工条件及其他要求,采取排水、减载、反压与支挡工程的综合治理措施。高边坡、特殊岩土和存在不利结构面的边坡,应采取必要的预防措施,避免产生工程滑坡。

高速公路、一级公路的滑坡防治应进行滑坡监测与动态设计。滑坡防治监测包括施工安全监测、防治效果监测和营运期监测,应以施工安全监测和防治效果监测为主。在施工期间,监测结果应作为判断滑坡稳定状态、指导施工、反馈设计和防治效果检验的重要依据。滑坡监测项目可按表 3-24 到表 3-26 选定。

表 3-24 路堑边坡或滑坡监测

监测内容		监测方法	监测目的
地表监测	水平位移监测	全站仪、光电测距仪	观测地表位移、变形发展情况
	垂直变形监测	水准仪	
	裂缝监测	标桩、直尺或裂缝计	观测裂缝发展情况
地下水位移监测		测斜仪	探测相对于稳定地层的地下岩体位移,证实和确定正在发生位移的构造特征,确定潜在滑动面深度,判断主滑方向,定量分析评价边(滑)坡的稳定状况,评判边(滑)坡加固工程效果
地下水位监测		人工测量	观测地下水位变化与降雨关系,评判边坡排水措施的有效性
支挡结构变形、应力		测斜仪、分层沉降仪压力盒、钢筋应力计	支挡构造物岩土体的变形观测,支挡构造物与岩土体间接触压力观测

表 3-25 高路堤稳定和沉降观测

观测项目	仪具名称	观测目的
地表水平位移量及隆起量	地表水平位移桩（边桩）	用于稳定监控,确保路堤施工安全和稳定
地下土体分层水平位移量	地下水平位移计（测斜管）	用于稳定监控与研究,掌握分层位移量,推定土体剪切破坏位置,必要时采用
路堤顶降量	地表型沉降计（沉降板或桩）	用于工后沉降监控,预测工后沉降趋势,确定路面施工时间

表 3-26 预应力锚固工程原位监测内容和项目

预应力锚杆工作阶段	监测内容		检测项目
施工阶段	锚杆体	锚杆的工作状态 锚杆的施工质量	锚杆张拉力 锚杆伸长值 预应力损失
	锚固对象	加固效果	被锚固体的位移和变形
工程运营阶段	锚杆体	锚杆的工作状态	预应力值变化
	锚固对象	锚固工程安全状况	被锚固体的位移与地下水状态

监测点应布置在滑坡体稳定性差或工程扰动大的部位,力求形成完整的剖面,采用多种手段互相验证和补充。防治效果监测应结合施工安全和营运期监测进行,防治效果监测时间应在整治工程完工且公路营运后不少于一年,施工期监测数据采集时间宜为每天一次,营运期监测数据采集时间间隔宜为 7~15 d,在外界扰动较大时,如暴雨期间,应加密观测次数。同时应及时分析滑坡监测资料,预测滑坡位移、变形的发展趋势和整治工程的效果,适时调整滑坡整治工程设计和施工方案,保证工程施工安全和路基稳定。

一、崩塌与岩堆地段路基

崩坍与岩堆地段路基设计,应调查该地段的地形、地貌、地质、水文、气象等资料,查明已经发生的崩坍与岩堆的类型、范围、成因及对公路的危害程度,作出公路建成后崩坍与岩堆的发生或发展预测与稳定评价,并考虑综合防治措施。

路基设计应避免高填、深挖并远离崩坍物堆积区。对于中、小型崩塌地段,采取遮蔽、拦截、清除、加固等工程措施进行综合治理。

在岩堆地段,应根据路基类型、岩堆规模和物质组成、下伏岩土的性质和坡度、地下水以及地表水的情况等,对岩堆的稳定性进行分析。岩堆地段路基应采用低路堤或浅路堑,并采取稳定加固措施。

(一)崩坍防治措施

1. 边坡或自然坡面比较平整、岩石表面风化易形成小块岩石呈零星坠落时,宜进行坡面防护,以阻止风化发展,防止零星坠落。

2. 山坡或边坡坡面崩坍岩块的体积及数量不大,岩石的破碎程度不严重,可采用全部清除并放缓边坡。

3. 岩体严重破碎,经常发生落石路段,宜采用柔性防护系统或拦石墙与落石槽等拦截构造物。拦石墙与落石槽宜配合使用,设置位置可根据地形合理布置。落石槽的槽深和底宽通过现场调查或试验确定。拦石墙墙背应设缓冲层,并按公路挡土墙设计,墙背压力应考虑崩坍冲击荷载的影响。

4. 对在边坡上局部悬空的岩石,若岩体仍较完整,有可能成为危岩石,可视具体情况采用钢筋混凝土立柱、浆砌片石支顶或柔性防护系统。

5. 易引起崩坍的高边坡,宜采用边坡锚固。

6. 当崩坍体较大、发生频繁且距离路线较近而设拦截构造物有困难时,可采用明洞、棚洞等遮挡构造物处理。遮挡构造物应有足够的长度,洞顶应有缓冲层,并应考虑堆积石块荷载和冲击荷载的影响。

(二)岩堆防治措施

1. 处于发展中的岩堆地段路基,应尽量减少开挖,采取挡土墙、坡面封闭等防护措施。也可采用拦石墙与落石槽或修建明洞、棚洞等遮挡构造物。

2. 岩堆地段路基,应采取下列处治措施。

(1)位于岩堆上部时,宜采用台口式路基,并放缓边坡或沿基岩面清除路基上方的岩堆堆积物。

(2)位于岩堆中部时,挖方边坡应设置挡土墙。

(3)位于岩堆下部时,宜采用填方路基通过岩堆。

3. 对活跃的岩堆补给区,应根据其面积、岩体类型和规模,采取拦截或加固工程措施;岩堆地段路基稳定性不足时,宜设置抗滑挡土墙或抗滑桩。

二、泥石流地区路基

泥石流地区路基设计,应查明泥石流的成因类型、规模、特征、活动规律、发展趋势及危害程度。泥石流治理应全面考虑排导、拦截以及水土保持等各项措施,做好总体规划,进行综合治

理。泥石流的防治措施,主要有以下几种:

1. 跨越措施

(1) 桥梁适用于跨越流通区的泥石流沟或者洪积扇区的稳定自然沟槽。设计时应结合地形、地质、沟床冲淤情况、河槽宽度、泥石流的泛滥边界、泥浪高度、流量、发展趋势等,采用合理的跨度及形式。

(2) 隧道适用于路线穿过规模大、危害严重的大型或多条泥石流沟。隧道方案应与其他方案作技术、经济比较后确定。

(3) 泥石流地区不宜采用涵洞,在活跃的泥石流洪积扇上禁止使用涵洞。对于三、四级公路,当泥石流规模不大、固体物质含量低、不含较大石块,并有顺直的沟槽时,方可采用涵洞。

(4) 过水路面适用于穿过小型坡面泥石流沟的三、四级公路。过水路面的路基横断面应为全封闭式,可与桥梁、涵洞等联合使用。路基坡脚设抑水墙以防止冲刷。

2. 排导措施

(1) 排导沟

排导沟适用于有排沙地形条件的路段。出口应与主河道衔接,出口标高应高出主河道20年一遇的洪水水位。排导沟纵坡宜与地面坡一致。排导沟的横断面应根据流量计算确定,排导沟应进行防护。

(2) 渡槽

渡槽适用于排泄流量小于 $30 \text{ m}^3/\text{s}$ 的泥石流,且地形条件应能满足渡槽设计纵坡及行车净空要求,路基下方有停淤场地。

渡槽应与原沟顺直平滑衔接,纵坡不小于原沟纵坡,出口应满足排泄泥石流的需要。渡槽设计荷载按泥石流满载计算,并考虑冲击力,冲击系数可取 1.3。

(3) 导流堤

当在堆积扇的某一区间内,需要控制泥石流的走向或限制其影响范围时,可设置导流堤以防止泥石流直接冲击路堤或壅塞桥涵。

导流堤的高度应为设计使用年限内的淤积厚度与泥石流的沟深之和;在泥石流可能受阻的地方或弯道处,还应加上冲起高度和弯道高度。

3. 拦截措施

(1) 拦挡坝

拦挡坝适用于沟谷的中上游或下游没有排沙或停淤的地形条件且必须控制上游产沙的河道,以及流域来沙量大,沟内崩塌、滑坡较多的河段。

拦挡坝坝体位置应根据设坝目的,结合沟谷地形及基础的地质条件综合考虑确定,并注意坝的两端与岸坡的衔接和基础埋置深度。坝体的最大高度不宜超过 5 m,坝顶宜采用平顶式。当两端岸坡有冲刷可能时,宜采用凹形。

(2) 格栅坝

格栅坝适用于拦截流量较小、大石块含量少的小型泥石流。格栅坝的格栅间隔按拦截大石块、排除细颗粒的要求布置,其过水断面应满足下游安全泄洪的要求。坝的宽度应与沟槽相同。坝基应设在坚实的地基上。

三、岩溶地区路基

岩溶地区路基设计,应采用遥感、物探、钻探及其他有效方法进行勘察,取得岩溶地貌、岩溶发育程度、发展规律、溶洞围岩性质以及地面水、地下水活动规律等方面的资料。位于岩溶地段路基,应结合工程实际判别岩溶对路基工程的危害程度,选择合理的方法进行处治。

1. 路基上方的岩溶泉和冒水洞,宜采用排水沟将水截流至路基外。对于路基基底的岩溶泉和冒水洞,宜设置集水明沟或渗沟,将水排出路基。

2. 对于稳定路堑边坡上的干溶洞,洞内宜采用干砌片石填塞。

3. 位于路基基底的开口干溶洞,当洞的体积不大、深度较浅时,宜予以回填夯实;当洞的体积较大或深度较深时,宜采用构造物跨越。对于有顶板但顶板强度不足的干溶洞,可炸除顶板后进行回填,或设构造物跨越。

4. 通过溶洞围岩分级或计算判断下伏溶洞有坍塌可能时,宜采用下列方法进行加固:

(1) 洞径大、洞内施工条件好的无充填溶洞,宜采用浆砌片石或钢筋混凝土的支撑墙、支撑柱进行加固。

(2) 深而小的溶洞不便于洞内加固时,宜采用石盖板或钢筋混凝土盖板跨越可能的破坏区。

(3) 对于顶板较薄的溶洞,当采用地表构造物跨越有困难或不经济时,可炸除顶板,按明洞的方式进行处理。

(4) 对于有充填物的溶洞,宜优先采用注浆法、旋喷法进行加固,不能满足设计要求时宜采用构造物跨越。

(5) 如需保持洞内流水通畅时,应设置排水通道。

5. 对于路基范围内的土洞应先判明土洞是否仍在发展。对于已停止发展的土洞可按一般地基进行评价,需加固时宜采用注浆、复合地基等方法进行处理;对于还在发展中的土洞,宜采用构造物跨越。

四、软土地区路基

应调查收集沿线的地形、地貌、工程地质、水文地质、气象等资料,按照《公路工程地质勘察规范》(JTG C20)的有关规定,采用适宜的勘探方法进行综合勘探试验和现场原位测试,并进行统计与分析,为设计提供可靠的软土物理力学性质指标。软土地基上公路路基的设计包括沉降计算、稳定验算及其相应的处治方法的设计;施工中的沉降与侧向位移(稳定)观测的技术要求应作为设计内容。软土的鉴别依据见表3-27。

表3-27 软土鉴别指标

土 类	天然含水量(%)	天然孔隙比	直剪内摩擦角(°)	十字板剪切强度(kPa)	压缩系数$a_{0.1-0.2}$(MPa^{-1})
黏质土、有机质土	≥35	≥1.0	宜小于5	<35	宜大于0.5
粉质土	≥30	≥液限	≥0.90	宜小于8		宜大于0.3

(一) 常用的地基加固措施

1. 软土地基上修筑的路堤底部均宜设置透水性水平垫层,厚度以0.50 m为宜。对于缺少砂砾的地区,可以将土工合成材料和砂砾垫层配合使用,以减小砂砾垫层的厚度。

2. 轻质路堤可采用粉煤灰、泡沫聚苯乙烯(EPS)块等轻质材料填筑。采用EPS路堤时,应计算路堤的压缩变形和抗浮稳定性。

3. 路堤加筋应采用强度高、变形小、耐老化的土工合成材料作为路堤的加筋材料。

4. 反压护道可在路堤的一侧或两侧设置,其高度不宜超过路堤高度的1/2,其宽度应通过稳定计算确定。

5. 排水固结法。应根据软土厚度与性质、路堤高度、路基稳定与工后沉降控制标准、施工工期等,综合分析并确定软土地基采用砂垫层预压或袋装砂井(塑料排水板预压)或真空联合堆载预压的处理方案。

6. 粒料桩。振冲粒料桩适用于十字板抗剪强度大于 15 kPa 的地基土;沉管粒料桩适用于十字板抗剪强度大于 10 kPa 的地基土,粒料桩的直径及设置深度、间距应经稳定、沉降验算后确定,相邻桩净距不应大于 4 倍桩径。

7. 加固土桩。采用深层拌和法加固软土地基的十字板抗剪强度不宜小于 10 kPa。采用粉喷桩法加固软土地基时,深度不应超过 15 m,加固土桩的直径及设置深度、间距应经稳定验算确定并应满足工后沉降的要求。相邻桩的净距不应大于 4 倍桩径。

8. 强夯。饱和软黏土地基中夹有多层粉砂或采用在夯坑中回填块石、碎砾石、卵石等粒料进行强夯置换时可以采用强夯法处理。强夯施工前,必须在施工现场选择有代表性的路段进行试夯,以指导大面积施工。

(二)沉降与稳定观测设计

1. 软土地基上的高填方路堤和桥头路堤应进行沉降与稳定观测设计,其设计内容包括:沉降观测与侧向位移(稳定)测点位置、观测仪选型与布设、观测方法、观测频率。必要时,应进行软土地基深部位移观测。

2. 路堤填土速率应满足下列要求:

(1)填筑时间不小于地基抗剪强度增长需要的固结时间。

(2)路堤中心沉降量每昼夜不得大于 10~15 mm,边桩位移量每昼夜不得大于 5 mm。

(三)软土地基试验段

软土地基上路堤宜结合工程实际,选择代表有性地段提前填筑试验路堤。

(四)路面铺筑时间的确定

路面铺筑应在沉降稳定后进行,采用双标准控制:即要求推算的工后沉降量小于设计容许值,同时要求连续 2 个月观测的沉降量每月不超过 5 mm,方可卸载开挖路槽并开始路面铺筑。

五、膨胀土地区路基

膨胀土地区路基设计,应查明膨胀土分布范围、成因类型、土体的结构层次、下水分布及埋藏条件和膨胀土的矿物成分、物理和力学性质及膨胀特性等资料。

路基设计应综合考虑膨胀土类型、土体结构与工程特性、环境地质条件与风化深度等因素,保证路基稳定,满足路用要求。

路基设计应避免大填、大挖,以浅路堑、低路堤通过为宜。当路基填挖大、工程艰巨及稳定性差时,应与桥隧方案比选确定。以路基通过时,必须有保证路基稳定的措施。

公路通过膨胀土地段时,路基设计应以防水、保湿、防风化为主,结合坡面防护,降低边坡高度,连续施工,及时封闭路床和坡面。

边坡防护加固应遵循下列规定:

(1) 可能发生浅层破坏时,宜采取半封闭的相对保湿防渗措施;
(2) 可能发生深层破坏时,应先解决整体边坡的长期稳定,并采取防止浅层破坏的措施;
(3) 膨胀土强度指标应采用低于峰值强度值,可采用反算和经验指标;
(4) 支挡结构基础埋深应大于气候影响层深度,反滤层应适当加厚。

§3-5 路基附属设施

为了确保路基的强度、稳定性和行车安全,与一般路基工程有关的附属设施有取土坑、弃土堆、护坡道、碎落台、堆料坪及错车道等。这些设施是路基设计的组成部分,正确合理地设置是十分重要的。

一、取土坑与弃土堆

路基土石方的挖填平衡,是公路路线设计的基本原则,但往往难以做到完全平衡。土石方数量经过合理调配后,仍然会有部分借方和弃方(又称废方),路基土石方的借弃,首先要合理选择地点,即确定取土坑或弃土堆的位置。选点时要兼顾土质、数量、用地及运输条件等因素,还必须结合沿线区域规划因地制宜,综合考虑,维护自然平衡,防止水土流失,做到借之有利、弃之无害。借弃所形成的坑或堆,要求尽量结合当地地形,充分加以利用,并注意外形规整,弃堆稳固。对高等级公路或位于城郊附近的干线公路,尤应注意。

平坦地区,如果用土量较少,可以沿路两侧设置取土坑,与路基排水和农田灌溉相结合。路旁取土坑大致如图3-30所示,深度约1.0 m或稍深一些,宽度依用土数量和用地允许而定。为防止坑内积水危害路基,当堤顶与坑底高差不足2.0 m时,在路基坡脚与坑之间需设宽度≤10m的护坡平台,坑底设纵横排水坡及相应设施。

河水淹没地段的桥头引道近旁,一般不设取土坑,如设取土坑要距河流中水位边界10 m以外,并与导流结构物位置相适应。此

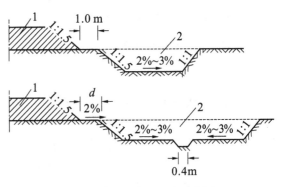

图 3-30 路旁取土坑示意图
1—路堤;2—取土坑

类取土坑要求水流畅通,不得长期积水危及路基或构造物的稳定。

路基开挖的废方,应尽量加以利用,如用以加宽路基或加固路堤、填补坑洞或路旁洼地,亦可兼顾农田水利或基建等所需,做到变废为用,弃而不乱。

废方一般选择路旁低洼地,就近弃堆。原地面倾斜坡度小于1:5时,路旁两侧均可设弃土堆,地面较陡时,宜设在路基下方。沿河路基爆破后的废石方,往往难以远运,条件许可时可以部分占用河道,但要注意河道压缩后,不致壅水危及上游路基及附近农田等。

图3-31所示为路旁弃土堆一例,要求堆弃整平,顶面具有适当横坡,并设平台、三角土块及排水沟,宽度 d 与地面土质有关,最少3.0 m,最大可按路堑深度加5.0 m,即 $d \geqslant H + 5.0$ m。积砂或积雪地段的弃土堆,宜有利于防砂防雪,可设在迎面一侧,并具有足够距离。

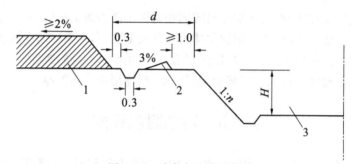

图 3-31 路旁弃土堆示意图
1—弃土堆;2—平台与三角土块;3—路堑

二、护坡道与碎落台

护坡道是保护路基边坡稳定性的措施之一,设置的目的是加宽边坡横向距离,减小边坡平均坡度。护坡道宽度最少为 1.0 m。护坡道愈宽,愈有利于边坡稳定。宽度大,则工程数量亦随之增加,要兼顾边坡稳定性与经济合理性。通常护坡道宽度 d 视边坡高度 h 而定,$h \geqslant 3.0$ m 时,$d=1.0$ m;$h=3 \sim 6$ m 时,$d=2$ m;$h=6 \sim 12$ m 时,$d=2 \sim 4$ m。

护坡道一般设在挖方坡脚处,边坡较高时亦可设在边坡上方及挖方边坡的变坡处。浸水路基的护坡道,可设在浸水线以上的边坡上。

碎落台设于土质或石质土的挖方边坡坡脚处,主要供零星土石碎块下落时临时堆积,以保护边沟不致阻塞,亦有护坡道的作用。碎落台宽度一般为 1.0~1.5 m,如兼有护坡作用,可适当放宽。碎落台上的堆积物应定期清理。

三、堆料坪与错车道

路面养护用矿质材料,可就近选择路旁合适地点堆置备用。亦可在路肩外缘设堆料坪,其面积可结合地形与材料数量而定,例如每隔 50~100 m 设一个堆料坪,长约 5~8 m,宽 2 m。高级路面或采用机械化养路的路段,可以不设或另设集中备用料场,以维护公路外形的视觉平顺和景观优美。

单车道公路,由于双向行车会车和相互避让的需要,通常应每隔 200~500 m 设置错车道一处。按规定错车道的长度不得短于 30 m,两端各有长度为 10 m 的出入过渡段,中间 10 m 供停车用。单车道的路基宽度为 4.5 m,而错车道地段的路基宽度为 6.5 m。错车道是单车道路基的一个组成部分,应与路基同时设计与施工。

习 题 与 讨 论

习 题

1. 名词解释:路堤;路堑;一般路基;路基高度;路基宽度;路基边坡坡度。
2. 保证路基稳定性的一般技术措施包括哪些方面?
3. 何谓矮路堤?在什么情况下使用矮路堤?为什么?选用该种形式路堤有何利弊?设计上要注意什么问题?

4. 一般路基的设计包含哪些主要内容？一般路堤的横截面尺寸如何设计？选定路基填筑高度主要考虑什么因素？

5. 一般路基工程的附属设施包括哪些内容？

6. 路基稳定性设计中瑞典法和Bishop法的基本假定有哪些？

7. 分别指出路堑与路堤边坡稳定性验算时所需土的实验资料有哪些？

8. 行车荷载是怎样计入路基边坡稳定性计算的？

9. 路基边坡稳定性验算的目的何在？

10. 指出非浸水路堤边坡稳定性验算时，圆弧滑动面条分法计算中抵抗力矩与滑动力矩的各组成部分。在什么情况下小条块沿滑动面的切向分力也起抗滑作用？

11. 简述圆弧法验算边坡稳定性时，确定滑弧圆心轨迹的辅助线的基本方法。

12. 已知某土质边坡的破裂面及其对应的 F 值，现问如何确定最危险破裂圆弧？如何评价该路基断面边坡的稳定性？

13. 何为陡坡路堤？如何进行陡坡路堤的稳定性分析计算？

14. 绘简图表示河滩浸水路堤内渗透浸润曲线的两种形式（两侧堤外水位相等）及其成因，并分别标出两种情况下的渗透动水压力的方向及其对边坡稳定性的影响。

15. 如何确定河滩浸水路堤稳定性验算时的最不利条件？为什么？

16. 浸水路堤的稳定性验算与一般路堤有何不同？

17. 为什么粘土填筑的路堤，其边坡稳定性分析方法与一般路堤边坡稳定性分析方法相同？

18. 地基加固的方法有哪些？

19. 分析碎石桩、管桩加固路基的基本原理？

20. 说明排水法加固路基的方法和种类。

讨 论

1. 请结合路基实际的破坏形态，分析路基破坏的主要形式和产生破坏的原因，说明主要的防治对策。

2. 请分析软土地基沉降分析计算的分层总和法的优缺点及其在工程施工监控中的适应性与改善措施。

第4章 路基防护与挡土墙设计

学习目的：路基防护不仅可以稳定路基,而且可以美化路容。通过坡面防护和冲刷防护,可以增加坡面的稳定性和美观度,减少河流对边坡的影响。挡土墙是公路工程中常见的构造物,尤其在山区更为常见。在挡土墙设计中,土压力是主要的设计依据,应按照不同的条件分别选用相适应的土压力计算公式。挡土墙的稳定性验算包括抗滑、抗倾覆、基底应力和偏心距等,究竟哪一方面起控制作用则因挡土墙的类型、构造方式以及地基条件而异,同时设计的时候应该根据荷载组合情况选择相应的稳定性指标。

教学要求：主要介绍路基防护的基本方式、挡土墙类型以及使用条件、布置与构造,土压力计算和稳定性验算,浸水地区和地震地区挡土墙设计、加筋挡土墙设计、轻型挡土墙设计等。

§4-1 路基防护

由岩土所筑成的路基,大多暴露于空间,长期受自然因素的作用,岩土在不利水温条件作用下,物理、力学性质将发生变化。浸水后湿度增大,土的强度降低;岩性差的岩体,在水温变化条件下,加剧风化;路基表面在温差作用下形成胀缩循环,在湿差作用下形成干湿循环,可导致强度衰减和剥蚀;地表水流冲刷,地下水源浸入,使岩土表层失稳,易造成和加剧路基的水毁病害;沿河路堤在水流冲击、淘刷和浸蚀作用下,易遭破坏;湿软地基承载力不足,易导致路基沉陷。所有这些,均取决于岩土的物理力学性质及自然因素,且与路基承受行车荷载的情况密切相关。

随着公路等级的提高,为维护正常的汽车运输,减少公路灾害,确保行车安全,保持公路与自然环境协调,路基的防护与加固更具有重要意义。实践经验证明,在高等级公路建设中,防护工程对保证公路使用品质、提高投资效益均具有重要的意义。

路基防护与加固设施,主要有边坡坡面防护、沿河路堤河岸冲刷防护与加固。

一、坡面防护

1. 植物防护

植物防护,可美化路容,协调环境,调节边坡土的湿温,起到固结和稳定边坡的作用。它对于坡高不大,边坡比较平缓的土质坡面是一种简易有效的防护设施,其方法有种草、铺草皮和植树。土质边坡防护也可采用拉伸网草皮、固定草种布或网格固定撒种,用土工合成材料进行土质边坡防护的边坡坡度宜在1:1.0~1:2.0之间。

拉伸网草皮是在土工网或土工垫等土工合成材料上铺设3~5 cm的种植土层,经过撒种、养护后形成的人工草皮。固定草种布(也可称植生带)是在土工织物纺织时将草种固定于土工织物中,然后到现场铺筑以促使草皮生长的一种土工合成材料草皮制品。网格固定撒种是先将土工网固定于需防护的边坡上,然后撒播草种形成草皮的一种边坡防护方法。

种草,适用边坡坡度不陡于1:1,土质适宜种草,不浸水或短期浸水但地面径流速度不超过0.6 m/s的边坡。草的品种,应适应当地自然条件,最好是根系发达,中茎低矮,多年生长,几种草籽混种。不宜种草的坡面,可以铺5~10 cm厚的种植土层,土层与原坡面结合稳固。

当坡面冲刷比较严重,边坡较陡,径流速度>0.6 m/s,容许最大速度为1.8 m/s时,应根据具体条件(坡度与流速等),分别采用平铺(平行于坡面)水平叠置、垂直坡面或与坡面成一半坡角的倾斜叠置草皮,还可采用片石铺砌成方格或拱式边框,方格或框内再铺草皮,如图4-1所示。

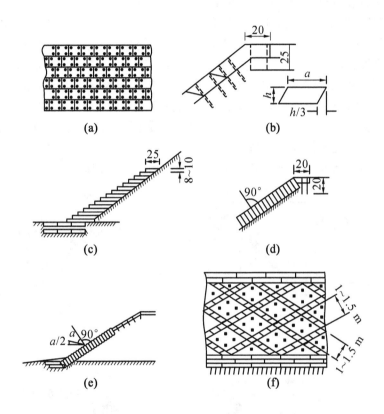

图4-1 草皮防护示意图(除已注明尺寸外,其余单位为cm)
(a) 平铺平面;(b) 平铺剖面;(c) 水平叠铺;(d) 垂直叠铺;(e) 斜交叠铺;(f) 网格式
(图中h为草皮厚度,约5~8 cm,a为草皮边长,约20~25 cm)

铺草皮需预先备料,草皮可就近培育,切成整齐块状,然后移铺在坡面上。铺时应自下而上,并用竹木小桩将草皮钉在坡面上,使之稳固。草皮根部土应随草切割,坡面要预先整平,必要时还应加铺种植土,草皮应随挖随铺,注意相互贴紧。

植树,主要用在堤岸边的河滩上,用来降低流速,促使泥沙淤积,防水直接冲刷路堤。多排林堤岸与水流方向斜交,还可起挑水改变水流方向的作用。沙漠与雪害地区,防护林带还起阻沙防雪作用。树木的品种与种植位置及宽度,应根据防护要求、流水速度等因素,参见有关设计手册、结合当地经验而定,城市或风景区的植物防护,应与有关部门协调配合。

2. 工程防护

当不宜使用植物防护或考虑就地取材时,采用砂石、水泥、石灰等矿质材料进行坡面防护是常用的防护形式。它主要有砂浆抹面、勾缝或喷涂以及石砌护坡或护面墙等。这些形式各自适合于一定条件。

抹面防护,适于石质挖方坡面,岩石表面易风化,但比较完整,尚未剥落,如页岩、泥砂岩、千枚岩的新坡面。对此应及时予以封面,以预防风化成害。常用的抹面材料有石灰浆等,其中石灰为胶结料,要求精选。混合料如加纸筋或竹筋,可提高强度,防止开裂;如掺加适量制盐副产品卤水,因含有氯化钙与氯化镁,可使抹面加速硬化和预防开裂。抹面用料的配合比与用量,参见有关手册。抹面厚度视材料与坡面状况而定,一般 2~10 cm。操作前,应清理坡面风化层、浮土与松动碎块、填坑补洞、洒水润湿。抹面后,应拍浆、抹平和养生。

喷浆施工简便,效果较好,适用于易风化而坡面不平整的岩石挖方边坡,厚度一般为 5~10 cm。喷浆的水泥用量较大,重点工程可选用。比较经济的砂浆是用水泥、石灰、河砂及水,按重量比 1:1:6:3 配合。喷浆前后的处治,与抹面相同。对坡面较陡或易风化的坡面,可以在喷浆前先铺设加筋材料,加筋材料可以用铁丝网或土工格栅,喷浆坡面应设置排水孔。

比较坚硬的岩石坡面,为防水渗入缝隙成害,视缝隙深浅与大小,分别予以灌浆、勾缝或嵌补等。

上述防护方法,可以局部处治,综合使用,并与放缓边坡等方法加以比较,力求实用和经济。如果在坡面防护时着色或修饰,还有助于改善路容。

路基坡面为防止地面水流或河水冲刷,可以使用干砌片石护面,图 4-2 所示为浸水路堤单

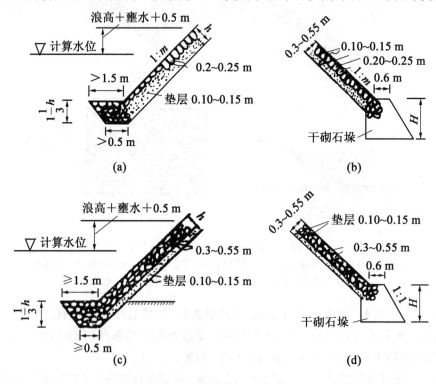

图 4-2 片石护面示意图
(a)、(b)单层;(c)、(d)双层

(图中 H 为干砌石垛高度,约 20~30 cm,h 为护面厚度,大于 20 cm)

层或双层护面示意图。重要路段或暴雨集中地区的土质高边坡,以及桥涵附近坡面与岩坡、地面排水沟渠等,亦可干砌片石加固。片石护面,要求坡面稳固,先垫以砂层,然后自下而上平整地铺砌片石,片石应逐块嵌紧且错缝,护面厚度一般不小于 20 cm,干砌要勾缝,必要时改用浆砌,护面顶部封闭,以防渗水。

护面墙是浆砌片石的坡面覆盖层,用于封闭各种软质岩层和较破碎的挖方边坡。要求墙面紧贴坡面,表面砌平,厚度可不一。护面墙石料应符合规格。护面墙除自重外,不承受其他荷重,亦不承受墙背土压力。其构造与布置,如图 4-3 所示。墙高与厚度及路堑边坡的关系,参见表 4-1。

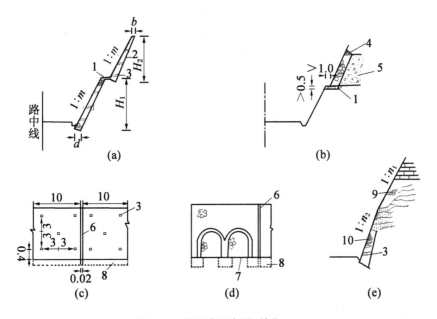

图 4-3 护面墙示意图(单位:m)
(a) 双层式;(b) 单层式;(c) 墙面;(d) 拱式;(e) 混合式
1—平台;2—耳墙;3—泄水孔;4—封顶;5—松散夹层;
6—伸缩缝;7—软地基;8—基础;9—支补墙;10—护面墙

表 4-1 护面墙的厚度

护面墙高度 H(m)	路堑边坡	护面墙厚度(m)	
		顶宽 b	底宽 d
≤2	1:0.5	0.40	0.40
≤6	陡于 1:0.5	0.40	$0.40+0.10H$
$6<H≤10$	1:0.5~1:0.75	0.40	$0.40+0.05H$
$10<H<15$	1:0.75~1:1	0.60	$0.60+0.05H$

护面墙高一般不超过 10 m,可以分级,中间设平台,墙背可设耳墙,纵向每 10 m 设一条伸缩缝,墙身应预留泄水孔,基础要求稳固,顶部应封闭。墙基软硬不匀,可设拱跨过软弱地基。坡面常有各种不同地质现象,开挖后形成凹陷,应以石砌圬工填塞平整,称为支补墙。以上构造的具体要求与尺寸,均可参考有关设计手册。

二、沿河路基防护

1. 直接措施

为了防止流水直接危害沿河、滨海路堤以及有关海河堤坝护岸的堤岸边坡和坡脚,必须采取一定的防止冲刷的措施。

堤岸防护直接措施,包括植物防护、石砌防护或抛石与石笼防护,以及必要时设置的支挡(驳岸等)。其中植物防护与石砌防护,同坡面防护所述基本类同,但堤岸的防冲刷主要原因是洪水急流,水位变迁不定,水流速度较大,相应的要求更高。盛产石料的地区,当水流速度达到3.0 m/s或更高,植树与石砌防护无效时,可采用抛石防护。当水流速度达到或超过5.0 m/s时,则改用石笼防护,也可就地取材,用竹笼或梢料防护,必要时可以采用土工织物软体沉排护坡。

抛石防护,类似在坡脚处设置护脚,亦称抛石垛,如图4-4所示。抛石不受气候条件限制,路基沉实以前均可施工,季节性浸水或长期浸水亦均可用。抛石垛的边坡坡度,不应陡于抛石浸水后的天然休止角,边坡率m_1一般为1.5~2.0,m_2为1.25~2.0;石料粒径视水深与流速而定,一般为15~50 cm。

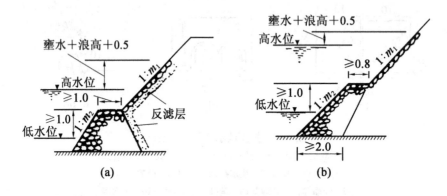

图4-4 抛石防护示意图(单位:m)
(a)新堤石垛;(b)旧堤石垛

石笼是用铁丝编织成框架,内填石料,设在坡脚处,以防急流和大风浪破坏堤岸,也可用来加固河床,防止淘刷。铁丝框架可以箱形或圆形,如图4-5a和b。笼内填石的粒径,最小不小于4.0 cm,一般为5~20 cm,外层应用大且棱角突出石料,内层可用较小石块填充。石笼在坡脚处排列,用于防止冲刷淘底时,应平铺并与坡脚线垂直,而且靠近堤岸一端固定,另一端不必固定,淘刷后可以向下沉落贴于底面;用于防止堤岸边坡冲刷时,则垒码平铺成梯形,如图4-5c和d。单个石笼的大小,以不被相应速度的水流冲动为宜,铺设时须用碎(砾)石垫层铺平,底层各角可用铁棒固定于基底。

土工织物软体沉排是在土工织物上以块石或预制混凝土块体为压重的护坡结构。土工织物软体沉排一般适用于水下工程及预计可能发生冲刷的河床和岸坡土面上。其主要有单片垫和双片垫两种结构形式。

单片垫是利用土工织物拼接成大面积的排体;双片垫是将两块单片垫重叠后按一定距离和

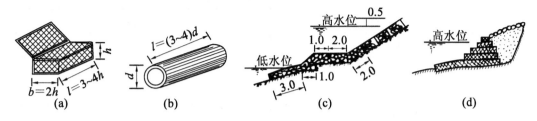

图 4-5 石笼防护示意图(单位:m)
(a) 箱形笼;(b) 圆柱形笼;(c) 防止淘底;(d) 防护岸坡

形式将两片垫连接在一起而构成管状或格状空间,其中再填充透水性土石料(如砂卵石等),起到防冲与反滤的作用,双片垫的结构形式如图4-6所示。

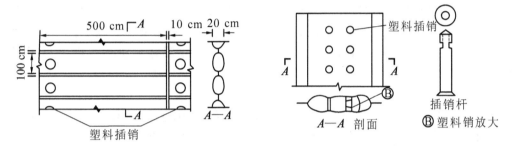

图 4-6 双片垫形式

土工模袋是一种双层织物袋,袋中充填流动性混凝土或水泥砂浆或稀石混凝土,凝固后形成高强度和高刚度的硬结板块。其主要应用场合及铺设形式如图4-7。土工模袋材料应满足表 4-2 的技术要求,袋内可充填混凝土或砂浆。充填混凝土时,粗骨料最大粒径应符合表4-3的要求,坍落度不宜小于 200 mm,其强度等级不低于 C10;充填砂浆时,其强度等级不低于 M2.5。

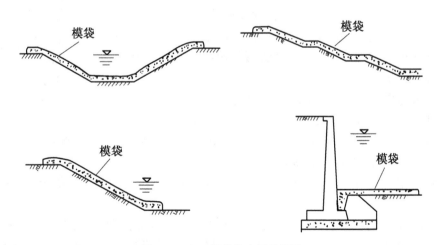

图 4-7 土工模袋的应用及铺设

表 4-2　土工模袋材料要求

指标内容	指标要求
顶破强度(N)	≥1 500
渗透系数(10^{-3}cm/s)	0.86~10
等效孔径 O_{95}(mm)	0.07~0.15
延伸率(%)	≤15

表 4-3　混凝土骨料的最大粒径要求

土工模袋厚度(mm)	骨料最大粒径(mm)
150~250	≤20
≥250	≤40

采用土工模袋护坡的坡度不得陡于 1:1。如在水下施工,水流速度不宜大于 1.5 m/s。模袋选型应根据工程要求和当地土质、地形、水文、经济与施工条件等确定。应根据水流量选定模袋滤水点分布数量,当选用无滤水点模袋时,应增设渗水滤管。模袋应用尼龙绳缝制。

2. 间接措施

设置导治结构物可改变水流方向,消除和减缓水流对堤岸直接破坏,同时可减轻堤岸近旁淤积,彻底解除水流对局部堤岸的损害作用,起安全保护作用。导治结构物是桥涵和路基的重要附属工程,由于涉及水流改向,影响范围较大,工程费用亦较高,务必慎重。用于防护堤岸的改河工程,一般限于小型工程,如裁弯取直,挖滩改道,清除孤石等,可在小河的局部段落上进行。

导治结构物主要是设坝,按其与河道的相对位置,一般可分为丁坝、顺坝或格坝。图 4-8 是桥梁附近设置导治结构物的总体布置示例之一。导治结构物的布置,应综合考虑河道宽窄、水流方向、地质条件、防护要求、材料来源、施工条件和工程经济等,要综合考虑,全面治理,要避免河床更多压缩,或因水位提高和水流改向,而危害河对岸或附近地段的农田水利、地面建筑及堤岸等。

顺坝大致与堤岸平行,主要作用为导流、束水、调整流水曲度、改善流态。格坝在平面上成网格状,设于顺坝与堤岸之间,防止高水位时水流溢入冲刷坝内岸坡和坡脚,并促进格间的淤积。丁坝大

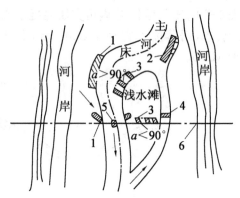

图 4-8　导流结构物综合布置示例

致与堤岸垂直或斜交,将水流挑离堤岸,束河归槽,改善流态。顺坝亦称导流坝,丁坝亦称挑水坝。

导流结构物的布置是工程成败的关键。布置恰当能收到预期效果;布置不当反而恶化水流,造成水毁。关键在于合理设计导治线,符合预定的河轴线和河岸线要求,亦取决于选择导治水位,不致出现不利的冲刷情况。导治线与导治水位,应依据对于水流和河岸、河床地形、地质

情况、水流对上下游对岸的影响等因素,综合分析和设计计算而定。

顺坝与丁坝均用石块修建成梯形横断面,坝体分为坝头、坝身和坝根三个组成部分,横断面尺寸依构造要求、施工条件和使用需要而定,并应进行稳定性计算。

公路工程中的改河,主要目的是:将直接冲刷路基的水流引向旁处;路基占用河槽后,需要拓宽河道;挖滩改河,清除孤石,改移河道,以保护路基;裁弯取直,有利布置路线或桥涵。这些措施,如经过论证可行,确有必要且效益高时,方可通过设计计算,最后实施。

导治结构物的构造与要求,以及结构物与改河工程的具体设计计算方法,在路基设计手册等文献中,已有详细规定与建议,可供查用。

§4-2 挡土墙的用途、构造与类型

一、挡土墙的用途

挡土墙是用来支撑天然边坡或人工填土边坡以保持土体稳定的建筑物。在公路工程中,它广泛应用于支撑路堤或路堑边坡、隧道洞口、桥梁两端及河流岸壁等。

按照墙的设置位置,挡土墙可分为路肩墙、路堤墙、路堑墙和山坡墙等类型(图4-9)。

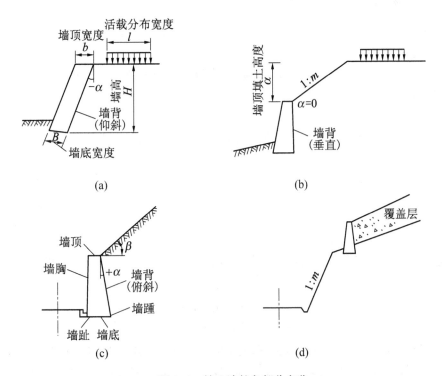

图 4-9 挡土墙的各部分名称
(a) 路肩挡土墙;(b) 路堤挡土墙;(c) 路堑挡土墙;(d) 山坡挡土墙

路肩墙或路堤墙设置在高填路堤或陡坡路堤的下方,可以防止路基边坡或基底滑动,确保路基稳定,同时可收缩填土坡脚,减少填方数量,减少拆迁和占地面积,以及保护临近线路的既有重要建筑物。滨河及水库路堤,在傍水一侧设置挡土墙,可防止水流对路基的冲刷和浸蚀,也

是减少压缩河床或少占库容的有效措施。

路堑挡土墙设置在堑坡底部，主要用于支撑开挖后不能自行稳定的边坡，同时可减少挖方数量，降低边坡高度。山坡挡土墙设在堑坡上部，用于支挡山坡上可能坍滑的覆盖层，有的也兼有拦石作用。

此外，设置在隧道口或明洞口的挡土墙，可缩短隧道或明洞长度，降低工程造价。设置在桥梁两端的挡土墙，作为翼墙或桥台，起着护台及连接路堤的作用。而抗滑挡土墙则用于防治滑坡。

挡土墙各部分名称如图(4-9c)所示。靠填土(或山体)一侧为墙背，外露一侧为墙面(也称墙胸)，墙面与墙底的交线为墙趾，墙背与墙底的交线为墙踵，墙背与铅垂线的交角为墙背倾角 α。

墙背的倾角方向，比照面向外侧站立的人的俯仰情况，分俯斜、仰斜和垂直三种。墙背向外侧倾斜时，为俯斜墙背(图 4-9c)，α 为正；墙背向填土一侧倾斜时，为仰斜墙背(图 4-9a)，α 为负；墙背铅垂时，为垂直墙背(图 4-9b)，α 为零。如果墙背具有单一坡度，称为直线形墙背；若多于一个坡度，则称为折线形墙背。

选择挡土墙设计方案时，应与其他方案进行技术经济比较。例如，采用路堑或山坡挡土墙，常需与隧道、明洞或刷缓边坡的方案作比较；采用路堤或路肩挡土墙，有时须与栈桥或陡坡填方等相比较，以求工程经济合理。

二、挡土墙的构造

挡土墙的构造必须满足强度和稳定性的要求，同时考虑就地取材、结构合理、断面经济、施工养护方便与安全。

常用的重力式挡土墙一般是由墙身、基础、排水设施和伸缩缝等部分组成。

（一）墙身构造

1. 墙背

重力式挡土墙的墙背，可做成仰斜、垂直、俯斜、凸形折线和衡重式等形式(图 4-10)。

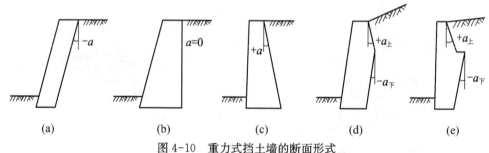

图 4-10　重力式挡土墙的断面形式

(a) 仰斜；(b) 垂直；(c) 俯斜；(d) 凸形折线；(e) 衡重式

仰斜墙背所受的土压力小，故墙身断面较经济。用于路堑墙时，墙身与开挖面边坡较贴合，故开挖量与回填量均较小。但当墙趾处地面横坡较陡时，会使墙身增高，断面增大。故仰斜墙背适用于路堑墙及墙趾处地面平坦的路肩墙或路堤墙。仰斜墙背的坡度不宜缓于 1:0.3，以免施工困难。

俯斜墙背所受的土压力较大。在地面横坡陡峻时，俯斜式挡土墙可采用陡直的墙面，借以减小墙高。俯斜墙背也可做成台阶形，以增加墙背与填料间的摩擦力。

垂直墙背的特点介于仰斜和俯斜墙背之间。

第4章 路基防护与挡土墙设计

凸形折线墙背系将仰斜式挡土墙的上部墙背改为俯斜,以减小上部断面尺寸,多用于路堑墙,也可用于路肩墙。

衡重式墙在上下墙之间设衡重台,并采用陡直的墙面。适用于山区地形陡峻处的路肩墙和路堤墙,也可用于路堑墙。上墙俯斜墙背的坡度 $1:0.25 \sim 1:0.45$,下墙仰斜墙背在 $1:0.25$ 左右,上下墙的墙高比一般采用 $2:3$。

2. 墙面

墙面一般均为平面,其坡度应与墙背坡度相协调。墙面坡度直接影响挡土墙的高度。因此,在地面横坡较陡时,墙面坡度一般为 $1:0.05 \sim 1:0.20$,矮墙可采用陡直墙面;地面平缓时,一般采用 $1:0.20 \sim 1:0.35$ 较为经济。

3. 墙顶

墙顶最小宽度,浆砌挡土墙不小于 50 cm,干砌不小于 60 cm。浆砌路肩墙墙顶一般宜采用粗石料或混凝土做成顶帽,厚 40 cm。如不做顶帽,对路堤墙和路堑墙,墙顶应以大块石砌筑,并用砂浆勾缝,或用 5 号砂浆抹平顶面,砂浆厚 2 cm。干砌挡土墙墙顶 50 cm 高度内,应用 25 号砂浆砌筑,以增加墙身稳定。干砌挡土墙的高度一般不宜大于 6 m。

4. 护栏

为保证交通安全,在地形险峻地段,或过高过长的路肩墙的墙顶应设置护栏。为保持土路肩最小宽度,护栏内侧边缘距路面边缘的距离,二、三级路不小于 0.75 m,四级路不小于 0.5 m。

(二) 基础

地基不良和基础处理不当,往往会引起挡土墙的破坏,因此必须重视挡土墙的基础设计,事先应对地基的地质条件作详细调查,必要时须先作挖探或钻探,然后再来确定基础类型与埋置深度。

1. 基础类型

绝大多数挡土墙,都直接修筑在天然地基上。

当地基承载力不足,地形平坦而墙身较高时,为了减小基底压应力和增加抗倾覆稳定性,常常采用扩大基础(图 4-11a),将墙趾或墙踵部分加宽成台阶,或两侧同时加宽,以加大承压面积。加宽宽度视基底应力需要减少的程度和加宽后的合力偏心距的大小而定,一般不小于 20 cm。台阶高度按加宽部分的抗剪、抗弯拉和基础材料的刚性角的要求确定(刚性角:浆砌片石 $35°$,混凝土 $45°$)。

当地基压应力超过地基承载力过多时,需要的加宽值较大,为避免加宽部分的台阶过高,可采用钢筋混凝土底板(图 4-11b),其厚度由剪力和主拉应力控制。

地基为软弱土层(如淤泥、软黏土等)时,可采用砂砾、碎石、矿渣或灰土等材料予以换填,以扩散基底压应力,使之均匀地传递到下卧软弱土层中,如图 4-11c。一般换填深度 h_2 与基础埋置深度 h_1 之总和不宜超过 5 m,对淤泥和泥炭等应更浅些。

当挡土墙修筑在陡坡上,而地基又为完整、稳固、对基础不产生侧压力的坚硬岸石时,可如图 4-11d 所示,设置台阶基础,以减少基坑开挖和节省圬工。分台高一般约 1 m,台宽视地形和地质情况而定,不宜小于 0.2 m,高宽比可以采用 $3:2$ 或 $2:1$。最下一个台阶的底宽应满足偏心距的有关规定,不宜小于 $1.5 \sim 2.0$ m。

如地基有短段缺口(如深沟等)或挖基困难(如需水下施工等),可采用拱形基础,以石砌拱圈跨过,再在其上砌筑墙身(图 4-11e),但应注意土压力不宜过大,以免横向推力导致拱圈开裂。设计时,对拱圈应予验算。

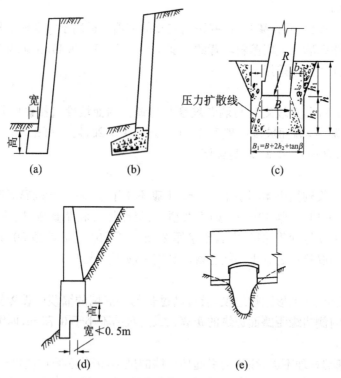

图 4-11 重力式挡土墙的基础类型
(a) 墙趾或墙踵部分加宽;(b) 钢筋混凝土底板;(c) 换填地基;(d) 台阶基础;(e) 拱形基础

2. 基础埋置深度

对于土质地基,基础埋置深度应符合下列要求:

(1) 无冲刷时,应在天然地面以下至少 1 m;

(2) 有冲刷时,应在冲刷线以下至少 1 m;

(3) 受冻胀影响时,应在冻结线以下不少于 0.25 m。当冻深超过 1 m 时,采用 1.25 m,但基底应夯填一定厚度的砂砾或碎石垫层,垫层底面亦应位于冻结线以下不少于 0.25 m。

碎石、砾石和砂类地基,不考虑冻胀影响,但基础埋深不宜小于 1 m。

对于岩石地基,应清除表面风化层。当风化层较厚难以全部清除时,可根据地基的风化程度及其容许承载力将基底埋入风化层中。基础嵌入岩层的深度,可参照表 4-4 确定。墙趾前地面横坡较大时,应留出足够的襟边宽度(趾前至地面横坡的水平距离),以防止地基剪切破坏(见表4-4)。

表 4-4 基础嵌入岩层的深度

岩层种类	基础埋深 h (m)	襟边宽度 L (m)	嵌入示意图
较完整的坚硬岩石	0.25	0.25~0.5	
一般岩石(如砂页岩互层等)	0.6	0.6~1.5	
松散岩石(如千枚岩等)	1.0	1.0~2.0	
砂夹砾石	≥1.0	1.5~2.5	

当挡土墙位于地质不良地段,地基土内可能出现滑动面时,应进行地基抗滑稳定性验算,将基础底面埋置在滑动面以下,或采用其他措施,以防止挡土墙滑动。

(三)排水设施

挡土墙应设置排水措施,以疏干墙后土体和防止地面水下渗,防止墙后积水形成静水压力,减少寒冷地区回填土的冻胀压力,消除黏性土填料浸水后的膨胀压力。

排水措施主要包括:设置地面排水沟,引排地面水;夯实回填土顶面和地面松土,防止雨水及地面水下渗,必要时可加设铺砌;对路堑挡墙墙趾前的边沟应予以铺砌加固,以防边沟水渗入基础;设置墙身泄水孔,排除墙后水。

浆砌块(片)石墙身应在墙前地面以上设一排泄水孔(图4-12)。墙高时,可在墙上部加设一排汇水孔。汇水孔的尺寸一般为 5 cm×10 cm、10 cm×10 cm、15 cm×20 cm 的方孔或直径为 5~10 cm 的圆孔。孔眼间距一般为 2~3 m,对于浸水挡土墙孔眼间距一般 1.0~1.5 m,干旱地区可适当加大,孔眼上下错开布置。下排排水孔的出口应高出墙前地面 0.3 m;若为路堑墙,应高出边沟水位 0.3 m;若为浸水挡土墙,应高出常水位 0.3 m。为防止水分渗入地基,下排泄水孔进水口的底部应铺设 30 cm 厚的黏土隔水层。泄水孔的进水口部分应设置粗粒料反滤层,以免孔道阻塞。当墙背填土透水性不良或可能发生冻胀时,应在最低一排泄水孔至墙顶以下 0.5 m 的范围内铺设厚度不小于 0.3 m 的砂卵石排水层(图4-12c)。

干砌挡土墙因墙身透水,可不设泄水孔。

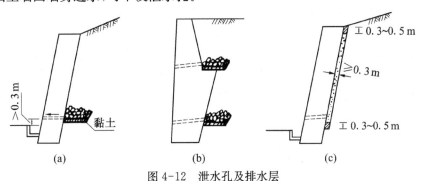

图 4-12 泄水孔及排水层

(四)沉降缝与伸缩缝

为避免因地基不均匀沉陷而引起墙身开裂,需根据地质条件的变异和墙高、墙身断面的变化情况设置沉降缝。为了防止圬工砌体因收缩硬化和温度变化而产生裂缝,应设置伸缩缝。设计时,一般将沉降缝与伸缩缝合并设置,沿路线方向每隔 10~15 m 设置一道,兼起两者的作用,缝宽 2~3 cm,缝内一般可用胶泥填塞。但在渗水量大,填料容易流失或冻害严重地区,则宜用沥青麻筋或涂以沥青的木板等具有弹性的材料,沿内、外、顶三方填塞,填深不宜小于 0.15 m,当墙后为岩石路堑或填石路堤时,可设置空缝。

干砌挡土墙,缝的两侧应选用平整石料砌筑,使成垂直通缝。

三、挡土墙的类型

(一)重力式挡土墙

重力式挡土墙依靠墙身自重支撑土压力来维持其稳定。一般多用片(块)石砌筑,在缺乏石料的地区有时也用混凝土修建。重力式挡土墙圬工量较大,但其型式简单,施工方便,可就地取材,适应性较强,故被广泛采用。

为适应不同地形、地质条件及经济要求,重力式挡土墙具有多种墙背形式。其中墙背为直线形的是普通重力式挡土墙,如图 4-13a,b 所示,其断面形式最简单,土压力计算简便。带衡重台的挡土墙,称为衡重式挡土墙,如图 4-13d 所示,其主要稳定条件仍凭借于墙身自重,但由于衡重台上填土的重量使全墙重心后移,增加了墙身的稳定,且因其墙面胸坡很陡,下墙墙背仰斜,所以可以减小墙的高度,减少开挖工作量,避免过分牵动山体的稳定,有时还可以利用台后净空拦截落石。衡重式挡土墙适于在山区公路建设中采用,但由于其基底面积较小,对地基承载力要求较高,因此应设置在坚实的地基上。不带衡重台的折线形墙背挡土墙,则介乎上述两者之间,如图 4-13c 所示。

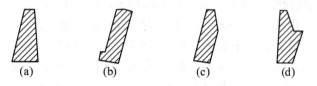

图 4-13 重力式挡土墙

(a)、(b) 普通重力式挡土墙;(c) 不带衡重台的折线形墙背挡土墙;(d) 衡重式挡土墙

（二）锚定式挡土墙

锚定式挡土墙通常包括锚杆式和锚定板式两种。

锚杆式挡土墙是一种轻型挡土墙(图 4-14),主要由预制的钢筋混凝土立柱、挡土板构成墙面,与水平或倾斜的钢锚杆联合组成。锚杆的一端与立柱联接,另一端被锚固在山坡深处的稳定岩层或土层中。墙后侧压力由挡土板传给立柱,由锚杆与岩体之间的锚固力,即锚杆的抗拔力,使墙获得稳定。它适用于墙高较大、石料缺乏或挖基困难的地区,具有锚固条件的路基挡土墙,一般多用于路堑挡土墙。

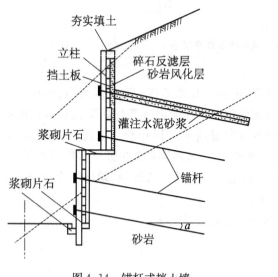

图 4-14 锚杆式挡土墙

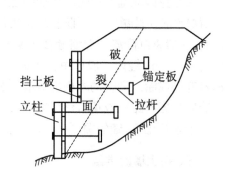

图 4-15 锚定板式挡土墙

锚定板式挡土墙的结构形式与锚杆式挡土墙基本相同,只是锚杆的锚固端改用锚定板,埋入墙后填料内部的稳定层中,依靠锚定板产生的抗拔力抵抗侧压力,保持墙的稳定(图 4-15)。

它主要适用于缺乏石料的地区,同时它不适用于路堑挡土墙。

锚定式挡土墙的特点在于构件断面小,工程量省,不受地基承载力的限制,构件可预制,有利于实现结构轻型化和施工机械化。

(三) 薄壁式挡土墙

薄壁式挡土墙是钢筋混凝土结构,包括悬臂式和扶壁式两种主要形式。

悬臂式挡土墙如图 4-16 所示,它是由立壁和底板组成的,具有三个悬臂,即立壁、趾板和踵板。当墙身较高时,沿墙长每隔一定距离筑肋板(扶壁)联结墙面板及踵板,称为扶壁式挡土墙,如图 4-17 所示。它们的共同特点是:墙身断面较小,结构的稳定性不是依靠本身的重量,而主要依靠踵板上的填土重量来保证。它们自重轻,圬工省,适用于墙高较大的情况,但需使用一定数量的钢材,经济效果较好。

(四) 加筋土挡土墙

加筋土挡土墙是由填土、填土中布置的拉筋条以及墙面板三部分组成(图 4-18)。在垂直于墙面的方向,按一定间隔和高度水平地放置拉筋材料,然后填土压实,通过填土与拉筋间的摩擦作用,把土的侧压力传给拉筋,从而稳定土体。拉筋材料通常为镀锌薄钢带、铝合金、高强塑料及合成纤维等。墙面板一般用混凝土预制,也可采用半圆形铝板。加筋土挡土墙属柔性结构,对地基变形适应性强,建筑高度大,适用于填土路基。它结构简单,圬工量少,与其他类型的挡土墙相比,可节省投资 30%～70%,经济效益大。

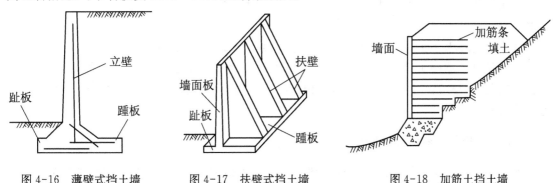

图 4-16 薄壁式挡土墙　　图 4-17 扶壁式挡土墙　　图 4-18 加筋土挡土墙

此外,尚有柱板式挡土墙(图 4-19)、桩板式挡土墙(图 4-20)和垛式(又称框架式)挡土墙(图 4-21)等。

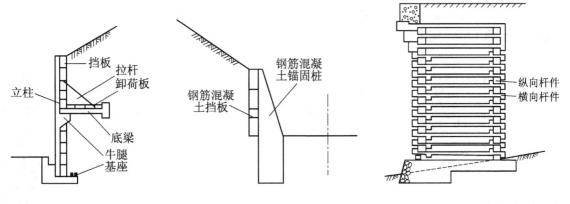

图 4-19 柱板式挡土墙　　图 4-20 桩板式挡土墙　　图 4-21 垛式(又称框架式)挡土墙

§4-3 挡土墙土压力计算

一、作用在挡土墙上的力系

挡土墙设计关键是确定作用于挡土墙上的力系,其中主要是确定土压力。

作用在挡土墙上的力系,按力的作用性质分为主要力系、附加力和特殊力。

主要力系是经常作用于挡土墙的各种力,如图 4-22 所示,它包括:

1. 挡土墙自重 G 及位于墙上的恒载;
2. 墙后土体的主动土压力 E_a(包括作用在墙后填料破裂棱体上的荷载,简称超载),作用点在墙高下三分之一处,方向如图。
3. 基底的法向反力 N 及摩擦力 T;
4. 墙前土体的被动土压力 E_p,作用点在埋深/3 处,方向如图。

对浸水挡土墙而言,在主要力系中还应包括常水位时的静水压力和浮力。

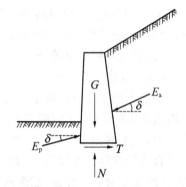

图 4-22 作用在挡土墙上的力系

附加力是季节性作用于挡土墙的各种力,例如洪水时的静水压力和浮力、动力压力、波浪冲击力、冻胀压力以及冰压力等。

特殊力是偶然出现的力,例如地震力、施工荷载、水流漂浮物的撞击力等。

在一般地区,挡土墙设计仅考虑主要力系,在浸水地区还应考虑附加力,而在地震区应考虑地震对挡土墙的影响。各种力的取舍,应根据挡土墙所处的具体工作条件,按最不利的组合作为设计的依据。

二、一般条件下库伦(Coulomb)主动土压力计算

土压力是挡土墙的主要设计荷载。挡土墙的位移情况不同,可以形成不同性质的土压力(图 4-23)。当挡土墙向外移动时(位移或倾覆),土压力随之减少,直到墙后土体沿破裂面下滑而处于极限平衡状态,作用于墙背的土压力称主动土压力;当墙向土体挤压移动,土压力随之增大,土体被推移向上滑动处于极限平衡状态,此时土体对墙的抗力称为被动土压力;墙处于原来位置不动,土压力介于两者之间,称为静止土压力。采用哪种性质的土压力作为挡土墙设计荷载,要根据挡土墙的具体条件而定。

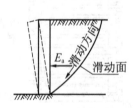 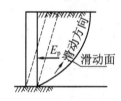 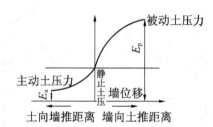

图 4-23 三种不同性质的土压力

主动土压力

被动土压力

路基挡土墙一般都可能有向外的位移或倾覆,因此在设计中按墙背土体达到主动极限平衡状态,且设计时取一定的安全系数,以保证墙背土体的稳定。对于墙趾前土体的被动土压力E_p,在挡土墙基础一般埋深的情况下,考虑到各种自然力和人畜活动的作用,一般均不计,以偏于安全。

主动土压力计算的理论和方法,在土力学中已有专门论述,这里仅结合路基挡土墙的设计,介绍库仑土压力计算方法的具体应用。

(一)各种边界条件下主动土压力计算

路基挡土墙因路基形式和荷载分布的不同,土压力有多种计算图式。以路堤挡土墙为例,按破裂面交于路基面的位置不同,可分为五种图示:破裂面交于内边坡,破裂面交于荷载的内侧、中部和外侧,以及破裂面交于外边坡。兹分述如下。

1. 破裂面交于内边坡(图 4-24)

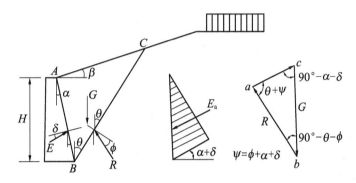

图 4-24 破裂面交于内边坡

这一图式适用于路堤式或路堑式挡土墙。图中 AB 为挡土墙墙背,BC 为破裂面,BC 与铅垂线的夹角 θ 为破裂角,ABC 为破裂棱体。棱体上作用着三个力,即破裂棱体自重 G、主动土压力的反力 E_a 和破裂面上的反力 R。E_a 的方向与墙背法线成 δ 角,且偏于阻止棱体下滑的方向;R 的方向与破裂面法线成 ϕ 角,且偏于阻止棱体下滑的方向。取挡土墙长度为 1 m 计算,作用于棱体上的平衡力三角形 abc 可得:

$$E_a = \frac{\sin(90°-\theta-\phi)}{\sin(\theta+\psi)}G = \frac{\cos(\theta+\phi)}{\sin(\theta+\psi)}G \tag{4-1}$$

式中 $\psi = \phi + \alpha + \delta$

因 $\qquad G = \gamma AB \cdot BC \sin(\alpha+\theta)/2$

而 $\qquad AB = H \sec \alpha$

$$BC = \frac{\sin(90°-\alpha+\beta)}{\sin(90°-\theta-\beta)}AB = H \sec \alpha \frac{\cos(\alpha-\beta)}{\cos(\theta+\beta)}$$

$$G = \frac{1}{2}\gamma H^2 \sec^2 \alpha \frac{\cos(\alpha-\beta)\sin(\theta+\alpha)}{\cos(\theta+\beta)} \tag{4-2}$$

将式(4-2)代入式(4-1),得

$$E_a = \frac{1}{2}\gamma H^2 \sec^2 \alpha \frac{\cos(\alpha-\beta)\sin(\theta+\alpha)}{\cos(\theta+\beta)} \frac{\cos(\theta+\phi)}{\sin(\theta+\psi)} \tag{4-3}$$

令
$$A = \frac{1}{2}\gamma H^2 \sec^2\alpha\cos(\alpha-\beta)$$

则
$$E_a = \gamma A \frac{\sin(\theta+\alpha)}{\cos(\theta+\beta)} \frac{\cos(\theta+\phi)}{\sin(\theta+\psi)} \tag{4-4}$$

当参数 ψ、ϕ、δ、α、β 固定时，E_a 随破裂面的位置而变化，即 E_a 是破裂角 θ 的函数。为求最大土压力 E_a，首先要求对应于最大土压力时的破裂角 θ。取 $dE/d\theta=0$，得

$$\gamma A\left[\frac{\cos(\theta+\phi)}{\sin(\theta+\psi)} \cdot \frac{\cos(\theta+\beta)\cos(\theta+\alpha)+\sin(\theta+\beta)\sin(\theta+\alpha)}{\cos^2(\theta+\beta)} - \frac{\sin(\theta+\alpha)}{\cos(\theta+\beta)} \cdot \frac{\sin(\theta+\psi)\sin(\theta+\phi)+\cos(\theta+\psi)\cos(\theta+\phi)}{\sin^2(\theta+\psi)}\right]=0$$

整理化简后得

$$P\tan^2\theta + Q\tan\theta + R = 0$$

$$\tan\theta = \frac{-Q\pm\sqrt{Q^2-4PR}}{2P} \tag{4-5}$$

式中　$P = \cos\alpha\sin\beta\cos(\psi-\phi) - \sin\phi\cos\psi\cos(\alpha-\beta)$
　　　$Q = \cos(\alpha-\beta)\cos(\psi+\phi) - \cos(\psi-\phi)\cos(\alpha+\delta)$
　　　$R = \cos\phi\sin\psi\cos(\alpha-\beta) - \sin\alpha\cos(\psi-\phi)\cos\beta$

将式(4-5)求得的 θ 值代入式(4-4)，即可求得最大主动土压力 E_a 值。最大主动土压力 E_a 也可用式(4-6)表示。

$$\begin{aligned}E_a &= \frac{1}{2}\gamma H^2 K_a \\ &= \frac{1}{2}\gamma H^2 \frac{\cos^2(\phi-\alpha)}{\cos^2\alpha\cos(\alpha+\delta)\left[1+\sqrt{\frac{\sin(\phi+\delta)\sin(\phi-\beta)}{\cos(\alpha+\delta)\cos(\alpha-\beta)}}\right]^2}\end{aligned} \tag{4-6}$$

式中　γ——墙后填土的容重(kN/m³)；
　　　ϕ——填土的内摩擦角(°)；
　　　δ——墙背与填土间的摩擦角(°)；
　　　β——墙后填土表面的倾斜角(°)；
　　　α——墙背倾斜角(°)，俯斜墙背 α 为正，仰斜墙背 α 为负；
　　　H——挡土墙高度(m)；
　　　K_a——主动土压力系数。

土压力的水平和垂直分力为：

$$\begin{aligned}E_x &= E_a\cos(\alpha+\delta) \\ E_y &= E_a\sin(\alpha+\delta)\end{aligned} \tag{4-7}$$

2. 破裂角交于路基面(图 4-25)

(1) 破裂面交于荷载中部(图 4-25b)

破裂棱体的断面面积 S 为：

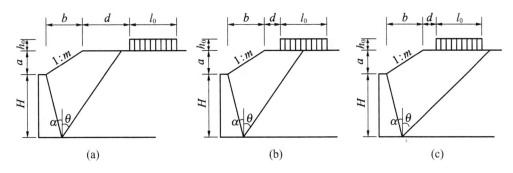

图 4-25 破裂面交于路基面
(a) 交于荷载内侧；(b) 交于荷载中部；(c) 交于荷载外侧

$$S = \frac{1}{2}(a+H)^2(\tan\theta + \tan\alpha) - \frac{1}{2}(b+a\tan\alpha)a + [(a+H)\tan\theta + H\tan\alpha - b - a]h_0$$

$$= \frac{1}{2}(a+H+2h_0)(a+H)\tan\theta - \frac{1}{2}ab - (b+d)h_0 + \frac{1}{2}H(H+2a+2h_0)\tan\alpha$$

令

$$\begin{aligned}A_0 &= \frac{1}{2}(a+H+2h_0)(a+H) \\ B_0 &= \frac{1}{2}ab + (b+d)h_0 - \frac{1}{2}H(H+2a+2h_0)\tan\alpha\end{aligned} \quad (4\text{-}8)$$

则
$$S = A_0\tan\theta - B_0$$

因此，破裂棱体的重量为

$$G = \gamma(A_0\tan\theta - B_0)$$

将 G 代入式 (4-1) 得

$$E_a = \gamma(A_0\tan\theta - B_0)\frac{\cos(\theta+\phi)}{\sin(\theta+\varphi)} \quad (4\text{-}9)$$

令 $dE_a/d\theta = 0$
即

$$\gamma\left[(A_0\tan\theta - B_0)\frac{-\sin(\theta+\varphi)\sin(\theta+\phi) - \cos(\theta+\varphi)\cos(\theta+\phi)}{\sin(\theta+\varphi)} + \frac{A_0\cos(\theta+\phi)}{\sin(\theta+\varphi)\cos^2\theta}\right] = 0$$

经整理化简，得

$$\tan^2\theta + 2\tan\varphi\tan\theta - \cot\phi\tan\varphi - \frac{B_0}{A_0}(\cot\phi + \tan\varphi) = 0$$

故
$$\tan\theta = -\tan\varphi \pm \sqrt{(\cot\phi + \tan\varphi)\left(\frac{B_0}{A_0} + \tan\varphi\right)} = 0 \quad (4\text{-}10)$$

将求得的 θ 值代入式(4-9),即可求得主动土压力 E_a。

必须指出,式(4-9)和式(4-10)具有普遍意义。因为无论破裂面交于荷载中部、荷载的内侧或外侧,破裂棱体的断面面积 S 都可以归纳为一个表达式,即

$$S = A_0 \tan \theta - B_0$$

式中 A_0、B_0——边界条件系数。

将不同边界条件下的 A_0、B_0 值代入式中,即可求得与之相应的破裂角和最大主动土压力。

(2) 破裂面交于荷载外侧(图 4-25c)

$$S = \frac{1}{2}(a+H)^2(\tan \theta + \tan \alpha) - \frac{1}{2}(b + a\tan \alpha)a + l_0 h_0$$

$$= \frac{1}{2}(a+H)^2 \tan \theta + \frac{1}{2}H(H+2a)\tan \alpha - \frac{1}{2}ab + l_0 h_0$$

则 $$S = A_0 \tan \theta - B_0$$

式中 $A_0 = \frac{1}{2}(a+H)^2$

$$B_0 = \frac{1}{2}ab - l_0 h_0 - \frac{1}{2}H(H+2a)\tan \alpha \tag{4-11}$$

(3) 破裂面交于荷载内侧(图 4-14a)

在式(4-8)或式(4-11)中,令 $h_0 = 0$

则 $S = A_0 \tan \theta - B_0$

式中 $A_0 = \frac{1}{2}(a+H)^2$

$$B_0 = \frac{1}{2}ab - \frac{1}{2}H(H+2a)\tan \alpha \tag{4-12}$$

3. 破裂面交于外边坡(图 4-26)

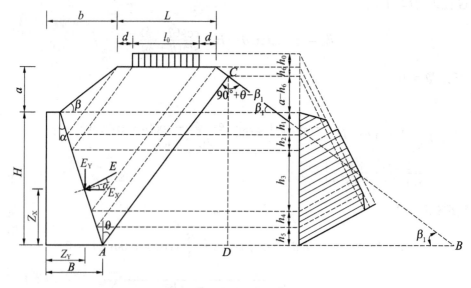

图 4-26 破裂面交于外边坡

图中 $AB = b + L + (H+a)\cot\beta_1 - H\tan\alpha$

$$BC = AB\frac{\sin(90°-\theta)}{\sin(90°+\theta-\beta_1)} = AB\frac{\cos\theta}{\cos(\theta-\beta_1)}$$

$$CD = BC\sin\beta_1 = AB\frac{\cos\theta\sin\beta_1}{\cos(\theta-\beta_1)}$$

三角形 ABC 的面积为：

$$S_{\triangle ABC} = \frac{1}{2}AB \cdot CD = \frac{1}{2}[b+L+(H+a)\cot\beta_1 - H\tan\alpha]^2\frac{\cos\theta\cos\beta_1}{\cos(\theta-\beta_1)}$$

破坏棱体的面积 S 为：

$$S = (H+a)(b+L) + \frac{1}{2}(H+a)^2\cot\beta_1 - \frac{1}{2}ab - \frac{1}{2}H^2\tan\alpha + l_0h_0$$

$$-\frac{1}{2}[b+L+(H+a)\cot\beta_1 - H\tan\alpha]^2\frac{\cos\theta\sin\beta_1}{\cos(\theta-\beta_1)}$$

$$= -\frac{1}{2}[b+L+(H+a)\cot\beta_1 - H\tan\alpha]^2\frac{\cos\theta\sin\beta_1}{\cos(\theta-\beta_1)}$$

$$+\frac{1}{2}\{(H+a)[2(b+L)+(H+a)^2\cot\beta_1] - ab - H^2\tan\alpha\} + l_0h_0$$

令

$$A_0 = -\frac{1}{2}[b+L+(H+a)\cot\beta_1 - H\tan\alpha]^2\sin\beta_1$$

$$B_0 = \frac{1}{2}\{(H+a)[2(b+L)+(H+a)^2\cot\beta_1] - ab - H^2\tan\alpha\} + l_0h_0$$

则

$$S = A_0\frac{\cos\theta}{\cos(\theta-\beta_1)} + B_0$$

$$G = \gamma S = \gamma\left(A_0\frac{\cos\theta}{\cos(\theta-\beta_1)} + B_0\right)$$

代入式(4-1)，得

$$E_a = \gamma\left(A_0\frac{\cos\theta}{\cos(\theta-\beta_1)} + B_0\right)\frac{\cos(\theta+\phi)}{\sin(\theta+\varphi)} \tag{4-13}$$

令 $dE/d\theta = 0$

即

$$\gamma\bigg[\left(A_0\frac{\cos\theta}{\cos(\theta-\beta_1)} + B_0\right)\frac{-\sin(\theta+\varphi)\sin(\theta+\phi) - \cos(\theta+\varphi)\cos(\theta+\phi)}{\sin^2(\theta+\varphi)}$$

$$+ A_0\frac{\cos(\theta+\phi)}{\sin(\theta+\varphi)} \cdot \frac{-\cos(\theta-\beta_1)\sin\theta + \sin(\theta-\beta_1)\cos\theta}{\cos^2(\theta-\beta_1)}\bigg] = 0$$

经整理化简，得

$$P\tan^2\theta + Q\tan\theta + R = 0$$

$$\tan\theta = \frac{-Q \pm \sqrt{Q^2 - 4PR}}{2P} \tag{4-14}$$

式中　$P = -A_0 \sin\beta_1 \sin\phi\cos\varphi + B_0 \cos(\varphi-\phi)\sin^2\beta_1$
$Q = 2A_0 \sin\beta_1 \cos\phi\cos\varphi + B_0 \cos(\varphi-\phi)\sin 2\beta_1$
$R = \cos\beta_1 \cos(\varphi-\phi)(A_0 + B_0\cos\beta_1) + A_0 \sin^2\beta_1 \cos\phi\sin\varphi$

三、被动土压力计算

根据库伦理论，按照推导主动土压力公式的原理(参看公式(4-6))，由图 4-27 可得当地面为一平面时的被动土压力公式为

$$E_P = \frac{1}{2}\gamma H^2 K_P$$

$$K_P = \frac{\cos^2(\phi+\alpha)}{\cos^2 x \cos(\alpha-\delta)\left[1 - \sqrt{\dfrac{\sin(\phi+\delta)\sin(\phi+\beta)}{\cos(\alpha-\delta)\cos(\alpha-\beta)}}\right]^2} \tag{4-15}$$

实践表明，用库伦理论计算的被动土压力，常常有很大的偏于不安全的误差，其误差还随着土的内摩擦角 ϕ 的增大而迅速增大。因此在许多情况下，式(4-15)是不能采用的。

应当指出，被动极限状态的产生，要求土体产生较大的变形，而这对一般的建筑物来说常是不能允许的。因此，当建筑物的设计要求考虑土的被动抗力时，应对被动土压力的计算值进行大幅度的折减。

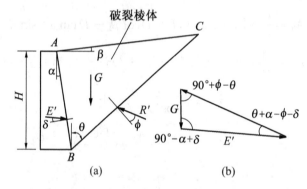

图 4-27　库伦被动土压力的计算
(a) 破裂棱体；(b) 力三角形

四、车辆荷载的换算

作用于墙后破裂棱体上的车辆荷载，使土体中出现附加的竖直应力，从而产生附加的侧向压力。考虑到这种影响，可将车辆荷载近似地按均布荷载考虑，换算成容重与墙后填料相同的均布土层。

车辆活载引起的附加土侧压力按等代均布土层厚度计算：

$$h = q/\gamma \tag{4-16}$$

式中　γ——墙背填土的容重(kN/m^3)；
　　　q——附加荷载强度，按表 4-5 取用(kN/m^3)；
　　　h——换算土层厚(m)。

表 4-5 附加荷载强度

墙高(m)	$q(kN/m^3)$	墙高(m)	$q(kN/m^3)$
$H \leqslant 2.0$	20.0	$H \geqslant 10.0$	10.0

注：中间值可以表中数值直线内插计算。

作用于墙顶或墙后填土上的人群荷载强度规定为 $3 kN/m^2$；作用于挡墙栏杆顶的水平推力采用 $0.75 kN/m$，作用于栏杆扶手上的竖向力采用 $1 kN/m$。

§4-4 挡土墙设计

路基在遇到下列情况时可考虑修建挡土墙：路基位于陡坡地段或岩石风化的路堑边缘地段；为避免大量挖方及降低边坡高度的路堑地段；可能产生塌方、滑坡的不良地质路段；水流冲刷严重或长期受水浸泡的沿河路基地段；为节约用地、减少拆迁或少占农田的地段；为保护重要建筑物、生态环境或其他特殊需要的地段。

一、挡土墙的布置

挡土墙的布置，通常在路基横断面图和墙趾纵断面图上进行。布置前，应现场核对路基横断面图，不足时应补测；测绘墙趾处的纵断面图，收集墙趾处的地质和水文等资料。

1. 挡土墙位置的选定

路堑挡土墙大多数设在边沟旁。山坡挡土墙应考虑设在基础可靠处，墙的高度应保证墙后墙顶以上边坡的稳定。

当路肩墙与路堤墙的墙高或截面圬工数量相近、基础情况相似时，应优先选用路肩墙，按路基宽布置挡土墙位置，因为路肩挡土墙可充分收缩坡脚，大量减少填方和占地。若路堤墙的高度或圬工数量比路肩墙显著降低，而且基础可靠时，宜选用路堤墙，并作经济比较后确定墙的位置。

沿河路堤设置挡土墙时，应结合河流情况来布置，注意设墙后仍保持水流顺畅，不致挤压河道而引起局部冲刷。

2. 挡土墙的纵向布置

挡土墙纵向布置在墙趾纵断面图上进行，布置后绘成挡土墙正面图。

布置的内容有：

(1) 确定挡土墙的起讫点和墙长，选择挡土墙与路基或其他结构物的衔接方式。

路肩挡土墙端部可嵌入石质路堑中，或采用锥坡与路堤衔接，与桥台连接时，为了防止墙后回填土从桥台尾端与挡墙连接处的空隙中溜出，需在台尾与挡土墙之间设置隔墙及接头墙。

路堑挡土墙在隧道洞口应结合隧道洞门、翼墙的设置做到平顺衔接；与路堑边坡衔接时，一般将墙高逐渐降低至 $2 m$ 以下，使边坡坡脚不致伸入边沟内，有时也可与横向端墙连接。

(2) 按地基及地形情况进行分段，确定伸缩缝与沉降缝的位置。

(3) 布置各段挡土墙的基础。墙趾地面有纵坡时，挡土墙的基底宜做成不大于 5% 的纵坡。但地基为岩石时，为减少开挖，可沿纵向做成台阶。台阶尺寸视纵坡大小而定，但其高宽比不宜大于 1:2。

(4) 布置泄水孔的位置，包括数量、间隔和尺寸等。

在布置图上注明各特征点的桩号以及墙顶、基础顶面、基底、冲刷线、冰冻线、常水位线或设计洪水位的标高等。

3. 挡土墙的横向布置

横向布置，选择在墙高最大处、墙身断面或基础形式有变异处以及其他必须桩号处的横断面图上进行。根据墙型、墙高及地基与填料的物理力学指标等设计资料，进行挡土墙设计或套用标准图，确定墙身断面、基础形式和埋置深度，布置排水设施等，并绘制挡土墙横断面图。

4. 平面布置

对于个别复杂的挡土墙，如高、长的沿河曲线挡土墙，应作平面布置，绘制平面图，标明挡土墙与路线的平面位置及附近地貌与地物等情况，特别是与挡土墙有干扰的建筑物的情况。沿河挡土墙还应绘出河道及水流方向，防护与加固工程等。

在以上设计图纸上，可标写简要说明。必要时可另编设计说明书，说明选用挡土墙方案的理由、选用挡土墙结构类型和设计参数的依据、对材料和施工的要求、注意事项以及主要工程数量等，如采用标准图，应注明其编号。

二、挡土墙荷载的计算方法

1. 挡土墙的荷载

施加于挡土墙的荷载按性质划分见表 4-6。

表 4-6 荷载分类

作用（或荷载）分类		作用（或荷载）名称
永久作用（或荷载）		挡土墙结构重力
		填土（包括基础襟边以上土）重力
		填土侧压力
		墙顶上的有效永久荷载
		墙顶与第二破裂面之间的有效荷载
		计算水位的浮力及静水压力
		预加力
		混凝土收缩及徐变
		基础变位影响力
可变作用（或荷载）	基本可变作用（或荷载）	车辆荷载引起的土侧压力
		人群荷载、人群荷载引起的土侧压力
	其他可变作用（或荷载）	水位退落时的动水压力
		流水压力
		波浪压力
		冻胀压力和冰压力
		温度影响力
	施工荷载	与各类型挡土墙施工有关的临时荷载
偶然作用（或荷载）		地震作用力
		滑坡、泥石流作用力
		作用于墙顶护栏上的车辆碰撞力

第4章 路基防护与挡土墙设计

设计时应按上述荷载的可能不利组合进行计算。不同组合(表 4-7)将相应采用不同的荷载系数和抗力安全系数。

作用在一般地区挡土墙上的力,可只计算永久作用(或荷载)和基本可变作用(或荷载),浸水地区、地震动峰值加速度值为 0.2g 及以上的地区、产生冻胀力的地区等,尚应计算其它可变作用(或荷载)和偶然作用(或荷载),作用(或荷载)组合可按表 4-7 进行。

表 4-7 常用作用(或荷载)组合

组合	作用(或荷载)名称
Ⅰ	挡土墙结构重力、墙顶上的有效永久荷载、填土重力、填土侧压力及其他永久荷载组合
Ⅱ	组合Ⅰ与基本可变荷载相组合
Ⅲ	组合Ⅱ与其他可变荷载、偶然荷载相组合

注:① 洪水与地震力不同时考虑;
② 冻胀力、冰压力与流水压力或波浪压力不同时考虑;
③ 车辆荷载与地震力不同时考虑。

挡土墙上受地震力作用时,应符合现行《公路工程抗震设计规范》(JTG B02)的规定。用于具有明显滑动面的抗滑挡土墙,荷载计算应符合抗滑桩和滑坡地段路基的有关规定。泥石流地段的路基挡土墙,应符合岩堆地段路基的规定。

浸水挡土墙墙背为岩块和粗粒土时,可不计墙身两侧静水压力和墙背动水压力。墙身所受浮力,应根据地基地层的浸水情况按下列原则确定:砂类土、碎石类土和节理很发育的岩石地基,按计算水位的 100% 计算。岩石地基按计算水位的 50% 计算。作用在墙背上的主动土压力,可按库仑理论计算。应进行墙后填料的土质试验,确定填料的物理力学指标,当缺乏可靠试验数据时,填料内摩擦角 φ 可参照表 4-8 选用。

表 4-8 填料内摩擦角或综合内摩擦角(°)

填料种类		综合内摩擦角 φ_0	内摩擦角 φ	重度(kN/m³)
粘性土	墙高 H≤6 m	35~40	—	17~18
	墙高 H>6 m	30~35	—	
碎石、不易风化的块石		—	45~50	18~19
大卵石、碎石类土、不易风化的岩石碎块		—	40~45	18~19
小卵石、砾石、粗砂、石屑		—	35~40	18~19
中砂、细砂、砂质土		—	30~35	17~18

注:填料重度可根据实测资料作适当修正,计算水位以下的填料重度采用浮重度。

挡土墙前的被动土压力可不计算,当基础埋置较深且地层稳定、不受水流冲刷和扰动破坏时,可计入被动土压力,但应按表 4-10 的规定计入作用分项系数。

2. 挡土墙的设计原则

挡土墙设计按"分项安全系数极限状态"法进行。

挡土墙设计分承载力极限状态和正常使用极限状态。承载力极限状态是当挡土墙出现以下任何一种状态,即认为超过了承载力极限状态:① 整个挡土墙或挡土墙的一部分作为刚体失去平衡;② 挡土墙构件或连接部件因材料强度超过而破坏,或因过度塑性变形而不适于继续承载;③ 挡土墙结构变为机动体系或局部失去平衡。正常使用极限状态是挡土墙出现下列状态之一时,即认为超过了正常使用极限状态:① 影响正常使用或外观变形;② 影响正常使用或耐久性的局部破坏(包括裂缝);③ 影响正常使用的其他特定状态。

荷载应符合下列规定:采用以极限状态设计的分项系数法为主的设计方法。挡土墙构件承载能力极限状态设计采用下列表达式。

$$\gamma_0 S \leqslant R \tag{4-17}$$

$$R = R\left(\frac{R_k}{\gamma_f}, \alpha_d\right) \tag{4-18}$$

式中 γ_0 ——结构重要性系数,按表 4-9 的规定采用;
  S ——作用(或荷载)效应的组合设计值;
  $R(\cdot)$ ——挡土墙结构抗力函数;
  R_k ——抗力材料的强度标准值;
  γ_f ——结构材料、岩土性能的分项系数;
  α_d ——结构或结构构件几何参数的设计值,当无可靠数据时,可采用几何参数标准值。

表 4-9 结构重要性系数 γ_0

墙高	公路等级	
	高速公路、一级公路	二级及以下公路
≤5.0m	1.0	0.95
>5.0 m	1.05	1.0

3. 计算状态及荷载系数

挡土墙按承载能力极限状态设计时,除另有规定外,常用作用(或荷载)分项系数可按表 4-10 的规定采用。

表 4-10 承载能力极限状态作用(或荷载)分项系数

情况	荷载增大对挡土墙结构起有利作用时		荷载增大对挡土墙结构起不利作用时	
组合	Ⅰ,Ⅱ	Ⅲ	Ⅰ,Ⅱ	Ⅲ
垂直恒载 γ_G	0.90		1.20	
恒载或车辆荷载、人群荷载的主动土压力 γ_{Q1}	1.00	0.95	1.40	1.30
被动土压力 γ_{Q2}	0.30		0.50	
水浮力 γ_{Q3}	0.95		1.10	
静水压力 γ_{Q4}	0.95		1.05	
动水压力 γ_{Q5}	0.95		1.20	

三、挡土墙稳定性验算

(一)抗滑稳定性验算

为保证挡土墙抗滑稳定性,应验算在土压力及其他外力作用下,基底摩阻力抵抗挡土墙滑移的能力,如图 4-28 所示。

挡土墙的滑动稳定方程与抗滑稳定系数按下列公式计算。

(1) 滑动稳定方程：

$$[1.1G + \gamma_{Q1}(E_y + E_x \tan\alpha_0) - \gamma_{Q2}E_p \tan\alpha_0]\mu$$
$$+ (1.1G + \gamma_{Q1}E_y)\tan\alpha_0 - \gamma_{Q1}E_x + \gamma_{Q2}E_p > 0 \quad (4-19)$$

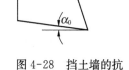

图 4-28 挡土墙的抗滑动稳定

式中　G——作用于基底以上的重力(kN)，浸水挡土墙的浸水部分应计入浮力；

E_y——墙后主动土压力的竖向分量(kN)；

E_x——墙后主动土压力的水平分量(kN)；

E_p——墙前被动土压力的水平分量(kN)，当为浸水挡土墙时，$E_p = 0$；

α_0——基底倾斜角(°)，基底为水平时，$\alpha_0 = 0$；

γ_{Q1}, γ_{Q2}——主动土压力分项系数、墙前被动土压力分项系数，可按表 4-10 的规定采用；

μ——基底与地基间的摩擦系数，当缺乏可靠试验资料时，可按表 4-11 的规定采用；

表 4-11 基底与基底土间的摩擦系数 μ

地基土的分类	摩擦系数 μ
软塑黏土	0.25
硬塑黏土	0.30
砂类土、黏砂土、半干硬的黏土	0.30～0.40
砂类土	0.40
碎石类土	0.50
软质岩石	0.40～0.60
硬质岩石	0.60～0.70

(2) 抗滑动稳定系数 K_c 按下式计算：

$$K_c = \frac{[N + (E_x - E_p')\tan\alpha_0]\mu + E_p'}{E_x - N\tan\alpha_0} \quad (4-20)$$

式中　N——作用于基底上合力的竖向分力(kN)，浸水挡土墙应计浸水部分的浮力；

E_p'——墙前被动土压力水平分量的 0.3 倍(kN)。

(二) 抗倾覆稳定性验算

为保证挡土墙抗倾覆稳定性，须验算其抵抗墙身绕墙趾向外转动倾覆的能力，如图 4-29 所示。

挡土墙的倾覆稳定方程与抗倾覆稳定系数按下列公式计算。

(1) 倾覆稳定方程：

$$0.8GZ_G + \gamma_{Q1}(E_y Z_x - E_x Z_y) + \gamma_{Q2}E_p Z_p > 0 \quad (4-21)$$

式中 Z_G——墙身重力、基础重力、基础上填土的重力及作用于墙顶的其它荷载的竖向力合力重心到墙趾的距离(m);
Z_x——墙后主动土压力的竖向分量到墙趾的距离(m);
Z_y——墙后主动土压力的水平分量到墙趾的距离(m);
Z_p——墙前被动土压力的水平分量到墙趾的距离(m)。

(2) 抗倾覆稳定系数 K_0 按下式计算:

$$K_0 = \frac{GZ_G + E_y Z_x + E'_p Z_p}{E_x Z_y} \quad (4-22)$$

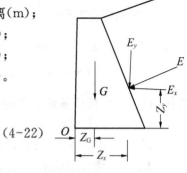

图 4-29 挡土墙的抗倾覆稳定

(三) 稳定性系数要求

在规定的墙高范围内,验算挡土墙的抗滑动和抗倾覆稳定时,稳定系数不宜小于表 4-12 的规定。

设置于不良土质地基、覆盖土层下为倾斜基岩地基及斜坡上的挡土墙,应对挡土墙地基及填土的整体稳定性进行验算,其稳定系数不应小于 1.25。

在验算挡土墙的稳定性时,一般均未计趾前土层对墙面所产生的被动土压力。验算结果如不满足以上要求,则表明抗滑稳定性或抗倾覆稳定性不够,应改变墙身断面尺寸重新核算。

表 4-12 抗滑动和抗倾覆的稳定系数

荷载情况	验算项目	稳定系数	
荷载组合Ⅰ、Ⅱ	抗滑动	K_c	1.3
	抗倾覆	K_0	1.5
荷载组合Ⅲ	抗滑动	K_c	1.3
	抗倾覆	K_0	1.3
施工阶段验算	抗滑动	K_c	1.2
	抗倾覆	K_0	1.2

四、基底应力及合力偏心距验算

为了保证挡土墙基底应力不超过地基承载力,应进行基底应力验算;同时,为了避免挡土墙不均匀沉陷,控制作用于挡土墙基底的合力偏心距。

基础设计与稳定性计算应符合下列要求。

(1) 基底合力的偏心距 e_0 可按下式计算:

$$e_0 = \frac{M_d}{N_d} \quad (4-23)$$

式中 N_d——作用于基底上的垂直力组合设计值(kN/m);
M_d——作用于基底形心的弯矩组合设计值(MPa)。

(2) 挡土墙地基计算时,各类作用(或荷载)组合下,作用效应组合设计值计算式中的作用分项系数,除被动土压力分项系数 $\gamma_{Q2} = 0.3$ 外,其余作用(或荷载)的分项系数规定均等于 1。

(3) 基底压应力 σ 应按下列公式计算:

$$|e_0| \leqslant \frac{B}{6} \text{ 时}, \sigma_{1,2} = \frac{N_d}{A}\left(1 \pm \frac{6e_0}{B}\right) \tag{4-24}$$

位于岩石地基上的挡土墙

$$e_0 > \frac{B}{6} \text{ 时}, \sigma_1 = \frac{2N_d}{3\alpha_1}, \sigma_2 = 0 \tag{4-25}$$

$$\alpha_1 = \frac{B}{2} - e_0 \tag{4-26}$$

式中 σ_1——挡土墙趾部的压应力(kPa)；
σ_2——挡土墙踵部的压应力(kPa)；
B——基底宽度(m)，倾斜基底为其斜宽；
A——基础底面每延米的面积，矩形基础为基础宽度 $B \times 1(\text{m}^2)$。

(4) 基底合力的偏心距 e_0，对土质地基不应大于 $B/6$；岩石地基不应大于 $B/4$。基底压应力不应大于基底的容许承载力 $[\sigma_0]$；基底容许承载力值可按《公路桥涵地基与基础设计规范》(JTG 3363)的规定采用，当为作用(或荷载)组合Ⅲ及施工荷载时，且 $[\sigma_0] > 150$ kPa 时，可提高 25%。

五、重力式、半重力式挡墙计算

重力式、半重力式挡墙的作用(或荷载)计算表、基础设计与稳定性计算应符合要求，墙身材料强度可按现行《公路圬工桥涵设计规范》(JTG D61)的规定采用。必要时应做墙身的剪应力检算。

重力式挡土墙按承载能力极限状态设计时，在某一类作用(或荷载)效应组合下，作用(或荷载)效应的组合设计值，可按公式(4-27)计算。圬工构件或材料的抗力分项系数 γ_f，按表 4-13 采用。

表 4-13 圬工构件或材料的抗力分项系数 γ_f

圬工种类	受力情况	
	受压	受弯、剪、拉
石料	1.85	2.31
片石砌体、片石混凝土砌体	2.31	2.31
块石、粗料石、混凝土预制块、砖砌体	1.92	2.31
混凝土	1.54	2.31

$$S = \psi_{ZL}\left(\gamma_G \sum S_{Gik} + \sum \gamma_{Qi} S_{Qik}\right) \tag{4-27}$$

式中 S——作用(或荷载)效应的组合设计值；
$\gamma_G \gamma_{Qi}$——作用(或荷载)的分项系数，按表 4-10 采用；
S_{Gik}——第 i 个垂直恒载的标准值效应；

S_{Qjk}——土侧压力、水浮力、静水压力、其他可变作用(或荷载)的标准值效应；
ψ_{ZL}——荷载效应组合系数，按表 4-14 采用。

表 4-14 荷载效应组合系数 ψ_{ZL}

荷载组合	ψ_{ZL}
Ⅰ、Ⅱ	1.0
Ⅲ	0.8
施工荷载	0.7

挡土墙构件轴心或偏心受压时，正截面强度和稳定按下列公式计算。
计算强度时：

$$\gamma_0 N_d \leqslant \frac{\alpha_k A R_a}{\gamma_f} \tag{4-28}$$

计算稳定时：

$$\gamma_0 N_d \leqslant \frac{\psi_k \alpha_k A R_a}{\gamma_f} \tag{4-29}$$

式中 N_d——验算截面上的轴向力组合设计值(kN)。
γ_0——重要性系数，按表 4-9 采用。
γ_f——圬工构件或材料的抗力分项系数，按表 4-13 取用。
R_a——材料抗压极限强度(kN)。
A——挡土墙构件的计算截面面积(m^2)。
α_k——轴向力偏心影响系数，按公式(4-30)计算。
ψ_k——偏心受压构件在弯曲平面内的纵向弯曲系数，按公式(4-32)采用；轴心受压构件的纵向弯曲系数，可采用表 4-15 的规定。

$$\alpha_k = \frac{1 - 256 \left(\frac{e_0}{B}\right)^8}{1 + 12 \left(\frac{e_0}{B}\right)^2} \tag{4-30}$$

式中 e_0——轴向力的偏心距(m)，按公式(4-31)采用。

$$e_0 = \left|\frac{M_0}{N_0}\right| \tag{4-31}$$

式中 M_0——在某一类作用(或荷载)组合下，作用(或荷载)对计算截面形心的总力矩(kN·m)；
N_0——某一类作用(或荷载)组合下，作用于计算截面上的轴向力的合力(kN)。
B——挡土墙计算截面宽度(m)。

$$\psi_k = \frac{1}{1 + a_s \beta_s (\beta_s - 3) \left[1 + 16 \left(\frac{e_0}{B}\right)^2\right]} \tag{4-32}$$

$$\beta_s = \frac{2H}{B} \tag{4-33}$$

式中 H——墙高(m);
a_s——与材料有关的系数,按表4-16采用。

表 4-15 轴心受压构件纵向弯曲系数 ψ_k

2H/B	混凝土构件	砌体砂浆强度等级	
		M10、M7.5、M5	M2.5
≤3	1.00	1.00	1.00
4	0.99	0.99	0.99
6	0.96	0.96	0.96
8	0.93	0.93	0.91
10	0.88	0.88	0.85
12	0.82	0.82	0.79
14	0.76	0.76	0.72
16	0.71	0.71	0.66
18	0.65	0.65	0.60
20	0.60	0.60	0.54
22	0.54	0.54	0.49
24	0.50	0.50	0.44
26	0.46	0.46	0.40
28	0.42	0.42	0.36
30	0.38	0.38	0.33

表 4-16 a_s 取值

圬工名称	浆砌砌体采用以下砂浆强度等级			混凝土
	M10、M7.5、M5	M2.5	M1	
a_s 值	0.002	0.0025	0.004	0.002

挡土墙墙身或基础为圬工截面时,其轴向力的偏心距 e_0 应符合表 4-17 的规定。

表 4-17 圬工结构轴向力合力的容许偏心距 e_0

荷载组合	容许偏心距
Ⅰ、Ⅱ	0.25B
Ⅲ	0.3B
施工荷载	0.33B

注:B 为沿力矩转动方向的矩形计算截面宽度。

偏心受压构件除验算弯曲平面内的纵向稳定外,还应按轴心受压构件验算非弯曲平面内的稳定。混凝土截面在受拉一侧配有不小于截面面积 0.05% 的纵向钢筋时,表 4-17 中的容许规定值可增加 0.05B;当截面配筋率大于表 4-18 的规定时,按钢筋混凝土构件计算,偏心距不受限制。

表 4-18　按钢筋混凝土构件计算的受拉钢筋最小配筋率

钢筋牌号(种类)	钢筋最小配筋率(%)	
	截面一侧钢筋	全截面钢筋
Q235 钢筋(Ⅰ级)	0.20	0.50
HRB335、HRB400 钢筋(Ⅱ、Ⅲ级)	0.20	0.50

注：钢筋最小配筋率按构件的全截面计算。

六、增加挡土墙稳定性的措施

(一) 增加抗滑稳定性的方法

1. 设置倾斜基底(图 4-30)

设置向内倾斜的基底，可以增加抗滑力和减少滑动力，从而增加了抗滑稳定性。

基底倾角 α_0 越大，越有利于抗滑稳定性，但应考虑挡土墙连同地基土体一起滑走的可能性，因此对地基倾斜度应加以控制。通常，对土质地基，不陡于 $1:5(\alpha_0 \leqslant 11°10')$；对岩石地基，不陡于 $1:3(\alpha_0 \leqslant 16°42')$。

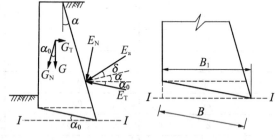

图 4-30　倾斜基底增加挡土墙抗滑稳定性

此外，在验算沿基底的抗滑稳定性的同时，还应验算通过墙踵的地基水平面(图3-22中 I-I 水平面)的滑动稳定性。

2. 采用凸榫基础(图 4-31)

在挡土墙基础底面设置混凝土凸榫，与基础连成整体，利用榫前土体产生的被动土压力以增加挡土墙的抗滑稳定性。

为了增加榫前被动阻力，应使榫前被动土楔不超过墙趾。同时，为了防止因设凸榫而增加墙背的主动土压力，应使凸榫后缘与墙踵的连线同水平线的夹角不超过 ϕ 角。因此应将整个凸榫置于通过墙趾并与水平线成 $45°-\phi/2$ 角线和通过墙踵并与水平线成 ϕ 角线所形成的三角形范围内。

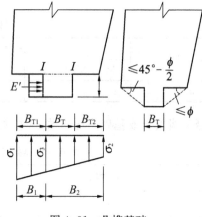

图 4-31　凸榫基础

当 $\beta=0$(填土表面水平)，$\alpha=0$(墙背垂直)，$\delta=0$(墙光滑)时，榫前的单位被动土压力 σ_p，按朗金(Rankine)理论计算

$$\sigma = \gamma h \tan^2(45°+\phi/2) \approx \frac{1}{2}(\sigma_1+\sigma_3)\tan^2(45°+\phi/2)$$

考虑到产生全部被动土压力所需要的墙身位移量大于墙身设计所允许的位移量，为工程安全所不允许，因此凸榫前的被动土压力按朗金被动土压力的 1/3 采用，即

$$e_P = \frac{1}{3}\sigma_P = \frac{1}{3}\left[\frac{1}{2}(\sigma_1+\sigma_3)\tan^2(45°+\phi/2)\right] \tag{4-34}$$

$$E'_P = e_P \cdot h_T$$

在榫前 B_T 前宽度内，因已考虑了部分被动土压力，故未计其基底摩擦阻力。

按照抗滑稳定性的要求，令 $K_c=[K_c]$，代入式(4-34)，即可得出凸榫高度 h_T 的计算式

$$h_T = \frac{[K_c]E_x - \frac{1}{2}(\sigma_2+\sigma_3)B_2 f}{e_P} \tag{4-35}$$

凸榫宽度 B_T 根据以下两方面的要求进行计算，取其大者。

（二）增加抗倾覆稳定性的方法

为增加抗倾覆稳定性，应采取加大稳定力矩和减小倾覆力矩的办法。

1. 展宽墙趾

在墙趾处展宽基础以增加稳定力臂，是增加抗倾覆稳定性的常用方法。但在地面横坡较陡处，会由此引起墙高增加。

2. 改变墙面及墙背坡度

改缓墙面坡度可增加稳定力臂（图4-32a），改陡俯斜墙背或改缓仰斜墙背可减少土压力（图4-32b，c）。在地面纵坡较陡处，均须注意对墙高的影响。

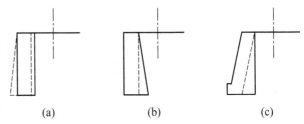

图 4-32　改变胸坡及背坡
(a) 改变胸坡；(b) 改陡俯斜墙背；(c) 改为仰斜墙背

3. 改变墙身断面类型

当地面横坡较陡时，应使墙胸尽量陡立。这时可改变墙身断面类型，如改用衡重式墙或者墙后加设卸荷平台、卸荷板（图4-33），以减少土压力并增加稳定力矩。

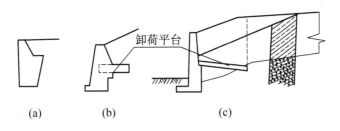

图 4-33　改变墙身类型的措施

§4-5　地震地区挡土墙设计

挡土墙修建在设计裂度为8度及8度以上的地震区，以及修筑在地震时可能发生大规模滑坡、崩塌的地段或软弱地基（如软弱黏性土层）、地震强度和稳定性验算。验算时要考虑破裂棱体和挡土墙身分别承受地震力的作用，将地震荷载与恒载组合，并考虑常年水位的浮力；不考虑季节性浸水的影响，其他外力，包括车辆荷载的作用均不考虑。

一、地震荷载的计算

在挡土墙设计中,一般只考虑水平地震力,竖向地震力因影响小,可略去不计。作用于破裂棱体与挡土墙重心上的最大水平地震力 P_s 为

$$P_s = C_Z K_H G \tag{4-36}$$

式中 C_Z——综合影响系数,表示实际建筑物的地震反应与理论计算间的差异,采用 0.25;

K_H——水平地震系数,为地震时地面最大水平加速度的统计平均值与重力加速度的比值,见表 4-19;

G——破裂棱体与挡土墙的重量。

表 4-19 水平地震系数 K_H

设计烈度(度)	7	8	9
水平地震系数 K_H	0.1	0.2	0.4

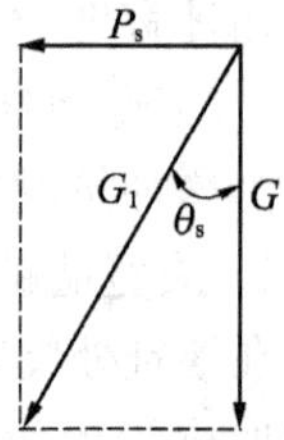

图 4-34 表示挡土墙重 G 与水平地震力 P_s 的合力 G_1,其与竖直线的夹角 θ_s 称为地震角。

图 4-34 水平地震力与地震角

$$\theta_s = \arctan C_Z K_H \tag{4-37}$$

二、地震作用下的土压力

已知地震力与重力的合的大小与方向,并且假定在地震作用下土的内摩擦角与墙背摩擦角 δ 不变,则墙后破棱体的平衡力系如图 4-35a 所示,图 b 为力多边形 abb_1c 或力三角形 abc。从图中可以看出,当用 $\gamma_s = \gamma/\cos\theta_s$、$\delta_s = \delta + \theta_s$ 取代 γ、δ 和 ϕ 值时,地震作用下的力三角形 abc 与图 4-24 中一般情况下的力三角形 abc 完全相似,因此可直接采用一般库伦土压力公式来求算地震土压力。

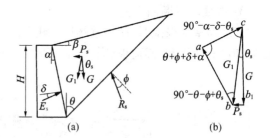

图 4-35 地震作用下的主动土压力

例如:当填土表面为一平面倾角 β 时,由图 4-24 和式(4-6)可知,地震土压力应为

$$\begin{aligned}E_a &= \frac{1}{2}\frac{\gamma}{\cos\theta_s}H^2 K_s \\ &= \frac{1}{2}\frac{\gamma}{\cos\theta_s}H^2 \frac{\cos^2(\phi-\theta_s-\alpha)}{\cos^2\alpha\cos(\alpha+\delta+\theta_s)\left[1+\sqrt{\dfrac{\sin(\phi+\delta)\sin(\phi-\theta_s-\beta)}{\cos(\alpha+\delta+\theta_s)\cos(\alpha+\beta)}}\right]^2}\end{aligned} \tag{4-38}$$

各种边界条件下的地震土压力均可用 γ_s、δ_s、ϕ_s 取代 γ、δ、ϕ 而按一般数解公式求算。必须指出,这种方法仅仅是利用原有公式来求解的计算过程,而地震土压力 E_a 的作用方向仍应按实际墙背摩擦角 δ 决定,在计算 E_x 和 E_y 时,采用 δ 而不用 δ_s。

对于地震作用下的路肩挡土墙,也可用下面的简化公式计算

$$E'_a = (1 - 3C_z KH \tan \phi) E_a \tag{4-39}$$

式中 E_a——一般非地震地区的挡土墙主动土压力。

三、地震条件下挡土墙的验算

具体验算方法同前述,只是验算时注意考虑地震对挡土墙的影响(图 4-36)。

四、一般防震措施

1. 尽可能采用重心低的墙身断面形式。
2. 基础尽可能置于基岩或坚硬的均质土层上;遇有软黏土、饱和砂土或严重不均匀地基时,应采取适当措施进行加固处理。
3. 挡土墙宜采用浆砌片(块)石、混凝土和钢筋混凝土修筑。当采用干砌片(块)石时,墙高须加以限制:设计烈度为 8 度时,一般不超过 5 m;9 度时,一般不超过 3 m。
4. 墙体应以垂直通缝分段,每段长度不宜超过 15 m。地基变化或地面标高突变处,也应设置通缝。
5. 应严格控制砌筑质量,石料要嵌挤紧密,砂浆要饱满,砂浆标号按非地震区要求提高一级采用。
6. 墙后填料应尽量用片、碎石或砂性土分层填筑并夯实,并做好排水设施。

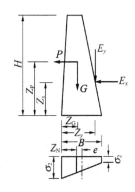

图 4-36 作用于地震地区挡土墙上的力系

§4-6 轻型挡土墙

重力式挡土墙具有构造简单、施工方便和就地取材等优点,但其稳定性主要靠墙身自重来保证,因而墙身断面较大,占地较多,不能充分发挥建筑材料的强度性能,也不易实行施工的机械化与工厂化。轻型挡土墙则常用钢筋混凝土构件组成,墙身断面较小,墙的稳定性不是或不完全是依靠本身重量来维持,因而结构较轻巧,圬工量省,占地较少,有利于机械化施工。轻型挡土墙的类型很多,本节仅介绍悬臂式挡土墙、锚杆挡土墙和锚定板挡土墙的形式和设计。

一、悬臂式挡土墙

钢筋混凝土悬臂式挡土墙是由立壁和底板组成,具有三个悬臂,即立壁、趾板和踵板,同时固定在中间夹块上,如图 4-37 所示。墙的稳定性依靠墙身自重和踵板上的填土重量来保证,而趾板的设置又显著

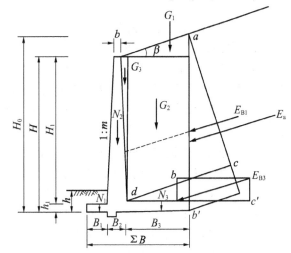

图 4-37 悬臂式挡土墙的受力状态

地增加了抗倾覆力矩的力臂,因此结构形式比较经济。

悬臂式挡土墙构造简单,施工方便,能适应较松软的地基,墙高一般在 6~9 m 之间。当墙高较大时,立壁下部的弯矩大,钢筋与混凝土用量剧增,影响这种结构形式的经济效果,此时可采用扶壁式挡土墙。

二、锚杆挡土墙

锚杆挡土墙是由钢筋混凝土墙面和钢锚杆组成,靠锚固在稳定地层内的锚杆对墙面的水平拉力以保持墙身的稳定。墙面一般是由预制的立柱和挡土板组成,称为板柱式墙,也可以就地浇筑成整体的板壁式墙。使用的锚杆主要有楔缝式锚杆和灌浆锚杆两种。

楔缝式锚杆俗称小锚杆,是对锚杆施加一定压力后,使杆端楔缝的楔子张开,从而将锚杆卡紧在岩石中。锚孔一般直径 38~50 mm,深度 3~5 m,用普通风钻即可施工。孔内压注水泥砂浆,用来防锈和提高锚杆抗拔力。楔缝式锚杆多用于岩石边坡防护及加固工程。

灌浆锚杆又称大锚杆,要用钻机钻孔,锚孔直径一般 100~150 mm,锚杆插入锚孔后再灌注水泥砂浆。当用于土层时,由于土层与锚杆间的锚固能力较差,尚需采用加压灌浆或内部扩孔的方法来提高其抗拔力,称为预压锚杆或扩孔锚杆。国外还采用化学液体灌浆,利用化学液体的膨胀性来提高锚杆的抗拔能力。灌浆锚杆一般多用于路堑挡土墙。

当挡土墙较高时,应布置两级或两级以上,两级之间设 1~2 m 宽的平台。每级挡土墙不宜过高,一般为 5~6 m。为便于立柱及挡土板的安装,以竖直墙背为多。

决定立柱的间距应考虑工地的起吊能力和锚杆的抗拔能力,一般可选用 2.5~3.5 m。每根立柱视其高度可布置 2~3 根或更多的锚杆,锚杆的位置应尽可能使立柱的弯矩均匀分布,方便钢筋布置。

挡土板一般设计成矩形或槽形,长度比立柱间距短 10 cm 左右,以便留出锚杆位置。墙后应回填砂卵石等透水材料,由下部泄水孔将水排入边沟内。

三、锚定板挡土墙

锚定板挡土墙是由钢筋混凝土墙面、钢拉杆、锚定板以及其间的填土共同形成的一种组合挡土结构,它借助于埋在填土内的锚定板的抗拔力,平衡挡土墙墙背水平土压力,从而改变挡土墙的受力状态,达到轻型的目的。它具有省料省工、能适应承载力较低地区的特点,在我国铁路与公路工程中,已开始应用于路肩或路堤挡土墙和桥台。

锚定板挡土墙的结构形式和受力状态与锚杆挡土墙基本相同,都是依靠钢拉杆的抗拔力来保持墙身的稳定。它们的主要区别是:锚杆挡土墙的锚杆系插入稳定地层的钻孔中,抗拔力来源于灌浆锚杆与孔壁地层之间的黏结强度,而锚定板挡土墙的钢拉杆及其端部的锚定板都埋设在人工填土当中,抗拔力主要来源于锚定板前的填土的被动抗力。

锚定板挡土墙的墙面是由挡土板和立柱组成。挡土板通常为钢筋混凝土矩形板或槽形板,有时也可为混凝土拱板。立柱为钢筋混凝土矩形截面柱;当墙面采用拱板时,立柱应具有六边形截面。立柱长度可依据施工吊装能力决定。在墙高范围内,立柱可设一级或多级。当采用多级立柱时,相邻立柱间可以顺接,也可以错台。立柱间距多采用 1~2 m。根据立柱的长度和土压力的大小,每根立柱上可布置单根、双根或多根拉杆。为了施工安装的方便,锚定板挡土墙一般采用竖直墙面。钢拉杆采用普通圆钢,外设防锈保护层。每根拉杆端部的锚定板通常为单独的钢筋混凝土方形板。

四、加筋挡土墙

加筋体墙面的平面线形可采用直线、折线和曲线。相邻墙面的内夹角不宜小于70°。加筋体筋带一般应水平布设并垂直于面板,当一个结点有两条以上筋带时,应扇状分开。当相邻墙面的内夹角小于90°时,宜将不能垂直布设的筋带逐渐斜放,必要时在角隅处增设加强筋带。加筋体的横断面形式一般应采用矩形(图4-38a)。当受地形、地质条件限制时,也可采用图3-38b或图4-38c的形式。断面尺寸由计算确定,底部筋带长度不应小于3 m,同时不小于$0.4H$。加筋体填料压实度要满足表4-20规定。

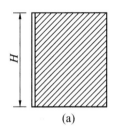 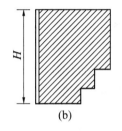 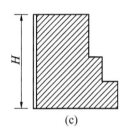

图4-38 加筋体横断面形式

表4-20 加筋体填料压实度

填土范围	路槽底面以下深度 (cm)	压实度(%)	
		高速、一级公路	二、三、四级公路
距面板1.0 m以外	0～80	≥95	≥93
	80以下	>90	>90
距面板1.0 m以内	全部墙高	≥90	≥90

注:① 表列压实度的确定系按现行《公路土工试验规程》(JTG E40)重型击实试验标准,对于三、四级公路允许采用轻型击实标准;
② 特殊干旱或特殊潮湿地区,表内压实度值可减少2%～3%;
③ 加筋体上填土按现行的《公路路基设计规范》(JTG D30)执行。

浸水地区的加筋体采用渗水性良好的土作填料,在面板内侧设置反滤层或铺设透水土工织物。季节性冰冻地区的加筋体宜采用非冻胀性土作填料,否则应在墙面板内侧设置不小于0.5 m的砂砾防冻层。加筋体墙面下部应设宽不小于0.3 m,厚不小于0.2 m的混凝土基础,但如面板筑于石砌圬工或混凝土之上、地基为基岩的可不设。

加筋体面板基础底面的埋置深度,对于一般土质地基不小于0.6 m,当设置在岩石上时应清除表面风化层,当风化层较厚难以全部消除时,可采用土质地基的埋置深度。浸水地区与冰冻地区的加筋体面板基础埋置深度按现行的《公路桥涵地基与基础设计规范》(JTG 3363)有关规定确定。

季节性冰冻地区,当基础埋深小于冻结线时,由基底至冻结线范围内的土应换填非冻胀性的中砂、粗砂、砾石等粗粒土,其中粉、黏粒含量不应大于15%。斜坡上的加筋体应设宽度不小于1 m的护脚,加筋体面板基础埋置深度从护脚顶面算起(图4-39)。

软弱地基上的加筋土工程当地基承载力不能满足要求时,应进行地基处理。可选用换填砂砾(碎)石垫层、挤密桩(砂桩、石灰桩、碎石桩)、抛石挤淤、土工织物等方法处理。当加筋体背后有地下水渗入时,可通过设置通向加筋体外的排水层。排水层采用砂砾其厚度不小于0.5 m。当加筋体顶面有渗水可能时,则要采用防渗封闭措施。非浸水加筋土工程,当基础埋深小于1.0 m时,在墙面地表处要设置宽为1.0 m的混凝土或浆砌片石散水,其表面作成向外倾斜3%～5%的横坡。

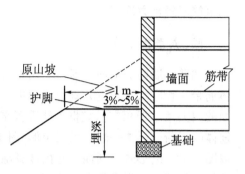

图4-39 加筋体面板基础埋置深度

加筋土挡土墙应根据地形、地质、墙高等条件设置沉降缝,其间距对土质地基为10～30 m,岩石地基可适当增大。当设置整体式路檐板时,酌情设置伸缩缝,其间距一般与沉降缝一致。沉降缝、伸缩缝宽度一般为1～2 cm,可采用沥青板、软木板或沥青麻絮填塞。

加筋土挡土墙高度大于12 m时,填料应慎重选择。墙高的中部宜设宽度不小于1 m的错台。墙高大于20 m时,应进行特殊设计。错台顶部设20%的排水横坡,用混凝土板防护;当采用细粒填料时,上级墙的面板基础下宜设置宽不小于1.0 m高不小于0.5 m的砂砾或灰土垫层(图4-40)。

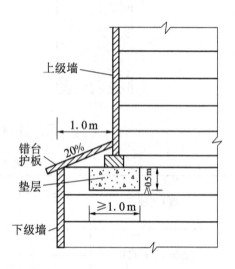

图4-40 错台与垫层横断面图

加筋土桥台类型分为整体式、内置组合式和外置组合式(图4-41)。整体式桥台用于台高不大于6 m,且跨径不大于10 m的梁(板)式桥。

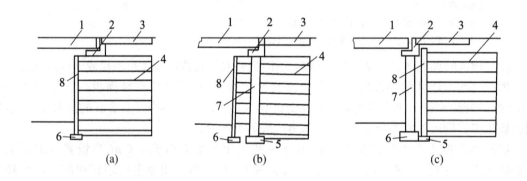

图4-41 加筋土桥台类型图
(a)整体式;(b)内置组合式;(c)外置组合式
1—上部结构;2—垫梁或盖梁;3—桥头搭板;4—筋条;5、6—基础;7、8—台柱

习题与讨论

习 题

1. 路基的防护与加固的设施主要有哪些?
2. 边坡坡面植物防护有哪些主要方法? 各适宜怎样的水流冲刷速度? 边坡坡面工程防护有哪些主要形式? 石砌护坡是否需要考虑其结构受力?
3. 冲刷的间接防护有哪些种类? 如何应用?
4. 请说出库仑土压力理论在路基挡土墙计算中的几个基本假设及该理论的适宜使用场合。
5. 公路挡土墙计算中主要考虑何种压力? 为什么?
6. 挡土墙土压力计算中如何考虑车辆荷载的作用?
7. 挡土墙纵向布置有哪些主要内容?
8. 挡土墙设置排水措施的主要目的及其作用?
9. 挡土墙排水措施所包括的主要项目有哪些?
10. 挡土墙泄水孔设置要考虑什么要求? 为什么干砌挡土墙不设泄水孔?
11. 挡土墙沉降缝及伸缩缝的设置目的及设置位置?
12. 对土质地基, 挡土墙埋置深度一般应满足哪些要求?
13. 何谓挡土墙的主要力系? 它包括哪些项目? 请用示意图表示一般地区、非浸水挡土墙的主要力系。
14. 路基挡土墙计算中, 破裂面交于荷载中部和交于路基顶面荷载内侧或外侧的土压力计算方法有何异同点?
15. 路肩墙和路堤墙的主动土压力计算有何异同点?
16. 挡土墙抗滑稳定、抗倾覆稳定或基地承载力不足时, 应分别采用哪些改进措施?
17. 当作用于挡墙基底合力偏心矩大于规定值时该怎办?
18. 薄壁式挡土墙有何结构特点及主要类型?
19. 加筋土挡墙的主要组成部分、结构性质及其作用原理、适用于何种形式的路基?
20. 提高加筋土挡土墙承载能力的方法?

讨 论

分析库仑(Coulomb)法的适用条件;通过破坏棱体 ABC 的受力分析,绘制平衡力三角形,并对土压力的反力 E 在主动土压力和被动土压力情况下的极值选择进行分析!

第5章 路基施工

> **学习目的**：设计是施工的依据，而施工又是设计的保证。正确的施工方法是确保路基稳定和工程质量的前提。路基施工包括路基填料的选择和路基压实，本章主要学习路基施工机械、材料、控制等基本概念和方法。
>
> **教学要求**：主要介绍路基施工的基本方法，路基施工的一般程序，土质路基施工要点以及路基的压实；介绍三背回填中的路基施工的要点。

§5-1 概　　述

一、路基施工的重要性

理想的设计必须通过施工来实现，施工检验是非常重要的。路基工程，涉及范围广，影响因素多，灵活性亦较大，尤其是岩土内部结构复杂多变，设计阶段难以尽善，施工过程中必须进一步完善。"精心设计，精心施工"是一个完整的过程，就耗费人力、资源和财力，以及快速、高效与安全的要求而言，施工比设计更为重要，更为复杂。

路基土石方工程量大、分布不均匀，不仅与路基工程相关的设施，如路基排水、防护与加固等相互制约，而且同公路工程的其他工程项目，如桥涵、隧道、路面及附属设施相互交错。因此，路基施工，在质量标准、技术操作、施工管理等方面具有特殊性，必须予以研究和不断改进，就整个公路工程的施工而言，路基施工往往是施工组织管理的关键。

路基工程的项目较多，如土方、石方及圬工砌体等，在施工方法与技术操作方面各具特点，本章以土质路基施工为主，阐明路基施工的全过程，包括施工准备及施工组织管理等。

土质路基包括路堤与路堑，基本操作是挖、运、填，工序比较简单，但条件比较复杂，因而施工方法多样化，简单的工序中常常遇到极为复杂的技术和管理方面的难题。

公路施工是野外操作，边远山区自然条件差，运输不便，设备与施工队伍的供应与调度难；路基工地分散，工作面狭窄，遇有特殊地质不良现象时，使一般的技术问题变得复杂化，而复杂的技术问题，更是难以用常规的方法去解决。城市道路路基施工条件一般比公路好，尤其在物资供应、生活条件及通讯运输等方面，比较容易安排；但城市路基施工亦有不利的方面，集中表现在：地面拆迁多、地下管线多、配套工程多、施工干扰多。此外，路基施工中还存在：场地布置难、临时排水难、用土处置难、土基压实难等不利的因素。路基的隐蔽工程较多，质量不合标准会给路面及自身留下隐患，一旦产生病害，不仅损坏道路使用品质，导致妨碍交通及经济损失，而且往往后患无穷，难以根治。因此，为了确保工程质量，实现快速、高效、安全施工，必须重视施工技术与管理。就目前情况而言，首先要有一个稳定的专业施工队伍，配有相应的技术骨干和机具设备，建立和健全施工技术操作规程与质量检查验收制度，采用现代化的施工管理方法。

二、路基施工的基本方法

路基施工的基本方法,按其技术特点大致可分为:人力及简易机械化、综合机械化、水力机械化和爆破方法等。人力施工是传统方法,使用手工工具、劳动强度大、功效低、进度慢、工程质量亦难以保证,但限于具体条件,短期内还必然存在并适用于地方道路和某些辅助性工作。为了加快施工进度,提高劳动生产率,实现高标准高质量施工,对于劳动强度大和技术要求高的工序,应配以数量充足、配套齐全的施工机械。机械化施工和综合机械化施工,是保证高等级公路施工质量和施工进度的重要条件,对于路基土石方工程来说,更具有迫切性。实践证明,单机作业的效率,比人力及简易机械施工要高得多,但需要大量的人力与之配合。由于机械和人力的效率悬殊,难以协调配合,单机效率受到限制,势必造成停机待料,机械的生产率很低。如果对主机配以辅机,相互协调,共同形成主要工序的综合机械化作业,工效就能大大提高。以挖掘机开挖土路堑为例,如果没有足够的汽车配合运输土方,或者汽车运土填筑路基,如果没有相应的摊平和压实机械配合,或者不考虑相应的辅助机械为挖掘机松土和创造合适的施工面,整个施工进度就无法协调,难以紧凑作业,工效亦势必达不到应有的要求,所以实现综合机械化施工,科学地严密组织施工,是路基施工现代化的重要途径。

水力机械化施工,亦是机械化施工的方法之一,它是运用水泵、水枪等水力机械,喷射强力水流,冲散土层并流运至指定地点沉积,例如采集砂料或地基加固等。水力机械适用于电源和水源充足,挖掘比较松散的土质及地下钻孔等。对于砂砾填筑路堤或基坑回填,还可起到密实作用(称为水夯法)。

爆破法是石质路基开挖的基本方法,如果采用钻岩机钻孔与机械清理,亦是岩石路基机械化施工的必备条件。除石质路堑开挖而外,爆破法还可用于冻土、泥沼等特殊路基施工,以及清除路面、开石取料与石料加工等。

上述施工方法的选择,应根据工程性质、施工期限、现有条件等因素而定,而且应因地制宜和各种方法综合使用。

高速公路、一级公路以及在特殊地区或采用新技术、新工艺、新材料进行路基施工时,应采用不同的施工方案做试验路段,从中选出路基施工的最佳方案指导全线施工。试验路段位置应选择在地质条件、断面形式均具有代表性的地段,路段长不宜小于 100 m。

三、施工前的准备工作

路基施工的主要内容,大致可归纳为施工前的准备工作和基本工作两大部分。土质路基的基本工作,是路堑挖掘成型、土的移运、路堤填筑压实,以及与路基直接有关的各项附属工程。其工程量大、施工期长,且所需人力物力资源较大,因而必须集中精力,认真对待。但要保证正常施工,施工前的准备工作极为重要,它是组织施工的第一步,无准备的施工或准备不充分的施工,均会使路基施工的基本工作难以顺利进行。

施工的准备工作内容较多,大致可归纳为组织准备、技术准备和物质准备三个方面:

1. 组织准备工作

主要是建立和健全施工队伍和管理机构,明确施工任务,制定必要的规章制度,确立施工所应达到的目标等。组织准备亦是做好一切准备工作的前提。

2. 技术准备工作

路基开工前,施工单位应在全面熟悉设计文件和设计交底的基础上进行施工现场的勘查,核对与必要时修改设计文件,发现问题应及时根据有关程序提出修改意见并报请变更设计,编制施工组织计划,恢复路线,施工放样与清除施工场地,搞好临时工程的各项工作等。

现场勘查与核对设计文件,目的是熟悉和掌握施工对象特点、要求和内容,显然这是整个施工的重要步骤,舍此则其他一切工作就失去目标,难以着手。

施工组织计划是具有全局性的大事,其中包括选择施工方案、确定施工方法、布置施工现场(施工总平面布置),编制施工进度计划,拟订关键工程的技术措施等,它是整个工程施工的指导性文件,亦是其他各项工作的依据。在当前强调加强施工管理,实现现代化科学管理的时期,如何抓住施工组织计划这一环节,更具有现实意义。

临时工程,包括施工现场的供电、给水,修建便道、便桥,架设临时通讯设施,设置施工用房(生活和生产所必需)等,这些均为展开基本工作的必备条件。

路基恢复定线、清除路基用地范围内一切障碍物等,是施工前的技术准备工作,亦是基本工作的一个组成部分,宜协调进行。

路基开工前应做好施工测量工作,其内容包括导线、中线、水准点复测,横断面检查与补测,增设水准点等。施工人员还应对路基工程范围内的地质、水文情况详细调查,通过取样、试验确定其性质和范围,并了解附近既有建筑物对特殊土的处理方法。

3. 物质准备工作

包括各种材料与机具设备的购置、采集、加工、调运与储存,以及生活后勤供应等。为使供应工作能适应基本工作的需要,物质准备工作必须制订具体计划,其中有的计划内容,如劳动力调配、机具配置及主要材料供应计划,必须服从于保证上述施工组织计划的顺利实施,而且亦常被列为施工组织计划的一个组成部分。

土质路基施工,仅是整个道路工程中的一个工程项目,以上所述的准备工作,主要对整个工程的施工而言,对于某一单项工程,如土质路基、石质路基、路基排水或防护加固,或路基工程以外的桥涵与路面等,准备工作的具体内容与要求,虽有差别,但基本项目不可缺少。

§5-2 施工要点

一、基本要求

土质路基的挖或填,首先必须搞好施工排水,包括开挖地面临时排水沟槽及设法降低地下水位,以便始终保持施工场地的干燥。这不仅因为土在干燥状态下易于操作,而且控制土的湿度是确保路堤填筑质量的关键。从有效控制土的含水量需要出发,土质路基的施工作业面不宜太大,以有利于组织快速施工,随挖随运,及时填筑压实成型,减少施工过程中的日晒、雨淋,尽量保持土的天然湿度,避免过干或过湿。一般条件下土的天然含水量接近最佳值,必要时,应考虑人工洒水或晾干措施。雨季施工,尤应按照施工技术操作规程的有关规定,加强临时排水,确保路基质量。过湿的填土碾压后会形成弹簧现象,必须挖除重填,必要时可采取其他相应的加固措施。

第5章 路基施工

路基挖填范围内的地表障碍物,事先应予以拆除,其中包括原有房屋的拆迁、树木和丛林茎根的清除,以及表层种植土、过湿土与设计文件或规程所规定之杂物等的清除。在此前提下,必要时按设计要求对路堤上层进行加固。

路基取土与填筑,必须有条不紊,有计划有步骤地进行操作,这不仅是文明施工的需要,而且是选土和合理利用填土的保证。不同性质的路基用土,除按规定予以废弃和适当处治外,一般不允许任意混填。

路堑开挖,应在全横断面进行,自上而下一次成型,注意按设计要求准确放样,不断检查校正,边坡表面削齐拍平。路堑底面,如土质坚实,应尽量不扰动,予以整平压实,如果土质较差、水文条件不良,应根据路面强度设计要求,采取加深边沟,设置地下盲沟以及挖松表层一定深度原土层,重新分层填筑与压实或必要时予以换土和加固,以确保路堑底层土基的强度与稳定性达到规定标准,这对于修筑沥青类路面尤为重要。

土质路堤,应视路基高度及设计要求,先着手清理或加固地基。潮湿地基尽量疏干预压,如果地下水位较高,因工期紧或其他原因无法疏干,第一层填土适当加厚或填以砂性土后再予以压实。一般情况下,路堤填土应在全宽范围内,分层填平,充分压实,每日施工结束时,表层填土应压实完毕,防止间隔期中雨淋或曝晒。分层厚度视压实工具而定,一般压实厚度为20~25 cm。路堤加宽或新旧土层搭接处,原土层挖成台阶,逐层填新土,不允许将薄层新填土层贴在原路基的表面。

土路堤分层填平压实,是确保施工质量的关键,任何填土和任何施工方法,均应按此要求组织施工。有关土基压实原理、方法及操作要求,详见本章第三节所述。

路基原定设计要求及施工操作规程,是路基施工的依据及质量检验的标准,必须严格执行。遇有特殊情况,无法按原设计和规程实施,需按基建程序中规定的手续,会同有关单位协商解决。路基填方材料,应有一定的强度。经野外取土试验,符合表5-1的规定时才能使用。

表5-1 路基填料最小承载比要求

路基部位		路面底面以下深度(m)	填料最小承载比(CBR)(%)		
			高速公路、一级公路	二级公路	三、四级公路
上路床		0~0.3	8	6	5
下路床	轻、中等及重交通	0.3~0.8	5	4	3
	特重、极重交通	0.3~1.2	5	4	—
上路堤	轻、中等及重交通	0.8~1.5	4	3	3
	特重、极重交通	1.2~1.9	4	3	—
下路堤	轻、中等及重交通	1.5以下	3	2	2
	特重、极重交通	1.9以下			

注:① 该表CBR试验条件应符合现行《公路土工试验规程》(JTG E40)的规定。
② 年平均降雨量小于400 mm地区,路基排水良好的非浸水路基,通过试验论证可采用平衡湿度状态的含水率作为CBR试验条件,并应结合当地气候条件和汽车荷载等级,确定路基填料CBR控制标准。
③ 当路基填料CBR值达不到表列要求时,可掺石灰或其他稳定材料处理。
④ 当三、四级公路铺筑沥青混凝土和水泥混凝土路面时,应采用二级公路的规定。

二、填挖方案

1. 路堤填筑

土质路堤（包括石质土），按填土顺序可分为分层平铺和竖向填筑两种方案。分层平铺是基本的方案，如符合分层填平和压实的要求，则效果较好，且质量有保证，有条件时应尽量采用。竖向填筑是在特定条件下，局部路堤采用的方案。

分层平铺，有利于压实，可以保证强度，不同用土按规定层次填筑。图 5-1 所示，为不同用土的组合方案，其中正确方案要点是：不同用土水平分层，以保证强度均匀；透水性差的用土，如黏性土等，一般宜填于下层，表面成双向横坡，有利于排除积水，防止水害；同一层次有不同用土时，接搭处成斜面，以保证在该层厚度范围内强度比较均匀，防止产生明显变形。不正确的方案主要是指：未水平分层，有反坡积水，夹有冻土块和粗大石块，以及有陡坡斜面等，其主要问题亦

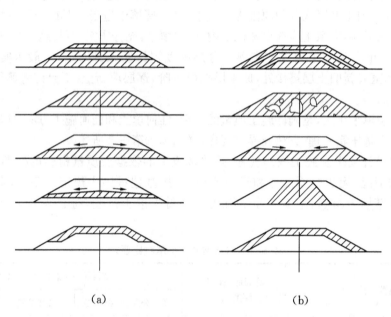

图 5-1 土路堤填筑方案示意图
(a) 正确的；(b) 不正确的

在于强度不均匀和排水不利。此外，还应注意用土不含有害杂质（草木、有机物等）及未经处治的劣土（细粉土、膨胀土、盐渍土与腐殖土等）。桥涵、挡土墙等结构物的回填土，以砂性土为宜，防止不均匀沉降，并按有关操作规程回填和夯实。

竖向填筑，指沿路中心线方向逐步向前深填，如图 5-2 所示。路线跨越深谷或池塘时，地面高差大，填土

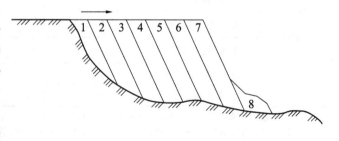

图 5-2 竖向填筑方式示意图

面积小,难以水平分层卸土,以及陡坡地段上半挖半填路基,局部路段横坡较陡或难以分层填筑等,可采用竖向填筑方案。竖向填筑的质量在于密实程度,为此宜采用必要的技术措施。如选用振动式或锤式夯击机,选用沉陷量较小及粒径较均匀的砂石填料;路堤全宽一次成型;暂不修建较高级的路面,容许短期内自然沉落。此外,尽量采用混合填筑方案,即下层竖向填筑,上层水平分层,必要时可考虑参照地基加固的注入、扩孔或强夯等措施,以保证填土具有足够的密实度。

2. 路堑开挖

土质路堑开挖,根据挖方数量大小及施工方法的不同,按掘进方向可分为纵向通道掘进和横向全宽掘进两种,同时又可在高度上分单层或双层和纵横掘进混合等(以上掘进方向,依路线纵横方向命名)。

横向全宽掘进是在路线一端或两端,沿路线纵向向前开挖,如图5-3所示。单层掘进的高度,即等于路堑设计深度。掘进时逐段成型向前推进,运土由相反方向送出。单层纵向掘进的高度,受到人工操作安全及机械操作有效因素的限制,如果施工时间紧迫,对于较深路堑,可采用双层掘进法,上层在前,下层随后,下层施工面上留有上层操作的出土和排水通道。

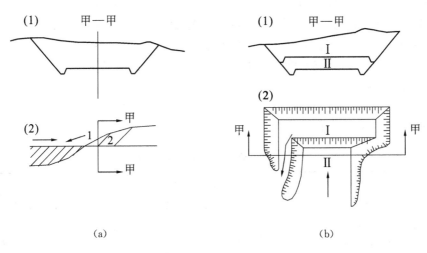

图5-3 横向全宽掘进示意图
(a) 单层;(b) 双层
(1) 横剖面;(2) 纵剖面

纵向通道掘进,是先在路堑纵向挖出通道,然后分段同时向横向掘进,如图5-4所示。此法为扩大施工面,加速施工进度,在开挖长而深的路堑时用。施工时可以分层和分段,层高和段长视施工方法而定。该法工作面多,但运土通道有限制,施工的干扰性增大,必须周密安排,以防在混乱中出现质量或安全事故。个别情况下,为了扩大施工面,加快施工进度,对土路堑的开挖,还可以考虑采用双层式纵横通道的混合掘进方案,同时沿纵横的正反方向,多施工面同时掘进,如图5-4b所示。混合掘进方案的干扰性更大,一般仅限于人工施工,对于深路堑,如果挖方工程数量大及工期受到限制时可考虑采用。

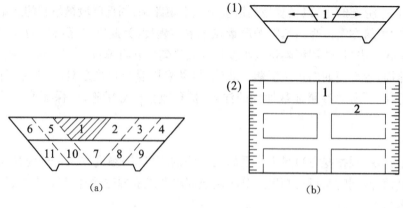

图 5-4 纵向和混合掘进示意图
(a) 双层纵向；(b) 双层混合
(1) 横剖面；(2) 平面

三、机械化施工

常用的路基土方机械，有松土机、平土机、推土机、铲运机和挖掘机（配以汽车运土），此外还有压实机具及水力机械等。各种土方机械可进行单机作业，例如平土机、推土机及铲运机等；以挖掘机为代表的主机，需要配以松土、运土、平土及压实等相应机具，相互配套，综合完成路基施工任务。

各种土方机械，按其性能，可以完成路基土方的部分或全部工作。选择机械种类和操作方案，是组织施工的第一步，为能发挥机械的使用效率，必须根据工程性质、施工条件、机械性能及需要与可能，择优选用。

根据以往工程实践经验的总结，几种常用的土方机械适用范围，如表 5-2 所列；按施工条件选择土方机械时，则可参考表 5-3。

表 5-2 常用土方机械适用范围

机械名称	适用的作业项目		
	施工准备工作	基本土方作业	施工辅助作业
推土机	1. 修筑临时道路； 2. 推倒树木，拔除树根； 3. 铲草皮，除积雪及建筑碎屑； 4. 推缓陡坡地形，整平场地； 5. 翻挖回填井、坑、陷穴、坟	1. 高度 3 m 以内的路堤和路堑土方； 2. 运距 100 m 以内的挖、填与压实； 3. 傍山坡挖填结合路基土方	1. 路基缺口土方的回填； 2. 路基粗平，取弃土方的整平； 3. 填土压实，斜坡上挖台阶； 4. 配合挖掘机与铲运机松土、运土
铲运机	1. 铲运草皮； 2. 移运孤石	运距 600～700 m 以内的挖土、运土、铺平与压实（高度不限）	1. 路基粗平； 2. 借土坑与弃土堆整平
自动平地机	除草、除雪、松土	修筑高 0.75 m 以内的路堤与深 0.6 m 以内路堑，以及填挖结合路基的挖、运、填土	开挖排水沟，平整路基，修整边坡
松土机	翻松旧路面、清除树根与废土层、翻松硬土		1. Ⅲ～Ⅳ 类土的翻松； 2. 破碎 0.5 m 内的冻土层
挖掘机		1. 半径 7 m 以内的挖土与卸土； 2. 装土供汽车远运	1. 挖沟槽与基坑； 2. 水下捞土（反向铲土等）

第5章 路基施工

表 5-3 选择土方机械的施工条件

路基形式及施工方法	填挖高度(m)	土方移运水平直距(m)	主要施工机械名称	辅助机械	机械施工运距(m)	最小工作地段长度(m)
(一)路堤						
路侧取土	<0.75	<15	自动平土机			300~500
路侧取土	<3.00	<40	80马力推土机		10~40	—
路侧取土	<3.00	<60	100~140马力推土机		10~60	—
路侧取土	<6.00	20~100	6 m³拖式铲运机		80~250	50~80
路侧取土	>6.00	50~200	6 m³拖式铲运机		250~500	80~100
远运取土	不限	<500	6 m³拖式铲运机		<700	>50~80
远运取土	不限	500~700	9~12 m³拖式铲运机		<1 000	>50~80
远运取土	不限	>500	9 m³自动铲运机		>500	>50~80
远运取土	不限	>500	自卸汽车运土		>500	(5 000 m³)
(二)路堑						
路侧弃土	<0.60	<15	自动平土机			300~500
路侧弃土	<3.00	<40	80马力推土机		10~40	—
路侧下坡弃土	<4.00	<70	100~140马力推土机		10~70	—
路侧弃土	<6.00	30~100	6 m³拖式铲运机		100~300	50~80
路侧弃土	<15.0	50~200	6 m³拖式铲运机		300~600	>100
路侧弃土	>15.0	>100	9~12 m³拖式铲运机		<1 000	>200
纵向利用	不限	20~70	80马力推土机		20~70	—
纵向利用	不限	<100	100~140马力推土机		<100	—
纵向利用	不限	40~600	6 m³拖式铲运机		80~700	>100
纵向利用	不限	<800	9~12 m³拖式铲运机		<1 000	>100
纵向利用	不限	>500	9 m³自动铲运机		>500	>100
纵向利用	不限	>500	自卸汽车运土		>500	(5 000 m³)
(三)半填半挖						
横向利用	不限	<60	80~140马力斜角推土机	1	10~60	—

注:表中均指Ⅰ、Ⅱ类土,如土质坚硬时应先用松土机将土疏松。1马力=735.498 W。

工程实践证明,再多再好的机械设备,如果使用不当,组织管理不善,配合不协调,机械化施工就显示不出其优越性,甚至适得其反,造成浪费。

各种机具设备,均有其独特性能和操作技巧,应配有专职人员使用与保养,严格执行操作规程。从整个施工组织管理以及指挥调度方面而言,组织机械化施工,应注意以下几点:

1. 建立健全施工管理体制与相应组织机构。一般宜成立专业化的机械施工队伍,以便统一经营管理,独立经济核算。

2. 对每项路基工程,应有严密的施工组织计划,并合理选择施工方案,在服从总的调度计划安排下,各作业班组或主机,均编制具体计划。在综合机械化施工中,尤其是要加强作业计划工作。

3. 在机具设备有限制的条件下,要善于抓重点,兼顾一般。所谓重点,是指工程重点,在网络计划管理中,重点就是关键线路;在综合机械化作业中,重点就是主机的生产效率。

4. 加强技术培训,坚持技术考核,开展劳动竞赛,鼓励技术革新,实行安全生产、文明施工,把提高劳动生产率、节省能源、减少开支等指标具体化、制度化。

以上几点,对非机械化施工,对整个路基工程及公路施工,均具有普遍的指导意义,对综合机械化作业具有更重要的指导意义。

§5-3 路基压实

一、路基压实的意义与机理

路基施工破坏土体的天然状态,致使结构松散,颗粒重新组合。为使路基具有足够的强度与稳定性,必须予以压实,以提高其密实程度。所以路基的压实工作,是路基施工过程中一个重要工序,亦是提高路基强度与稳定性的根本技术措施之一。

土是三相体,土粒为骨架,颗粒之间的孔隙为水分和气体所占据。压实的目的在于使土粒重新组合,彼此挤紧,孔隙缩小,土的单位重量提高,形成密实整体,最终导致强度增加,稳定性提高。这一点已为无数试验与实践反复证明。

大量试验和工程实践还证明:土基压实后,路基的塑性变形、渗透系数、毛细水作用及隔温性能等,均有明显改善。

二、影响压实效果的主要因素

对于细粒土的路基,影响压实效果的因素有内因和外因两方面。内因指土质和湿度,外因指压实功能(如机械性能、压实时间与速度、土层厚度)及压实时的外界自然和人为的其他因素等。

为了更简明直观阐明主要因素对压实的影响,以及为什么选用干容重作为表征土基密实程度的技术指标,可参见图 5-5 的关系曲线。

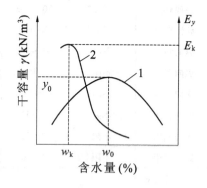

图 5-5 土基的 E、γ 与 w 关系示意图
1—γ 与 w 的关系;2—E 与 w 的关系

图 5-5 中曲线 1 的驼峰曲线,表明干容重 γ 随含水量 w 而变的规律性。在同等条件下,一定含水量之前,γ 随 w 增加而提高,主要原因在于水起润滑作用,土粒间阻力减小,施加外力后,孔隙减小,土粒易于被挤紧,γ 得以提高。γ 值至最大值后,w 再继续增大,土粒孔隙被水分占据,而水一般不为外力所压缩,因而 w 增大,γ 随之降低。通常在一定压实条件下干容重的最大值,称为最大干容重 γ_0(驼峰曲线的最高点),相应的含水量称为最佳含水量 w_0。由此可见,压实时,如能控制土的湿度为最佳值 w_0,则压实效果为最高,耗费的压实功能为最经济。

如果以形变模量 E_y 代替 γ,它与 w 亦具有类似的驼峰形曲线关系,而且最高点的 E_k 及其相应之 w_k 值,与 γ_0 及 w_0 有别。曲线 2 表明,土体湿度未达到最佳值 w_0 之前($w_0 > w_k$),强度已达最高值 E_k,这是因为土中含水量较少时(指 w_k),土粒间的阻力较大,欲使土粒继续位移,需要更大的外力,所以表现为 E_k 最高。而土中湿度在 w_k 值前后的减少或增加,相应的 E_y 随之有所降低。

现行路面设计方法是以回弹模量为土基的强度指标,为什么不直接用模量来控制土基压实程度,而用干容重表示压实程度,这一点可通过图5-6所示的试验来分析说明。图5-6是饱水前后的压实试验结果对照曲线关系图,曲线1表明,饱水后,γ 与 E 均有所降低,而在 w_0 时,两者的降低值($\gamma_0-\gamma_s$ 或 $E_k'-E_s'$)均最小。换言之,控制最佳含水量 w_0 压实的土基,其强度和稳定性最好,如果以 w_k 为准,尽管相应的 E_k 最高,但饱水后的 E_S 却大大降低,水稳性极差。这就是选用 γ_0 及相应的 w_0 作为控制土基压实指标的机理所在。

土质对压实效果的影响亦很大。一般规律是:土质不同,γ_0 与 w_0 数值不一样,而且分散性(液限、黏性)较高的土,其 w_0 值较高,γ_0 值较低;砂性土的压实效果,优于黏性土,图5-7是一个示例。其机理在于土粒愈细,比面积愈大,土粒表面水膜所需之湿度亦愈多,加之黏土中含有亲水性较高胶体物质所致。砂土的颗粒粗,成松散状态,水分极易散失,最佳含水量的概念,没有多大的实际意义。

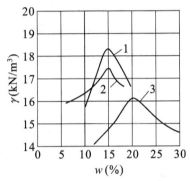

图 5-6 饱水前后压实指标对照示意图
1—亚砂土;2—亚黏土;3—黏土

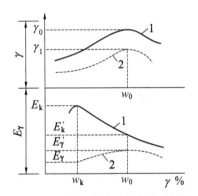

图 5-7 几种土质的压实曲线对照图
1—饱水前;2—饱水后

压实厚度对压实效果具有明显影响。相同压实条件下(土质、湿度与功能不变),实测土层不同深度的密实度(γ 或压实度)得知,密实度随深度递减,表层 5 cm 最高。不同压实工具的有效压实深度有所差异,根据压实工具类型、土质及土基压实的基本要求,路基分层压实的厚度,有具体规定数值。一般情况下,夯实不宜超过 20 cm,12~15 t 光面压路机,不宜超过25 cm,振动压路机或夯击机,宜以 50 cm 为限。实际施工时的压实厚度应结合规范要求或通过现场试验确定合适的摊铺厚度。

压实功能(指压实工具的重量、碾压次数或锤落高度、作用时间等)对压实效果的影响,是除含水量而外的另一重要因素。图5-8是压实功能(综合因素)与压实效果的关系曲线,曲线表明:同一种土的最佳含水量 w_0 随功能的增大而减小,最大干容

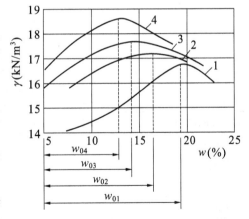

图 5-8 不同压实功能的压实曲线对照图
图中:1、2、3、4 曲线的功能分别为 600、1 150、2 300、3 400(kN·m)

重 γ_0 则随功能的增大而提高；在相同含水量条件下，功能愈高，土基密实度（即 γ）愈高。据此规律，工程实践中可以增加压实功能（选用重碾，增加次数或延长时间等），以提高路基强度或降低最佳含水量。但必须指出，用增加压实功能的办法，赖以提高土基强度的效果，有一定限度，功能增加到一定限度以上，效果提高愈为缓慢，在经济效益和施工组织上，不尽合理，甚至功能过大，破坏土基结构，效果适得其反。相比之下，严格控制最佳含水量，要比增加压实功能收效大得多。当含水量不足，洒水有困难时，适当增大压实功能，可以收效，如果土的含水量过大，此时如果增大压实功能，必将出现"弹簧现象"，压实效果很差，造成返工浪费。所以，土基压实施工中，控制最佳含水量，是首要关键，在此前提下采取分层填土，控制有效土层厚度，必要时适当增大压实功能，乃土基压实工作的基本要领。

三、机具选择与操作

压实机具的选择以及合理的操作，亦是影响土基压实效果的另一些综合因素。

土基压实机具的类型较多，大致分为碾压式、夯击式、振动式和冲击式四大类型。碾压式（又称静力碾压式），包括光面碾（普通的两轮和三轮压路机）、羊足碾和气胎碾等几种。夯击式中除人工使用的石硪、木夯外，机动设备中有夯锤、夯板、风动夯及蛙式夯机等。振动式中有振动器、振动压路机等。冲击式是利用压实设备的重量冲击路基，达到压实效果。此外，运土工具中的汽车、拖拉机以及土方机械等，亦可用于路基压实。

不同压实机具，适用于不同土质及不同土层厚度等条件，这亦是选择压实机具的主要依据，表5-4 所列是几种常用机具的一般技术特性。正常条件下，对于砂性土的压实效果，振动式较好，夯击式次之，碾压式较差；对于黏性土，则宜选用碾压式或夯击式，振动式较差甚至无效。对填石路基，冲击压实效果较好。不同压实机具，在最佳含水量条件下，适应于一定的最佳压实厚度以及通常的压实遍数。表5-5 是各种土质适宜的碾压机械的建议。

表5-4 压路机的技术性能

机具名称	最大有效压实厚度（实厚）(m)	碾压行程次数				适宜的土类
		黏性土	亚黏土	粉砂土	砂黏土	
人工夯实	0.10	3～4	3～4	2～3	2～3	黏性土与砂性土
牵引式光面碾	0.15	—	—	7	5	黏性土与砂性土
羊足碾(2个)	0.20	10	8	6	—	黏性土
自动式光面碾 5 t	0.15	12	10	7	—	黏性土与砂性土
自动式光面碾 10 t	0.25	10	8	6	—	黏性土与砂性土
气胎路碾 25 t	0.45	5～6	4～5	3～4	2～3	黏性土与砂性土
气胎路碾 50 t	0.70	5～6	4～5	3～4	2～3	黏性土与砂性土
夯击机 0.5 t	0.40	4	3	2	1	砂性土
夯击机 1.0 t	0.60	5	4	3	2	砂性土
夯板 1.5 t 落高 2 m	0.65	6	5	2	1	砂性土
履带式	0.25	6～8		6～8		黏性土与砂性土
振动式	0.40	—		2～3		砂性土

第5章 路基施工

表 5-5 各种土质适宜的碾压机械

机械名称 \ 土的分类	细粒土	砂类土	砾石土	巨粒土	备 注
6～8 t 两轮光轮压路机	A	A	A	A	用于预压整平
12～18 t 两轮光轮压路机	A	A	A	B	最常使用
25～50 t 轮胎压路机	A	A	A	A	最常使用
羊足碾	A	C 或 B	C	C	粉黏土质砂可用
振动压路机	B	A	A	A	最常使用
凸块式振动压路机	A	A	A	A	最宜使用含水量较高的细粒土
手扶式振动压路机	B	A	A	C	用于狭窄地点
振动平板夯	B	A	A	B 或 C	用于狭窄地点,机械质量 800 kg 的可用于巨粒土
手扶式振动夯	A	A	A	B	用于狭窄地点
夯锤(板)	A	A	A	A	夯击影响深度最大
推土机,铲运机	A	A	A	A	仅用于摊平土层和预压

注：① 表中符号：A 代表适用；B 代表无适当机械时可用；C 代表不适用。
② 土的类别按《公路土工试验规程》(JTG E40)的规定划分。
③ 对特殊土和黄土(CLY)、膨胀土(CHE)、盐渍土等的压实机械选择可按细粒土考虑。
④ 自行式压路机宜用于一般路堤路堑基底的换填等的压实,宜采用直线式进退运行。
⑤ 羊足碾(包括凸块碾、条式碾)应有光轮压路机配合使用。

压实机具对土施加的外力,应有所控制,以防功能太大,压实过度,并防失效、浪费或有害。一般认为,压实时的单位压力不应超过土的强度极限。不同土的强度极限,与压实机具的重量、相互接触面积、施荷速度及作用时间(遍数)等因素有关。表 5-6 所列,是在最佳含水量条件下,土质在几类压实机具作用时的强度,可供选择机具和控制压实功能时参考。

表 5-6 压实时土的极限强度

土 类	土的极限强度(MPa)		
	光面碾	气胎碾	夯板(直径 70～100 cm)
低黏性土(砂土、亚砂土、粉土)	0.3～0.6	0.3～0.4	0.3～0.7
中等黏性土(亚黏土)	0.6～1.0	0.4～0.6	0.7～1.2
高黏性土(重亚黏土)	1.0～1.5	0.6～0.8	1.2～2.0
极黏土(黏土)	1.5～1.8	0.8～1.0	2.0～2.3

实践经验证明：土基压实时,在机具类型、土层厚度及行程遍数已经选定的条件下,压实操作时宜先轻后重、先慢后快、先边缘后中间(超高路段等需要时,则宜先低后高)。压实时,相邻两次的轮迹应重叠轮宽的三分之一,保持压实均匀,不漏压,对于压不到的边角,应辅以人力或小型机具夯实。压实全过程中,经常检查含水量和密实度,以达到符合规定压实度的要求。

四、土基压实标准

土基野外施工,受种种条件限制,难以达到室内标准击实试验所得的最大干容重 γ_0,作为控制标准应予适当降低。令工地实测干容重为 γ,它与 γ_0 之比值,称为压实度 K,已知 γ_0 值,规定压实度 K,则工地实测干容重 γ 值,应符合下列要求

$$\gamma = K \cdot \gamma_0$$

压实度 K 就是现行规范规定的路基压实标准。正确选定 K 值,关系到土路基受力状态、路基路面设计要求、施工条件,必须兼顾需要与可能,讲究实效与经济。

路面等级愈高,对路基强度要求相应增大;自然条件越差,对路基的强度与稳定性越不利;路基挖填不同,对于路基的强度与稳定性亦有关系。基于上述分析,现行《公路路基施工技术规范》(JTG/T 3610)规定的路基压实度 K 如表 5-7 所列。

表 5-7 路基压实度要求

路基部位		路面底面以下深度(m)	路床压实度(%)		
			高速公路、一级公路	二级公路	三、四级公路
上路床		0~0.3	≥96	≥95	≥94
下路床	轻、中等及重交通	0.3~0.8	≥96	≥95	≥94
	特重、极重交通	0.3~1.2	≥96	≥95	—
上路堤	轻、中等及重交通	0.8~1.5	≥94	≥94	≥93
	特重、极重交通	1.2~1.9	≥94	≥94	—
下路堤	轻、中等及重交通	1.5 以下	≥93	≥92	≥90
	特重、极重交通	1.9 以下			

注:① 表列压实度系按现行《公路土工试验规程》(JTG E40)重型击实试验法求得的最大干密度的压实度。
② 当三、四级公路铺筑沥青混凝土和水泥混凝土路面时,应采用二级公路的规定值。
③ 路堤采用粉煤灰、工业废渣等特殊填料,或处于特殊干旱或特殊潮湿地区时,在保证路基强度和回弹模量要求的前提下,通过试验论证,压实度标准可降低 1~2 个百分点。
④ 三、四级公路铺筑沥青混凝土和水泥混凝土路面时,其压实度应采用二级公路压实度标准。

填石路堤,包括分层填筑和倾填爆破石块的路堤,不能用土质路基的压实度来判定路基的密实程度。其判定方法目前国内外各国规范尚无统一规定。我国城市道路路基工程施工及验收规范规定,填石路堤须用重型压路机、振动压路机或冲击压路机分层碾压,表面不得有波浪、松动现象,路床顶面压实度标准是 12~15 t 压路机的碾压孔隙率(见表 5-8~表 5-10)。国外填石路堤有的采用在振动压路机的驾驶台上装设的压实计反映的计数值来判定是否达到要求的紧密程度。但无定量值的规定,且只限于有此种装置的压路机。

我国《公路路基施工技术规范》(JTG/T 3610)将填石料根据石料饱和抗压强度指标按表 5-11 进行分类。经试验研究,将碾压后孔隙率作为密实状态的判定,这是因为石块本身是不能压缩的,只要石块之间大部分缝隙已紧密靠拢,则重型压路机进行压实时,路堤应可达到稳定。

土质路基的压实度试验方法可采用灌砂法、环刀法、灌水法(水袋法)或核子密度湿度仪法。采用核子仪法时,应先进行校正和对比试验。

第5章 路基施工

表 5-8 硬质石料压实质量控制标准

路基部位	路面底面以下深度(m)	摊铺层厚(mm)	最大粒径(mm)	压实干密度(kN/m³)	孔隙率(%)
上路堤	0.80~1.50 (1.20~1.90)	≤400	小于层厚2/3	由试验确定	≤23
下路堤	>1.50 (>1.90)	≤600	小于层厚2/3	由试验确定	≤25

注："路面底面以下深度"栏,括号中数值分别为特重、极重交通的上路堤、下路堤的深度范围。

表 5-9 中硬石料压实质量控制标准

路基部位	路面底面以下深度(m)	摊铺层厚(mm)	最大粒径(mm)	压实干密度(kN/m³)	孔隙率(%)
上路堤	0.80~1.50 (1.20~1.90)	≤400	小于层厚2/3	由试验确定	≤22
下路堤	>1.50 (>1.90)	≤500	小于层厚2/3	由试验确定	≤24

注："路面底面以下深度"栏,括号中数值分别为特重、极重交通的上路堤、下路堤的深度范围。

表 5-10 软质石料压实质量控制标准

路基部位	路面底面以下深度(m)	摊铺层厚(mm)	最大粒径(mm)	压实干密度(kN/m³)	孔隙率(%)
上路堤	0.80~1.50 (1.20~1.90)	≤300	小于层厚	由试验确定	≤20
下路堤	>1.50 (>1.90)	≤400	小于层厚	由试验确定	≤22

注："路面底面以下深度"栏,括号中数值分别为特重、极重交通的上路堤、下路堤的深度范围。

表 5-11 岩石分类表

岩石类型	单轴饱和抗压强度(MPa)	代表性岩石
硬质岩石	≥60	1. 花岗岩、闪长岩、玄武岩等岩浆岩类 2. 硅质、铁质胶结的砾岩及砂岩、石灰岩、白云岩等沉积岩类 3. 片麻岩、石英岩、大理岩、板岩、片岩等变质岩类
中硬岩石	30~60	
软质岩石	5~30	1. 凝灰岩等喷出岩类 2. 泥砾岩、泥质砂岩、泥质页岩、泥岩等沉积岩类 3. 云母片岩或千枚岩等变质岩类

§5-4 结构物背后的回填材料与施工

公路桥台背、涵洞背、挡土墙背的回填(简称"三背回填")是一项容易被忽视又不容易做好的工作,常常因为多种原因而严重影响公路的使用性能。路面施工完成后桥涵结构物台背回填区继续沉降,致使台背与结构物连接处出现台阶,车辆通过时容易产生腾空现象,工程界通常称作为"桥头跳车"。

桥涵两端的差异沉降对于道路、车辆和驾乘人员都有不同程度的影响与危害。

一、台背回填病害原因分析

台背回填病害的表现形式主要是：回填区路面严重破坏；搭板与桥头连接处路面车辙、开裂；搭板末端与路基交界处路面的横向裂缝和差异沉降；搭板上覆路面面层车辙；回填区末端路面横向开裂；涵顶路面下沉；浆砌片石重力式桥台的片石松散，造成伸缩缝和搭板下沉等。

公路台背回填工程主要病害产生的原因一般有以下几方面：

1. 构造方面原因

桥台基础一般都进行了加固处理，其工后沉降量一般较小，而路堤填土所固有的压缩蠕变性质，须待通车后经过较长的一段时间才能趋于稳定，且压缩沉降量较大。从力学性质上讲，桥涵结构物具有较大的整体刚度，而与之相连结的路基和路面组成的道路属于柔性结构物，两者具有明显的刚度差别，从而在使用中产生差异沉降。

2. 地基沉降

对于软土地基上的桥台，地基沉降是差异沉降的主要部分。即使是经过认真处理的软土地基，地基的固结和次固结（蠕变）变形而引起的沉降变形也是不可避免的。

3. 回填材料压缩变形

对高填土路堤上的桥台，回填材料的压缩蠕变变形是差异沉降的主要部分。尤其对于水稳定性差的回填材料，雨水浸入后在交通荷载的反复作用下极易产生沉降变形。虽然提高台背回填材料的压实度可以缩小材料塑性变形，然而，不同的材料达到同一压实度时在同一荷载作用下的塑性变形是不同的，强度低、刚度小的材料的塑性变形相对较大。因此，应该选用水稳定性好、强度相对较高、压缩性较小、刚度较大的材料，可以缩小台背回填的塑性变形。

4. 设计方面原因

由于桥涵（通道）结构物和路基分别按各自的标准进行设计，没有统一的标准，加之在结构上又没有进行特殊设计，所以从设计上分析，台背与路基连接处没有共同的设计控制参数，是间断连续的。

5. 水毁坏

雨、雪水沿路堤与桥涵结构物的连结部位的接缝或裂缝渗入，对路面结构层和土基产生冲刷和侵蚀，造成细粒料的流失以及增加了结构层和土基的含水量，降低了地基的承载能力，加剧了差异沉降的发生与发展。另外，北方季节性冰冻区，容易在冻胀、融沉的过程中加剧差异沉降的形成。

因此，在路基路面排水设计时，更应该注意台背回填区的排水设计，保持桥头排水通畅无积水。在基底顶面应设置必要的排水设施，如横向泄水管或盲沟等。

6. 施工方面原因

台背结构物的施工属于分段浇筑或拼装砌筑而成，其构造是相对均匀的等密体，整体性好，而其后的填土，尤其是在台背一定范围内的填料，在实际施工中往往是薄弱环节。

二、常用工程技术措施及其效果

1. 桥头搭板

目前，为防止路、桥衔接处的差异沉降，高速公路的桥涵设计中均加设钢筋混凝土搭板。其作用的原理为:搭板支承在路基与桥台之间,形成一段过渡性的梁板,当路基下沉后,搭板平顺了路桥之间的沉降差。

然而,当桥头路基出现局部凹陷时,搭板下部脱空,形成了一个类似于简支梁的结构,随着凹陷范围的扩大,搭板下部的脱空长度也不断加大,在行车荷载的作用下,简支梁中的最大弯矩超过极限值,搭板底部开裂乃至搭板折断,此时完全失去了桥头搭板的功能。

可见,桥头搭板只能暂时平顺差异沉降引起的路基纵坡的变化,而搭板末端与路基交界处的路面容易出现差异沉降和横向裂缝,从而产生"二次跳车"问题。因此,桥头搭板不能解决桥头跳车问题,只是将跳车位置后移。

2. 地基处理

对于软土地基上的桥台,地基处理是防止桥头跳车的关键。

事实上,根据已建成的几条高速公路的工后沉降量的观测值,不论采用何种软基处治方式,都不能根本消除软基沉降现象。而更为重要的是,软基路堤的工后沉降量一般情况下都大于桩基桥台的容许沉降量。因此,地基处理可以减少软基沉降,但不能彻底根治桥头跳车问题。

3. 反开挖填贫混凝土

高速公路台背回填工程实施过程中,对于重力式桥台台背回填采取了反开挖填贫混凝土的方法消除台背回填的"压实死角"(如图5-9所示)。台背回填施工中,每填筑2~3层后,将临近台背30~50 cm范围内大型机械无法压实的回填材料挖除,浇筑贫混凝土,养生7 d后继续向上回填。实体工程的观测结果表明,反开挖填贫混凝土的方法,消除了台背回填的"压实死角",明显提高了回填材料的整体承载能力。

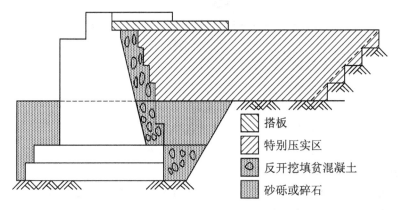

图5-9 广西全黄高速公路台背回填工程反开挖填贫混凝土

4. 压密注浆

利用注浆泵将配制好的水泥浆液,通过注浆管注入回填材料中,浆液在压力作用下渗入填土的孔隙中,与土粒骨架产生固化反应,进一步提高台背填土的密实程度,减少填土与桥台之间的刚度差,从而减小因台背填土的沉降而产生桥头跳车的现象。水泥浆液除能填补填料的空隙外,还能防止雨水下渗对填料的软化作用。

实践证明,压密注浆是解决桥头跳车问题的较好的补救措施,能改善台背填土的质量,有效解决桥梁引道路面下沉问题。

三、常用台背回填材料及其效果

1. 石灰土回填材料

高速公路台背回填要求采用石灰土(5%～8%)填筑,其材料的 CBR 值除路床顶面以下 30 cm 大于 8%以外,余均要求大于 5%,该范围的压实度比一般路段相同层位提高 2%。对于大型压实机械,在桥台背后有"作业死角",要求使用小型振动夯或轻型压路机仔细压实。

2. 砂砾回填材料

高速公路在台背回填施工中采用天然砂砾回填材料,每层施工厚度 20～38 cm、粒料最大粒径为 4.75～8 cm。首先采用水冲,其次采用振动碾压的工艺,最后采用手扶式气夯碾压边角处,可取得好的效果。

3. 轻质回填材料

近年来,一些国家在台背回填工程中采用陶土颗粒、泡沫混凝土、土工泡沫 EPS 和轻质固化粉煤灰等轻质工程材料,对降低台背与路基的差异沉降取得了明显的效果。

4. 土工格栅或土工格室的运用

一些工程在路桥过渡段中尝试采用土工格栅、土工格室等加筋回填材料,以降低路桥过渡段的差异沉降。

实践证明,采用了土工格栅或土工格室后,虽然过渡段填土的总压缩量减少不多,但是,台背路桥交界处的台阶或跳跃沉降变为连续的斜坡沉降,桥头跳车变得不再明显。

习题与讨论

习　题

1. 简述公路工程路基施工过程。
2. 试述路基施工的重要性。
3. 简述路基压实的意义、原理及压实原则。
4. 路堤正确填筑方法有哪些?各自适用条件是什么?
5. 路堑开挖有哪些方式?各自适用条件是什么?
6. 路基施工前应做好哪些准备工作?
7. 影响路基压实的因素有哪些?路基压实标准应根据哪些要求确定?
8. 简述填石路堤施工的一般过程和注意事项。

讨　论

在山区,路基填料根据就地取材的原则,一般填石路基。这种填料级配、粒径等均难以控制,请结合填石路基的实际,讨论填石路基的施工控制技术。

第6章 交通荷载及路面设计参数

> **学习目的**：路面结构设计的目的是保证路面结构满足一定通行时间内结构和使用功能的要求。路面设计参数包括交通量、结构参数和材料参数，进行路面结构设计必须首先了解路面设计的基本参数，本章主要介绍路面结构设计的交通参数和材料参数。
>
> **教学要求**：通过对路面结构实际通行荷载的说明，详细分析路面结构承受的交通荷载的种类、数量、标准轴载、标准轴载换算及累计标准轴载作用次数等基本概念；
> 重点讲解无机结合料稳定材料、沥青混合料、水泥混凝土材料的结构设计参数的测定及参数的建议值。

§6-1 交通荷载及其对路面的作用

路面的作用是保证车辆正常行驶，主要包括车辆的停放、行驶等。随着车辆在路面上运动状态的变化，作用在路面上的荷载也在不断变化。停放时，车辆作用在路面上的是垂直静压力；行驶时，作用在路面上的有垂直压力、水平力和振动冲击力。为了保证设计的路面结构达到预期的功能，具有良好的结构性能，首先应对行驶的汽车作分析，包括汽车轮重与轴重的大小与特性、不同车型车轴的布置、设计期限内汽车轴型的分布以及车轴通行量逐年增长的规律、汽车静态荷载与动态荷载特性比较等。

一、车辆的种类

道路上通行的汽车车辆主要分为客车与货车两大类。

客车又分为小客车、中客车与大客车。小客车自身质量与满载总质量都比较轻，但车速高，一般可达 120 km/h，有的高档小车可达 200 km/h 以上；中客车一般包括 6 个座位至 20 个座位的中型客车；大客车一般是指 20 个座位以上的大型客车，包括铰接车和双层客车，主要用于长途客运与城市公共交通。

货车又分为整车、牵引式拖车和牵引式半拖车。整车的货厢与汽车发动机为一整体；牵引式拖车的牵引车与拖车是分离的，牵引车提供动力，牵引后挂的拖车，有时可以拖挂两辆以上的拖车；牵引式半拖车的牵引车与拖车也是分离的，但是通过铰接相互连接，牵引车的后轴也担负部分货车的质量，货车厢的后部有轮轴系统，而前部通过铰接悬挂在牵引车上。货车总的发展趋向是向大吨位发展，特别是集装箱运输水陆联运业务开展之后，货车最大吨位已超过 40~50 t。

在交通调查中，一般将汽车分为八类：即大型货车、中型货车、小型货车、大型客车、小型客车、拖挂车、集装箱、大中型拖拉机。每种汽车应属于何种分类，交通部公管司提供了交通调查分类图。交通调查时，只要先熟悉每种汽车应属于何种类型，便可得出某断面昼夜混合汽车交通量。

路面结构设计与验算使用的交通量是标准轴载累计作用次数。实际计算时,对沥青路面,只将轴载大于 25 kN 的汽车计入;对水泥混凝土路面,只将单轴大于 40 kN 和双轴大于 80 kN 的汽车计入,小汽车、小型客车对标准轴载影响极小,一般忽略不计。

二、车辆的轴型

无论是客车还是货车,车身的全部重量都通过车轴和车轴上的轮子传给路面,因此,对于路面结构设计而言,更加重视汽车的轮数和轴数。

通常,整车型式的客、货车车轴分前轴和后轴。绝大部分车辆的前轴为二个单轮组成的单轴,轴载约为汽车总重量的三分之一。极少数汽车的前轴由双轴单轮组成,双前轴的载重约为汽车总重的一半。汽车的后轴有单轴、双轴和三轴三种,大部分汽车后轴由双轮组成,只有少量轻型货车由单轮组成。每一根后轴的轴载大约为前轴轴载的两倍。

由于汽车货运向大型重载方向发展,货车的总重有增加的趋势,为了满足各个国家对汽车轴限的规定,趋向于增加轴数以提高汽车总重。因此出现了各种多轴的货车。有些运输专用设备的平板拖车,采用多轴多轮,以便减轻对路面的压力。各种不同轴型的汽车如图 6-1 所示。

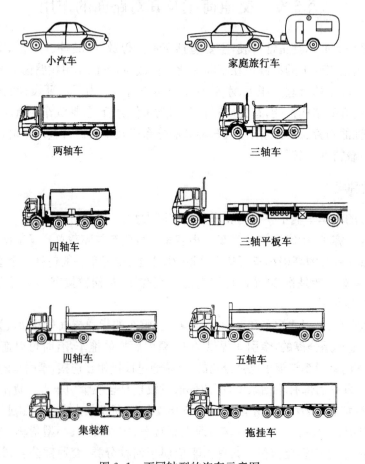

图 6-1　不同轴型的汽车示意图

第6章 交通荷载及路面设计参数

由于轴重的大小直接关系到路面结构的设计承载力与结构强度,为了统一设计标准和便于交通管理,各个国家对于轴重的最大限度均有明确的规定。据国际道路联合会1989年公布的统计数据,在141个成员国和地区中,轴限最大的为140 kN,近40%执行100 kN轴限,我国公路与城市道路路面设计规范中均以100 kN作为设计标准轴重。通常认为我国的道路车辆轴限为100 kN。

路面设计中根据交通调查9类的划分进行细化,车辆轴型根据轮组和轴组类型可分为7类(表6-1)。车辆类型根据轴型组合可分为11类(表6-2)。为了控制轴载增加对车辆行驶安全和路面的影响,道路车辆外廓尺寸、轴荷及质量限值(GB 1589)规定了车辆外廓尺寸、轴荷及质量限值(表6-3、表6-4)。表6-5给出了我国常用的汽车的路面设计参数。

表6-1 车辆轮组和轴组类型

编号	轴型说明	编号	轴型说明
1	单轴(每侧单轮胎)	5	双联轴(每侧双轮胎)
2	单轴(每侧双轮胎)	6	三联轴(每侧单轮胎)
3	双联轴(每侧单轮胎)	7	三联轴(每侧双轮胎)
4	双联轴(每侧各一单轮胎、双轮胎)		

表6-2 车辆类型分类

编号	说明	典型车型及图式		其他主要车型
1类	2轴4轮车辆	11型车		
2类	2轴6轮及以上客车	12型客车		15型客车
3类	2轴6轮整体式货车	12型货车		
4类	3轴整体式货车(非双前轴)	15型		
5类	4轴及以上整体式货车(非双前轴)	17型		
6类	双前轴整体式货车	112型 115型		117型
7类	4轴及以下半挂货车(非双前轴)	125型		122型
8类	5轴半挂货车(非双前轴)	127型 155型		
9类	6轴及以上半挂货车(非双前轴)	157型		
10类	双前轴半挂式货车	1127型		1122型 1125型 1155型 1157型
11类	全挂货车	1522型 1222型		

表6-3 汽车及挂车单轴、二轴组及三轴组的最大允许轴荷限值(kg)

类型			最大允许轴荷限值
单轴	每侧单轮胎		7 000[a]
	每侧双轮胎	非驱动轴	10 000[b]
		驱动轴	11 500
二轴组	轴距<1 000mm		11 500[c]
	轴距≥1 000mm,且<1 300mm		16 000
	轴距≥1 300mm,且<1 800mm		18 000[d]
	轴距≥1 800mm(仅挂车)		18 000
三轴组	相邻两轴之间距离≤1 300mm		21 000
	相邻两轴之间距离>1 300mm,且≤1 400mm		24 000

注:[a] 安装名义断面宽度不小于425 mm轮胎的车轴,最大允许轴荷限值为10 000 kg;驱动轴安装名义断面宽度不小于445mm轮胎,则最大允许轴荷限值为11 500 kg。
[b] 装备空气悬架时最大允许轴荷的最大限值为11 500 kg。
[c] 二轴挂车最大允许轴荷限值为11 000 kg。
[d] 汽车驱动轴为每轴每侧双轮胎且装备空气悬架时,最大允许轴荷的最大限值为19 000 kg。

表6-4 汽车、挂车及汽车列车的最大允许总质量限值(kg)

车辆类型			最大允许总质量限值
挂车	半挂车	一轴半挂车	18 000
		二轴半挂车	35 000
		三轴半挂车	40 000
	牵引杆挂车	二轴,每轴每侧为单轮胎	12 000[a]
		二轴,一轴每侧为单轮胎,另一轴每侧为双轮胎	16 000
		二轴,每轴每侧为双轮胎	20 000
	中置轴挂车	一轴	10 000
		二轴	18 000
		三轴	24 000
汽车列车		三轴	27 000
		四轴	36 000[b]
		五轴	43 000
		六轴	49 000

注:[a] 安装名义断面宽度不小于425 mm轮胎,最大允许总质量限值为18 000 kg。
[b] 驱动轴为每轴每侧双轮胎并装备空气悬架,且半挂车的两轴之间的距离大于或等于1 800 mm的铰接列车,最大允许总质量限值为37 000 kg。

第6章 交通荷载及路面设计参数

表6-5 我国常用汽车的路面设计参数

序号	汽车型号	总重力(kN)	载重力(kN)	前轴重力(kN)	后轴重力(kN)	后轴数	轮组数	轴距(cm)	出产国
1	解放 CA10B	80.25	40.00	19.40	60.85	1	双		中国
2	解放 CA15	91.35	50.00	20.97	70.38	1	双		中国
3	解放 CA30A*	99.90	46.50	26.50	2×36.70	2	双		中国
4	解放 CA30A	103.00	46.50	29.50	2×36.75	2	双		中国
5	解放 CA50	92.90	50.00	28.70	68.20	1	双		中国
6	解放 CA340	78.70	36.60	22.10	56.60	1	双		中国
7	解放 CA390	105.15	60.15	35.00	70.15	1	双		中国
8	东风 EQ140	92.90	50.00	23.70	69.20	1	双		中国
9	黄河 JN150	150.60	82.60	49.00	101.60	1	双		中国
10	黄河 JN162	174.50	100.00	59.50	115.00	1	双		中国
11	黄河 JN162A	178.50	100.00	62.28	116.22	1	双		中国
12	黄河 JN253	187.00	100.00	55.00	2×66.00	2	双		中国
13	黄河 JN360	270.00	150.00	50.00	2×110.0	2	双		中国
14	黄河 QD351	145.65	70.00	48.50	97.15	1	双		中国
15	延安 SX161	237.00	135.00	54.64	2×91.25	2	双	135.0	中国
16	长征 XD160	213.00	120.00	42.60	2×85.20	2	双		中国
17	长征 XD250	189.00	100.00	37.80	2×72.60	2	双		中国
18	长征 XD980	182.40	100.00	37.10	2×72.65	2	双	122.0	中国
19	陕汽重卡 SX3256DR3841	229.00	120.00	47.60	2×90.70	2	双	132.0	中国
20	陕汽重卡 SX3316DR456	310	153.93	50	2×130	4	双	180+457.5+140.0	中国
21	陕汽重卡 SX3256DR384	250	124.7	50	2×100	3	双	377.5+140.0	中国
22	南阳 351	146.00	70.00	48.70	97.30	1	双		中国
23	齐齐哈尔 QQ560	177.00	100.00	56.00	121.00	1	双		中国
24	太脱拉 111	186.70	102.40	38.70	2×74.00	2	双	120.0	捷克
25	太脱拉 111R	188.40	102.40	37.40	2×75.50	2	双	122.0	捷克
26	太脱拉 111S	194.40	102.40	38.50	2×78.20	2	双	122.0	捷克
27	太脱拉 138	211.40	120.00	51.40	2×80.00	2	双	132.0	捷克
28	太脱拉 130S	218.40	120.00	50.60	2×88.90	2	双	132.0	捷克
29	太脱拉 138S	225.40	120.00	45.40	2×90.00	2	双	132.0	捷克
30	吉尔 130	85.25	40.00	25.75	59.50	1	双		俄罗斯

三、静态车辆对道路的作用

汽车对道路的作用可分为停驻状态和行驶状态。当汽车处于停驻状态下,对路面的作用力为静态压力,主要是由轮胎传给路面的垂直压力 p,它的大小受下述因素的影响:

(1) 汽车轮胎的内压力 p_i;
(2) 轮胎的刚度和轮胎与路面接触的形状;
(3) 轮载的大小。

货车轮胎的标准静内压力 p_i 一般在 0.4~0.7 MPa 范围内,有时达到 1.0~1.2 MPa。通常轮胎与路面接触面上的压力 p 略小于内压力 p_i,约为 $(0.8\sim0.9)p_i$。车轮在行驶过程中,内压力会因轮胎充气温度升高而增加,因此,滚动的车轮,接触压力也有所增加,达到 $(0.9\sim1.1)p_i$。

轮胎的刚度随轮胎的新旧程度而有不同,接触面的形状和轮胎的花纹也会影响接触压力的分布,一般情况下,接触面上的压力分布很不均匀。不过在路面设计中,通常忽略上述因素的影响,而直接取内压力作为接触压力,并假定在接触面上压力呈均匀分布。

轮胎与路面的接触面形状如图 6-2 所示,它的轮廓近似于椭圆形,因其长轴与短轴的差别不大,在工程设计中以圆形接触面积来表示。将车轮荷载简化成当量的圆形均布荷载,并采用轮胎内压力作为轮胎接触压力 p。当量圆的半径 δ 可以按式(6-1)确定。

$$\delta = \sqrt{\frac{P}{\pi p}} \quad (6-1)$$

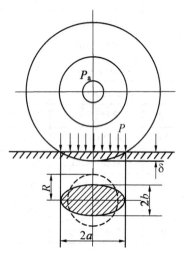

图 6-2 车轮与路面的接触面积

式中 P——作用在车轮上的荷载(kN);
p——轮胎接触压力(kPa);
δ——接触面当量圆半径(m)。

对于双轮组车轴,若每一侧的双轮用一个圆表示,称为单圆荷载;如用两个圆表示,则称为双圆荷载。

四、运动车辆对道路的作用

行驶状态的汽车除了施加给路面垂直压力之外,还给路面施加水平力。此外,由于汽车以较快的速度通过,这些动力影响还有瞬时性的特征。

汽车在道路上等速行驶,车轮受到路面给它的滚动摩阻力,路面也相应受到车轮施加于它的一个向后的水平力;汽车在上坡行驶,或者在加速行驶过程中,为了克服重力与惯性力,需要给路面施加向后的水平力,相应在下坡行驶或者在减速行驶过程中,为了克服重力与惯性力的作用,需要给路面施加向前的水平力。汽车在弯道上行驶,为了克服离心力,保持车身稳定不产生侧滑,需要给路面施加侧向水平力。特别是在汽车启动和制动过程中,施加于路面的水平力相当大。

在路面上行驶的车辆车轮在不制动时,作用在路面上的水平荷载由式(6-2)确定;车轮制动时水平荷载由式(6-3)确定。

$$f_{s1} = fP \tag{6-2}$$

$$f_{s2} = \varphi P \tag{6-3}$$

式中 f_{s1}、f_{s2}——行驶中的车辆在车轮不制动和制动情况下作用在路面上的水平荷载；
　　f——滚动摩阻系数(表6-6)；
　　φ——纵向滑移路面附着系数(表6-7)；
　　P——车辆的垂直荷载(kN)。

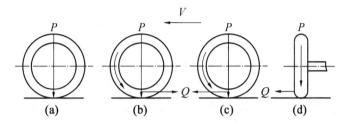

图 6-3　车轮作用于路面的垂直压力与水平力

表 6-6　滚动摩阻系数 f

表面种类	f
平整的水泥混凝土和沥青混凝土	0.01～0.02
水泥混凝土路面有裂缝和垂直位移	0.04～0.05
沥青混凝土有车辙和裂缝	0.04～0.05

表 6-7　纵向滑移路面附着系数 φ

路面状况	路面类型	车速(km/h)		
		12	32	64
干燥	碎石	—	0.60	—
	沥青混凝土	0.70～1.00	—	0.50～0.65
	水泥混凝土	0.70～0.85	—	0.60～0.80
潮湿	碎石	—	0.40	—
	沥青混凝土	0.40～0.65	—	0.10～0.50
	水泥混凝土	0.60～0.70	—	0.35～0.55

表6-7所列的 φ 值为实地测量的资料。由表列 φ 值可以看出，φ 的最大值一般不超过0.7～0.8，同路面类型和湿度以及行车速度有关，相同的路面结构类型，干燥状态的 φ 值比潮湿状态高；路面结构类型与干燥状态相同的情况下，车速越高，φ 值越小。

路面表面必须保持足够的附着系数，这是保证正常行车的重要条件。但是从路面结构本身来看，附着系数的大小直接关系结构层承受的水平荷载。在水平荷载的作用下，结构层产生复杂的应力状态，特别是面层结构，直接遭受水平荷载作用，若是抗剪强度不足，将会导致推挤、拥包、波浪、车辙等破坏现象。

汽车在道路上行驶，由于车身自身的震动和路面的不平整，其车轮实际上是以一定的频率和振幅在路面上跳动,作用在路面上的轮载时而大于静态轮载,时而小于静态轮载,呈波动状态。轮载的这种波动,可近似地看作呈正态分布,其变异系数(标准离差与轮载静载之比)主要随下述三个因素而变化:(1)行车速度。车速越高,变异系数越大。(2)路面的平整度。平整度越差,变异系数越大。(3)车辆的振动特性。轮胎的刚度低,减振装置的效果越好,变异系数越小。正常情况下,变异系数一般均小于0.3。

振动荷载的最大峰值与静载之比称为冲击系数,在较平整的路面上,行车速度不超过50 km/h时,冲击系数不超过1.30。车速增加,或路面平整性不良,则冲击系数还要增大。在设计沥青路面时,由于沥青路面的黏弹性和减震作用,以静轮载作为设计荷载,在设计水泥混凝土路面时则必须考虑车辆的冲击等综合因素。

行驶的汽车对路面施加的荷载有瞬时性,车轮通过路面上任一点,路面承受荷载的时间是很短的,大约只有0.01~0.10 s。在路面以下一定深度处,应力作用的持续时间略长一点,但仍然十分短暂。由于路面结构中应力传递通过相邻的颗粒来完成,若应力出现的时间很短,则来不及传递分布,其变形特性便不能像静载下呈现得那样完全。美国各州公路工作者协会(AASHO)试验路曾对不同车速下沥青路面和水泥混凝土路面的变形进行量测,结果表明,当行车速度由3.2 km/h提高到56 km/h时,沥青路面的总弯沉减少36%;当行车速度由3.2 km/h提高到96.7 km/h时,水泥混凝土路面的板角挠度和板边应变量减少29%左右。动荷载作用下路面变形量的减小,主要是因为材料的黏弹性因素而产生的材料阻尼作用,同时也可以理解为路面结构刚度的相对提高,或者是路面结构强度的相对增大。

汽车荷载对路面的多次重复作用也是一项重要的动态影响,在行车繁密的道路上,路面结构每天将承受上千次,甚至数万次车轮荷载的作用,在路面的整个使用期限内,承受的轮载作用次数更为可观。路面承受一次轮载作用和承受多次重复轮载作用的效果并不一样。对于弹性材料,在重复荷载作用下,呈现出材料的疲劳性质,也就是材料的强度将随荷载重复次数的增加而降低。对于弹塑性材料,如土基和柔性路面,在重复荷载作用下,将呈现出变形的逐渐增大,称为变形的累积。所以对于路面设计,不仅要重视轴重静力与动力的量值,道路通行的各类轴载的通行数量也是重要的因素。

五、车轮轮迹横向分布

随着疲劳概念在路面结构设计中的应用,路面结构在使用年限内所受到的各种轴载的累计作用次数成为荷载因素方面的设计参数之一。由于车辆轮迹仅具有一定宽度,车辆通过时只能覆盖一小部分。因此,路面横断面上各点所受到的轴载作用次数,仅为通过该断面轴载总数的一部分。对于路面横断面上某一宽度(例如轮迹宽度)范围内的频率,也即该宽度范围内所受到的车辆作用次数同通过该横断面的总作用次数的比值称为轮迹横向分布系数。这一系数同各种轴载的累计作用次数相乘,可得到路面结构横断面上各点受到的累计疲劳作用次数。

影响车轮轮迹横向分布规律的主要因素有车辆的类型、主轮轴数量、主轮轴间距及其车轮数量、轮胎宽度、路面宽度和车道宽度、交通组织管理方式、车速和司机驾驶习惯等。

通过现场观测,表明车辆在道路上行驶时,车轮的轨迹总是在横断面中心线附近一定范围内左右摆动。由于轮迹的宽度远小于车道的宽度,因而总的轴载通行次数既不会集中在横断面上某一固定位置,也不可能平均分配到每一点上,而是按一定规律分布在车道横断面上,因此,把某点通行次数与总通行次数之比称为轮迹的横向分布。图6-4所示为单向行驶时一个车道内的轮迹横向分布频率曲线,图 6-5 所示为混合行驶时双车道内轮迹横向分布频率曲线。

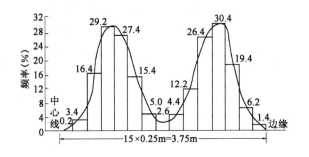
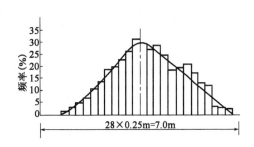

图 6-4 轮迹横向分布频率曲线(单向行驶一个车道)　　图 6-5 轮迹横向分布频率曲线(混合行驶双车道)

分布频率曲线中的直方图条带宽为 25 cm,大约接近轮迹宽度,以条带上受到的车轮作用次数除以车道上受到的作用次数作为该条带的频率。由图 6-4 可见,在单向行车的一个车道上,由于行车的渠化,频率曲线出现两个峰值,达到 30%,而车道边缘处频率很低。由图 6-5 可见,混合行驶的双车道,车辆集中在双车道中央,频率曲线出现一个峰值,约为 30%,两侧边缘频率很低。

轮迹横向分布频率曲线图形随许多因素而变化,如交通量、交通组成、车道宽度、交通管理规则等,需分别根据各种不同情况,通过实地调查,才能确定。

在路面结构设计中,用横向分布系数 η 来反映轮迹横向分布频率的影响。测试时通常取宽度为两个条带的宽度,即 50 cm,因为双轮组每个轮宽 20 cm,轮隙宽 10 cm。这时的两个条带频率之和称为轮迹横向分布系数。

如果已知分布曲线的数值特性和使用车辆的容量,便能求得车辆荷载在路面任一断面的作用次数。沥青混凝土路面称为车道系数,水泥混凝土路面称为横向分布系数。表 6-8 列出了沥青混凝土路面车道系数的建议值,表 6-9 列出了水泥混凝土路面横向分布系数的建议值。

表 6-8　沥青混凝土路面车道系数的建议值

单向车道数	1	2	3	≥4
高速公路	—	0.70～0.85	0.45～0.60	0.40～0.50
其他等级公路	1.00	0.50～0.75	0.50～0.75	—

注:交通受非机动车和行人影响严重时取低限,反之取高值。

表 6-9　水泥混凝土路面横向分布系数的建议值

公路等级	纵缝边缘处	
高速公路、一级公路、收费站	0.17～0.22	
二级及二级以下公路	行车道宽>7 m	0.34～0.39
	行车道宽≤7 m	0.54～0.62

注:车道、行车道较宽或者交通量较大时,取高值;反之,取低值。

六、轴载调查方法

路面设计的交通量调查方法与交通工程用于规划与道路可行性研究的交通量调查方法完全不同,后者主要关心某一路段或横断面的交通数量,而前者不仅要关心某一路段或横断面的交通数量,还要十分重视各类车型的轴载质量。进行车辆轴载称重的方法有多种,地磅静态称重、人工千斤顶称重、电子感应式车辆称重。人工千斤顶称重由于劳动强度大、称重精度低、称重过程不安全等因素一般不能作为常规的轴载质量称量方法。地磅静态称重要求车辆静止停放在称重设备上,因而会影响到正常的交通,只能对指定对象进行,无法保证获得数据的连续性和客观性。电子感应式车辆称重法通过事先的标定电子称重装置来测定车辆以一定速度运动时的质量,其精度与车辆运动的速度有关。

§6-2 标准轴载、轴载换算与累计标准轴载作用次数

道路上通行的车辆不仅具有不同的类型和不同的轴重,而且通行的车辆数目千变万化。路面结构设计中,要考虑设计年限内,车辆对路面的综合累计损伤作用,必须对现有的交通量、轴载组成以及增长规律进行调查和预估,并通过适当的方式将它们换算成当量标准轴载的累计作用次数。

一、交通量

在交通工程中,交通量是指在单位时间内,通过道路某一断面的交通实体数。它是一个随机变量,不同时间、不同地点的交通量都是变化的。为了准确地衡量交通量,使交通量具有可比性,必须分车种调查,确定各车种间的关系,寻求其换算系数,把不同车型的交通量换算成标准车型的交通量,即交通当量。按不同的交通类型有机动车交通量、非机动车交通量和行人交通量,一般不加说明则指机动车交通量。

各国交通量的定义各不相同,通常选取占交通量比例最大的车种作为标准车种。在美国和日本等私人小汽车发达的国家,通常以小汽车作为标准车种。对车辆的换算,一般根据各种车辆所占道路面积和行车速度的比值,确定其换算系数;也可由其通过某断面的平均车头距离的比值来确定。目前,我国的《公路工程技术标准》(JTG B01)确定道路等级时规定的标准车是小汽车或中型载重汽车,即将混合交通量换算成为以小汽车或中型载重汽车为标准的交通当量。

交通量千变万化,在表达方式上通常采用某一时间段内的平均值作为该时间段内的代表交通量。

(1) 年平均日交通量(AADT)

$$\text{AADT} = \frac{1}{365}\sum_{365}^{1} Q_i \tag{6-4}$$

式中 Q_i——各规定时间(365 d)内的日交通量(辆/d)。

(2) 初始年平均日交通量

初始年平均日交通量为通车第一年的年平均日交通量。

(3) 2 轴 6 轮及以上车辆的双向初期年平均日交通量(AADTT)

剔除 2 轴 4 轮及以下的客货运车辆交通量,得到 2 轴 6 轮及以上车辆的双向初期年平均日交通量,简称 AADTT。

(4) 设计车道年平均日货车交通量

双向初期年平均日交通量(AADTT)乘以方向系数(DDF)和车道系数(LDF),即为设计车道的年平均日货车交通量 Q_1。

$$Q_1 = \text{AADTT} \times \text{DDF} \times \text{LDF} \qquad (6-5)$$

式中 Q_1——设计车道的年平均日货车交通量;

AADTT——2 轴 6 轮及以上车辆的双向初期年平均日交通量;

DDF——方向系数,根据不同方向上实测交通量数据确定,无实测数据时可在 0.5 ~ 0.6 范围内选取;

LDF——车道系数或轮迹横向分布系数,见表 6-8 或表 6-9。

二、车型与轴载组成

不同车型具有不同的轴组与轴重,而不同轴组和轴重给路面结构带来的损伤程度也不同。对路面结构设计,除了设计期限内的累计交通量之外,另一个重要的交通因素便是某一轴载通过量占道路上各种轴载通过总量的比例,即轴载组成或轴载谱。根据实测的通过轴载次数和相应的轴重,整理成图 6-6 所示的直方图,作为该道路通行的各级轴载的典型轴载谱。由交通调查得到不同车型的组成分布,进而获取每种车型每日通行的轴载数,乘以相应的轴载谱百分率,即可推算出所有车辆各级轴载的作用次数。

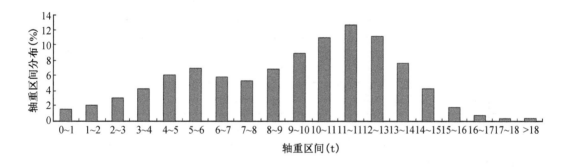

图 6-6 轴载谱

通过实地设立站点进行各类车辆的轴型调查和轴重测定,或者利用该地区或相似类型公路已有称重站的车型、轴型和轴重测定统计资料,获取设计公路的车辆类型、轴型和轴重组成数据。

(1) 沥青路面

对沥青路面,将表 6-2 中 2~11 类车统称为大型客车和货车;将某一类车型数量占 2~11 类车辆总数的百分比称为车辆类型分布系数(VCDF);并将整体货车(3~6 类车之和)和半挂货车(7~10 类车之和)占 2~11 类车辆总数的百分比称为货车类型百分比;根据货车类型百分比的相互大小关系依据表6-10确定的车辆等级类别称为TTC。

对于沥青路面,车辆类型分布系数可按三个水平确定:水平一,根据交通观测资料分析2~11类车型所占的百分比,得到车辆类型分布系数;水平二,根据交通历史数据或经验数据按照表6-10确定公路TTC分类,采用该TTC分类车辆类型分布系数当地经验值;水平三,根据交通历史数据或经验数据按表6-10确定公路TTC分类,采用表6-11规定的车辆类型分布系数。在确定轴载谱时,分别针对2~11类车辆,统计不同轴型在不同轴重区间所占的百分比,得到每类车辆不同轴型的轴重分布系数,即轴载谱。单轴单胎、单轴双胎、双联轴和三联轴应分别间隔2.5 kN、4.5 kN、9.0 kN和13.5 kN划分轴重区间。

表6-10 公路TTC分类标准

TTC分类	整体式货车比例	平挂式货车比例
TTC1	<40	>50
TTC2	<40	<50
TTC3	40~70	>20
TTC4	40~70	<20
TTC5	>70	—

注:表中整体式货车为表6-2中3~6类车,半挂式货车为表6-2中7~10类车。

表6-11 不同TTC分类的车辆类型分布系数VCDF

TTC分类	2类	3类	4类	5类	6类	7类	8类	9类	10类	11类
TTC1	6.4	15.3	1.4	0.0	11.9	3.1	16.3	20.4	25.2	0.0
TTC2	22.0	23.3	2.7	0.0	8.3	7.5	17.1	8.5	10.6	0.0
TTC3	17.7	33.1	3.4	0.0	12.5	4.4	9.1	10.6	8.5	0.7
TTC4	28.8	43.9	5.5	0.0	9.4	2.0	4.6	3.4	2.3	0.1
TTC5	10.0	42.3	14.8	0.0	22.7	2.0	2.3	3.2	2.5	0.2

(2)水泥混凝土路面

对于水泥混凝土路面,重点是获得单轴轴载谱,可采用以轴型为基础和以车辆类型为基础两种方法获得单轴轴载谱。以轴型进行称重和统计时,随机统计3 000辆2轴6轮及以上车辆中单轴、双联轴和三联轴等不同轴型出现的单轴次数,并分别称取其单轴轴重,可按单轴轴重级位统计整理后得到轴载谱。以车辆类型为基础进行各种轴型的轴载称重和统计时,可将2轴6轮及以上车辆分为整车、半挂和多挂3大类,调查获取车辆类型组成比例,每类车再按轴数细分,分别按车型称重后得到单轴轴载谱。

三、标准轴载

道路路面设计所用的交通量与交通工程中的交通量有很大的区别,交通工程中将混合交通量换算成为以小汽车或中型载重汽车为标准的交通当量。而路面结构设计中一般选用一种轴载作为路面结构设计的标准轴载,其他各种轴载按照一定的原则换算成标准轴载。而标准轴载一般要求对路面的影响较大、同时又能反映本国公路运输运营车辆的总体轴载水平。

我国根据公路运输运营车辆的实际,规定公路与城市道路路面设计以 100 kN 作为设计标准轴载。其他国家的设计标准轴载相应为美国 18 kip(80.1 kN——单轴)(1 kN=224.809 lbf)、32 kip(142.34 kN——双轴);德国 110 kN;印尼 50 kN;黎巴嫩 140 kN;联合国 141 个成员国的比例如下:小于 100 kN 占 67.36%、101 kN～110 kN 占 11.56%、111 kN～120 kN 占 5.44%、大于 121 kN 占 15.64%。

轴重的大小直接关系到路面结构的设计承载力与结构强度,标准轴载问题涉及运输经济和路面结构经济性两个方面。国外目前有货车重型化、载客汽车小型化的趋势,使公路运输承受的轴载增加,对路面的损坏问题同样日趋严重。在中国,由于市场经济的逐步建立,公路货运的经济性为货运部门主要考虑的因素,重轴载车辆的比例愈来愈大。路面结构的早期破坏与超出规定的重轴载车辆有很大的关系,因此,必须加强管理,尽可能限制超出规定的重轴载车辆的运行。

车辆超载和超限是两个不同的概念。超载运输是指车辆所装载的货物(或人员)超过车辆额定的载货质量(或人员数)。公路超限运输是指在公路上行驶的车辆、工程机械,其总质量、轴载质量、外形尺寸三者之一超过法定的限值标准。其中总质量和轴载质量是直接关系到对道路结构破坏的因素。

超载但不超限的车辆对路面的使用寿命有一定的影响,超载且超限的车辆对路面的使用寿命有很大的影响,有的甚至超过路面或桥梁结构的极限承载力,使路面结构出现结构性破坏、使桥梁结构出现整体破坏,产生严重的安全事故。对超载超限问题,公路设计技术人员十分重视,在业内人士的共同努力下,目前中国交通部已经颁布并实施了公路超限运输管理方面的条例。

四、轴载换算基本原则

不同轴载在同一路面结构上重复作用不同次数后,可使结构层永久变形量或疲劳破坏达到相同极限状态。因此,在一定轴载范围内,不同轴载对路面的作用效果可以互相换算。在进行换算时,应该遵循两项原则:第一,换算以达到相同临界状态为标准;第二,对某一种交通组成,不论以哪种轴载标准进行换算,由换算所得轴载作用次数计算的路面厚度相同。我国现行沥青路面设计方法中采用沥青混合料层疲劳寿命、无机结合料稳定层疲劳寿命、沥青混合料层永久变形和路基永久变形为主要设计标准,因此,轴载换算时考虑了沥青混合料层层底拉应变、无机结合料稳定层层底拉应力、沥青混合料层永久变形量和路基顶面竖向压应变为指标的轴载换算方法。我国现行水泥混凝土路面设计方法中则采用水泥混凝土面板底面的弯拉应力为指标进行轴载换算。

五、沥青路面的轴载换算方法

采用本章第 1 节交通数据调查方法,获得交通量及其增长率、方向系数、车道系数、车辆类型组成、轴型组成和轴重等。各类车辆当量设计轴载换算系数可以按三个水平确定,高速公路和一级公路的改建设计应采用水平一,其他情况可采用水平二或水平三。

1. 水平一

采用称重设备连续采集设计车道上车辆类型、轴型组成和轴重数据,按下列步骤分析各类车辆当量换算系数。

(1) 分别统计 2 类～11 类车辆单轴单胎、单轴双胎、双联轴和三联轴的数量,除以各类车辆总量,按式(6-6)计算各类车辆中不同轴型平均轴数。

$$\text{NAPT}_{mi} = \frac{\text{NA}_{mi}}{\text{NT}_m} \quad (6\text{-}6)$$

式中 NAPT_{mi}——m 类车辆中 i 种轴型的平均轴数;
NA_{mi}——m 类车辆中 i 种轴型总数;
NT_m——m 类车辆总数;
i—— 分别为单轴单胎、单轴双胎、双联轴和三联轴;
m—— 表 6-2 所列 2 类 ～ 11 类车。

(2) 按式(6-6)计算 2 类～11 类车辆不同轴型在不同轴重区间所占的百分比,得到不同轴型的轴重分布系数,即轴载谱。确定轴载谱时,单轴单胎、单轴双胎、双联轴和三联轴应分别间隔 2.5 kN、4.5 kN、9.0 kN 和 13.5 kN 划分轴重区间。

$$\text{ALDF}_{mij} = \frac{\text{ND}_{mij}}{\text{NA}_{mi}} \quad (6\text{-}7)$$

式中 ALDF_{mij}——m 类车辆中 i 种轴型在 j 级轴重区间的轴重分布系数;
ND_{mij}——m 类车辆中 i 种轴型在 j 级轴重区间的数量;
NA_{mi}——m 类车辆中 i 种轴型的数量。

(3) 按式(6-7)计算 2 类～ 11 类车辆各种轴型在不同轴重区间的当量设计轴载换算系数,计算时取各轴重区间中点值作为该轴重区间代表轴重。按式(6-8)计算各类车辆当量设计轴载换算系数。

$$\text{EALF}_{mij} = c_1 c_2 \left(\frac{P_{mij}}{P_s}\right)^b \quad (6\text{-}8)$$

式中 P_s——设计轴载(kN);
P_{mij}——m 类车辆中 i 种轴型在 j 级轴重区间的单轴轴载(kN),对双联轴和三联轴,为平均分配到每根单轴的轴载;
b——换算系数,以沥青混合料层层底拉应变为设计指标分析沥青混合料层疲劳和以沥青混合料永久变形量为设计指标分析沥青混合料层永久变形时,$b = 4$;以路基顶面压应变为设计指标分析路基永久变形时,$b = 5$;以无机结合料稳定层层底拉应力为设计指标分析无机结合料稳定层疲劳时,$b = 13$;
c_1——轴组系数,前后轴间距大于 3 m 时,分别按单个轴计算,$c_1 = 1$;轴间距小于 3 m 时,按表 6-12 取值;
c_2——轮组系数,双轮组为 1.0,单轮时取 4.5。

第6章 交通荷载及路面设计参数

表 6-12 轴组系数取值

设计指标	轮-轴型	c_1 取值
沥青混合料层层底拉应变、沥青混合料层永久变形量	双联轴	2.1
	三联轴	3.2
路基顶面竖向压应变	双联轴	4.2
	三联轴	8.7
无机结合料稳定层层底拉应力	双联轴	2.6
	三联轴	3.8

$$\text{EALF}_m = \sum_i \left[\text{NAPT}_{mi} \sum_j (\text{EALF}_{mij} \times \text{ALDF}_{mij}) \right] \quad (6\text{-}9)$$

式中 EALF_m——m 类车辆的当量设计轴载换算系数;

NAPT_{mi}——m 类车辆中 i 种轴型的平均轴数;

ALDF_{mij}——m 类车辆中 i 种轴型在 j 级轴重区间的轴重分布系数;

EALF_{mij}——m 类车辆中 i 种轴型在 j 级轴重区间当量设计轴载换算系数,根据式(6-8)计算确定。

2. 水平二和水平三

按式(6-10)确定各类车辆的当量设计轴载换算系数,式(6-10)中非满载车和满载车的比例和当量设计轴载换算系数,水平二时取当地经验值,水平三时取表 6-13 和表 6-14 所列全国经验值。

$$\text{EALF}_m = \text{EALF}_{ml} \times \text{PER}_{ml} + \text{EALF}_{mh} \times \text{PER}_{mh} \quad (6\text{-}10)$$

式中 EALF_{ml}——m 类车辆中非满载车的当量设计轴载换算系数;

EALF_{mh}——m 类车辆中满载车的当量设计轴载换算系数;

PER_{ml}——m 类车辆中非满载车所占的百分比;

PER_{mh}——m 类车辆中满载车所占的百分比。

表 6-13 2 类～11 类车辆非满载车与满载车比例

车型	非满载车比例	满载车比例
2 类	0.80～0.90	0.10～0.20
3 类	0.85～0.95	0.05～0.15
4 类	0.60～0.70	0.30～0.40
5 类	0.70～0.80	0.20～0.30
6 类	0.50～0.60	0.40～0.50
7 类	0.65～0.75	0.25～0.35
8 类	0.40～0.50	0.50～0.60
9 类	0.55～0.65	0.35～0.45
10 类	0.50～0.60	0.40～0.50
11 类	0.60～0.70	0.30～0.40

表 6-14　2 类～11 类车辆当量设计轴载换算系数

车型	沥青混合料层层底拉应变、沥青混合料层永久变形量		无机结合料稳定层层底拉应力		路基顶面竖向压应变	
	非满载车	满载车	非满载车	满载车	非满载车	满载车
2 类	0.8	2.8	0.5	35.5	0.6	2.9
3 类	0.4	4.1	1.3	314.2	0.4	5.6
4 类	0.7	4.2	0.3	137.6	0.9	8.8
5 类	0.6	6.3	0.6	72.9	0.7	12.4
6 类	1.3	7.9	10.2	1 505.7	1.6	17.1
7 类	1.4	6.0	7.8	553.0	1.9	11.7
8 类	1.4	6.7	16.4	713.5	1.8	12.5
9 类	1.5	5.1	0.7	204.3	2.8	12.5
10 类	2.4	7.0	37.8	426.8	3.7	13.3
11 类	1.5	12.1	2.5	985.4	1.6	20.8

3. 当量设计轴载累计作用次数

根据前述确定的车辆当量设计轴载换算系数,结合交通量调查数据,按式(6-11)确定初始年设计车道日平均当量轴次 N_1。

$$N_1 = \text{AADTT} \times \text{DDF} \times \text{LDF} \times \sum_{m=2}^{11}(\text{VCDF}_m \times \text{EALF}_m) \tag{6-11}$$

式中　AADTT——2 轴 6 轮及以上车辆的双向年平均日交通量(辆/d);
　　　DDF——方向系数;
　　　LDF——车道系数,见表 6-8;
　　　m——车辆类型编号,见表 6-2;
　　　VCDF_m——m 类车辆类型分布系数;
　　　EALF_m——m 类车辆的当量设计轴载换算系数。

根据初始年设计车道日平均当量轴次 N_1、设计使用年限等,按式(6-12)计算设计车道上的当量设计轴载累计作用次数 N_e。

$$N_e = \frac{[(1+\gamma)^t - 1] \times 365}{\gamma} N_1 \tag{6-12}$$

式中　N_e——设计使用年限内设计车道上的当量设计轴载作用次数(次);
　　　t——设计使用年限(a);
　　　γ——设计使用年限内交通量的年平均增长率;
　　　N_1——初始年设计车道日平均当量轴次(次/d)。

六、水泥混凝土路面的轴载换算方法

水泥混凝土路面结构设计也以 100 kN 的单轴-双轮组荷载作为标准设计轴载,并以水泥混凝土面板底面的弯拉应力为指标进行轴载换算。

第6章 交通荷载及路面设计参数

1. 以轴型为基础的换算方法

各类车辆按轴型称重和统计时,可采用以轴型为基础的轴载当量换算系数法计算分析设计车道使用初期的设计轴载日作用次数。随机统计3 000辆2轴6轮及以上车辆中单轴、双联轴和三联轴等不同轴型出现的单轴次数,并分别称取其单轴轴重。可按单轴轴重级位统计整理后得到轴载谱,并按式(6-13)计算确定不同轴重级位的设计轴载当量换算系数。

$$k_{p,i} = \left(\frac{P_i}{P_s}\right)^{16} \tag{6-13}$$

式中 $k_{p,i}$——不同单轴轴重级位 i 的设计轴载当量换算系数;
P_i——单轴,单轮、单轴双轮组、双轴双轮组或三轴双轮组轴型中单轴级位 i 的轴重(kN);
P_s——设计轴载的轴重(kN)。

依据单轴轴载谱和相应的设计轴载当量换算系数,可按式(6-14)计算得到设计车道使用初期的设计轴载日作用次数。

$$N_s = ADTT \frac{n}{3\ 000} \sum_i (k_{p,i} \cdot p_i) \tag{6-14}$$

式中 N_s——设计车道的设计轴载日作用次数[轴次/(车道·d)];
ADTT——设计车道的年平均日货车交通量[辆/(车道·d)];
n——随机调查3 000辆2轴6轮及以上车辆中出现的单轴总轴数;
p_i——单轴轴重级位 i 的频率(以分数计)。

2. 以车辆类型为基础的换算方法

以车辆类型为基础进行各种轴型的轴载称重和统计时,可采用车辆当量轴载系数法计算分析设计车道使用初期的设计轴载日作用次数。

可将2轴6轮及以上车辆分为整车、半挂和多挂3大类,每类车再按轴数细分,分别按车型称重后得到单轴轴载谱。可由式(6-13)和式(6-15)计算得到各类车辆的设计轴载当量换算系数。

$$k_{p,k} = \sum_i k_{p,i} \cdot p_i \tag{6-15}$$

式中 $k_{p,k}$——k 类车辆的设计轴载当量换算系数;
p_i——k 类车辆单轴轴重级位 i 的频率(以分数计)。

依据调查所得的车辆类型组成数据,可按式(6-16)计算确定设计车道使用初期的设计轴载日作用次数。

$$N_s = ADTT \sum_k (k_{p,k} \cdot p_k) \tag{6-16}$$

式中 p_k——k 类车辆的组成比例(以分数计)。

3. 当量设计轴载累计作用次数

设计基准期内水泥混凝土路面设计车道临界荷位处所承受的设计轴载累计作用次数,可按照式(6-17)计算确定。

$$N_e = \frac{N_s \cdot [(1+g_r)^t - 1] \times 365}{g_r} \cdot \eta \qquad (6-17)$$

式中 N_e——设计基准期内设计车道所承受的设计轴载累计作用次数(次);
t——设计基准期(a);
g_r——基准期内货车交通量的年平均增长率(以分数计);
η——临界荷位处的车辆轮迹横向分布系数,按表6-9选用。

七、交通荷载分级

由于不同等级的道路承受不同的交通荷载作用,为了判别道路承受荷载的轻重,《公路沥青路面设计规范》(JTG D50)和《公路水泥混凝土路面设计规范》(JTG D40)分别进行了交通荷载等级的划分。

1. 沥青路面荷载等级划分

沥青路面结构设计采用多项设计指标,不同设计指标分别采用不同的轴载换算参数,从而对应不同的当量设计轴载累计作用次数。如采用当量设计轴载累计作用次数划分交通荷载等级,需针对各设计指标分别提出划分标准,应用不便。此外,不同等级公路设计使用年限不同,日平均交通量无法反映设计使用年限内累计交通量。因此,沥青路面以设计使用年限内累计大型客车和货车交通量之和划分交通荷载等级,如表6-15所示。

表6-15 沥青路面设计交通荷载分级

设计交通荷载等级	极重	特重	重	中等	轻
设计使用年限内设计车道累计大型客车和货车交通量($\times 10^6$辆)	≥50.0	50.0~19.0	19.0~8.0	8.0~4.0	<4.0

注:大型客车和货车为表6-2中所列2类~11类车。

2. 水泥混凝土路面荷载等级划分

水泥混凝土路面设计车道在设计基准期内所承受的交通荷载作用,按设计基准期内设计车道临界荷位处所承受的设计轴载累计作用次数分为5级(表6-16)。

表6-16 水泥混凝土路面交通荷载分级

交通荷载等级	极重	特重	重	中等	轻
设计基准期内设计车道临界荷位承受设计轴载(100 kN)累计作用次数 N_e($\times 10^4$)	>1$\times 10^6$	1$\times 10^6$~2 000	2 000~100	100~3	<3

§6-3 路面材料的设计参数

路面结构由不同的材料逐层铺筑而成,不同的材料有不同的力学强度特性和相应的结构设计参数。路面力学计算理论一般建立在弹性力学基础上,除结构参数外,路面结构的材料参数包括模量和泊松比。泊松比一般比较稳定,在路面设计时一般对特定的材料选用一定的泊松比,如土基和无黏结材料的泊松比取0.35、无机结合料稳定材料的泊松比取0.25、沥青混凝土材料的泊松比取0.25、水泥混凝土材料的泊松比取0.15等。路面结构材料的模量值是表征材料刚度特性的指标,常用的测试方法有单轴压缩试验、直接劈裂试验、弯拉试验等。由于路面结构材料的非线性特性,路面结构模量根据计入变形的不同分为形变模量和回弹模量,形变模量中的变形包括回弹变形和塑性变形,回弹模量中的变形仅考虑材料的回弹变形。设计方法中采用何种模量值,应考虑下列因素:① 测试方法简便,测试结果比较稳定;② 测得的模量值和强度值能较好地反映各种路面材料的真实力学特性;③ 模量值和强度运用于厚度计算中,材料设计参数与设计方法相匹配,计算厚度与实际使用经验相吻合。

一、无机结合料稳定类材料

1. 无机结合料稳定类材料的力学强度特征

无机结合料稳定路面具有稳定性好、抗冻性能好、结构本身自成板体等特点,但其耐磨性差。因此主要用于修筑路面结构的基层和底基层。无机结合料稳定材料主要有以下特点:

(1) 具有一定的抗拉强度,各种材料的抗拉强度有明显的不同,且各种材料的抗拉强度与时间有关。

(2) 环境温度对无机结合料稳定材料强度有很大的影响。

(3) 强度和刚度都随龄期增长。

(4) 刚度较柔性路面大,但比刚性路面小。

(5) 承载能力和分布荷载能力大于柔性材料。

(6) 容易产生收缩裂缝。

2. 无机结合料稳定材料的无侧限抗压强度试验

《公路无机结合料稳定材料试验规程》(JTG E51)无侧限抗压强度试验(T0805)(包括稳定细粒土、中粒土和粗粒土)是按照预定干密度和压实度用静力压实法制备试件、试件高:直径=1:1的圆柱体,养生时间为 7 d(整个养生期间的温度应保持20 ℃±2 ℃,养生期的最后一天,将试件浸泡在水中,水的深度应使水面在试件顶上约 2.5 cm)、侧向没有围压时的单轴抗压强度。

适用于下列不同土的试模尺寸为:

细粒土(最大粒径不超过 10 mm):试模的直径×高=50 mm×50 mm;

中粒土(最大粒径不超过 25 mm):试模的直径×高=100 mm×100 mm;

粗粒土(最大粒径不超过 40 mm):试模的直径×高=150 mm×150 mm。

试件的无侧限抗压强度 R_c 用下列相应的公式计算:

对于小试件: $\qquad R_c = P/A = 0.000\,51P \quad \text{(MPa)}$

对于中试件: $\qquad R_c = P/A = 0.000\,127P \quad \text{(MPa)}$ (6-18)

对于大试件: $\qquad R_c = P/A = 0.000\,057P \quad \text{(MPa)}$

式中 P——试件破坏时的最大压力(N);

A——试件的截面积 $\left(\dfrac{\pi D^2}{4}, D\text{——试件的直径(mm)}\right)$。

对于同一无机结合料剂量的混合料,需要制相同状态的试件数量(即平行试验的数量)与土类及操作的仔细程度有关。对于无机结合料稳定细粒土,至少应该制 6 个试件;对于无机结合料稳定中粒土和粗粒土,至少分别应该制 9 个和 13 个试件。

3. 无机结合料稳定类材料的弯拉强度

《公路无机结合料稳定类材料试验规程》(JTG E51)材料的弯拉强度试验(T0851)采用压力

机或万能试验机对梁式试件进行三分点加压测定。根据混合料粒径的大小,选择不同尺寸的试件:细粒土选用 50 mm×50 mm×200 mm 的小梁;中粒土选用 100 mm×100 mm×400 mm 的中梁;粗粒土选用 150 mm×150 mm×550 mm 的大梁。为保证试验结果的可靠性和准确性,每组试件的试验数目要求为:小梁试件不少于 6 根;中梁不少于 12 根;大梁不少于 15 根。按照《公路工程无机结合料稳定材料试验规程》(JTG E51)中的标准养生方法进行养生,养生时间视需要而定,水泥稳定类、水泥粉煤灰稳定类材料的养生龄期为 90 d,石灰稳定类、石灰粉煤灰稳定类材料的养生龄期为 180 d。整个养生期间的温度应保持为20℃±2℃,养生期的最后一天,将试件浸泡在水中,水的深度应使水面在试件顶上约 2.5 cm。

根据试验要求,在梁跨中安放位移传感器,测量破坏极限荷载时的跨中位移。对试件进行均匀、连续加载,加载速率为 50 mm/min,直至试件破坏。记录破坏极限荷载 $P(N)$ 或测力计读数,按式(6-19)计算弯拉强度。

$$R_s = \frac{PL}{b^2 h} \tag{6-19}$$

式中 R_s——弯拉强度(MPa);
P——破坏极限荷载(N);
L——跨距,也就是两支点间的距离(mm);
b——试件宽度(mm);
h——试件高度(mm)。

4. 无机结合料稳定类材料单轴压缩模量

《公路无机结合料稳定材料试验规程》(JTG E5)单轴压缩模量试验(T0808)采用 3 种试件规格:直径×高度=100 mm×150 mm,或直径×高度=150 mm×150 mm,或直径×高度=150 mm×300 mm,并应对试件进行标准养生或快速养生。根据现行《公路工程无机结合料稳定材料试验规程》(JTG E51)的成型方法成型用于测试的圆柱体试件,也可以从成型梁式试件或路面现场钻取试件。试件应形状规则、侧面光滑平整。采用切割机切除试件两端,应保证试件高度为 150 mm±2.5 mm 或 300 mm±2.5 mm。端面沿直径方向沟纹允许高差控制为±0.05 mm,试件上下端面与试件轴向应垂直,允许偏差为±1°,否则应舍弃该试件。对无机结合料稳定土和无机结合料稳定公称最大粒径不大于 26.5 mm 的粒料,试件不应少于 9 个;对无机结合料稳定公称最大粒径大于 26.5 mm 的粒料,试件不应少于 15 个。

试件上下两个端面应采用水泥净浆彻底抹平。将试件直立在桌面上,在上端面薄涂一层早强水泥净浆后,再在表面撒少量粒径为0.25~0.5 mm 的细砂,并用直径大于试件的平面圆形钢板放在顶面,加压旋转圆钢板,使顶面齐平,边旋转边平移并迅速取下钢板。当净浆黏附于钢板上时,应重新用净浆抹平,并重复上述步骤。一个端面整平后,放置 4 h 以上,按同样方法整平另一端面。整平后试件尺寸应满足前述规格要求。

试件应浸水 24 h,取出后擦干表面水称量,试件养生后与成型时的质量相差不应大于2%,否则试件失效。试件从搬出养生室到试验完成的时间间隔应尽量短。将加载板分别置于试件的顶面和底面,顶面加载板放置前,在试件顶面撒少量粒径为0.25~0.50 mm 的细砂,加载板放置后边按压边旋转,应用砂填补试件表面不平整处,并使多余的砂流出。将试件放置在加载板上对应加载板中心位置,使试件中心与加载架中心对齐。压力机以 1 mm/min 的加载速度连续均匀施加荷载,直至试件破坏。轴向变形 Δl 采用位移传感器从试件侧面量取,试件应变 ε 应取3个位移传感器测得的试件变形量平均值计算。试验过程中记录荷载-应变曲线,如图6-7所示。当荷载-应变曲线起点不在0点位置或曲线起始有轻微振荡时,应修正曲线起点确保$(\varepsilon_3,0.3F_r)$点与修正后的$(0,0)$点连线在曲线上为直线。

根据荷载-应变曲线得到最大荷载F_r和对应0.3倍最大荷载时的压应变ε_3,按式(6-20)计算弹性模量。

$$E = \frac{1.2F_r}{\pi \cdot D^2 \cdot \varepsilon_3} \quad (6-20)$$

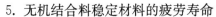

图6-7 荷载-应变曲线

式中 E——弹性模量(MPa);

F_r——最大荷载(N);

D——试件直径(mm);

ε_3——加载达到$0.3F_r$时的试件纵向应变,$\varepsilon_3 = \Delta l / L$。

5. 无机结合料稳定材料的疲劳寿命

疲劳现象是指循环加载下的路面材料,在某点或某些点产生局部损伤,于一定循环次数后形成裂纹,并进一步扩展直到完全断裂的现象。疲劳破坏是指材料在低于其强度极限的循环加载作用下,发生破坏的现象。疲劳强度或疲劳应变是指材料在多次循环加载作用下出现疲劳破坏所对应的应力或应变。疲劳寿命是指材料在疲劳破坏时所作用的应力(应变)循环次数。疲劳极限是指当重复荷载作用次数(疲劳寿命)为无限大时的最大应力(应变)值。疲劳曲线是将重复应力σ_r与一次加载破坏的极限应力比值(称为应力比)或重复应变ε_r作为纵坐标,绘制出σ_r/σ_f或ε_r与重复作用次数N_f的关系曲线。

《公路无机结合料稳定材料试验规程》(JTG E51)的疲劳试验(T0856)采用梁式试件确定其疲劳性能。

根据无机结合料稳定材料的类型选择梁式试件的尺寸,细粒土选用50 mm×50 mm×200 mm的小梁;中粒土选用100 mm×100 mm×400 mm的中梁;粗粒土选用150 mm×150 mm×550 mm的大梁。试件个数和养生条件与无侧限抗压回弹模量的要求相同。

采用三分点施加Haversine半正矢波动态周期性荷载的方式进行疲劳试验,如图6-8所示。

首先在同一批梁中选择规定数量的梁式试件进行弯拉强度试验,确定其弯拉强度

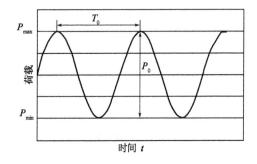

图6-8 疲劳试验荷载波形示意图

P_{max}-最大荷载(N);P_{min}-最小荷载(N),$P_{min} = 0.02P_{max}$;P_0-荷载振幅(N),$P_0 = P_{max} - P_{min}$;T_0-荷载周期,$T_0 = 1/f$,f为荷载频率,标准频率为10 Hz

S。然后根据疲劳试验要求确定 4~6 个应力比($K=\sigma/S$,无机结合料范围为 0.5~0.85),施加 0.2 倍应力强度比水平的荷载预压 2 min,接着施加频率为 10 Hz 的连续 Haversine 荷载,记录每个试件断裂时的疲劳作用次数。计算每批试件同一应力比、不同保证率的疲劳寿命,按照 $\lg N = a + b\lg(\sigma/S)$ 得到不同保证率的疲劳方程。

6. 无机结合料稳定类材料的设计参数

无机结合料稳定类材料用于高速公路、一级公路的基层时,公称最大粒径不宜超过 31.5 mm;用于高速公路和一级公路的底基层或二级及二级以下公路的基层时,公称最大粒径不宜大于 37.5 mm;用于二级及二级以下公路的底基层时,公称最大粒径不宜大于 53.0 mm;水泥稳定类材料水泥剂量宜为 3.0%~6.0%;贫混凝土集料公称最大粒径不宜大于 31.5 mm,水泥用量不得少于 170 kg/m³,28 d 弯拉强度标准值宜控制在 2.0~2.5 MPa 范围内。

无机结合料稳定类材料的主要材料设计参数为 7 d 无侧限抗压强度,其强度标准如表 6-17 所示。冻土地区高速公路和一级公路的石灰粉煤灰稳定类基层,还应按《公路工程无机结合料稳定材料试验规程》(JTG E51) 中 T 0858 的有关规定进行材料抗冻性能检验,并满足表 6-18 的技术要求。

表 6-17　无机结合料稳定类材料 7 d 无侧限抗压强度标准(代表值)(MPa)

材料	结构层	公路等级	极重、特重交通	重交通	中等、轻交通
水泥稳定类	基层	高速公路、一级公路	5.0~7.0	4.0~6.0	3.0~5.0
		二级及二级以下公路	4.0~6.0	3.0~5.0	2.0~4.0
	底基层	高速公路、一级公路	3.0~5.0	2.5~4.5	2.0~4.0
		二级及二级以下公路	2.5~4.5	2.0~4.0	1.0~3.0
水泥粉煤灰稳定类	基层	高速公路、一级公路	4.0~5.0	3.5~4.5	3.0~4.0
		二级及二级以下公路	3.5~4.5	3.0~4.0	2.5~3.5
	底基层	高速公路、一级公路	2.5~3.5	2.0~3.0	1.5~2.5
		二级及二级以下公路	2.0~3.0	1.5~2.5	1.0~2.0
石灰粉煤灰稳定类	基层	高速公路、一级公路	≥1.1	≥1.0	≥0.9
		二级及二级以下公路	≥0.9	≥0.8	≥0.7
	底基层	高速公路、一级公路	≥0.8	≥0.7	≥0.6
		二级及二级以下公路	≥0.7	≥0.6	≥0.5
石灰稳定类	基层	二级及二级以下公路			≥0.8①
	底基层	高速公路、一级公路			≥0.8
		二级及二级以下公路			0.5~0.7②

注:① 在低塑性土(塑性指数小于 7)地区,石灰稳定砂砾和碎石的7d龄期无侧限抗压强度应大于 0.5 MPa(100 g平衡锥测液限)。
② 低限用于塑性指数小于 7 的黏土,高限用于塑性指数大于或等于 7 的黏土。

第6章 交通荷载及路面设计参数

表6-18 石灰粉煤灰稳定类材料抗冻性能技术要求

气候区	重冻区	中冻区
残留抗压强度比(%)	≥70	≥65

无机结合料稳定类材料的主要结构设计参数为弯拉强度和弹性模量,结构验算时应依据相应的水平确定:水平一,采用前述的弯拉强度试验以及侧面法单轴压缩试验测定,测试时水泥稳定类、水泥粉煤灰稳定类材料试件的龄期应为90 d,石灰稳定类、石灰粉煤灰稳定类材料试件的龄期应为180 d,弯拉强度和弹性模量取用测试数据的平均值;水平三,参照表6-19确定弯拉强度和弹性模量。

表6-19 无机结合料稳定类材料的弯拉强度和弹性模量取值范围(MPa)

材料	弯拉强度	弹性模量	修正后弹性模量
水泥稳定粒料、水泥粉煤灰稳定粒料、石灰粉煤灰稳定粒料	1.5~2.0	18 000~28 000	9 000~14 000
	0.9~1.5	14 000~20 000	7 000~10 000
水泥稳定土、水泥粉煤灰稳定土、石灰粉煤灰稳定土	0.6~1.0	5 000~7 000	2 500~3 500
石灰土	0.3~0.7	3 000~5 000	1 500~2 500

注:结合料用量高、材料性能好、级配好或压实度大时取高值,反之取低值。

交通运输部西部交通建设科技项目"基于多指标的沥青路面结构设计方法研究"课题对比了无机结合料稳定类材料室内测试的弹性模量和采用落锤式弯沉仪FWD弯沉盆反算的结构层模量,前者约为后者的2倍,故引入模量调整系数,将室内弹性模量调整为路面结构层模量。因此,结构验算时,无机结合料稳定类材料弹性模量应乘以结构层模量调整系数0.5。

7. 国外无机结合料稳定材料的设计参数
(1) 澳大利亚无机结合料稳定材料的设计参数和疲劳标准

澳大利亚无机结合料稳定材料的设计模量采用动弹性模量,其值用表6-20来估算。

表6-20 无机结合料稳定材料弹性参数参考值

材料种类	无机结合料稳定材料			
特性	素混凝土	基层结合料含量4%~5%	稳定碎石结合料含量2%~4%	底基层用天然砾石结合料含量4%~5%
模量范围(MPa)	5 000~15 000	3 000~8 000	2 000~5 000	1 500~3 000
典型模量(MPa)	7 000 或 10 000	5 000	3 500	2 000
泊松比典型值	0.25	0.25	0.25	0.25

注:尽管表中疲劳数据数值来源于水泥稳定粒料,但仍可用于结合料如石灰、石灰粉煤灰等。

无机结合料稳定材料的疲劳寿命的预估方程如式(6-21)。

$$N = \left[\frac{(113\,000/E^{0.804} + 191)}{\mu\varepsilon}\right]^{12} \tag{6-21}$$

式中 N——重复加载次数;

$\mu\varepsilon$——荷载产生拉应变;

E——无机结合料稳定材料模量。

这个方程适用于无机结合料稳定材料模量介于 2 000~10 000 MPa 之间的情况。

(2) Shell 设计方法的参数取值

Shell 设计方法对无机结合料稳定材料的疲劳方程也由室内疲劳试验确定,其与材料类型、组成、水泥剂量及龄期有关。经大量试验和数据整理后,水泥稳定砾石类基层的容许拉应力 $[\sigma_r]$ 可以式(6-22)表示:

$$\sigma_r = \sigma_s(1 - 0.075 \lg N) \tag{6-22}$$

式中 σ_s——一次荷载下的极限弯拉强度(MPa)。

水泥稳定类材料用小梁动态弯拉试验确定其模量值。一般水泥稳定砂砾动态模量为 $5 \times 10^4 \sim 10^5$ MPa,经检验其与波传播法测定结果一致。

二、沥青结合料类材料

沥青结合料类材料是由沥青胶结料和集料胶结在一起组成的路面材料,胶结料可以是普通沥青,也可以是改性沥青,一般也称为沥青混合料。在沥青的胶结力作用下,矿质集料的骨架作用使沥青混合料具有强度和稳定性。同样,由于沥青混合料是由沥青和集料组成的混合料,所以,其沥青混合料的特性取决于沥青和集料各自的特性和混合在一起的特性。沥青混合料是一种性能极其复杂的建筑材料,主要是因为:(1) 沥青是一种成分十分复杂的高分子有机材料,与矿质混合料仅有极弱的结合能力而且随不同油源及炼制工艺其性能变化很大;(2) 由于组成混合料的配比及混合料的生产工艺与施工方法差异,沥青混合料的性质的试验结果的差异性较大;(3) 沥青混合料的性能受加载时间、温度的影响较大,沥青混合料性能的条件性很强,其性能指标与试验设备、试验条件、试验方法的关系极大,不同单位的实验室、试验人员的试验结果的可比性较差。

沥青混合料以黏弹性为基本的力学特征,其取决于材料的组成和组成材料的基本性能,主要表现为以下三方面:(1) 沥青混合料的力学性能与其压实度有关,随着压实度的增加,材料愈致密,它的强度与刚度愈大;(2) 沥青混合料的力学性能与三轴试验的围压 σ_3 有关,材料的强度随围压 σ_3 的增加而增加;(3) 沥青混合料的矿料嵌挤作用在对其力学性能的贡献中占有很高的比例,但是它很难量化。试件的成型方法和条件对集料的嵌挤的形成影响很大,压实成型的过程又使矿料破碎,产生新的非连续的断裂面。

黏弹性的沥青混合料的力学特征主要表现在以下三方面:(1) 沥青混合料的力学特征与加载速度有关。随着加载速度的增加,材料的强度和刚度均会增加;(2) 沥青混合料的力学特征对温度十分敏感。随着温度的升高,材料的物理特征表现为变软,强度和刚度变小;(3) 材料具有十分明显的蠕变与应力松弛现象。

沥青混合料的主要设计参数为抗压模量、抗拉强度等。沥青混合料的抗压模量有时也称为劲度模量(stiffness),因为沥青混合料的模量与加载速度、加载时间、加载时的温度有关,因此,沥青混合料的模量、强度等是一个条件参数。

1. 沥青混合料的抗压试验

《公路沥青及沥青混合料试验规程》(JTG E20)的抗压回弹模量(T0713)的试验温度为 20 ℃。

试验采用圆柱体试件,其直径 d 为 100 mm,高 h 为 100 mm,试验加载的速率为 2 mm/min。试件成型采用静压法、轮碾法、搓揉法和旋转压实成型法,试件的密度应符合马歇尔标准击实密度100%,用于抗压强度试验的试件个数不得少于 3 个,用于抗压回弹模量试验的试件个数不得少于 3~6 个。对抗压强度要求以 2 mm/min 的加载速率均匀加载直至破坏,由破坏荷载 $P(N)$ 和圆柱体试件的面积参数(πd^2)可计算得出试件的抗压强度(MPa)为:

$$R_c = \frac{4P}{\pi d^2} \tag{6-23}$$

对抗压回弹模量,应根据试件的平均抗压强度对应的荷载均匀分成十级,分别取 $0.1P$, $0.2P, 0.3P, \cdots, 0.7P$ 七级作为试验荷载。首先以 2 mm/min 的加载速率均匀加载至 $0.2P$ 并保持 60 s 进行预压和观察两个千分表的读数是否接近,然后以 2 mm/min 的加载速率均匀加载至 $0.1P$,立刻记录两千分表的读数和实际的荷载值,在以同样的速率卸载至零荷载,并保持 30 s,再次记录两千分表的读数,加载与卸载两次读数之差即为此级荷载作用下的回弹变形 Δl_1 (mm)。然后依次加载 $0.2P, 0.3P, \cdots, 0.7P$,测定每级荷载作用下的回弹变形 Δl_i。根据各级荷载对应的抗压强度 R_{ci} 和回弹变形 Δl_i 绘制 R_{ci} 和 Δl_i 关系曲线,在经过原点修正后的 R_{ci} 和 Δl_i 关系曲线上读得第五级荷载对应的抗压强度 R_{c5} 和相应的回弹变形 $\Delta l_5'$,沥青混合料的抗压回弹模量 E(MPa)为:

$$E = \frac{R_{c5} h}{\Delta l_5'} \tag{6-24}$$

2. 沥青混合料的劈裂试验

《公路沥青及沥青混合料试验规程》(JTG E20)的劈裂试验(T0716)既可以为沥青路面设计提供设计参数,也可以评价沥青混合料的低温特性。用于为沥青路面设计提供设计参数时的试验温度一般为 5 ℃、15 ℃、20 ℃、25 ℃ 或 40 ℃(规范不同,各国推荐的试验温度也不同,如 ASTM D4123 动弹性模量推荐的试验温度为 5 ℃、25 ℃ 和 40 ℃),用于评价沥青混合料的低温特性时的试验温度为 -10 ℃(试验加载速率为 1 mm/min)。我国沥青混合料试验参数采用的试验温度为 15 ℃、试验加载速率为 50 mm/min,计算时相应的泊松比采用 0.30。试件采用马歇尔击实成型的方法轮碾机成型的板体试件和道路现场钻孔试件。采用马歇尔击实成型的试件的尺寸要求为直径 101.6 mm,高为 63.5 mm;轮碾机成型的板体试件和道路现场钻孔试件的尺寸要求为直径 100 mm 或 150 mm,高为 40 mm。

试验是在试件上下各放一根满足规定的压条,记录试件的变形和荷载,按式(6-25)计算沥青混合料的劈裂强度,按式(6-26)计算沥青混合料劈裂模量,按式(6-27)计算沥青混合料破坏时的拉伸应变。

当试件直径为 100 mm、压条宽度为 12.7 mm 时,$R_T = 0.00628 \dfrac{P_T}{h}$ (6-25a)

当试件直径为 150 mm、压条宽度为 19.0 mm 时,$R_T = 0.00425 \dfrac{P_T}{h}$ (6-25b)

$$S_T = P_T (0.27 + \mu)/(h \cdot X_T) \tag{6-26}$$

$$\varepsilon_T = X_T (0.0307 + 0.0936\mu)/(1.35 + 5\mu) \tag{6-27}$$

式中 R_T——劈裂强度(MPa);

ε_T——破坏拉伸应变;

S_T——破坏拉伸模量(MPa);

P_T——破坏拉伸荷载(N);

h——试件高度(mm);

劈裂实验

X_T——相应最大破坏荷载时的水平方向总变形(mm);

μ——试件的泊松比, $\mu=(0.135\,0A-1.794\,0)/(-0.5A-0.031\,4)$,其中 A 为试件垂直变形与水平方向总变形的比值。

3. 沥青混合料的弯曲试验

《公路沥青及沥青混合料试验规程》(JTG E20)的弯曲试验(T0715)主要用于评价热拌沥青混合料在规定温度和加载速率条件时的弯曲力学性质,试验的温度和加载速率可以根据需要规定,一般在用于确定沥青混合料的抗弯拉参数时采用 15 ℃、20 ℃或 25 ℃,用于确定沥青混合料的低温抗拉特性时采用 −10 ℃,加载速率一般采用 50 mm/min。试件采用轮碾法成型后切割成长为 25 cm、宽为 3 cm、高为 3.5 cm 的棱柱体小梁试件,试验加载的跨径为 20 cm。也可在现场切取规定尺寸的试件进行室内弯曲试验。将试件安放在试验架上,保证加载的跨径为 20 cm,并使两侧等距离,在试件的中央施加集中荷载直至破坏,记录试件的破坏荷载和相应的变形。通过变形修正,确定荷载峰值 P_B(N)和跨中变形峰值 d(mm),并按式(6-28)、(6-29)、(6-30)分别计算试件破坏时的抗弯强度 R_B、梁底的最大弯拉应变 ε_B 和弯曲劲度模量 S_B。

$$R_B = \frac{3LP_B}{2bh^2} \tag{6-28}$$

$$\varepsilon_B = \frac{6hd}{L^2} \tag{6-29}$$

$$S_B = \frac{R_B}{\varepsilon_B} \tag{6-30}$$

式中 b——跨中试件断面的宽度(mm);

h——跨中试件断面的高度(mm);

L——试件的跨径(mm)。

4. 沥青混合料的单轴压缩动态模量试验

《公路沥青及沥青混合料试验规程》(JTG E20)的单轴压缩动态回弹模量是沥青路面设计的参数之一。目前,国外大部分沥青路面设计方法和国内现行沥青路面设计新方法,均采用沥青混合料动态加载条件下测定的回弹模量(T0738)。

试验采用旋转压实仪成型直径 d 为 150 mm、高 h 为 170 mm 的试件,然后钻孔并切割得到直径 d 为 100 mm、高 h 为 150 mm 的圆柱体试件,测定或计算试件的油石比 P_a、空隙率 VV、骨料间隙率 VMA 等指标。

试验温度分为 −10℃、5℃、20℃、35℃及 50℃共 5 个等级,每级温度下,试件应在恒温箱中存放 4~5 h(当试验温度小于或等于 5℃时,存放应超过 8 h),试验频率分为 0.1 Hz、0.5 Hz、1 Hz、5 Hz、10 Hz、25 Hz 六个等级。

首先施加总荷载的 5% 预压 10 s,再用频率为 25 Hz 的偏移正弦波或半正矢波轴向压应力进行 200 个循环预处理,然后对试件施加偏移正弦波或半正矢波轴向压应力试验荷载,在设定温度下从 25~0.1 Hz 由高到低按表 6-21 给出的重复加载次数逐个进行试验。要求在任意两个试验频率下的时间间隔为 2 min。试验采集最后 5 个波形的荷载及变形曲线,并记录试验施加荷载、试件轴向可恢复变形、动态模量及相位角。

表 6-21　各荷载频率下的重复加载次数

频率(Hz)	重复次数(次)	频率(Hz)	重复次数(次)
25	200	1	20
10	200	0.5	15
5	100	0.1	15

动态模量按式(6-31)计算:

$$|E^*| = \frac{\sigma_0}{\varepsilon_0} \quad (6\text{-}31)$$

式中　$|E^*|$——沥青混合料动态模量(MPa);
　　　σ_0——轴向应力振幅(MPa),$\sigma_0 = P_i/A$;
　　　ε_0——轴向应变振幅,$\varepsilon_0 = \Delta_i/l_0$;
　　　P_i——最后 5 次循环中轴向试验荷载平均振幅(N);
　　　A——试件径向横截面面积(mm^2);
　　　Δ_i——最后 5 次循环中可恢复轴向变形平均幅值(mm);
　　　l_0——试件上位移传感器的量测间距(mm)。

5. 沥青混合料四点弯曲疲劳寿命试验

《公路沥青及沥青混合料试验规程》(JTG E20)四点弯曲疲劳试验(T0739)的疲劳寿命是试件在控制应变或控制应力条件下的疲劳加载次数,它是沥青路面基于疲劳设计的重要参数。目前,一般按照控制应变模式进行沥青混合料疲劳试验。

在试验室通过轮碾成型板块试件或从现场路面获得板块试件,切割成厚度为 50 mm、宽度为 63.5 mm 和长度为 380 mm 的小梁试件,并确定试件的空隙率(VV)和矿料间隙率(VMA)。

试验时,先将梁放置在规定温度的环境箱内存放 4 h 以上,在目标试验应变下预加载 50 个循环,计算第 50 个循环的试件劲度模量作为初始的劲度模量,然后继续加载直到满足加载条件,即当沥青混合料的弯曲劲度模量降低到初始弯曲劲度模量的 50% 时,加载自动停止。

最大拉应力 σ_t(Pa)和最大拉应变 ε_t 分别按式(6-32)和式(6-33)计算:

$$\sigma_t = \frac{LP}{wh^2} \quad (6\text{-}32)$$

$$\varepsilon_t = \frac{12\delta h}{3L^2 - 4a^2} \quad (6\text{-}33)$$

式中　L——梁跨距(m),即外端两个夹具的间距,一般为 0.357 m;
　　　P——峰值荷载(N);
　　　w——梁宽(m);
　　　h——梁高(m);
　　　δ——梁中心最大位移(m);
　　　a——相邻夹头中心间距(m),为 $L/3$,一般为 0.119 m。

四点弯曲疲劳
试验示意图

弯曲劲度模量 $S(\mathrm{Pa})$ 和相位角 $\varphi(°)$ 分别按式(6-34)和式(6-35)计算：

$$S = \frac{\sigma_t}{\varepsilon_t} \tag{6-34}$$

$$\varphi = 360 ft \tag{6-35}$$

式中　f——加载频率(Hz)；

t——应变峰值滞后于应力峰值的时间(s)。

第 i 次加载的单个循环耗散能 $E_{Di}(\mathrm{J/m^3})$ 和累计耗散能 $E_{CD}(\mathrm{J/m^3})$ 分别按式(6-36)和式(6-37)计算：

$$E_{Di} = \pi \sigma_t \varepsilon_t \sin\varphi \tag{6-36}$$

$$E_{CD} = \sum_{i=1}^{n} E_{Di} \tag{6-37}$$

6. 沥青混合料单轴贯入强度试验

沥青混合料单轴贯入强度试验用于测定沥青混合料的贯入强度,供沥青混合料配合比设计或施工完成后检验沥青混合料高温稳定性使用。适用于室内成型的沥青混合料试件和现场取芯沥青混合料试件的贯入强度测试。试验标准温度为 60℃,也可以根据需要采用其他温度。一般采用直径 100 mm 或 150 mm、高 100 mm 的沥青混合料圆柱体试件,也可以根据需要采用其他高度的圆柱体试件。一组试验的平行试件宜为 5～6 个。

贯入压头材质为 Q235 不锈钢,其洛氏硬度 HRC 在 10～30 之间。压头上部为长×宽×高＝50 mm×50 mm×10 mm 的薄形板;下部为圆柱体,对直径为 150 mm 的试件,圆柱体直径×高＝φ42 mm×50 mm,对直径为 100 mm 试件,圆柱体直径×高＝φ28.5 mm×50 mm,如图 6-9 所示。

采用万能材料试验机或其他适宜设备,以 1 mm/min 的加载速率将压头贯入沥青混合料试件中,记录压力和位移,当压力值降为应力极值点 90% 时,停止试验。取破坏极值点强度作为试件贯入强度,如图 6-10 所示。读取最大贯入荷载 P,准确到 1 N,按式(6-38)计算标准高度沥青混合料的贯入强度。

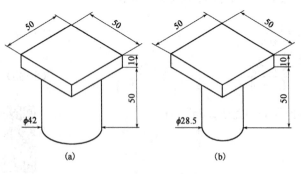

图 6-9　贯入试验压头示意图(尺寸单位:mm)
(a) 大压头;(b) 小压头

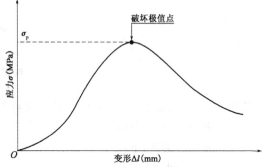

图 6-10　单轴贯入试验典型应力-变形图

$$R_\tau = f_\tau \sigma_P \tag{6-38}$$

$$\sigma_P = \frac{P}{A}$$

式中 R_τ——贯入强度(MPa);

σ_P——贯入应力(MPa);

P——试件破坏时的极限荷载(N);

A——压头横截面面积(mm^2);

f_τ——贯入应力系数,对直径150 mm试件,$f_\tau=0.35$;对直径100 mm试件,$f_\tau=0.34$。

对高度不为100 mm的试件,应根据下列情况对贯入应力系数进行修正:

(1) 对直径为150 mm的试件,按式(6-39)计算贯入应力系数,此时试件高度应满足:38 mm≤h<100 mm。

$$f_\tau = 0.0023h + 0.12 \tag{6-39}$$

(2) 对直径为100 mm的试件,按式(6-40)计算贯入应力系数,此时试件高度应满足:38 mm≤h<100 mm。

$$f_\tau = 0.0012h + 0.22 \tag{6-40}$$

(3) 按式(6-38)计算非标准高度试件的贯入强度。

对于现场取芯的试件,其计算的贯入强度应再乘以修正系数1.15。

7. 沥青混合料的设计参数确定

对于沥青结合料类材料,沥青结合料应采用道路石油沥青或其他加工产品,沥青类型应根据公路等级、气候条件、交通荷载等级、结构层位和施工条件等确定。极重、特重和重交通荷载等级公路、气候条件严酷地区公路,以及连续长陡纵坡路段,中面层和表面层宜采取优化混合料级配、选用改性沥青或添加外掺剂等措施。开级配沥青混合料表面层宜采用高黏沥青或橡胶沥青,并采用适量消石灰或水泥替代矿粉。表面层沥青混合料公称最大粒径不宜大于16.0 mm,中面层和下面层沥青混合料公称最大粒径不宜小于16.0 mm,基层沥青碎石公称最大粒径不宜小于26.5 mm。

参照《公路沥青路面施工技术规范》(JTG F40)的有关规定,沥青混合料的材料性能要求主要包括高温性能,低温性能以及水稳性能。在我国《公路沥青路面设计规范》(JTG D50)中还要求测定和验算沥青混合料的贯入强度。

高速公路和一级公路沥青混合料应按照《公路工程沥青与沥青混合料试验规程》(JTG E20)试验方法在规定的试验条件下进行车辙试验(T0719),并符合表6-22的要求,二级公路可参照执行。在此基础上,还应采用单轴贯入试验测定沥青混合料贯入强度。对于无机结合料稳定类基层沥青路面、底基层采用无机结合料稳定类材料的沥青结合料类基层沥青路面和水泥混凝土基层沥青路面的沥青混合料贯入强度,宜满足式(6-41)的要求;对于粒料类基层沥青路面和底基层采用粒料的沥青结合料类基层沥青路面,沥青混合料贯入强度宜满足式(6-44)的要求。

表 6-22 沥青混合料车辙试验动稳定度技术要求(次/mm)

气候条件与技术指标		相应于以下气候分区所要求的动稳定度技术要求									试验方法
七月平均最高气温(℃)及气候分区		>30				20~30				<20	
		1. 夏炎热区				2. 夏热区				3. 夏凉区	
		1-1	1-2	1-3	1-4	2-1	2-2	2-3	2-4	3-2	
普通沥青混合料,不小于		800		1 000		600		800		600	T 0719
改性沥青混合料,不小于		2 800		3 200		2 000		2 400		1 800	
SMA 混合料,不小于	普通沥青	1 500									
	改性沥青	3 000									
OGFC 混合料,不小于		1 500(中等、轻交通荷载等级)、3 000(重及以上交通荷载等级)									

注:① 气候分区的确定应符合现行《公路沥青路面施工技术规范》(JTG F40)的有关规定。
② 当其他月份的平均最高气温高于七月时,可使用该月平均最高气温。
③ 在特殊情况下,对钢桥面铺装,重载车特别多或纵坡较大的长距离上坡路段、厂矿专用道路,可酌情提高动稳定度。
④ 对炎热地区或特重及以上交通荷载等级公路,可根据气候条件和交通状况适当提高试验温度或增加试验荷载。

$$R_{\tau s} \geqslant \left(\frac{0.31\lg N_{e5} - 0.68}{\lg[R_a] - 13.1\lg T_d - \lg \psi_s + 2.50} \right)^{1.86} \quad (6-41)$$

式中 $[R_a]$——沥青混合料层容许永久变形量(mm),根据公路等级,参照表 8-18 确定;
N_{e5}——设计使用年限内或通车至首次针对车辙维修的期限内,月平均气温大于 0℃的月份,设计车道当量设计轴载累计作用次数;
T_d——设计温度(℃),为所在地区月平均气温大于 0℃的各月份气温平均值;
ψ_s——路面结构系数,按照式(6-42)计算:

$$\psi_s = (0.52 h_a^{-0.003} - 317.59 h_b^{-1.32}) E_b^{0.1} \quad (6-42)$$

式中 h_a——沥青混合料层的厚度(mm);
h_b——无机结合料稳定层或水泥混凝土层的厚度(mm);
E_b——无机结合料稳定层或水泥混凝土层的模量(MPa);
$R_{\tau s}$——各沥青混合料层的综合贯入强度,根据式(6-43)确定:

$$R_{\tau s} = \sum_{i=1}^{n} \omega_{is} R_{\tau i} \quad (6-43)$$

$R_{\tau i}$——第 i 层沥青混合料的贯入强度,根据沥青混合料贯入强度试验方法试验确定,普通沥青混合料一般为 0.4~0.7 MPa,改性沥青混合料一般为 0.7~1.2 MPa;
n——沥青混合料层的层数;
ω_{is}——第 i 层沥青混合料的权重,为第 i 层厚度中点剪应力与各层厚度中点剪应力之和的比值 $\left(\omega_{is} = \dfrac{\tau_i}{\sum_{i=1}^{n} \tau_i} \right)$。沥青混合料层为 1 层时,$\omega_1$ 取 1.0;沥青混合料层为 2 层时,自上而下,ω_1 可取 0.48,ω_2 可取 0.52;沥青混合料层为 3 层时,自上而下,ω_1、ω_2 和 ω_3

可分别取为 0.35、0.42 和 0.23。

$$R_{\tau g} \geq \left(\frac{0.35 \lg N_{e5} - 1.16}{\lg[R_a] - 1.62 \lg T_d - \lg \psi_g + 2.76} \right)^{1.38} \quad (6-44)$$

式中 ψ_g——路面结构系数,根据式(6-45)计算:

$$\psi_g = 20.16\, h_a^{-0.642} + 820\,916\, h_b^{-2.84} \quad (6-45)$$

$R_{\tau g}$——路面各层沥青混合料的综合贯入强度,根据式(6-46)确定:

$$R_{\tau g} = \sum_{i=1}^{n} \omega_{ig} R_{\tau i} \quad (6-46)$$

ω_{ig}——第 i 层沥青混合料的权重,为第 i 层厚度中点剪应力与各层厚度中点剪应力之和的比值 $\left(\omega_{ig} = \dfrac{\tau_i}{\sum_{i=1}^{n} \tau_i} \right)$。沥青混合料层为 1 层时,$\omega_1$ 取 1.0;沥青混合料层为 2 层时,自上而下,ω_1 可取 0.44,ω_2 可取 0.56;沥青混合料层为 3 层时,自上而下,ω_1、ω_2 和 ω_3 可分别取为 0.27、0.36 和 0.37;

其他符号意义同式(6-41)~式(6-43)。

二级及二级以上公路,公称最大粒径不大于 19.0 mm 的沥青混合料,宜按照《公路工程沥青与沥青混合料试验规程》(JTG E20)中弯曲试验方法(T0715),在温度为-10℃、加载速率为 50 mm/min 条件下进行小梁弯曲试验。沥青混合料的破坏应变应符合表 6-23 的规定。季节性冻土地区高速公路和一级公路表面层沥青低温性能还应满足下列指标要求:

(1) 分析连续 10 年年最低气温平均值,作为路面低温设计温度。路面低温设计温度提高 10℃的试验条件下,沥青弯曲梁流变试验蠕变进度 S_t 不宜大于 300 MPa,且蠕变曲线斜率 m 不宜大于 0.30。

(2) 当蠕变劲度 S_t 在 300~600 MPa 范围内,且蠕变曲线斜率 m 大于 0.30 时,增加沥青直接拉伸试验,其断裂应变不宜小于 1‰。

(3) 以上都不满足时,采用弯曲梁流变试验和直接拉伸试验确定沥青临界开裂温度,临界开裂温度不宜高于路面低温设计温度。

表 6-23 沥青混合料低温弯曲试验破坏应变技术要求

气候条件与技术指标	相应于下列气候分区所要求的破坏应变($\mu\varepsilon$)								试验方法
年极端最低气温(℃)及气候分区	<-37.0		-37.0~-21.5			-21.5~-9.0		>-9.0	
	1. 冬严寒区		2. 冬寒区			3. 冬冷区		4. 冬温区	
	1-1	2-1	1-2	2-2	3-2	1-3	2-3	1-4	2-4	
普通沥青混合料,不小于	2 600		2 300			2 000				T 0715
改性沥青混合料,不小于	3 000		2 800			2 500				

注:气候分区的确定应符合现行《公路沥青路面施工技术规范》(JTG F40)的有关规定。

沥青混合料应按照《公路工程沥青与沥青混合料试验规程》(JTG E20)马歇尔稳定度试验(T 0709)和冻融劈裂试验(T 0729)试验,分别测试浸水马歇尔试验残留稳定度和冻融劈裂试验残留强度比检验水稳定性,两项指标应符合表6-24的规定。水稳定性不满足要求时,可采取掺入消石灰、水泥或抗剥落剂,采用饱和石灰水处理集料,或更换集料等措施,改善集料与沥青的黏附性,提高沥青混合料的抗水损性能。

表6-24 沥青混合料水稳定性技术要求

沥青混合料类型		相应于以下年降雨量(mm)的技术要求(%)		试验方法
		≥500	<500	
浸水马歇尔试验残留稳定度(%)				
普通沥青混合料,不小于		80	75	T 0709
改性沥青混合料,不小于		85	80	
SMA 混合料,不小于	普通沥青	75		
	改性沥青	80		
冻融劈裂试验的残留强度比(%)				
普通沥青混合料,不小于		75	70	T 0729
改性沥青混合料,不小于		80	75	
SMA 混合料,不小于	普通沥青	75		
	改性沥青	80		

沥青混合料的主要结构设计参数是动态压缩模量,用于结构设计验算的动态压缩模量应依据相应的水平确定:水平一,按照《公路工程沥青及沥青混合料试验规程》(JTG E20)的沥青混合料单轴压缩动态模量试验(T 0738)进行测定,取平均值,试验温度选用20℃,面层沥青混合料加载频率采用10 Hz,基层沥青混合料加载频率采用5 Hz;水平二,采用式(6-47)计算确定沥青混合料动态压缩模量,适用于采用道路石油沥青和常规级配的沥青混合料;水平三,参照表6-25确定沥青混合料动态压缩模量。

$$\lg E_a = 4.59 - 0.02f + 2.58G^* - 0.14P_a - 0.041V - 0.03\text{VCA}_{\text{DRC}} - 2.65 \times 1.1^{\lg f} G^* \cdot f^{-0.06} \\ - 0.05 \times 1.52^{\lg f} \text{VCA}_{\text{DRC}} \cdot f^{-0.21} + 0.0031f \cdot P_a + 0.0024V \tag{6-47}$$

式中 E_a——沥青混合料动态压缩模量(MPa);

f——试验频率(Hz);

G^*——60 ℃、10 rad/s 下沥青动态剪切复数模量(kPa);

P_a——沥青混合料的油石比(%);

V——压实沥青混合料的空隙率(%);

VCA_{DRC}——捣实状态下粗集料的松装间隙率(%)。

表 6-25　常用沥青混合料 20℃ 条件下动态压缩模量取值范围(MPa)

沥青混合料类型	沥青种类			
	70 号道路石油沥青	90 号道路石油沥青	110 号道路石油沥青	SBS 改性沥青
SMA-10、SMA-13、SMA-16	—	—	—	7 500~12 000
AC-10、AC-13	8 000~12 000	7 500~11 500	7 000~10 500	8 500~12 500
AC-16、AC-20、A-25	9 000~13 500	8 500~13 000	7 500~12 000	9 000~13 500
ATB-25	7 000~11 000	—	—	—

注：① ATB-25 为 5 Hz 条件下动态压缩模量,其他沥青混合料为 10 Hz 条件下动态压缩模量。
② 沥青黏度大、级配好或空隙率小时取高值,反之取低值。

8. 国外沥青混合料材料设计参数

(1) Shell 设计方法的抗压回弹模量参数的取值

沥青混合料系黏弹性材料,其模量受环境温度与加载速度影响甚大,故应以反映温度 T 与速度 v 的劲度模量 $S_{T,v}$ 表示。它决定于沥青含量、沥青劲度和混合料的空隙,其值变化范围广,常温时在 100~50 000 MPa,高温时为 1~100 MPa,而且还与集料的特性和级配、拌和和压实方法等有关。具体计算式沥青混合料的劲度模量 S_m 由式(6-48)确定,也可由图 6-11 确定。

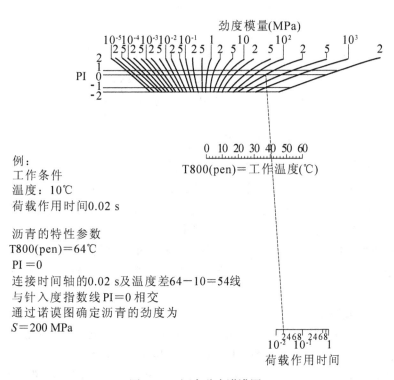

图 6-11　沥青劲度诺谟图

$$S_m = S_b\left[1 + \frac{2.5}{n}\left(\frac{C_v}{1-C_v}\right)^n\right] \qquad (6\text{-}48)$$

式中 S_m、S_b——分别为沥青混合料劲度模量和沥青劲度(沥青劲度采用由范德波尔在1954年提出,经赫克洛姆(Heukelom)修正后发表的沥青劲度诺谟图(简称范氏图)确定)(图6-12);$n = 0.83\lg\frac{4\times10^4}{S_b}$;$C_v = \frac{v_A}{v_A + v_L}$,其中:$v_A$——集料体积(%);$v_L$——沥青体积(%)。

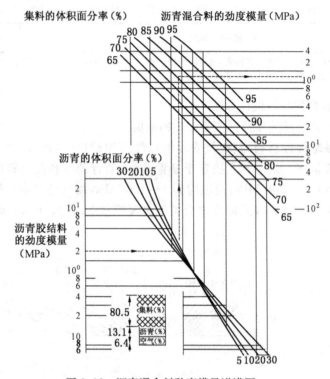

图6-12 沥青混合料劲度模量诺谟图

(2) 澳大利亚设计方法抗压回弹模量参数的取值

澳大利亚设计方法中沥青混合料设计参数的取值方法有三种。第一种是根据室内间接拉伸试验确定沥青混合料的设计模量值,第二种是根据沥青的劲度和沥青混合料的体积指标确定沥青混合料的设计参数,第三种是根据参数表选用。

根据室内间接拉伸试验确定沥青混合料的设计模量值得步骤如下:

① 选择适当的空隙率,使其能代表路面使用期间空隙率,并使沥青用量与疲劳寿命计算所用沥青用量一致。

② 选定重车行驶速度代表值。

③ 确定当地的加权年平均路面温度 WMAPT(Weighted Mean Annual Pavement Temperature)。

④ 在试验室制备试件(5%空隙率)进行标准的间接拉伸试验。

⑤ 利用下式计算现场空隙率下的模量与试验室试件空隙率情况下的模量之比:

实际模量/标准试件模量=(21-实际空隙率)/(21-标准空隙率)

根据空隙率对室内模量进行修正,乘以这个比值即为修正值。

⑥ 利用下式计算现场温度下的模量与试验温度下模量的比值：

现场温度的模量/试验温度的模量＝$e^{-0.08(WMAPT-T)}$

根据温度，乘以温度修正系数，修正室内测得的模量。

⑦ 利用下式计算实际加载速率情况下的模量与试验室加载条件的模量的比值：

实际加载速率情况下的模量/试验室加载条件的模量＝$0.17V^{0.365}$

第二种参数选用方法与 Shell 基本相同。

第三种方法规定只有当缺乏试验设备，而且沥青不是普通沥青（多级或改性沥青）或没有沥青混合料体积参数时，才可采用参考设计模量值。并要求设计者应根据已有混合料的模量平均值参考表 6-26 确定。

表 6-26 标准密级配沥青混合料劲度模量
（试验室标准试验条件和 5% 空隙率，间接拉伸试验）

结合料种类	集料公称最大粒径(mm)					
	9.5		13.2		19	
	范围	标准值	范围	标准值	范围	标准值
130～150 号①	2 000～6 000	3 500	2 500～3 500	3 700	2 000～4 500	4 000
70～90 号	3 000～6 000	4 500	2 000～7 000	5 000	3 000～7 500	5 500
30～50 号	3 000～6 000	6 000	4 000～9 000	6 500	4 000～9 500	7 000
多级沥青	3 300～5 000	4 500	3 000～7 000	5 000	4 000～7 000	5 500
SBS 沥青	1 500～4 000	2 200	2 000～4 500	2 500	3 000～7 000	3 000
EVA 沥青			3 000～6 500	5 600		

注：① 表中的沥青标号对应于澳大利亚的沥青黏度试验方法。

(3) 澳大利亚沥青混合料的疲劳参数

沥青混合料疲劳方程是 Shell 1978 年提出的室内疲劳试验关系式（Shell 关系式是根据普通沥青混合料进行室内疲劳试验的结果，试验采用控制应变的连续正弦型荷载作用于小梁试件）。

对于普通沥青混合料，荷载作用下产生的最大拉应变和荷载重复次数的预估方程见式(6-49)。

$$N = 5\left[\frac{6\,918(0.856V_B + 1.08)}{S_{mix}^{0.36}\mu\varepsilon}\right]^5 \tag{6-49}$$

式中 N——允许荷载重复作用次数；

V_B——沥青体积百分率(%)；

$\mu\varepsilon$——荷载产生的拉应变（微应变）；

S_{mix}——混合料劲度模量(MPa)。

(4) 国外其他沥青混合料的疲劳参数

沥青混合料疲劳性能研究得到的疲劳方程主要有：

美国"SHRP"计划深入分析了影响沥青混合料疲劳性能的各种因素，包括：试件的成型方法、加载方式、混合料变量（沥青黏度、沥青用量、集料级配、空隙率、温度）和疲劳试验方式。在此基础上，开展了大量的试验，经过汇总室内疲劳试验资料，对实验室资料进行分析，得出下列对于疲劳寿命的回归方程：

$$N_f = 2.738 \times 10^5 \exp^{0.077\text{VFA}} \varepsilon_0^{-3.624} S_0''^{-2.720} \tag{6-50}$$

$$\text{VFA} = \frac{V_a}{V_a + V_v} \tag{6-51}$$

式中　N_f——疲劳寿命；
　　　ε_0——初始应变；
　　　S_0''——初始劲度模量(psi,0.006 895 MPa)；
　　　VFA——沥青饱和度(%)；
　　　V_a——沥青体积百分率(%)；
　　　V_v——空隙率(%)。

英国诺丁汉大学从事沥青混合料疲劳方面研究的主要是 P. S. Pell 和 S. F. Brown。前者主要从事室内疲劳试验，而后者主要研究路面结构疲劳特征与 Pell 试验结果的关系。Pell 从 20 世纪 50 年代末期就开始进行沥青混合料疲劳特性的研究，已进行了上千次疲劳试验，涉及的混合料类型达 50 多种，最后得出了英国设计规范所用的疲劳方程：

对于密级配沥青碎石：　　　$\lg N_f = -9.38 - 4.16 \lg \varepsilon$ 　　(6-52)

对于密级配沥青混合料：　　$\lg N_f = -9.78 - 4.32 \lg \varepsilon$ 　　(6-53)

式中　N_f——道路的使用寿命(以标准轴次计)；
　　　ε——标准轴载作用下，沥青层底面的水平拉应变。

诺丁汉大学还建立了拉应变、疲劳荷载作用次数、沥青含量和软化点的关系：

$$\lg \varepsilon_t = \frac{14.39 \lg V_a + 24.2 T_{RB} - 40.7 - \lg N}{5.31 \lg V_a + 8.63 \lg T_{RB} - 15.8} \tag{6-54}$$

$$V_a = \frac{P_a \gamma_f}{\gamma_a} \tag{6-55}$$

式中　ε_t——允许拉应变；
　　　N——荷载作用次数；
　　　V_a——沥青体积百分率(%)；
　　　P_a——油石比(%)；
　　　γ_f——混合料毛体积相对密度；
　　　γ_a——沥青的相对密度；
　　　T_{RB}——环球法沥青软化点(℃)。

美国加利福尼亚大学伯克利分校是在 C. L. Monismith 指导下从事的沥青混合料疲劳研究的。他们所从事的弯曲疲劳试验的加载方式包括控制应力和控制应变两种，但主要研究工作集中于前者。他们所做的研究工作与诺丁汉大学不同之处在于前者除了进行大量的室内研究外，还通过室外足尺试验对室内疲劳规律进行了验证。大量的研究结果总结出的沥青混合料疲劳方程反映在美国沥青协会的路面设计方法中：

$$N_f = 0.265\,9 \times c \times (4.325 \times 10^{-3} \times \varepsilon_\theta^{-3.291} S_m^{-0.854}) \tag{6-56}$$

$$c = 10^m$$

$$m = 4.84(V_a/(V_a+V_v) - 0.6875)$$

式中 ε_θ——弯拉应变；
S_m——沥青混合料劲度模量或复数模量(MPa)；
V_a——沥青体积百分率(%)；
V_v——空隙率(%)。

Shell 石油公司的研究人员从 1960 年开始进行了大量的研究，其中一部分工作与诺丁汉大学和加利福尼亚大学伯克利分校所进行的相同，结论也基本一致。他们在 1981 年版设计方法中，采用下列疲劳方程：

$$N_f = (0.856V_a + 1.08)\left(\frac{1}{S_m}\right)^{1.8}\left(\frac{1}{\varepsilon_t}\right)^5 \tag{6-57}$$

式中 S_m——沥青混合料的劲度模量(Pa)；
ε_t——反复弯拉应变的大小(mm/mm)；
V_a——沥青体积百分率(%)。

俄亥俄州大学在沥青混合料疲劳性能研究中，应用了断裂力学的概念，从裂纹的扩展规律出发来研究疲劳性能。由于这种方法是将应力状态的改变作为开裂、几何尺寸及边界条件、材料特性及其统计变异性的结果来考虑，并可以对裂缝的扩展和材料中疲劳的重分布所引起的作用进行分析，有助于人们深入理解破坏的形式和发展机理。应用断裂力学方法的疲劳寿命的定义是在一定的应力状态下，材料的损坏按照裂缝扩展定律，从初始状态增长到危险和临界状态的时间。通过对已有的疲劳裂缝扩展规律试验结果的对比分析，认为 P.C.Paris 的裂缝扩展规律最适合于沥青混合料的情况。根据 P.C.Paris 的理论，裂缝扩展规律公式为：

$$\frac{dc}{dN} = AK^m \tag{6-58}$$

式中 c——裂缝长度(mm)；
N——荷载作用次数；
A,m——材料常数；
K——应力强度因子，与荷载、试件几何尺寸和边界条件有关的常数。

三、水泥混凝土材料

水泥混凝土作为一种建筑材料，具有许多优点，如：

(1) 抗压强度高，现投入工程使用的水泥混凝土抗压强度可达到 135 MPa，而实验室内可以配制出抗压强度超过 300 MPa 的混凝土，能满足现代土木工程对材料的要求。

(2) 可根据不同要求配制各种不同性质的混凝土，在一定范围内，通过调整混凝土的配合比，可以很方便地配制出具有不同强度、流动性、抗渗性等性能的水泥混凝土及满足道路性能的专用水泥混凝土。

(3) 在凝结前具有良好的可塑性，可以浇注成各种形状和尺寸的构件或结构物，与现代施工机械及施工工艺具有较好的适应性。

(4) 水泥混凝土组成材料中，砂石等地方材料占 80% 以上，符合就地取材和经济性原则。

但是混凝土也存在一些缺点,如:

(1) 抗拉强度小,一般只有其抗压强度的1/10~1/15,属于一种脆性材料。

(2) 自重大,不利于提高有效承载能力,也给施工安装带来一定困难。

(3) 结硬前需要行较长时间的养护,从而延长了施工期。

水泥混凝土按抗压强度可分为四大类:

(1) 低强度混凝土　抗压强度小于20 MPa,主要应用于一些承受荷载较小的场合,如人行道铺面。

(2) 中强度混凝土　抗压强度20~60 MPa,是现今土木工程中的主要混凝土类型,应用于各种工程中,如房屋、桥梁、路面等。

(3) 高强度混凝土　抗压强度大于60 MPa,主要用于大荷载、抗震及对混凝土性能要求较高的场合,如高层建筑、大型桥梁等。

(4) 超高强混凝土　抗压强度大于100 MPa,主要用于各种重要的大型工程,如高层建筑的桩基、军事防爆工程、大型桥梁等。

1. 水泥混凝土抗折强度和水泥混凝土抗折弹性模量

《公路水泥及水泥混凝土试验规程》(JTG E30)抗折强度试验(T 0558)的试件为直角棱柱体小梁,标准试件尺寸为150 mm×150 mm×550 mm,在标准条件下,经养护28 d后,按三分点处双点加载(如图6-13)测定其抗折强度(f_{cf}),按式(6-59)计算,以MPa计。

$$f_r = \frac{FL}{bh^2} \quad (6-59)$$

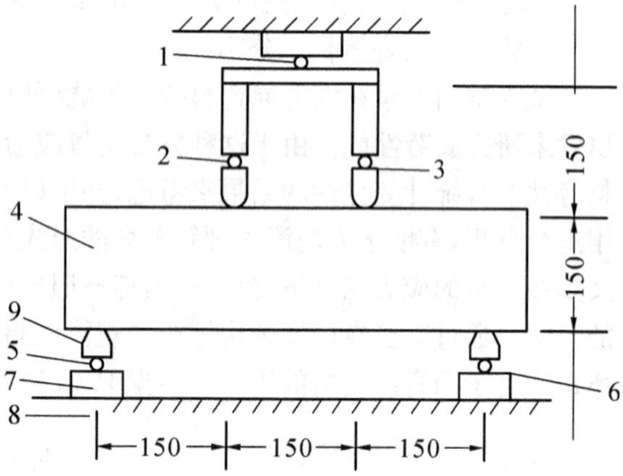

式中　F——破坏荷载(N);
　　　L——支座间距(mm);
　　　b——试件宽度(mm);
　　　h——试件高度(mm)。

图6-13　抗折试验装置
1、2、6—1个钢球;3、5—2个钢球;4—试件;
7—活动支座;8—机台;9—活动船形垫块

如为跨中单点加荷得到的抗折强度,按断裂力学推导应乘以换算系数0.85。

《公路水泥及水泥混凝土试验规程》(JTG E30)抗折弹性模量试验(T 0559)的试件为直角棱柱体小梁,混凝土抗折弹性模量试验应取同龄期者为一组,每组为同条件制备和养护的试件6根,3根用于抗折强度试验,3根用于抗折弹性模量试验。标准试件尺寸为150 mm×150 mm×550 mm,在标准条件下,经养护28 d后,按三分点处双点加载。

取抗折极限荷载平均值的50%为抗折弹性模量试验的荷载标准($P_{0.5}$),进行5次加卸荷循环,由1 kN起,以0.15~0.25 MPa/s的加荷速度均匀而连续地加载(低标号时用较低速度),至3 kN刻度处停机(设为P_0),保持约30 s(在此段加载时间中,千分表指针应能启动,否则应提高P_0至4 kN),记下千分表读数Δ_0,而后继续加载至$P_{0.5}$,保持约30 s,记下千分表读数$\Delta_{0.5}$,再以同样速度卸载至1 kN,保持约30 s,为第一循环(图6-14)。同第一循环,共进行5个循环。

当断面发生在两个加荷点之间时,抗折弹性模量E_b按式(6-60)或(6-61)计算,如断面在加荷点外侧,该试验结果无效。

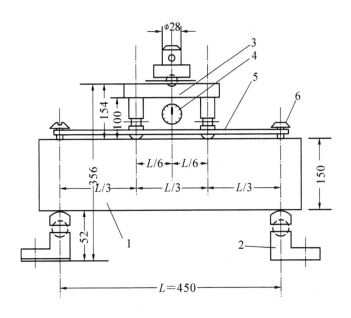

图 6-14 抗折弹性模量试验装置

1—试件；2—可移动支座；3—加荷支座；4—千分表；5—千分表架；6—螺杆

$$E_b = \frac{23PL^3}{1\,296fJ} \tag{6-60}$$

$$E_b = \frac{23L^3(P_{0.5} - P_0)}{1\,296J(\Delta_{0.5} - \Delta_0)} \tag{6-61}$$

式中 E_b——抗折弹性模量(MPa)；

P——荷载(N)；

$P_{0.5}$、P_0——终荷载及初荷载(N)；

$\Delta_{0.5}$、Δ_0——对应 $P_{0.5}$、P_0 的千分表读数(mm)；

L——支座间距离(450 mm)；

f——跨中挠度(mm)；

J——试件断面转动惯量，$J = \frac{1}{12}bh^3$ (mm^4)。

水泥混凝土配合比设计时的混凝土试配弯拉强度的均值按式(6-62)确定。

$$f_m = \frac{f_r}{1 - 1.04c_v} + ts \tag{6-62}$$

式中 f_m——水泥混凝土试配弯拉强度的均值(MPa)；

f_r——水泥混凝土弯拉强度标准值(MPa)；

c_v——水泥混凝土强度的变异系数；

s——水泥混凝土弯拉强度试验样本的标准差；

t——保证率系数，按样本数 n 参照表 6-27 确定。

表 6-27　保证率系数

公路等级	判别概率 P	样本数 n				
		3	6	9	15	20
高速公路	0.05	1.36	0.79	0.61	0.45	0.39
一级公路	0.10	0.95	0.59	0.46	0.35	0.30
二级公路	0.15	0.72	0.46	0.37	0.28	0.24
三级公路	0.20	0.56	0.37	0.29	0.22	0.19

2. 水泥混凝土试样的钻取和劈裂试验

我国目前检验路(道)面混凝土拌和质量是在拌和机处或路(道)面浇筑现场制备 15 cm×15 cm×55 cm 混凝土小梁试件,与面板同样的条件养护 28 d,检验其抗折强度是否满足水泥混凝土面板的设计抗折强度,但这样检验由于取样的不随意性和施工人员知晓要取样而在加料和拌和时特别用心,试件的捣实也特别好,与面板的捣实有差异。《公路水泥及水泥混凝土试验规程》(JTG E30)采用在混凝土面板进行钻孔,取得圆柱体试件进行劈裂试验(T0561),再由劈裂强度推算水泥混凝土面板的抗折强度进行质量检验。

钻孔取芯试件的直径为 150 mm,取样长度 150 mm≤h≤300 mm,以 0.04～0.06 MPa/s 的速度连续而均匀加荷。

水泥混凝土试件劈裂强度按式(6-63)计算。

$$R_i = \frac{2P}{\pi F} \text{(MPa)} \tag{6-63}$$

式中　P——极限荷载(N);
　　　F——试件劈裂面面积(mm^2)。

水泥混凝土面板的抗折强度按式(6-64)推算。

$$R_b = 1.868 R_i^{0.871} \tag{6-64}$$

式中　R_b——水泥混凝土面板的抗折强度(MPa);
　　　R_i——水泥混凝土试件的劈裂强度(MPa)。

3. 水泥混凝土设计参数的取值

水泥混凝土的强度以 28 d 龄期的弯拉强度控制。当水泥混凝土浇筑 90 d 后不开放交通时,可用 90 d 龄期的弯拉强度。各级交通等级要求的水泥混凝土的弯拉强度标准值不得低于表 6-28 的要求,水泥混凝土抗弯拉模量的参考值见表 6-29。

表 6-28　水泥混凝土的弯拉强度标准值

交通等级	极重、特重和重	中　等	轻
水泥混凝土的弯拉强度标准值(MPa)	5.0	4.5	4.0
钢纤维混凝土的弯拉强度标准值(MPa)	6.0	5.5	5.0

表 6-29　水泥混凝土抗弯拉模量的参考值

弯拉强度(MPa)	1.0	1.5	2.0	2.5	3.0
抗压强度(MPa)	5.0	7.7	11.0	14.9	19.3
弯拉弹性模量(GPa)	10	15	18	21	23
弯拉强度(MPa)	3.5	4.0	4.5	5.0	5.5
抗压强度(MPa)	24.2	29.7	35.8	41.8	48.4
弯拉弹性模量(GPa)	25	27	29	31	33

四、粒料类材料设计参数

粒料类材料回弹模量是沥青路面结构力学响应分析的重要参数之一,它是粒料类材料性质、状态(含水率和密实度)和应力状况等的函数。对于处于特定状态(一定含水率和密实度值)的各类粒料类材料来说,应力状况是影响其模量取值的主要因素。

1. 粒料类材料模量的应力依赖性

粒料类材料的弹性模量受应力水平影响很大,有明显的应力依赖性,而不同粒料类型其依赖性和特点也不同。表 6-30 归纳了影响级配碎石粒料层模量的因素。

表 6-30　影响级配碎石模量的因素以及变化趋势

影响因素	影响趋势	影响因素	影响趋势
粗集料比例	比例越大,模量越高	使用期间含水率	含水率越大,模量越低
密度	密度越大,模量越高	龄期	模量不变
碾压含水率	提高到最大值,然后降低	温度	模量不变
应力水平	应力水平越大,模量越高	荷载作用速率	模量不变

对于级配碎石来说,随着应力水平增加,模量提高。级配碎石的回弹模量随侧限压力的增加而增加,只要反复偏应力不产生过大的塑性变形,反复偏应力的大小对级配碎石回弹模量的影响就较小,回弹模量与侧限压力(围压)的关系见式(6-65):

$$E = k_1 \sigma^{k_2} \quad (6\text{-}65)$$

式中　E——回弹模量(kPa);

　　　σ——侧限压力(围压)(kPa);

　　　k_1、k_2——试验常数。

Yandell、Seed、Hicks 和 Monismith 得到级配碎石回弹模量是主应力或体积应力(如第一主应力不变量)的函数,即 K-θ 模型,也成为 AASHTO-1986 的推荐模型。回弹模量与主应力的关系见式(6-66):

$$E = k_1 \theta^{k_2} \quad (6\text{-}66)$$

式中　E——回弹模量(kPa)；
　　　θ——应力不变量(kPa)，$\theta = \sigma_1 + 2\sigma_3 = \sigma_d + 3\sigma_3$，$\sigma_d = \sigma_1 - \sigma_3$；
　　　k_1、k_2——试验常数。

由于 K-θ 模型没有考虑剪切应力对回弹模量的影响，因此只能用于很小范围的应力路径，Uzan 对 K-θ 模型进行了修改，通过增加偏应力来说明剪切应力的影响，见式(6-67)：

$$E = k_1 p_a \left(\frac{\theta}{p_a}\right)^{k_2} \left(\frac{\sigma_d}{p_a}\right)^{k_3} \tag{6-67}$$

式中　E——回弹模量(kPa)；
　　　θ——应力不变量(kPa)，$\theta = \sigma_1 + 2\sigma_3 = \sigma_d + 3\sigma_3$，$\sigma_d = \sigma_1 - \sigma_3$；
　　　p_a——大气压力(kPa)；
　　　k_1、k_2、k_3——试验常数。

AI 法在 DAMA 设计程序中，将土基和所有沥青层作为弹性材料，将级配碎石的粒料基层看成非线性材料，级配碎石回弹模量根据多变量回归的预测计算方法见式(6-68)：

$$E = 10.44 h_1^{-0.471} h_2^{-0.041} E_1^{0.139} E_0^{0.287} K_t^{0.868} \tag{6-68}$$

式中　E——级配碎石层回弹模量(kPa)；
　　　h_1、h_2——沥青层和级配碎石层的厚度(cm)；
　　　E_1、E_0——沥青层和路基顶面的回弹模量(kPa)；
　　　K_t——与级配碎石材料特性有关的参数(kPa)。

朱洪洲等提出级配碎石回弹模量根据多变量回归的预测计算方法，见式(6-69)：

$$E = 0.646 h_1^{-0.734} h_2^{0.219} E_1^{-0.267} E_0^{0.241} K_t^{0.778} \tag{6-69}$$

式中　E——级配碎石层回弹模量(MPa)；
　　　h_1、h_2——沥青层和级配碎石层的厚度(cm)；
　　　E_1、E_0——沥青层和路基顶面的回弹模量(MPa)；
　　　K_t——与级配碎石材料特性有关的参数(kPa)。

例如，路面结构为 15 cm 沥青混凝土层(回弹模量为 1 500 MPa)+30 cm 级配碎石+路基(回弹模量为 80 MPa)，级配碎石为石灰岩，K_t 为 40 000 kPa，代入式(6-69)，得级配碎石层回弹模量为 289.4 MPa。假如沥青层由 15 cm 减至 10 cm，则级配碎石层回弹模量变为 391.9 MPa。这说明了级配碎石模量与应力状态的关系。

2. 粒料材料的回弹模量试验

我国现行《公路沥青路面设计规范》(JTG D50)规定采用动态三轴压缩试验测试粒料类材料的回弹模量。

最大粒径大于 19 mm 粒料类材料的试件尺寸为：直径×高度=φ150 mm×300 mm，制备试件时应筛除粒径大于 26.5 mm 的颗粒。最大粒径小于 19 mm 粒料类材料的试件尺寸为：直径×高=φ100 mm×200 mm。室内压实试件目标含水率应采用击实试验的最佳含水率，室内压实试件含水率与目标含水率偏差不应超过±0.5%。室内压实试件应采用与现场压实度要求相应的干密度，缺少现场压实度时可采用击实试验最大干密度的 95%，室内压实密度与目标压实度偏差不超过±1%。

第6章 交通荷载及路面设计参数

试验前,首先打开所有连接试件的排水阀门,连通围压供给管和三轴室,对试件施加 105.0 kPa 的预载围压。对试件至少施加 1 000 次、最大轴向应力为 231.0 kPa 的半正矢脉冲荷载,加载时长 0.1 s,恢复时长 0.9 s。当试件竖直永久变形达到试件高度的 5% 时,应停止预载,分析试件变形过大原因,必要时重新制备试件测试。当预载期间试件竖直永久变形再次达到 5% 时,应停止试验,并记录说明。

按表 6-31 的加载序列 1,将最大轴向应力调整为 14.0 kPa,围压调整为 20.0 kPa。在相应的轴向循环应力水平下,对试件施加 100 次半正矢脉冲荷载,加载时间为 0.1 s,恢复时间为 0.9 s,记录最后 5 次循环的回弹变形平均值。完成加载序列 1 之后,按加载序列 2 至加载序列 25 依次改变应力水平进行以上测试,并记录每个加载序列最后 5 次循环的回弹变形平均值。试验过程中,当试件垂直永久变形达到试件高度的 5% 时,应停止试验并记录结果。

表 6-31 加载序列

加载序列号	围压应力 σ_3 (kPa)	接触应力 $0.2\sigma_3$ (kPa)	循环偏应力 σ_d (kPa)	最大轴向应力 σ_{max} (kPa)	荷载作用次数
0-预载	105	21	210	231	1 000
1	20	4	10	14	100
2	40	8	20	28	100
3	70	14	35	49	100
4	105	21	50	71	100
5	140	28	70	98	100
6	20	4	20	24	100
7	40	8	40	48	100
8	70	14	70	84	100
9	105	21	105	126	100
10	140	28	140	168	100
11	20	4	40	44	100
12	40	8	80	88	100
13	70	14	140	154	100
14	105	21	210	231	100
15	140	28	280	308	100
16	20	4	60	64	100
17	40	8	120	128	100
18	70	14	210	224	100
19	105	21	315	336	100
20	140	28	420	448	100
21	20	4	80	84	100
22	40	8	160	168	100
23	70	14	280	294	100
24	105	21	420	441	100
25	140	28	560	588	100

按每个加载序列最后 5 次循环的回弹变形计算回弹模量,计算全部序列的均值。根据测试所得的相关数据和式(6-70)所示的回弹模量本构模型,采用非线性拟合技术,确定模型参数 k_1、k_2 和 k_3。

$$M_R = k_1 p_a \left(\frac{\theta}{p_a}\right)^{k_2} \left(\frac{\tau_{oct}}{p_a} + 1\right)^{k_3} \tag{6-70}$$

式中　　M_R——回弹模量(MPa);

　　　　θ——体应力(MPa),计算见式(6-71):

$$\theta = \sigma_1 + \sigma_2 + \sigma_3 \tag{6-71}$$

　　　　σ_1、σ_2、σ_3——主应力(MPa);

　　　　τ_{oct}——八面体剪应力(MPa),计算见式(6-72):

$$\tau_{oct} = \sqrt{(\sigma_1 - \sigma_2)^2 + (\sigma_1 - \sigma_3)^2 + (\sigma_2 - \sigma_3)^2}/3 \tag{6-72}$$

　　　　k_i——回归常数,k_1、$k_2 \geqslant 0$,$k_3 \leqslant 0$;

　　　　p_a——参考气压(MPa)。

3. 粒料类材料的结构设计回弹模量要求

最佳含水率和与压实度要求相应的干密度条件下的粒料回弹模量应依据相应的水平确定:水平一,采用动态三轴压缩试验测定,取回弹模量试验结果的均值;水平三,按粒料类型和层位参照表 6-32,确定粒料回弹模量取值。

表 6-32　粒料回弹模量取值范围(MPa)

材料类型和层位	最佳含水率和与压实度要求相应的干密度条件下的粒料回弹模量	经湿度调整后的粒料回弹模量
级配碎石基层	200～400	300～700
级配碎石底基层	180～250	190～440
级配砾石基层	150～300	250～600
级配砾石底基层	150～220	160～380
未筛分碎石层	180～220	200～400
天然砂砾层	105～135	130～240

注:材料性能好、级配好或压实度大时取高值,反之取低值。

研究表明,施工完成后粒料层湿度逐渐降低,最终达到湿度平衡状态,因此参照美国力学经验法路面设计指南(M-EPDG),我国现行《公路沥青路面设计规范》(JTG D50)中,粒料层的回弹模量在结构验算时由粒料回弹模量乘以湿度调整系数后得到,湿度调整系数可在 1.6～2.0 范围内选取。粒料回弹模量应取用最佳含水率和与压实度要求相应的干密度条件下的试验值。压实度要求应符合《公路路面基层施工技术细则》(JTG/T F20)的有关规定。

4. 粒料类材料的技术要求

高速公路和一级公路基层粒料公称最大粒径不宜大于 26.5 mm;底基层采用级配碎石或级配砂砾时,公称最大粒径不宜大于 31.5 mm;底基层采用天然砂砾时,公称最大粒径不宜大于

53.0 mm。二级及二级以下公路的基层、底基层粒料公称最大粒径不宜大于53.0 mm。填隙碎石公称最大粒径宜为层厚的1/2~2/3,填隙碎石用于基层时,骨料公称最大粒径不应超过53.0 mm;用于底基层时骨料公称最大粒径不应超过63.0 mm。防冻层所用砂砾、碎石材料的最大粒径不应超过53.0 mm。级配碎石和级配砂砾中通过0.075 mm筛孔的颗粒含量不宜大于5%,不满足要求时,可用天然砂砾替代部分细集料。

基层、底基层级配碎石的CBR值应符合表6-33的有关规定。级配砾石或天然砂砾用于基层时,CBR值不应小于80。级配砾石或天然砂砾用于底基层时,对极重、特重和重交通荷载等级,CBR值不应小于80;对中等交通荷载等级,CBR值不应小于60;对轻交通荷载等级,CBR值不应小于40。

表6-33 级配碎石CBR值

结构层	公路等级	极重、特重交通	重交通	中等、轻交通
基层	高速公路、一级公路	≥200	≥180	≥160
	二级及二级以下公路	≥160	≥140	≥120
底基层	高速公路、一级公路	≥120	≥100	≥80
	二级及二级以下公路	≥100	≥80	≥60

习题与讨论

习 题

1. 为什么要进行车辆类型和轴载类型的分类?路面设计用的交通量和道路等级确定的交通量有何差别?
2. 荷载对路面的作用有哪些?什么情况下用哪种荷载作用方式?
3. 什么是标准轴载?我国用什么作为标准轴载?其他国家为什么用不同的标准轴载?
4. 为什么要进行轴载换算?水泥混凝土路面很沥青混凝土路面如何进行轴载换算?
5. 何谓路面设计累计当量轴次N_e?怎样确定?它在路面设计中有何用处?
6. 不同轴载通行次数是按等效原理进行换算的,请说明该"等效原理"的主要依据是什么?
7. 碎砾石在不同偏应力下抵抗累积变形性能有何不同?
8. 请按下表中的车辆类型进行沥青路面要求轴载换算?

序号	汽车型号	总重力(kN)	载重力(kN)	前轴重力(kN)	后轴重力(kN)	后轴数	后轴轮组数	轴距(cm)
1	解放CA10B	80.25	40	19.40	60.85	1	双	
2	黄河JN150	150.60	82.60	49.00	101.60	1	双	
3	延安SX161	237.00	135.00	54.64	2*91.25	2	双	135.0
4	长征XD980	182.40	100.00	37.10	2*72.65	2	双	122.0

9. 假如上表中的汽车载重超载 10%、20%、50%,请再按沥青路面要求进行轴载换算?

10. 请按上表中的车辆类型进行水泥混凝土路面轴载换算?

11. 假如上表中的汽车载重超载 10%、20%、50%,请再按水泥混凝土路面要求进行轴载换算?

12. 请结合规范,分析侧面法测定无机结合料回弹模量的具体要求。

13. 请结合规范,分析沥青混合料动态回弹模量和疲劳试验的具体要求。

14. 请结合规范,分析粒料类材料动态回弹模量试验的具体要求。

讨 论

路面结构的材料模量是路面结构设计的一个重要的参数,模量的类型包括土基模量、沥青混合料的模量、无机结合料的模量和水泥混凝土模量。各种模量的测定方法、类型、试验温度、试件尺寸、加载速率不完全相同(下表各种模量的试验方法汇总)。各位同学可以从弹性力学中的模量概念入手,讨论不同模量的基本概念、优缺点,提出自己的建议。

试验方法	JTG F40 增补方法	JTJ 057 T 0808	JTG E40 T 0135	JTG E60 T 0943	JTG E20 T 0714	ASTM D 1074
试验目的	抗压回弹模量	无机结合料稳定材料回弹模量	室内测定土基回弹模量	现场测定土基回弹模量	破坏劲度模量(总形变模量)	抗压强度
试件尺寸及成型方法	ϕ100 mm×100 mm,压实成型,高度控制	ϕ100 mm×100 mm,ϕ150 mm×150 mm,压实成型,高度控制	ϕ152 mm×120 mm 击实成型	—	4 cm×4 cm×8 cm 碾压成型,切割	ϕ101.6 mm×101.6 mm,压实成型 20.7 MPa,2 min
试验温度	15 ℃,20 ℃	—	—	—	20 ℃	25 ℃
预压	0.2 P 加载卸载预压 2 次	最大荷载的一半预压 2 次,每次 1 min	0.05 MPa~0.2 MPa,1~2 次,每次 1 min	0.05 MPa,1 min	无	无
加载速率	2 mm/min	—	—	—	50 mm/min	5.08 mm/min
加载后到读数的稳压时间	0	1 min	1 min	1 min		
卸载后到读数的回弹时间	30 s	30 s	1 min	1 min	—	

第7章 路面基层

§7-1 概 述

> **学习目的：** 路面基层在路面结构中是主要的承重层，起着十分重要的作用。基层主要包括无机结合料稳定类基层、粒料类基层、沥青结合料类基层、水泥混凝土基层。本章主要应掌握各类基层的特点和使用条件。
>
> **教学要求：** 通过讲解碎（砾）石材料的力学特性，掌握粒料类基层的参数特点和取值；
> 通过讲解无机结合料稳定类基层的特点，掌握其设计要求；
> 通过讲解沥青结合料类和水泥混凝土基层的特点，掌握其设计要求。

路面基层是路基路面体系中的重要组成部分，位于路基和路面面层之间，在路面结构中起着"承上启下"的作用。

处于沥青路面或水泥混凝土路面中的基层在结构承载方面的作用有所不同。沥青路面基层在承载中起主要作用，而水泥混凝土路面基层的承载相对次要，主要起提供稳定、耐久的下部支撑作用。从能量角度来看，沥青面层的刚度相对较小，荷载作用下，基层的应变能（变形能）占总应变能的比例较高；而水泥面板的刚度很大，其应变能占总应变能绝大部分，基层内应力应变水平相对较低，对其刚度方面的要求也相对较低。

基层材料的刚度不同，所承担的应变能比例不同，从而导致路面结构内其他层位（面层、路基）的受力状况不同。在路面所处的交通、环境条件确定的情况下，同样满足使用年限要求的路面结构设计可有显著差异，相应的，其造价差别也很大。基层材料按照组成差异可将其分为四类：无机结合料稳定类、粒料类、沥青结合料类和水泥混凝土类。沥青路面基层和底基层的材料类型可参照表7-1选用；水泥混凝土路面基层和底基层的材料类型可参照表7-2选用。

表7-1 基层和底基层材料的适用交通荷载等级

类型	材料类型	基层和底基层材料适用的交通等级
无机结合料稳定类	水泥稳定级配碎石或砾石、水泥粉煤灰稳定级配碎石或砾石、石灰粉煤灰稳定级配碎石或砾石	各交通荷载等级的基层和底基层
	水泥稳定未筛分碎石或砾石、石灰粉煤灰稳定未筛分碎石或砾石、石灰稳定未筛分碎石或砾石	轻交通荷载等级的基层、各交通荷载等级的底基层
	水泥稳定土、石灰稳定土、石灰粉煤灰稳定土	较交通荷载等级的基层、各交通荷载等级的底基层

续表 7-1

类型	材料类型	基层和底基层材料适用的交通等级
粒料类	级配碎石	重及重以下交通荷载等级的基层、各交通荷载等级的底基层
	级配砾石、未筛分碎石、天然砂砾、填隙碎石	中等和轻交通荷载等级的基层、各交通荷载等级的底基层
沥青结合料类	密级配沥青碎石、半开级配沥青碎石、开级配沥青碎石	极重、特重和重交通荷载等级的基层
	沥青贯入碎石	重及重以下交通荷载等级的基层
水泥混凝土	水泥混凝土或贫混凝土	极重、特重交通荷载等级的基层

表 7-2 水泥混凝土路面基层和底基层材料的适用交通荷载等级

交通荷载等级	基层材料类型	底基层材料类型
极重、特重	贫混凝土,碾压混凝土	级配碎石,水泥稳定碎石,石灰、粉煤灰稳定碎石
	沥青混凝土	
重	密级配沥青稳定碎石	级配碎石,水泥稳定碎石,石灰、粉煤灰稳定碎石
	水泥稳定碎石	
中等、轻	级配碎石	未筛分碎石,级配碎石,或不设
	水泥稳定碎石,石灰、粉煤灰稳定碎石	

与摊铺、碾压设备能力相适应,每种不同的基层材料有其合适的单层施工厚度,如水泥稳定碎石的适宜施工厚度范围是 15～20 cm。路面结构设计中,有可能设计较厚的单层材料,如 40 cm 的水稳碎石基层,其在施工中需分两层(每层 20 cm)施工,但因设计计算过程中将其当作单层,为使设计与施工相匹配,施工中应采取措施加强两层之间的联结。

§7-2 粒料类基层

碎(砾)石包括级配碎石、级配砾石、天然砂砾等,碎(砾)石作为路面基层的粒料应具备以下功能:

① 具有一定抗剪强度,在荷载,尤其是重载作用下,不会发生剪切破坏。

② 具有较高的承载能力,即有较高模量,通过合理设计可使上面的沥青层底面不产生过大的拉应变或拉应力而导致路面过早疲劳开裂。

③ 具有良好排水性能。

但采用碎(砾)石路面(或)基层应注意以下几点:

① 由于碎(砾)石路面属非整体性材料,因此,用作路面面层时只适合于低交通量道路或简易铺装临时道路;

② 作为高级路面基层时,其上各层的抗疲劳验算应为重点;

③ 在重复荷载作用下可能导致塑性变形,应注意验算车辙总量。

粒料是指不加任何结合料稳定的集料,因为其一般除了加水拌和外不加任何结合料又称为无结合料集料,或非处治集料。按照我国现行基层施工规范将粒料材料分为两种即级配型和嵌锁型。

嵌锁型碎石按其施工中是否洒水又分为干结碎石和水结碎石，嵌锁型碎石与级配型碎石相比，存在以下不足：填隙碎石采用大小颗粒的碎石分层撒铺、碾压，施工复杂、工艺烦琐，难以机械化施工，施工速度慢；填隙碎石是多孔隙结构，越往下结构孔隙越大，容易透水、蓄水；结构不稳定，行车作用下易变形。因此我国现行规范规定填隙碎石只可用于各等级公路的底基层或三、四级公路的基层。级配型碎石又分为级配碎石、级配碎砾石、未筛分的碎石、级配砾石（未破碎）（砂砾，未破碎），统一称为级配粒料。其中以材料质优的密级配的级配碎石性能最好，可以作为各级道路的基层、底基层以及沥青面层和半刚性基层之间的过渡层。

级配碎砾石性能较级配碎石差，但是其性能较其他级配类型粒料为好。级配砾石、级配碎砾石以及符合级配、塑性指数等技术要求的天然砂砾，可用作二级和二级以下道路的基层，也可以作各级道路的底基层。

一、碎（砾）石路面的强度构成

碎（砾）石路面结构强度形成的特点是：矿料颗粒之间的联结强度，一般都要比矿料颗粒本身的强度小得多；在外力作用下，材料首先将在颗粒之间产生滑动和位移，使其失去承载能力而遭致破坏。因此，对于这种松散材料组成的路面结构强度，虽然矿料颗粒本身强度十分重要，但是起决定作用的则是颗粒之间的联结强度。凡在强度特性上具有上述特点的材料，均属于松散介质的范畴。对于松散介质范畴的材料，其抗剪强度可用库仑公式表示。因此，由材料的黏结力和内摩阻角所表征的内摩擦力所决定的颗粒之间的联结强度，即构成了路面材料的结构强度。

1. 级配碎石材料

级配碎石材料是按嵌挤原则产生强度，它的抗剪强度主要决定于剪切面上的法向应力和材料内摩阻角。由下列三项因素构成：

① 粒料表面的相互滑动摩擦；
② 因剪切时体积膨胀而需克服的阻力；
③ 因粒料重新排列而受到的阻力。

单一粒料在另一有粗糙面但表面平整的粒料上滑动，其摩阻角大多在30°以下；许多粒料相互紧密接触，沿某一剪切面相互变位时，因体积膨胀和粒料重新排列而多消耗的功，可使摩阻角增至40°~50°。

级配碎石粒料摩阻角的大小主要取决于石料的强度、级配、形状、尺寸、均匀性、表面粗糙度以及施工时的压实程度。当石料强度高、形状接近正立方体、级配良好、有棱角、尺寸均匀、表面粗糙、压实度高，则内摩阻力就大。

2. 土-碎（砾）石混合料

这类材料含土少时，也是按嵌挤原则形成强度；当含土量较多时，则按密实原则形成强度。土-碎（砾）石混合料的强度和稳定性取决于内摩阻力和黏结力的大小。为得到最大强度和稳定性而设计的颗粒材料，应具有高内摩阻力来抵抗荷载作用下的变形。内摩阻力和由此而产生的抗剪力在很大程度上取决于密实度、颗粒形状和颗粒大小的分配。在这些因素中，以集料大小的分配，特别是粗细成分比例为最重要。

二、碎（砾）石路面的强度影响因素

粒料材料的强度、模量较一般稳定类材料的基层差，因此国内外对级配碎石基层的研究和应用,主要在于提高级配碎石的强度和稳定性,以降低行车作用下的变形和永久变形。级配集料的强度、稳定性与集料的类型、集料的最大粒径和级配、集料中细料含量、0.075 mm 的通过率有关,而材料的水稳定性又与 0.425 mm 以下材料的通过率及其塑性指数有关。同时对于粒料材料,其强度、稳定性又与其密实度有很大关系。因此对于级配型集料,主要控制材料的类型、最大粒径、4.75 mm、0.425 mm、0.075 mm 的通过率以及现场压实度。

三、碎(砾)石路面的非线性

在公路、城市道路路面及机场道面中使用的粒料类基层材料通常呈现出弹塑性以及黏性性质,即其应力—应变关系通常不是线性关系而是非线性关系(图 7-1),因此其回弹模量不是常数,而依赖于材料的应力状态(图 7-2)。土基和粒料基层材料在路面结构中的实际回弹模量值,随汽车荷载大小、路面结构层及厚度和刚度而异。

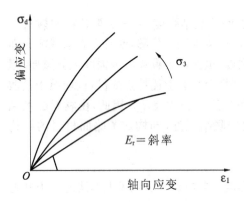

图 7-1　碎、砾石材料应力—应变　　　图 7-2　干的轧制集料回弹模量随主应力和的变化

柔性道路中无黏结粒料层的力学性能对于整个道路结构的整体性是很重要的。因此对于薄面层的柔性道路应考虑无黏结粒状材料的非线性。为了说明无黏结粒状材料的非线性,通常将粒状材料分成副层以调节回弹模量在交通和荷载的作用下沿深度因应力改变而发生的变化。现今的分层确定模量的方法有很多,这些方法都各不相同。多层层状弹性方法可以说明竖直应力的变化,但不能有效的解释侧向或水平方向应力的变化。

对于粒状材料的本构模型理论归纳起来,有两大类:一是弹性非线性模型理论,二是弹塑性模型理论。级配碎石基层路面结构非线性分析可采用弹性非线性模型理论来建立反映路面材料非线性的本构模型。

由于粒状材料有非线性特性,因此其弹性模量随着应力水平而变化。级配碎石基层路面结构层状体系中级配碎石层的弹性模量一般采用由重复作用的三轴压缩试验所得的回弹模量。粒状材料的回弹模量随着应力强度的增加而增加,通常回弹模量与第一应力不变量的简单关系可表达为式(7-1)。

$$E = K_1 \theta^{K_2} \tag{7-1}$$

式中　K_1、K_2——试验得到的回归常数;
　　　θ——第一应力不变量为三个主应力 σ_1、σ_2 和 σ_3 之和或者三个法向应力 σ_x、σ_y 和 σ_z 之和,$\theta = \sigma_1 + \sigma_2 + \sigma_3 = \sigma_x + \sigma_y + \sigma_z$。若考虑层状体系的重量,则 $\theta = \sigma_x + \sigma_y + \sigma_z + \gamma z(1$

$+2K_0$),其中 γ 为平均单位体积重量,z 为模量计算点离地表面的距离,而 K_0 为静土压力系数。

四、碎(砾)石路面的各向异性

各向异性被定义为在各向同性应力状况下轴向应变和径向应变之间的比值。内在的各向异性是粒状材料内在的物理特性,主要由于材料的沉降或者排列引起。应力引起的各向异性发生在粒状材料应变过程中。

用简单的规律来定义粒状材料的各向异性很困难。各向异性可能是由于很多因素引起的,例如矿物类型,颗粒材料,密度和级配。研究表明级配粗的材料比级配细的材料对各向异性更加敏感。

道路中的粒料层(基层或者底基层)被压实达到最大密度这样就可以提供足够的支撑能力和减少弯沉。在压实过程中由于施加在上面的竖直压实荷载作用,粒料层几乎变成各向异性。这样粒料层竖向方向的刚度要比水平方向的要大。各向异性有内在应力引起的各向异性以及长久应力(历史应力)引起的各向异性。对于道路工程来说,内在应力引起的各向异性可定义为由于压实和重力引起的粒状材料的内在物理特性。应力引起的各向异性可定义为粒状材料只由于施加的应力(或应变)引起的粒状材料的物理特性。如果考虑道路结构中的粒状材料层,应力引起的各向异性是由于车辆经过引起的粒料层的物理特性的变化。

交通中的重型车辆将引起相对较大数量的可恢复的和一些不可恢复的(塑性)变形。在塑性变形中一些颗粒之间的接触点消失,一些颗粒破裂,一些颗粒相对的滑动并形成一些新的接触点。作为塑性应变的结果,在交通前存在的内在各向异性发生了改变。因此,粒料层在重复交通之前和之后变形的特性是不同的。

五、级配碎石混合料的室内试验

1. 室内最大干密度和含水量的确定与不同成型方法

室内试件成型的关键是以多大的压实功或怎样的成型方法最能模拟现场压实机具的有效压实状况。ASTM(表 7-3)规定对于无黏聚性的、能自由排水的材料,建议采用振动成型方法,而对于一般的土、土石混填材料、砾石、碎石要求采用重型击实成型,其他还有轻型击实标准。

表 7-3 ASTM 无结合料材料室内成型试验方法

成型方法		试筒直径(cm)	锤重(N)	落差(cm)	击实层数/次数	材料尺寸	试样重量	
							现场	室内
击实成型								
轻型标准 D698	A	101.6	24.4	30.5	3/25	4.75 mm 筛上料少于 20%	23	16
	B	101.6	24.4	30.5	3/25	4.75 mm 筛上料大于 20%、9.5 mm 筛上料小于 20%	23	16
	C	152.4	24.4	30.5	3/56	9.5 mm 筛上料大于 20%、19 mm 筛上料小于 30%	45	29

续表 7-3

成型方法		试筒直径(cm)	锤重(N)	落差(cm)	击实层数/次数	材料尺寸	试样重量	
							现场	室内
重型标准 D1557	A	101.6	44.5	45.7	5/25	4.75 mm 筛上料少于 20%	23	16
	B	101.6	44.5	45.7	5/25	4.75 mm 筛上料大于 20%、9.5 mm 筛上料小于 20%	23	16
	C	152.4	44.5	45.7	5/56	9.5 mm 筛上料大于 20%、19 mm 筛上料小于 30%	45	29
D4718		适合于 19 mm 筛上料含量大于 30% 的材料						
振动成型								
振动成型 D4253		适合于无黏聚性的、能自由排水的材料,如卵(漂)石,材料最大粒径不大于 75 mm。						

AASHTO(表 7-4)无结合料材料室内成型方法基本与 ASTM 方法相同。AASHTO T99 为轻型击实标准,T180 为重型击实标准,T224 为修正方法,基本原理同 ASTM D4718,只是考虑筛去量相关的一个修正系数,此修正系数对于 ASTM D4718 为 1。

表 7-4 　AASHTO 无结合料材料室内成型试验方法

成型方法		试筒直径(cm)	锤重(kg)	落差(cm)	击实层数/次数	最大粒径	试样重量 室内
击实成型							
轻型标准 T99	A	101.6	25	30.5	3/25	4.75 mm	15
	B	152.4	25	30.5	3/25	4.75 mm	35
	C	101.6	25	30.5	3/56	19 mm	25
	D	152.4	25	30.5	3/56	19 mm	55
重型标准 T180	A	101.6	45.4	45.7	5/25	4.75 mm	15
	B	152.4	45.4	45.7	5/25	4.75 mm	35
	C	101.6	45.4	45.7	5/56	19 mm	25
	D	152.4	45.4	45.7	5/56	19 mm	55
T224		最大粒径大于 19 mm					

2. 级配碎石混合料强度一般标准

各国一般将级配碎石的 CBR 值作为其混合料强度标准(表 7-5),我国《公路沥青路面设计规范》(JTG D50)级配碎石的 CBR 要求见表 6-33。

表 7-5 部分国家和地区、部门级配碎石强度要求(CBR)

部门或国家	基层	底基层	部门或国家	基层	底基层
AI(1971)	100(80)	20(55)	英国	80	底基层30,垫层为15
AI(1993)	80(78)	20(55)	日本	80	炉渣、砂为20~30,其他为30
AASHTO	80	20	台湾省高速公路局	85	30
加州	(78)	(40~60)	新西兰	80	30

六、级配碎(砾)石基层

无结合料处治粒料在国外是一种应用极为普遍的筑路材料,广泛用于柔性路面的基层和底基层,用于基层的常为较优质的碎石层。美国、澳大利亚及南非还把最佳级配的优质碎石用于半刚性基层与沥青面层之间,作为减少沥青路面反射裂缝的措施。我国也在多项大型工程中应用了这类材料和结构,取得了较好的效果。

1. 材料要求

优质级配碎石基层强度主要来源于碎石本身强度及碎石颗粒之间的嵌挤力。因此,对于碎石基层应保证高质量的碎石、良好的级配和良好的施工压实。粗集料技术要求应满足表7-6,高速公路和一级公路细集料技术要求应满足表7-7。

表 7-6 粗集料技术要求

| 指标 | 层位 | 高速公路和一级公路 | | | | 二级及二级以下公路 | |
| | | 极重、特重交通 | | 重、中、轻交通 | | | |
		Ⅰ类	Ⅱ类	Ⅰ类	Ⅱ类	Ⅰ类	Ⅱ类
压碎值(%)	基层	≤22[a]	≤22	≤26	≤26	≤35	≤30
	底基层	≤30	≤26	≤30	≤26	≤40	≤35
针片状颗粒含量(%)	基层	≤18	≤18	≤22	≤18	—	≤20
	底基层	—	≤20	—	≤20	≤20	≤20
0.075 mm以下粉尘含量(%)	基层	≤1.2	≤1.2	≤2	≤2	—	—
	底基层	—	—	—	—	—	—
软石含量(%)	基层	≤3	≤3	≤5	≤5	—	—
	底基层	—	—	—	—	—	—

注:[a] 对花岗岩石料,压碎值可放宽至25%。

表 7-7 细集料技术要求

项目	水泥稳定[a]	石灰稳定	石灰粉煤灰综合稳定	水泥粉煤灰综合稳定
颗粒分析	满足级配要求			
塑性指数[b]	≤17	适宜范围15~20	适宜范围12~20	—
有机质含量(%)	<2	≤10	≤10	<2
硫酸盐含量(%)	≤0.25	≤0.8	—	≤0.25

注:[a] 水泥稳定包含水泥石灰综合稳定。
[b] 应测定0.075 mm以下材料的塑性指数。

2. 级配要求

级配是影响级配碎石强度与刚度的重要因素。一般来说,密实的级配易于获得高密度,从而使级配碎石获得高的 CBR 值和回弹模量。用于高速公路或一级公路基层或用于无机结合料稳定材料基层和沥青面层之间的最佳级配优质碎石,其级配应能获得最大密实的集料,并具有较好的透水性。表7-8给出了我国《公路路面基层施工技术细则》(JTG/T F20)几种级配的情况。二级及二级以下公路基层采用未筛分碎石或砾石时,应采用表7-9推荐的级配范围。

表7-8 级配碎石或砾石的推荐级配范围

筛孔尺寸(mm)	G-A-1	G-A-2	G-A-3	G-A-4	G-A-5
37.5	100	—	—	—	—
31.5	100～90	100	100	—	—
26.5	93～80	100～90	95～90	100	100
19	81～64	86～70	84～72	88～79	100～95
16	75～57	79～62	79～65	82～70	89～82
13.2	69～50	72～54	72～57	76～61	79～70
9.5	60～40	62～42	62～47	64～49	63～53
4.75	45～25	45～25	40～30	40～30	40～30
2.36	31～16	31～16	28～19	28～19	28～19
1.18	22～11	22～11	20～12	20～12	20～12
0.6	15～7	15～7	14～8	14～8	14～8
0.3	—	—	10～5	10～5	10～5
0.15	—	—	7～3	7～3	7～3
0.075*	5～2	5～2	5～2	5～2	5～2

注:* 对无塑性的混合料,小于 0.075 mm 的颗粒含量宜接近高限。

表7-9 未筛分碎石或砾石的推荐级配范围

筛孔尺寸(mm)	G-B-1	G-B-2	筛孔尺寸(mm)	G-B-1	G-B-2
53	100	—	4.75	10～30	17～45
37.5	85～100	100	2.36	8～25	11～35
31.5	69～88	83～100	0.6	6～18	6～21
19.0	40～65	54～84	0.075	0～10	0～10
9.5	19～43	29～59			

用级配砾石的垫层称为级配砂砾垫层,其级配砂砾要求颗粒尺寸在 4.75～31.5 mm 之间,其中 19～31.5 mm 含量不少于 50%。

§7-3 无机结合料稳定类基层

在粉碎的或原状松散的土中掺入一定量的无机结合料(包括水泥、石灰或工业废渣等)和水,经拌和得到的混合料在压实与养生后,其抗压强度符合规定要求的材料称为无机结合料稳定材料。

粉碎的或原状松散的土,按照土中单个颗粒(指碎石、砾石、砂和土颗粒)的粒径的大小和组成,可分成细粒土、中粒土和粗粒土。不同的土与无机结合料拌和得到不同的稳定材料,常用的基层、底基层无机结合料稳定材料有:石灰土、水泥稳定碎石、水泥稳定砂砾、二灰(石灰、粉煤灰)碎石、二灰土、贫水泥混凝土等。事实上,无机结合料稳定材料应包含水泥混凝土,但工程技术人员一般所称的无机结合料稳定材料都是基层材料,而将水泥混凝土作为面层材料单独列出。

无机结合料稳定材料具有稳定性好、抗冻性强、结构本身自成板体等特点,但其耐磨性差,因此广泛用于修筑路面结构的基层和底基层。

无机结合料稳定材料种类较多,其物理、力学性质各有特点,使用时应根据结构要求、掺加剂和原材料的供应情况及施工条件进行综合技术、经济比较后选定。由于无机结合料稳定材料的刚度介于柔性路面材料和刚性路面材料之间,常称为半刚性材料。以此修筑的基层或底基层亦称为半刚性基层(底基层)。

无机结合料稳定材料是目前我国最常用的基层、底基层材料,具有板体性和较高的抗压强度,因而能使得路面结构抵抗车轮荷载压应力的能力大幅提升,与柔性材料相比,其受力更类似于刚性材料,如:水泥混凝土路面面层板。正因如此,采用半刚性基层的沥青路面可以有效减小路面结构层总厚度,降低路面总造价。我国以前受到经济条件的限制,在大范围提升公路等级和行驶质量的建设过程中,半刚性基层起到了非常关键的作用。

然而,无机结合料稳定材料作基层有其固有缺点。对比普通水泥混凝土路面,为防止混凝土板块的不规则断裂,采用了主动锯缝的技术措施,保证板块胀缩时可以沿预设接缝产生变形。无机结合料稳定材料的模量虽不如水泥混凝土板块,但与水泥混凝土类似,在温度变化时其胀缩变形产生的拉压应力仍较大,除此之外,湿度变化也会使该类材料产生胀缩,而该类材料的抗拉能力有限,往往会出现收缩裂缝。

一、无机结合料稳定类材料的物理及力学特性

1. 无机结合料稳定类材料的应力-应变特性

无机结合料稳定类材料的重要特点之一是强度和模量随龄期的增长而不断增长。一般规定水泥稳定类材料设计龄期为 3 个月,石灰或石灰粉煤灰(简称二灰)稳定类材料设计龄期为 6 个月。

表 7-10 给出了水泥稳定碎石抗压强度(R)、抗压回弹模量(E_p)、劈裂强度 σ_{sp} 和劈裂模量 E_{sp} 与龄期之间的关系。表 7-11 则为石灰粉煤灰稳定碎石的测试结果。

表 7-10　水泥稳定碎石的力学特性指标与龄期的关系

力学参数(MPa)	28 d	90 d	180 d	28 d/180 d	90 d/180 d
R	4.49	5.57	6.33	0.71	0.88
E_p	2 093	3 097	3 872	0.54	0.80
σ_{sp}	0.413	0.634	0.813	0.51	0.78
E_{sp}	533	926	1 287	0.41	0.72

表 7-11　石灰粉煤灰稳定碎石的力学特性指标与龄期关系

力学参数(MPa)	28 d	90 d	180 d	28 d/180 d	90 d/180 d
R	3.10	5.75	8.36	0.37	0.69
E_p	1 086	1 993	2 859	0.38	0.70
σ_{sp}	0.219	0.536	0.913	0.41	0.59
E_{sp}	359	960	1 720	0.37	0.56

半刚性材料应力-应变特性试验方法有顶面法、粘贴法、夹具法和承载板法等。试件有圆柱体试件和梁式(分大、中、小梁)试件。试验内容有抗压强度、抗压回弹模量、抗弯拉强度和抗弯拉疲劳试验等。

由于材料的变异性和试验过程的不稳定性,同一种材料不同的试验方法、同一种试验方法不同的材料及同一种试验方法不同龄期试验结果存在差异性。无机结合料稳定材料的应力-应变特性与原材料的性质、结合料的性质和剂量及密实度、含水量、龄期、温度等有关。通过各种试验方法的综合比较,认为抗压试验和抗弯拉疲劳试验较符合实际。劈裂强度与材料的抗拉强度存在一定对应关系,可以建立两者之间的相关关系,然后通过测试劈裂强度来估算抗拉强度。

2. 无机结合料稳定材料的疲劳特性

抗拉强度试验方法有直接抗拉试验、间接抗拉(劈裂)试验和弯拉试验。常用的疲劳试验是弯拉疲劳试验。

无机结合料稳定材料的疲劳寿命主要取决于重复应力与极限应力之比(σ_f/σ_s)。疲劳性能通常用应力比与达到破坏时反复作用次数(N_f)所绘成的散点图来表示。试验证明,应力比与 N_f 之间关系通常用双对数疲劳方程及单对数疲劳方程回归较为合理:

$$\left.\begin{array}{l} \lg N_f = a + b\lg \dfrac{\sigma_f}{\sigma_s} \\ \lg N_f = a + b\dfrac{\sigma_f}{\sigma_s} \end{array}\right\} \qquad (7-2)$$

其中　a, b ——回归系数。

在一定的应力条件下,材料的疲劳寿命取决于材料的强度和刚度。强度愈大刚度愈小,其疲劳寿命就愈长。由于材料的不均匀性,无机结合料稳定材料的疲劳方程还与材料试验的变异性有关。不同的存活率(到达疲劳寿命时出现疲劳破坏的概率)将有不同的疲劳方程(图 7-3)。

3. 无机结合料稳定材料的干缩特性

无机结合料稳定材料经拌和压

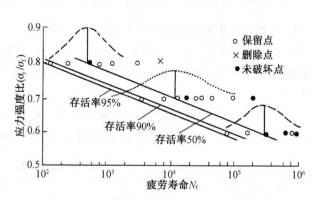

图 7-3　水泥砂砾(小梁)应力强度比与疲劳寿命关系曲线

实后:由于水分挥发和混合料内部的水化作用,混合料的水分会不断减少。由此发生的毛细管作用、吸附作用、分子间力的作用、材料矿物晶体或凝胶体间层间水的作用和碳化收缩作用等会引起无机结合料稳定材料体积收缩。

描述材料干缩特性的指标主要有干缩应变、干缩系数、干缩量、失水量、失水率和平均干缩系数等,可通过室内试验确定以上指标,让试件发生失水干缩过程,则:

失水量(Δw)是试件失去水分的质量(g);

失水率(α_w)是试件单位质量的失水量,$\alpha_w = \dfrac{\Delta w}{\omega}$,(%);

干缩量(Δl)是水分损失时试件的收缩量($\times 10^{-3}$ mm);

干缩应变(ε_d)是水分损失引起的试件单位长度的收缩量($\times 10^{-6}$);

干缩系数(α_d)是某失水量时,试件单位失水率对应的干缩应变,$\alpha_d = \varepsilon_d / \alpha_w$,($\times 10^{-6}$);

平均干缩系数 a_d 是某失水量时,试件的干缩应变与试件的失水率之比($\times 10^{-6}$)。

$$\left. \begin{array}{l} \varepsilon_d = \Delta l / l \\ \alpha_d = \varepsilon_d / \Delta w \end{array} \right\} \qquad (7-3)$$

其中　Δw——试件失水量;

　　　Δl——试件整体收缩量;

　　　l——试件长度。

无机结合料稳定材料的干缩特性(最大干缩应变和平均干缩系数)的大小与结合料的类型、剂量、被稳定材料的类别、粒料含量、小于0.6 mm 的细颗粒的含量、试件含水量和龄期等有关。

对稳定粒料类,三类半刚性材料的干缩特性的大小次序为:石灰稳定类＞水泥稳定类＞石灰粉煤灰稳定类。对于稳定细粒土,三类半刚性材料的收缩性的大小排列为:石灰土＞水泥土和水泥石灰土＞石灰粉煤灰土。图7-4 为水泥碎石成型后的裂缝。

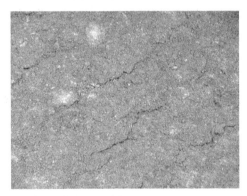

图7-4　水泥稳定碎石成型后养生期内出现的干缩裂缝

4. 半刚性材料的温度收缩特性

半刚性材料是由固相(组成其空间骨架的原材料的颗粒和其间的胶结物)、液相(存在于固相表面与空隙中的水和水溶液)和气相(存在于空隙中的气体)组成,所以,半刚性材料的外观胀缩性是三相的不同的温度收缩性的综合效应的体现。一般气相大部分与大气贯通,在综合效应中影响较小,可以忽略。原材料中砂粒以上颗粒的温度收缩系数较小,粉粒以下的颗粒温度收缩性较大。

半刚性材料温度收缩的大小与结合料类型和剂量、被稳定材料的类别、粒料含量、龄期等有关。半刚性基层一般在高温季节修建,成型初期基层内部含水量大,且尚未被沥青面层封闭,基层内部的水分必然要蒸发,从而发生由表及里的干燥收缩。同时,环境温度也存在昼夜温度差,因此,修建初期的半刚性基层同时受到干燥收缩和温度收缩的综合作用,必须注意养生保护。也有观点认为,在气温适中的春、秋季施工,有利于实现半刚性材料温缩和强度增长之间的平衡。

经过一定龄期的养生,半刚性基层上铺筑沥青面层后,基层内相对湿度略有增大,使材料的含水量趋于平衡,这时半刚性基层的变形以温度收缩为主。

温缩用温缩应变 ε_t 和平均温缩系数 α_t 表示:

$$\left.\begin{array}{l}\varepsilon_t = \Delta l/l \\ \alpha_t = \varepsilon_t/\Delta C\end{array}\right\} \tag{7-4}$$

其中 ΔC——试件收缩时温差,其余变量含义与干缩时类似。

二、石灰稳定类基层

以石灰作为黏结材料的无机结合料稳定材料作基层时,称为石灰稳定类基层。用石灰稳定细粒土时的混合料简称石灰土,相应成型后的基层称为石灰土基层(底基层)。

石灰剂量是石灰质量占土颗粒干质量的百分率,即:石灰剂量=石灰质量/干土质量。石灰稳定类材料适用于各级公路路面的底基层,也可用作二级和二级以下公路的基层,但不宜用作高速、一级公路的基层。

1. 石灰稳定土强度形成原理

在土中掺入适量的石灰,并在最佳含水量下拌匀压实,使石灰与土发生一系列的物理、化学作用,从而使土的性质发生根本的变化。在初期,主要表现为土的结团、塑性降低、最佳含水量增加和最大密实度减小等,后期主要表现为结晶结构的形成,从而提高其板体性、强度和稳定性。这些相互作用包括:

(1) 离子交换作用

土的微小颗粒具有一定的胶体性质,它们一般都带有负电荷,表面吸附着一定数量的钠、氢、钾等低价阳离子(Na^+、H^+、K^+)。石灰是一种强电解质,在土加入石灰和水后,石灰在溶液中电离出来的钙离子(Ca^{2+})与土中的钠、氢、钾离子产生离子交换作用,原来的钠(钾)土变成钙土,土颗粒表面所吸附的离子由一价变成了二价,减少了土颗粒表面吸附水膜的厚度,使土粒相互之间更为接近,分子引力随之增加,许多单个土粒聚成小团粒,组成一个稳定结构。

(2) 结晶作用

在石灰土中只有一部分熟石灰 $Ca(OH)_2$ 进行离子交换作用,绝大部分饱和的 $Ca(OH)_2$ 自行结晶。熟石灰与水作用生成熟石灰结晶网格,其化学反应式为:

$$Ca(OH)_2 + nH_2O \longrightarrow Ca(OH)_2 \cdot nH_2O$$

(3) 火山灰作用

熟石灰的游离 Ca^{2+} 与土中的活性氧化硅 SiO_2 和氧化铝 Al_2O_3 作用生成含水的硅酸钙和铝酸钙的化学反应就是火山灰作用,其反应式为:

$$xCa(OH)_2 + SiO_2 + nH_2O \longrightarrow xCaO \cdot SiO_3(n+1)H_2O$$

$$xCa(OH)_2 + Al_2O_3 + nH_2O \longrightarrow xCaO \cdot Al_2O_3(n+1)H_2O$$

上述所形成的熟石灰结晶网格和含水的硅酸钙和铝酸钙结晶都是胶凝物质,它具有水硬性并能在固体和水两相环境下发生硬化。这些胶凝物质在土微粒团外围形成一层稳定保护膜,填充颗粒空隙,使颗粒间产生结合料,减少了颗粒间的空隙与透水性,同时提高密实度,这是石灰土获得强度和水稳定性的基本原因,但这种作用比较缓慢。

(4) 碳酸化作用

在土中的 $Ca(OH)_2$ 与空气中的二氧化碳作用,其化学反应式为:

$$Ca(OH)_2 + CO_2 \longrightarrow CaCO_3 + H_2O$$

$CaCO_3$ 是坚硬的结晶体,它和其生成的复杂盐类把土粒胶结起来,从而大大提高了土的强度和整体性。

2. 影响强度的因素

(1) 土质

各种成因的土都可以用石灰来稳定,但生产实践证明:粘性土较好,其稳定的效果显著,强度也高。当采用高液限粘土时施工不易粉碎;采用粉性土的石灰土早期强度较低,但后期强度也可满足行车要求;采用低液限土质时易拌和,但难以碾压成型,稳定的效果不显著。采用的土质,一般要求塑性指数 12~18(100 g 平衡锥测液限,搓条法测塑限)的黏性土为好。塑性指数偏大的黏性土,要加强粉碎,粉碎后,15~25 mm 的土块不宜超过 5%。实践证明,塑性指数小于 12 的土不宜用石灰稳定。硫酸盐类含量超过 0.8% 或腐殖质含量超过 10% 时,对石灰土强度有显著影响,不宜直接采用。

(2) 灰质

石灰应是消石灰粉或生石灰粉,对高速公路或一级公路宜用磨细生石灰粉。要尽量缩短石灰的存放时间。在同等石灰剂量下,质量好的石灰,稳定效果好。如采用质量差的石灰,为了满足石灰土的技术要求,要适当增加石灰剂量。

(3) 石灰剂量

石灰剂量对石灰土强度影响显著,石灰剂量较低(小于 3%~4%)时,石灰主要起稳定作用,土的塑性、膨胀、吸水量减小使土的密实度、强度得到改善。随着剂量的增加,强度和稳定性均提高,但剂量超过一定范围时,强度反而降低。工程中常用最佳剂量范围,对于黏性土及粉性土为 8%~14%;对砂性土则为 9%~16%。剂量的确定应根据结构层技术要求进行混合料组成设计。

(4) 含水量

不同土质的石灰土有不同的最佳含水量,需通过标准击实试验确定,并用以控制施工中的实际加水量。所用水应是干净可供饮用的水。

(5) 密实度

石灰土的强度随密实度的增加而增长。实践证明,石灰土的密实度每增减 1%,强度约增减 4%。而密实的石灰土,其抗冻性、水稳定性也好,缩裂现象也少。在施工中,应加强压实控制。

(6) 石灰土的龄期

石灰土强度具有随龄期增长的特点。一般石灰土初期强度低,前期(1~2 个月)增长速率较后期为快。石灰土强度与龄期关系可表示为:

$$R_t = R_1 t^\beta \tag{7-5}$$

式中 R_1——一个月龄期抗压强度(MPa);

R_t——t 个月龄期抗压强度(MPa);

β——系数,约为 0.1~0.5。

(7) 养生条件

养生条件主要指温度与湿度及时间。养生条件不同,其强度也有差异。当温度高时,物理化学反应、硬化、强度增长快,反之强度增长慢,在负温条件下甚至不增长。因此,要求施工期的最低温度应在 5 ℃以上,并在第一次重冰冻(−3~−5 ℃)到来之前 1~1.5 个月完成。

施工经验证明,保证施工时的温度,灰土强度高,质量可以保证,一般在使用中很少损坏。养生的湿度条件对石灰土的强度也有很大影响。实践证明,在一定潮湿条件下养生强度的形成比在一般空气中养生要好。

3. 石灰土基层的应用

石灰稳定土不但具有较高的抗压强度,而且也具有一定的抗拉强度,且强度随龄期逐渐增加。因此,石灰稳定土一般可以用于各类路面的基层或底基层。但石灰稳定土因其水稳定性较差,不宜做高速公路或一级公路的基层,必要时可以用作底基层。在冰冻地区的潮湿路段以及其他地区的过分潮湿路段,也不宜采用石灰土做基层。

4. 石灰稳定土基层缩裂防治

石灰稳定土基层防治缩裂的措施有:

(1) 控制压实含水量:石灰稳定土因含水量过多产生的干缩裂缝显著,因而压实时含水量一定不要大于最佳含水量,应按略小于最佳含水量控制。

(2) 严格控制压实标准:实践证明,压实度小时产生的干缩要比压实度大时严重,因此,应尽可能达到最大压实度。

(3) 温缩的最不利季节是材料处于最佳含水量附近,而且温度在 0~10 ℃时。因此施工要在当地气温进入 0 ℃前一个月结束,以防在不利季节产生严重温缩。

(4) 干缩的最不利情况是石灰稳定土成型初期,因此,要重视初期养护,保证石灰土表面处于潮湿状况,谨防干晒。

(5) 石灰稳定土施工结束后要及早铺筑面层,使石灰土基层含水量不发生大变化,可减轻干缩裂隙。

(6) 在石灰稳定土中掺加集料(砂砾、碎石等),含量为 60%~70%,使混合料满足最佳组成要求,不但提高强度和稳定性,而且具有较好的抗裂性。

(7) 基层的缩裂会反射到面层,为了防止基层裂缝的反射,国内外常采取以下措施:

设置联结层。设置沥青碎石或沥青贯入式联结层,是防止反射裂缝的有效措施。

铺筑碎石隔离过渡层。在石灰土与沥青面层间铺筑厚 10~20 cm 的碎石层或玻璃纤维格栅,可减轻反射裂缝出现。

三、水泥稳定类基层

以水泥作为黏结材料的无机结合料稳定材料统称水泥稳定土,作基层时称为水泥稳定(土)类基层。用水泥稳定细粒土时的混合料简称水泥土,该材料实际工程中较少应用,水泥稳定类基层(底基层)应用最多的是水泥稳定砂砾和水泥稳定碎石。

水泥是水硬性结合料,水泥稳定类基层具有良好的整体性、足够的力学强度、抗水性和耐冻性。其初期强度较高,且随龄期增长而增长。

1. 强度形成原理

在利用水泥来稳定土的过程中,水泥、土和水之间发生了多种非常复杂的作用,从而使土的性能发生了明显的变化。这些作用可以分为:

化学作用:如水泥颗粒的水化、硬化作用,有机物的聚合作用,以及水泥水化产物与粘土矿物之间的化学作用等等。

物理-化学作用:如黏土颗粒与水泥及水泥水化产物之间的吸附作用,微粒的凝聚作用,水及水化产物的扩散、渗透作用,水化产物的溶解、结晶作用等等。

物理作用:如土块的机械粉碎作用,混合料的拌和、压实作用等等。

其中的主要过程有:

(1) 水泥的水化作用

在水泥稳定土中,首先发生的是水泥自身的水化反应,从而产生具有胶结能力的水化产物,这是水泥稳定土强度的主要来源。水泥的水化过程反应简式如下所示:

硅酸三钙:$2C_3S+6H_2O \longrightarrow C_3S_2H_3+3CH$

硅酸二钙:$2C_2S+4H_2O \longrightarrow C_3S_2H_3+CH$

铝酸三钙:$C_3A+6H_2O \longrightarrow C_3AH_6$

铁铝酸四钙:$C_4AF+7H_2O \longrightarrow C_4AFH_7$

水泥水化生成的水化产物,在土的孔隙中相互交织搭接,将土颗粒包覆连接起来,使土逐渐丧失了原有的塑性等性质,并且随着水化产物的增加,混合料也逐渐坚固起来。但水泥稳定土中水泥的水化与水泥混凝土中水泥的水化之间还有所不同。这是因为:①土具有非常高的比表面积和亲水性;②水泥稳定土中的水泥含量较少;③土对水泥的水化产物具有强烈的吸附性;④在一些土中常存在酸性介质环境。由于这些特点,在水泥稳定土中,水泥的水化硬化条件较混凝土中差得多。特别是由于黏土矿物对水化产物中的 $Ca(OH)_2$ 具有极强的吸附和吸收作用,使溶液中的碱度降低,从而影响了水泥水化产物的稳定性,水化硅酸钙会逐渐析出 $Ca(OH)_2$,从而使水化产物的结构和性能发生变化,进而影响到混合料的性能。因此在选用水泥时,在其他条件相同时,应优先选用硅酸盐水泥,必要时还应对水泥稳定土进行"补钙",以提高混合料中的碱度。

(2) 离子交换作用

土中的黏土颗粒由于颗粒细小、比表面积大,因而具有较高的活性,当黏土颗粒与水接触时,黏土颗粒表面通常带有一定量的负电荷,在黏土颗粒周围形成一个电场,这层带负电荷的离子称为电位离子。带负电的黏土颗粒表面,进而吸引周围溶液中的正离子,如 K^+、Na^+ 等,而在颗粒表面形成了一个双电层结构,这些与电位离子电荷相反的离子就称为反离子。在双电层中电位离子形成了内层,反离子形成外层。靠近颗粒的反离子与颗粒表面结合较紧密,当黏土颗粒运动时,结合较紧密的反离子将随颗粒一起运动,而其他反离子将不产生运动;由此在运动与不运动的反离子之间便出现了一个滑移面。

由于在黏土颗粒表面存在着电场,因此也存在着电位,颗粒表面电位离子形成的电位称为热力学电位(φ),滑动面上的电位称为电动电位(ξ);由于反离子的存在,离开颗粒表面越远电位越低,经过一定距离电位将降低为零,此距离称为双电层厚度。由于各个粘土颗粒表面都具有相同的双电层结构,因此粘土颗粒之间往往间隔着一定的距离。

在硅酸盐水泥中,硅酸三钙和硅酸二钙占主要部分,其水化后所生成的氢氧化钙所占的比例也较高,可达水化产物的 25%。大量的氢氧化钙溶于水以后,在土中形成了一个富含 Ca^{2+} 的碱性溶液环境。当溶液中富含 Ca^{2+} 时,因为 Ca^{2+} 的电价高于 K^+、Na^+ 等离子,因此与电位离子的吸引力较强,从而取代了 K^+、Na^+,成为反离子,同时 Ca^{2+} 双电层电位的降低速度加快。因而使电动电位减小、双电层的厚度降低,使黏土颗粒之间的距离减小,相互靠拢,导致土的凝聚,从而改变土的塑性,使土具有一定的强度和稳定度。这种作用就称为离子交换作用。

(3) 化学激发作用

钙离子的存在不仅影响到了黏土颗粒表面双电层的结构,而且在这种碱性溶液环境下,土本身的化学性质也将发生变化。

土的矿物组成基本上都属于硅铝酸盐,其中含有大量的硅氧四面体和铝氧八面体。在通常情况下,这些矿物具有比较高的稳定性,但当黏土颗粒周围介质的 pH 值增加到一定程度时,黏土矿物中的部分 SiO_2 和 Al_2O_3 的活性将被激发出来,与溶液中的 Ca^{2+} 进行反应,生成新的矿物,这些矿物主要是硅酸钙和铝酸钙系列矿物,这些矿物的组成和结构与水泥的水化产物都有很多类似之处,并且同样具有胶凝能力。生成的这些胶结物质包裹着黏土颗粒表面,与水泥的水化产物一起,将黏土颗粒凝结成一个整体。因此,氢氧化钙对黏土矿物的激发作用,将进一步提高水泥稳定土的强度和水稳定性。

(4) 碳酸化作用

水泥水化生成的 $Ca(OH)_2$,除了可与黏土矿物发生化学反应外,还可以进一步与空气中的 CO_2 发生碳化反应并生成碳酸钙晶体。其反应如下:

$$Ca(OH)_2 + CO_2 + nH_2O \longrightarrow CaCO_3 \cdot (n+1)H_2O$$

碳酸钙生成过程中产生体积膨胀,也可以对土的基体起到填充和加固作用;只是这种作用相对来讲比较弱,并且反应过程缓慢。

2. 影响强度的因素

(1) 土质

土的类别和性质是影响水泥稳定土强度的重要因素,各类砂砾土、砂土、粉土和黏土均可用水泥稳定,但稳定效果不同。试验和生产实践证明,用水泥稳定级配良好的碎(砾)石和砂砾,效果最好,不但强度高,而且水泥用量少;其次是砂性土;再次之是粉性土和黏性土。重黏土难于粉碎和拌和,不宜单独用水泥来稳定,因此,一般要求土的塑性指数不大于 17。

(2) 水泥的成分和剂量

各种类型的水泥都可以用于稳定土。但试验研究证明,水泥的矿物成分和分散度对其稳定效果有明显影响。对于同一种土,通常情况下硅酸盐水泥的稳定效果好,而铝酸盐水泥较差。

在水泥硬化条件相似,矿物成分相同时,随着水泥分散度的增加,其活性程度和硬化能力也有所增大,从而水泥土的强度也大大提高。

水泥土的强度随水泥剂量的增加而增长,但过多的水泥用量,虽获得强度的增加,在经济上却不一定合理,在效果上也不一定显著,且容易开裂。试验和研究证明,水泥剂量为 4%~6% 较为合理。

(3) 含水量

含水量对水泥稳定土强度影响很大,当含水量不足时,水泥不能在混合料中完全水化和水解,发挥不了水泥对土的稳定作用,影响强度形成。同时,含水量小,达不到最佳含水量也影响水泥稳定土的压实度。因此,使含水量达到最佳含水量的同时,也要满足水泥完全水化和水解作用的需要为好。但含水量过大又会引起干缩程度增加,因此,含水量控制必须严格。

水泥正常水化所需的水量约为水泥重的20%,对于砂性土,完全水化达到最高强度的含水量较最佳密度的含水量为小;而黏性土则相反。

四、工业废渣稳定基层

随着工业的发展,工业废渣逐渐增多,怎样综合利用工业废渣引起了国内外重视。近年来,我国利用工业废渣铺筑路面基层,取得显著成效,不但提高了路面使用品质,而且降低了工程造价,"变废为宝",具有很大的经济意义。

公路上常用的工业废渣有:火力发电厂的粉煤灰和煤渣,钢铁厂的高炉渣和钢渣,化肥厂的电石渣,以及煤矿的煤矸石等。粉煤灰和煤渣中含有较多的二氧化硅、氧化钙或氧化铝等活性物质。用石灰稳定工业废渣时,石灰在水的作用下形成饱和的$Ca(OH)_2$溶液,废渣的活性氧化硅和氧化铝在$Ca(OH)_2$溶液中产生火山灰反应,生成水化硅酸钙和铝酸钙凝胶,把颗粒胶凝在一起,随水化物不断产生而结晶硬化,具有水硬性。温度较高时,强度增长快,因此,石灰稳定工业废渣最好在气温较高时施工,并加强保湿养生。但随着现代电厂排放标准的提高,粉煤灰中含硫量一般较高,含硫量高的粉煤灰施工养生及使用阶段易出现体积膨胀,因此,应注意检验粉煤灰含硫量,保证其不大于规定要求。

工业废渣材料主要用石灰与之综合稳定,即石灰工业废渣材料,主要有石灰粉煤灰类及石灰其他废渣类。

石灰稳定工业废渣基层具有:水硬性、缓凝性、强度高、稳定性好,成板体、且强度随龄期不断增加,抗水、抗冻、抗裂而且收缩性小,适应各种气候环境和水文地质条件等特点。所以,近几年来,修筑高等级公路,常选用石灰稳定工业废渣作路面的基层或底基层。

1. 石灰煤渣类基层

石灰煤渣(简称二渣)基层是用石灰和煤渣按一定配合比,加水拌和、摊铺、碾压、养生而成型的基层。二渣中如掺入一定量的粗骨料便称三渣;掺入一定量的土,便成为石灰煤渣土。各地可根据当地气候、水文地质条件,公路等级及实践经验参照如下配比选用:

采用石灰煤渣做基层或底基层时,石灰与煤渣的比可以是20:80~15:85。

采用石灰煤渣土做基层或底基层时(土为细粒土),石灰与煤渣的比可用1:2~1:3,但混合料的石灰不应小于10%。

采用石灰煤渣粒料做基层或底基层时,石灰:煤渣:粒料可以是(7~9):(26~33):(67~58)。

为了提高石灰煤渣和石灰煤渣土的早期强度,可外加1%~2%的水泥。

石灰煤渣、石灰煤渣土和三渣皆具有水硬性,物理力学性质基本上与石灰土相似,但其强度与水稳定性都比石灰土好。石灰煤渣的28 d强度可达1.5~3.0 MPa,并随龄期而增长。初期强度增长慢,尚有一定的塑性,但达到一定龄期后,处于弹性工作状态,成板体,具有刚性,当冷缩和干缩时,易产生裂缝。研究表明,当采用石灰煤渣粒料时,抗缩裂能力有所改善。

施工程序和方法基本上与石灰土基层相同。但要加强养生,重视提高初期强度,防止早期重交通量下出现早期破坏现象。

2. 石灰粉煤灰类基层

石灰粉煤灰(简称二灰)基层是用石灰和粉煤灰按一定比,加水拌和、摊铺、碾压及养生而成型的基层。在二灰中掺入一定量的土,经加水拌和、摊铺、碾压及养生成型的基层,称二灰土基层。混合料的配比组成,各地可根据当地的实践经验或参照下面配比选用。

采用石灰粉煤灰土做基层或底基层时,石灰与粉煤灰的比,常用1:2~1:4(对于粉土,以1:2为合适)。石灰粉煤灰与细粒土的比为30:70~50:50。

采用石灰粉煤灰与级配的中粒土和粗粒土时,石灰与粉煤灰的比为1:2~1:4,石灰粉煤灰与粒料的比常采用20:80~15:85。

为了防止裂缝,采用石灰与粉煤灰的配比为1:3~1:4,集料含量为80%~85%左右为最佳,既可抗干缩又可抗温缩。不少地区在修筑高级或次高级路面时选用这种基层和底基层,既减少了因基层反射裂缝而引起的面层开裂问题,还减轻了沥青路面的车辙。

石灰粉煤灰类的基层施工,类似于石灰稳定土基层的施工。施工时,应尽量安排在温暖季节,以利于形成早期强度而成型。

§7-4 沥青结合料类基层

一、沥青结合料类基层类型

沥青结合料类混合料指的是由沥青、粗细集料和矿粉,按一定配合比设计方法进行材料组成设计的混合料。将其拌和、摊铺、碾压成型,在路面结构中作基层使用的称为沥青结合料类基层。

按照其设计空隙率和用途不同,沥青结合料类混合料可分为:

(1)密级配沥青稳定碎石(Asphalt Treated Base,ATB,设计空隙率3%~6%,用作基层)。

(2)半开式沥青稳定碎石(Asphalt Macadam,AM,设计空隙率6%~12%,用作低等级公路面层)。

(3)开级配沥青稳定碎石(用于路面排水设计空隙率18%~22%,包括Asphalt Treated Permeable Base,简称ATPB,用于基层排水)。

作基层使用时,因其设计空隙率大,物理力学性质和耐久性相对较差,开级配沥青稳定碎石ATPB在我国的工程应用尚不多,ATB是沥青稳定碎石基层的主要材料形式。

二、沥青结合料类基层的力学特性

沥青结合料类基层的配合比设计与施工工艺与沥青混凝土基本相同,在材料物理力学性质上也非常相似,但因用作基层,其公称最大粒径比一般的沥青混凝土更大一些,常用的结合料类基层类型有:ATB-25、ATB-30和ATB-40,分属粗粒式和特粗式沥青混合料。公称最大粒径较大时,施工难度加大,因此应用中以密级配沥青稳定碎石ATB-25和ATB-30最为常见。

与沥青混凝土相比,其主要功能上的区别有:

(1)因公称最大粒径较大,具有更好的抗剪和抗变形能力,特别适用于高温重载有抗车辙性能要求的路面。

(2)一般使用非改性沥青,且沥青用量稍低,抗拉强度和抗拉疲劳性能较差。

(3)铺筑在半刚性基层上时,对可能出现的反射裂缝的适应和调整能力更好。

密级配沥青碎石属于柔性基层的一种,其物理力学性能要优于级配碎石。其与级配碎石的主要区别有：
(1) 材料组成不同，增加了沥青，与沥青面层联结整体性好。
(2) 强度构成不同，除嵌挤形成的内摩擦角外还有沥青提供的黏结力，模量较高。
(3) 力学性能不同，除具有更好的抗压抗剪能力外，还具有一定抗拉能力。
(4) 排水性能不同，因空隙率小，排水效率低于级配碎石。

§7-5　水泥混凝土类基层

一、贫混凝土基层

贫混凝土是由粗、细集料与一定水泥和水拌和而成的一种混凝土。这种混凝土的水泥用量较普通混凝土低，有时也称经济混凝土。与水泥稳定碎石、石灰粉煤灰碎石等常用半刚性材料相比，具有较高的强度、刚度和整体性，抗冲刷、抗冻性以及抗疲劳性能良好，属于刚性基层材料，性质上与水泥混凝土路面接近，材料组成设计与施工主要参照水泥混凝土。

贫混凝土组成设计中常采用粉煤灰超量取代法以减少水泥用量并提高混合料的工作性，该方法是指通过超量取代水泥使粉煤灰混凝土与基准混凝土在相同龄期时获得同等强度的掺配方法。粉煤灰超量取代系数是粉煤灰掺入量与其所取代水泥量的比值。

贫混凝土基层在配合比恰当时也可以采用碾压方式，此时称为碾压贫混凝土基层。其7 d无侧限抗压强度在5.0～10.0 MPa之间，28 d弯拉强度为1.5～3.0 MPa，根据需要调整配合比可用于不同交通等级的公路路面基层。从无侧限抗压强度看，其强度刚好衔接水泥稳定（石灰粉煤灰）碎石等基层材料，应用上可承担比以上半刚性基层更繁重的交通荷载。

因为贫混凝土采用的结合料是水泥，其材料组成类型与水泥稳定（石灰粉煤灰）碎石相比，没有质的变化，只是水泥用量有所增加，从水稳碎石的3%～6%增加到8%～12%。可以看作是处于水泥稳定（石灰粉煤灰）碎石和水泥混凝土（水泥剂量12%～15%）之间的一种材料，其性质也处于这两者之间。贫混凝土力学特性中最重要的就是收缩特性，且因为其水泥用量介于水稳碎石和水泥混凝土之间，其开裂趋势也处于两者之间。

在沥青路面上应用贫混凝土基层时，其交通等级宜为重交通、特重交通，或者是运输煤、矿石、建筑材料的公路路面，其厚度一般为200～280 mm，最小厚度为150 mm。基层应设置纵缝、横缝，并灌入填缝料，必要时在缝顶一定宽度范围内粘贴土工织物、玻纤格栅等材料局部加强，其上设置热沥青或改性沥青、改性乳化沥青黏结层。

在自然胀缩情况下，设置的裂缝宽度随气温反复变化，对其上沥青面层的考验严峻，应从材料方面入手，提高沥青面层材料的抗剪和抗疲劳性能，必要时可考虑将贫混凝土刚性基层下置为底基层，在其上设置大粒径沥青碎石基层，替代一定厚度的沥青混凝土层，以适应和吸收胀缩变形，且与沥青混凝土面层衔接良好。采用这种结构组合时，因贫混凝土刚度远大于沥青层刚度，贫混凝土层上的沥青层（沥青面层和沥青碎石基层）主要起功能性作用，结构能力大部分由贫混凝土层提供。在贫混凝土层与沥青层的交界面上，因材料刚度的突变，在水平向荷载作用力下，此界面易产生较大的剪应力（如0.3～0.5 MPa），从而使贫混凝土层与沥青层剥离，因此，界面黏结层材料的选择至关重要。

二、碾压混凝土基层

碾压混凝土是指采用特干硬性水泥混凝土拌合物,使用滑模摊铺机摊铺、压路机械碾压密实成型的混凝土材料。从材料性能上看,作为基层的碾压混凝土水泥用量与贫混凝土基本一致,所以可以看作是一种特殊的贫混凝土。其物理力学性能与贫混凝土基层类似。其压实度是指干硬性混凝土拌合物现场压实后的湿密度与配合比设计时标准压实(空隙率为4%)下湿密度之比。碾压混凝土也采用粉煤灰超量取代法。

碾压混凝土严格意义上表述的不是其材料组成特征而是其施工成型工艺特征。其材料组成设计的核心除强度因素外,还必须保证其属于干硬性混凝土,适合碾压成型。碾压成型方式迅速而有效率,从加快施工进度、节省施工成本方面来看效益显著。

因其干硬性和碾压施工方式,碾压混凝土混合料中水的用量较少,这对于减少混凝土成型期的干缩影响显著,同时采用振动压实工艺,其集料能相互接触并形成矿料骨架,抗压能力佳,其收缩性要好于一般的贫混凝土基层,但在施工上切缝、填缝仍是必需的。与贫混凝土基层类似,在填缝后可以考虑在裂缝处粘贴土工织物、玻纤格栅等材料,或考虑大粒径沥青碎石过渡层,以减缓其胀缩对沥青面层材料的牵连。

碾压混凝土可直接用作路面面层,这时其水泥用量等指标应适当增加。

习题与讨论

习 题

1. 何谓半刚性路面或基层?请从力学特性来解释"半刚性"的含义。无机结合料稳定材料类基层的结构层为何只宜作基层或垫层?此类基层的主要缺点是什么?在路面结构组合中又如何克服这些缺点?

2. 无机结合料稳定材料有哪些种类?各自的性能有何优缺点?

3. 名词解释:石灰剂量;石灰土的设计龄期;石灰土的冻前龄期;石灰土中的合理石灰剂量。

4. 为何在高速公路中不能使用石灰土底基层?

5. 在石灰稳定工业废渣中掺入粗骨料的目的何在?

6. 作为冰冻地区的路面结构层材料,石灰土与石灰粉煤灰土两者之间你认为应该选用哪一种?为什么?

7. 什么是无机结合料稳定材料的设计龄期?

8. 如何进行水泥粉煤灰稳定碎石的组成设计?

9. 简要分析石灰土的强度影响因素。

10. 无机结合料稳定材料可以分几类?各类的路用性能有何特点?

11. 试分析比较石灰稳定土和水泥稳定土强度形成机理。它们对土的类别及性质的要求有何不同?石灰与水泥剂量如何确定?施工工艺有何异同?

12. 石灰(水泥)稳定类基层收缩裂缝对沥青面层有何影响?有哪些防治措施?

13. 无机结合料稳定类半刚性基层材料抗拉强度有哪几种测试方法？我国现行沥青路面设计规范规定的抗拉强度指标是什么？

14. 试分析比较水泥稳定类基层与石灰粉煤灰稳定类基层的强度特性与收缩性能，评述它们作为高等级沥青路面基层的优劣。

讨 论

请从路面结构受力作用特点角度讨论道路工程中应用无机结合料稳定类基层材料的优缺点，并从结构与材料角度提出改进的途径。

第8章 沥青路面及其结构设计

学习目的: 沥青路面是我国公路的主要路面结构形式。本章主要介绍沥青路面的基本特性、分类,沥青路面材料的力学特性、温度稳定性及气候分区,沥青路面设计理论、设计指标和设计方法等。读者可结合相关规范来学习。

教学要求: 通过对国内外沥青路面使用现状的讲解,掌握沥青路面使用性能要求;
掌握沥青路面结构分析和设计的基本理论——层状弹性体系理论;
掌握沥青路面结构组合设计、结构厚度设计及排水设计;
结合工程实际全面介绍沥青路面的特点和设计方法和发展趋势。

§8-1 概 述

沥青路面是用沥青材料作结合料黏结矿料修筑路面面层与各类基层所组成的路面结构。

由于沥青面层使用沥青结合料,因而增强了矿料间的黏结力,提高了混合料的强度和稳定性,使路面的使用质量和耐久性都得到提高。与水泥混凝土路面相比,沥青路面具有表面平整、无接缝、行车舒适、耐磨、振动小、噪音低、施工期短、养护维修简便、适宜于分期修建等优点,因而获得越来越广泛的应用。20 世纪 50 年代以来,各国修建沥青路面的数量迅猛增长,所占比重很大。我国的公路和城市道路近 20 年来使用沥青材料修筑了相当数量的沥青路面。沥青路面是我国高速公路的主要路面形式。随着国民经济和现代化道路交通运输的需要,沥青路面必将有更大的发展。

常见沥青路面是在沥青结合料类基层或级配碎石基层、无机结合料稳定材料类基层或水泥混凝土基层上铺筑一定厚度的沥青混合料作面层的路面结构。沥青路面设计的任务是根据使用要求及气候、水文、土质等自然条件,密切结合当地实践经验,设计确定经济合理的路面结构,使之能承受交通荷载和环境因素的作用,在预定的使用期限满足各级公路相应的承载能力、耐久性、舒适性、安全性的要求。路面设计应包括原材料的选择、混合料配合比设计和设计参数的测试与确定,路面结构层组合设计与厚度计算,以及路面结构的方案比选等内容。路面设计除行车道部分的路面外,对高速公路、一级公路还应包括路缘带、硬路肩、加减速车道、紧急停车带、收费站和服务区的场面设计以及路面排水系统的设计,对其他各级公路应包括路肩加固、路缘石和路面排水设计。

沥青路面的强度与稳定性在很大程度上取决于路基和基层的特性。

1. 沥青路面对路基的主要要求

(1) 路基要有尽可能高的强度。路基强度的高低不仅对整个路面的厚度有很大的影响,而且直接影响到路面结构层材料的选择,软弱土基还有可能直接导致路面的变形和破坏。

(2) 路基要有尽可能高的稳定性。路基在使用过程中,能否保持其强度和不发生明显变形对路面使用质量以及使用期限有很大的影响。

为了保证路基的强度和稳定性,首先要尽量减少或防止自由水进入路基;其次是分层填筑路基,按重型压实标准加强路基压实,特别是增加路基上部的压实度,是提高路基强度和稳定性的既经济又有效的措施。对软弱土基或翻浆路段,必须预先加以处理。在低温时,沥青面层材料的抗变形能力很低,在寒冷地区为了防止土基不均匀冻胀而使沥青路面开裂,需设置防冻层。

2. 沥青路面对基层的主要要求

(1) 具有足够的强度和适宜的刚度。基层是沥青路面的承重层,在预期行车荷载的反复作用下,不允许产生超量的残余变形,更不允许产生剪切破坏(粒料基层)和弯拉破坏(无机结合料稳定类基层和水泥混凝土基层)。特别是在重交通道路上,只有具有满足强度要求的材料才能作为基层使用,同时要求基层材料有较高的抗疲劳破坏能力。

(2) 具有良好的稳定性。沥青面层,特别是沥青表面处治、沥青贯入式和路拌沥青碎石路面,在使用初期透水性一般较大。雨季表面水将透过沥青面层进入基层或底基层。表面水也有可能从两侧路肩或路面和路肩的结合处渗入路面结构中。如果沥青面层上产生了裂缝,将有更多的表面水从裂缝渗入路面结构中。而水分要从路面结构中和路基中蒸发出来就要困难得多。进入路面结构层的水能使细料含量较多而且塑性指数较大的基层材料强度大大降低。因此,必须采用水稳定性好的材料作为沥青路面的基层。在潮湿多雨地区以及路基湿度可能受地下水影响的地段,要特别重视基层的水稳定性。

在寒冷地区以及季节性冰冻地区基层还应具有良好的抗冻性和抗低温开裂的能力。

(3) 基层表面必须平整、密实,路拱与路面一致。薄沥青路面的平整度、路拱取决于基层的平整度和拱度。用沥青面层来调整基层的平整度和路拱是不合理、不经济的。因此,保证基层的平整度和路拱是保持薄沥青面层厚度均匀一致以及面层表面平整度和拱度的先决条件。

(4) 与面层结合良好。基层与面层结合良好,可以减少面层底部的拉应力和拉应变。为此,基层表面应该稳定并且具有一定的粗糙度,还应该结构均匀,无松散颗粒。在铺筑沥青面层之前,基层表面应干燥无尘。

对交通量较大的路段,为使沥青路面具有一定的抗弯拉和抗疲劳开裂的能力,宜在沥青面层下设置沥青混合料的联结层。采用较薄的沥青面层时,特别是在旧路上加铺面层时,要采取措施加强面层与基层之间的黏结,以防止水平力作用而引起沥青面层的剥落、推挤、拥包等破坏。我国规范中对此有专门规定,主要通过施工透层、粘层来保证沥青路面各层间的紧密联接。

(5) 基层材料应有较小的干燥收缩、温度收缩变形,以减少反射裂缝。

3. 沥青路面设计方法

当前世界各国众多的沥青路面设计方法可概括分为两类:一类是以经验或试验为依据的经验法;一类是以力学分析为基础,考虑环境、交通条件以及材料特性为依据的力学经验法。近30年来,有关力学经验法的研究取得了很大进展,许多国家相继提出较完整的设计体系。目前力学经验法对沥青路面的应力、形变和位移的分析,大多应用弹性层状体系理论,并采用电算的方法。鉴于理论法有着广阔的发展前景,我国沥青路面设计规范规定沥青路面设计理论以弹性层状体系理论为基础,所以本章着重阐述基于力学经验法的沥青路面结构设计与计算。

§8-2 沥青路面的分类以及特性

一、沥青路面的分类

(1) 按强度构成原理可将沥青路面分为密实类路面和嵌挤类路面。

密实类沥青路面要求矿料的级配按最大密实原则设计,其强度和稳定性主要取决于混合料的黏聚力和内摩阻力。密实类沥青路面按其空隙率的大小可分为闭式和开式两种:闭式混合料中含有较多的小于 0.6 mm 和 0.075 mm 的矿料颗粒,空隙率小于 6%,混合料致密而耐久,但热稳定性较差;开式混合料中小于 0.6 mm 的矿料颗粒含量较少,空隙率大于 6%,其热稳定性较好。

嵌挤类沥青路面要求采用颗粒尺寸较为均一的矿料,路面的强度和稳定性主要依靠骨料颗粒之间相互嵌挤所产生的内摩阻力,而黏聚力则起着次要的作用。按嵌挤原则修筑的沥青路面,其热稳定性较好,但因空隙率较大,易渗水,且耐久性较差。

(2) 按施工工艺的不同,沥青路面可分为层铺法施工、路拌法施工和厂拌法施工。

层铺法施工是用分层洒布沥青,分层铺撒矿料和碾压的方法修筑,其主要优点是工艺和设备简便、功效较高、施工进度快、造价较低,其缺点是路面成型期较长,需要经过炎热季节行车碾压之后路面方能成型。用这种方法修筑的沥青路面有沥青表面处治施工和沥青贯入式两种。

沥青表面处治路面是指用沥青和集料按层铺法或拌和法铺筑而成的厚度不超过 3 cm 的沥青路面。沥青表面处治的厚度一般为 1.5~3.0 cm。层铺法可分为单层、双层、三层。单层表处厚度为 1.0~1.5 cm,双层表处厚度为 1.5~2.5 cm,三层表处厚度为 2.5~3.0 cm。沥青表面处治适用于三级、四级公路的面层、旧沥青面层上加铺罩面或抗滑层、磨耗层等。

沥青贯入式路面是指用沥青贯入碎(砾)石作面层的路面。沥青贯入式路面的厚度一般为 4~8 cm。当沥青贯入式的上部加铺拌和的沥青混合料时,也称为上拌下贯,此时拌和层的厚度宜为 3~4 cm,其总厚度为 7~10 cm。沥青贯入式碎石适用于做二级及二级以下公路的沥青面层。

路拌法施工是在路上用机械将矿料和沥青材料就地拌和摊铺和碾压密实而成的沥青面层。此类面层所用的矿料为碎(砾)石者称为路拌沥青碎(砾)石;所用的矿料为土者则称为路拌沥青稳定土。路拌沥青面层,通过就地拌和,沥青材料在矿料中分布比层铺法均匀,可以缩短路面的成型期。但因所用的矿料为冷料,需使用黏稠度较低的沥青材料,故混合料的强度较低。

厂拌法施工是由一定级配的矿料和沥青材料在工厂用专用设备加热拌和,然后送到工地摊铺碾压而成的沥青路面。矿料中细颗粒含量少,不含或含少量矿粉,混合料为开级配的(空隙率达 10%~15%),称为厂拌沥青碎石;若矿料中含有矿粉,混合料是按最佳密实级配配制的(空隙率 6%以下)称为沥青混凝土。厂拌法按混合料铺筑时温度的不同,又可分为热拌热铺和热拌冷铺两种:热拌热铺是混合料在专用设备加热拌和后立即趁热运到路上摊铺压实。如果混合料加热拌和后储存一段时间再在常温下运到路上摊铺压实,即为热拌冷铺。厂拌法使用较黏稠的沥青材料,且矿料经过精选,因而混合料质量高,使用寿命长,但修建费用也较高。近年来,为降低高温条件下沥青混合料生产与摊铺碾压过程中的有关气体排放,国内外研究并应用了温拌技术,即通过增加温拌添加剂,降低各环节排放,从而利于环保。

(3) 根据沥青路面的技术特性,沥青面层可分为沥青混凝土、热拌沥青碎石、乳化沥青碎石。

沥青碎石路面是指用沥青碎石作面层的路面,沥青碎石的配合比设计应根据实践经验和马歇尔实验的结果,并通过施工前的试拌和试铺确定。沥青碎石有时也用作联结层。

沥青混凝土路面是指用沥青混凝土作面层的路面,其面层可由单层或双层或三层沥青混合料组成,各层混合料的组成设计应根据其层厚和层位、气温和降雨量等气候条件、交通量和交通组成等因素确定,以满足对沥青面层使用功能的要求。沥青混凝土常用作高等级公路的面层。

乳化沥青碎石混合料适用于做三级、四级公路的沥青面层、二级公路养护罩面以及各级公路的调平层。

二、热拌沥青混合料的分类与构造要求

采用不同的施工工艺和材料可以修筑成不同类型的沥青路面。因此,必须根据路面的使用要求和施工的具体条件,按照技术经济原则来综合考虑,选定最适当的路面类型。

选择沥青路面的类型,一方面要根据任务要求(道路的等级、交通量、使用年限、修建费用等)和工程特点(施工季节、施工期限、基层状况等),另一方面还应考虑材料供应情况、施工机具、劳力和施工技术条件等因素。

热拌沥青混合料(HMA)适用于各种等级公路的沥青路面。其种类按集料公称最大粒径、矿料级配、空隙率划分,分类见表 8-1。

表 8-1 热拌沥青混合料种类

混合料类型	密级配		密级配	开级配		半开级配	公称最大粒径 (mm)	最大粒径 (mm)
	连续级配		间断级配	间断级配				
	沥青混凝土	沥青稳定碎石	沥青玛蹄脂碎石	排水式沥青磨耗层	排水式沥青碎石基层	沥青稳定碎石		
特粗式	—	ATB-40	—	—	ATPB-40	—	37.5	53.0
粗粒式	—	ATB-30	—	—	ATPB-30	—	31.5	37.5
	AC-25	ATB-25	—	—	ATPB-25	—	26.5	31.5
中粒式	AC-20	—	SMA-20	—	—	AM-20	19.0	26.5
	AC-16	—	SMA-16	OGFC-16	—	AM-16	16.0	19.0
细粒式	AC-13	—	SMA-13	OGFC-13	—	AM-13	13.2	16.0
	AC-10	—	SMA-10	OGFC-10	—	AM-10	9.5	13.2
砂粒式	AC-5	—	—	—	—	AM-5	4.75	9.5
设计空隙率* (%)	3~5	3~6	3~4	>18	>18	6~12		

注:* 空隙率可按配合比设计要求适当调整。

各层沥青混合料应满足所在层位的功能性要求,便于施工,不容易离析。各层应连续施工并联结成为一个整体。当发现混合料结构组合及级配类型的设计不合理时应进行修改、调整,以确保沥青路面的使用性能。同时沥青面层集料的最大粒径宜从上至下逐渐增大,并应与压实层厚度相匹配。对热拌热铺密级配沥青混合料,沥青层一层的压实厚度不宜小于集料公称最大粒径的 2.5～3 倍,对 SMA 和 OGFC 等嵌挤型混合料不宜小于公称最大粒径的 2～2.5 倍,以减少离析,便于压实。

沥青类路面一般不宜铺筑在纵坡大于 6% 的路段上。纵坡大于 3% 的路段,考虑抗滑的要求,宜采用粗粒式的沥青碎石或粗面式的沥青表面处治。

三、沥青路面材料的力学特性与温度稳定性

1. 沥青混合料的强度特性

表征沥青混合料力学强度的参数是抗压强度、抗剪强度和抗拉(包括抗弯拉)强度。一般沥青混合料均具有较高的抗压强度,而抗剪和抗拉强度则较低。因此,沥青路面的损坏,往往是由拉裂或滑移开始而逐渐扩展。

(1)抗剪强度

沥青混合料的剪切破坏可按摩尔—库仑原理进行分析。材料在外力作用下如不产生剪切破坏,则应具备下列条件:

$$\tau_{max} \leqslant \sigma \tan \phi + c \tag{8-1}$$

式中 τ_{max}——在外荷载作用下,某一点所产生的最大的剪应力(MPa);

σ——在外荷载作用下,在同一剪切面上的正应力(MPa);

c——材料的黏结力(MPa);

ϕ——材料的内摩阻角(rad 或度)。

在沥青路面的最不利位置取一单元体,设其三个方向的主应力为 σ_1、σ_2 和 σ_3,且 $\sigma_1 > \sigma_2 > \sigma_3$。由于单元体中最不利的剪切条件取决于 σ_1 和 σ_3,故仅根据 σ_1 和 σ_3 分析单元体的应力状况。图 8-1 为单元体应力状况的摩尔圆。

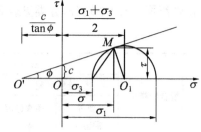

图 8-1 应力状况摩尔圆图

从图 8-1 可得 M 点的坐标 $M(\sigma, \tau)$ 如下:

$$\tau = \frac{1}{2}(\sigma_1 - \sigma_3) \cos \phi \tag{8-2}$$

$$\sigma = \frac{1}{2}(\sigma_1 + \sigma_3) \cos^2 \phi - \frac{c}{\tan \phi} \sin^2 \phi \tag{8-3}$$

将式(8-2)、(8-3)代入式(8-1)得:

$$\frac{1}{2\cos \phi}[(\sigma_1 - \sigma_3) - (\sigma_1 + \sigma_3) \sin \phi] \leqslant c \tag{8-4a}$$

$$\frac{\tau_{max}}{\cos \phi} - (\sigma - \tau_{max}) \tan \phi \leqslant c \tag{8-4b}$$

式(8-4a)或(8-4b)为沥青路面材料强度的判别式。式左端称为活动剪应力,当活动剪应力等于黏结力 c 时,材料处于极限平衡,若大于黏结力 c,材料出现塑性变形。根据式(8-4a)或(8-4b)可求得沥青路面材料应具有的 c 和 ϕ 值。

c 和 ϕ 值可通过三轴剪切试验取得。三轴剪切试验的装置如图 8-2 所示。三轴剪切试验所用试件的直径应大于矿料最大粒径的 4 倍,试件的高与直径之比应大于 2。矿料最大粒径小于 25 mm 时,试件直径为 10 cm,高为 20 cm。试验时,将一组试件分别在不同侧压力下以一定加荷速度施加垂直压力,直至试件破坏。此时测得的最大垂直压力,即为沥青混合料的最大主应力 σ_1 减 σ_3,侧压力即为最小主应力 σ_3($\sigma_3 = \sigma_2$)。根据各试件的侧压力和最大主应力绘出相应的摩尔圆。这些圆的公切线称为摩尔包线。切线与 τ 轴相交的截距即为黏结力,切线的斜率即为内摩阻角 ϕ(见图 8-3)。

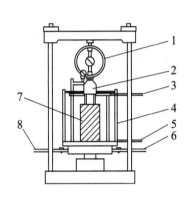

图 8-2 三轴剪切试验装置

1—压力环;2—活塞;3—出水口;4—保温罩;
5—进水口;6—接压力盒;7—试件;8—接水银压力计

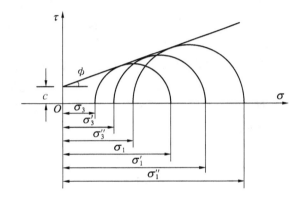

图 8-3 决定 c 与 ϕ 值的摩尔圆包络线

由于温度对沥青混合料的抗剪强度有很大的影响,故试件应在高温条件(65 ℃或 50 ℃)下进行测试。

黏结力 c 和内摩阻角 ϕ 值,也可根据无侧限抗压和轴向拉伸试验取得的抗压强度(R)和抗拉强度(r)来计算。根据图 8-1,可得 σ_1、σ_3 及 ϕ 的关系式:

$$\sigma_1 = \frac{1+\sin\phi}{1-\sin\phi}\sigma_3 + 2c\frac{\cos\phi}{1-\sin\phi} \tag{8-5}$$

抗压强度($\sigma_3=0$, $\sigma_1=R$) $$R = 2c\tan\left(\frac{\pi}{4}+\frac{\phi}{2}\right) \tag{8-6}$$

抗拉强度($\sigma_1=0$, $-\sigma_3=r$) $$r = 2c\cot\left(\frac{\pi}{4}+\frac{\phi}{2}\right) \tag{8-7}$$

从式(8-6)或(8-7)可得:

$$\begin{cases} \phi = \sin^{-1}\dfrac{R-r}{R+r} & (8\text{-}8a) \\ c = 0.5\sqrt{Rr} & (8\text{-}8b) \end{cases}$$

沥青混合料的抗剪强度主要取决于沥青与矿料相互作用而产生的黏结力,以及矿料在沥青混合料中相互嵌挤而产生的内摩阻角。

沥青混合料的黏结力取决于许多因素,其中最主要的是沥青黏滞度、沥青含量与矿粉含量的比值以及沥青与矿料相互作用的特性。沥青的黏滞度越高,黏结力就越大,因为高黏滞度的沥青能使沥青混合料的黏滞阻力增大,因而具有较高的抗剪强度。随着沥青含量增加,矿料颗粒间自由沥青增加,沥青混合料的黏结力随即下降。在沥青与矿料的相界面上,由于分子的吸附作用,愈靠近矿料表面,沥青的黏滞度越高。因此,矿料的比面积和矿料周围沥青膜的厚度对沥青混合料的黏结力有很大的影响。矿料颗粒越小,比面积越大,包覆矿料颗粒的沥青膜越薄,黏结力就越大。沥青的表面活性越强,矿料对沥青的亲和性越好,吸附作用就越强烈,黏结力也越大。碱性的矿料与沥青黏结时,会发生化学吸附过程,在矿料与沥青接触面上形成新的化合物,因而黏结力较高。酸性的矿料与沥青黏结时,不会形成化学吸附过程,黏结力就较低。

矿料的级配、颗粒的形状和表面特性,都对沥青混合料的内摩阻力产生影响。随着颗粒尺寸的增大,内摩阻力也就增大,颗粒表面粗糙、棱角明显的混合料,由于颗粒相互嵌紧,其内摩阻力要比圆滑颗粒的混合料大得多。此外,沥青混合料中沥青的存在是会降低矿质混合料的内摩阻力。沥青含量过多时,不仅内摩阻力显著地降低,而且黏结力也下降。表 8-2 是变化沥青用量而其他条件相同的情况下,一组混合料试件成型后,剩余空隙率、内摩阻角和黏结力的变化规律试验结果。

表 8-2 沥青用量同黏结力和内摩阻角的关系

沥青混凝土中的沥青用量(%)	剩余空隙率(%)	内摩阻角(°)	黏结力(MPa)
5	3.3	30	0.190
6	2.5	30	0.155
7	0.7	19	0.060

(2) 抗拉强度

沥青路面在车辆荷载作用下,沥青混合料内将产生拉应力。另外,在气候较寒冷地区,冬季气温下降,特别是急骤降温时,沥青混合料发生收缩,如果收缩受阻,也会产生拉应力,该应力超过沥青混合料的抗拉强度,路面就会产生开裂。

沥青混合料的抗拉强度,可用直接拉伸试验、间接拉伸-劈裂试验或三分点加载小梁试件试验测定。直接拉伸试验(见图 8-4)是将沥青混合料制成圆柱形试件,试件两端黏结在球形铰接的金属盖帽上,试件上安置变形传感器。在给定温度时,以一定加荷速度拉伸,记录各荷载应力下的变形值。应力-应变曲线中的最大应力值即为极限抗拉强度。

间接拉伸试验(劈裂试验,见图 8-5)是将沥青混合料用马歇尔标准击实法制成直径 101.6 mm±0.25 mm、高 63.5 mm±1.3 mm,或从轮碾机成型的板块试件或从道路现场钻取直径 ϕ100 mm±2 mm 或 ϕ150 mm±2.5 mm,高为 40 mm±5 mm 的圆柱体试件。试件两侧垫上金属压条。试件直径为 100 mm±2 mm 或为 101.6 mm±0.25 mm 时,压条宽度为 12.7 mm,内侧曲率半径 50.8 mm,试件直径为 150 mm±2.5 mm 时,压条宽度为 19 mm,内侧曲率半径 75 mm,压条两端均应磨圆。在给定温度下,沿试件直径方向通过试件两侧压条按一定加荷速度施加压力,直到试件劈裂破坏。

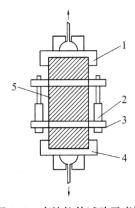

图 8-4　直接拉伸试验示意图

1—上盖帽；2—变形传感器；
3—金属帽；4—下盖帽；5—试件

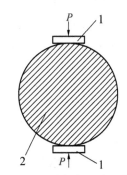

图 8-5　间接拉伸试验示意图

1—压条；2—试件

施加压力时，试件中的应力分布如图 8-6 所示。

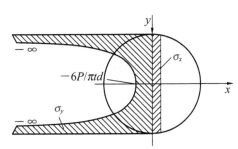
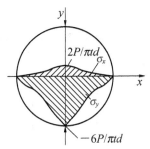

图 8-6　间接拉伸试验时理论应力分布

水平直径平面的应力为：

$$\sigma_x = \frac{2P}{\pi t d}\left[\frac{d^2-4x^2}{d^2+4x^2}\right]^2 \tag{8-9}$$

$$\sigma_y = -\frac{2P}{\pi t d}\left[\frac{4d^2}{(d^2+4x^2)^2}-1\right] \tag{8-10}$$

$$\tau_{xy} = 0 \tag{8-11}$$

垂直直径平面（沿加荷轴）的应力为：

$$\sigma_x = \frac{2P}{\pi t d} = 常数 \tag{8-12}$$

$$\sigma_y = -\frac{2P}{\pi t}\left[\frac{2}{d-2y}+\frac{2}{d+2y}-\frac{1}{d}\right] \tag{8-13}$$

$$\tau_{xy} = 0 \tag{8-14}$$

式中　P——总荷载(MN)；

　　　t——试件的厚度(m)；

　　　d——试件的直径(m)；

x, y——从试件中心算起的坐标值。

上述计算式中正号为拉应力，负号为压应力。

沥青混合料施加荷载时大都是沿垂直直径的平面产生拉力劈裂而开始破坏。因此，沥青混合料的极限抗拉强度 S_t 由下式求得：

$$S_t = \frac{2P_{\max}}{\pi t d} \tag{8-15}$$

沥青混合料抗拉强度同沥青的性质、沥青含量、矿质混合料的级配、测试时的温度等因素有关。试验表明，沥青的黏滞度大，或沥青含量较大，沥青混合料具有较高的抗拉强度。密级配混合料的抗拉强度较开级配混合料高，在低温下沥青混合料的抗拉强度随温度降低而提高，形成一个峰值(脆化点)，低于脆化点后则强度下降。

沥青混合料的抗拉强度与沥青混合料的性能有很大关系，表 8-3 给出了沥青混合料马歇尔试验结果与纤维掺量的关系。同时，沥青混合料的间接抗拉强度与试验方法也有一定关系，表 8-4 给出了试验加载速率与试验温度的关系，图 8-7 给出了用半圆形梁进行沥青混合料抗拉强度的方法。

表8-3 聚合物纤维掺量和长度与沥青混合料马歇尔试验结果的关系

纤维长度(cm)	纤维掺量(%)	OAC(%)	稳定度(kN)	流值(mm)	毛体积密度(g/cm³)	空隙率VV(%)	VMA(%)	VFA(%)
	0	4.9	8.35	3.2	2.344	3.45	15.18	78
1.0	0.10	5.0	9.96	3.1	2.337	3.61	15.5	76.69
	0.20	5.15	10.62	2.9	2.333	3.75	15.7	76.1
	0.30	5.3	10.98	2.9	2.298	4	17.2	75.4
2.0	0.10	5.1	10.58	3	2.314	3.73	16.45	76
	0.20	5.2	11.6	2.8	2.303	4.1	16.8	75
	0.30	5.4	12.62	2.7	2.285	4.2	17.72	74.8
3.0	0.10	5.23	10.12	3.4	2.292	4.2	17.4	74.7
	0.20	5.3	9.8	3.7	2.277	4.5	18	72.5
	0.30	5.5	9.2	4.2	2.262	4.9	18.6	72.3

表8-4 加载速率与间接抗拉强度(MPa)的关系

加载速率(mm/min)	温度(℃)					
	10	5	0	−5	−10	−20
500	1.76	2.60	2.19	1.95	1.72	1.28
50	1.12	1.54	1.76	2.40	2.14	1.61
5	0.75	1.02	1.28	1.65	1.95	2.05

 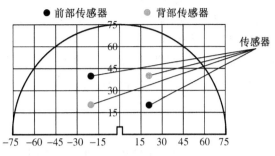

图 8-7 沥青混合料半圆形梁抗拉强度试验示意图

2. 沥青混合料的应力-应变特性

沥青混合料是一种弹性-黏塑性材料,在应力-应变关系中呈现出不同的性质。有时仅呈现为弹性性质,有时则主要呈粘塑性性质。而大多数情况下,几乎同时综合呈现上述性质。掌握表征这些性质的指标,就能正确地判断沥青混合料在不同条件下的特性,特别是沥青混合料在高温和低温下的变形特性。

为了研究沥青混合料的工作性质,必须考虑材料的蠕变和应力松弛现象。蠕变是材料在固定的应力作用下,变形随时间而发展的过程。沥青混合料的蠕变试验表明,在作用应力恒定的情况下,弹性-粘塑性材料的变形随时间的发展取决于作用应力的大小。当作用应力相当小,即低于弹性极限或屈服点时(见图 8-8a),应力作用后,一部分变形瞬即在该材料中产生,并在应力撤除之后,仍以同样的速度消失,这是沥青混合料的纯弹性变形(或称瞬时弹性变形),在这个范围内应力和应变呈直线关系。另一部分变形随力的作用时间而缓慢增大,应力撤除后,变形也随时间增加而缓慢地消失,这是沥青混合料的黏弹性变形(或称滞后弹性变形)。这种情况说明,沥青混合料受力较大时,即高于弹性极限或屈服点,特别是受力的时间很短促时,材料呈现出弹性或兼有黏弹性的性质。当作用力相当大时(见图 8-8b),在相当长的时间内(超过弹性变形发展的时间),材料的变形除有瞬时弹性变形和滞后弹性变形外,还存在黏滞性塑性流动变形。应力撤除后,这部分变形不再消失,即塑性变形。这种情况说明,沥青混合料受力相当大,且受力时间又较长时,材料不仅产生弹性变形,而且有随时间而发展的塑性变形。

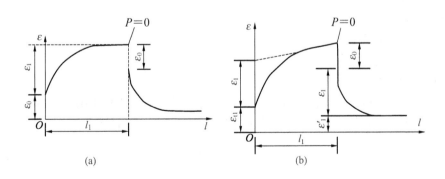

图 8-8 应力作用下变形的发展
(a) 低于屈服点;(b) 高于屈服点

为了正确了解沥青混合料的工作状况,还应考虑沥青混合料在应力-应变状态下呈现出应力松弛特性。应力松弛是变形物体在恒定应变下应力随时间而自动降低的过程,这是由于物体内部流动的结果。为使物体保持变形的状态,随着时间的推移,所需的力越来越小,应力下降到初始数值的那段时间,叫做松弛时间。这是表征松弛过程的主要因素。

弹性黏塑体松弛时间 t' 与黏滞度 η 和弹性模量 E 的关系为:

$$t' = \frac{\eta}{E} \tag{8-16}$$

可见沥青混合料的松弛时间主要取决于黏滞度。随着温度的增高与黏滞度的降低,沥青混合料松弛时间也就缩短。

沥青混合料呈现为弹性还是黏塑性质,决定于荷载作用时间与应力松弛时间的比值。若荷载作用时间比应力松弛时间短得多,材料就呈现为理想的弹性体。反之,若荷载作用的时间比应力松弛时间长得多,则呈现为黏塑性体。如果荷载作用时间与应力松弛时间相同,则材料是弹-黏-塑性的,同时呈现弹性和流动。荷载作用时间相同的情况下,沥青混合料的性质,既可能是弹性体,也可能是黏塑性体,视温度的高低而定。

沥青混合料在冬季低温时具有很高的黏滞度,因而应力松弛时间大大超过荷载作用时间。在此情况下,沥青混合料就呈现为弹性体,并且具有弹性体的变形特性。夏季高温时,沥青混合料的黏滞度迅速降低。因此,应力松弛时间也就大大缩短,与荷载作用时间接近或比它短得多,在临界状态下就产生塑性变形。

由此可见,沥青混合料的应力-应变特性,不仅同荷载大小和作用时间有关,而且与材料的温度有关。

考虑到荷载作用时间和温度对沥青及沥青混合料应力-应变特性的影响,C·范德甫(Van der Poel)提出用劲度模量(简称劲度)作为表征弹-黏塑材料的性质指标。所谓劲度模量,就是材料在给定的荷载作用时间和温度条件下应力与总应变的比值。即:

$$S_{t,T} = \left(\frac{\sigma}{\varepsilon}\right)_{t,T} \tag{8-17}$$

式中 $S_{t,T}$——劲度模量(MPa);
σ——施加的应力(MPa);
ε——总应变;
t——荷载作用时间(s);
T——材料的温度(℃)。

(1) 沥青的劲度

图 8-9 所示是荷载作用时间和温度对沥青劲度的影响。在荷载作用时间短时,曲线接近水平,表明材料呈弹性;而荷载作用时间很长时,材料呈纯黏性。这时沥青的劲度模量为:

$$S_{t,T} = \frac{3\eta}{t} \tag{8-18}$$

式中 η——沥青的动黏滞度。

当荷载作用时间处于瞬时和长时间之间时,材料则兼呈弹-黏性质。

图 8-9 也表示出温度对沥青劲度模量的影响。从图还可以看出,劲度模量随温度而变化很

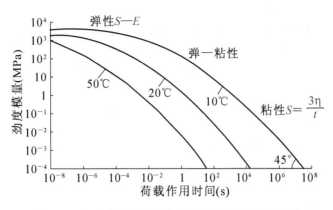

图 8-9 沥青劲度模量随荷载作用时间和温度的变化

大,而且各温度曲线的形状基本相似,这表明在某一荷载作用时间下,温度对材料具有同等的影响效果,这是沥青材料的一项重要性质。据此,就能在实验室通过有限的变化温度和加荷时间的试验得知很长荷载作用时间下的情况。C·范德甫用 47 种不同流变类型(即不同针入度和软化点或针入度指数组合)的沥青材料,在较大范围的荷载作用时间和温度下进行大量的试验,得出预计不同荷载作用时间和温度下沥青劲度模量的诺谟图(见图 8-10)。图中参数:温度差为软化点与温度之差(即 $SP-T$);荷载作用时间(t)或荷载作用频率$\left(f=\dfrac{1}{t}\right)$;针入度指数(PI)。针入度指数可根据沥青材料的针入度和软化点用下式求得:

$$\mathrm{PI} = \frac{1\,951.4 - 500\lg P - 20SP}{50\lg P - SP - 120.14} \tag{8-19}$$

式中 SP——软化点(环球法)(℃);
P——25 ℃时针入度,0.1 mm。

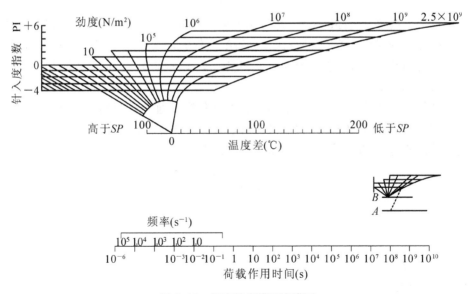

图 8-10 沥青劲度模量诺谟图

(2) 沥青混合料的劲度模量

C·范德甫对一系列密级配沥青混合料进行试验后确认，沥青混合料的劲度模量是沥青的劲度模量和混合料中集料含量的函数。对某一沥青混合料，可以从诺谟图查得规定荷载作用时间与温度的沥青劲度模量之后，再用下式计算沥青混合料的劲度模量：

$$S_m = S_b \left[1 + \frac{2.5}{n} \cdot \frac{C_V}{1-C_V} \right]^n \tag{8-20}$$

式中 S_m——沥青混合料的劲度模量(MPa)；

S_b——沥青的劲度模量(MPa)；

$n = 0.83 \lg \left(\frac{4 \times 10^4}{S_b} \right)$；

C_V——混合料中集料的集中系数，即：

$$C_V = \frac{集料的体积}{集料的体积 + 沥青的体积}$$

此式仅适用于沥青混合料的空隙率 V_V 为 3%，C_V 等于 0.7~0.9 的情况，若空隙率大于 3%，C_V 要修正为：

$$C'_V = \frac{C_V}{1 + (0.01V_V - 0.03)} \tag{8-21}$$

算得的 C'_V 值代替式(8-21)中的 C_V 值，就可求得沥青混合料的劲度模量。

3. 沥青混合料的疲劳特性

如同其他路面材料一样，沥青混合料的变形和破坏不仅与荷载应力的大小有关，而且同荷载作用次数有很大关系。路面材料在低于极限抗拉强度的重复拉应力或拉应变作用下最终开裂破坏，称为疲劳破坏。导致路面材料最终破坏（即开始疲劳开裂）的荷载作用次数，称为疲劳寿命。

影响沥青混合料疲劳特性的因素很多，除了与材料的性质（种类、组成等）、环境因素（温度、湿度等）、加荷方式等因素有关外，还取决于沥青混合料的劲度。因此，任何影响劲度的因素（矿料级配、沥青种类和用量、混合料的压实程度和空隙率、试验的温度、加荷速度和应力级等）对混合料的疲劳特性都有影响。

沥青混合料的疲劳特性可用各种室内试验方法测定。通常采用的方法是在简支的小梁上作重复加荷弯曲试验，也可采用重复加荷抗拉试验（劈裂试验）测定。

小梁试件试验时，弯曲应力 σ(MPa)和应变 ε 用下式计算：

$$\sigma = \frac{3aP}{bh^2} \tag{8-22}$$

$$\varepsilon = \frac{12h\Delta}{(3l^2 - 4a^2)} \tag{8-23}$$

式中 b——试件宽度(m)；

h——试件高度(m)；

l——支点间距(m)；

P——使梁弯曲的动荷载(MN);
a——荷载距支点的水平距离(m);
Δ——梁中点的动挠度(m)。

疲劳试验可以用控制应力或控制应变两种方式控制加荷。如用控制应力方式,则每次对试件施加的荷载为常量。由于施加荷载过程中,在应力集中处开始产生微裂缝,随着荷载作用次数增多,试件不断受到损伤,劲度随之而降低,故荷载应力尽管不变,实际的弯曲应变则随施加荷载次数的增加而增大。对于控制应变方式,在测试过程中,始终保持每次荷载下应变值不变,要不断改变荷载使梁产生一固定值的挠曲,因此,应力随施加荷载次数的增加而不断减小。

在控制应力条件下,沥青混合料达到疲劳破坏的荷载平均作用次数按下式计算:

$$N_1 = K_1 \left(\frac{1}{\sigma_{\max}}\right)^{n_1} \tag{8-24}$$

控制应变施加荷载时,达到破坏的平均作用次数为:

$$N_2 = K_2 \left(\frac{1}{\varepsilon_{\max}}\right)^{n_2} \tag{8-25}$$

上两式中　$\sigma_{\max}$——拉应力的最大值(MPa);
　　　　　$\varepsilon_{\max}$——拉应变的最大值(MPa);
　　　　　K_1、K_2——取决于沥青混合料组成和特性的系数;
　　　　　n_1、n_2——坡度因素,由应力-疲劳寿命图上得出。通常 $n_2 > n_1$,对大多数沥青混合料 $n_2 = 5 \sim 6$。

图 8-11 示出了一些典型沥青混合料的拉应变与疲劳寿命的相互关系。

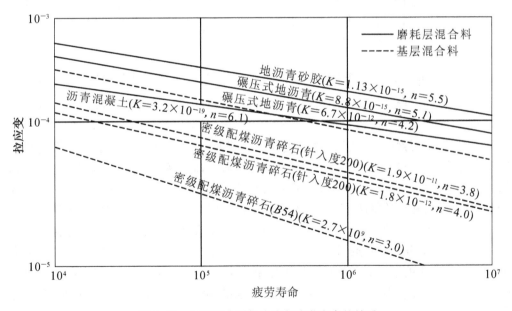

图 8-11　沥青混合料拉应变与疲劳寿命的关系

试验表明,同一种沥青混合料因试验时所采用的控制方式不同,试件达到破坏的荷载作用总次数有一定的差别。一般情况下,按应力控制得出的疲劳寿命较短。路面设计时,用应力控制还是用应变控制,主要取决于路面的应力状态更接近于哪一种试验的受力状态。这也是目前学术界广泛开展研究的课题,尚有争议。由于应变便于量测,因此,国际上大多数有影响的设计方法均采用应变作为设计指标。

4. 沥青路面的温度状况

沥青混合料的强度随温度而变化,温度降低时强度提高,温度升高时强度降低。可见温度是影响沥青路面力学特性的一个重要因素。

自然气温每年和每月都发生周期性变化,与大气直接接触的路面表面温度也相应地发生周期性变化,其起伏规律与气温的变化基本上是一致的。但是,在太阳直接辐射下,由于某一部分辐射热被路面所吸收,因而路面的热量增大,使路面表面的温度较气温高。图 8-12 显示沥青路面中一天中的温度变化。可以看出,太阳辐射和气温对沥青路面的温度有极大的影响。此外,沥青路面结构内不同深度处的温度,同样随气温变化也呈现出周期性的变化,但变化的幅度随离路表深度增大而减小。图 8-13 是一个典型的温度随深度变化的实例。在上午 4 时,地球的长波辐射热保持路面结构内温度比气温高。而在下午 2 时,太阳辐射由路面吸收,使路面表面温度升高。

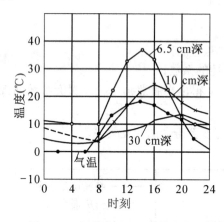
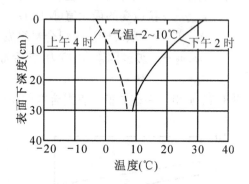

图 8-12 沥青路面一天中的温度变化 图 8-13 沥青路面中温度随深度变化

影响路面结构内温度状况的有外部的和内在的两种因素。外部因素是气候条件,例如气温、太阳辐射、风速、降水量、蒸发量和冷凝作用等。显然,地理位置对一个地区的气候也有极大的影响。在外部诸因素中,气温和太阳辐射是决定路面结构内温度的关键。太阳辐射热一部分被路面反射掉,一部分被再辐射,余下的部分被路面吸收而提高其温度。风加强了空气的对流,使路面丧失部分热量。降水和蒸发降低由日照所提高的路面温度。内在因素一般是指从地球长波辐射热的散发和热的特性,它包括路面材料和地基的热传导率、热容量、对辐射热的吸收能力等。路面材料和地区的地质特征对内在因素的作用有重大影响。热传导率是在单位温度梯度条件下,在单位时间内垂直通过一个单位面积面界的热量。材料的热传导率越高、温度梯度越小,在材料中产生的温度应力越小。热传导率的大小同路面的结构、孔隙率和温度有关。热容量是指单位物质质量中引起单位温度变化所必需的热能量。材料的热容量越高,温度梯度将越低。

路面结构内的温度状况,可通过在外部和内在的影响因素之间建立联系的方法来推算。最常用的方法是统计分析方法。

第8章 沥青路面及其结构设计

在沥青路面内埋设测温元件,实测年循环内路面结构不同深度在不同时刻的温度变化,将取得的数据与当地的气象资料,包括气温、辐射热等进行相关分析,分别建立路面不同深度处温度的回归方程。利用这些统计关系就可以根据以往的气象资料推算路面结构层内的温度状况。

如上海地区沥青混凝土面层温度状况的回归方程为:

$$t_{max} = 8.68 + 0.874 t°_{max} + 0.007L \tag{8-26}$$

式中 t_{max}——路面表面的最高温度(℃);
$t°_{max}$——最高气温(℃);
L——日辐射热(J/(cm² · d))。

5. 沥青路面的高温稳定性

沥青混合料的特点是强度和抗变形能力随温度的升降而产生变化。温度升高时,沥青的黏滞度降低,矿料之间的黏结力削弱,导致强度降低。温度降低时恰好相反,沥青的黏滞度增高,因而强度增大。强度随温度而变化的幅度很大,相差几倍甚至几十倍。表8-5是沥青混凝土试件的抗压强度随温度变化而变化的情况。由于沥青混合料强度的这种变化,导致沥青路面稳定性和工作状况变坏,使用性能降低。

表8-5 沥青混凝土试件抗压强度随温度的变化

温度(℃)	平均抗压强度(MPa)
50	1.0~2.0
20	2.5~5.0
0	8.0~13.0
−10	10.0~17.0
−35	18.0~30.0

夏季高温时,在停车地点(平面交叉路口、停车站、停车场等)和行车变速的路段上,由于行车的起动与制动,加速与减速,路面可能受到很大的水平作用力(可达到0.6~0.8 MPa),大体上与垂直应力相当,并且在车辆的重复荷载作用下会发生变形累积。在这种情况下,若沥青混合料的高温稳定性不足,路面就会产生较大的剪切变形。因此提高沥青混合料在高温下的抗剪切能力,就是提高其温度稳定性。

沥青路面在高温下产生的剪切变形,大体上有下列两种情况:一种是面层很薄,或者面层与基层之间的黏结力很差时,面层将沿着基层顶面滑动,如图8-14a所示;另一种是面层很厚,或者面层与基层之间的黏结力很大时,则整个面层内部发生推挤移动,如图8-14b所示。

图8-14 沥青路面形成推挤与波浪现象示意图
(a) 路面沿基层滑动;(b) 路面内部上下各层相互滑动推挤

多年来，国内外一些研究工作者都从抗剪切原理出发，着重从荷载应力和材料强度的对比，提出一些分析沥青路面高温稳定性的计算模式。但是，限于力学计算和试验条件都还不够完善而未被普遍采用。目前，对沥青混合料高温稳定性的分析，大都借助于试验方法。较广泛应用的有马歇尔稳定度、无侧限抗压强度和车辙试验等试验方法。

影响沥青混合料高温稳定性的因素主要是：沥青和矿料的性质及其相互作用的特性，矿料的级配组成与沥青用量等。

为了提高沥青混合料的高温稳定性，可采用提高黏结力和内摩阻力的方法。在混合料中增加粗矿料含量，或限制剩余空隙率，使粗矿料形成空间骨架结构，就能提高混合料的内摩阻力。适当地提高沥青材料的黏稠度，控制沥青与矿粉的比值，严格控制沥青用量，采用具有活性的矿粉，以改善沥青与矿粉的相互作用，就能提高混合料的黏结力。此外，在沥青混合料中使用掺入聚合物(如天然橡胶、合成橡胶、聚异丁烯、聚乙烯等)改性的沥青，也能取得比较满意的效果。

车辙是路面结构及土基在行车荷载作用下的磨耗、补充压实，以及结构层中材料的侧向位移产生的累积永久变形。这种变形出现在行车轮迹带处，即形成路面的纵向带状凹陷。车辙是沥青路面的主要破坏形式之一。沥青混合料的热稳性主要表现在夏季路面是否在车辆荷载的作用下逐渐形成车辙。研究表明，处于45℃以上的沥青路面受交通荷载的作用最易造成较大的车辙。车辙的年增加量与沥青的软化点、60℃的黏度、沥青混合料的动稳定度有很显著的相关性。沥青混合料的动稳定度是一项沥青混合料的车辙试验指标。车辙试验是在规定尺寸的板块状压实沥青混合料试件上，用固定荷载的橡胶轮反复行走后，测定其在变形稳定期每增加变形1 mm的碾压次数，即动稳定度，以次/mm表示。车辙试验的试验温度与轮压是动稳定度的重要试验影响因素，可根据有关规定和需要选用，我国规范(JTJ052-93)规定，一般情况下，试验温度为60 ℃，轮压为0.7 MPa，在寒冷地区也可采用45 ℃或其他温度。计算动稳定度的时间原则上为试验开始后45～60 min之间。轮碾成型机碾压成型的试件尺寸为300 mm，宽300 mm，厚50 mm，也可用现场切割制作长300 mm，宽150 mm，厚50 mm的板块状试件。

研究表明，采用动稳定度来表征沥青混合料的热稳性是适宜的。不少国家在沥青混合料设计时采用了该项指标，如日本沥青路面纲要规定，在60 ℃，0.64 MPa的轮压下进行车辙试验时，动稳定度不小于1 500次/mm；重交通道路，要求动稳定度大于3 000次/mm。但是，当动稳定度大于5 000次/mm时，应进行弯曲疲劳试验，评价沥青混合料的抗疲劳特性和低温抗裂性能，以保证混合料的性能均衡。

影响沥青混合料动稳定度的因素较多。一般密级配的动稳定度大于开级配，沥青用量过多，动稳定度下降，试验温度低则动稳定度高，试验荷载大则动稳定度低。采用改性沥青则可明显地提高动稳定度。综合考虑中国国情，我国《公路沥青路面设计规范》(JTG D50)规定，高速公路和一级公路沥青混合料应在规定的试验条件下进行车辙试验，并应满足不同气候分区条件下的动稳定度技术要求。若在南方长期持续气温较高地区，应尽可能地提高沥青混合料的动稳定度指标。

6. 沥青路面的低温抗裂性

沥青路面在低温时强度虽然增大，但其变形能力却因刚性增大而降低。气温下降，特别是在急骤降温时，会在路面结构内产生温度梯度，路面面层遇降温而收缩的趋势会受到其下部层次的约束而在面层产生拉应力。开始时,由于沥青混合料的劲度相对较低,这个拉应力较小,但是随着进一步的降温,在低温状态下,沥青混合料的劲度增加,从而伴随了收缩趋势的进一步增强,导致拉应力超过沥青混凝土的强度,造成面层开裂。沥青路面的低温缩裂,大致可分为两类:一类是温度下降而造成路面的开裂,它与沥青混合料的体积收缩有关,这种裂缝是由表面开始发裂而逐渐发展成为裂缝;另一类是属于路基或基层收缩与冰冻共同作用而产生的裂缝,这类裂缝是从基层开始,逐渐反映到沥青面层。由于路面收缩的主轴是纵向的,因此,低温产生的裂缝大多是横向的,裂缝的间距一般为 6~10 m。裂缝的出现,往往就是沥青路面损坏的开始。随着低温循环的影响,裂缝将会进一步扩展,随后雨水由裂缝渗入路面结构,逐渐导致路面工作状况恶化。

影响低温开裂的因素很多,其中主要的因素是路面所用沥青的性质、当地的气温状况、沥青老化程度、路基的种类和路面层次的厚度等。此外,路面面层与基层的黏着状况,基层所用材料的特性,行车的状况等对开裂也有一定的影响。

使用稠度较低、温度敏感性低的沥青,可以减少或延缓路面的开裂。路面所在地区的气温愈低,开裂愈为严重。沥青材料老化后,对低温更为敏感,路面产生开裂的可能性增大。增加沥青面层的厚度可以减少或者延缓路面的开裂,但是不能根除。

近年来,有的国家提出在沥青路面面层上用沥青—橡胶(黏稠沥青 75%+磨细硫化橡胶粉 25%)混合料铺设一层厚约 10 mm 的薄层,构成应力吸收薄膜,以提高路面的抗拉强度和减少温度对路面开裂的影响。在路面面层与基层之间,用沥青—橡胶混合料铺设一层应力吸收薄膜夹层,也能有效地防止路面的反射开裂。

关于低温缩裂有许多研究工作,有代表性的是 Christion 等人提出的方法。该方法把沥青混合料假设为一根弹性梁,由于降温而产生的应力可由下式计算:

$$\sigma_x(T) = \alpha \int_{T_0}^{T_f} S(T, t) dT \approx \alpha \sum_{T_0}^{T_f} S(\Delta T) \cdot \Delta T \tag{8-27}$$

式中 $\sigma_x(T)$——路面温度从 T_0 到 T_f 时,沥青混合料累计温度应力(MPa);

α——$T_0 \sim T_f$ 温度范围内,沥青混合料的平均收缩系数(1/℃);

T_0、T_f——初始及最终温度(℃);

$S(T,t)$——沥青混合料的劲度模量,随温度及荷载作用时间而定(MPa);

$S(\Delta T)$——沥青混合料在 ΔT 温度间隔范围内加荷时的劲度模量(MPa);

ΔT——下降温度划分的小间隔(℃)。

用上式计算所得的累计温度应力与沥青混合料的极限抗拉强度相比较,累计温度应力与极限抗拉强度相等时的温度,即为开裂温度。图 8-15 为预估开裂温度的一个实例。从图可见,温度应力与沥青混合料的极限抗拉强度都随温度而变化,路面温度在 -30 ℃ 时,累计温度应力与抗拉强度相等,该温度即为预估的开裂温度。

SHRP 的研究工作是开发了一个直接确定断裂温度的方法,提出了一个名为 TSRST

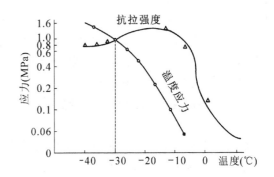

图 8-15 用温度应力和抗拉强度分析低温开裂温度

(Thermal Stress Restrained)的试验,试图模拟类似于方程(8-27)所计算的条件。在试验过程中指定降温速率,利用 TSRST 试验,可以在工程建设前,通过保证试验过程中出现的断裂温度小于现场的预计低温来进行混合料设计。

7. 沥青路面的水稳性

高速公路、一级公路、二级公路的沥青混合料应具有良好的水稳性。沥青混合料的水稳性指标,除通常采用浸水马歇尔试验和沥青与矿料的黏附性试验,以检验沥青混合料受水损害后的抗剥落性能外,对年最低气温低于 $-21.5\ ℃$ 的寒冷地区,还应增加沥青混合料冻融劈裂残留强度试验。该试验采用简化的洛特曼试验,用两面击实 50 次的马歇尔试件,常温下浸水 20 min,0.09 MPa 浸入抽真空 15 min 后,在 $-18\ ℃$ 冰箱中冷冻 16 h,在 60 ℃水浴中放置 24 h 完成一次冻融循环,再在 25 ℃水中浸泡 2 h 后测试劈裂强度,与冻融循环前指标相除,得到强度比值,以此指标作为年最低气温低于 $-21.5\ ℃$ 的地区沥青混合料水稳性指标。

四、沥青路面使用性能的气候分区

由于我国幅员辽阔,气候变化大,各地区对沥青路面使用性能的要求有很大差别。为此,《公路沥青路面施工技术规范》(JTG F40)中提出了我国"沥青及沥青混合料气候分区指标"及相应的"分区图"。

1. 高温指标

使用最热月平均最高气温作为高温指标。将全国划分为大于 30℃、20~30℃、小于 20℃三个区。30℃线基本上是沿燕山、太行山、四川盆地及云贵高原边缘走向,与自然的地形、地貌走向一致,符合我国沥青路面使用的实际分界状况。

2. 低温指标

使用年极端最低气温(30 年一遇预期最低气温)作为使用指标,将全国分为大于 $-9\ ℃$、$-21.5 \sim -9\ ℃$、$-37 \sim -21.5\ ℃$,小于 $-37\ ℃$ 四个区。

3. 雨量指标

使用年降雨量作为分区指标,将全国分为大于 1 000 mm、500~1 000 mm、250~500 mm、小于 250 mm 四个区。1 000 mm 分界线基本上位于淮河秦岭区域。

沥青路面气候分区为二级区划,按最热月平均最高气温和年极端最低气温把全国分为三大区,九种气候型。每个气候型用两个数字来表示:第一个数字代表最热月平均最高气温的分级(1——>30℃,2——20~30℃,3——<20℃);第二个数字代表年极端最低气温的分级(1——<$-37\ ℃$,2—— $-37 \sim -21.5\ ℃$,3—— $-21 \sim -9\ ℃$,4——>$-9\ ℃$)。沥青及沥青混合料气候分区是在沥青路面气候分区的基础上再增加一级雨量分级,即每个气候型用 3 个数字表示。第三个数字代表年降水量分级(1——>1 000 mm,2——500~1 000 mm,3——250~500 mm,4——<250 mm)。

三个数字综合定量地反映了某地的气候特征,每个因素的数字越小,表示气候因素的影响越严重。

因此根据高温、低温、雨量三个主要因素的 30 年气象统计资料,按照概率大体相等的原则提出了分区指标的界限及气候分区图,见表 8-6、表 8-7 及图 8-27、图 8-28。

第 8 章 沥青路面及其结构设计

表 8-6 沥青路面气候分区指标

气候区名		温度(℃)	
		最热月平均最高气温	年极端最低气温
1-1	夏炎热冬严寒	>30	<-37
1-2	夏炎热冬寒	>30	-37～-21.5
1-3	夏炎热冬冷	>30	-21.5～-9
1-4	夏炎热冬温	>30	>-9
2-1	夏热冬严寒	20～30	<-37
2-2	夏热冬寒	20～30	-37～-21.5
2-3	夏热冬冷	20～30	-21.5～-9
2-4	夏热冬温	20～30	>-9
3-2	夏凉冬寒	<20	-37～-21.5

表 8-7 沥青及沥青混合料气候分区指标

气候区名		温度(℃)		雨量(mm)
		最热月平均最高气温	年极端最低气温	年降水总量
1-1-4	夏炎热冬严寒干旱	>30	<-37	<250
1-2-2	夏炎热冬寒湿润	>30	-37～-21.5	500～1 000
1-2-3	夏炎热冬寒半干	>30	-37～-21.5	250～500
1-2-4	夏炎热冬寒干旱	>30	-37～-21.5	<250
1-3-1	夏炎热冬冷潮湿	>30	-21.5～-9	>1 000
1-3-2	夏炎热冬冷湿润	>30	-21.5～-9	500～1 000
1-3-3	夏炎热冬冷半干	>30	-21.5～-9	250～500
1-3-4	夏炎热冬冷干旱	>30	-21.5～-9	<250
1-4-1	夏炎热冬温潮湿	>30	>-9	>1 000
1-4-2	夏炎热冬温湿润	>30	>-9	500～1 000
2-1-2	夏热冬严寒湿润	20～30	<-37	500～1 000
2-1-3	夏热冬严寒半干	20～30	<-37	250～500
2-1-4	夏热冬严寒干旱	20～30	<-37	<250
2-2-1	夏热冬寒潮湿	20～30	-37～-21.5	>1 000
2-2-2	夏热冬寒湿润	20～30	-37～-21.5	500～1 000
2-2-3	夏热冬寒半干	20～30	-37～-21.5	250～500
2-2-4	夏热冬寒干旱	20～30	-37～-21.5	<250
2-3-1	夏热冬冷潮湿	20～30	-21.5～-9	>1 000
2-3-2	夏热冬冷湿润	20～30	-21.5～-9	500～1 000
2-3-3	夏热冬冷半干	20～30	-21.5～-9	250～500
2-3-4	夏热冬冷干旱	20～30	-21.5～-9	<250
2-4-1	夏热冬温潮湿	20～30	>-9	>1 000
2-4-2	夏热冬温湿润	20～30	>-9	500～1 000
2-4-3	夏热冬温半干	20～30	>-9	250～500
3-2-1	夏凉冬寒潮湿	<20	-37～-21.5	>1 000
3-2-2	夏凉冬寒湿润	<20	-37～-21.5	500～1 000

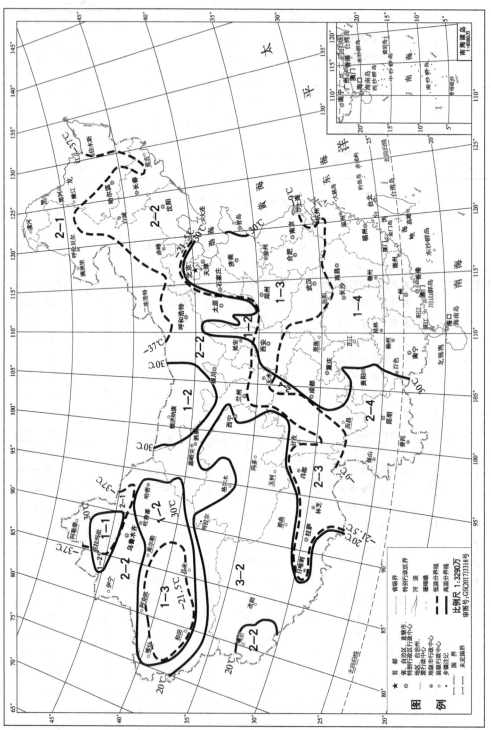

图8-16 中国沥青路面气候分区图(温度)

第8章 沥青路面及其结构设计

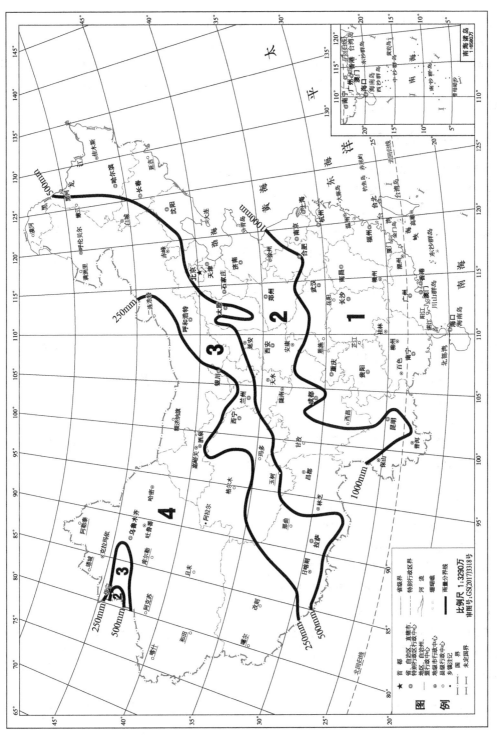

图8-17 中国沥青路面气候分区图(雨量)

§8-3 弹性层状体系理论

由不同材料的结构层及土基组成的路面结构,在荷载作用下其应力形变关系一般呈非线性特性,且形变随应力作用时间而变化,同时应力卸除后常有一部分变形不能恢复。因此,严格地说,沥青路面在力学性质上属于非线性的弹—黏—塑性体。但是考虑到行驶车轮作用的瞬时性在路面结构中产生的黏—塑性变形很小,所以对于厚度较大、强度较高的路面,将其视作线性弹性体,并应用弹性层状体系理论进行分析计算。

一、基本假设与解题方法

弹性层状体系是由若干个弹性层组成,上面各层具有一定厚度,最下一层为弹性半空间体,如图 8-18。

应用弹性力学方法求解弹性层状体系的应力、变形和位移等分量时,引入如下一些假设:

(1) 各层是连续的、完全弹性的、均匀的、各向同性的,以及位移和形变是微小的;

(2) 最下一层在水平方向和垂直向下方向为无限大,其上各层厚度为有限,水平方向为无限大;

(3) 各层在水平方向无限远处及最下一层向下无限深处,其应力、形变和位移为零;

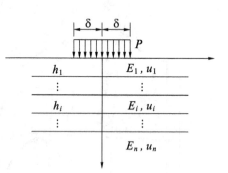

图 8-18 弹性层状体系示意图

(4) 层间接触情况,或者是位移完全连续(称连续体系),或者层间仅竖向应力和位移连续而无摩阻力(称滑动体系);

(5) 不计自重。

求解时,将车轮荷载简化为圆形均布荷载(垂直荷载与水平荷载),并在圆柱坐标体系中分析各分量。在图 8-19 的圆柱坐标 (r,θ,z) 中,在弹性层状体系内微分单元体上,应力分量有三个法向应力 σ_r、σ_θ 和 σ_z 及三对剪应力 $\tau_{rz}=\tau_{zr}$,$\tau_{r\theta}=\tau_{\theta r}$,$\tau_{z\theta}=\tau_{\theta z}$。

当层状体系表面作用着轴对称荷载时,各应力、形变和位移分量也对称于对称轴,即它们仅是 r 和 z 的函数。因而 $\tau_{r\theta}=\tau_{\theta r}=0$,$\tau_{z\theta}=\tau_{\theta z}=0$,三对剪应力只剩下一对 $\tau_{rz}=\tau_{zr}$。下面以这种轴对称的情形为例,简述弹性层状体系各分量的求解方法。

由弹性力学得知,对于以圆柱坐标表示的轴对称课题,其平衡方程(不计体积力)为:

$$\left.\begin{array}{l}\dfrac{\partial \sigma_r}{\partial r}+\dfrac{\partial \tau_{zr}}{\partial z}+\dfrac{\sigma_r-\sigma_\theta}{r}=0\\[2mm]\dfrac{\partial \sigma_z}{\partial z}+\dfrac{\partial \tau_{rz}}{\partial r}+\dfrac{\tau_{rz}}{r}=0\end{array}\right\} \quad (8-28)$$

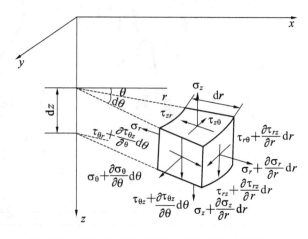

图 8-19 圆柱坐标系中微分单元体受力分析图

表示体系内任一点应力形变关系的物理方程为：

$$\left.\begin{array}{l}\varepsilon_r = \dfrac{1}{E}[\sigma_r - \mu(\sigma_\theta + \sigma_z)] \\ \varepsilon_\theta = \dfrac{1}{E}[\sigma_\theta - \mu(\sigma_z + \sigma_r)] \\ \varepsilon_z = \dfrac{1}{E}[\sigma_z - \mu(\sigma_r + \sigma_\theta)] \\ r_{zr} = \dfrac{2(1+\mu)}{E}\tau_{zr} \end{array}\right\} \quad (8\text{-}29)$$

又知轴对称课题的几何方程为：

$$\varepsilon_r = \frac{\partial u}{\partial r}; \varepsilon_\theta = \frac{u}{r}; \varepsilon_z = \frac{\partial \omega}{\partial z} \quad (8\text{-}30)$$

变形连续方程为：

$$\left.\begin{array}{l}\nabla^2\sigma_r - \dfrac{2}{r^2}(\sigma_r - \sigma_\theta) + \dfrac{1}{1+\mu}\dfrac{\partial^2\Theta}{\partial r^2} = 0 \\ \nabla^2\sigma_\theta + \dfrac{2}{r^2}(\sigma_r - \sigma_\theta) + \dfrac{1}{1+\mu}\dfrac{1}{r}\dfrac{\partial\Theta}{\partial r} = 0 \\ \nabla^2\sigma_z + \dfrac{1}{1+\mu}\dfrac{\partial^2\Theta}{\partial z^2} = 0 \\ \nabla^2\tau_{zr} - \dfrac{\tau_{zr}}{r^2} + \dfrac{1}{1+\mu}\dfrac{\partial^2\Theta}{\partial r\partial z} = 0 \end{array}\right\} \quad (8\text{-}31)$$

式中 $\nabla^2 = \dfrac{\partial^2}{\partial r^2} + \dfrac{1}{r}\dfrac{\partial}{\partial r} + \dfrac{\partial^2}{\partial z^2}$；

$\Theta = \sigma_r + \sigma_\theta + \sigma_z$；

如果引用应力函数 $\varphi = \varphi(r,z)$，并把应力分量表示成为：

$$\left.\begin{array}{l}\sigma_r = \dfrac{\partial}{\partial z}\left(\mu\nabla^2\varphi - \dfrac{\partial^2\varphi}{\partial r^2}\right) \\ \sigma_\theta = \dfrac{\partial}{\partial z}\left(\mu\nabla^2\varphi - \dfrac{1}{r}\dfrac{\partial\varphi}{\partial r}\right) \\ \sigma_z = \dfrac{\partial}{\partial z}\left[(2-\mu)\nabla^2\varphi - \dfrac{\partial^2\varphi}{\partial z^2}\right] \\ \tau_{zr} = \tau_{rz} = \dfrac{\partial}{\partial r}\left[(1-\mu)\nabla^2\varphi - \dfrac{\partial^2\varphi}{\partial z^2}\right] \end{array}\right\} \quad (8\text{-}32)$$

则将(8-32)式代入(8-28)式及(8-31)式中，(8-28)式的第一个方程自然满足，其余各方程的共同要求是：

$$\nabla^2\nabla^2\varphi = 0 \quad (8\text{-}33)$$

如果能从(8-33)式中解得应力函数 φ，代入(8-32)式中即得各应力分量，如将各应力分量代入(8-29)式中则得形变分量。

由(8-32)、(8-29)及(8-30)式可得以应力函数表示的位移分量，即

$$u = -\frac{1+\mu}{E}\frac{\partial^2\varphi}{\partial r\partial z} \left. \begin{array}{r} \\ \omega = \frac{1+\mu}{E}\left[2(1-\mu)\nabla^2\varphi - \frac{\partial^2\varphi}{\partial z^2}\right] \end{array} \right\} \quad (8-34)$$

将解得的应力函数代入上式可以得到位移分量表达式。

求解方程(8-33)中 $\varphi(r,z)$ 的方法有分离变量法和积分变换法，习惯上多采用汉克尔积分变换法。由汉克尔积分变换求得解为：

$$\varphi(r,z) = \int_0^\infty \left[(A+BZ)e^{-\xi z} + (C+DZ)e^{\xi z}\right]\xi J_0(\xi r)d\xi \quad (8-35)$$

式中 $J_0(\xi r)$——第一类零阶贝塞尔函数；
A,B,C,D——待定系数，由弹性层状体系的层间连续条件和边界条件确定。

将(8-35)式代入(8-32)和(8-34)式中可得各应力分量和位移分量表达式。对于某种特定的荷载、体系层数与层间连续条件，式中的待定系数就可以确定。例如表面作用圆面积均布垂直荷载的双层连续体系（图8-20)，体系表面荷载作用轴线上的垂直位移（即弯沉）为：

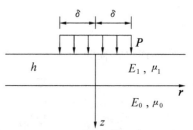

图 8-20 双层连续体系受圆面积均布荷载计算图式

$$\omega = \frac{2(1-\mu_1^2)p\delta}{E_1}\int_0^\infty \frac{2e^{-\xi h} - 4\xi h - Me^{2\xi h}}{1 + 4\xi^2 h^2 + ML - Me^{2\xi h} - Le^{-2\xi h}} \times \frac{J_1(\xi h)}{\xi}d\xi \quad (8-36)$$

式中 $L = \dfrac{(3-4\mu_0) - m(3-4\mu_1)}{3-4\mu_0 + m}$;

$M = \dfrac{m(3-4\mu_1) + 1}{1-m}$;

$m = \dfrac{E_0(1+\mu_1)}{E_1(1+\mu_0)}$;

E_1,μ_1,E_0,μ_0——分别为上层和半空间体的弹性模量与泊松比。

公式(8-36)为含有贝塞尔函数和指数函数的广义积分。所有各分量的表达式都是如此形式，它们的数值计算需借助于计算机来进行。在计算机已广泛使用的今天，进行这种计算工作已经不存在任何困难了。

为了使用方便，将(8-36)式改写为：

$$\omega = \frac{2p\delta}{E_0}\bar{\varepsilon} \quad (8-37)$$

式中 $\bar{\varepsilon} = \dfrac{(1-\mu_1^2)E_0}{E_1}\int_0^\infty \dfrac{Le^{-2\xi h} - 4\xi h - Me^{2\xi h}}{1 + 4\xi^2 h^2 + ML - Me^{2\xi h} - Le^{-2\xi h}} \dfrac{J_1(\xi h)}{\xi}d\xi$

$\bar{\varepsilon}$ 称为垂直位移系数，其计算结果绘成诺谟图如图8-21所示。计算时取 $\mu_0 = 0.35, \mu_1 = 0.25$。

弹性三层体系由两个弹性层以及弹性半空间体组成。其分量的求解方法与前述双层体系相似，即将应力函数解(8-35)式代入应力分量和位移分量公式(8-32)与(8-34)，并将层间连续

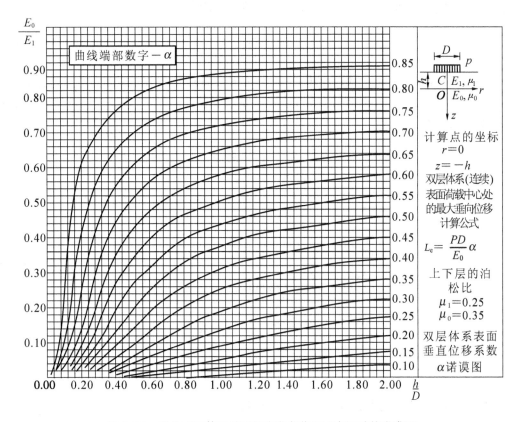

图 8-21 弹性双层体系单圆均布荷载作用下弯沉计算诺谟图

条件和边界条件引入,求得待定系数,从而获得弹性三层体系的各分量表达式。

当弹性层状体系表面作用水平荷载时,属非轴对称课题,其求解较轴对称课题复杂。在前述轴对称课题的方程(8-28)~(8-34)中,除物理方程(8-29)外,由于剪应力有三对,所以都变成更为复杂的形式,其求解方法及应力函数表达式也都较为繁复,但求解步骤和轴对称课题大体相同。

二、主应力计算

在沥青路面的结构计算中,通常要验算路面结构层的强度,为此需计算弹性层状体系在荷载作用下产生的主应力。根据弹性力学得知,用圆柱坐标表示的空间问题的三个主应力同各应力分量之间的关系为下式的解:

$$\sigma^3 - \Theta_1 \sigma^2 + \Theta_2 \sigma - \Theta_3 = 0 \tag{8-38}$$

式中 $\Theta_1 = \sigma_r + \sigma_\theta + \sigma_z$,称为第一应力状态不变量;

$\Theta_2 = \sigma_r \sigma_\theta + \sigma_\theta \sigma_z + \sigma_z \sigma_r - \tau_{r\theta}^2 - \tau_{z\theta}^2 - \tau_{zr}^2$,称为第二应力状态不变量;

$\Theta_3 = \sigma_r \sigma_\theta \sigma_z + 2\tau_{r\theta}\tau_{z\theta}\tau_{zr} - \sigma_r \tau_{z\theta}^2 - \sigma_\theta \tau_{zr}^2 - \sigma_z \tau_{r\theta}^2$,称为第三应力状态不变量。

公式(8-38)中各应力分量由弹性层状体系理论求得后,则可由代数方法求得此一元三次方程的三个根,即三个主应力 σ_1, σ_2 和 σ_3。

由最大主应力 σ_1 和最小主应力 σ_3 可得最大剪应力,即

$$\tau_{\max} = \frac{1}{2}(\sigma_1 - \sigma_3) \tag{8-39}$$

当弹性层状体系上有多个荷载作用时,需先应用叠加原理求出相应的各应力分量,然后由方程(8-38)解算主应力。根据材料力学中斜截面应力的概念,可以得出多个荷载作用时各应力分量的公式,它们是:

$$\left. \begin{aligned} \sigma_r &= \sum_{i=1}^{n} \left[\frac{\sigma_{ri} + \sigma_{\theta i}}{2} + \frac{\sigma_{ri} - \sigma_{\theta i}}{2} \cos 2\alpha_i + \tau_{r\theta i} \sin 2\alpha_i \right] \\ \sigma_\theta &= \sum_{i=1}^{n} \left[\frac{\sigma_{\theta i} + \sigma_{ri}}{2} + \frac{\sigma_{\theta i} - \sigma_{ri}}{2} \cos 2\alpha_i + \tau_{r\theta i} \sin 2\alpha_i \right] \\ \sigma_z &= \sum_{i=1}^{n} \sigma_{zi} \\ \tau_{zr} &= \sum_{i=1}^{n} \left[\tau_{zri} \cos \alpha_i - \tau_{z\theta i} \sin \alpha_i \right] \\ \tau_{r\theta} &= \sum_{i=1}^{n} \left[\frac{\sigma_{ri} - \sigma_{\theta i}}{2} \sin 2\alpha_i + \tau_{r\theta i} \cos 2\alpha_i \right] \\ \tau_{z\theta} &= \sum_{i=1}^{n} \left[\tau_{z\theta i} \cos \alpha_i + \tau_{zri} \sin \alpha_i \right] \end{aligned} \right\} \tag{8-40}$$

式中 α_i——第 i 个荷载应力分量与计算应力分量之间的夹角。

当只有 n 个轴对称垂直荷载作用时,由于单个轴对称垂直荷载作用于弹性层状体系时属轴对称课题,即 $\tau_{r\theta i} = \tau_{z\theta i} = 0$,所以得:

$$\left. \begin{aligned} \sigma_r &= \sum_{i=1}^{n} \left[\sigma_{ri} \cos^2 \alpha_i + \sigma_{\theta i} \sin^2 \alpha_i \right] \\ \sigma_\theta &= \sum_{i=1}^{n} \left[\sigma_{\theta i} \cos^2 \alpha_i + \sigma_{ri} \sin^2 \alpha_i \right] \\ \sigma_z &= \sum_{i=1}^{n} \sigma_{zi} \\ \tau_{zr} &= \sum_{i=1}^{n} \tau_{zri} \cos \alpha_i \\ \tau_{r\theta} &= \sum_{i=1}^{n} \frac{\sigma_{ri} - \sigma_{\theta i}}{2} \sin 2\alpha_i \\ \tau_{z\theta} &= \sum_{i=1}^{n} \tau_{zri} \sin \alpha_i \end{aligned} \right\} \tag{8-41}$$

对于沥青路面设计采用的双圆荷载图式(见图 8-22),如果计算某点 a 的 aO_1 方向的应力分量,则以 aO_1 为计算截面的法线方向,因而 $\alpha_1 = 0, \alpha_2 = \theta_2 - \theta_1$。

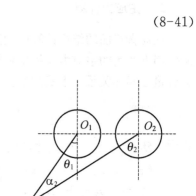

图 8-22 双圆荷载外 a 点计算图式

§8-4 沥青路面的破坏状态、设计指标及标准

沥青路面由于环境因素的不断影响和行车荷载的反复作用,经过一段时间的使用,便会产生破坏而失去原有的使用功能。下面着重叙述沥青路面的结构破坏状态及相应的设计标准。沥青路面设计指标原则上应与相应的破坏状态一致,下面分析沥青路面的设计指标。

一、沉陷

沉陷是路面在车轮作用下表面产生的较大凹陷变形,有时凹陷两侧伴有隆起现象出现,如图 8-23。当沉陷严重时,超过了结构的变形能力,在结构层受拉区产生开裂而形成纵裂,并有可能逐渐发展成网裂。造成路面沉陷的主要原因是路基土的压缩。当路基土的承载能力较低,不能承受从路面传至路基表面的车轮压力时,便产生较大的垂直变形即沉陷。

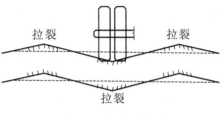

图 8-23 沉陷示意图

为控制路基土的压缩引起路面的沉陷,可选用路基土的垂直压应力或垂直压应变作为设计指标,如

$$\sigma_{z0} \leqslant [\sigma_{z0}]$$
$$\varepsilon_{z0} \leqslant [\varepsilon_{z0}] \tag{8-42}$$

上式中 σ_{z0} 或 ε_{z0} 为路基表面由车轮荷载作用产生的垂直应力或应变,可用弹性层状体系理论求得。$[\sigma_{z0}]$ 或 $[\varepsilon_{z0}]$ 为路基土的容许垂直压应力或应变,其数值同路基的特性(弹性模量)和车轮荷载作用次数有关。

二、车辙

车辙是路面的结构层及路基在行车重复荷载作用下的磨耗、补充压实,以及结构层材料的侧向位移产生的累积永久变形。这种变形出现在行车轮迹带处,即形成路面的纵向带状凹陷。车辙是沥青路面的主要破坏形式之一。因为这类路面的使用寿命较长,即使每一次行车荷载作用产生的残余变形量很小,而多次重复作用累积起来的残余变形总和也将会较大,足以影响车辆的正常行使。

路面的车辙同荷载应力大小、重复作用次数以及结构层和路基的性质有关。根据观测试验结果,国外已提出了表征上述关系的经验公式和设计指标。有代表性的控制车辙深度的指标有两种:一种是路面各结构层包括路基的残余变形总和;另一种是路基表面的垂直变形。

对于前一种,可表示为

$$L_{re} \leqslant [L_{re}] \tag{8-43}$$

上式中 L_{re} 为路面的计算总残余变形,可由各结构层残余变形经验公式确定(各层应力由弹性层状体系理论计算)。$[L_{re}]$ 为容许总残余变形,由使用要求确定。

路基表面的垂直应变指标,可表示为:

$$\varepsilon_{E0} \leqslant [\varepsilon_{E0}] \tag{8-44}$$

其中 ε_{E0} 为路基表面的垂直应变,可由弹性层状体系理论求得。$[\varepsilon_{E0}]$ 为路基表面容许垂直应变,可由路基残余变形和荷载应力、应力重复次数及路基土弹性模量之间的经验关系确定。

三、疲劳开裂

开裂是沥青路面常见的一种破坏类型。开裂的种类及产生的原因有多种。这里讲的开裂是路面在正常使用情况下,由行车荷载的多次反复作用引起的疲劳开裂。疲劳开裂的特点是,路面无显著的永久变形,开裂开始大都是形成细而短的横向开裂,继而逐渐扩展成网状,开裂的宽度和范围不断扩大。产生疲劳开裂的原因,是沥青结构层受车轮荷载的反复弯曲作用,使结构层底面产生的拉应变(或拉应力)值超过材料的疲劳强度(它较一次荷载作用的极限值小很多),底面便开裂,并逐渐向表面发展。

结构层达到临界疲劳状态时所承受的荷载重复次数称为疲劳寿命。某一种路面结构层疲劳寿命的大小,主要取决于所受到的重复应变(或应力)大小,同时也与路面的环境因素有关。通过室内试验和现场路段的观测,可以建立路面或结构层材料承受重复荷载次数与重复应变(或应力)大小之间的关系,即疲劳方程或疲劳曲线。因而可根据路面的设计使用年限求得累计荷载作用次数,由疲劳方程确定路面结构层所容许的重复应变(或应力)的大小。

以疲劳开裂作为设计指标时,用结构层底面的拉应变或拉应力不超过相应的容许值控制设计,即

$$\varepsilon_r \leqslant \varepsilon_R \tag{8-45}$$

或

$$\sigma_r \leqslant \sigma_R \tag{8-46}$$

其中 ε_r 或 σ_r 分别为按弹性层状体系理论计算的结构层底面的最大拉应变和拉应力,ε_R 和 σ_R 分别为由疲劳方程确定的该结构层容许拉应变和容许拉应力。

四、推移

当沥青路面受到较大的车轮水平荷载作用时(例如经常启动或制动路段及弯道、坡度变化处等),路面表面可能出现推移和拥包。造成这种破坏的原因是,车轮荷载引起的垂直力和水平力的综合作用,使结构层内产生的剪应力超过材料的抗剪强度。同时也与行驶车轮的冲击、振动有关。

为防止沥青面层表面产生推移和拥包,可用面层抗剪强度标准控制设计。也就是在车轮的垂直力和水平力的共同作用下,面层中可能产生的最大剪应力 τ_{max}(由弹性层状体系理论计算的各应力分量求得),应不超过材料的容许剪应力 τ_R,即

$$\tau_{max} \leqslant \tau_R \tag{8-47}$$

这项设计标准通常用于停车站、交叉口等车辆频繁制动地段及紧急制动路段高温情况下的沥青路面设计。对于同沥青混合料的黏聚力和内摩阻角有关的容许剪应力 τ_R,其取值应考虑路面的温度状况。

五、低温缩裂

路面结构中某些整体性结构层在低温(通常为负温度)时由于材料收缩受限制而产生较大的拉应力,当它超过材料相应条件下的抗拉强度时便产生开裂。由于路面的纵向尺度远大于横

向,低温收缩时侧向约束不大,故这种开裂一般为横向间隔性的裂缝,严重时才发展为纵向裂缝。在冰冻地区,沥青面层和用无机结合料稳定的整体性基层,冬季可能出现这种开裂。

低温缩裂是一项同荷载因素无关的设计指标,即低温时结构层材料因收缩受约束而产生的温度应力 σ_{rt} 应不大于该温度时材料的容许拉应力 σ_{tR},即

$$\sigma_{rt} \leqslant \sigma_{tR} \tag{8-48}$$

六、沥青路面损坏类型与结构类型的关系

沥青路面损坏与沥青路面结构类型有关,它实际与不同结构类型沥青路面结构受力有关。见表 8-8。

表 8-8 沥青路面主要损坏类型与结构类型关系

结构类型	粒料类基层沥青路面、底基层采用粒料的沥青结合料类基层沥青路面			无机结合料稳定类基层沥青路面、底基层采用无机结合料稳定材料的沥青结合料类基层沥青路面	
沥青混合料层厚度(mm)	≥150	150~50	≤50	≥150	<150
主要损坏类型	沥青混合料层永久变形、沥青混合料层疲劳开裂	沥青混合料层疲劳开裂、沥青混合料层永久变形	车辙	车辙、基层疲劳开裂、面层反射裂缝	基层疲劳开裂、面层反射裂缝
季冻地区	面层低温开裂				

§8-5 沥青路面结构组合设计

一、沥青路面结构组合设计原则

沥青路面结构层次的合理选择和安排,是整个路面结构是否能在设计使用年限里承受行车荷载和自然因素的共同作用,同时又能发挥各结构层的最大效能,使整个路面结构经济合理的关键。根据理论分析和多年的使用经验,在路面结构组合设计中要遵循下列原则。

1. 适应行车荷载作用的要求

作用在路面上的行车荷载,通常包括垂直力和水平力。路面在垂直力作用下,内部产生的垂直应力 σ_z 和垂直应变 ε_z 随深度向下而递减。水平应力 σ_r 和水平应变 ε_r 则由受压状态向受拉状态转变,水平力作用产生的应力、应变,随深度递减的速率更快。路面表面还同时承受车轮的磨耗作用。因此,路面表层应用抗滑性能较好的材料,如排水路面发挥抗滑功能作用;要求路面面层具有足够的强度和抗变形能力,选择抗车辙性能较好的材料,如高模量沥青混凝土、SMA 等抵抗表面垂直应力 σ_z 较大可能产生的车辙;路面水平应力 σ_r 或水平应变 ε_r 最大的层位应选择抗疲劳性能较好的材料,如富油沥青疲劳层,抵抗疲劳破坏。这样根据各层的受力状态和功效,选择合理的结构组合。

按照这种原则组合路面时,结构层的层数愈多愈能体现应力和应变沿深度变化的规律。但就施工工艺、材料规格和强度形成原理而言,层数又不宜过多,也就是不能使结构层的厚度过小。表

8-9是各种结构层的适宜厚度以及考虑施工因素的最小厚度,可供设计时参考。适宜的结构层厚度需结合材料供应、施工工艺并按该表的规定确定,从强度要求和造价综合考虑。

路面设计时,沥青面层厚度与公路等级、交通量及组成、沥青品种和质量有关,沥青面层推荐厚度列于表8-10,设计时应根据公路等级、交通量大小、重车所占的比例、选用沥青质量等因素,综合考虑确定沥青层厚度。基层、底基层厚度应根据交通量大小、材料力学性能和扩散应力的效果,发挥压实机具的功能以及有利于施工等因素选择各结构层的厚度。近年来,随着交通重载的发展,沥青路面总厚度发展有不断增加的趋势。

表8-9 各类结构层的最小厚度和适宜厚度表

结构层类型		代表公称最大粒径(mm)	施工最小厚度(mm)	结构层的适宜厚度(cm)
沥青混凝土 热拌沥青碎石	粗粒式	26.5	80	8~10
	中粒式	19	60	6~8
	细粒式	13	40	4~5
沥青石屑		—	1.5	1.5~2.5
沥青砂		—	1.0	1.0~1.5
沥青贯入式		—	4.0	4~8
沥青上拌下贯式		—	6.0	6~10
沥青表面处治		—	1.0	层铺1~3,拌和2~4
水泥稳定类		—	15.0	16~20
石灰稳定类		—	15.0	16~20
石灰工业废渣类		—	15.0	16~20
级配碎、砾石		—	8	10~15
泥结碎石		—	8	10~15
填隙碎石		—	10	10~12

表8-10 沥青层推荐厚度

公路等级	推荐厚度(cm)
高速公路	12~18(有时20~30)
一级公路	10~15(有时18~25)
二级公路	5~10
三级公路	2~4
四级公路	1~2.5

沥青路面相邻结构层材料的模量比对路面结构的应力分布有显著影响,是合理确定结构层层数、选定适宜结构层材料的重要考虑因素。根据分析和经验,基层与面层的模量比应不小于0.3,土基与基层或底基层的模量比宜为0.08~0.40。不过,为满足某些特殊的技术要求,并不是所有结构的所有材料层均符合以上规定。

2. 在各种自然因素作用下保持稳定性

如何保证沥青路面的水稳性,是路面结构层选择与组合需要解决的重要问题。在潮湿和某些中湿路段上修筑沥青路面时,由于沥青层不透气,使路基和基层中水分蒸发的通路被隔断,因而向基层积聚。如果基层材料中含土量多(如泥结碎石、级配砾石),尤其是土的塑性指数较大时,遇水变软,强度和刚度急剧下降,结果导致路面开裂破坏。所以沥青路面的基层一般应选择水稳性好的材料,在潮湿路段及中湿路段尤应如此。

在季节性冰冻地区,当冻深较大,路基土为易冻胀土时,常常产生冻胀和翻浆。在这种路段上,路面结构中应设置防止冻胀和翻浆的垫层。路面总厚度的确定,除满足强度要求外,还应满足防冻厚度的要求,以避免在路基内出现较厚的聚冰带,防止产生导致路面开裂的不均匀冻胀。防冻的厚度与路基潮湿类型、路基土类、道路冻深以及路面结构层材料热物理性质有关。根据经验及试验观测,表8-11给出路面防冻最小厚度推荐值,可供设计参考。如按强度计算的路面总厚度小于表列厚度规定时,应增设或加厚垫层使路面总厚度达到表列要求。

表 8-11 路面最小防冻厚度(cm)

路基类型	土 质 基层、垫层类型 道路冻深(cm)	黏性土、细亚黏土			粉性土		
		砂石类	稳定土类	工业废料类	砂石类	稳定土类	工业废料类
中湿	50～100	40～45	35～40	30～35	45～50	40～45	30～40
	100～150	45～50	40～45	35～40	50～60	45～50	40～45
	150～200	50～60	45～55	40～50	60～70	50～60	45～50
	大于200	60～70	55～65	45～55	70～75	60～70	50～65
潮湿	60～100	45～55	40～50	35～45	50～60	45～55	40～50
	100～150	55～60	50～55	45～50	60～65	55～65	50～60
	150～200	60～70	55～65	50～55	70～80	65～80	60～65
	大于200	70～80	65～75	55～70	80～100	70～90	65～80

注:① 对潮湿系数小于0.5的地区,Ⅱ、Ⅲ、Ⅳ等干旱地区防冻厚度应比表中值减少15%～20%。
② 对Ⅱ区砂性土路基防冻厚度应相应减少5%～10%。

在冰冻地区和气候干燥地区,无机结合料稳定土或粒料基层常常产生收缩裂缝。如果沥青面层直接铺筑其上,会导致面层出现反射裂缝,为此可在其间加设一层粒料或薄层优质沥青材料层,或者适当加厚面层。

3. 考虑结构层的特点

路面结构层通常是用密实级配、嵌挤以及形成板体等方式构成的,因而如何构成具有要求的强度和刚度并且稳定的结构层是设计和施工都必须注意的问题。影响结构层构成的因素,除材料选择、施工工艺之外,路面结构组合也是十分重要的。例如沥青面层不能直接铺筑在铺砌片石基层上,而应在其间加设碎石过渡层,否则铺砌片石不平稳或片石可能的松动都会反映到沥青面层上,造成面层不平整甚至沉陷开裂。这类片石也不能直接铺在软弱的路基上,而应在其间铺粒料层。又如,沥青混凝土或热拌沥青碎石之类的面层与粒料基层或稳定土基层之间应设沥青碎石或沥青贯入式联结层。

为了保证路面结构的整体性和结构层之间应力传递的连续性,应尽量使结构层之间结合紧密稳定。同时,材料选择应适应各结构层的受力特点(图8-24)。

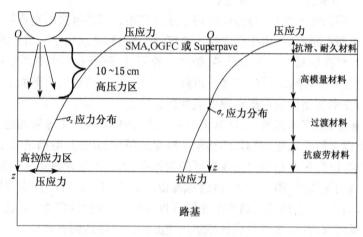

图 8-24 路面结构受力特点与材料要求

在进行路面设计时,要按照面层耐久、基层坚实、土基稳定的要求,贯彻因地制宜、合理选材、方便施工、利于养护的原则以及上述结构组合原则,结合当地经验拟定几种路面结构方案,进行分析比较,并优先选用便于机械化施工和质量管理的方案,做到技术先进、经济合理。

二、沥青面层结构类型选择

沥青面层直接经受车轮荷载反复作用和各种自然因素影响,并将荷载传递到基层以下的结构层。因此,沥青面层应满足功能性和结构性的使用性能要求,沥青面层可为单层、双层、三层。双层结构分为表面层、下面层,三层结构分为表面层、中面层、下面层。

表面层应具有平整密实、抗滑耐磨、稳定耐久等服务功能,同时应具有高温抗车辙、低温抗开裂、抗老化、抗剥离等品质。中、下面层应具有良好的密水性、高温抗车辙等性能。下面层应具有良好的抗疲劳性能和兼顾其他性能要求。面层材料类型可根据交通荷载等级和层位选用,如表 8-12 所示。

表 8-12 面层材料适用的交通荷载等级和层位

材料类型	适用交通荷载等级和层位
连续级配沥青混合料	各交通荷载等级的表面层、中面层和下面层
沥青玛蹄脂碎石混合料	极重、特重和重交通荷载等级的表面层、对抗滑有特殊要求的表面层
厂拌热再生沥青混合料	各交通荷载等级的表面层、中面层和下面层
上拌下贯沥青碎石	中等、轻交通荷载等级的面层
沥青表面处治	中等、轻交通荷载等级的表面层

高速公路、一级公路一般选用三层沥青面层结构。为满足沥青面层的性能要求,应精心选择沥青面层混合料。通常认为密实型中粒式或细粒式沥青混合料(如 AC-13、AC-16)最宜用于表面层,它的空隙率一般为 3%~5%。在这个范围内,可以防止水害及冻害。又由于它保留一定的空隙率,热季不会泛油。表面层切忌使用空隙率大于 6%的半密实型混合料。此外,密级配沥青混合料的抗裂性、疲劳强度和耐久性均较优越。对于重交通和特重交通等级,普通热拌和沥青混合料不能满足使用要求时,可从材料和沥青混合料结构上改善,如采用改性沥青和

SMA 等混合料。对抗滑、排水和降噪有特殊要求的表面层可采用开级配沥青混合料,表面层下应设置防水层,防水层可采用改性乳化沥青或改性沥青等。

沥青中面层和下面层经受着与沥青上面层相同的不利工作环境,唯平整性和抗滑性方面的要求略低一些,因此对沥青混合料的选择同样有较高的要求,特别是在密实防水和抗剪切变形等方面的要求也很高,通常选用密实型中粒式和粗粒式混合料(如 AC-20、AC-25)。对于特重交通等级或者炎热地区,常采用改性沥青。

二级、三级以下等级公路一般采用双层式沥青面层。即表面层与下面层,沥青混合料的选择,除了沥青混凝土之外,也可选用热拌沥青碎石(ATB)或沥青贯入式结构,再加上表面封层。三级、四级公路一般可采用双层沥青表面处治结构。

沥青面层在路面结构层中价格最高,一般情况下对沥青面层厚度应有所控制,但是也不宜过薄。从压实效果来看,各种类型的沥青层最小压实厚度与它的公称最大粒径相关,连续级配沥青混合料和沥青玛蹄脂碎石混合料的结构层厚度不宜小于集料公称最大粒径的 2.5 倍,开级配沥青混合料的结构层厚度不宜小于集料公称最大粒径的 2.0 倍,若小于最小厚度,则压实效果不好。我国沥青路面设计规范对不同粒径沥青混合料的最小层厚规定如表 8-13 所示。结合大量工程经验,从技术经济合理的角度考虑,表 8-14 所列的适宜厚度可供参考。

表 8-13 不同粒径沥青混合料层厚

沥青混合料类型	以下集料公称最大粒径沥青混合料的层厚(mm),不小于					
	4.75	9.5	13.2	16.0	19.0	26.5
连续级配沥青混合料	15	25	35	40	50	75
沥青玛蹄脂碎石	—	30	40	50	60	—
开级配沥青混合料	—	20	25	30		

表 8-14 沥青混合料压实最小厚度与适宜厚度

沥青混合料类型		最大粒径(mm)	公称最大粒径(mm)	符号	压实最小厚度(mm)	适宜厚度(mm)
密级配沥青混合料(AC)	砂粒式	9.5	4.75	AC-5	15	15~30
	细粒式	13.2	9.5	AC-10	20	25~40
		16	13.2	AC-13	35	40~60
	中粒式	19	16	AC-16	40	50~80
		26.5	19	AC-20	50	60~100
	粗粒式	31.5	26.5	AC-25	70	80~120
密级配沥青碎石(ATB)	粗粒式	31.5	26.5	ATB-25	70	80~120
		37.5	31.5	ATB-30	90	90~150
	特粗式	53	37.5	ATB-40	120	120~150
开级配沥青碎石(ATPB)	粗粒式	31.5	26.5	ATPB-25	80	80~120
		37.5	31.5	ATPB-30	90	90~150
	特粗式	53	37.5	ATPB-40	120	120~150

续表 8-14

沥青混合料类型		最大粒径(mm)	公称最大粒径(mm)	符号	压实最小厚度(mm)	适宜厚度(mm)
半开级配沥青碎石(AM)	细粒式	16	13.2	AM-13	35	40～60
	中粒式	19	16	AM-16	40	50～70
		26.5	19	AM-20	50	60～80
	粗粒式	31.5	26.5	AM-25	80	80～120
	特粗式	53	37.5	AM-40	120	120～150
沥青玛蹄脂碎石混合料(SMA)	细粒式	13.2	9.5	SMA-10	25	25～50
		16	13.2	SMA-13	30	35～60
	中粒式	19	16	SAM-16	40	40～70
		26.5	19	SMA-20	50	50～80
开级配沥青磨耗层(OGFC)	细粒式	13.2	9.5	OGFC-10	20	20～30
		16	13.2	OGFC-13	30	30～40

沥青贯入碎石层的厚度宜为 40～80 mm，乳化沥青贯入式路面的厚度不宜超过 50 mm；上拌下贯式路面的拌和层厚度不宜小于 25 mm；沥青表面处治可分为单层、双层和三层，单层表面处治厚度宜为 10～15 mm，双层表面处治厚度宜为 15～25 mm，三层表面处治厚宜为 25～30 mm。

三、基层类型选择

基层类型选择关系到路面结构的耐久性和长期使用性能，首先应根据路面结构所承受的交通等级进行比选，同时应考虑地基支承的可靠性以及当地水温状况和路基排水与路基稳定的可靠程度作不同方案，比较后择优选定。我国《沥青路面设计规范》(JTG D50)给出的基层材料类型选用建议见表 7-1。

近年来再生工程实践表明，冷再生沥青混合料可实现既有路面铣刨材料的回收利用(或就地再生利用)，性能可满足各交通荷载等级的基层或底基层要求。厂拌热再生沥青混合料具有与新拌沥青混合料基本相当的路用性能，与冷再生混合料相比造价较高，用作基层时，推荐用于重及重以上交通荷载等级公路。

在交通、环境各方面工作条件都十分恶劣的情况下，可以考虑各种基层组合使用。如地基承载力不佳，交通特别繁重，雨水集中，路基排水不良，可以考虑半刚性基层和柔性基层组合应用，采用半刚性基层下层，柔性基层上层，一方面提高结构承载力，减轻沥青面层荷载应力；同时发挥柔性基层变形协调，利于渗水排水的优势，使路面始终保持良好工作状态，还可避免横向裂缝反射到面层。对于严重超载的沥青路面，除了采用组合基层之外，也可以采用配钢筋的混凝土板或连续配筋混凝土板作基层的沥青路面。为了减少或延缓反射裂缝，在无机结合料稳定层与沥青结合料类材料层间可设置级配碎石层、半开级配碎石层或开级配沥青碎石层，设置级配碎石层后，需注意验算沥青混合料层疲劳开裂寿命。

基层结构的厚度主要应满足强度与刚度的设计要求，在厚度设计时，应逐层进行验算。除此之外，还应考虑施工的可实施性和材料规格对厚度的影响。一般情况下，基层的厚度应大于混合料最大粒径的 4 倍，同时还应考虑压实机具的功能，通常取能一次压密的最佳厚度。若基层厚度超过最佳厚度,可分几层铺筑,每层厚度接近最佳厚度。不同材料基层和底基层厚度宜符合表 8-15 的规定。

表 8-15 基层和底基层厚度

材料种类	集料公称最大粒径(mm)	厚度(mm),不小于
密级配沥青碎石 半开级配沥青碎石 开级配沥青碎石	19.0	50
	26.5	80
	31.5	100
	37.5	120
级配贯入碎石	—	40
贫混凝土	31.5	120
无机结合料稳定类	19.0,26.5,31.5,37.5	150
	53.0	180
级配碎石 级配砾石 未筛分碎石、天然砂砾	26.5,31.5,37.5	100
	53.0	120
填隙碎石	37.5	75
	53.0	100
	63.0	120

四、功能层选择

沥青路面功能层主要有防冻层、隔水层、封层、黏层、应力吸收层等。

为提高路基顶面回弹模量或改善路基湿度状态而设置的粒料层或无机结合料稳定层,一般将其归类为路基,称为路基改善层。

地下水位高,排水不良,路基经常处于潮湿、过湿状态的路段;排水不良的土质路堑,有裂隙水、泉眼等水文不良的岩石挖方路段,应设置隔水层。

在季节性冰冻地区,当冻深较大,不能满足防冻层验算要求时。在这种路段应设置防冻垫层,以保护路面结构不受冻胀和翻浆的危害。防冻层应采用隔温性能良好,导热系数低的材料,如级配碎石等。防冻厚度与路基干湿类型、路基土类、道路冻深以及路面结构材料的热物理性能有关。

沥青路面各结构层之间应紧密结合,不因层间滑动或松散而丧失结构的整体效应。

(1) 沥青结合料类材料层间应设置黏层。在铺上层之前彻底清扫下层表面的灰尘、泥土、油污等有可能破坏层间结合的有害物质,然后设黏层沥青。极重、特重和重交通荷载等级路面的黏层宜采用改性乳化沥青、道路石油沥青或改性沥青;中等和轻交通荷载等级路面的黏层可选用乳化沥青;水泥混凝土板与沥青面层间的黏层宜采用改性沥青。

(2) 在沥青结合料类材料层与其他材料层间应设置封层,宜设置透层。无机结合料稳定类或冷再生类材料结构层与沥青结合料类结构层之间宜设置封层,封层可采用单层沥青表面处治或稀浆封层等,单层表面处治封层的结合料可采用改性沥青、道路石油沥青或乳化沥青。

(3) 无机结合料稳定类基层、水泥混凝土基层顶面可设置应力吸收层。当设置改性沥青应力吸收层时,可不再设封层,改性沥青应力吸收层中改性沥青宜采用橡胶沥青。粒料类基层和无机结合料稳定类基层顶面宜设置透层,透层沥青应具有良好的渗透性,可采用稀释沥青和乳化沥青等。

(4) 透层沥青、黏层沥青、微表处下封层、稀浆封层的材料规格、用量应根据地区气候特点,施工季节和结构类型的不同,按《公路沥青路面施工技术规范》(JTG F40)的要求选定。

§8-6 沥青路面厚度设计

沥青路面厚度设计方法很多,主要有壳牌(Shell)设计法、美国地沥青协会(AI)法、美国 AASHTO 法等。本章主要介绍我国沥青路面厚度设计方法。

一、我国沥青路面设计指标

设计指标主要是从力学响应的角度提出的控制指标,应能涵盖路面结构的主要病害类型,设计控制标准是指路面结构根据设计指标的破坏过程和破坏机理所达到的极限状态。路面结构设计中结构组合若满足了控制指标的极限状态,就能保证路面结构在设计使用期内正常工作,不致出现破坏的极限状态。

我国《公路沥青路面设计规范》(JTG D50)规定路面结构验算时应根据路面结构组合,参照表 8-16 选择设计指标。

表 8-16 不同结构组合路面的设计指标

基层类型	底基层类型	设计指标
无机结合料稳定类	粒料类	无机结合料稳定层层底拉应力、沥青混合料层永久变形量
	无机结合料稳定类	
沥青结合料类	粒料类	沥青混合料层层底拉应变、沥青混合料层永久变形量、路基顶面竖向压应变
	无机结合料稳定类	沥青混合料层永久变形量、无机结合料稳定层层底拉应力
粒料类	粒料类	沥青混合料层层底拉应变、沥青混合料层永久变形量、路基顶面竖向压应变
	无机结合料稳定类	沥青混合料层层底拉应变、沥青混合料层永久变形量、无机结合料稳定层层底拉应力
水泥混凝土	—	沥青混合料层永久变形量

注:① 季节性冻土地区应增加沥青面层低温开裂验算和防冻层验算。
② 在沥青混合料层与无机结合料稳定层间设置粒料层时,验算沥青混合料层疲劳开裂寿命。
③ 水泥混凝土基层应按现行《公路水泥混凝土路面设计规范》(JTG D40)设计。

二、计算图式

我国《公路沥青路面设计规范》(JTG D50)选择单轴-双轮 100 kN 作为标准轴载,基于双圆均布垂直荷载作用下的弹性层状连续体系理论,各设计指标应选用表 8-17 规定的竖向位置处的力学响应,并按图 8-35 所示计算点位置,选取 A、B、C 和 D 四点位置计算的最大力学响应量。根据弹性层状体系理论,沥青混合料层层底拉应变、无机结合料稳定层层底拉应力、沥青混合料层竖向压应力和路基顶面竖向压应变的计算公式分别如式(8-49)~式(8-52)所示。

第 8 章 沥青路面及其结构设计

表 8-17 各设计指标对应的力学响应及其竖向位置

设计指标	力学响应	竖向位置
沥青混合料层层底拉应变	沿行车方向的水平拉应变	沥青混合料层层底
无机结合料稳定层层底拉应力	沿行车方向的水平拉应力	无机结合料稳定层层底
沥青混合料层永久变形量	竖向压应力	沥青混合料层各分层顶面
路基顶面竖向压应变	竖向压应变	路基顶面

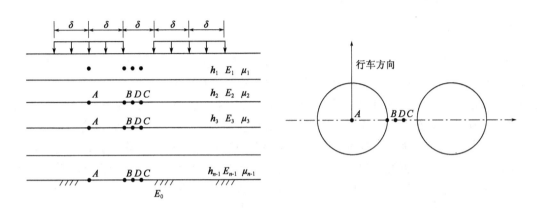

图 8-25 力学响应计算点位置图示

$$\varepsilon_a = p \bar{\varepsilon}_a$$

$$\bar{\varepsilon}_a = f\left(\frac{h_1}{\delta}, \frac{h_2}{\delta}, \cdots, \frac{h_{n-1}}{\delta}; \frac{E_2}{E_1}, \frac{E_3}{E_2}, \cdots, \frac{E_0}{E_{n-1}}\right) \tag{8-49}$$

$$\sigma_t = p \bar{\sigma}_t$$

$$\bar{\sigma}_t = f\left(\frac{h_1}{\delta}, \frac{h_2}{\delta}, \cdots, \frac{h_{n-1}}{\delta}; \frac{E_2}{E_1}, \frac{E_3}{E_2}, \cdots, \frac{E_0}{E_{n-1}}\right) \tag{8-50}$$

$$p_i = p \bar{p}_i$$

$$\bar{p}_i = f\left(\frac{h_1}{\delta}, \frac{h_2}{\delta}, \cdots, \frac{h_{n-1}}{\delta}; \frac{E_2}{E_1}, \frac{E_3}{E_2}, \cdots, \frac{E_0}{E_{n-1}}\right) \tag{8-51}$$

$$\varepsilon_z = p \bar{\varepsilon}_z$$

$$\bar{\varepsilon}_z = f\left(\frac{h_1}{\delta}, \frac{h_2}{\delta}, \cdots, \frac{h_{n-1}}{\delta}; \frac{E_2}{E_1}, \frac{E_3}{E_2}, \cdots, \frac{E_0}{E_{n-1}}\right) \tag{8-52}$$

式中 ε_a——沥青混合料层底拉应变(10^{-6})；

$\bar{\varepsilon}_a$——理论拉应变系数；

σ_t——无机结合料稳定层的层底拉应力(MPa)；

$\bar{\sigma}_t$——理论拉应力系数；

p_i——沥青混合料第 i 分层顶面竖向压应力(MPa)；

$\bar{p}_i$——理论压应力系数;

ε_z——路基顶面竖向压应变(10^{-6});

$\bar{\varepsilon}_z$——理论竖向压应变系数;

p、δ——标准轴载的轮胎接地压强(MPa)和当量圆半径(mm);

E_0——路基顶面回弹模量(MPa);

h_1、h_2、$\cdots$、h_{n-1}——各结构层厚度(mm);

E_1、E_2、$\cdots$、E_{n-1}——各结构层模量(MPa)。

三、设计标准

沥青路面在车轮反复多次作用之下,沥青面层和水泥混凝土基层、无机结合料稳定类基层、沥青结合料类基层的层底拉应力超过极限,形成初始裂缝并逐步扩展至断裂的过程,属疲劳断裂损伤。因此,针对我国主要的沥青路面结构,我国《公路沥青路面设计规范》(JTG D50)规定以沥青混合料层层底拉应变和无机结合料层层底拉应力为设计指标,以沥青混合料层和无机结合料层的疲劳开裂寿命为设计标准。基于沥青混合料层层底拉应变计算的沥青混合料层疲劳开裂寿命应大于基于沥青混合料层层底拉应变换算得到的设计年限内当量设计轴载累计作用次数。基于无机结合料稳定层层底拉应力计算的无机结合料稳定层疲劳开裂寿命应大于基于无机结合料稳定层层底拉应力换算得到的设计年限内当量设计轴载累计作用次数。

对于沥青路面结构,即使每一次行车荷载作用产生的残余变形量很小,但多次重复作用累积起来的残余变形总和也会很大,足以影响车辆的正常行驶。因此,从控制沥青路面结构永久变形角度,我国《公路沥青路面设计规范》(JTG D50)要求基于设计年限内当量设计轴载累计作用次数计算的沥青混合料永久变形量应不大于表8-18所列容许永久变形量。同时,路基顶面竖向压应变不应大于基于设计年限内当量设计轴载累计作用次数计算获得的容许竖向压应变。

表8-18 沥青混合料层容许永久变形量(mm)

基层类型	沥青混合料层容许永久变形量	
	高速、一级公路	二级、三级公路
无机结合料稳定类基层、水泥混凝土基层和底基层为无机结合料稳定类的沥青混合料基层	15	20
其他基层	10	15

对于季节性冻土地区的沥青路面结构,沥青面层低温开裂指数不宜大于表8-19所列数值。

表8-19 低温开裂指数要求

公路等级	高速、一级公路	二级公路	三级、四级公路
低温开裂指数 CI,不大于	3	5	7

注:低温开裂指数 CI——竣工验收时 100 m 调查单元内横向裂缝条数,贯穿全幅的裂缝按 1 条计,未贯穿长度超过一个车道宽度的裂缝按 0.5 条计,不超过一个车道宽度的裂缝不计入。

除了对上述路面使用性能设计指标的要求,高速公路、一级公路以及山岭重丘区二级和三级公路的路面在交工验收时,其抗滑技术指标应满足表 8-20 的技术要求,路基顶面和路表的实测代表弯沉值应不超过其各自的验收弯沉值。

表 8-20 抗滑技术要求

年平均降雨量(mm)	交工检测指标值	
	横向力系数 SFC C_{60}	构造深度 TD
>1 000	≥54	≥0.55
500~1 000	≥50	≥0.50
250~500	≥45	≥0.45

注:横向力系数 SFC C_{60}——用横向力系数测试车,在 60 km/h±1 km/h 车速下测定;构造深度 TD——用铺砂法测定。

四、目标可靠度和目标可靠指标

沥青路面结构可靠度是指路面结构在规定的时间内和规定的条件下完成预定功能的能力,要求沥青路面达到的可靠度称为目标可靠度。度量沥青路面可靠度的数值指标为可靠指标,我国《公路沥青路面设计规范》(JTG D50)规定不同等级公路沥青路面结构的目标可靠度和目标可靠指标不应低于表 8-21 的规定。

表 8-21 目标可靠度和目标可靠度指标

公路等级	高速公路	一级公路	二级公路	三级公路	四级公路
目标可靠度(%)	95	90	85	80	70
目标可靠指标 β	1.65	1.28	1.04	0.84	0.52

五、路面设计使用年限

路面设计使用年限是指在正常设计、施工、使用和养护条件下,路面结构不需要结构性维修的预定使用时间。我国《公路沥青路面设计规范》(JTG D50)规定新建公路沥青路面结构设计使用年限不应低于表 8-22 的规定值。

表 8-22 路面结构设计使用年限(年)

公路等级	设计使用年限	公路等级	设计使用年限
高速公路、一级公路	15	三级公路	10
二级公路	12	四级公路	8

六、路面结构验算方法

1. 温度调整系数和等效温度

气温条件是影响路面性能的重要外部因素。尤其是沥青混合料,其模量对温度具有典型的依赖性。而我国当前沥青路面结构设计中,路面结构验算时,沥青混合料结构层模量取用的是 20℃标准试验温度条件下的固定值。为了考虑温度的影响,基于路面温度场的研究,我国《公路沥青路面设计规范》(JTG D50)根据所在地区的气温条件、路面结构类型和结构层厚度,采用温度调整系数表征不同地区气候条件对路面结构层疲劳开裂和路基顶面竖向压应变的影响,根据所在地区的气候条件采用等效温度表征对沥青混合料层永久变形的影响。

一般分两个步骤确定温度调整系数和等效温度,首先确定基准路面结构温度调整系数和等效温度,然后进行结构层厚度和模量修正,得到不同结构路面的温度调整系数和等效温度。

基准路面结构是指面层、基层与路基组成的三层路面结构,一般分为粒料基层沥青路面和无机结合料稳定类基层沥青路面两种结构形式。结构层的标准厚度和模量参数如下:沥青面层厚度 $h_a=180$ mm,粒料基层或无机结合料稳定类基层厚度 $h_b=400$ mm。沥青混合料动态模量 $E_a=8\,000$ MPa,粒料层回弹模量 $E_b=400$ MPa,无机结合料稳定层弹性模量 $E_b=7\,000$ MPa,路基回弹模量 $E_0=100$ MPa。

不同气温状况下基准路面结构的损坏,转换成标准温度(20℃)条件下基准路面结构的等效破坏,得到基准路面结构温度调整系数。部分地区各类路面结构设计指标的基准结构温度调整系数以及沥青混合料层的等效温度,可参照表 8-23 取用。其他地区的基准结构温度调整系数和沥青混合料层的等效温度,可按气温条件相近地区的系数值取用,气温资料取连续 10 年的平均值。

表 8-23　各地气温统计资料及相应的基准路面结构温度调整系数和等效温度

地名	省(自治区、直辖市)	最热月平均气温(℃)	最冷月平均气温(℃)	年平均气温(℃)	基准路面结构温度调整系数		基准等效温度(℃)
					沥青混合料层层底拉应变、无机结合料稳定层层底拉应力	路基顶面竖向压应变	
北京	北京	26.9	−2.7	13.1	1.23	1.09	20.1
济南	山东	28.0	0.2	15.1	1.32	1.17	21.8
日照	山东	26.0	−2.0	12.7	1.21	1.06	19.4
太原	山西	23.9	−5.2	10.5	1.12	0.98	17.3
大同	山西	22.5	−10.4	7.5	1.01	0.89	15.0
侯马	山西	26.8	−2.3	13.0	1.23	1.08	19.9
西安	陕西	27.5	0.1	14.3	1.28	1.13	20.9
延安	陕西	23.9	−5.3	10.5	1.12	0.98	17.3
安康	陕西	27.3	3.7	15.9	1.35	1.19	21.7
上海	上海	28.0	4.7	16.7	1.38	1.23	22.5
天津	天津	26.9	−3.4	12.8	1.22	1.08	20.0
重庆	重庆	28.3	7.8	18.4	1.46	1.31	23.6
台州	浙江	27.7	6.9	17.5	1.42	1.26	22.8
杭州	浙江	28.4	4.5	16.9	1.40	1.25	22.8
合肥	安徽	28.5	2.9	16.3	1.37	1.22	22.6
黄山	安徽	27.5	4.4	16.6	1.38	1.23	22.3
福州	福建	28.9	11.3	20.2	1.55	1.40	24.9
建瓯	福建	28.2	8.9	19.1	1.49	1.35	24.1
敦煌	甘肃	25.1	−8.0	9.9	1.10	0.97	17.6
兰州	甘肃	22.9	−4.7	10.5	1.12	0.98	17.0
酒泉	甘肃	22.2	−9.1	7.8	1.02	0.90	15.0
广州	广东	28.7	14.0	22.4	1.66	1.52	26.5
汕头	广东	28.6	14.4	22.1	1.64	1.50	26.1
韶关	广东	28.5	10.3	20.4	1.56	1.42	25.2

续表 8-23

地名	省(自治区、直辖市)	最热月平均气温(℃)	最冷月平均气温(℃)	年平均气温(℃)	基准路面结构温度调整系数		基准等效温度(℃)
					沥青混合料层层底拉应变、无机结合料稳定层层底拉应力	路基顶面竖向压应变	
河源	广东	28.4	13.1	21.9	1.63	1.49	26.1
连州	广东	27.6	11.0	20.3	1.55	1.40	24.8
南宁	广西	28.4	13.2	22.1	1.64	1.51	26.3
桂林	广西	28.0	8.1	19.1	1.49	1.35	24.2
贵阳	贵州	23.7	4.7	15.3	1.31	1.15	20.1
郑州	河南	27.4	0.6	14.7	1.30	1.15	21.2
南阳	河南	27.3	1.7	15.2	1.32	1.17	21.4
固始	河南	28.1	2.6	16.0	1.36	1.21	22.3
黑河	黑龙江	21.5	−22.5	1.0	0.80	0.77	10.7
漠河	黑龙江	18.6	−28.7	−3.9	0.67	0.73	6.4
齐齐哈尔	黑龙江	23.0	−19.7	3.5	0.88	0.81	13.0
沈阳	辽宁	24.9	−11.2	8.6	1.06	0.94	16.9
大连	辽宁	24.8	−3.2	11.6	1.16	1.02	18.2
朝阳	辽宁	25.4	−8.7	9.8	1.10	0.97	17.7
二连浩特	内蒙古	24.0	−17.7	4.8	0.92	0.84	14.2
东胜	内蒙古	21.7	−10.1	6.9	0.98	0.87	14.2
额济纳旗	内蒙古	27.4	−10.3	9.5	1.10	0.97	18.2
海拉尔	内蒙古	20.5	−24.1	0.0	0.77	0.76	9.8
科右前旗	内蒙古	20.8	−16.7	3.0	0.86	0.79	11.4
通辽	内蒙古	24.3	−12.5	7.3	1.01	0.90	15.7
锡林浩特	内蒙古	21.5	−18.5	3.3	0.87	0.80	12.2
石家庄	河北	26.9	−2.4	13.3	1.24	1.10	20.3
承德	河北	24.4	−9.1	9.1	1.07	0.95	16.8
邯郸	河北	26.9	−2.3	13.5	1.25	1.10	20.5
武汉	湖北	28.9	4.2	17.2	1.41	1.27	23.3
宜昌	湖北	27.5	5.0	17.1	1.40	1.25	22.7
长沙	湖南	28.5	5.0	17.2	1.41	1.26	23.1
常宁	湖南	29.1	6.0	18.1	1.45	1.31	23.9
湘西	湖南	27.2	5.3	16.9	1.39	1.24	22.4
长春	吉林	23.6	−14.5	6.3	0.97	0.87	14.9
延吉	吉林	22.2	−13.1	5.9	0.95	0.86	13.9
南京	江苏	28.1	2.6	15.9	1.35	1.20	22.1
南通	江苏	26.8	3.6	15.5	1.33	1.17	21.2
南昌	江西	28.8	5.5	18.0	1.45	1.30	23.8

续表 8-23

地名	省(自治区、直辖市)	最热月平均气温(℃)	最冷月平均气温(℃)	年平均气温(℃)	基准路面结构温度调整系数		基准等效温度(℃)
					沥青混合料层层底拉应变、无机结合料稳定层层底拉应力	路基顶面竖向压应变	
赣州	江西	29.1	8.3	19.6	1.52	1.38	25.0
银川	宁夏	23.8	−7.5	9.5	1.08	0.95	16.8
固原	宁夏	19.6	−7.9	6.9	0.97	0.86	13.2
西宁	青海	17.3	−7.8	6.1	0.94	0.84	11.9
海北	青海	11.3	−13.6	0.0	0.74	0.74	5.5
格尔木	青海	18.2	−8.9	5.7	0.93	0.83	11.9
玉树	青海	12.9	−8.0	3.5	0.85	0.78	8.2
果洛	青海	9.9	−12.9	−0.3	0.73	0.74	4.7
成都	四川	25.5	5.8	16.5	1.37	1.21	21.5
峨眉山	四川	11.7	−5.8	3.4	0.84	0.77	7.4
甘孜州	四川	13.9	−4.6	5.7	0.92	0.82	10.0
阿坝州	四川	11.0	−10.0	1.7	0.79	0.75	6.4
泸州	四川	27.0	7.6	17.9	1.43	1.28	22.9
绵阳	四川	26.2	5.5	16.7	1.38	1.22	21.9
攀枝花	四川	26.4	12.8	20.8	1.57	1.42	24.6
拉萨	西藏	16.2	−0.9	8.4	1.01	0.88	12.5
阿克苏	新疆	24.2	−7.7	10.6	1.13	0.99	18.0
阿勒泰	新疆	22.0	−15.4	5.0	0.92	0.84	13.4
哈密	新疆	26.3	−10.0	10.1	1.12	0.99	18.5
和田	新疆	25.7	−4.1	12.9	1.22	1.08	20.0
喀什	新疆	25.4	−5.0	11.9	1.18	1.04	19.1
若羌	新疆	27.9	−7.2	12.0	1.19	1.06	20.2
塔城	新疆	23.3	−10.0	7.7	1.02	0.90	15.3
吐鲁番	新疆	32.3	−6.4	15.0	1.34	1.21	24.1
乌鲁木齐	新疆	23.9	−12.4	7.4	1.01	0.90	15.7
焉耆	新疆	23.4	−11.0	8.9	1.06	0.94	16.8
伊宁	新疆	23.4	−8.3	9.4	1.08	0.95	16.8
昆明	云南	20.3	8.9	15.6	1.30	1.13	18.7
腾冲	云南	19.9	8.5	15.4	1.29	1.12	18.5
蒙自	云南	23.2	12.7	18.8	1.46	1.29	21.9
丽江	云南	18.7	6.2	12.8	1.18	1.02	16.1
景洪	云南	26.3	17.2	22.7	1.66	1.51	25.6
海口	海南	28.9	18.0	24.6	1.77	1.65	27.9
三亚	海南	29.1	22.0	26.2	1.85	1.74	28.8
西沙	海南	29.3	23.6	27.0	1.89	1.79	29.3

当路面结构沥青面层或基层(含底基层)由两层或两层以上不同材料结构层组成时,可以按式(8-53)和式(8-54)分别换算成当量沥青面层和当量基层,从而将路面结构简化为由当量沥青面层、当量基层和路基构成的三层路面结构。对采用沥青结合料类基层的路面,将基层换算至当量沥青面层,超过2层时,重复利用式(8-53)和式(8-54)自上而下逐层换算,简化为由当量沥青面层、当量基层和路基构成的三层路面结构。

$$h_i^* = h_{i1} + h_{i2} \tag{8-53}$$

$$E_i^* = \frac{E_{i1}h_{i1}^3 + E_{i2}h_{i2}^3}{(h_{i1}+h_{i2})^3} + \frac{3}{h_{i1}+h_{i2}}\left(\frac{1}{E_{i1}h_{i1}} + \frac{1}{E_{i2}h_{i2}}\right)^{-1} \tag{8-54}$$

式中 h_i^*,E_i^*——当量层厚度(mm)和模量(MPa),下标$i=a$为沥青面层,$i=b$为基层。

路面结构的温度调整系数,应根据式(8-55)~式(8-69)计算。

$$K_{Ti} = A_h A_E \check{k}_{Ti}^{1+B_h+B_E} \tag{8-55}$$

式中 K_{Ti}——温度调整系数;下标$i=1$对应沥青混合料层疲劳开裂分析,$i=2$对应无机结合料稳定层疲劳开裂,$i=3$对应路基顶面竖向压应变分析。

$\check{k}_{Ti}$——基准路面结构温度调整系数,按所在地查表8-23取用。

A_h,B_h,A_E,B_E——与面层、基层厚度和模量有关的函数,按式(8-56)~式(8-69)计算。

沥青混合料层疲劳开裂:

$$A_E = 0.76\lambda_E^{0.09} \tag{8-56}$$

$$A_h = 1.14\lambda_h^{0.17} \tag{8-57}$$

$$B_E = 0.14\ln(\lambda_E/20) \tag{8-58}$$

$$B_h = 0.23\ln(\lambda_h/0.45) \tag{8-59}$$

无机结合料稳定层疲劳开裂:

$$A_E = 0.10\lambda_E + 0.89 \tag{8-60}$$

$$A_h = 0.73\lambda_h + 0.67 \tag{8-61}$$

$$B_E = 0.15\ln(\lambda_E/1.14) \tag{8-62}$$

$$B_h = 0.44\ln(\lambda_h/0.45) \tag{8-63}$$

路基顶面竖向压应变:

$$A_E = 0.006\lambda_E + 0.89 \tag{8-64}$$

$$A_h = 0.67\lambda_h + 0.70 \tag{8-65}$$

$$B_E = 0.12\ln(\lambda_E/20) \tag{8-66}$$

$$B_h = 0.38\ln(\lambda_h/0.45) \tag{8-67}$$

式中 λ_E——面层与基层当量模量之比,按式(8-69)计算。

$$\lambda_E = \frac{E_a^*}{E_b^*} \tag{8-68}$$

λ_h——面层与基层当量厚度之比,按式(8-69)计算:

$$\lambda_E = \frac{h_a^*}{h_b^*} \tag{8-69}$$

分析沥青混合料层永久变形量时,沥青混合料层的等效温度应按式(8-70)计算。

$$T_{pef} = T_\xi + 0.016 h_a \tag{8-70}$$

式中 T_{pef}——沥青混合料层等效温度(℃);
  h_a——沥青混合料层厚度(mm);
  T_ξ——基准等效温度,按所在地查表8-23取用。

2. 沥青混合料层疲劳开裂验算

基于沥青混合料的柔性特征,一般采用沥青混合料层层底拉应变计算和控制沥青混合料层的疲劳开裂寿命。研究表明薄沥青混合料层适宜采用常应变加载模式疲劳开裂模型,厚沥青混合料层适宜采用常应力加载模式疲劳开裂模型,介于中间厚度的沥青混合料层,需要在两者之间建立过渡关系。我国现行《公路沥青路面设计规范》(JTG D50)在大量常应力加载模式和常应变加载模式疲劳试验的基础上,综合国内外大量加速加载试验路的疲劳数据,建立了基于沥青混合料层层底拉应变的沥青混合料层疲劳开裂寿命计算模型,见式(8-71),为了考虑不同加载模式的过渡与转换,在该模型中引入了疲劳开裂加载模式系数。

$$N_{f1} = 6.32 \times 10^{15.96-0.29\beta} k_a k_b k_{T1}^{-1} \left(\frac{1}{\varepsilon_a}\right)^{3.97} \left(\frac{1}{E_a}\right)^{1.58} (VFA)^{2.72} \tag{8-71}$$

式中 N_{f1}——沥青混合料层疲劳开裂寿命(轴次);
  β——目标可靠指标,根据公路等级按表8-21取值;
  k_{T1}——温度调整系数;
  ε_a——沥青混合料层层底拉应变(10^{-6}),根据弹性层状理论计算获取;
  k_a——季节性冻土地区调整系数,按表8-24采用内插法确定;
  k_b——疲劳加载模式系数,按式(8-72)计算;

$$k_b = \left[\frac{1+0.3 E_a^{0.43}(VFA)^{-0.85} e^{0.024 h_a - 5.41}}{1+e^{0.024 h_a - 5.41}}\right]^{3.33} \tag{8-72}$$

  E_a——沥青混合料20℃时的动态压缩模量(MPa);
  VFA——沥青混合料的沥青饱和度(%),根据混合料设计结果或按现行《公路沥青路面施工技术规范》(JTG F40)的有关规定确定;
  h_a——沥青混合料层厚度(mm)。

表8-24 季节性冻土地区调整系数 k_a

冻区	重冻区	中冻区	轻冻区	其他地区
冻结指数 F(℃·d)	≥2 000	2 000~800	800~50	≤50
k_a	0.60~0.70	0.70~0.80	0.80~1.00	1.00

沥青混合料层的疲劳开裂寿命应大于基于沥青混合料层层底拉应变的设计使用年限内设计车道的当量设计轴载累计作用次数。否则,应调整路面结构方案,重新验算,直至满足要求。

3. 无机结合料稳定层疲劳开裂验算

基于无机结合料稳定类材料的半刚性特征,一般采用无机结合料稳定层层底拉应力计算和控制无机结合料稳定层的疲劳开裂寿命。我国《公路沥青路面设计规范》(JTG D50)在归纳水泥稳定砂砾、水泥稳定碎石、水泥稳定土和石灰粉煤灰稳定碎石四种常用混合料大量疲劳开裂试验结果的基础上,建立了无机结合料稳定粒料和稳定土的疲劳开裂计算模型,见式(8-73)。由于缺少足够的现场数据,无机结合料稳定层疲劳开裂模型的验证工作难度较大。在大量无机结合料稳定基层沥青路面结构调研基础上,归纳整理了包含公路等级、交通荷载参数和路基回弹模量等因素的不同工况下无机结合料稳定类基层沥青路面典型结构。对比调研的路面典型结构损坏状况与上述疲劳开裂模型分析结果,引入现场综合修正系数k_c,以反映室内性能模型与现场疲劳开裂损坏间的差异。

$$N_{f2} = k_a k_{T2}^{-1} 10^{a-b\frac{\sigma_t}{R_s}+k_c-0.57\beta} \tag{8-73}$$

式中 N_{f2}——无机结合料稳定层的疲劳开裂寿命(轴次);

k_a——季节性冻土地区调整系数,按表 8-24 确定;

k_{T2}——温度调整系数;

R_s——无机结合料稳定类材料的弯拉强度(MPa);

a、b——疲劳试验回归参数,按表 8-25 确定;

k_c——现场综合修正系数,按式(8-74)确定:

$$k_c = c_1 e^{c_2(h_a+h_b)} + c_3 \tag{8-74}$$

c_1、c_2、c_3——参数,按表 8-26 取值;

h_a、h_b——沥青混合料层和计算点以上无机结合料稳定层厚度;

β——目标可靠指标,根据公路等级按表 8-21 取值;

σ_t——无机结合料稳定层的层底拉应力(MPa),根据弹性层状理论计算获取。

表 8-25 无机结合料稳定层疲劳破坏模型参数

材料类型	a	b
无机结合料稳定粒料	13.24	12.52
无机结合料稳定土	12.18	12.79

表 8-26 现场综合修正系数 k_c 相关参数

材料类型	新建路面结构层或改建工程既有路面结构层		改建工程加铺层	
	无机结合料稳定粒料	无机结合料稳定土	无机结合料稳定粒料	无机结合料稳定土
c_1	14.0	35.0	18.5	21.0
c_2	−0.007 6	−0.015 6	−0.01	−0.012 5
c_3	−1.47	−0.83	−1.32	−0.82

无机结合料稳定层的疲劳开裂寿命应大于基于无机结合料稳定层层底拉应力为指标进行轴载换算得到的设计使用年限内设计车道的当量设计轴载累计作用次数。否则,应调整路面结

构组合或层厚,重新验算,直至满足要求。

4. 沥青混合料层永久变形量验算

我国《公路沥青路面设计规范》(JTG D50)依据多种沥青混合料,在不同温度、压力等条件下的大量有效车辙试验结果,建立了包含荷载作用次数、温度、竖向压应力、层厚和车辙试验永久变形量等参数的沥青混合料层永久变形预估模型,并利用国内 10 余条公路多年车辙数据和 5 个试验段车辙数据对该模型进行了修正和验证。

考虑沥青路面不同深度处应力分布和不同沥青混合料层抗车辙性能的差异,规定分层计算永久变形量。各分层永久变形累加值与沥青混合料层总的永久变形量间的差异考虑在综合修正系数 k_R 中。

对路面设计使用年限内的永久变形量进行预估时,应当使用基于沥青混合料层永久变形量指标进行轴载换算获取的设计使用年限内设计车道上当量设计轴载累计作用次数,进行永久变形量计算。然而,结构分析需综合考虑路面的养护、维修工作。对交通量大、重载比例高的项目,路面设计使用年限内有时需要针对车辙进行一次或一次以上维修,此时用于计算沥青混合料层永久变形量的设计车道上当量设计轴载累计作用次数为通车至首次维修的期限内当量设计轴载累计作用次数。

按照我国沥青路面设计规范规定,首先对路面结构中的各沥青混合料层进行分层:表面层,采用 10~20 mm 作为一分层;第二层沥青混合料层,每一分层厚度应不大于 25 mm;第三层沥青混合料层,每一分层厚度应不大于 100 mm;第四层及其以下沥青混合料层,作为一个分层。然后,根据标准条件下的车辙试验,得到各层沥青混合料的车辙试验永久变形量,按式(8-75)计算各分层的永久变形量和沥青混合料层总的永久变形量。

$$R_a = \sum_{i=1}^n R_{ai} \tag{8-75}$$

$$R_{ai} = 2.31 \times 10^{-8} k_{Ri} \, T_{pef}^{2.93} \, p_i^{1.80} N_{e3}^{0.48} \left(\frac{h_i}{h_0}\right) R_{oi}$$

式中 R_a——沥青混合料层永久变形量(mm);

R_{ai}——第 i 层永久变形量(mm);

n——分层数;

T_{pef}——沥青混合料层永久变形等效温度(℃);

N_{e3}——设计使用年限内或通车至首次针对车辙维修的期限内,基于沥青混合料层永久变形量指标的设计车道上当量设计轴载累计作用次数;

h_i——第 i 分层厚度(mm);

h_0——车辙试验试件的厚度(mm);

R_{oi}——第 i 分层沥青混合料在试验温度为 60℃,压强为 0.7 MPa,加载次数为 2 520 次时,车辙试验永久变形量(mm);

k_{Ri}——综合修正系数,按式(8-76)~式(8-78)计算:

$$k_{Ri} = (d_1 + d_2 \cdot z_i) \cdot 0.973\,1^{z_i} \tag{8-76}$$

$$d_1 = -1.35 \times 10^{-4} h_a^2 + 8.18 \times 10^{-2} h_a - 14.50 \tag{8-77}$$

第 8 章 沥青路面及其结构设计

$$d_2 = 8.78 \times 10^{-7} h_a^2 - 1.50 \times 10^{-3} h_a + 0.90 \tag{8-78}$$

z_i——沥青混合料第 i 分层厚度(mm),第一分层取为 15 mm,其他分层为路表距分层中点的深度;

h_a——沥青混合料层厚度(mm),h_a 大于 200 mm 时,取 200 mm;

p_i——沥青混合料第 i 分层顶面竖向压应力(MPa),根据弹性层状体系理论,计算获取。

验算得到的沥青混合料层永久变形量应满足表 8-18 要求。否则,应调整沥青混合料设计,直至满足要求。满足沥青混合料层容许永久变形量要求的沥青混合料,尚应满足施工技术规范要求的标准车辙试验的动稳定度要求,其永久变形量 R_0 的稳定度可用作沥青混合料的质量要求和施工控制指标。标准车辙试验温度为 60 ℃,压强为 0.7 MPa,试件厚度为 50 mm,加载次数为 2 520 次时沥青混合料的动稳定度 DS,可根据永久变形量 R_0 按式(8-79)计算。

$$\mathrm{DS} = 9\,365 R_0^{-1.48} \tag{8-79}$$

式中 DS——沥青混合料动稳定度(次/ mm)。

5. 路基顶面竖向压应变验算

路基顶面竖向压应变是粒料类基层沥青路面和底基层为粒料的沥青结合料类基层沥青路面的重要设计指标。国外相关设计方法一般通过控制路基顶面竖向压应变防止路基产生过大的永久变形,并采用试验路或现场观测数据拟合竖向压应变与交通荷载参数的关系。我国粒料类基层沥青路面应用较少,缺乏足够的实测数据。为此,整理了 AASHO 试验路的路面结构资料以及轴载作用次数等数据,建立了路基顶面竖向压应变与 100 kN 轴载作用次数间的经验关系式,经调整和修正,建立了路基顶面容许竖向压应变的计算模型,见式(8-80)。

$$[\varepsilon_z] = 1.25 \times 10^{4-0.1\beta} (k_{T3} N_{e4})^{-0.21} \tag{8-80}$$

式中 $[\varepsilon_z]$——路基顶面容许竖向压应变(10^{-6});

β——目标可靠指标,根据公路等级,按表 8-21 取值;

N_{e4}——基于路基顶面压应变指标的设计使用年限内设计车道上的当量设计轴载累计作用次数;

k_{T3}——温度调整系数。

对于选定的路面结构,根据弹性层状体系理论计算出的路基顶面竖向压应变应小于容许压应变值。否则,调整路面结构方案,重新验算,直至满足要求。

6. 沥青面层低温开裂指数验算

季节性冻土地区沥青路面低温开裂是常见病害。我国沥青路面设计规范采用经验法,分析了东北地区多个路段沥青性质、路面结构、路基土质类型等与路面低温开裂状况的关系,参考加拿大 Haas 模型,建立了路面低温开裂指数预估模型,见式(8-81)。

$$\mathrm{CI} = 1.95 \times 10^{-3} S_t \lg b - 0.075(T + 0.07 h_a) \lg S_t + 0.15 \tag{8-81}$$

式中 CI——沥青面层低温开裂指数;

T——路面开裂设计温度(℃),为连续 10 年年最低气温平均值;

S_t——在路面低温设计温度加 10℃试验温度条件下,表面层沥青弯曲梁流变试验加载 180 s 时蠕变劲度(MPa);

h_a——沥青结合料类材料层厚度(mm);

b——路基类型参数,砂 $b=5$,粉质黏土 $b=3$,黏土 $b=2$。

沥青面层低温开裂指数值,应满足表 8-19 的低温开裂指数要求,否则应改变所选用的沥青材料,直至满足要求。

7. 防冻厚度验算

季节性冻土地区路基为中湿或潮湿状态时,应按照式(8-82)计算公路多年最大冻深。根据公路多年最大冻深,按表 8-27 的规定验算路面的防冻厚度,路面结构厚度小于表 8-27 规定的最小防冻厚度时,应增设防冻层,使其满足最小防冻厚度的要求。

$$Z_{\max} = abcZ_{\mathrm{d}} \tag{8-82}$$

式中 $Z_{\max}$——公路多年最大冻深(mm);

Z_{d}——大地多年最大冻深(mm),根据调查资料确定;

a——大地冻深范围内路基、路面各层材料热物性系数,按表 8-28 确定;

b——路基湿度系数,按表 8-29 确定;

c——路基断面形式系数,根据表 8-30 按内插法确定。

表 8-27　沥青路面结构最小防冻深度(mm)

路基土质	基层、底基层材料类型	对应于以下公路多年最大冻深 $Z_{\max}$(mm)和路基干湿类型的最小防冻厚度							
		中湿				潮湿			
		500~1 000	1 000~1 500	1 500~2 000	>2 000	500~1 000	1 000~1 500	1 500~2 000	>2 000
黏性土、细亚砂土	粒料类	400~450	450~500	500~600	600~700	450~550	550~600	600~700	700~800
	水泥或石灰稳定类、水泥混凝土	350~400	400~450	450~550	550~650	400~500	500~550	550~650	650~750
	水泥粉煤灰或石灰粉煤灰稳定类、沥青结合料	300~350	350~400	400~500	500~550	350~450	400~500	500~550	550~700
粉性土	粒料类	450~500	500~600	600~700	700~750	500~600	600~700	700~800	800~1 000
	水泥或石灰稳定类、水泥混凝土	400~450	450~500	500~600	600~700	450~550	550~650	650~700	700~900
	水泥粉煤灰或石灰粉煤灰稳定类、沥青结合料	300~400	400~450	450~500	500~650	400~500	500~600	600~650	650~800

注:① 在《公路自然区划标准》(JTJ 003—86)中,对潮湿系数小于 0.5 的地区,Ⅱ、Ⅲ、Ⅳ等干旱地区的防冻厚度可比表中值减少 15%~20%。
② 对Ⅱ区砂性土路基防冻厚度应相应减少 5%~10%。
③ 公路多年最大冻深大时,靠近上限取值,反之靠近下限取值。
④ 基层、底基层采用不同材料类型时,按厚度较大的材料类型确定。

表 8-28　路基、路面材料热物性系数 a

路基材料	黏质土	粉性土	粉土质砂	细粒土质砂、黏土质砂	含细粒土质砾(砂)
热物性系数	1.05	1.10	1.20	1.30	1.35
路面材料	水泥混凝土	沥青结合料类	级配碎石	石灰粉煤灰稳定材料或水泥稳定粒料	石灰粉煤灰稳定材料土及水泥土
热物性系数	1.40	1.35	1.45	1.40	1.35

第8章 沥青路面及其结构设计

表 8-29 路基湿度系数 b

干湿类型	干燥	中湿	潮湿
潮湿系数	1.0	0.95	0.90

表 8-30 路基断面形式系数

填挖形式和高(深)度	路基填土高度				路基挖方高度			
	零填	<2 m	2~4 m	4~6 m	>6 m	<2 m	2~4 m	4~6 m	>6 m
断面形式系数	1.0	1.02	1.05	1.08	1.10	0.98	0.95	0.92	0.90

8. 设计路面结构的验收弯沉值

一般建议采用落锤式弯沉仪进行路基验收,落锤式弯沉仪荷载为 50 kN,荷载盘半径为 150 mm。路基顶面验收弯沉值 l_g,应按式(8-83)计算。路基顶面实测代表弯沉值 l_0 应符合式(8-84)的要求。

$$l_g = \frac{176pr}{E_0} \tag{8-83}$$

式中 l_g——路基顶面验收弯沉值(0.01 mm);
p——落锤式弯沉仪承载板施加荷载(MPa);
r——落锤式弯沉仪承载板半径(mm);
E_0——平衡湿度状态下路基顶面回弹模量(MPa)。

$$l_0 \leqslant l_g \tag{8-84}$$

式中 l_0——路段内实测的路基顶面弯沉代表值(0.01 mm),以 1~3 km 为一评定路段,按式(8-85)计算:

$$l_0 = (\bar{l}_0 + \beta \cdot s)K_1 \tag{8-85}$$

$\bar{l}_0$——路段内实测路基顶面弯沉平均值(0.01 mm);
s——路段内实测路基顶面弯沉标准差(0.01 mm);
β——目标可靠指标,根据公路等级,按表 8-21 取值;
K_1——路基顶面弯沉湿度影响系数,根据当地经验确定。

路表验收弯沉值 l_a,应根据设计路面结构,采用弹性层状体系理论按式(8-86)计算。路面结构层参数与路面结构验算时相同。路基顶面回弹模量应采用平衡湿度状态下路基顶面回弹模量乘以模量调整系数 k_1,用以协调理论弯沉与实测弯沉的差异。

$$l_a = p\,\bar{l}_a \tag{8-86}$$

$$\bar{l}_a = f\left(\frac{h_1}{\delta}, \frac{h_2}{\delta}, \cdots, \frac{h_{n-1}}{\delta}; \frac{E_2}{E_1}, \frac{E_3}{E_2}, \cdots, \frac{k_1 E_0}{E_{n-1}}\right)$$

式中 $\bar{l}_a$——理论弯沉系数;
k_1——路基顶面回弹模量调整系数,无机结合料稳定类基层沥青路面和水泥混凝土基层沥青路面,取 0.5;粒料类基层沥青路面和沥青结合料类基层沥青路面,当采用无机结合料稳定底基层时,取 0.5,否则取 1.0;

E_0——平衡湿度状态下路基顶面回弹模量(MPa)。

其他符号意义同式(8-49)。

路表交(竣)工时应对路表弯沉值进行检测,检测时需要考虑对弯沉进行湿度和温度修正。落锤式弯沉仪中心点弯沉代表值应符合式(8-87)要求。

$$l_0 \leqslant l_a \tag{8-87}$$

式中 l_a——路表验收弯沉值(0.01 mm);

l_0——路段内实测路表弯沉代表值(0.01 mm),以 1~3 km 为一个评定路段,按式(8-88)计算:

$$l_0 = (\bar{l}_0 + \beta \cdot s) K_1 K_3 \tag{8-88}$$

式中 $\bar{l}_0$——路段内实测路表弯沉平均值(0.01 mm);

K_1——路基顶面弯沉湿度影响系数,根据实测弯沉值通过反算得到路基模量值,再对路基模量进行修正得到结构模量值,然后得出测试状态下弯沉湿度修正系数 K_1,或者根据当地经验确定;

K_3——路表弯沉温度影响系数,按式(8-89)确定:

$$K_3 = e^{[9 \times 10^{-6}(\ln E_0 - 1)h_a + 4 \times 10^{-3}](20-T)} \tag{8-89}$$

式中 T——弯沉测定时沥青结合料类材料层中点实测或预估温度(℃);

h_a——沥青结合料类材料层厚度(mm);

其他符号意义同上。

七、路面结构验算流程

新建沥青路面的结构验算流程如图 8-26 所示,包括下列主要内容:

(1) 依据第六章中的交通数据调查以及轴载换算方法,调查分析交通参数,按照式(6-6)~(6-12)计算获取设计使用年限内设计车道在不同控制指标(沥青混合料层层底拉应变,沥青混合料层永久变形量,无机结合料层层底拉应力,路基顶面竖向压应变)下的当量设计轴载累计作用次数,并参照表 6-15 确定交通荷载等级。

(2) 根据路基土类型、地下水位高度确定路基干湿类型和湿度状况,结合现行《公路路基设计规范》(JTG D30)的有关规定按式(2-28)确定路基顶面回弹模量及必要的路基改善措施,并应符合表2-17的规定。不满足要求时,应采取改变填料、设置粒料类或无机结合料稳定类路基改善层,或采用石灰或水泥处理等措施提高路基顶面回弹模量。

(3) 根据设计要求,收集所在地区的常用路面结构组合和材料性质要求,分析影响路面结构设计的其他因素,初拟路面结构组合与厚度方案,参照表 8-16 选取设计指标。

(4) 根据路面结构层选用的材料进行配合比设计,参照第六章中的路面材料设计参数确定方法,检验各结构层材料的性能设计参数是否符合要求。依据表 6-19 检验无机结合料稳定类材料的无侧限抗压强度;依据表 6-22、式(6-41)和式(6-44)、表 6-23、表 6-24 检验沥青混合料的动稳定度、贯入强度、低温破坏应变和水稳定性等,季节性冻土地区高速公路和一级公路还需要检验表面层沥青低温性能;依据表 6-33 检验粒料的 CBR 值。

(5) 按照第 6 章中的路面材料设计参数确定方法,依据不同水平,确定各结构层模量等设

第 8 章 沥青路面及其结构设计

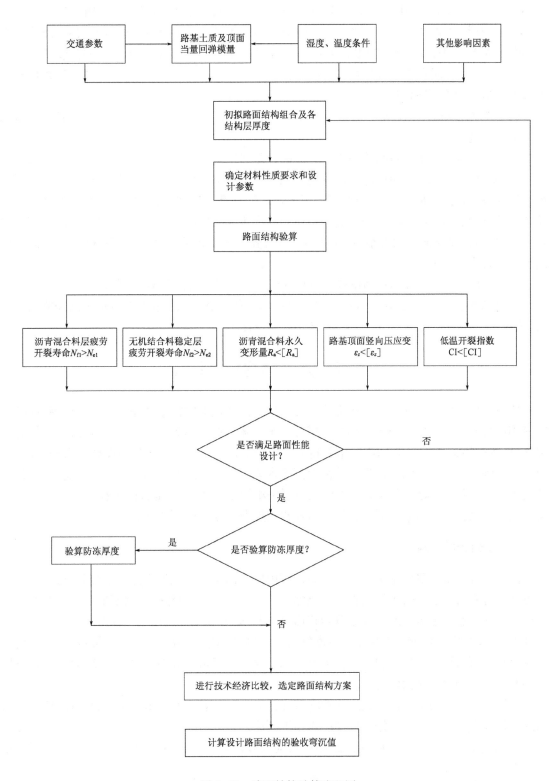

图 8-26　路面结构验算流程图

计参数。沥青路面层采用20℃、10 Hz条件下的动态压缩模量,沥青类基层采用20℃、5 Hz条件下的动态压缩模量;无机结合料类稳定层采用经调整系数修正后的弹性模量;粒料层采用经湿度调整的回弹模量,路基采用平衡湿度状态下并考虑干湿与冻融循环作用后的顶面当量回弹模量。

(6) 收集工程所在地区气温资料,参照表8-23,式(8-55)~式(8-70)确定各设计指标对应的温度调整系数或等效温度。

(7) 参照表8-17以及式(8-49)~式(8-52),采用多层弹性体系理论程序计算各设计指标的力学响应量。

(8) 依据本章所述的路面结构验算方法进行路面结构验算。参照式(8-71)、式(8-73)、式(8-75)、式(8-80)和式(8-81)进行沥青混合料层开裂验算,无机结合料稳定层疲劳开裂验算,沥青混合料层永久变形量验算,路基顶面竖向压应变验算,以及低温开裂指数验算,验算结果不符合要求时,调整路面结构方案重新验算,直至符合为止;针对季节性冻土地区按照式(8-82)和表8-27进行沥青路面结构最小防冻厚度验算,验算不满足要求时,应增设防冻层,使路面结构满足最小防冻厚度要求。

(9) 对通过结构验算的路面结构进行技术经济分析,选定路面结构方案。

(10) 参照式(8-83)和式(8-86)计算设计路面结构的路基顶面验收弯沉值和路表验收弯沉值,依据式(8-84)和式(8-87)用于路面交(竣)工验收。

§8-7 路面结构排水设计

路面工程的实践证明了路面内部排水的重要性。新建的刚性路面需设置各种接缝,而路面在使用期间又会出现各种裂缝、松散、坑槽等病害。降落在路面表面的雨水,会通过路面接缝或裂缝、松散等病害处或者沥青路面面层孔隙下渗入路面结构内部。此外,道路两侧有滞水时,水分也可能侧向渗入路面结构内部。路面内部排水系统的设计通常需满足三方面的要求,一是各项设施应具有足够的泄水能力,排除渗入路面结构内的自由水;二是自由水在路面结构内的渗流时间不能太长,渗流路径不能太长;三是排水设施要有较好的耐久性。

一、路面表面排水

路界地表排水的目的是把降落在路界范围内的表面水有效地汇集并迅速排除出路界,同时把路界外可能流入的地表水拦截在路界范围外,以减少地表水对路基和路面的危害以及对行车安全的不利。通常地表排水可以划分为路面表面排水、中央分隔带排水、坡面排水三部分。中央分隔带排水,视其宽度和表面横向坡度倾向,可以包括中央分隔带和两侧边缘带,或者仅为中央分隔带,而在设超高路段,它还包括上侧半幅路面的表面水。坡面排水包括路堤坡面、路堑坡面和倾向路界的自然坡面的排水。

路面表面排水的主要任务是迅速把降落在路面和路肩表面的降水排走,以免造成路面积水而影响行车安全。路面表面排水设计应遵循下列原则:

(1) 降落在路面上的雨水,应通过路面横向坡度向两侧排流,避免行车道路路面范围内出现积水。

(2) 在路线纵坡平缓、汇水量不大、路堤较低且边坡坡面不会受到冲刷的情况下,应采用在路堤边坡上横向漫流的方式排除路面表面水。

(3) 在路堤较高,边坡坡面未做防护而易遭受路面表面水流冲刷,或者坡面虽已采取防护措施但仍有可能受到冲刷时,应沿路肩外侧边缘设置拦水带,汇集路面表面水,然后通过泄水口和急流槽排离路堤。

(4) 设置拦水带汇集路面表面水时,拦水带过水断面内的水面,在高速公路及一级公路上不得漫过右侧车道外侧缘,在二级及二级以下公路上不得漫过右侧车道中心线。

由于修筑拦水带和急流槽需增加工程投资,因而,须对投资的经济性进行分析和比较,是采用有效的坡面防护措施而不设拦水带和急流槽经济,还是修筑拦水带和急流槽而降低对坡面防护工程的要求合算。

拦水带可由沥青混凝土现场浇筑,或者由水泥混凝土预制块铺砌而成。采用水泥混凝土预制块拦水带时,应避免预制块影响路面内部水的排泄。拦水带的横断面尺寸可参考图8-27,拦水带的顶面应略高于过水断面的设计水面高(水深),设计水深按设计流量公式(8-90)计算确定。

$$Q_c = 0.377 \frac{1}{i_h n} h^{\frac{8}{3}} I^{\frac{1}{2}} \tag{8-90}$$

式中 Q_c——沟或管的泄水能力(m^3/s);
i_h——沟或过水断面的横向坡度;
n——沟壁或管壁的粗糙系数,按表8-31选用;
I——水力坡度,要取用沟或管的坡度。

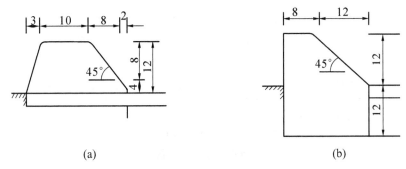

图 8-27 拦水带横断面参考尺寸(尺寸单位:cm)
(a) 沥青混凝土拦水带;(b) 水泥混凝土拦水带

表 8-31 沟壁或管壁的粗糙系数(n)

沟或管类别	n	沟或管类别	n
塑料管(聚氯乙烯)	0.010	岩石质明沟	0.035
石棉水泥管	0.012	植草皮明沟(流速0.6 m/s)	0.035～0.050
水泥混凝土管	0.013	植坡明沟(流速0.8 m/s)	0.050～0.090
陶土管	0.013	浆砌石明沟	0.025
铸铁管	0.015	干砌石明沟	0.032
波纹管	0.027	水泥混凝土明沟(镘抹面)	0.015
沥青路面(光滑)	0.013	水泥混凝土明沟(预制)	0.012
沥青路面(粗糙)	0.016	土质明沟	0.022
水泥混凝土路面(镘抹面)	0.014	带杂草土质明沟	0.027
水泥混凝土路面(拉毛)	0.016	砂砾质明沟	0.025

拦水带的泄水口可设置成开口(喇叭口)式。设在纵坡坡段上的泄水口为提高泄水能力，宜做成不对称的喇叭口，并在硬路肩边缘的外侧设置逐渐变宽的低凹区。其平面布置可参照图8-28。泄水口的泄水量以及开口长度、低凹区宽度和下凹深度等尺寸应按泄水口水力计算确定。

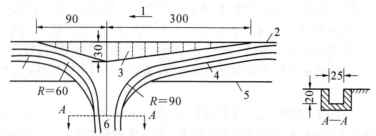

图 8-28 纵坡坡段上拦水带不对称泄水口的平面布置(尺寸单位:cm)
1—水流流向;2—硬路肩边缘;3—低凹区;4—拦水带顶;5—路堤边坡坡顶;6—急流槽

在纵坡坡段上的开口式泄水口，其泄水量随开口长度 L_i，低凹区的宽度 B_w 和下凹深度 h_a 以及过水断面的纵向坡度 i_z 和横向坡度 i_n 而变化(见图 8-29)，可利用图 8-30 查取截流率 (Q_0/Q_c)，按过水断面泄水能力 Q_c 确定其泄水量 Q_0。

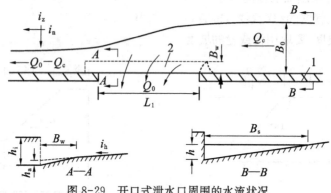

图 8-29 开口式泄水口周围的水流状况
1—拦水带或缘石;2—低凹区

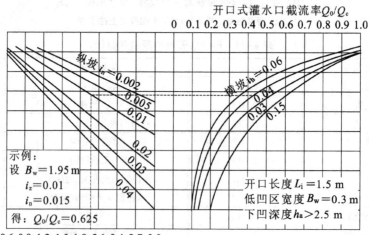

图 8-30 开口式泄水口截流率计算诺谟图

在凹形竖曲线底部的开口式泄水口,按泄水口处的水深和泄水的尺寸确定其泄水量。

(1) 如开口处设有低凹区,当开口处的净高 h_0 不小于由图 8-31 确定的满足堰流要求的最小高度 h_m 时,可利用图 8-32 确定开口的泄水量或最大水流 h_i。

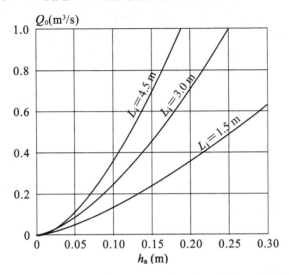

图 8-31 开口式泄水口满足堰流的最小开口高度 h_m 计算图

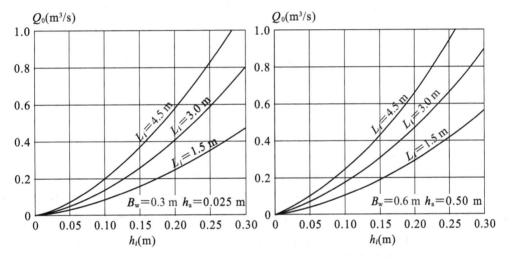

图 8-32 开口处净高 h_0 不小于 h_m 时开口的泄水量 Q_0 或最大水深 h_i 计算图

(2) 如不设低凹区,可按下式确定其泄水量:

$$Q_0 = 166 L_i h_i^{1.5} \tag{8-91}$$

(3) 当开口处水深 h_i 超过净高 h_0 的 1.4 倍时,按下式确定其泄水量:

$$Q_0 = 13.14 h_0 L_i (h_i - 0.5 h_0) \tag{8-92}$$

二、中央分隔带排水

中央分隔带排水是高速公路及一级公路地表排水的重要内容,应根据分隔带宽度、绿化和交通安全设施的形式、分隔带表面的处理方式等因素选择不同的排水方式。我国的《公路排水设计规范》(JTG/T D33)将中央分隔带排水划分为三种类型：

(1) 宽度小于 3 m 且表面采用铺面封闭的中央分隔带排水，降落在分隔带上的表面水排向两侧行车道，其坡度与路面的横坡度相同；在超高路段上，可在分隔带上侧边缘处设置缘石或泄水口，或者在分隔带内设置缝隙式圆形集水管或碟形混凝土浅沟和泄水口(图 8-33)，以拦截和排泄上侧半幅路面的表面水。缘石过水断面的泄水口可采用开口式，格栅式或组合式；碟形混凝土浅沟的泄水口采用格栅式。格栅铁条应平行于水流方向，孔口的净泄水面积应占格栅面积的一半以上，泄水口间距和截流量计算以及断面尺寸等可通过计算选取。

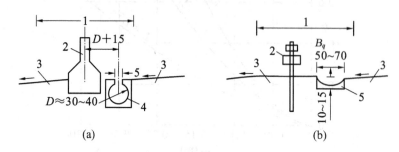

图 8-33　超高路段上设置缝隙式圆形集水管或碟形混凝土浅沟(尺寸单位：cm)
(a) 缝隙式圆形集水管；(b) 碟形混凝土浅沟
1—中央分隔带；2—护栏；3—铺面；4—缝隙式圆形集水管；5—碟形混凝土浅沟

在纵坡坡段上的格栅式泄水口，其泄水量为过水断面中格栅宽度 B_q 所截流的部分(图 9-34)，可利用式(8-90)确定。格栅孔口所需的最小净长度按下式确定：

$$L_g = 0.91 V_g (h_i + t_b)^{0.5} \tag{8-93}$$

式中　L_g——格栅孔口的最小净长度(cm)；
　　　V_g——格栅宽度范围内水流的平均流速(m/s)；
　　　t_b——格栅栅条的厚度(m)。

(2) 宽度大于 3 m 且表面未采用铺面封闭的中央分隔带排水，降落在分隔带上的表面水汇集在分隔带中央的低洼处，并通过纵坡排流到泄水口或横穿路界的桥涵水道中。分隔带的横向坡度不得陡于 1:6；分隔带的纵向排水坡度，在过水断面无铺面时不得缓于 0.25%，有铺面时不得缓于 0.12%。当水流速度超过地面土的最大允许流速时，应在过水断面宽度范围内对地面土进行防冲刷处理，做成三角形或 U 形断面的水沟。防冲刷层可采用石灰或水泥稳定土，或者采用浆砌片石铺砌，层厚 10 cm～15 cm。当中央分隔带内的水流流量过大或流速超过允许范围处，或者在分隔带低凹区的流水汇集处，应设置格栅或泄水口，并通过排水管引排到桥涵或路界处。格栅可以同周围地面齐平，也可适当降低，并在其周围一定宽度范围内做成低凹区(图8-34)，以增加泄水能力。泄水口的泄水量在纵坡坡段上可按式(8-91)计算。在凹形竖曲线底部的格栅式泄水口，其泄水量按式(8-94)和(8-95)计算：

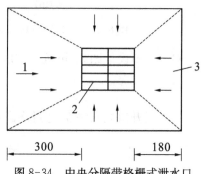

图 8-34　中央分隔带格栅式泄水口布置(尺寸单位：cm)
1—上游；2—隔栅；3—低凹区

(1) 当格栅上面的水深 h_i 小于 0.12 m 时：

$$Q_0 = 1.66 p_g h_i^{1.5} \qquad (8-94)$$

式中 p_g——格栅的有效周边长，为格栅进水周边边长之和的一半(m)。

(2) 当格栅上面的水深 h_i 大于 0.43 m 时：

$$Q_0 = 2.96 A_i h_i^{0.5} \qquad (8-95)$$

式中 A_i——格栅孔口净泄水面积的一半(m^2)。

(3) 当格栅上的水深度处于 0.12～0.43 m 之间时，其泄水量介于按式(8-94)和(8-95)计算的结果之间，可按水深通过直线内插得到。

(4) 表面无铺面且未采用表面排水措施的中央分隔带，降落在分隔带上的表面水下渗，由分隔带内的地下排水设施排除。常用的纵向排水渗沟见图 8-35，应隔一定间距通过横向排水管将渗沟内的水排引出路界。渗沟周围包裹反滤织物(土工布)，以免渗入水携带的细粒将渗沟堵塞。渗沟上的回填料与路面结构的交界面铺设涂双层沥青的土工布隔渗层。排水管可采用直径70～150 mm 的塑料管。

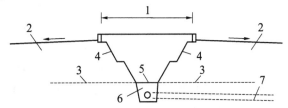

图 8-35 中央分隔带下设排水沟示意
1—中央分隔带；2—路面；3—路床顶面；4—隔渗层；
5—反滤织物；6—渗沟；7—横向排水管

在我国，通常采用较窄的中央分隔带，仅在中间设预留车道时才采用宽的中央分隔带。各地在选用排水设施类型时，并未拘泥于以分隔带宽度限值作为唯一的依据，而是结合地区和工程需要确定，形式是多样的。因而，上述分类中的宽度标准并不是绝对的。

三、路面内部排水

水可以通过路面接缝、裂缝、路面表面和路肩渗入路面，或是由高水位地下水、截断的含水层和当地泉水进入路面结构，被围封在路面结构内的水分产生的有害影响可归纳如下：

1. 浸湿各结构层材料和路基土，易造成无黏结粒状材料和地基土的强度降低；
2. 使混凝土路面产生唧泥，随之出现错台、开裂和整个路肩破坏；
3. 进入空隙的自由水在行车荷载的作用下，会形成高孔隙水压力和高流速的水流，引起路面基层的细颗粒产生唧泥，结果失去支承；
4. 在冰冻深度大于路面厚度的地方，高地下水位会造成冻胀，并在冻融期间降低承载能力；
5. 水使冻胀土产生不均匀冻胀；
6. 与水经常接触将使沥青混合料剥落，影响沥青混凝土耐久性和产生龟裂。

表 8-32 所列即为每延米双车道路面(7.5 m)下各种路基土排除 0.1 m^3 路面结构内自由水所需时间的计算结果(表中，H 为路面结构底面到地下水位的距离，H_0 为到不透水层的距离)。由表列数值可知，当路基土为低透水性时(渗透系数不大于 10^{-5} cm/s)，排除 0.1 m^3 路面结构内自由水约需 1 d 以上时间；而当路基土的渗透系数不大于 10^{-7} cm/s 时，排除这些水分所需时间达数个月，也即实际上是不透水的。当路基为低透水性(渗透系数不大于 10^{-5} cm/s)，而两侧路肩外也由这种土填筑时，路面结构便类似于被安置在封闭的槽式"浴盆"内，进入路面结构内

的水分,无法向下或向两侧迅速渗漏,而被长时间积滞在路面结构内部。特别是位于凹形竖曲线底部、低洼河谷地、曲线超高断面内侧,或者立体交叉的下穿路段的路面结构,由于地表径流或地下水汇集,进行结构内的自由水不仅数量大,而且停滞时间久。

表 8-32 不同渗透性路基土排除 0.1 m³ 路面结构内自由水所需的渗流时间

H/H_0	渗透系数(cm/s)				
	10^{-3}	10^{-4}	10^{-5}	10^{-6}	10^{-7}
	min	h	d	w(7 d)	m(30 d)
0.2	111	18.52	7.72	11.02	25.72
0.4	56	9.62	3.86	5.51	12.86
0.6	37	6.17	2.57	3.67	8.57
0.8	28	4.63	1.93	2.75	6.43
1.0	22	3.71	1.54	2.20	5.14

大量的路面损坏状况调查和路面使用经验表明,进入路面结构内的自由水是造成或加速路面损坏的重要原因。国外的一些对比分析和试验段观察结果表明,设有排水基层的路面,其使用寿命要比未设的提高 30%(沥青混凝土路面)和 50%(水泥混凝土路面)左右。因而,采用内部排水设施所增加的资金投入,可以很快从路面使用性能的提高、使用寿命的增加和养护工作的减少中得到补偿。

美国在 20 世纪 60 年代末和 70 年代初通过调查和经验总结,认识到了路面内部排水的重要性,在 1973 年便由联邦公路局组织制订了路面结构内部排水系统设计指南,以引导和推动公路部门采用路面内部排水措施。到 1996 年,经过 10 余年的使用经验和研究成果的积累,又进一步在 AASHTO 路面结构设计指南中,把排除渗入路面结构内水分所需的时间和一年内路面结构处于水饱和状态的时间比例作为指标,在路面设计中作为一项设计因素予以考虑。目前,路面内部排水系统已成为一项常用的措施,一些州的路面通用结构断面中也做了相应的规定。

我国《公路排水设计规范》(JTG/T D33)建议遇有下列情况时,应设置路面内部排水系统:

(1) 年降水量为 600 mm 以上的湿润和多雨地区,路基由透水性差的细粒土(渗透系数不大于 10^{-5} cm/s)组成的高速公路、一级公路或重要的二级公路。

(2) 路基两侧有滞水,可能渗入路面结构内。

(3) 严重冰冻地区,路基为由粉性土组成的潮湿、过湿路段。

(4) 现有路面改建或改善工程,需排除积滞在路面结构内的水分。

同时规定,路面内部排水系统设计应符合下列要求:

(1) 路面内部排水系统中各项排水设施的泄水能力均应大于渗入路面结构内的水量,且下游排水设施的泄水能力应超过上游排水设施的泄水能力。

(2) 渗入水在路面结构内的最大渗流时间,冰冻地区不应超过 1 h,其他地区不应超过 2 h(重交通)~4 h(轻交通)。渗入水在路面结构内的渗流路径长度不宜超过 45~60 m。

(3) 各项排水设施不应被渗流从路面结构、路基或路肩中带来的细料堵塞,以保证系统的排水能力不随时间推移而很快丧失。

路面结构表面渗水的量,按路面类型分别由下列公式计算:

水泥混凝土路面　　$Q_i = I_c \left(n_z + n_h \dfrac{B}{L} \right)$　　(8-96)

沥青路面　　$Q_i = I_a B$　　(8-97)

式中　Q_i——纵向每延米路面结构表面水的渗入量(m³/(d·m));

　　　I_c——每延米水泥混凝土路面接缝或裂缝的表面水设计渗入率(m³/(d·m)),可按 0.36 m³/(d·m)取用;

　　　I_a——每平方米沥青路面的表面水设计渗入率(m³/(d·m²)),可按 0.15 m³/(d·m²)取用;

　　　B——单向坡度路面的宽度(m);

　　　L——水泥混凝土路面的横缝间距(即板长)(m);

　　　n_z——B 长度范围内纵向接缝和裂缝的条数(包括路面与路肩之间的接缝);

　　　n_h——L 长度范围内横向接缝和裂缝的条数。

　　进入路面结构内的自由水,可通过向路基下部渗流而逐渐排走。渗流的速度随路基土的渗透性和地下水位的高度而异,可以利用达西渗流定律,以不同渗透性的路基土的排水时间进行计算分析。自由水在排水层内的渗流时间按下列公式计算:

$$t = \dfrac{L_s}{3\,600 v_s} \quad (8\text{-}98)$$

$$L_s = B \sqrt{1 + \dfrac{i_z^2}{i_h^2}} \quad (8\text{-}99)$$

$$v_s = \dfrac{1}{n_e} k_b \sqrt{i_z^2 + i_h^2} \quad (8\text{-}100)$$

式中　t——渗流时间(h);

　　　L_s——渗流路径长(m);

　　　v_s——渗流速度(m/s);

　　　k_b——透水材料的渗透系数(m/s);

　　　n_e——透水材料的有效孔隙率。

四、边缘排水系统

沿路面边缘设置由透水性填料集水沟、纵向排水沟、横向出水管和过滤织物组成的边缘排水系统,该系统是将渗入路面结构内的自由水,先沿路面结构层间空隙或某一透水层次横向流入纵向集水沟和排水管,再由横向出水管排引出路基。这种方案常用于基层透水性小的水泥混凝土路面,特别是用于改善排水状况不良的旧水泥混凝土路面。水泥混凝土面层板的边缘和角隅处,由于温度和湿度梯度引起的翘曲变形作用以及地基的沉降变形,常出现板底面同基层顶面的脱空。下渗的路表水易积聚在这些脱空内,促使唧泥和错台等损坏的出现。设置边缘排水系统,便于将面层—基层—路肩界面处积滞的自由水排离路面结构。而对于排水状况不良的旧水泥混凝土路面,采用边缘排水设施方案,可以在不改变原路面结构的情况下改善其排水状况,从而提高原路面的使用性能和使用寿命。然而,自由水在路面结构层内沿层间渗流的速率要比向下渗流的速率慢许多倍,并且部分自由水仍有可能被阻封在路面结构内,因而,边缘排水系统的渗流时间较长,路面结构处于潮湿状态的时间要比下面将要介绍的排水基层排水系统长许多。边缘排水系统的常用形式见图 8-36。

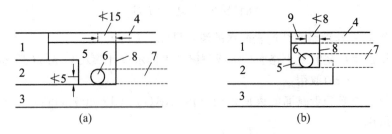

图 8-36 边缘排水系统(图注尺寸单位:cm)
(a)新建路面边缘排水系统;(b)改建路面边缘排水系统
1—面层;2—基层;3—垫层;4—路肩面层;5—集水沟;6—排水管;7—出水管;
8—反滤织物;9—回填路肩面层

纵向排水管通常选用聚氯乙烯(PVC)或聚乙烯(PE)塑料管。排水管设 3 排槽口或孔口,其开口总面积不小于 42 cm²/延米。管径按设计流量由水力计算确定,通常在 70~150 mm 范围内选用。排水管的埋设深度,应保证不被车辆或施工机械压裂,并应超过当地的冰冻深度,在非冰冻地区,新建路面时,排水管管底通常与基层底面齐平;改建路面时,管中心应低于基层顶面。排水管的纵向坡度宜与路线纵坡相同,但不得小于 0.25%。

横向出水管选用不带槽或孔的聚氯乙烯塑料管,管径与排水管相同。其间距和安全位置由水力计算并考虑邻近地面高程和公路纵横断面情况确定,一般在 50~100 m 范围内。出水管的横向坡度不宜小于 5%。埋设出水管所开挖的沟,须用低透水材料回填。出水管的外露端头用镀锌铁丝网或格栅罩住。出水口的下方应铺设水泥混凝土防冲刷垫板或者对泄水道的坡面进行浆砌片石防护,以防止水流冲刷路基边坡和不利植物生长。出水水流应尽可能排出至排水沟或涵洞内。

透水性填料由水泥处治开级配粗集料组成,其孔隙率约为 15%~20%。粗集料最大粒径不大于 40 mm,粒径 4.75 mm 以下的细粒含量不应超过 16%,2.36 mm 以下的细粒含量不应超过 6%。为避免带孔排水管被堵塞,透水性填料在通过率为 85%时的粒径应比排水管槽口宽或孔口直径大 1.0~1.2 倍。水泥处治集料的配合比,应按透水性要求和施工要求通过试配确定。

集水沟底面的最小宽度,对新建路面,不应小于 30 cm;对改建路面,应能保证排水管两侧各有至少 5 cm 宽的透水填料。透水填料的底面和外侧围以反滤织物(土工布),以防垫层、基层和路肩内的细粒侵入而堵塞填料空隙或管孔。反滤织物可选用由聚酯类、尼龙或聚丙烯材料制成的无纺织物,能透水,但细粒土不能随水透过。

例 8-1 某一级公路为单向双车道水泥混凝土路面,宽 7.5 m,共有纵向缝 3 条,横向接缝间距 5 m,路面无纵向和横向裂缝。试计算表面水渗入量。

解 设渗入率 $I_c = 0.36 \text{ m}^3/(\text{d} \cdot \text{m})$,安全系数为 2,则纵向每延米水泥混凝土路面的表面渗入量为:

$$Q_i = 2I_c(n_1 + n_b B/L) = 2 \times 0.36 \times (3 + 1 \times 7.5/5)$$
$$= 3.24 \text{ m}^3/(\text{d} \cdot \text{m}) = 0.0000375 \text{ m}^3/(\text{s} \cdot \text{m})$$

五、排水基层的排水系统

基层排水系统是直接在面层下设置透水性排水基层，在其边缘设置纵向集水沟和排水管以及横向出水管等，组成排水基层排水系统(图 8-37)，采用透水性材料做基层，使渗入路面结构内的水分，先通过竖向渗流进入排水层，然后横向渗流进入纵向集水和排水管，再由横向出水管排引出路基。这种排水系统，由于自由水进入排水层的渗流路径短，在透水性材料中渗流的速率快，其排水效果要比边缘排水系统好得多。一般在新建路面时采用此方案。排水基层设在面层下，作为路面结构的基层或基层的一部分，共同承受车辆荷载的作用。

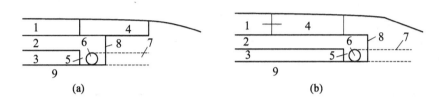

图 8-37 排水基层排水系统
1—面层；2—排水基层；3—不透水垫层；4—路肩面层或水泥混凝土路肩面层；
5—集水沟；6—排水管；7—出水管；8—反滤织物；9—路基

排水层也可采用横贯路基整个宽度的形式，不设纵向集水沟和排水管以及横向出水管。渗入排水层内的自由水，横向渗流，直接排泄到路基坡面外。这种形式便于施工，但其主要缺点是，排水层在坡面出口处易生长杂草或被其他杂物堵塞，从而在使用几年后便不再能排泄渗入水，而集中积滞在排水层内的自由水反而使路面结构，特别是路肩部分，更易出现损坏。

在一些特殊地段，如连续长纵坡坡段、曲线超高过渡段和凹形竖曲线段等，排水层内渗流的自由水有可能被堵封或者渗流路径超过 45～60 m。在这些地段，应增设横向排水管以拦截水流，缩短渗流长度。

排水层的透水性材料可以采用经水泥或沥青处治，或者未经处治的开级配碎石集料。未处治碎石集料的透水性一般比水泥或沥青处治的要低，其渗透系数大致变动于 60～1 000 m/d 范围内。而水泥或沥青处治碎石集料的渗透系数则大致在 1 000～6 000 m/d 范围内，其中沥青处治碎石的透水性略高于水泥处治碎石。未经水泥或沥青处治的碎石集料，在施工摊铺时易出现离析，在碾压时不易压实稳定，并且易在施工机械行驶下出现推移变形，因而一般情况下不建议采用作为排水基层。用作水泥混凝土面层的排水基层时，宜采用水泥处治开级配碎石集料，其最大粒径可选取用 25 mm。而用作沥青混凝土面层的排水基层时，则宜采用沥青处治碎石集料，最大粒径宜为 20 mm。材料的透水性同集料的颗粒组成情况有关，空隙率大的组成材料，其渗透系数也大，需通过透水试验确定。表 8-33 列示了国外一些未处治和水泥或沥青处治集料排水基层的集料级配情况及相应的渗透系数。

纵向集水沟布置在路面横坡的下方。行车道路面采用双向坡路拱时，在路面两侧都设置纵向集水沟。集水沟的内侧边缘可设在行车道面层边缘处，但有时为了避免排水管被面层施工机械压裂，或者避免路肩铺面受集水沟沉降变形的影响，将集水沟向外侧移出 60～90 cm。路肩采用水泥混凝土铺面时，集水沟内侧边缘可外移到路肩面层边缘处。

表 8-33 未处治和水泥或沥青处治集料排水基层的集料级配与渗透系数

材料类型		通过下列方筛孔(mm)百分率(%)									渗透系数 (m/d)
		37.5	25	19	12.5	9.5	4.75	2.36	1.18	0.3	0.075	
未处治集料	①	100	95~100	—	25~60	—	0~10	0~5	—		0~2	6 000
	②		100	90~100	—	20~55	0~10	0~5				5 400
	③		95~100		60~80	—	40~55	5~25				600
	④				0~90		0~8					300
水泥处治	①	100	88~100	52~85	—	15~38	0~16	0~6				1 200
	②	100	95~100		25~60		0~10	0~5	—	—	0~2	6 000
沥青处治	①	100	90~100	35~65	20~45	0~10	0~5	—	—	0~2	0~2	4 500
	②	100	50~100	—	15~85	0~5						

排水基层下必须设置不透水垫层或反滤层,以防止表面水下渗入垫层,浸湿垫层和路基,同时防止垫层或路基土中的细粒进入排水基层而造成堵塞。

排水垫层按路基全宽设在其顶面。过湿路基中的自由水上移到排水垫层内后,向两侧横向渗流。路基为路堤时,水向路基坡面外排流;路基为路堑或半路堑时,挖方坡脚处须设置纵向集水沟、排水管和横向排水管。

排水垫层一方面要能渗水,另一方面要防止渗流带来的细粒堵塞透水材料。为此,在材料级配组成上要满足关于透水和反滤要求。这些要求的应用示于图 8-38。图中,5 为路基土的级配曲线;所示的阴影部分 6,即为符合这些要求的排水垫层级配范围。

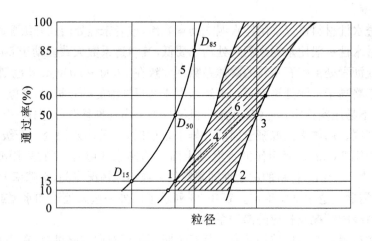

图 8-38 符合渗透和反滤要求的材料设计标准
1—不小于 $5D_{15}$;2—不大于 $5D_{85}$;3—不大于 $25D_{50}$;4—$(D_{60}/D_{10}) \not> 20$;
5—路基土级配曲线;6—符合上述要求的排水垫层级配范围

§8-8 沥青路面改建设计

沥青路面随着使用时间的延续,其使用性能和承载能力不断降低,超过设计使用年限或病害发展、使用性能下降过多时,便不能满足正常行车交通的要求,而需补强或改建。路面补强设计工作包括现有路面结构状况调查、弯沉评定以及补强厚度计算。当原有路面需要提高等级时,对不符合技术标准的路段应先进行线形改善,改线路段应按新建路面设计。加宽路面、提高路基、调整纵坡的路段应视具体情况按新建或改建路面设计。在原有路面上补强时,按改建路面设计。

一、路面结构状况调查与评定

对使用中的路面进行结构状况的调查与评定,其目的主要是了解路面现有结构状况和强度,据以判断是否需要加强或预估剩余使用寿命,分析路面损坏的原因及提出处理措施。

现有路面状况调查工作包括如下内容:

(1)交通调查:对于当前的交通量和车型组成进行实地观测,通过调查分析预估交通量增长趋势,确定年平均增长率。

(2)路基状况:调查调查沿线路基土质、填挖高度、地面排水情况、地下水位,以确定路基土组和干湿类型。

(3)路面状况调查:调查路面结构类型、组合和各层厚度,为此需开挖试坑进行量测和取样试验,量测路基和路面宽度,详细记载路表状况及路拱大小,对路面的病害和破坏应详加记述并分析产生原因。

(4)路面修建和养护历史调查。

路面结构强度的评定,通常采用测量路表轮隙回弹弯沉的方法。由于路面在一年内的不同时期具有不同的强度,而经补强设计的路面必须保证在最不利季节具有良好的使用状态,因此原有路面的弯沉值应在不利季节测定;若在非不利季节测定,应按各地的季节影响系数进行修正。

如在原砂石路面上加铺沥青面层时,因补强后对路基的湿度有影响,路基和基层中的水分蒸发较以前困难,致使路基和基层中湿度增加,强度降低,弯沉增大,因此还应根据当地经验进行湿度影响的修正。

当原路面为沥青面层时,弯沉测定值还随路面温度的变化而变化。为了使不同温度时测定的弯沉结果可资比较,以及便于进行补强设计,需把不同温度测定的结果换算为标准温度 20 ℃ 的弯沉值 l_{20},其换算系数或弯沉温度修正系数为:

$$K_3 = \frac{l_{20}}{l_{T1}} \tag{8-101}$$

式中 l_{T1}——测定时沥青面层平均温度 T_1 时的弯沉值。

T_1 可根据各地的经验公式确定,下面是某地区总结的经验公式:

$$T_1 = a + bT_0$$

式中 $a = -2.14 + 0.52h$;

$b = 0.62 - 0.008h$；

h——沥青面层厚度(cm)；

T_0——测定时路表温度与前 5 h 平均气温之和(℃)。

经过标准温度 20 ℃与测定温度 T_1 时两种弯沉测定值之比的统计加工得到如下弯沉温度修正系数经验公式：

当 $T_1 \geqslant 20$ ℃时：

$$K_3 = \exp\left[h\left(\frac{1}{T_1} - \frac{1}{20}\right)\right] \tag{8-102}$$

当 $T_1 < 20$ ℃时：

$$K_3 = \exp[0.002h(20 - T_1)] \tag{8-103}$$

在确定原路面的计算弯沉时，应将全线分段，分段时应考虑下列因素：

(1) 同一路段路基的干湿类型与土质基本相同。

(2) 同一路段内各测点的弯沉值比较接近，若局部路段弯沉值很大，应先进行修补处理，再进行补强。

(3) 各路段的最小长度应与施工方法相适应。

一般不小于 500 m，机械化施工时不小于 1 km。在水文、土质条件复杂或需特殊处理的路段，其分段长度可视实际情况确定。

在对原有路面进行弯沉检测时，每一车道、每路段的测点数不少于 20 点，且应以标准轴载车辆测定为准，如用非标准轴载则按式(8-104)将非标准轴载的检测结果换算为标准轴载下的弯沉值。

$$\frac{l_{100}}{l_i} = \left(\frac{P_{100}}{P_i}\right)^{0.87} \tag{8-104}$$

式中　P_{100}、l_{100}——分别为标准轴载 100 kN 的轴重和弯沉值；

P_i、l_i——分别为非标准轴载测定车的轴重和弯沉值。

各路段的计算弯沉值按式(8-105)计算：

$$l_0 = (\overline{l_0} + Z_a S) K_1 \cdot K_2 \cdot K_3 \tag{8-105}$$

式中　l_0——路段的计算弯沉值(1/100 mm)；

$\overline{l_0}$——路段内原路面上实测弯沉的平均值(1/100 mm)；

S——路段内原路面上实测弯沉的标准差(1/100 mm)；

Z_a——保证率系数，补强二级及二级以上公路路面时，Z_a 取 1.5，补强三、四级公路时取 1.3；

K_1, K_2——分别为季节影响系数和湿度影响系数，可根据当地经验选用；

K_3——温度修正系数。

二、原路面当量回弹模量的计算

用理论法进行路面的补强计算时，需要将原路面计算弯沉值换算成综合回弹模量值。进行这种换算时，将原路基路面体系看作计算弯沉相等的匀质体，同时考虑承载板测定回弹模量与

弯沉测定回弹模量之间的差异,得到如下综合回弹模量 E_z 的计算公式:

$$E_z = \frac{1\,000\,pD}{l_0} m_1 m_2 \tag{8-106}$$

式中　p——弯沉测定车的轮胎压力(MPa)。

　　　D——与弯沉测定车双圆轮迹面积相等的承载板直径,即 $D = 1.414d$,d 为轮迹单圆直径(cm)。

　　　l_0——原路面计算弯沉值(1/100 mm)。

　　　m_1——用标准轴载的汽车在原有路面上测得的弯沉值与用承载板在相同压强条件下所测得的回弹变形值之比,即轮板对比值,$m_1 = L_{轮}/L_{板}$,一般情况下,应通过在旧路面上进行对比试验确定。20 世纪 80 年代中期,有关科研单位的试验结果表明,在相当大的范围内 m_1 均十分接近 1.1。故在没有对比资料的情况下,推荐 m_1 取值为 1.1。

　　　m_2——原路面当量回弹模量扩大系数。计算与原有路面接触的补强层层底拉应力时,m_2 按式(8-107)计算,计算其他补强层层底拉应力及弯沉值时,$m_2 = 1.0$。

引入修正系数的原因是因为按照拉应力验算的原则,在进行与旧路面接触的补强层层底弯拉应力验算时,与计算层相邻的结构层(即旧路面面层)的材料参数对结果影响很大。但旧路面当量回弹模量相当于在弯沉等效的基础上将由数层不同材料组成的旧路面等效视作一均质弹性半空间体时所对应的等效模量。显然,该模量值不同于和计算层相邻的原路面面层的回弹模量,因此,在进行与旧路面接触的补强层层底拉应力验算时,应对旧路面当量回弹模量进行修正,根据研究,规范给出如下公式:

$$m_2 = e^{0.037\frac{h'}{\delta}} \left(\frac{E_{n-1}}{p}\right)^{0.25} \tag{8-107}$$

式中　E_{n-1}——与原路面接触层材料的抗压回弹模量(MPa);

　　　h'——各补强层等效与原路面接触层 E_{n-1} 相当的等效厚度(cm)。

h' 按式(8-108)计算:

$$h' = \sum_{i=1}^{n-1} h_i (E_i \sqrt{E_{n-1}})^{0.25} \tag{8-108}$$

式中　h_i——第 i 层补强的厚度(cm);

　　　E_i——第 i 层补强层材料的抗压回弹模量(MPa);

　　　$n-1$——补强层层数。

三、补强厚度的计算

在确定原有路面的当量回弹模量后,可将其看作新建路面当量回弹模量,用弹性层状体系理论进行补强层厚度的计算,若补强单层时,以双层弹性体系为设计计算的力学模型,补强 n 层时,以 $n+1$ 层弹性体系为力学模型计算。补强设计时,仍以设计弯沉值作为路面整体刚度的控制指标;对于二级和二级以上公路,还应进行补强层底面拉应力的验算。除弯沉综合修正系数外与新建路面设计时方法相同。

习题与讨论

习 题

1. 名词解释：劲度模量；结构性破坏；功能性破坏；"啃边"；旧沥青路面材料再生；"拥包"；蠕变；应力松驰。

2. 为什么道路交叉口处易出现波浪或搓板？在沥青路面结构设计中如何对其进行考虑？

3. 试用沥青混合料的"高温稳定性"解释沥青路面上重复停车地段出现的波浪、推挤等现象。

4. 为什么整体性材料结构层的低温缩裂多呈横向间隔性裂缝，如何区分路面裂缝是沥青层缩裂还是反射裂缝？

5. 沥青混合料的疲劳试验采用何种试件加载方式？其控制应力或应变指标的选择取决于什么？

6. 如何确定沥青混合料的沥青最佳用量？

7. 如何控制沥青混合料的耐久性能？

8. 为什么沥青路面的摩擦系数应在潮湿状态下测定？

9. 名词解释：弹性层状体系；弹性半空间体；疲劳寿命；容许弯沉；设计弯沉；疲劳开裂；收缩裂缝。

11. 简述整体性路面材料结构层产生疲劳开裂的原因？

12. 为何要规定各类结构层的最小厚度？为什么要规定相邻层材料的模量比？

13. 沥青路面在力学性质上属于非线性的弹-黏-塑性体，为何又能应用弹性层状体系理论对它进行应力应变分析？

14. 我国现行沥青路面设计指标有哪些？

15. 公路沥青路面设计中轴载换算的换算原则是什么？

16. 在一个多层弹性体系中，请标出各特征点的位置：路面弯沉计算点、各层的弯拉应力验算点，并写出这些点的 r、z 坐标值。

17. 为什么要进行温度调整？如何确定等效温度。

讨 论

在进行沥青混合料试验设计过程中考虑了不同气候区的技术指标内容的要求差异，但在稳定耐久性方面并没有明确的要求差异，请问如何认识该问题？

请结合路面结构设计计算与分析，讨论道路工程中应用半刚性基层材料的具体受力情况，并从结构与材料角度分析半刚性基层的特性。

分析对比国内外沥青路面设计指标、参数的差异性，讨论我国沥青路面设计方法的方向。

第9章 水泥混凝土路面及其结构设计

学习目的：水泥混凝土路面是公路路面主要形式之一，通过本章学习可了解各类水泥混凝土路面的基本特点，对水泥混凝土板块的力学模型、经典理论解答、可靠度理论、应力种类、设计与计算方法等有清楚的认识。

教学要求：通过对水泥混凝土板块受力特点的说明，掌握小挠度弹性薄板理论及其基本公式，了解其经典理论解答；

通过对水泥混凝土路面应力种类与计算方法的重点讲解，掌握普通水泥混凝土路面厚度设计方法；

讲解水泥混凝土路面设计的可靠度理论，了解水泥混凝土路面可靠性设计的基本方法。

§9-1 概 述

水泥混凝土路面是重要的路面结构形式之一，它与沥青路面共同构成了两类按材料划分的路面形式。水泥混凝土路面与沥青路面相比有以下优点：

1. 早期养护工作较少；
2. 正常使用情况下，具有较长的使用寿命；
3. 无照明设施的公路上，有利于夜间行车；
4. 可应用价格较低廉的设备进行施工，在低等级公路上应用较广泛；
5. 可利用砂石材料丰富地区的本地材料，节省费用。

比较而言，水泥混凝土路面的缺点主要有：

1. 行车舒适性相对较差（有接缝）；
2. 局部破损后，修补较费时费力；
3. 对超载的敏感性较高；
4. 后期养护工作难度大，大中修工作较复杂。

水泥混凝土路面损坏后，往往需要进行锯切、破碎、移除、重新浇注水泥混凝土等工序。因水泥混凝土成型后强度、刚度都很大，进行以上工作需要消耗大量时间，同时水泥混凝土浇注后需要进行养生，即使使用早强水泥混凝土也至少需要养生5~7 d才能承受车辆荷载，而沥青路面成型后就能开放交通，对交通的影响很小。

水泥混凝土路面使用期末，需要进行大中修时，遇到的首要问题就是确定原水泥混凝土路面板的处置方案，如果不将原板块移除，则要进行修补或进行破碎，以消除可能的反射裂缝问题。因混凝土路面破碎工艺在我国发展还不充分，而修补后加铺后路面往往存在反射裂缝的威胁，所以水泥混凝土路面大中修时的工作难度较大。

我国目前公路上超载现象较为严重,水泥混凝土路面对超载非常敏感,这使得水泥混凝土路面的使用寿命大大缩短,有些甚至3～5年就出现广泛的病害,局部修补与大中修时间大大提前,使得水泥混凝土路面的使用寿命长、早期养护工作少的优势难以发挥。

正因为以上缺点,我国水泥混凝土路面应用目前有两大趋势:

1. 在高等级公路(一级公路、高速公路)上应用趋于减少;
2. 建设里程在总里程中的比例趋于减少。

然而,实际工程中水泥混凝土路面出现的以上状况并不是路面结构本身的原因,国外曾有采用砾石作为骨料的混凝土路面使用寿命长达七八十年的工程实例。随着我国治理超载运输力度的加大,水泥混凝土路面的优势得以发挥,我国水泥混凝土路面的应用必然将有新的发展。

§9-2 水泥混凝土路面的分类与构造

一、水泥混凝土路面的一般构造

(一)土基和基层

1. 土基

理论分析表明,通过刚性面层和基层传到土基上的压力很小,一般不超过0.05 MPa。因此,混凝土板下似乎不需要有坚强的土基支承。然而,如果土基的稳定性不足,在水温变化的影响下出现较大的变形,特别是不均匀沉陷,则仍将给混凝土面板带来很不利的影响。实践证明,由于土基不均匀支承,使面板在受荷时底部产生过大的弯拉应力,易导致混凝土路面产生破坏。因此,混凝土路面下的路基必须密实、稳定和均匀。一般要求处于干燥或中湿状况,过湿状态或强度与稳定性不符合要求的潮湿状态的路基必须经过处理。

路基的不均匀支承,可能由下列因素所造成:

(1) 不均匀沉陷——湿软地基未达充分固结;土质不均匀,压实不充分、填挖结合部以及新老路基交接处处理不当。

(2) 不均匀冻胀——季节性冰冻地区,土质不均匀(对冰冻敏感性不同);路基潮湿条件变化。

(3) 膨胀土——在过干或过湿(相对于最佳含水量)时压实;排水设施不良等。

(4) 基层唧泥——基层在荷载和水的综合作用下,容易出现软化,并导致基层的细颗粒材料在接缝中喷出,称为唧泥。随着时间的延长和唧泥量的增加,基层将出现脱空。计算结果表明:随着基层脱空量的增加,在荷载的作用下的附加应力明显增加,由此导致路面板的断裂。

控制路基不均匀支承的最经济、最有效的方法是:① 把不均匀的土掺配成均匀的土;② 控制压实时的含水量接近于最佳含水量,并保证压实度达到要求;③ 加强路基排水设施,对于湿软地基,则应采取加固措施;④ 加设垫层,以缓和可能产生的不均匀变形对面层的不利影响。

2. 基层

混凝土面层下设置基层的目的是:

(1) 防唧泥——混凝土面层如直接放在路基上,会由于路基土塑性变形量大,细料含量多和抗冲刷能力低而极易产生唧泥现象。铺设基层后,可减轻以至消除唧泥的产生。但未经处治的砂砾基层,其细料含量和塑性指数不能太高,否则仍会产生唧泥。

(2) 防冰冻——在季节性冰冻地区,用对冰冻不敏感的粒状多孔材料铺筑基层,可以减少路基的冰冻深度,从而减轻冰冻的危害作用。

(3) 减小路基顶面的压应力,并缓和路基不均匀变形对面层的影响。

(4) 防水——在湿软土基上,铺筑开级配粒料基层,可以排除从路表面渗入面层板下的水分(如图 9-1)以及隔断地下毛细水上升。

(5) 为面层施工(如立侧模、运送混凝土混合料等)提供方便。

(6) 提高路面结构的承载能力,延长路面的使用寿命。

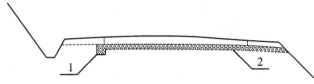

图 9-1 兼起排水作用的粒料基层

1—盲沟;2—通过路肩的基层

因此,除非土基本身就是有良好级配的砂砾类土,而且是良好排水条件的轻交通道路之外,都应设置基层。同时,基层应具有足够的强度和稳定性,且断面正确、表面平整。理论计算和实践都已证明,采用整体性好(具有较高的弹性模量如贫混凝土、沥青混凝土、水泥稳定碎石、石灰粉煤灰稳定碎石、级配碎石等)的材料修筑基层,可以确保混凝土路面良好的使用特性和延长路面的使用寿命。基层材料的技术要求必须符合《公路路面基层施工技术规范》(JTJ034-2000)的要求。因为如果基层出现较大的塑性变形累积(主要在接缝附近),面层板将与之脱空,支承条件恶化,从而增加板内荷载应力;同时,若基层材料中含有过多的细料,还将促使唧泥和错台等病害产生。

现场的一些调查表明:在沥青混凝土表面直接加铺水泥混凝土路面的破坏明显减少。因此,水泥混凝土路面设置下封层十分必要,有些路段可采用稀浆封层作为水泥混凝土路面的下封层,施工时要求清扫、润湿、透层,再做稀浆封层。虽然增加一些费用,但对延长水泥混凝土路面的使用寿命有十分重要的作用。

图 9-2 所示为两种基层在荷载重复作用下的塑性变形累积曲线。

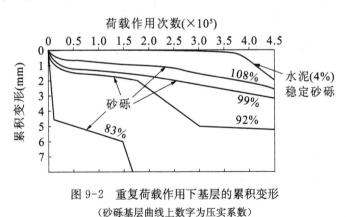

图 9-2 重复荷载作用下基层的累积变形

(砂砾基层曲线上数字为压实系数)

由图 9-2 可以看出,砂砾基层在荷载重复作用后的累积变形量很大,且原始压实度越低,形变累积量便越大;而用少量水泥(4%)稳定砂砾的基层,在经受重复荷载作用 3.5×10^5 次后,并未出现可量测到的塑性变形(图 9-2 上方横坐标)。因此,无机结合料稳定类基层成为水泥混凝土路面(特别在交通繁重的路段上)最适用的基层类型。如因条件限制而只能采用未经处治的粒料基层时,必须严格控制细料含量并保证压实要求。

基层厚度以 20~40 cm 为宜。研究资料表明,用加厚基层来提高土基的支承力,或者说借以降低面层应力或减薄面层厚度一般是不经济的。但是随着稳定类基层厚度的减小,基层底面的弯拉应力随之增大,因此基层厚度也不宜太薄。

基层宽度应比混凝土路面板每侧各宽出至少 30 cm(采用小型机具施工时)或 50 cm(轨道式摊铺机施工)或 65 cm(采用滑模摊铺机施工),或与路基同宽,以供施工时安装模板,并防止路面边缘渗水至土基而导致路面破坏。

在冰冻深度大于 0.5 m 的季节性冰冻地区,为防止路基可能产生的不均匀冻胀对混凝土面层的不利影响,路面结构应有足够的总厚度,以便将路基的冰冻深度约束在有限的范围内。路面结构的最小总厚度随冰冻线深度、路基的潮湿状况和土质而异,超出面层和基层厚度的总厚度部分可用基层下的垫层(防冻层)来补足。

(二) 混凝土面板

理论分析表明,轮载作用于板中部时,板所产生的最大应力约为轮载作用于板边部时的 2/3。因此,理论上面层板的横断面应采用中间薄两边厚的形式(如图 9-3),以适应荷载应力的变化。一般边部厚度较中部约大 25%,从路面最外两侧板的边部,在 0.6~1.0 m 宽度范围内逐渐加厚。但是厚边式路面给土基和基层的施工带来不便;而且使用经验也表明,在厚度变化转折处,易引起板的折裂。因此,目前国内外常采用等厚式断面。

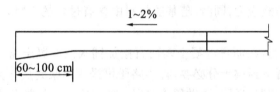

图 9-3 混凝土路面横断面示意图

混凝土面板应保证表面平整、耐磨、抗滑。混凝土面板的平整度以 3 m 直尺量测为准。3 m 直尺与路面表面的最大间隙高速公路和一级公路不应大于 3 mm;其他各级公路不应大于 5 mm。混凝土面板的抗滑标准以构造深度为指标。高速公路和一级公路不应低于 0.7 mm;其他各级公路不应低于 0.5 mm。在高速与一级公路的立交、平交及变速车道处提高 0.1 mm 的构造深度要求,在其他等级公路的急弯、陡坡、交叉口及集镇处也提高 0.1 mm 的构造深度要求。以上给出的都是构造深度的下限,构造深度的上限和下限间一般相差 0.4 mm。

二、水泥混凝土路面的分类

(一) 钢筋混凝土路面

当混凝土板的平面尺寸较大,或者预计路基或基层有可能产生不均匀沉陷,或者板下埋有地下设施等情况时,宜采用钢筋混凝土路面。

钢筋混凝土路面是指为防止可能产生的裂缝缝隙张开,板内配置有纵、横向钢筋(或钢丝)网的混凝土路面。设置钢筋网的主要目的是控制裂缝缝隙的张开量,把开裂的板拉在一起,使板依靠断裂面上的集料嵌锁作用和钢筋的抗剪作用而保证结构整体受荷,并非增加板的抗弯强度。因而,钢筋混凝土面层所需的厚度与素(无筋)混凝土面层的厚度相同。配筋是按混凝土收缩时将板块拉在一起所需的拉力确定。最大的拉力出现在板中央开裂时,它等于由该处到最近的板边缘范围内面层和基层之间的摩阻力,也即每延米板所需的配筋量 A_s(mm²)为:

$$A_s = \frac{16L_s h \mu}{f_{sy}} \tag{9-1}$$

式中　h——板厚(cm);
　　　μ——面层与基层间的摩擦系数;
　　　f_{sy}——钢筋的屈服强度(MPa);
　　　L_s——计算纵向钢筋时,为横缝间距,计算横向钢筋时,为不设拉杆的纵缝或自由边缘间的间距(m)。

为使板内应力尽可能分散,宜采用小直径的钢筋。纵横向钢筋宜采用相同直径。网筋的最小间距应为集料最大粒径的 2 倍。钢筋的搭接长度,根据经验,宜为直径的 24 倍以上。由于钢筋的主要作用是使裂缝密闭,它在板内的竖向位置并不太重要,只要有足够的保护层以防锈蚀即可。通常在顶面下 1/3~1/2 板厚范围内。外侧钢筋中心到接缝或自由边的距离为 10~15 mm,钢筋保护层的最小厚度不应小于 5 cm。

钢筋混凝土板的缩缝间距(即板长)一般为 10~20 m,最大不宜超过 30 m。缩缝内必须设置传力杆。其他接缝构造与素混凝土路面相同。

(二)连续配筋混凝土路面

连续配筋混凝土路面的特点是沿纵向配置连续的钢筋,除了在与其他路面交接处或临近构造物附近设置胀缝以及视施工需要设置施工缝外,一般不设横缝的混凝土面层。一般适用于高速公路或一级公路和机场混凝土道面。端部自由时的位移量可按式(9-2)计算。

$$\delta_{\max} = \frac{E}{2\rho f}(\alpha \Delta T)^2 \tag{9-2}$$

式中　$\delta_{\max}$——端部自由时的位移量(m);
　　　E——混凝土的模量(MPa);
　　　ρ——混凝土的密度(kN/m³);
　　　α——混凝土的线胀系数(1/℃);
　　　f——混凝土与基层间摩擦系数,一般取 2~3;
　　　ΔT——最高温度与合拢温度之差(℃)。

这种面层会在温度和湿度变化引起的内应力作用下产生许多横向裂缝,裂缝的间距为 1.0~3.0 m,缝隙的平均宽度为 0.2~0.5 mm。但是,由于配置了许多纵向连续钢筋,这些横向裂缝不至于张开而使杂物、雨水侵入或使混凝土剥落,因而不会影响路面的使用品质。

确定纵向钢筋用量的控制因素是裂缝缝隙的宽度。缝隙过宽易使杂物和水侵入。配筋量多,可使缝宽度和缝与缝间距都减小。由于裂缝间距同缝隙宽度有直接关联,钢筋用量可按规定的裂缝间距来确定。虽然有好几种理论公式可以计算钢筋用量,但通常都是根据经验确定,一般认为保持裂缝完整无损所需配筋量为混凝土板断面面积的 0.6%~0.8%。在美国一般气候区最小钢筋用量取 0.6%,在寒冷气候区取 0.7%。钢筋间距最小 10 cm,最大 23 cm。钢筋直径应按规定选用。钢筋的埋置深度,在顶面下 1/3~1/2 板厚范围内。搭接长度至少 50 cm 或钢筋直径的 30 倍,所有搭接均须错开。

我国规定纵横向钢筋应采用螺纹钢筋,纵向钢筋配筋率按式(9-84)~式(9-98)计算,但应控制在 0.5%~0.7%的范围内。最小配筋率,一般地区为 0.5%,寒冷地区为 0.6%。

横向钢筋的用量很小,其配筋率约为纵向钢筋的 1/8~1/5,主要目的是保持纵向钢筋的间距,纵横向钢筋均需采用螺纹钢筋,以保证混凝土和钢筋之间具有足够的握裹力。

连续配筋混凝土板内的钢筋并非按承受荷载应力进行设计。因此,它的厚度仍可采用无筋混凝土路面板的计算方法确定。其基层厚度与普通混凝土路面的基层相同。面板厚度对高速公路取普通混凝土路面板的设计厚度,对一级公路,取普通混凝土路面板的设计厚度的 0.9 倍。

连续配筋混凝土面层在浇筑中断时需设置施工缝。施工缝采用平缝型式,并用长度为1m的拉杆增强。拉杆的直径与间距同纵向钢筋,以使施工缝两侧的混凝土板块加固成连续的整体。

由于连续配筋混凝土路面没有接缝(施工缝除外),所以,在长板的端部、桥头连接处,或者与其他路面纵向接头处都要设置胀缝,以便为混凝土的膨胀留有余地。

(三) 装配式混凝土路面

装配式混凝土路面是在工厂中把混凝土预制成板块,然后运至工地现场装配而成。这种路面的优点是:混凝土板可以全年生产,不受气候影响,混凝土质量容易保证;而且施工进度快,铺筑完毕即可通车;损坏后易于拆换修理。因此,它较适用于城市道路、厂矿道路、大型基建场地、停车站场和软弱土基上。装配式混凝土路面的缺点是接缝多,整体性差,容易引起行车颠簸跳动,因而在公路上一般不宜采用。

为了便于吊装及搬运,装配式混凝土板一般做成 1~2 m 的正方形或矩形,也可作成边长 1.2 m 的六角形。板厚一般为 0.12~0.18 m。近年来有些国家还采用宽 3.5 m,长 3~6 m 的矩形板,但需有相应的运输和吊装机具来配合。六角形板的强度和稳定性较好。为承受车轮荷载应力和吊装应力,装配式混凝土板可在边缘和角隅配置钢筋,有时亦可设全面网状钢筋。为提高板的质量,可采用预应力、真空作业、机械振捣或蒸汽养生等技术来制造混凝土板。冬季为加速板的硬结,可采用电热法或在铸模内安装管线,内通蒸汽或热水。有些国家还利用先张法或电热法施加预应力,做成装配式预应力混凝土板。

(四) 组合式(双层式)混凝土路面

新建道路的混凝土面板一般按单层式建造,只有当缺乏品质良好的材料时,才考虑采用双层式混凝土路面板,即利用当地品质较差的材料修筑板的下层,而用品质较好的材料铺筑板的上层,以降低造价。在改建旧混凝土路面时,有时在其上加铺一层新混凝土面层,这样也形成双层式混凝土路面结构(必要时可以掺加一定量的粉煤灰)。根据双层混凝土路面上下层板之间结合程度的不同,有结合式、分离式和部分结合式三种型式。

(1) 结合式 上下层混凝土板牢固结合,成为一整体,新建路面时,上下层混凝土连续施工,即可作成结合式。改建路面时,将下层板表面凿毛、洗净晾干,并喷刷高标号水泥浆(水灰比 0.4~0.5)或环氧树脂等黏结剂,随即浇筑新混凝土面层。对于这种结合形式,下层板的裂缝和接缝将会反射到上层板内,因此要求上下层板的接缝必须对齐,并采用同样的接缝形式和缝隙宽度,这种结合形式适用于下层板完整无裂缝或虽有一些裂缝但不再发展的情况。支立模板时,可采用混凝土块顶撑或利用旧路面板的接缝钻孔插入钢钎固定的方法。

(2) 分离式 上下层混凝土板之间铺以厚 1~2 cm 的隔离层,可防止下层板的裂缝和接缝反射到上层板内。因此,分离式双层混凝土路面板不要求上下层板的接缝对齐。当下层板严重破碎时,也可采用这种形式。新铺混凝土面层的厚度不宜小于 0.12 m。施工立模时可采用穿孔插钎固定模板,也可采用预制混凝土块顶撑模板的方法固定模板。

(3) 部分结合式　改建路面时,先对原有混凝土板表面进行清理后再浇筑上层板。由于上下层板之间存在部分结合,下层板上的裂缝与接缝通常仍会反射到上层板内,所以上下层板的接缝位置应相同,但其形式和宽度不要求完全相同。旧面层的结构损坏不太严重并已经修复时,可采用这种结合形式。

(五) 纤维混凝土路面

近年来,国内外都在研究钢纤维混凝土路面。在混凝土中掺入一些低碳钢、不锈钢纤维或其他纤维(如塑料纤维、纤维网等),即成为一种均匀而多向配筋的混凝土。试验表明,钢纤维与混凝土的握裹力高达 4 MPa。施工时一般在混凝土中掺入 1.0%~1.2%(体积比)的钢纤维,相当于每立方米混凝土中掺入 77 kg,如过多则混凝土施工和易性不好。钢纤维长度宜为 25~60 mm,直径 0.4~0.7 mm,如过长则与混凝土拌和易成团,过短则混凝土强度增高不多,长度与直径的最佳比值为 50~70。

表 9-1 列出美国对钢纤维混凝土和普通混凝土物理力学性能试验结果的比较,可以看出前者的物理力学性质要较后者好得多,特别是它的抗疲劳强度、抗冲击能力和防止裂缝的能力更好。因此与普通混凝土路面相比,钢纤维混凝土路面厚度可以减薄 35%~45%,而缩缝间距可以增至 15~20 m,胀缝与纵缝可以不设。

表 9-1　钢纤维混凝土与普通混凝土物理力学性质的比较表

物理力学性质指标	普通混凝土	钢纤维混凝土
极限抗弯拉强度(MPa)	2~5.5	5~26
极限抗压强度(MPa)	21~35	35~56
抗剪强度(MPa)	2.5	4.2
弹性模量(MPa)	2×10^4~3.5×10^4	1.5×10^4~3.5×10^4
热膨胀系数(mm/K)	9.9~10.8	10.4~11.1
抗冲击力(N·m)	480	480
抗磨指数	1	2
抗疲劳限度	0.5~0.55	0.80~0.95
抗裂指标比	1	7
耐冻融破坏指数	1	1.9

在搅拌混凝土过程中,为保证钢纤维均匀分布,不致成团,应按砂、碎(砾)石、水泥、钢纤维的顺序加入拌和机中,干拌 2 min 后再加水湿拌 1 min。钢纤维混凝土路面可用一般混凝土路面的施工方法来铺筑,不需要特殊的机具设备。在抹面时,需将冒出混凝土表面的钢纤维拔出,否则应另加铺磨耗层。

钢纤维混凝土路面可以做成薄板、少缝,而且它的使用寿命长,养护费用少,国外普遍认为它是一种新型路面材料,具有广泛的发展前途,特别是作为旧混凝土路面的罩面尤为适宜。

(六) 混凝土小块铺砌路面

块料由高强的水泥混凝土材料预制而成。抗压强度约为 60 MPa,水泥含量 350~380 kg/m³,水灰比 0.35,最大集料尺寸为 8~16 mm,块料承受磨耗的面积一般小于 0.03 m²,厚度至少 0.06 m,形状有矩形和嵌锁型(不规则形状)两类。这种路面结构由面层、砂整平层(厚 0.03 m)和基层组成,基层类型同普通混凝土路面。

这种混凝土小块铺砌路面具有结构简单、价格低廉、能承受较大的单位压力、出现较大变形也不会破坏块料、便于修复等优点。因此，20 世纪 70 年代中期以来，这种路面在欧美各国得到了较大的发展，较广泛地用于铺筑人行道、停车场、堆场（特别是集装箱码头堆场）、街区道路、次要道路、一般公路的路面等。

（七）碾压混凝土路面

碾压混凝土是一种含水率低，通过碾压施工工艺（区别于其他水泥混凝土的振捣成型）达到高密度、高强度的水泥混凝土。碾压混凝土路面与普通水泥混凝土路面相比能节省大量的水泥，且施工速度快，养生时间短，强度高，具有很好的社会经济效益。

根据我国碾压混凝土路面的施工水平，全厚式碾压混凝土路面的平整度难以达到规定的要求。国外也没有直接用作车辆高速行驶的路面面层。因此，碾压混凝土路面一般适用于二级及其以下等级的公路。

碾压混凝土的集料最大粒径以 20 mm 为宜。当碾压混凝土分两层摊铺时，其下层集料最大粒径可采用 40 mm。当碾压混凝土路面分两层铺筑时，可以加适量的粉煤灰。碾压混凝土加粉煤灰以后，不仅造价减低，而且可以起到降低水化热、改善工作度、提高抗冻、抗渗的作用，粉煤灰的质量应不低于国家标准《用于水泥和混凝土中的粉煤灰》Ⅱ级粉煤灰的标准。

§9-3 弹性地基板理论

一、弹性薄板的基本假设和弹性曲面方程

水泥混凝土路面的应力分析一般以弹性地基上的薄板为基本的力学模型。弹性地基包括温克勒（Winkler）地基、弹性半空间地基与弹性层状体系地基，前两种地基模型较常用。

（一）水泥混凝土路面的受力特点

水泥混凝土路面铺筑在基层上，在行车荷载和自然环境因素作用下，具有以下物理力学特点：

1. 混凝土的强度和模量远大于基层和土基强度和模量；
2. 水泥混凝土本身的抗压强度远大于抗折强度；
3. 基层表面与路面板间摩擦力较小；
4. 板块厚度相对于平面尺寸较小，板块在荷载作用下的挠度（竖向位移）很小；
5. 混凝土板在自然条件下，存在沿板厚方向的温度梯度，会产生翘曲现象，如果受到约束，会在板中产生翘曲应力；
6. 荷载多次重复作用，温度梯度也反复变化，混凝土板有疲劳现象。

根据以上特点，在进行板体受力分析时，要注意：

1. 混凝土的强度远大于基层和土基模量和强度，这就决定了基层、土基的模量、强度参数变化对整个结构的应力分布情况影响不大，这时可以将下层结构看作统一材料（介质）的弹性体（地基）。

2. 水泥混凝土本身的抗压强度远大于抗折强度，实际工程中，板块往往因为抗折强度不足，发生断裂（而不是压碎），这与以上力学特点相吻合，同时确定了水泥混凝土路面板块厚度设计时，应按抗折强度作为主要标准。

第 9 章　水泥混凝土路面及其结构设计

3. 基层表面与路面板间摩擦力较小，在力学模型中，可以将摩擦力忽略，从而得到了板块与基层间完全光滑的联结条件，也就是板块和弹性地基间只传递竖向应力，而不传递水平面上的应力。

4. 板块厚度相对于平面尺寸较小，板块在荷载作用下的挠度（竖向位移）很小，可以采用小挠度弹性薄板理论。

5. 混凝土板在自然条件下，存在沿板厚方向的温度梯度，会产生翘曲现象，如果受到约束，会在板中产生翘曲应力。某种温度梯度下的温度翘曲应力最大值应出现在板块变形受到地基摩阻力完全限制的时候，也就是板与地基始终保持接触时。

6. 荷载多次重复作用，温度梯度也反复变化，混凝土板有疲劳现象，设计时，要考虑荷载疲劳应力和温度疲劳应力两种应力的综合作用。

（二）小挠度弹性薄板的基本假设

如果板的厚度远小于板的平面尺寸就称为薄板，薄板厚度一半处，平行于板表面的平面称为中面。薄板受到垂直于板面的荷载作用时，中面各点沿 z 方向的位移远小于板的厚度，称为小挠度薄板，相应的理论称为小挠度薄板理论。通常，水泥混凝土路面（板）符合小挠度薄板理论的基本假定，分析时以中面为 $z=0$ 的面。

弹性薄板基本假设：

(1) 垂直于中面方向形变分量 ε_z 极其微小，可以略去不计；

(2) 应力分量 τ_{zx}，τ_{zy} 和 σ_z 远小于其余三个应力分量，因而是次要的，可以忽略它们所引起的形变分量；

(3) 薄板中面内的各点都没有平行于中面的位移。

由假设(1)可以得到：

$$\varepsilon_z = \frac{\partial w}{\partial z} = 0, \text{即 } w = w(x,y) \tag{9-3}$$

由假设(2)可以得到：

$$\gamma_{zx} = \gamma_{zy} = 0, \text{即} \frac{\partial u}{\partial z} = -\frac{\partial w}{\partial x}, \frac{\partial v}{\partial z} = -\frac{\partial w}{\partial y} \tag{9-4}$$

则

$$\left.\begin{array}{l} u = -z\dfrac{\partial w}{\partial x} + f_1(x,y) \\ v = -z\dfrac{\partial w}{\partial y} + f_2(x,y) \end{array}\right\} \tag{9-5}$$

同时，因为不计 σ_z 的影响，板的应力-应变关系（物理方程）为：

$$\left.\begin{array}{l} \varepsilon_x = \dfrac{1}{E}(\sigma_x - \mu\sigma_y) \\ \varepsilon_y = \dfrac{1}{E}(\sigma_y - \mu\sigma_x) \\ \gamma_{xy} = \dfrac{2(1+\mu)}{E}\tau_{xy} \end{array}\right\} \tag{9-6}$$

由假设(3)及式(9-5)可以得到：$u\big|_{z=0} = v\big|_{z=0} = 0$，则 $f_1(x,y) = 0$，$f_2(x,y) = 0$，有：

$$\left.\begin{aligned} u &= -z\frac{\partial w}{\partial x} \\ v &= -z\frac{\partial w}{\partial y} \end{aligned}\right\} \quad (9-7)$$

在上述基本假定中：

σ_x、σ_y、σ_z——分别为 x、y、z 方向的正应力分量；

ε_x、ε_y、ε_z——分别为 x、y、z 方向的正应变分量；

u、v、w——分别为 x、y、z 方向的位移分量；

τ_{xy}、τ_{yz}、τ_{zx}——分别为 x、y、z 方向的剪应力分量；

γ_{xy}、γ_{yz}、γ_{zx}——分别为 x、y、z 方向的剪应变分量；

E，μ——分别为材料的弹性模量与泊松比。

由此可将板的几何方程表示为：

$$\left.\begin{aligned} \varepsilon_x &= \frac{\partial u}{\partial x} = -\frac{\partial^2 w}{\partial x^2}z \\ \varepsilon_y &= \frac{\partial v}{\partial y} = -\frac{\partial^2 w}{\partial y^2}z \\ \gamma_{xy} &= \frac{\partial v}{\partial x} + \frac{\partial u}{\partial y} = -2\frac{\partial^2 w}{\partial x \partial y}z \end{aligned}\right\} \quad (9-8)$$

将物理方程(9-6)改写为应力分量的表达式，并将式(9-8)代入可得到

$$\left.\begin{aligned} \sigma_x &= -\frac{Ez}{1-\mu^2}\left(\frac{\partial^2 w}{\partial x^2} + \mu\frac{\partial^2 w}{\partial y^2}\right) \\ \sigma_y &= -\frac{Ez}{1-\mu^2}\left(\frac{\partial^2 w}{\partial y^2} + \mu\frac{\partial^2 w}{\partial x^2}\right) \\ \tau_{xy} &= -\frac{Ez}{1+\mu}\frac{\partial^2 w}{\partial x \partial y} \end{aligned}\right\} \quad (9-9)$$

由式(9-9)可知，各项应力分量均为 z 的奇函数，因此在厚度方向截面上力的和为零，并可分别合成单位宽度上的弯矩、扭矩和剪力，即：

$$\left.\begin{aligned} M_x &= \int_{-h/2}^{h/2} z\sigma_x \mathrm{d}z = -\frac{E}{1-\mu^2}\left(\frac{\partial^2 w}{\partial x^2} + \mu\frac{\partial^2 w}{\partial y^2}\right)\int_{-h/2}^{h/2} z^2 \mathrm{d}z = -D\left(\frac{\partial^2 w}{\partial x^2} + \mu\frac{\partial^2 w}{\partial y^2}\right) \\ M_y &= \int_{-h/2}^{h/2} z\sigma_y \mathrm{d}z = -\frac{E}{1-\mu^2}\left(\frac{\partial^2 w}{\partial y^2} + \mu\frac{\partial^2 w}{\partial x^2}\right)\int_{-h/2}^{h/2} z^2 \mathrm{d}z = -D\left(\frac{\partial^2 w}{\partial y^2} + \mu\frac{\partial^2 w}{\partial x^2}\right) \\ M_{xy} &= \int_{-h/2}^{h/2} \tau_{xy} z \mathrm{d}z = -\frac{E}{1+\mu}\frac{\partial^2 w}{\partial x \partial y}\int_{-h/2}^{h/2} z^2 \mathrm{d}z = -D(1-\mu)\frac{\partial^2 w}{\partial x \partial y} \end{aligned}\right\} \quad (9-10)$$

$$\left.\begin{aligned} Q_x &= \int_{-h/2}^{h/2} \tau_{zx} \mathrm{d}x = -D\frac{\partial}{\partial x}\nabla^2 w \\ Q_y &= \int_{-h/2}^{h/2} \tau_{yz} \mathrm{d}x = -D\frac{\partial}{\partial y}\nabla^2 w \end{aligned}\right\} \quad (9-11)$$

式中 $D = \dfrac{Eh^3}{12(1-\mu^2)}$，为板的弯曲刚度。

经过整理可以得出应力分量与弯矩、扭矩、剪力之间的关系：

$$\left.\begin{aligned}\sigma_x &= \dfrac{12M_x}{h^3}z \\ \sigma_y &= \dfrac{12M_y}{h^3}z \\ \tau_{xy} = \tau_{yx} &= \dfrac{12M_{xy}}{h^3}z\end{aligned}\right\} \quad (9\text{-}12)$$

当 $z = h/2$ 时，可得板的最大应力的关系为：

$$\left.\begin{aligned}\sigma_x &= \dfrac{6M_x}{h^2} \\ \sigma_y &= \dfrac{6M_y}{h^2} \\ \tau_{xy} = \tau_{yx} &= \dfrac{6M_{xy}}{h^2}\end{aligned}\right\} \quad (9\text{-}13)$$

（三）弹性曲面微分方程

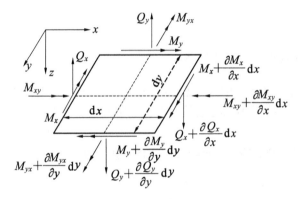

图 9-4　微分单元受力

注意，上图中荷载 $p(x,y)\mathrm{d}x\mathrm{d}y$ 和地基反力 $q(x,y)\mathrm{d}x\mathrm{d}y$ 未标出。根据薄板的基本假设及内力与荷载的平衡条件可得 $\sum M_x = 0, \sum M_y = 0$。

分别写出力矩的平衡方程，简化以后得：

$$\left.\begin{aligned}Q_x &= \dfrac{\partial M_x}{\partial x} + \dfrac{\partial M_{yx}}{\partial y} \\ Q_y &= \dfrac{\partial M_y}{\partial y} + \dfrac{\partial M_{yx}}{\partial x}\end{aligned}\right\} \quad (9\text{-}14)$$

式(9-14)与式(9-11)是形式不同但本质相同的两个表达式。

写出 z 方向的力的平衡方程，简化以后，略去微量，得到：

$$\dfrac{\partial Q_x}{\partial x} + \dfrac{\partial Q_y}{\partial y} = p(x,y) - q(x,y) \quad (9\text{-}15)$$

将(9-14)代入(9-15)式,得到

$$\frac{\partial^2 M_x}{\partial x^2} + 2\frac{\partial^2 M_{xy}}{\partial x \partial y} + \frac{\partial^2 M_y}{\partial y^2} = p(x,y) - q(x,y) \tag{9-16}$$

将式(9-10)中的 M_x、M_y、M_{xy} 的表达式代入式(9-16)便可得到薄板弹性曲面微分方程:

$$D\left(\frac{\partial^4 w}{\partial x^4} + 2\frac{\partial^4 w}{\partial x^2 \partial y^2} + \frac{\partial^4 w}{\partial y^4}\right) = p(x,y) - q(x,y) \tag{9-17}$$

或写成:

$$D\nabla^2\nabla^2 w = p - q \tag{9-18}$$

式中 $\nabla^2 = \frac{\partial^2}{\partial x^2} + \frac{\partial^2}{\partial y^2}$,称为拉普拉斯算子;

D——板的弯曲刚度,$D = \frac{Eh^3}{12(1-\mu^2)}$;

h——板的厚度。

若采用柱坐标,则(9-18)中拉普拉斯算子 ∇^2 可写成以下形式:

$$\nabla^2 = \frac{\partial^2}{\partial r^2} + \frac{1}{r}\frac{\partial}{\partial r} + \frac{\partial^2}{\partial \theta^2}$$

式中 r、θ 为柱坐标变量。

二、温克勒地基与弹性半空间体地基

地基反力是地基对板块支承的竖向应力分布。地基抽象描述方式不同,地基反力在板底 xy 平面内的分布也不同,根据不同的地基反力特性定义两种地基:

1. 温克勒地基

地基反力与该点的挠度成正比,而与其他点的挠度无关:

$$q(x,y) = kw(x,y) \quad D\nabla^2\nabla^2 w = p - kw \tag{9-19}$$

式中 k——地基反力模量(MPa/m³)。

2. 弹性半空间体地基

假定地基是各向同性的弹性半空间体,这时地基在荷载作用范围内、外均产生变形和反力:

$$q(x,y) = f[w(x,y)] \quad D\nabla^2\nabla^2 w = p - f(w) \tag{9-20}$$

三、温克勒地基上板的荷载应力威斯特卡德解

威斯特卡德于1925年最先运用温克勒地基上无限大板或无限大弹性地基薄板模型,推导了由于荷载作用引起的混凝土板荷载应力公式。之后,经过多次修正和理论上的不断完善,威斯特卡德荷载应力公式在水泥混凝土路面设计中曾得到广泛应用,其基本理论公式为(9-19)。

1. 荷载图式

威斯特卡德研究了三种典型临界荷载位置下板的最大挠度和最大应力。这三种荷载位置为板中(图 9-5 荷位 1)、板边(图 9-5 荷位 2)、板角(图 9-5 荷位 3)。

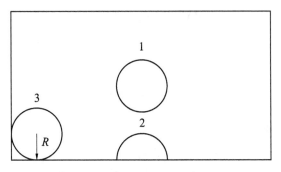

图 9-5 威斯特卡德解的计算荷载位置

2. 应力计算公式

威斯特卡德经过推导,提出了以上三个特定位置的应力计算公式。

(1) 荷载作用于板中(荷位 1)

荷载引起的最大拉应力计算公式为:

$$\sigma_i = 1.1(1 + u_c)\left(\lg\frac{l}{R} + 0.2673\right)\frac{P}{h^2} \tag{9-21}$$

该最大拉应力出现在荷载中心处的板底。

相应的位移为:

$$w_i = \frac{Pl^2}{8D} \tag{9-22}$$

式中 $l = \sqrt[4]{\dfrac{E_c h^3}{12(1-\mu_c^2)K}}$,称为相对刚性半径。

(2) 荷载作用于板边(荷位 2)

荷载引起的最大拉应力计算公式为:

$$\sigma_e = 2.116(1 + 0.54u_c)\left(\lg\frac{l}{R} + 0.08975\right)\frac{P}{h^2} \tag{9-23}$$

该最大拉应力出现在荷位下板底。

相应的位移为:

$$w_e = \frac{1}{\sqrt{6}}(1 + 0.4\mu)\frac{P}{Kl^2} \tag{9-24}$$

(3) 荷载作用于板角(荷位 3)

荷载引起的最大拉应力计算公式为:

$$\sigma_c = 3\left[1 - \left(\frac{\sqrt{2}R}{l}\right)^{0.6}\right]\frac{P}{h^2} \tag{9-25}$$

该最大拉应力出现在板表面,距板角点距离为 x_1 的 45°分角线上,设 l 为相对刚性半径:

$$\left.\begin{array}{l}x_1 = 2\sqrt{\delta_1 l} \quad \delta_1 = \sqrt{2}R \\ l = \left(\dfrac{D}{k}\right)^{1/4} = \left(\dfrac{Eh^3}{12(1-\mu^2)k}\right)^{1/4}\end{array}\right\} \tag{9-26}$$

相应的位移为：

$$w_c = \left(1.1 - 0.88\dfrac{\sqrt{2}R}{l}\right)\dfrac{P}{Kl^2} \tag{9-27}$$

3. 威斯特卡德解的修正

1930 年美国在阿灵顿（Arlington）进行了混凝土路面足尺试验，通过试验，对上述应力计算公式进行了修正。在工程应用可接受的范围之内，板与地基脱空情况下，要对威斯特卡德解进行修正。

（1）板中荷位最大拉应力公式修正

在弹性薄板假定中，忽略了竖向应力 σ_z 的影响，并假定任何垂直于中面的直线在弯曲以后仍然为直线。如果作用在面板上的力不出现集中现象，荷载半径 R 与厚度 h 相差并不大，则以上的假定是符合实际的。如果 R 同 h 相比，小于某一限度，则以上的假定不再符合实际，应按照厚板理论进行计算，或采用当量半径 b 取代实际半径 R 来考虑这一影响，b 和 R 的关系按下式确定：

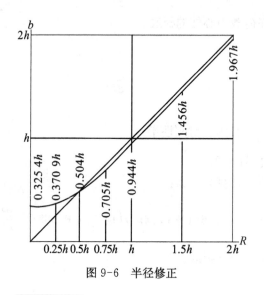

图 9-6 半径修正

当 $R < 0.5h$ 时，$b = \sqrt{1.6R^2 + h^2} - 0.675h$ (9-28)

当 $R \geqslant 0.5h$ 时，可不修正，$b = R$

（2）荷载作用于板边

阿灵顿试验发现，在没有翘曲的情况下，对于常用的轮载，实测应力与威斯特卡德理论计算结果很一致；假如 R 值较大，则实测应力略大于威斯特卡德理论计算结果；假如 R 较小，则实测应力略小于威斯特卡德理论计算结果，但差异很小。在没有翘曲的情况下，其差值很小。在白天有翘曲的情况下，对于常用的轮载，实测应力略大于威斯特卡德理论计算结果。在夜晚有翘曲的情况下，对于常用的轮印，实测应力明显大于威斯特卡德理论计算结果。

因此，板与地基保持接触时，不修正，而与地基脱空时，凯利(E. F. Kelley)提出了修正公式（$R<0.5h$ 时也要进行板中荷位时类似的修正）：

$$\sigma'_e = 2.116(1+0.54\mu_c)\left(\lg\frac{l}{R}+\frac{1}{4}\lg\frac{R}{2.54}\right)\frac{P}{h^2} \tag{9-29}$$

(3) 荷载作用于板角

阿灵顿试验表明，在正常气候条件下，在白天，板角向下翘曲，板体与地基保持接触的条件下，实测应力与威斯特卡德理论计算结果完全一致。可是，在夜间，当角隅向上翘曲时，实测应力比威斯特卡德理论公式计算结果高出许多，断裂面离开角隅顶端的对角线距离略大于威斯特卡德理论公式的计算结果，凯利提出角隅修正公式：

$$\sigma_c = 3\left[1-\left(\frac{\sqrt{2}R}{l}\right)^{1.2}\right]\frac{P}{h^2} \tag{9-30}$$

四、弹性半空间地基上无限大板的轴对称荷载应力解

根据霍格(A. H. A. Hogg)理论，无限大地基上无限大圆板上作用轴对称竖向荷载 $q(r)$ 时，竖向位移表达式：

$$w(r) = \frac{2(1-\mu_s^2)}{E_s}\int_0^\infty \bar{q}(\xi)J_0(\xi r)d\xi \tag{9-31}$$

式中 $\bar{q}(\xi)$——反力函数的零阶 Hankel 变换式；

$J_0(\xi r)$——零阶一类 Bessel 函数；

ξ——任意参数；

$E_s、\mu_s$——分别为地基的弹性模量和泊松比。

与前面公式推导过程类似，可得到轴对称条件下的径向、切向弯矩表达式：

$$\left.\begin{aligned}M_r &= -D\left(\frac{d^2}{dr^2}+\frac{\mu_c}{r}\frac{d}{dr}\right)w(r)\\ M_t &= -D\left(\frac{1}{r}\frac{d}{dr}+\mu_c\frac{d^2}{dr^2}\right)w(r)\end{aligned}\right\} \tag{9-32}$$

将 $w(r)$ 表达式带入小挠度弹性薄板公式得到 $q(r)$ 和 $w(r)$ 表达式：

$$\left.\begin{aligned}q(r) &= \int_0^\infty \frac{\bar{p}(\xi)J_0(\xi r)}{1+\alpha^{-3}\xi^3}\xi d\xi\\ w(r) &= \frac{2(1-\mu_s^2)}{E_s}\int_0^\infty \frac{\bar{p}(\xi)J_0(\xi r)}{1+\alpha^{-3}\xi^3}d\xi\end{aligned}\right\} \tag{9-33}$$

式中 $\bar{p}(\xi)$——荷载函数的零阶 Hankel 变换式；

α——弹性特征系数，$\alpha=\frac{1}{h}\sqrt[3]{\frac{6E_s(1-\mu_c^2)}{E_c(1-\mu_s^2)}}$；

$\mu_c、\mu_s$——分别是水泥混凝土和基础的泊松比；

$E_c、E_s$——分别是水泥混凝土和基础的弹性模量；

h——板厚。

从而解得圆形均布荷载下,板在单位宽度内产生的最大弯矩:

$$M_r = M_t = \frac{CP(1+\mu_c)}{2\pi\alpha R} = \overline{M_0} P \tag{9-34}$$

荷载圆离计算点一定距离时,可将其视为作用在圆心的集中力,距其 r 处板在单位宽度内的弯矩为:

$$\left.\begin{array}{l} M_t = (A + \mu_c B)P = \overline{M_t} P \\ M_r = (B + \mu_c A)P = \overline{M_r} P \end{array}\right\} \tag{9-35}$$

式中 A、B 是随 αr 值变化的系数,C 是随 αR 值变化的系数,其中 r 是弯矩求解点与荷载圆心的距离,R 为荷载圆半径。对于多个荷载圆作用时,某点应力可通过分别计算,然后叠加的方法求出。叠加时要将极坐标下数值向统一的 xy 坐标转换。

§9-4 水泥混凝土路面的温度应力与应变分析

一、水泥混凝土板的胀缩应力

平面尺寸很大的板,其板内任一点在温差影响下的应变:

$$\left.\begin{array}{l} \varepsilon_x = \frac{1}{E}(\sigma_x - \mu\sigma_y) + \alpha\Delta t \\ \varepsilon_y = \frac{1}{E}(\sigma_y - \mu\sigma_x) + \alpha\Delta t \end{array}\right\} \tag{9-36}$$

当受到地基摩阻力作用,板中心点不产生平面位移时,$\varepsilon_x = \varepsilon_y = 0$,这时其应力为:

$$\sigma_x = \sigma_y = -\frac{E\alpha\Delta t}{1-\mu} \tag{9-37}$$

板纵向边缘或窄长板,则 $\varepsilon_x = 0, \sigma_y = 0$,有:

$$\sigma_x = -E_c\alpha\Delta t \tag{9-38}$$

二、翘曲应力

由于混凝土板、基层和土基的导热性能较差,当气温变化较快时,使板顶面与底面产生温度差,因而板顶与板底的胀缩变形大小也就不同。当气温升高时,板顶面温度较其底面高,板顶膨胀变形较板底的大,则板中部隆起;相反,当气温下降时,板顶面温度较其底面板低,板顶收缩变形较板底大,因而板的边缘和角隅翘起,如图 9-7 所示。由于板的自重、地基反力和相邻板的钳制作用,使部分翘曲变形受阻,从而使板内产生翘曲应力。由气温升高引起的板中部隆起受到限制时,

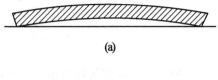

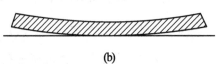

图 9-7 混凝土路面板的翘曲变形
(a) 气温升高时;(b) 气温降低时

第9章 水泥混凝土路面及其结构设计

板底面出现拉应力;而当气温降低引起的板四周翘起受阻时,板顶面出现拉应力。

威斯特卡德在对温克勒地基上的板作翘曲应力分析时的进一步假定:

1. 温度沿板断面呈线性变化;
2. 板与地基始终保持接触。

这样,得到有限尺寸板,沿板长和板宽方向上的翘曲应力解答(板长 L,板宽 B):

$$\left. \begin{aligned} \sigma_x &= \frac{E_c \alpha \Delta t}{2} \cdot \frac{C_x + \mu_c C_y}{1 - \mu_c^2} \\ \sigma_y &= \frac{E_c \alpha \Delta t}{2} \cdot \frac{C_y + \mu_c C_x}{1 - \mu_c^2} \end{aligned} \right\} \tag{9-39}$$

板边中点:

$$\sigma_x = \frac{E_c \alpha \Delta t}{2} \cdot C_x \tag{9-40}$$

$$C_x \text{ 或 } C_y = 1 - \frac{2\cos\lambda \cosh\lambda}{\sin 2\lambda + \sinh 2\lambda}(\tan\lambda + \tanh\lambda) \tag{9-41}$$

计算 C_x 时,$\lambda = \frac{L}{\sqrt{8}l}$,计算 C_y 时,$\lambda = \frac{B}{\sqrt{8}l}$,这里 l 是板的相对刚性半径。

三、考虑温度非线性变化的影响

根据有限元法计算的弹性半空间体地基上板内翘曲应力成果,温度非线性变化时,板边缘中点温度翘曲应力最大值:

$$\sigma_x = \frac{E_c \alpha \Delta t}{2} \cdot D_x \tag{9-42}$$

式中 Δt——是板顶和板底的温度差(℃),由下式计算:

$$\Delta t = T_g \cdot h$$

其中 h——板的厚度(m);

T_g——板的温度梯度,根据不同地区的公路自然区划来取值,见表 9-2。

表 9-2 水泥混凝土面板的温度梯度

公路自然区划	Ⅱ、Ⅴ	Ⅲ	Ⅳ、Ⅵ	Ⅶ
最大温度梯度 T_g(℃/m)	83~88	90~95	86~92	93~98

可由 C_x(见公式(9-41))、L/r 和板厚 h,直接查有限元计算成果诺模图 9-8 得到 D_x,温度应力系数。其中

$$r = h^3 \sqrt{\frac{E_c(1-\mu_s^2)}{6E_{tc}(1-\mu_c^2)}} \tag{9-43}$$

式中 E_{tc}——弹性半径间体地基的计算回弹模量(MPa);

r——板的刚性半径(cm)。

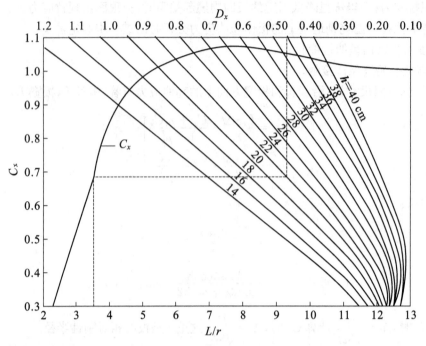

图 9-8 板温度翘曲应力系数值

§9-5 水泥混凝土路面的破坏状态、设计指标及标准

由于水泥混凝土的力学强度和弹性模量较高,所以水泥混凝土路面的承载能力大部分由路面板提供,而板下的基层和路基,则主要起支承作用,这使得混凝土路面板在轮载作用下产生的应力成为路面板厚度设计的主要控制指标。由于混凝土的抗弯拉强度要比抗压强度低得多,在车轮荷载作用下,混凝土板受弯拉部分最易破坏。理论研究和工程实践证明,在车轮荷载的重复作用下,尽管荷载应力小于混凝土的极限抗弯拉强度,路面板仍会产生疲劳破坏。此外,混凝土的热胀冷缩会使板产生温度胀缩应力,板顶面和底面的温差使板产生温度翘曲应力,板的尺寸越大,所产生的这些应力就越大,为了减小这些应力必须把混凝土路面划分成较小的板块并设置各种类型的接缝。水泥混凝土路面板由于刚度高,脆性大,又需要设置接缝,在行车和环境等因素的不断作用下就会产生破坏。水泥混凝土路面的损坏形式及其原因与柔性路面不同,通常采用弹性地基板理论分析路面的受力状况。

一、水泥混凝土路面的破坏形式

水泥混凝土路面常见的破坏有:裂缝、板边缘和角隅的损坏、接缝的损坏、板面磨损和错台等。按破坏形式可分为以下四类:

第一类是裂缝类,包括横向裂缝、纵向裂缝、斜向裂缝、交叉裂缝、板角断裂和网裂;

第二类为变形类,包括沉陷、胀起等;

第三类是接缝损坏类,包括接缝碎裂、填缝料损坏、接缝张开、错台、唧泥、拱起;

第四类为表面损坏类,包括纹裂、网裂、起皮、磨损、露骨、坑槽、孔洞、磨光等。

第9章 水泥混凝土路面及其结构设计

1. 断裂

水泥混凝土路面由于路面板内应力超过了混凝土强度而出现的横向和纵向断裂裂缝,或者角隅处的折断裂缝都属于断裂。面板越薄、荷载越重,板产生的弯拉应力就越大,当弯拉应力超过混凝土的极限抗弯拉强度时,混凝土板便产生断裂裂缝。在荷载的反复作用下,路面板会产生疲劳破坏。混凝土疲劳可能在两条横缝之间路面边缘中间处引起横向开裂,也可能在横缝轮迹处,一般是在靠近板中心线的轮迹处,引起纵向开裂。板的平面尺寸太大,引起较大的温度翘曲应力,地基过量塑性变形使板底脱空失去支承,养生期间收缩应力过大,材料或施工质量不佳使混凝土未能达到设计要求等等,都可能导致路面板断裂的出现。断裂的出现,破坏了面板的结构整体性,使板丧失了大部分以至全部承载能力。因而,通常将断裂看作水泥混凝土面层结构破坏的临界状态。

2. 接缝碎裂

水泥混凝土路面板接缝两侧斜的剪切挤碎现象称为接缝碎裂。混凝土路面常见的接缝形式为纵缝和横缝,横缝又分为胀缝和缩缝两种。胀缝的宽度随气温而变化,当气温上升时缝中的填料被挤出;当气温下降时性能较差的填缝料不能恢复,使缝中形成空隙,因而泥沙、石屑等杂物侵入,成为板块伸胀时的障碍。挤入的硬物将引起板边碎裂,雨水便能沿此空隙渗入,损坏基层和垫层,造成路面接缝处的变形和破损。缩缝的变化相对较小,但经过若干次冻胀,也会把假缝折断成真缝,再加之填料的老化,同样会造成像胀缝一样的后患。

3. 拱起

混凝土路面板在热膨胀受阻时,接缝两侧的板突然向上拱起。这主要是板收缩时接缝缝隙张开,填缝料失效,硬物嵌入缝内,致使板受热膨胀时产生较大的热压应力,从而出现这种纵向屈曲失稳现象。采用膨胀性较大的石料作粗集料,容易引起板块拱起,选择合适的集料是防止拱起的首要方法。

4. 错台

是接缝两侧路面板端部出现的竖向相对位移。当胀缝下部填缝板与上部缝槽未能对齐,或胀缝两侧混凝土壁面不垂直,使缝旁两板在伸胀挤压过程中,上下错位而形成错台。横缝处传荷能力不足,车轮经过时相邻板端部分出现挠度差,使沿接缝下渗的水带着路面板与基层之间的碎屑挤向后方,使后方板板端抬起。当交通量或地基承载力在横向各块板上分布不均匀,各块板沉陷不一致时,纵缝处也会产生错台现象。错台的出现,降低了行车的平顺性和舒适性。

5. 唧泥和冲刷

车辆行经接缝或裂缝时,由缝内喷溅出稀泥浆的现象,称为唧泥。在轮载的频繁作用下,基层产生塑性变形累积而同混凝土板脱离接触,水分沿缝隙下渗而积聚在脱空的间隙内,又在轮载作用下积水变成有压水,并同基层内浸湿的细料混搅成泥浆,再沿缝隙喷溅出来。唧泥的出现,使路面板边缘部分失去支承,因而往往在离接缝 $1.5\sim1.8$ m 处容易导致横向裂缝。

6. 板面起皮、剥落

水泥混凝土路面表层上下脱开,这种板面浅层内所发生的病害称为起皮。距接缝 40 cm 宽度内的板边、板角 40 cm 半径内不垂直贯通板的破碎现象称为剥落。起皮主要是施工过程中水灰比过大或因混凝土施工时表面砂浆有泌水现象所致。剥落则主要是由混凝土强度不足,缝内进入杂物所引起。

7. 坑槽、孔洞

水泥混凝土路面板表面有局部破损,形成一定深度的洞穴称为孔洞。面层骨料局部脱落而产生的沟槽称为坑槽。孔洞和坑槽的形成主要是由于砂石材料含泥量过大,混凝土内有泥土或杂物所致。

8. 麻面、露骨

水泥混凝土表面结合料磨失,成片或成段地呈现过度的粗糙称为麻面。路面混凝土保护层脱落形成骨料裸露称为露骨。麻面主要是由于混凝土施工时遇雨所致。露骨则主要是混凝土表面灰浆不足,或泌水提浆造成混凝土路面表面强度降低,使用期内灰浆碎裂剥落。

9. 松散

水泥混凝土路面由于结合料不足或失效,成片或成段地呈现过度的粗糙和砂石材料分离的现象称为松散。松散主要是由于砂石含泥量较大,水泥质量较差或用量较少,冻胀与碱集料反应或混凝土强度不足引起。

10. 磨光

水泥混凝土路面磨成光面,其摩擦系数已下降到极限值以下,磨光的主要原因是由于水泥路面水泥砂浆层强度低和水泥等原材料耐磨性差。

11. 填缝料损坏

接缝内无填料、填料破损、缝内混杂砂石均称为填缝料损坏。填缝料损坏主要是由于填缝料脆裂、老化、挤出及与板边脱离造成。质量较差的填缝料,在短时间内就会发生填缝料损坏的现象。

二、设计技术指标

1. 可靠度相关指标

我国现行《公路水泥混凝土路面设计规范》(JTG D40)采用可靠度设计方法,其理论依据将在下一节介绍,这里先给出其设计指标标准。

各级公路水泥混凝土路面结构的设计安全等级及相应的设计基准期、目标可靠指标和目标可靠度,应符合表 9-3 的规定,各安全等级路面的材料性能和结构尺寸参数的变异水平等级,可按表 9-3 的建议值选用。

表 9-3 可靠度设计标准

公路技术等级	高速公路	一级公路	二级公路	三、四级公路
安全等级	一级	二级	三级	四级
设计基准期(年)	30	30	20	20
目标可靠度(%)	95	90	85	80
目标可靠指标	1.64	1.28	1.04	0.84
变异水平等级	低	低—中	中	中—高

材料性能和结构尺寸参数的变异水平分为低、中、高三级,各等级主要设计参数的变异系数变化范围要符合表 9-4 的规定,本表可用于控制施工中的质量变异。各变异水平等级的可靠度系数见表 9-5。

表 9-4 变异系数 c_v 的变化范围

变异水平等级	低	中	高
水泥混凝土弯拉强度、弯拉弹性模量	≤0.10	≤0.15~>0.10	≤0.20~>0.15
基层顶面当量回弹模量	≤0.25	≤0.35~>0.25	≤0.35~>0.55
水泥混凝土面层厚度	≤0.04	≤0.06~>0.04	≤0.08~>0.06

表 9-5 可靠度系数

变异水平等级	可靠度系数			
	95	90	85	80
低	1.20~1.33	1.09~1.16	1.04~1.08	—
中	1.33~1.50	1.16~1.23	1.08~1.13	1.04~1.07
高	—	1.23~1.33	1.13~1.18	1.07~1.11

2. 水泥混凝土材料强度

水泥混凝土的强度以 28 d 龄期的弯拉强度控制。当混凝土浇筑后 90 d 内不开放交通时,可采用 90 d 龄期的弯拉强度。各交通等级要求的混凝土弯拉强度标准值不能低于表 9-6 的规定。

表 9-6 混凝土弯拉强度标准值

交 通 等 级	特重	重	中等	轻
水泥混凝土弯拉强度标准值(MPa)	5.0	5.0	4.5	4.0
钢纤维混凝土的弯拉强度标准值(MPa)	6.0	6.0	5.5	5.0

3. 交通量换算

水泥混凝土路面结构设计一般以 100 kN 的单轴-双轮组荷载作为标准轴载,对极重交通荷载等级的水泥混凝土路面,宜选用货车中占主要份额重车型的轴载作为设计轴载。不同轴载的作用次数,按式(6-13)进行轴载换算。

三、设计标准

水泥混凝土路面结构设计方法有经验法和解析法。经验法以试验路的长期行车试验结果为基础,建立轴载作用次数、路面结构厚度和以使用性能表征的路面疲劳损坏之间的经验关系。解析法则以路面结构的应力分析为基础,控制其弯拉应力,使其低于混凝土的抗弯拉强度,以防止面板出现疲劳断裂。

在混凝土面板内产生应力的主要原因是车轮荷载和温度的变化。研究和调查结果表明,混凝土路面板因温度翘曲变形受到约束而产生的温度翘曲应力有时可达到相当大的数值;特别当板长大于 6 m 时,其大小会超过荷载应力,因而可以说荷载和温度应力的共同反复作用,是使混凝土板产生疲劳断裂的主要原因。另外，含水率的变化或基层的膨胀也会使混凝土面层板产生应力，但与前面两个因素产生的应力相比要小些。由于这些应力的作用，使混凝土板承受压应力和弯拉应力。混凝土的抗压强度高，而抗折强度低，故混凝土板所承受的压应力与混凝土的抗压强度相比很小，而所受的弯拉应力与抗弯拉强度相比则大得多，路面板各种形式的裂缝，面板的断裂，几乎都是由于混凝土内的弯拉应力超过其承受能力而出现的损坏。车辆荷载的反复作用以及气温的反复变化使混凝土板出现疲劳现象。疲劳现象的出现，是由于材料内部存在局部缺陷或不均匀性，在荷载作用下，此处出现应力集中而出现微裂缝，应力的反复作用使微裂缝逐步扩展，从而不断减少承受应力的有效面积，终于在反复作用一定次数后导致破坏。把混凝土在反复应力作用下出现断裂时的强度，称为疲劳强度，它比一次荷载作用下达到损坏时的强度要小。

考虑到混凝土面板的疲劳断裂是水泥混凝土路面损坏的主要模式，所以把疲劳开裂作为确定混凝土板厚时考虑的临界损坏状态。

《公路水泥混凝土路面设计规范》(JTG D40)中的设计标准式是：

$$\gamma_r(\sigma_{pr}+\sigma_{tr}) \leqslant f_r \tag{9-44}$$

$$\gamma_r(\sigma_{p,\max}+\sigma_{t,\max}) \leqslant f_r \tag{9-45}$$

式中 γ_r——可靠度系数。

σ_{pr}——荷载疲劳应力(MPa)；

σ_{tr}——温度疲劳应力(MPa)。

$\sigma_{p,\max}$——最重的轴载在临界荷位处产生的最大荷载应力(MPa)；

$\sigma_{t,\max}$——所在地区最大湿度梯度在临界荷位处产生的最大温度翘曲应力(MPa)。

其中引入了可靠度设计方法，可靠度系数的来源、意义及其取值方法将在下一节讨论。

贫混凝土或碾压混凝土基层应以设计基准期内行车荷载不产生疲劳断裂作为设计标准，其设计状态表达式为：

$$\gamma_r\sigma_{bpr} \leqslant f_{br} \tag{9-46}$$

式中 σ_{bpr}——基层内产生的行车荷载疲劳应力(MPa)；

f_{br}——基层材料的弯拉强度标准值(MPa)。

§9-6 路面结构设计的可靠度理论

一、概述

由于混凝土等筑路材料本身非均质性和施工偏差，以及道路在使用年限内的环境和荷载条件的变化，使混凝土路面结构的各项设计参数都具有一定的变异性。在传统的结构设计方法中，这些结构设计参数的变异性对结构功能的影响，通常用两种方法加以考虑。一种是通过所谓的"安全系数"，即对路面结构本身的"能力"加以某种缩小或对"外部"作用予以某种放大；另一种是根据各个参数的数理统计结果，对设计取值加上一定的"保证率"，即对"有利"结构功能的参数值按均值减去数倍的均方差取值，而对"不利"结构功能的参数按均值加上数倍均方差取值。例如,我国现行的公路水泥混凝土路面结构设计规范中,混凝土疲劳方程就是采用减去三倍均方差的试验结果。由于缺乏各设计参数变异性对设计结果影响的定量分析,在确定"安全系数"和"保证率"时,有着很大的主观随意性,同时即便取相同的"安全系数"或"保证率",也不能保证参数变异水平不同的路面结构处于相同状态。而对不同设计指标,同一设计参数的"有利"、"不利"标准不是唯一的,且使设计指标的可检验性大大下降,给施工控制和质量检验带来了许多难以克服的困难,导致设计与施工分离。

为了使设计更加合理和更能反映实际情况,以及施工控制和质量检验的需要,各设计参数变异性对结构功能的影响必须加以定量的研究。可靠性理论的出现和发展为此提供了理论基础和分析手段。

结构可靠度定义为:在规定的时间内,在规定的条件下,结构能完成预定功能的概率。当前,根据可靠性理论计入设计参数变异性影响的可靠性设计方法已成了结构设计方法的发展趋势。我国《公路工程结构可靠性设计统一标准》(JTG 2120)规定在各类公路工程结构中必须采用基于可靠性理论的设计方法,以取代传统的定值设计法。

二、可靠性理论

从可靠性理论中的可靠度一般定义出发,路面可靠度可广义地定义为:"在设计使用年限内,在将遇到的环境条件和荷载作用下,路面能够发挥其预期功能的概率。"路面的功能是为行车提供一个平整、坚实、抗滑的表面。但是,目前的路面结构设计往往并不意味着满足路面所需各项功能的要求,而只是通过对一项或几项设计指标的控制,以避免路面在使用期内出现某种或某几种的损坏。因此,路面结构可靠度的定义也应对于相应的结构设计方法进行具体化。

(一)路面结构进行状态函数

我国现行的混凝土路面设计规范中采用的结构设计方法是以混凝土路面板在车辆荷载应力和温度应力综合作用下在纵缝边缘中部出现纵向疲劳开裂作为临界损坏状态,设计时以荷载应力和疲劳温度应力的叠加小于等于混凝土疲劳强度作为设计标准。水泥混凝土材料疲劳方程的一般回归形式:

$$\frac{\sigma_f}{\sigma_s} = A - B \lg N \tag{9-47}$$

式中 σ_f ——混凝土疲劳强度(MPa);

σ_s ——混凝土极限抗折强度(MPa);

A、B ——混凝土疲劳方程的两个回归系数;

N ——当量标准轴载作用次数。

路面结构的极限状态函数可表示为:

$$\sigma_p + \sigma_t \leqslant \sigma_f = \sigma_s(A - B \lg N) \tag{9-48}$$

式中 σ_t ——温度应力(MPa);

σ_p ——荷载应力(MPa)。

则混凝土路面结构可靠度可相应地定义为:在设计使用年限内,在车辆荷载应力和温度应

力综合作用下,路面板纵缝边缘中部不出现疲劳开裂的概率为:

$$P_s = P(\sigma_p + \sigma_t \leqslant \sigma_f) \tag{9-49}$$

在保持失效模式的实质不变的前提下,也可采用路面结构疲劳寿命(结构允许当量标准轴载作用次数 N)大于(预计的)累计当量标准轴载作用次数 n 作为路面结构极限状态函数。即为:

$$N > n \tag{9-50}$$

路面在设计使用期内要经受该期间交通荷载的累计作用。各种路面或各种设计方法和指标,都可将路面服务能力表示为达到某一预定的使用性能(结构的或功能的)最低要求之前(这段时间,可以称之为路面使用性能寿命期),路面结构所能承受的交通荷载的累计作用。而交通荷载的累计作用,可以转换为某一选定的标准轴载的当量累计作用次数。这样,采用不同设计方法和指标的各种路面结构,可以采用统一的可靠度定义:路面使用性能退化到预定的最低水平,路面结构所能承受的标准轴载作用次数 N 超过设计使用期内标准轴载累计作用次数 n 的概率,表示为:

$$P_s = P(N > n) \tag{9-51}$$

采用上述定义分析路面结构的可靠度,就有可能使不同路面类型或者采用不同设计方法和指标的可靠度计算值具有了可比性,从而有利于路面结构方案的比较和选择,也有利于多指标路面结构设计方法中各设计指标间的平衡设计。

(二) 可靠度系数与可靠度指标

根据试验数据和经验,路面结构使用性能寿命预估变量 N 的概率分布可以用对数正态或者威布尔函数表示,交通荷载预估变量 n 的概率分布可以用对数正态函数表示。

如果变量 N 和 n 的概率分布都采用对数正态函数表示,则式(9-51)可改写为:

$$P_s = P(\ln N > \ln n)$$

或

$$P_s = P(\ln N - \ln n > 0) \tag{9-52}$$

根据上式表述的可靠度定义,路面结构极限状态方程可写成:

$$z = \ln N - \ln n = 0 \tag{9-53}$$

式中,z 称为极限状态函数。而结构的失效条件为:

$$z = \ln N - \ln n \leqslant 0 \tag{9-54}$$

由于 $\ln N$ 和 $\ln n$ 均为正态分布,极限状态函数 z 也服从正态分布,其概率密度函数为:

$$f_z(z) = \frac{1}{\sqrt{2\lambda} s_z} \exp\left[-\frac{1}{2}\left(\frac{z-\mu_z}{s_z}\right)^2\right] \tag{9-55}$$

式中 μ_z——平均值,$\mu_z = \mu_{\ln N} - \mu_{\ln n}$;
s_z——标准差,$s_z = \sqrt{s_{\ln N}^2 + s_{\ln n}^2}$

由此可求得 $z \leqslant 0$ 的概率分布函数，也即失效概率：

$$P_f = F_z(0) = \int_{-\infty}^0 f_z(z) = \int_{-\infty}^0 \frac{1}{\sqrt{2\lambda} s_z} \exp\left[-\frac{1}{2}\left(\frac{z-\mu_z}{s_z}\right)^2\right] dz \quad (9-56)$$

引入标准化变量

$$t = \frac{z-\mu_z}{s_z}, dz = s_z dt$$

则上式可改写成：

$$P_f = \frac{1}{\sqrt{2\lambda}} \int_{-\infty}^{-\mu_z/s_z} e^{-\frac{t^2}{2}} dt = \phi\left(-\frac{\mu_z}{s_z}\right) = \phi(-\beta) \quad (9-57)$$

式中　ϕ——标准正态分布函数；

　　　β——可靠指标，为变异系数的倒数。

$$\beta = \frac{\mu_z}{s_z} = \frac{\mu_{\ln N} - \mu_{\ln n}}{\sqrt{s_{\ln N}^2 - s_{\ln n}^2}} \quad (9-58)$$

β 是极限状态函数 z 的均值 μ_z 离原点（失效状态 $z=0$）的距离。当 s_z 保持不变，则随均值 μ_z 增大，β 也增大，而失效概率 P_f 减小，可靠度 P_s 增大。因而，可靠指标 β 可直接反映结构可靠度的大小。表 9-7 中所列即为可靠度 P_s 与可靠指标 β 的对应关系。

表 9-7　可靠度 P_s 与可靠指标 β 的对应关系

$P_s(\%)$	99	98	97	96	95	93	90	85	80	75	70	60	50
β	2.32	2.07	1.89	1.75	1.65	1.48	1.28	1.04	0.84	0.67	0.52	0.25	0

利用正态概率分布函数的两个特征值（均值 μ_z 和标准差 s），求得可靠指标 β，而后确定结构可靠度 P_s 的方法，称作一次二阶矩法。它有表达式简单，计算方法和精度可为工程接受的优点。应用这一方法，只要分析清楚路面结构极限状态函数的总标准差 s_z，就可以按极限状态函数的均值 μ_z，推算结构的可靠指标 β 和相应的可靠度 P_s；或者，按要求的目标可靠指标或目标可靠度，确定极限状态函数的设计均值。美国 AASHTO 路面结构设计方法即是采用这种方法分析结构的可靠度。

（三）路面结构的目标可靠度

路面结构的目标可靠度是在满足高等级公路行驶安全和舒适性要求的前提下，考虑道路初建费用、养护费用与用户费用对目标可靠度的影响后，综合确定的。通常采用"校准法"来确定目标可靠度。所谓"校准法"，就是对按现行规范或设计方法所设计的路面进行隐含可靠度的分析。以这些隐含可靠度作为目标可靠度，则所设计的路面结构具有与原确定型设计方法相同的可靠度水平。也即，它接纳了以往多年的工程设计和使用经验，包含了与原有设计方法相等的可接受性和经济合理性。

综合分析和考虑我国沥青路面和水泥混凝土路面设计的隐含可靠度情况以及国外分析数据，我国公路工程结构可靠度设计统一标准规定了各级公路的目标可靠度和相应的目标可靠指标值，如表 9-8 所列。

表 9-8 可靠度设计统一标准规定的目标可靠度

安全等级	一级	二级	三级
公路等级	高速	一级	二级
目标可靠度 $P_s(\%)$	95	90	85
目标可靠指标 β	1.645	1.282	1.036

(四) 路面结构的可靠性设计步骤

在路面结构可靠性设计中,为了能考虑各设计参数变异性影响,可以通过引入一个可靠度系数,将可靠度概念应用到了考虑荷载应力和温度应力综合疲劳作用的路面结构设计方法中,它不改变原设计方法的步骤。

路面结构可靠度系数 v_r 定义为疲劳方程求得的最大允许应力 $[\sigma_p + \sigma_t]$ 与实际最大应力 $\sigma_p + \sigma_t$ 之比 $\left(v_r = \dfrac{[\sigma_p + \sigma_t]}{\sigma_p + \sigma_t}\right)$。它的倒数 $\dfrac{1}{v_r}$,就是混凝土极限抗折强度的折减系数。

理论分析表明:对路面结构本身而言,可靠度主要取决于水泥混凝土的弯拉(抗折)强度 σ_s 和弯拉模量 E_c、面板厚度 h 及基层顶面的当量回弹模量 E_t。其均值对路面可靠度 R 与路面可靠度系数 v_r 之间关系几乎无影响,在 R 一

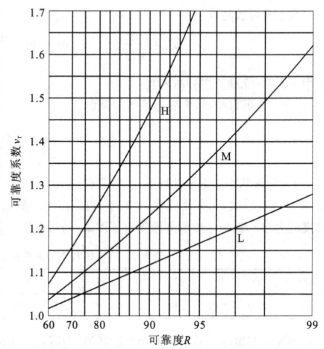

图 9-9 可靠度系数与路面可靠度的关系

定时,v_r 大小取决于各参数的变异水平。图 9-9 给出了各设计参数的变异系数按变异水平低(L)、中(M)和高(H)三级各设计参数的变异系数取值如表 9-9 情况下 $R—v_r$ 关系曲线。

表 9-9 变异系数取值

变异水平	$C_v(\sigma_s)$	$C_v(h)$	$C_v(E_c)$	$C_v(E_t)$
低	0.06	0.02	0.10	0.15
中	0.10	0.05	0.15	0.30
高	0.15	0.09	0.22	0.50

在实际应用中,可根据不同公路等级和相应安全等级,确定合理的目标可靠度和相应可靠度系数,用于公式(9-44)的设计标准公式,同时也确定了相应的可靠指标,及其对应的各指标(水泥混凝土的弯拉(抗折)强度 σ_s 和弯拉模量 E_c、面板厚度 h 及基层顶面的当量回弹模量 E_t)可接受的变异范围,以指导施工。

§9-7 水泥混凝土路面结构组合设计

一、路面组合设计基本要求

组成水泥混凝土路面的结构层包括：路基、基层、垫层和面层等，各结构层的功能和作用各不相同。由于路面板具有较高的承载和扩散荷载的能力，因此，水泥混凝土路面对各结构层次的要求也与沥青类路面有较大区别。水泥混凝土路面结构组合设计的任务就是：合理选择和安排各结构层(即各层采用的材料和厚度)，使整个路面结构不但能承受设计年限中交通荷载的反复作用，而且还能保证良好的路面使用性能和状态。其基本要求有：

1. 满足交通荷载的要求

在行车荷载的作用下，混凝土路面内会产生荷载应力。荷载应力大小与轴载重量、基层顶面支撑情况等因素有关。随着交通繁重程度的增加，对水泥混凝土面层下的基层和垫层的刚度要求会逐渐提高，以避免出现过量的塑性变形，引起板底脱空和导致混凝土板因应力过大而发生断裂破坏。

2. 稳定性好

保持混凝土路面的水稳定性，是结构层选择与组合需要解决的重要问题。混凝土路面由于接缝的存在，雨水、路表水等极易沿板边下渗，因此要求基层材料应具有良好的水稳性，如采用贫混凝土、水泥稳定土或粒料等。

在潮湿和某些中湿的路段，由于地下水位较高，土质不良的路基易出现不均匀冻胀或体积变形，这对混凝土面层会产生不利影响，因此在水温状况不良的路段上，应设置隔水性能好的垫层，并选择水稳性好的材料作基层。石灰稳定细粒材料遇水(下渗水、毛细水等)后，强度会降低，特别是冻融循环的作用下，其强度会随时间明显衰减，因而在水温状况不良的路段上，不宜采用石灰土作基层和垫层。

在季节性冰冻地区的中、潮湿路段上，为保证混凝土板不产生冻胀和错台等现象，路面结构组合设计中，应考虑设置防止冻胀和翻浆的垫层。此时路面总厚度的确定，除满足强度要求外，还应满足防冻厚度要求，以避免由于路基不均匀冻胀对混凝土路面的不良影响。规范中给出了路面防冻最小厚度的推荐值(表 9-10)供参考。如果按强度计算的路面总厚度小于表 9-10 的

表 9-10　水泥混凝土路面结构层最小防冻厚度(m)

路基干湿类型	路基土类别	当地最大冰冻深度(m)			
		0.50~1.00	1.00~1.50	1.50~2.00	>2.00
中湿路基	易冻胀土	0.30~0.50	0.40~0.60	0.50~0.70	0.60~0.95
	很易冻胀土	0.40~0.60	0.50~0.70	0.60~0.85	0.70~1.10
潮湿路基	易冻胀土	0.40~0.60	0.50~0.70	0.60~0.90	0.75~1.20
	很易冻胀土	0.45~0.70	0.55~0.80	0.70~1.00	0.80~1.30

注：① 易冻胀土——细粒土质砾(CM、CC)、除极细粉土质砂外的细粒土质砂(SM、SC)、塑性指数小于12的黏质土(CL、CH)。
② 很易冻胀土——粉质土(ML、MH)、极细粉土质砂(SM)、塑性指数在12~22之间的黏质土(CL)。
③ 冻深小或填方路段，或基、垫层采用隔温性能良好的材料，可采用低值；冻深大或挖方及地下水位高的路段，或基、垫层采用隔温性能稍差的材料，应采用高值。
④ 冻深小于 0.50 m 的地区，可不考虑结构层防冻厚度。

规定,应增设或加厚垫层,使路面总厚度达到该表的要求。值得注意的是,表 9-10 中的值只是针对中、潮湿路段提出的要求;对于干燥路段,由于土体含水量较少,土的孔隙较大,路面设计可不考虑冻胀的影响,以避免经济上造成浪费;而对于过湿路基,必须先作处理,视处理后的情况并结合当地的使用经验,进行抗冻层厚度设计。

3. 考虑结构层的特点

为适应交通荷载的反复作用,保证路面使用质量和寿命,根据国内、外经验,水泥混凝土板最小厚度为 18 cm,基层、垫层厚度不得小于 15 cm,但也不宜太厚,特别是粒料基层,以避免本身的变形过大和不经济。

在开山路段,石质基层强度足够的情况下,或原有路面满足水泥混凝土板对基层刚度的要求时,可不设基层,但需要检查顶面平整度,若符合要求,可直接在其上浇筑混凝土板,若平整度达不到要求,要设置 6~10 cm 的整平层。

总之,路面结构组合设计时,应将混凝土路面的混凝土板、基层、垫层、土基作为整体考虑。按照"加强基层,改善面层,延长使用寿命,减少破坏"的要求,合理选择各层的材料及厚度,达到充分发挥各自作用的目的。

二、基层设计与参数

基层是设置在面层下的结构物,它具有调节、补充路面板与土基之间的关系和使路面整体结构经济、合理的功能。

我国过去的路面设计规范对混凝土面板下的基层缺乏明确的要求和设计方法,经多年的实验研究和大量的工程实践,我国对基层的设计和修筑已日趋重视,基层已被视为直接位于面板下,保证路面整体强度、防止唧泥和错台、延长路面使用寿命的重要结构层。整体性好、坚实、均匀、平整、稳定的基层既可以使面板获得良好的支撑,又能够使土基的工作条件得以改善。

(一) 基层的类型

基层的类型根据交通等级、当地条件和经济性因素可分为粒料类(碎石、砂砾等)、稳定类(水泥、石灰粉煤灰或沥青稳定粒料)、贫混凝土和碾压混凝土等,分别具有不同的刚度、耐冲刷能力和透水性。

基层材料的耐冲刷能力,目前尚无统一的评定指标。影响稳定类基层材料耐冲刷能力的关键因素是结合料(水泥或沥青)的含量,而压实度和级配也有一定的影响。可以按基层材料的类型和混合料的含量,对其耐冲刷能力划分为 5 级:

1 级(极耐冲刷)——贫混凝土(水泥含量 7% 或 8%)、碾压混凝土、沥青混凝土;

2 级(耐冲刷)——厂拌水泥稳定粒料(水泥含量 5%);

3 级(较耐冲刷)——厂拌水泥稳定粒料(水泥含量 3.5%),沥青稳定粒料(沥青含量 3%);

4 级(较易冲刷)——现场拌水泥稳定粒料(水泥含量 2.5%),粒料;

5 级(易冲刷)——混杂的粒料,细粒土。

对于特重和重交通的公路和城市道路,可按照降雨天数的多少采用 1 级或 2 级耐冲刷材料;对于中等交通的公路和城市道路,可以采用 2 级或 3 级耐冲刷材料;而对轻交通道路,则可按降雨天数采用 3 级、4 级或 5 级耐冲刷材料。

需要注意的是,当基层选用粒料时,为了减少唧泥和错台的出现,材料的组成必须符合下述要求:

最大粒径不超过基层厚度的 1/3；

小于 0.075 mm 的细料含量不超过 7%；

塑性指数不大于 6；

液限不大于 25%。

粒料可以采用开级配或密级配，其级配组成应符合技术规范的规定要求。对粒料基层应采用重型压实标准压实到较高的压实度（98%～100%）。

基层材料可参考交通量等级选用，见表 9-11。

表 9-11 适宜各交通等级的基层类型

交通等级	基层类型	底基层类型
极重、特重交通	贫混凝土、碾压混凝土或沥青混凝土基层	级配碎石、水泥稳定碎石、石灰粉煤灰稳定碎石
重交通	水泥稳定碎石或密级配沥青稳定碎石基层	
中等或轻交通	水泥稳定碎石、石灰粉煤灰稳定碎石或级配碎石基层	未筛分碎石、级配碎石，或不设

（二）设计参数

1. 防冻层

在季节性冰冻区，路面结构的总厚度应占当地最大冰冻深度的一定比例，以防止或减轻路基不均匀冻胀对混凝土路面的不利影响。可参考表 9-10 列出的抗冻层最小厚度要求值。

2. 基层厚度

为防止唧泥所需的基层厚度一般不小于 15 cm。作为原有路面上的补强层，最小结构厚度一般为 6～10 cm。当采用粒料作为基层时，为了避免其在使用过程中变形过大，厚度通常采用 15～20 cm；当采用半刚性材料作为基层时，厚度通常采用 15～25 cm。贫混凝土和碾压混凝土基层厚度一般取 12～20 cm，沥青稳定碎石基层可取 8～10 cm，沥青混凝土基层取 4～6 cm。多空隙水泥稳定碎石排水基层取为 10～14 cm，其下须设置水泥稳定粒料或密级配粒料组成的不透水底基层，厚度一般为 20 cm，底基层应铺设沥青封层或防水土工织物。

我国现行规范中给出了各类材料基层的适宜厚度，见表 9-12。

表 9-12 各类基层厚度的适宜范围

基层类型	厚度适宜范围（mm）
贫混凝土或碾压混凝土基层	120～200
水泥或石灰粉煤灰稳定粒料基层	150～250
沥青混凝土基层	40～60
沥青稳定碎石基层	80～100
级配粒料基层	150～200
多孔隙水泥稳定碎石排水基层	100～140
沥青稳定碎石排水基层	80～100

基层可以根据公路等级和交通量情况，由以上各类基层单独或组合而成。

3. 宽度

基层的宽度应大于面层的宽度,以便有足够的位置供立侧模用。同时,较宽的基层也有利于改善面层板边缘的受荷条件。通常,基层要比面层宽 30 cm(一侧)以上,并且碾压混凝土要设置与面层相对应的接缝。在采用开级配混合料作透水性基层时,其宽度按照排水系统的设计要求确定。

三、路基设计与参数

(一)路基设计的一般要求

路基是公路的重要组成部分,是一种岩土性质的结构物,除其结构尺寸必须符合设计技术标准外,还应在各方面保证满足以下四点的要求:

1. 具有足够的整体稳定性

路堤直接铺筑在地面上,而路堑本身就是地面的一部分,因此路基建成后,实际上改变了原地层的天然状态,这就有可能导致路堤沿较陡或较润滑的山坡上下滑动,或使路堑边坡在失去天然支撑的情况下产生崩塌,从而使路基失去整体稳定性。因此,应采取适当的工程措施,如:排水、支撑与加固等,确保路基整体性,尤其是保证路基变形的均匀性。

2. 具有足够的强度

公路上的行车荷载,会通过路面传给路基一定的压力,同时路基自身及路面的重量,亦会给路基下层和地基一定的压力,这些均可能使路基产生变形,从而损坏路面的使用品质。因此,要求路基应具有足够的强度(坚固性),以保证在外力作用下,不致产生超过容许范围的变形。

3. 具有足够的水稳定性

路基在地面水和地下水的作用下(如浸湿、冲刷和掏空等),将使路基的强度明显降低。在季节性冰冻地区,还会出现周期性冻融循环作用,使路基土体内的水分聚积,造成路基土松软和翻浆,强度急剧下降。因此,对于土质路基不仅要求具有足够的强度,而且要保证在最不利的水温状况下,强度不致显著降低,以保证路面处于正常的稳定状态,也就是要求路基具有足够的水稳定性。

4. 符合经济原则

路基工程数量大,涉及面较广,占地面积多,又是路面的基础部分,所以设计时一定要整体综合考虑,力求经济实用。

(二)路基设计参数

路基设计首先应正确确定路基的干湿类型。一般要求路基处于干燥或中湿状态。过湿状态或强度与稳定性不符合要求的潮湿状态下的路基,必须先进行处理。

公路工程的实践表明,路基压实是保证路基强度与稳定性的关键,是提高路基路面使用寿命的最经济和最有效的技术措施之一。所以路基必须具有足够的压实度,要符合表 5-7 的规定。

(三)路基设计

限制路基不均匀变形的最经济和最有效的办法是:对不同性质的土遵守分层填筑规则;控制压实的含水量接近或略高于最佳含水量,并保证压实度达到设计要求;当路基为膨胀土或有冰冻作用时,应加强路基排水;对于湿软路基,采用加固措施;对于水温状况不良的路段,应设置垫层。

1. 路基填料

填方路基宜选用级配较好的粗粒土作为填料。路槽底面以下 80 cm 深度内的路床要优先选用砾(角砾)类土、砂类土作填料,土质较差的土可填于路堤底部。同时用不同填料填筑路基时,应分层填筑,每一水平层要求使用同一类填料。

当采用细粒土作填料时,若土的含水量超过最佳含水量两个百分点以上,则需要采用晾晒或掺加石灰、固化材料等技术措施,进行综合处理,然后再使用。

《公路路基设计规范》(JTG D30)规定,路堤上路床及零填和路堑路床的 CBR 值不得低于 8%(高速公路和一级公路)或 6%(其他等级公路);路堤下路床不得低于 5%(高速公路和一级公路)或 4%(其他等级公路)。根据这一要求以及各类土的 CBR 经验值,提出了各级公路路床填料选择的最低要求。

2. 垫层

垫层一般设置在排水不良或冻胀翻浆的路基上,主要起排水、隔水、隔温、稳定土基的作用,以达到改善路基的水温状况,提高混凝土路面的结构强度及抗冻胀能力和减少路基顶面的应力和变形的目的。此外,垫层还能阻止路基土挤入基层中,以保证路面结构的稳定性。

垫层的材料以就地取材为原则,一般采用颗粒材料(砂、砂砾、炉渣等)。当采用砂和砂砾时,通过 0.075 mm 筛孔的颗粒含量不宜大于 5%;当采用炉渣时,小于 2 mm 的颗粒含量不宜大于 20%。当采用石灰土时,应有防止路面渗水的隔离措施。在重冰冻潮湿路段,石灰土层下应设置隔离层(采用砂砾或炉渣材料),以防止水分从下面进入石灰土中。

在季节性冰冻区,当路面结构的总厚度小于表 9-10 的规定时,应设置垫层补足。垫层的最小厚度为 15 cm,其宽度比基层每侧至少宽出 25 cm,或与路基同宽。

§9-8 水泥混凝土路面厚度设计

一、设计内容

水泥混凝土路面结构设计包括下述内容:

1. 路面结构层组合设计

水泥混凝土路面结构层的组合设计,应根据该路的交通繁重程度,结合当地环境条件和材料供应情况。选择安排混凝土路面的结构层层次,它包括土基、垫层、基层和面层的结构组合设计,各层的路面结构类型、弹性模量和厚度。作出技术先进、工程经济合理的路面结构组合设计方案,它应是能给混凝土面层以均匀支承、承受预期交通的作用、提供良好使用性能的混凝土路面结构,其设计过程与柔性路面结构组合设计相仿。有关基层、垫层的设置和抗冻的要求均应符合现行有关规范的规定。

水泥混凝土面板要求具有较高的弯拉强度,表面平整、抗滑、耐磨。常选用的面板类型有普通混凝土路面、钢筋混凝土路面、连续配筋混凝土路面、钢纤维混凝土路面、碾压混凝土路面和混凝土预制块路面等。

基层和垫层有粒料类(碎石、砂砾)、稳定类(水泥、石灰、工业废渣)和贫混凝土等,分别具有不同的刚度、抗冲刷能力和透水性。在极重和重交通的道路上,选用水泥稳定类或贫混凝土作为基层具有良好的使用性能。

2. 混凝土面板的平面尺寸与接缝设计

根据混凝土面层板内产生的荷载应力和温度应力确定板的平面尺寸,布设各种接缝的位置,设计接缝的构造,并采取有效措施提高接缝的传荷能力。混凝土板宽和板长之比一般控制在1:1.3以内,纵缝间距(板宽)一般不大于4.5 m,横缝间距(板长)一般为4~6 m。

3. 混凝土面板厚度设计

混凝土面层板厚度设计,应按照设计标准的要求,确定满足设计年限内使用要求所需的混凝土面层厚度。

4. 路肩设计

高速公路和一级公路中间带和路肩路缘带的结构应与行车道的混凝土路面相同,并与行车道部分的混凝土面板浇筑成整体。路肩可采用水泥混凝土面层或沥青混合料面层,其基(垫)层结构应满足行车道路面结构和排水的要求。一般公路的混凝土路面应设置路缘石或加固路肩,路肩加固可采用沥青混合料或其他材料。

5. 普通混凝土路面的钢筋配筋设计

当混凝土路面板较长或交通量较大时、地基有不均匀沉降或板的形状不规则时,可沿板的自由边缘加设补强钢筋,在角隅处加设发针形钢筋或钢筋网,以阻止可能出现的裂缝。

二、设计参数

(一)标准轴载与轴载换算

我国《公路水泥混凝土路面设计规范》(JTG D40)规定以汽车后轴重100 kN的单轴双轮荷载作为设计标准轴载。对于各级不同轴载汽车的作用次数,可按等效疲劳损坏原则换算成标准轴载的作用次数,并根据标准轴载的作用次数判断道路的交通繁重程度。水泥混凝土路面的轴载换算公式建立在混凝土疲劳方程的基础上,轴载换算公式为式(6-14)。

(二)交通分级、设计使用年限和累计作用次数

水泥混凝土路面承受的交通,按设计基准期内设计车道所承受的标准轴载作用次数 N_e 划分为四个等级,即极重交通、特重交通、重交通、中等交通、轻交通。具体分级如表6-14所示。

水泥混凝土路面的设计使用年限为路面达到预定损坏标准时所能使用的年限。水泥混凝土路面的使用寿命要比沥青混凝土路面长得多,根据国内外使用经验,并参照交通等级确定一般使用年限为20~40年。若确定很长的使用年限,则远景交通量很难估计准确,而且会使初期建设投资过高。从建设长远利益出发,为了节省更多的投资以采用较长的设计使用年限更好。我国的规范规定水泥混凝土路面的设计基准期如表9-3所示。在特殊情况下,水泥混凝土路面也可根据使用要求确定设计使用年限。但超过此年限,路面并非完全破坏而不能使用,只是其使用性能太差和运行费用过高。

为方便计算,表9-13列出了各级交通量、公路等级和变异水平情况下,普通混凝土、钢筋混凝土、碾压混凝土、连续配筋混凝土等水泥路面的厚度适宜范围,供设计时参考。

表9-13 水泥混凝土面层厚度的参考范围

交通等级	极重、特重			重		
公路等级	高速	一级	二级	高速	一级	二级
变异水平等级	低	中	低	中	低	中
面层厚度(mm)	≥260	≥250	≥240	270~240	260~230	250~220

续表 9-13

交通等级	中 等				轻	
公路等级	二级		三、四级	三、四级	三、四级	
变异水平等级	高	中	高	中	高	中
面层厚度(mm)	240~210	230~200	220~200	≤230	≤220	

根据表 9-13 可知,我国现行规范中的水泥混凝土路面最小厚度为 20 cm。设计计算时,面层的设计厚度要根据计算厚度按 1 cm 向上取整。

在设计使用年限内标准轴载的累计作用次数,与第一年的交通量、交通轴载组成和交通量的预测增长情况等因素有关。同时应对上述交通参数进行详细调查、观测与预测。然后根据所得到的交通资料,按式(6-17)计算确定设计使用年限内设计车道的标准轴载累计作用次数 N_e。

(三)基层顶面的当量回弹模量

混凝土面层板下的地基包括路基和根据需要设置的垫层与基层,其路面结构整体为弹性多层体系。分析板内荷载应力时,应将多层体系换算为半无限体,以其顶面的当量回弹模量作为半无限地基的模量值。

1. 新建公路的基层顶面模量值

现行规范中采用三层体系,按等弯曲刚度原则换算回弹模量和厚度,将基层和底基层(或垫层)换算为单层综合模量 E_t,E_t 公式:

$$E_t = \left(\frac{E_x}{E_0}\right)^\alpha E_0 \tag{9-59}$$

$$\alpha = 0.86 + 0.26\ln h_x \tag{9-60}$$

$$E_x = \sum_{i=1}^{n}(h_i^2 E_i) / \sum_{i=1}^{n} h_i^2 \tag{9-61}$$

$$h_x = \sum_{i=1}^{n} h_i \tag{9-62}$$

式中 E_0——路床顶综合回弹模量(MPa);

α——与粒料层总厚度 h_x 有关的回归系数;

E_x——粒料层的当量回弹模量(MPa);

h_x——粒料层的总厚度(m);

n——粒料层的层数;

E_i、h_i——第 i 结构层的回弹模量(MPa)与厚度(m)。

底基层和垫层同时存在时,可先按 E_x、h_x 计算公式将底基层和垫层换算成具有当量回弹模量和当量厚度的单层,然后再与基层一起按上述各式计算基层顶面当量回弹模量,无底基层和垫层时,相应层的厚度和回弹模量分别以零值代入上述各式进行计算。

2. 原有路面的顶面当量回弹模量值

在旧沥青混凝土路面上铺筑水泥混凝土面层时,原沥青混凝土路面顶面的地基综合当量回弹模量 E_t 可根据落锤式弯沉仪(荷载 50 kN、承载板半径 150 mm)的中心点弯沉的测定结果按式(9-63),或根据贝克曼梁(后轴重 100 kN 的车辆)的弯沉测定结果,按式(9-64)计算确定。

$$E_t = 18\,621/w_0 \tag{9-63}$$

$$E_t = 13\,739 w_0^{-1.04} \tag{9-64}$$

$$w_0 = \overline{w} + 1.04 s_w \tag{9-65}$$

式中 w_0——路段代表弯沉值(0.01 mm)；

$\overline{w}$——路段弯沉平均值(0.01 mm)；

s_w——路段弯沉的标准差(0.01 mm)。

新建道路的水泥混凝土路面板下必须设置最小厚度为 0.15～0.20 m 的垫层与基层，或者是具有足够刚度的老路面。

（四）水泥混凝土的设计强度与弯拉弹性模量

水泥混凝土的设计强度和弯拉弹性模量可以通过材料试验来确定，如设计时没有条件进行先期试验，可按规范推荐值表 9-6 选用相应的弯拉设计强度，其相应弯拉弹性模量参考表 9-14 选取。

表 9-14 水泥混凝土弯拉弹性模量经验值

弯拉强度(MPa)	1.5	2.0	2.5	3.0	3.5	4.0	4.5	5.0	5.5
抗压强度(MPa)	7.0	11.0	15.0	20.0	25.0	30.0	36.0	42.0	49.0
弯拉弹性模量(GPa)	15	18	21	23	25	27	29	31	33
抗拉强度(MPa)	0.89	1.21	1.53	1.86	2.20	2.54	2.85	3.22	3.53

三、荷载疲劳应力

混凝土面层板的荷载应力用弹性半无限地基上弹性薄板力学模型和有限元法进行分析。

（一）临界荷位

为了简化计算工作，通常选取使面层板内产生最大应力或最大疲劳损坏的一个荷载位置作为应力计算时的临界荷位。由于现行设计方法采用疲劳断裂作为设计标准，应以产生最大疲劳损耗的荷载位置作为临界荷位，不仅要考虑应力大小，还要考虑所承受的荷载作用次数。

利用可考虑荷载应力和温度应力综合疲劳作用的疲劳方程，分析具有不同接缝传荷能力的混凝土路面的疲劳损耗，可得出不同接缝情况下的临界荷位，如表 9-15 所列。分析时，考虑了轮迹横向分布的影响。

表 9-15 各类接缝情况下的临界荷位

纵缝边＼横缝边	设传力杆	不设传力杆	自由边
企口设拉杆	纵缝边 / 纵缝边	横缝边 / 纵缝边	横缝边 / 横缝边
平缝设拉杆	纵缝边 / 纵缝边	横缝边 / 纵缝边	横缝边 / 横缝边
自由边	纵缝边 / 纵缝边	横缝边 / 纵缝边	横缝边 / 纵缝边

注：① 表中分子为仅考虑荷载应力疲劳损耗的情况，分母为荷载应力温度应力综合疲劳损耗的情况。

② 为分向行驶时的情况；不分向行驶，临界荷位在纵边。

由表列分析结果可看出,在考虑荷载应力和温度应力综合疲劳损耗的情况下,除了纵缝为企口设拉杆和横缝为自由边的混凝土路面,其临界荷位应选在横缝边缘中部外,其他情况均应选取纵缝边缘中部作为临界荷位。依据上述分析,采用纵缝边缘中部作为应力计算时的临界荷位。

(二) 荷载应力计算

现行规范对轴载作用于四边自由矩形板纵向边缘中部所产生的荷载应力,应用有限元法重新进行了计算分析。

设计轴载在四边自由板临界荷位处产生的荷载应力 σ_{ps} 按式(9-66)计算。

$$\sigma_{ps} = 1.47 \times 10^{-3} r^{0.70} h_c^{-2} P_s^{0.94} \tag{9-66}$$

$$r = 1.21(D_c/E_t)^{1/3} \tag{9-67}$$

$$D_c = \frac{E_c h_c^3}{12(1-v_c^2)} \tag{9-68}$$

式中 P_s——设计轴载的单轴重(kN);

h、E_c、v_c——混凝土面层板的厚度(m)、弯拉弹性模量(MPa)和泊松比;

r——混凝土面层板的相对刚度半径(m);

D_c——混凝土面层板的截面弯曲刚度(MN·m);

E_t——板底地基当量回弹模量(MPa),新建公路按式(9-59)确定,旧柔性路面上加铺混凝土面层按式(9-63)或式(9-64)确定。

(三) 接缝传荷能力

水泥混凝土路面设置各种接缝是为了消除温度、湿度改变所引起的不规则裂缝,以及防止温度变化所产生的损坏。但是从路面板承受荷载的能力来看,由于接缝的存在,则削弱了路面整体性,特别是当荷载作用在接缝边缘时,路面板和地基都将产生较大的应力集中。因此路面板的整体承载能力必然有所降低。由此可见,提高和保持接缝的传荷能力,是提高路面板整体承载能力的关键。

混凝土路面接缝的荷载传递机构可以分为三种类型:

1. 集料嵌锁——依靠接缝处断裂面上集料的啮合作用传递剪力,如不设传力杆的横向缩缝;

2. 传力杆——依靠埋设在接缝处的传力杆传递剪力、弯矩和扭矩,如设传力杆的胀缝和施工缝等;

3. 传力杆和集料嵌锁——上述两种类型的综合,如设传力杆的缩缝等。

接缝的传荷能力,可用传荷系数表征。它以接缝两侧相邻板的弯沉(即挠度)、应力等的比值定义,如:

(1) 以挠度表示的传荷系数 E_w

$$E_w = \frac{w_2}{w_1} \times 100\% \tag{9-69}$$

或者

$$E_w = \frac{2w_2}{w_1 + w_2} \times 100\% \tag{9-70}$$

车辆骑缝行驶

(2) 以应力表示的传荷系数

$$E_0 = \frac{\sigma_2}{\sigma_1} \times 100\% \tag{9-71}$$

或者

$$k_j = \frac{\sigma_{sr}}{\sigma_c} \times 100\% \tag{9-72}$$

式中 w_1, σ_1——分别受荷板边缘的挠度和应力；

w_2, σ_2——分别未受荷板边缘的挠度和应力；

σ_{sr}——考虑接缝传荷作用的板边应力；

σ_c——无传荷作用（自由边）的板边应力。

影响接缝传荷能力的因素很多，包括接缝传荷机构、路面结构相对刚度、环境（温度）和轴载（大小及作用次数）等。表 9-16 所列为依据试验数据提出的各类接缝的弯沉传荷系数建议范围。设计规范规定了设拉杆的平口纵缝或缩缝，k_r 可取为 0.87~0.92，柔性基层取高值，刚性和半刚性基层取低值；不设拉杆的平缝或自由边时 k_r 取为 1.0。

表 9-16 各类接缝的传荷系数

接缝类型	挠度传荷系数 E_w(%)	应力传荷系数 k_r
设传力杆胀缝	≥60	≤0.82
不设传力杆胀缝	50~55	0.84~0.86
设传力杆缩缝	≥75	≤0.75
设拉杆平口纵缝	35~55	0.80~0.91
设拉杆企口纵缝	77~82	0.72~0.74

（四）荷载疲劳应力

设计轴载在面层板临界荷位处产生的荷载疲劳应力应按式（9-73）确定。

$$\sigma_{pr} = k_r k_f k_c \sigma_{ps} \tag{9-73}$$

式中 σ_{pr}——设计轴载在面层板临界荷位处产生的荷载疲劳应力（MPa）。

σ_{ps}——设计轴载在四边自由板临界荷位处产生的荷载应力（MPa），按式（9-66）确定。

k_r——考虑接缝传荷能力的应力折减系数，采用混凝土路肩时，k_r=0.87~0.92（路肩面层与路面面层等厚时取低值，减薄时取高值）；采用柔性路肩或土路肩时，k_r=1。

k_f——考虑设计基准期内荷载应力累计疲劳作用的疲劳应力系数，

$$k_f = N_e^\lambda \tag{9-74}$$

λ——材料疲劳指数，普通混凝土、钢筋混凝土、连续配筋混凝土，λ=0.057；碾压混凝土和贫混凝土，λ=0.065；钢纤维混凝土，按式（9-75）计算：

$$\lambda = 0.053 - 0.017 \rho_f \frac{l_f}{d_f} \tag{9-75}$$

式中 ρ_f——钢纤维的体积率(%);
l_f——钢纤维的长度(mm);
d_f——钢纤维的直径(mm)。
k_c——考虑超载和动荷载等因素对路面疲劳损坏综合影响的系数,随公路等级而异,见表 9-17。

表 9-17 综合系数 k_c

公路等级	高速公路	一级公路	二级公路	三、四级公路
综合系数 k_c	1.15	1.10	1.05	1.00

最重轴载在面层板临界荷位处产生的最大荷载应力,应按式(9-76)计算。

$$\sigma_{p,\max} = k_r k_c \sigma_{pm} \tag{9-76}$$

式中 $\sigma_{p,\max}$——最重轴载 P_m 在面层板临界荷位处产生的最大荷载应力(MPa);
σ_{pm}——最重轴载 P_m 在四边自由板临界荷位处产生的最大荷载应力(MPa),按式(9-66)计算,式中的设计轴载 P_s 改为最重轴载 P_m(以单轴计,kN)。

四、温度疲劳应力分析

混凝土面板内的温度梯度经历着年变化和日变化,混凝土面板内温度梯度的日变化可近似地用半正弦曲线表征。通过测试分析可得到最大温度梯度同日太阳辐射热之间的变化规律,由此可以按各地的太阳辐射热年变化规律直接推演出温度梯度的变化,并进而为不同的路面结构分析出相应的温度应力变化。

依据等效疲劳损耗的原则,可以寻求温度疲劳应力值,它所产生的疲劳损耗量,与年变化的温度应力所产生的累计疲劳损耗量相等。经计算分析,此温度疲劳应力 σ_{tr} 可用下式表示:

$$\sigma_{tr} = k_t \sigma_{t,\max} \tag{9-77}$$

式中 $\sigma_{t,\max} = \dfrac{\alpha_c E_c h_c T_g}{2} B_L$,是最大温度梯度时的温度翘曲应力(MPa),$B_L$ 是温度应力系数,由式(9-78)确定。

$$B_L = 1.77 e^{-4.48 h_c} C_L - 0.131(1 - C_L) \tag{9-78}$$

$$C_L = 1 - \frac{\sinh t \cos t + \cosh t \sin t}{\cos t \sin t + \sinh t \cosh t} \tag{9-79}$$

$$t = \frac{L}{3r} \tag{9-80}$$

式中 C_L——混凝土面层板的温度翘曲应力系数。
L——面层板的横缝间距,即板长(m)。
r——面层板的相对刚度半径(m)。
k_t——考虑温度翘曲应力年变化所产生的累计疲劳损耗系数,按所在地公路自然区划公式(9-81)计算:

$$k_t = \frac{f_r}{\sigma_{t,\max}} \left[a_t \left(\frac{\sigma_{t,\max}}{f_r} \right)^{b_t} - c_t \right] \tag{9-81}$$

式中　f_r——水泥混凝土抗折强度(MPa)。

　　　a_t, b_t, c_t——和公路自然区划相关的回归系数，按表9-18查得。

　　　α_c——混凝土的线膨胀系数，根据粗集料的岩性，按表9-19确定。

　　　T_g——公路所在地50年一遇的最大温度梯度，按表9-20确定。

表 9-18　回归系数 a_t、b_t 和 c_t 的取值

系数	自然区划					
	Ⅱ	Ⅲ	Ⅳ	Ⅴ	Ⅵ	Ⅶ
a_t	0.828	0.855	0.841	0.871	0.837	0.834
b_t	1.323	1.355	1.323	1.287	1.382	1.270
c_t	0.041	0.041	0.058	0.071	0.038	0.052

表 9-19　水泥混凝土线膨胀系数经验参考值

粗集料类型	石英岩	砂岩	砾石	花岗岩	玄武岩	石灰岩
水泥混凝土线膨胀系数(10^{-6}/℃)	12	12	11	10	9	7

表 9-20　最大温度梯度标准值

公路自然区划	Ⅱ、Ⅴ	Ⅲ	Ⅳ、Ⅵ	Ⅶ
最大温度梯度(℃/m)	83～88	90～95	86～92	93～98

五、设计示例

这里结合前文给出的设计理论和方法，给出现行规范中的新建水泥混凝土路面设计算例，以说明水泥混凝土路面设计过程。

例　公路自然区划Ⅱ区拟新建一条二级公路，路基为黏质土，采用普通混凝土路面，路面宽9 m，经交通调查得知，设计车道使用初期标准轴载日作用次数为1 200，试设计该路面厚度。

设计过程：

1. 交通分析

二级公路的设计基准期查表6-9为20年，其可靠度设计标准的安全等级查表9-3为三级。临界荷位处的车辆轮迹横向分布系数查表6-9取0.39。取交通量年增长率为5%。设计基准期内的设计车道标准荷载累计作用次数按公式计算：

$$N_e = \frac{N_s[(1+g_r)^t - 1] \times 365}{\gamma} \eta = \frac{1\,200 \times [(1+0.05)^{20} - 1] \times 365}{0.05} \times 0.39$$
$$= 5.648 \times 10^6 \text{ 次}$$

属重交通等级。

2. 初拟路面结构

相应于安全等级三级的变异水平等级(表9-3)为中级。设计轴载 $P_s = 100$ kN，最重轴载

第 9 章 水泥混凝土路面及其结构设计

$P_m = 150$ kN。根据二级公路、重交通等级和中级变异水平,初拟普通混凝土面层厚度为 0.23 m。基层选用级配碎石,厚度 0.20 m。普通混凝土板的平面尺寸为宽 3.5 m,长 4.5 m。纵缝为设拉杆平缝,横缝为不设传力杆的假缝。

3. 路面材料参数确定

取重交通等级的普通混凝土面层弯拉强度标准值查表 9-6 为 5.0 MPa,相应弯拉弹性模量标准值查参考值表 9-14 为 31 GP。根据规范中给出的中湿路基路床顶面回弹模量经验参考值表,取路基回弹模量为 64 MPa,根据基层级配碎石材料回弹模量经验参考值表,取级配碎石基层回弹模量为 300 MPa。

4. 计算基层顶面当量回弹模量

$$h_x = \sum_{i=1}^{n} h_i = 0.20 = 0.20 \text{ m}$$

$$E_x = \sum_{i=1}^{n} (h_i^2 E_i) / \sum_{i=1}^{n} h_i^2 = \frac{0.20^2 \times 300}{0.20^2} = 300.00 \text{ MPa}$$

$$\alpha = 0.86 + 0.26 \ln h_x = 0.86 + 0.26 \ln 0.20 = 0.4415$$

$$E_t = \left(\frac{E_x}{E_0}\right)^\alpha E_0 = 126.60 \text{ MPa}$$

5. 普通混凝土面层的刚度半径

$$D_c = \frac{E_c h_c^3}{12(1-v_c^2)} = \frac{31\,000 \times 0.23^3}{12 \times (1-0.15^2)} = 32.15 \text{ MN} \cdot \text{m}$$

$$r = 1.21 \left(\frac{D_c}{E_t}\right)^{1/3} = 1.21 \left(\frac{32.15}{126.60}\right)^{1/3} = 0.766 \text{ m}$$

6. 荷载应力

$$\sigma_{ps} = 1.47 \times 10^{-3} \times r^{0.70} h_c^{-2} P_s^{0.94} = 1.47 \times 10^{-3} \times 0.766^{0.7} \times 0.23^{-2} \times 100^{0.94} = 1.750 \text{ MPa}$$

$$\sigma_{pm} = 1.47 \times 10^{-3} \times r^{0.7} h_c^{-2} P_m^{0.94} = 1.47 \times 10^{-3} \times 0.766^{0.7} \times 0.23^{-2} \times 150^{0.94} = 2.561 \text{ MPa}$$

7. 修正系数确定

因纵缝为设拉杆平缝,查表 9-16 得到接缝传荷能力的应力折减系数 $k_r = 0.87$。考虑设计基准期内荷载应力累计疲劳作用的疲劳应力系数 $k_f = N_e^n = (5.648 \times 10^6)^{0.057} = 2.426$。根据公路等级,查表 9-17 得到考虑偏载和动载等因素对路面疲劳损坏影响的综合系数 $k_c = 1.05$。

8. 荷载疲劳应力

$$\sigma_{pr} = k_r k_f k_c \sigma_{ps} = 0.87 \times 2.426 \times 1.05 \times 1.750 = 3.877 \text{ MPa}$$

$$\sigma_{p,\max} = k_r k_c \sigma_{pm} = 0.87 \times 1.05 \times 2.561 = 2.340 \text{ MPa}$$

9. 翘曲应力

$$t = \frac{L}{3r} = \frac{4.5}{3 \times 0.766} = 2.175$$

$$C_L = 1 - \frac{\sinh 2.175 \cos 2.175 + \cosh 2.175 \sin 2.175}{\cos 2.175 \sin 2.175 + \sinh 2.175 \cosh 2.175} = 0.936$$

$$B_L = 1.77 e^{-4.48 h_c} \times C_L - 0.131(1 - C_L)$$

$$= 1.77e^{-4.48 \times 0.24} \times 0.936 - 0.131 \times (1 - 0.936)$$
$$= 0.583$$

$$\sigma_{t,max} = \frac{\alpha_c E_c h_c}{2} T_g B_L = \frac{10^{-5} \times 31\,000 \times 0.23 \times 88}{2} \times 0.583 = 1.830$$

10. 温度疲劳应力系数

Ⅱ区的回归系数可查表9-18,温度疲劳应力系数:

$$k_t = \frac{f_r}{\sigma_{t,max}}\left[a_t\left(\frac{\sigma_{t,max}}{f_r}\right)^{b_t} - c_t\right] = \frac{5.0}{1.830}\left[0.841 \times \left(\frac{1.830}{5.0}\right)^{1.323} - 0.058\right] = 0.449$$

11. 温度疲劳应力

$$\sigma_{tr} = k_t \sigma_{t,max} = 0.449 \times 1.830 = 0.822 \text{ MPa}$$

12. 可靠度系数

二级公路的安全等级为三级,相应于三级安全等级的变异水平等级为中级,目标可靠度根据表9-3为85%。由查得的目标可靠度和变异水平等级,查表9-5确定可靠度系数 $\gamma_r = 1.06$。

13. 判断结构是否满足要求

$$\gamma_r(\sigma_{pr} + \sigma_{tr}) = 1.06 \times (3.877 + 0.822) = 4.98 \text{ MPa} < f_r = 5.0 \text{ MPa}$$
$$\gamma_r(\sigma_{p,max} + \sigma_{t,max}) = 1.06 \times (2.561 + 1.830) = 4.42 \text{ MPa} < f_r = 5.0 \text{ MPa}$$

因而,所选普通混凝土面层厚度(0.23 m)可以承受设计基准期内荷载应力和温度应力的综合疲劳作用。

§9-9 特种水泥混凝土路面设计

一、钢筋混凝土路面设计

钢筋混凝土路面的设计过程与普通混凝土路面大致相同,也包括板厚设计、平面设计和接缝设计,另外还包括面板的配筋设计。

1. 板厚设计

钢筋混凝土板内的钢筋网能有效地控制裂缝的张开量,把开裂的板拉在一起,使板依靠断裂面上骨料的嵌锁作用而保证结构强度,但它却不能增加板的抗折强度,因而,钢筋混凝土板厚计算与普通混凝土板相同。计算时,钢筋混凝土面板的厚度取普通水泥混凝土面板长度为5 m时的板厚。

2. 筋量和钢筋布置

对于混凝土路面,若假定混凝土板是均质的、板与人工基础之间的摩擦力沿平面均匀分布,则最大拉应力将产生在混凝土板纵向或横向的中央,此处便可能产生裂缝。钢筋混凝土的配筋量就是按混凝土收缩时将板拉在一起所需的拉力确定的。最大拉力等于由该处到靠近的板边缘范围内面层与基层之间的摩擦力,因而,每延米板所需的配筋量按公式(9-1)计算。

3. 板的平面尺寸

钢筋混凝土板的横缝间距(即板长)可按使用需要和当地经验确定,一般为10~20 m,最大不得超过 30 m,而纵缝间距及其他要求与普通混凝土板相同。

4. 接缝设计及其材料

由于面板中配有钢筋,所以可以增大横向缩缝的间距。其增大的长度,应根据钢筋的价格、缩缝的数量及造价、预计季节变化时接缝的最大开裂度等进行论证后再确定。原则上,钢筋及设置传力杆的接缝总造价为最小时,横缝间距最经济。横缝间距可按下式计算:

$$L = 2.19\sqrt[3]{h(5.6pf_{sy})^2} \tag{9-82}$$

式中 L——钢筋混凝土板长(cm);

h——钢筋混凝土板厚(cm);

p——纵向钢筋截面积与混凝土断面积之比;

f_{sy}——钢筋的屈服强度(MPa)。

由于钢筋混凝土的板长比普通混凝土的板长长,因而其横向缩缝张开的宽度要比普通混凝土大。因此,为提高板的传荷能力,钢筋混凝土的所有横向缩缝必须设置传力杆。

二、碾压混凝土路面设计

碾压混凝土路面(Roller Compacted Concrete Pavement,简称 RCCP)是利用沥青混凝土路面摊铺和碾压技术施工的一种水泥混凝土路面,适用于二级及其以下等级的公路。

(一) 材料的要求

碾压混凝土是一种含水率低,通过振动碾压来达到高密度、高强度的水泥混凝土。其特干硬性的材料特点和碾压成型的施工工艺特点,使碾压混凝土路面具有节约水泥、收缩小、施工速度快、强度高、开放交通早等技术经济上的优势。

碾压混凝土路面与普通水泥混凝土路面所用的材料基本组成相同,均为水、水泥、砂、碎(砾)石及外掺剂。不同之处是碾压混凝土为用水量很少的特干硬性混凝土,比普通水泥混凝土节约水泥 10%~30%,所用集料的最大粒径以 20 mm 为宜。当碾压混凝土分两层摊铺时,其下层集料最大粒径可采用 40 mm。

(二) 设计参数

除以下规定外,碾压混凝土路面的设计参数与普通水泥混凝土路面相同。

1. 设计弯拉强度和弯拉弹性模量

碾压混凝土弯拉弹性模量应以试验实测来确定。如无条件时,可按照混凝土设计弯拉强度参照表 9-21 选用。

表 9-21 碾压混凝土弯拉弹性模量

设计弯拉强度(MPa)	5.0	4.5	4.0
弯拉弹性模量(GPa)	35	33	31

2. 疲劳应力系数

碾压混凝土的荷载疲劳应力系数 k_f 可按下式确定:

$$k_f = N_e^{0.065} \tag{9-83}$$

式中 N_e——设计使用年限内标准轴载累计作用次数。

三、连续配筋混凝土路面设计

1. 连续配筋混凝土路面设计原理和设计方法

连续配筋混凝土路面的设计与普通混凝土路面的设计不完全相同,除了根据车轮荷载作用设计路面板的厚度之外,对于路面板钢筋的用量与布置,对于路面端部设施的结构细节,均需要根据混凝土路面的温度变形特性进行设计计算。美国于六七十年代,在全国各地对连续配筋混凝土路面的设计原理和设计方法进行了系统地研究,提出了一些建议的设计方法。这些方法在美国和其他国家已普遍采用。

连续配筋混凝土路面的厚度设计与配筋设计是相互联系的,设计时需要相互协调考虑。混凝土路面板由于拉应力与弯曲应力的作用而形成微裂,由于钢筋的作用,在裂缝处仍保持紧密接触,因此,仍然传递部分剪力。但是,在微小裂缝处,弯矩则明显降低,如同铰的作用。由此可见,挠度和应力一样重要。根据试验得知,在相同条件下,20 cm 厚的连续配筋混凝土路面的挠度大约与 25 cm 厚的有接缝的普通混凝土路面相仿。

(1) 厚度设计

连续配筋混凝土路面的厚度,可按普通混凝土路面厚度设计的各项设计参数及规定进行设计。其基层取普通混凝土路面基层的厚度;面板厚度:对于高速公路,取普通混凝土路面的面板厚度;对于一般公路,取普通混凝土路面面板厚度的 0.9 倍。

(2) 连续配筋混凝土路面的纵向配筋设计

连续配筋混凝土面层的纵向配筋设计,采用以下 3 项设计标准:

① 混凝土面层横向裂缝的平均间距不大于 1.8 m;
② 裂缝缝隙的最大宽度不大于 0.5 mm;
③ 钢筋拉应力不超过钢筋屈服强度。

横向裂缝平均间距应按式(9-84)计算确定。

$$L_d = \frac{f_t - C\sigma_0 \left(1 - \frac{2\zeta}{h_c}\right)}{\frac{\mu\gamma_c}{2} + \frac{\sigma_{cg}\rho}{c_1 d_s}} \tag{9-84}$$

$$\sigma_0 = \frac{E_c \varepsilon_{td}}{2(1-v_c)} \tag{9-85}$$

$$\varepsilon_{td} = \alpha_c h_c \beta_h T_g + \varepsilon_\infty (0.245 e^{-5.3 k_1 h_c}) \tag{9-86}$$

$$\beta_h = 4.81 h_c^2 - 5.42 h_c + 1.96 \tag{9-87}$$

$$\varepsilon_\infty = a_1 (1.51 \times 10^{-4} w_0^{2.1} f_c^{-0.28} + 270) \times 10^{-6} \tag{9-88}$$

$$\sigma_{cg} = 0.234 f_c \tag{9-89}$$

$$c_1 = 0.577 - 9.50 \times 10^{-9} \frac{\ln \varepsilon_{t\zeta}}{\varepsilon_{t\zeta}^2} + 0.198 L_d \times (\ln L_d + 3.67) \tag{9-90}$$

$$\varepsilon_{t\zeta} = \alpha_c \Delta T_\zeta + \varepsilon_{sh} \tag{9-91}$$

$$\varepsilon_{sh} = \varepsilon_\infty (1 - \varphi_a^3) \tag{9-92}$$

式中 L_d ——横向裂缝平均间距(m)。

第9章 水泥混凝土路面及其结构设计

f_t——混凝土抗拉强度(MPa),可按表9-14选用。

f_c——混凝土抗压强度(MPa),可按表9-14选用。

ζ——钢筋埋置深度(m)。

h_c——混凝土面层厚度(m)。

γ_c——混凝土重度(MN/m³),一般可取为0.024 MN/m³。

μ——混凝土面层与基层间的摩阻系数,可按表9-22选用。

d_s——纵向钢筋直径(m)。

ρ——纵向钢筋配筋率,为钢筋横断面面积A_s与混凝土横断面面积A_c的比值。

σ_0——温度和湿度变形完全受约束时的翘曲应力。

E_c——混凝土弹性模量(MPa),可按表9-14选用。

υ_c——混凝土泊松比,一般可取为0.15~0.18。

ε_{td}——无约束时混凝土面层顶面与底面间的最大当量应变差。

α_c——混凝土线膨胀系数(1/℃),可按表9-19选用。

T_g——混凝土面层顶面与底面间的最大负温度梯度的绝对值(℃/m),可参照该地区最大正温度梯度(表9-20)的1/4~1/3取用。

β_h——混凝土面层厚度不等于0.22 m时的温度梯度厚度修正系数。

ε_∞——无约束条件下混凝土的最大干缩应变,可近似按式(9-88)计算。

a_1——养生条件系数,水中或盖麻布养生时,$a_1=1.0$;采用养生剂养生时,$a_1=1.2$。

w_0——混凝土单位用水量(N/m³)。

k_1——与气候区和最小空气湿度有关的系数,道路位于公路自然区划Ⅱ、Ⅳ和Ⅴ区,$k_1=0.4$;位于Ⅲ、Ⅵ和Ⅶ区,$k_1=0.68$。

C——翘曲应力系数,按式(9-79)计算,采用$t=1.29/r$计算确定。

σ_{cg}——混凝土与钢筋间的最大黏结应力。

c_1——混凝土和钢筋之间的黏结—滑移系数,按式(9-90)计算,由于式中含有未知量L_d,计算需采用迭代方式进行,先假设$L_d=L_{ds}$,计算出c_1和相应的L_d,如果$|L_d-L_{ds}|<0.005$,计算结束;否则,令$L_{ds}=L_d$,重复计算,直到满足要求为止。

$\varepsilon_{t\zeta}$——钢筋埋置深度处的混凝土最大总应变。

ΔT_ζ——钢筋埋置深度处混凝土温度与硬化时温度的最大温差(℃),可近似取为路面施工月份日最高气温的月平均值与一年中最冷月份日最低气温的月平均值之差。

ε_{sh}——无约束条件下钢筋埋置深度处混凝土干缩应变,可近似按式(9-92)计算。

φ_a——年平均空气相对湿度(%)。

表9-22 混凝土面层与基层间摩阻系数经验参考值

基层材料	取值范围	代表值
级配碎石、级配砾石或碎砾石	0.5~4.0	2.5
沥青混凝土、沥青碎石	2.5~15	7.5
无机混合料稳定粒料	3.5~13	8.9
贫混凝土、碾压混凝土	3.0~20	8.5

注:当基层不是沥青混合料,但基层与面层间设置沥青隔层时,摩阻系数按照沥青混合料基层时选取。

纵向钢筋埋置深度处的横向裂缝缝隙平均宽度应按式(9-93)计算确定。

$$b_j = 1\,000 L_d \left(\varepsilon_{sh} + \alpha_c \Delta T_\zeta - \frac{c_2 f_t}{E_c} \right) \tag{9-93}$$

$$c_2 = a + \frac{b}{17\,000 f_c} + 6.45 \times 10^{-4} \frac{c}{L_d^2} \tag{9-94}$$

$$a = 0.761 + 1\,770 \varepsilon_{t\zeta} - 2 \times 10^6 \varepsilon_{t\zeta}^2 \tag{9-95}$$

$$b = 9 \times 10^8 \varepsilon_{t\zeta} + 149\,000 \tag{9-96}$$

$$c = 3 \times 10^9 \varepsilon_{t\zeta}^2 - 5 \times 10^6 \varepsilon_{t\zeta} + 2\,020 \tag{9-97}$$

式中 b_j——钢筋埋置深度处的横向裂缝缝隙平均宽度(mm);
　　　c_2——与混凝土和钢筋之间的黏结—滑移特性有关的系数;
其他参数的含义与计算裂缝间距时相同。

纵向钢筋应力应按式(9-98)计算确定。

$$\sigma_s = 2 f_t \frac{E_s}{E_c} - E_s [\Delta T_\zeta (\alpha_c - \alpha_s) + \varepsilon_{sh}] + \frac{0.234 f_c L_d}{d_s c_1} \tag{9-98}$$

式中 σ_s——裂缝处纵向钢筋应力(MPa);
　　　E_s——钢筋弹性模量(MPa);
　　　α_s——钢筋的线膨胀系数(1/℃),通常 $\alpha_s = 9 \times 10^{-6}$/℃;
其他参数的含义与计算裂缝间距时相同。

纵向配筋率计算步骤。

(1) 初拟配筋率 ρ,应按式(9-84)计算横向裂缝平均间距 L_d。当 $L_d > 1.8$ m 时,应增大配筋率,重复上述计算至符合要求。

(2) 应按式(9-93)计算裂缝缝隙平均宽度 b_j。当 $b_j \leq 0.5$ mm 时,满足要求;否则应增大配筋率,重复上述计算至符合要求。

(3) 应按式(9-98)计算钢筋应力 σ_s。当 σ_s 不大于钢筋屈服强度时,满足要求;否则应增大配筋率,重复上述计算至符合要求。

(4) 综合上述3项计算结果,最终确定配筋率,并进一步确定钢筋根数。在满足纵向钢筋间距要求的条件下,宜选用直径较小的钢筋。

§9-10　现代水泥混凝土路面新技术

一、水泥混凝土路面滑模摊铺技术

水泥混凝土路面滑模施工技术于20世纪60年代末起源于欧洲瑞士,70年代兴盛于美国、德国、法国等。经过30多年的改进、应用和提高,已经发展成为西方主要发达国家在高速公路水泥混凝土路面施工中大量使用的成熟技术。我国自80年代后期逐步少量引进发达国家的滑模摊铺机,在使用中发现很多问题,如塌边、麻面、欠密实、平整度不佳、施工效率低、施工费用较高等。"八五"期间在国家计委的资助下,开始科技攻关研究,基本解决了上述一系列施工关键问题。"九五"期间在交通部支持下,进行全国大面积推广,取得了积极效果,使该项技术成为我国高质量高速公路水泥混凝土路面可以依托的现代化大型机械施工技术。

从目前国际上发达和中等发达国家所使用过的高速公路水泥混凝土路面的各种施工方式来看,滑模摊铺施工技术在高速公路施工中占主导地位,是世界上正在建设高速公路水泥混凝土路面的所有发展中国家施工技术的主要趋势和发展方向。

我国高等级公路水泥混凝土路面只有与世界的发展趋势和潮流相一致,大力推广水泥混凝土路面滑模施工技术,才有可能使我国高速公路水泥混凝土路面的建设真正实现优质高效,不仅带动国民经济发展,而且发挥水泥混凝土路面的技术优势,保证30年的设计使用寿命。

滑模摊铺水泥混凝土路面的主要设备有滑模摊铺机、混凝土搅拌楼、混凝土运输车辆、布料机、拉毛养生机、锯缝机、灌缝机、发电机、水车等,甚至一整套人工摊铺水泥混凝土路面的施工机具。轻型机械装备配置,仅配备一台滑模摊铺机施工时的主要机械和机具配套详见表9-23。在施工时,滑模摊铺机械设备必须根据施工工艺的要求配套成为一个完备、高效的系统,才能发挥出大型机械摊铺质量高、速度快、生产效率高的优势来。

表9-23 一台滑模摊铺机施工主要机械和机具配表

工作内容	主要施工机械设备	
	名 称	机型及规格
钢筋加工	钢筋锯断机、折弯机、电焊机	根据需要定规格和数量
测量拉线	水准仪、经纬仪、全站仪	根据需要定规格和数量
	拉线、线桩及紧线器	300个桩、5个紧线器、3 000 m拉线
搅拌	强制式搅拌楼	≥50 m^3/h,数量由计算确定
	装载机	2~3 m^3
	发电机	≥120 kW
	供水泵和蓄水池	≥250 m^3
运输	罐车*	4~6 m^3,数量由匹配计算确定
	自卸车	4~24 m^3,数量由匹配计算确定
摊铺	布料机*、挖掘机、吊车*等布料设备	根据需要定规格和数量
	滑模摊铺机1台	根据需要确定规格
	手持振捣棒、整平梁、模板	根据人工施工接头需要定
抗滑	拉毛养生机*1台	与滑模摊铺机同宽
	人工拉毛齿耙、工作桥	根据需要定规格和数量
	硬刻槽机*	刻槽宽度≥50 cm,数量与摊铺匹配
切缝	软锯缝机	根据需要定规格和数量
	常规锯缝机或支架锯缝机	根据需要定规格和数量
	移动发电机	12~60 kW
磨平	水磨石磨机	需要处理欠平整部位时
灌缝	灌缝机或插胶条工具	根据需要定规格和数量
养生	压力式喷洒机或喷雾器	根据需要定规格和数量
	工地运输车	4~6 t,按需要定数量
	洒水车	4.5~8 t,按需要定数量

注:* 可按装备、投资、施工方式等不同要求选配。

在我国有两种滑模摊铺机械系统的配置方式。一种是投资较少的轻型机械配置方式,仅适用于普通素混凝土路面的施工。主要工作由机械来完成,辅助工作由人工和小型机具来完成,摊铺现场配置大型滑模摊铺机和出料足够的大型混凝土搅拌楼,并租用社会车辆运送混凝土,由推土机或挖掘机布料,不配置布料机和拉毛养生机,拉毛、锯缝和养生由人工完成。我国(除广东省外)的滑模摊铺水泥混凝土路面施工均采用这种形式。实践证明,这样的机械配置也能施工出质量很好的水泥混凝土路面来。相对链式机械配置方式而言,其施工速度较慢,平均日施工 8.5 m 宽的混凝土路面 500 m 左右;当系统正常、施工顺利时,最快能达到 800 m。

另外一种是重型链式机械配置方式,在大型滑模摊铺机前后配置布料机和拉毛养生机,并配置大型支架式多锯片锯缝机。后台配置足够的大型混凝土搅拌楼,大型水泥储仓、拆包和水泥入罐设备,同时配备 20 t 大型和 60 t 超大型混凝土运输车辆,一车运送 8~24 m^3 混凝土,实现施工的全部机械化和快速化,包括桥面的滑模摊铺,全部采用机械来完成。这样重型机械的配置系统,机械设备投资较大,但它不仅可以完成全部路面摊铺(全部缩缝均插入传力杆的重载高速公路水泥混凝土路面)和桥面铺装,而且可以进行钢筋混凝土路面的施工。其施工速度很快,按广东的经验,日平均滑模摊铺 8.5 m 宽的混凝土路面 600 m(5 000 m^2),最快日施工进度超过 1 000 m,施工路面 8 500 m^2。

在决定滑模摊铺水泥混凝土路面施工装备采用上述哪种配置时,主要取决于路面里程(即施工规模)、施工工期要求以及设备的投资量等。施工实践证明:滑模摊铺水泥混凝土路面的最小经济合理的规模是 10 km 以上高等级公路,否则是不经济的。一般轻型机械配备方案,一个月可保证完成 5 km 高等级公路路面施工(8.5 m 宽路面摊铺两次),半年可完成 30 km。重型链式机械配置完成效率是普通轻型装备的两倍以上。

二、水泥混凝土路面破碎技术

(一)概述

在水泥混凝土路面使用期末,病害严重阶段,采用其他养护措施已不能保证路面使用性能时,必须进行破碎。水泥混凝土破碎后,可能的处理方式有两种:一是从原位移除,二是原位利用。

移除的成本很高,而且往往造成对环境的不利影响。从原位移除的破碎后水泥混凝土板块颗粒的尺寸不适宜作为新路面结构的基层或底基层。原位利用可解决以上问题,一方面降低成本,另一方面也不会对环境造成不良影响,是进行水泥混凝土路面重建的最佳手段。但其应用受到施工设备等条件的限制。无论采取上述两种措施中的哪一种,进行水泥混凝土破碎都是必须进行的先期工作。

破碎会降低水泥混凝土路面的平均强度,使加铺成为必然的后续工作。在破碎后结构层上进行加铺可有效消除差异沉降、防止反射裂缝的发生。水泥混凝土路面破碎后可采用沥青路面也可采用水泥路面,从国内外工程情况看,加铺沥青路面是主流。水泥混凝土路面加铺时,因新板块结构强度高,原路面反射裂缝问题重要性下降,需要考虑的结构组合、材料类型等因素较少,技术难度也较低。但其应用决策还受到工程技术人员技术倾向的影响,在已发生严重病害的水泥混凝土路面上,再加铺新水泥混凝土路面往往也需要深入分析原路面病害的主要原因,同时会在决策过程中起到不利于水泥混凝土路面选择的效果,同时国内高等级公路采用沥青路面结构的占绝大多数,沥青路面加铺的反射裂缝问题与加铺结构层材料、结构组合、沥青混凝土混合料类型等多种因素相关,其技术难度相对较大。

（二）水泥混凝土路面破碎设备

目前国内外常用的水泥混凝土路面破碎施工机械种类不少,各有特点,在进行水泥混凝土路面破碎施工过程中有着不同的工艺特点和施工效果。目前我国最常用的水泥混凝土破碎设备有：

1. 冲击压实机械

修复方案中打碎并稳固旧水泥混凝土面板的直接目的是消除原有水泥混凝土面板由于脱空所产生的额外竖向变形或差异沉降,使面板与基层紧密结合,设备如图 9-10 所示。

图 9-10　冲击压实设备

2. 共振破碎机械

共振破碎机械的施工效率比较高(如图 9-11 所示),可以达到每车道每天约 1 500 m。它所施加的振动是高频低幅的,所以产生的破碎颗粒粒径较小,这种破碎机械产生的冲击能量传播范围较小,对附件构造物的影响较小。但其破碎宽度也较小,需往返多次,这样破碎后板块要受到机械胶轮作用,产生不利影响。

水泥混凝土
路面共振碎石化

图 9-11　共振式破碎机械

3. MHB 类设备

MHB(Multiple-Head Breaker)是一种多锤头破碎设备,如图 9-12 所示。它利用设备所带多个重锤的重力下落对水泥混凝土路面板进行锤击。

图 9-12 MHB 碎石化设备

4. 打裂压稳设备(Break and Seat)和打碎压稳设备(Crack and Seat)

打裂压稳和打碎压稳设备也是国外常用的水泥混凝土板块破碎设备,它们也都是通过重力势能来进行,一般是门架式设备,通过钢梁的下落达到破碎的目的,其破碎后颗粒粒径相对于 MHB 类设备破碎效果而言更大,其中打裂压稳设备的破碎效果类似于冲击压实后的板块破碎效果。

5. 凿眼穿孔设备

在水泥板块破碎移除过程中,还经常使用凿眼穿孔等石方施工设备,它一般用于替代小型柴油破碎机,提高水泥混凝土板块破碎效率。

6. 破碎设备分类

破碎设备按其处治后原水泥混凝土路面的利用程度可分为:

(1) 专门用于移除的破碎设备;

(2) 既可用于移除,也可用于破碎稳固且原板块可原位利用的设备;

(3) 主要用于破碎稳固的设备。

破碎稳固可使破碎后原水泥混凝土面板作为路面结构的一层,其强度还未完全丧失,仍具有一定承载能力。

移除设备包括:凿眼穿孔设备;主要用于原位破碎稳固设备包括:MHB 类设备和共振式设备等;两用设备包括:冲击压实设备、打裂压稳、打碎压稳等。

以上设备分类在很大程度上决定于破碎后板块层状态和粒径大小。一般情况下,单纯移除设备破碎后,颗粒尺寸单一,裂缝以竖向贯穿裂缝为主。而主要用于破碎稳固原位利用的设备,其破碎后颗粒粒径较小,具有一定的粒径分布范围,且裂缝形式多样,某些设备破碎后能形成较好的嵌挤效果。两用设备的粒径和板块破碎层状态介于以上两种设备之间。

第 9 章 水泥混凝土路面及其结构设计

国外技术资料中,水泥混凝土路面破碎与碎石化的含义不同,破碎包含碎石化,而碎石化(Rubblization)则是颗粒粒径最小的一种破碎方式。根据美国相关资料,其碎石化主要指的是应用共振式设备或 MHB 类设备进行破碎的情况。因其颗粒粒径小,力学模式更趋向于级配碎石,而将其命名为碎石化。碎石化设备是专门用于破碎稳固原位利用的设备。这两种设备相比,共振式碎石化设备破碎程度较高,破碎后颗粒粒径更小,从而板块强度损失程度也较大,需要加铺的路面结构要求更高。

破碎工艺还包括打裂压稳、打碎压稳、冲击压实等。根据不同的病害程度、交通量状况与设计使用寿命选用不同的破碎方式。在我国,冲击压实设备用于水泥混凝土路面破碎已有一定的工程经验,其破碎后粒径偏大,相当于减小了水泥混凝土板块尺寸,在这一点上,它与打裂压稳技术最相类似。

习题与讨论

习 题

1. 小挠度弹性薄板理论的基本假定是什么?这些假定的合理性在何处?
2. 普通水泥混凝土路面的排水有哪几种主要形式,采用什么设备或构造?怎样将路面排水与路基排水协调统一在一起组成整体?
3. 不同形式的水泥混凝土路面有不同的配筋规定,这些配筋的主要作用是什么?
4. 我国规范中为何要增加"最重荷载"的极限状态,它对应着真实路面的哪种具体的破坏形式?
5. 水泥混凝土路面中疲劳问题的考虑方式与沥青路面设计中的方式各是什么?有什么区别或联系?
6. 可靠度指标的意义何在?其理论基础是什么?
7. 普通水泥混凝土路面的路肩如何设置,有什么具体要求,对设计计算参数有何影响?
8. 传力杆和拉杆有何不同,传力杆的设置有什么要求?

讨 论

为什么我国高速公路、一级公路工程中,水泥混凝土路面的应用比例越来越低?

普通水泥混凝土路面的设计可否按沥青路面的弹性层状体系理论考虑?对其适用性产生影响的因素体现在哪些方面?

第 10 章 路面施工

> **学习目的**：路面施工是路面质量保证的重要环节,路面施工包括施工组织设计、材料控制、设备优选、施工过程控制等。本节主要要求对路面施工的主要设备、混合料的组成设计要求与方法、施工过程与质量保证有所了解。由于路面施工涉及施工机械、材料性能、材料设计、压实与成型原理等许多知识,请同学们在学习时注意深入现场,仔细观察,了解路面施工及控制的全过程。
>
> **教学要求**：通过实例、图片或视频讲解路面施工的过程、施工设备、检测设备和方法;
>
> 通过对无结合料基层特性的讲解,了解无结合料基层的组成设计要求与施工控制要求;
>
> 重点讲解无机结合料稳定材料、沥青混合料、水泥混凝土路面的材料组成设计、施工设备要求、施工过程及质量控制方法与要求。

路面施工是保证路面使用寿命的重要的环节之一。路面结构组合设计、材料设计和厚度设计为路面使用寿命的延长提供了技术保障,而路面施工则是实现这些技术的最后环节。路面施工是一个系统工程,路面施工的最终质量与施工过程的各个环节有关。路面施工必须进行合理的施工组织设计,路面设计、施工管理、施工监理和施工单位之间必须协调配合,各司其职,做到精心设计、认真施工、严格监理。因此在路面施工中必须层层把关,严格要求,进一步优化施工工艺,提高路面施工质量。在施工中要保证原材料质量合格、配合比准确、拌和均匀、摊铺平整、粗集料不离析、碾压密实、接缝平整等技术环节,确保路面的工程质量。

§10-1 概 述

随着世界各国技术经济的进步,交通事业的发展和人们物质文化要求的提高,对公路建设也提出了更高的要求,主要表现为：一是对公路功能的要求越来越高,如通行能力、承载能力及行车的安全性和舒适性等;二是对公路整体线形、路容、路况的要求越来越高,特别是山区公路及旅游区道路,其路线与周围环境的协调性成为重要的评定条件;三是对公路的环保要求越来越高,如对行车污染和噪声的限制等;四是对公路的施工速度、施工质量和管理水平要求越来越高,施工中将普遍采用自动化机械设备快速施工作业。

针对上述要求,公路施工必将向着机械化、自动化、标准化和工厂化方面发展。

① 在公路施工方案的拟定和选择方面,将充分利用计算机及其他现代先进手段,综合考虑材料、机具、工期、造价等因素,进行方案优化,以获取最大的社会经济效益。

② 在施工工艺方面,土石方爆破、稳定土、旧有沥青及水泥混凝土再生、工业废料筑路及水泥、沥青、土壤外加剂等工艺将有突破性的进展。

③ 在施工机械方面,将研究使用一条龙的单机配套机械进行流水作业和多功能的联合施

工机械,为实现施工机械自动化,还将使用电子装置和激光技术,对施工现场进行遥控监测。

④ 在施工检测技术方面,将研究使用能自动连续量测动、静两种荷载作用下的路基、路面弯沉仪和曲率半径仪;研究使用冲击波、超声波测定强度和弹性模量;研究使用同位素方法测定密实度和厚度;研究使用电脑自动连续量测路面抗滑性能和平整度的仪器等。

⑤ 在施工作业方面,将大量使用预制结构,使路基、路面施工,特别是人工构造物的施工实现标准化和工厂化。

⑥ 在特殊路基的处理方面,将充分应用生化技术,最大限度地利用当地材料。

⑦ 各种环保和交通工程设施如声屏墙、减噪路面及绿化工程等的施工技术将提高到一个新的水平。

⑧ 施工技术的发展将更好地满足设计要求,设计与施工的结合将更加密。

一、施工方法

高等级公路的施工方法有:人工、简易机械化、机械化和水力机械化和爆破等几种。

人工施工,使用手工工具,效益低,劳动强度大,不但要占用大量劳动力,而且进度慢,工程质量难以保证。在高等级公路的路面施工中,一般很少考虑或不考虑采用人工施工;但在路基工程中,采用人工施工较为普遍,特别是山区高等级公路,一些路段机械无法进场,一些工种(如砌体工程)还无法开展机械化作业,因此,在施工中还不可避免地要采用人工施工方法。

简易机械化施工,是广大公路建设者在施工实践中根据生产需要革新创造的。它具有花钱少、工效高、易推广等优点。虽然还是以人力为主,但其生产率比人工施工高,劳动强度低(如水泥混凝土路面真空吸水施工工艺),故在我国目前条件下,特别是山区公路建设中,仍不失为一种值得推广的主要施工方法。

水力机械化施工,是采用水泵、水枪等水力机械,是机械化施工的一种,主要适用于有充足水源和电源的集中性土方工程施工。

爆破法施工,可用手工打眼工具,也可用机械,主要用来震松岩石、坚土、冻土,开挖路堑或采集石料,是高等级公路特别是山区高等级公路施工不可缺少的施工方法。

机械化施工,可以极大地提高劳动生产率,减轻劳动强度,显著地加快施工进度,提高工程质量,降低工程造价,保证施工安全,是加速公路建设,实现公路施工现代化的根本途径。

选择施工方法,应根据工程性质、工程数量、施工期限以及可能获得的人力和机械设备等条件来考虑。在我国,目前已拥有大量的筑路机械,特别是近年来根据高等级公路发展的需要,各地都先后从国外引进了成套的现代化筑路设备,在一批高等级公路的施工中,基本实现了机械化或半机械化施工作业,因此,必须十分注意提高机械施工技术与管理水平,充分发挥机械设备的作用,提高劳动生产率,使我国公路建设事业早日全面实现施工现代化。

施工单位从投标接受施工任务到竣工验收,大致要经过如图10-1所示的几个阶段。

二、路面施工机械

路面施工包括基层施工、沥青混凝土面层施工、水泥混凝土面层施工及封层施工等,不同的施工内容主要的施工机械也不同。基层施工、沥青混凝土面层施工所用的压实设备基本相同,但是基层施工和沥青面层施工使用的摊铺及平整设备不完全相同,拌和设备则完全不同。下面介绍路面施工主要的设备类型。

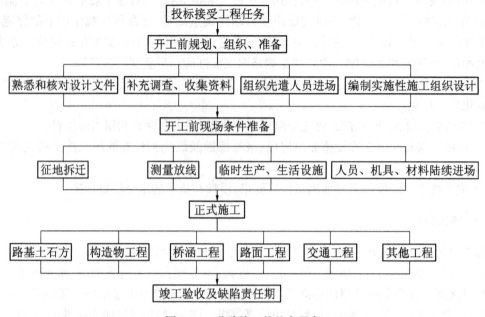

图 10-1 公路施工的基本程序

1. 拌和设备

(1) 稳定土基层拌和机械

稳定土基层拌和机械通常分为路拌机械和厂拌设备两大类。

① 路拌机械。稳定土拌和机可以把土、无机结合料、细料、骨料等材料按施工配合比在路上直接拌和。按照行走方式分,稳定土拌和机可分为履带式和轮胎式两种。履带式的特点是附着力大,整机稳定性好,但其机动性差,不便于运输。轮胎式在应用了低压宽基轮胎后,整机稳定性和附着力都有很大的提高,因其机动性好,在施工中应用较为广泛。

稳定土拌和机根据位置可分为前置式、后置式和中置式三种。前置式因在作业面上产生轮迹,目前已逐渐被淘汰。后置式的特点是不产生轮迹,维修、保养方便,转弯半径小,在目前应用较为广泛。中置式的特点是稳定性好,但维修、保养不方便,转弯半径较大。

按转子的旋转方向分,稳定土拌和机可分为正转和反转两种。前者的切削方向是转子由上向下切削(即顺切),拌和阻力小,拌和宽度和深度较大,但只适用于拌和松散的稳定材料。后者的切削方向是转子由下向上切削(即逆切),其拌和质量较好,但由于拌和阻力大,消耗的功率也大。

国产稳定土拌和机功率在 220~300 kW,拌和宽度在 2.0~2.4 m,拌和深度为 200~400 mm,工作速度为 0~35 m/h。

② 厂拌设备。稳定土厂拌设备是将土、碎石、砾石、水泥、石灰、粉煤灰、水等材料按施工配合比在固定地点拌和均匀的专用生产设备。

厂拌设备一般由供料系统(包括各种料斗)、拌和系统、控制系统(包括各种计量器和操纵系统)、输送系统和成品储存系统五大部分组成,如图 10-2 所示。

稳定土厂拌设备生产作业时,所用的无机结合料通过皮带输送机、垂直提升机输送到大仓中,再经螺旋输送器将其送入小仓中。此时,小仓中的无机结合料通过叶轮供料器被送到斜皮

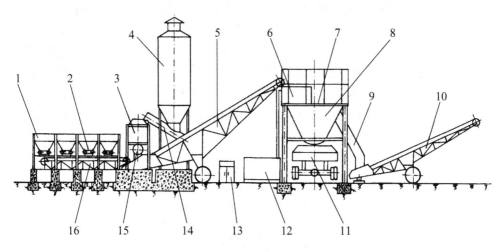

图 10-2 稳定土厂拌设备总体布置示意图

1—配料料斗；2—皮带给料机；3—粉料仓；4—粉料筒仓；5—斜置集料皮带输送机；6—搅拌机；7—平台；
8—混合料储仓；9—溢料管；10—堆料皮带输送机；11—自卸汽车；12—供水系统；13—控制柜；14—螺旋输送机；
15—叶轮给料机；16—水平集料皮带输送机

带输送机上。同时，各料斗中的其他物料经料门卸出并经皮带式输送机送至水平皮带输送机上，水平皮带输送机再将各种材料送至斜皮带输送机上，这样就通过斜皮带输送机将按设计要求配比的各种材料送入到拌和筒内，同时水箱中的水也被泵入拌和筒内。拌和筒中的螺旋搅拌器将各种料搅拌均匀后并强制送至储料仓，拌和好的成品料通过储料仓的溢流管送到堆料输送机上或直接卸到运输车上送至施工现场。

目前，国产稳定土厂拌设备还不够完善，施工中进口设备应用较多。

稳定土厂拌设备的优点是级配精度高，拌和质量好。缺点是由于作业地点固定，现场转运量大，成本较高，占地面积大。在高等级公路施工中，为保证工程质量，应尽可能采用厂拌设备施工。

（2）水泥混凝土搅拌设备

混凝土搅拌机一般由搅拌筒、进料装置、卸料装置、传动装置和配水系统等主要部分组成。按搅拌原理可分为自落式和强制式两类。

① 自落式搅拌机

自落式搅拌机按搅拌筒的形状和出料方式的不同，可分为鼓筒式、锥形反转出料式和双锥形倾翻出料式。

A. 鼓筒式搅拌机。鼓筒式搅拌机的搅拌筒呈鼓形。由于它是只靠物料的自落作用进行拌和，搅拌作用不甚强烈，对于坍落度小于 3 cm 的混凝土不易搅拌均匀，且易产生粘罐和出料困难现象，故一般只适用于搅拌流动性较大的混凝土。鼓筒式搅拌机工作时，物料一般要提到相当的高度（约为筒径的 0.7 倍处）才落下，所以搅拌筒筒径不能太大。否则物料下落时，大粒径骨料易将叶片、筒壁砸坏。因此，鼓筒式搅拌机不能做成大型的，也不宜用它来搅拌含有大骨料（粒径大于 80 mm）的混凝土。此外，它还存在卸料时间长、搅拌筒利用系数低（一般仅 0.22～0.25）等缺点。但由于它结构简单，耐用可靠，制造与维修容易，在我国公路施工现场仍得到广泛应用。

B. 锥形反转出料式搅拌机。如图 10-3 所示,其搅拌筒为双锥形,搅拌叶片按一定的角度呈交叉布置。搅拌时,物料一方面被叶片提升自落作垂直位移,另一方面又被叶片迫使沿轴向作左右窜动,故搅拌作用比较强烈。它不但能搅拌流动性较大的混凝土,也能搅拌低流动性混凝土。搅拌筒正转时进行搅拌,反转时靠搅拌筒出料筒出料端的螺旋出料叶片将混凝土推出进行卸料。由于搅拌筒正、反转交替进行,叶片正反面都能受到物料的撞击,因而不易产生粘罐现象。这种搅拌机构造简单,质量轻,搅拌效率较高,出料干净、方便。但搅拌筒利用系数低,反转出料时,是在负载的情况下启动,功率消耗大,故这种机型一般只适用于中、小容量的搅拌机。

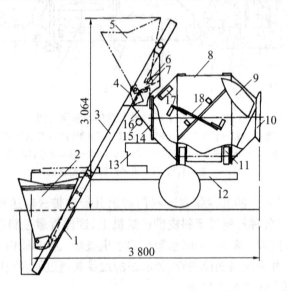

图 10-3 锥形反转出料式混凝土搅拌机
1—斜轨下伸部分;2—上料斗;3—斜轨;4—上料斗的底门;5—上料斗处于顶部时的情况;
6—斜轨的岔道;7—上料斗底部轮子;8—鼓筒;9—螺旋出料叶片;10—出料口;11—驱动轮;12—底盘;
13—动力装置及传动机构;14—进料口;15—进料振动器;16—固定进料斗

C. 双锥形倾翻出料式搅拌机。搅拌筒由两个截头圆锥组成,两圆锥筒内装有向内倾斜的叶片。搅拌筒转动时,由于叶片向内倾斜,故物料被左右两圆锥筒上的叶片提升不甚高时便沿叶片滑下。从左右叶片上滑下的物料相向运动,左搅拌筒中部形成交叉料流。搅拌筒每转一周,物料的搅拌可循环多次。因此,这种搅拌机搅拌效率高,可以搅拌高流动性和低流动性混凝土。由于物料在搅拌筒内提升的高度不大,所以,叶片不易撞坏,可以制成大容量的搅拌机,搅拌含有大粒径骨料的混凝土。它卸料时是依靠使搅拌筒倾翻的装置,使搅拌筒倾斜,将料卸出。

② 强制式搅拌机

强制式搅拌机按其构造特征可分为立轴式和卧轴式两类。

A. 立轴式强制式搅拌机。搅拌筒是一个平放置的圆盘,搅拌叶片绕立轴旋转,强迫搅拌盘内物料颗粒作多方向运动,形成复杂的交叉料流,将物料搅拌均匀。这类搅拌机按搅拌盘和叶片的旋转方式不同可分为涡桨式和行星式。涡桨式是搅拌盘固定,叶片绕盘中心的立轴旋转。行星式又分为定盘式和转盘式。定盘式是搅拌盘固定,搅拌叶片除绕位于盘中心的主立轴旋转外,还绕它本身的立轴旋转。转盘式则是搅拌盘绕中心旋转,而搅拌叶片立轴的位置固定,叶片的旋转方向与搅拌盘的旋转方向或者相反,或者同向。

B. 卧式强制搅拌机。可分为单卧轴式和双卧轴式。单卧轴式的水平搅拌轴通过机壳中心,轴上装有螺旋搅拌叶片和铲刮叶片。工作时两种叶片迫使物料作强烈的对流运动,使物料在短时间内便搅拌均匀。双卧轴式有两个相连的圆槽形搅拌筒,两根水平搅拌轴相互作反向旋转。

两轴上的叶片搅拌作用半径是相互交叉的,叶片与轴中心线成一定的角度。故当叶片转动时,它不仅使物料在两个搅拌筒内轮番地作圆周运动,而且还使它们沿轴向作往返窜动,因而有很好的搅拌效果。

各种类型的强制式搅拌机与自落式相比,其搅拌作用强烈,搅拌时间短、生产效率高,适宜于搅拌坍落度在3 cm以下的普通混凝土与轻骨料混凝土。所以,在大面积的路面施工中应用较为广泛。

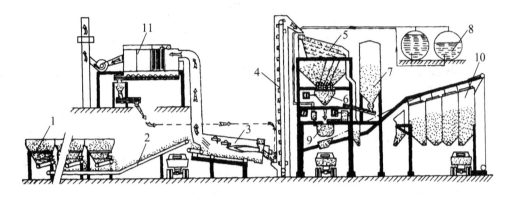

图 10-4　间隙式拌和机

1—冷矿料储存及配料装置;2—冷矿料输送机;3—冷矿料烘干、加热系统;4—热矿料提升机;
5—热矿料筛分及储料装置;6—热矿料计量装置;7—矿料供给及计量装置;8—沥青供给系统;9—搅拌器;
10—成品料储存仓;11—集尘装置

(3) 沥青混凝土拌和设备

沥青混凝土拌和设备按其作业特点可分为循环作业式(间隙式)拌和机(图 10-4)、连续作业式(连续式)拌和机(图 10-5)和综合作业式拌和机等三种类型。

① 循环作业式沥青混凝土拌和机。沥青混合料中各类材料的称量、烘干与加热、拌和等工艺过程都是按一定的间隔周期进行的,也就是按份数拌制的。

② 连续作业式沥青混凝土拌和机。混合料中各和配料的定量加料、烘干与加热、拌和与出料等工艺都是连续进行的。

③ 综合作业式沥青混凝土拌和机。混合料中各砂石料的供给与烘干加热过程是连续进行的,而砂石料与沥青的称量、拌和以及成品的出料则按分周期式进行。

2. 摊铺设备

(1) 水泥混凝土路面摊铺机械

水泥混凝土摊铺设备按其施工方法可分为轨道式和滑模式两种。

① 轨道式。轨道式摊铺机支撑在平底型轨道上,它既可以固定在宽基钢边架上,也可以安放在预制的混凝土板上或补强处理后的路面基层上,摊铺机的水平调整由轨道的平整度控制,而垂直调整根据摊铺机类型,采用不同的调整控制方式。

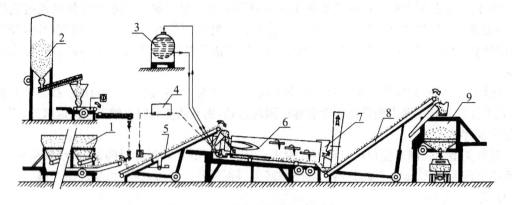

图 10-5　滚筒式连续搅拌设备简图

1—储存和配料装置；2—矿料供给系统；3—沥青供给系统；4—操作、控制中心；5—冷矿料称重皮带输送机；6—烘干—拌和滚筒；7—集尘装置；8—成品料输送机；9—成品料储存

轨道式摊铺设备大致由下列机械组成：进料器；摊铺机（包括刮板式、箱式和螺旋式）；振实机和修整机（图 10-6、图 10-7）。

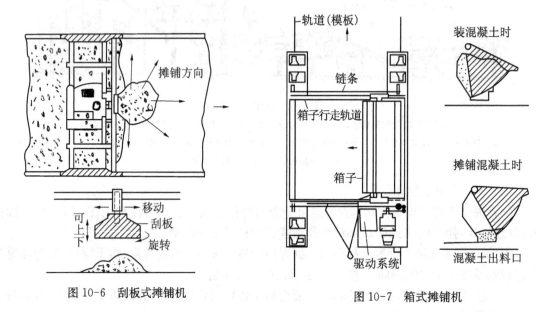

图 10-6　刮板式摊铺机　　　　　图 10-7　箱式摊铺机

② 滑模式。滑模式摊铺机是 60 年代初发展起来的一种新型水泥混凝土路面施工机械。滑模式摊铺设备是安装在覆带底盘上，行走装置在模板外侧移动，支撑侧边的滑动模板沿机器长度方向安装。在机器的宽度以内，机器的方向和水平位置靠固定在路面两侧桩上拉紧的导向钢丝和高强尼龙绳来控制。机器底盘的水平位置靠与导向钢丝相接触的传感装置来自动控制。附设的传感器也同时促动摊铺机的转向装置，以使导向钢丝和滑模之间保持一定的距离。滑模式摊铺机作业时，不需要另架设轨道和模板，就能按照要求使路面板挤压成型。这种摊铺机可实现多种功能的摊铺，如路肩、路缘石等（图 10-8）。

（2）沥青路面摊铺机械

沥青混合料摊铺机是用来将拌制好的沥青混合料均匀地摊铺在已整修好的路面基层上的

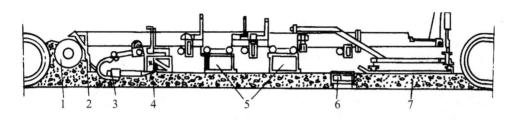

图 10-8 滑模式摊铺机摊铺过程示意图
1—螺旋摊铺器;2—刮平器;3—振捣器;4—刮平板;5—搓动式振捣板;6—光面带;7—混凝土面层

专用设备。按行走方式可分为自行式和拖式两种。高等级公路路面施工中常用前者。自行式摊铺机又可分为履带式、轮胎式及复合式三种。

① 轮胎式摊铺机。轮胎式摊铺机的前轮为一对或两对实心小胶轮,可以起到增强承载能力、避免因其受荷载变化而变形的作用。后轮大多为大尺寸的充气轮胎。轮胎式沥青混合料摊铺机的优点是:行驶速度快(可达 20 km/h);可自驶转移工地;费用低;机动性和操纵性能好;对单独的小面积高堆或深坑适应性较好,不致过分影响铺层的平整度;弯道摊铺质量好;结构简单,造价低。其缺点是:对路面平整度的敏感性较强;受料斗内的材料多少会改变后驱动轮胎的变形量,从而影响铺层的质量。为了避免这种现象,自卸汽车应分次卸料,但这又会影响汽车的周转。

② 履带式沥青混合料摊铺机。履带式摊铺机(图10-9)的履带大多加装有橡胶垫块,以免对刺履地面造成压痕,同时也可借此降低对地面的压力。履带式摊铺机的优点是:牵引力与接地面积都较大,减少对下层的作用力,对下层的平整度不太敏感。其缺点是:行驶速度低,不能很快地自行转移工地;对地面较高的凸起点适应能力差;机械传动式摊铺机在弯道上作业时会使铺层边缘不整齐;此外,其制造成本较高。

图 10-9 履带式沥青混合料摊铺机

③ 复合式沥青混合料摊铺机。作业时,利用履带行走装置;运输时,采用充气轮胎装置。广泛应用于小规模沥青混合料摊铺施工。

(3) 沥青及碎石洒布机

在采用沥青下封层、表面处理式、乳化沥青稀浆混合料、贯入式施工工艺铺筑沥青路面时,是用沥青或碎石洒布机将碎石或热态沥青(沥青的工作温度 120~180 ℃,石油沥青取较高温度,煤沥青取较低温度)洒布到碾压好的碎石基层、沥青层等路面结构的一定层位上的设备(图10-10~图 10-15)。

沥青路面施工时使用的沥青洒布机大致可分为手动式和自动式两种。

① 手动式沥青洒布机。该机适用于高等级公路岔道、辅道等中、小型贯入式路面和沥青表面处治工程的半机械化施工。其特点是移动方便,洒布效率高,可降低劳动强度,喷洒均匀,可根据工作面大小,配备几台用以平行作业,加快工程进度。

图 10-10　人工洒布沥青

图 10-11　机械洒布沥青

图 10-12　机械洒布沥青

图 10-13　机械摊铺乳化沥青稀浆混合料

图 10-14　机械洒布碎石

图 10-15　人工洒布碎石

②自行式沥青洒布机。是将沥青箱和洒布系统等工作设备装在汽车底盘上，可以作远距离移动；并可根据路面宽度、作业要求调节排管长度及各阀门操作位置，进行自动洒布。它具有机动性能好，洒布速度快，工效高，作业能力大，洒布质量也较易掌握等优点，在高等级公路贯入式路面和沥青表处路面施工中应用广泛。

自行式沥青洒布机主要包括：沥青箱、加热系统、传动机构、洒布机构和操纵机构等五部分装置。

3. 碾压（捣实）设备

(1) 水泥混凝土捣实机械

水泥混凝土捣实机械的类型按其工作方法的不同可分为：插入式振动器、附着式振动器及平板式振动器、台式振捣器。

① 插入式振动器。插入式振动器又称内部振动器。由电动机、软轴和振动棒三部分组成（图 10-16）。振动棒是工作部分，它是一个棒状空心圆柱体，内部安装着偏心振子，在动力源驱动下，由于偏心振子的振动，使整个棒体产生高频微幅的机械振动。工作时，将它插入混凝土中，通过棒体将振动能量直接传给混凝土，因此，振动密实，效率高。

按振动棒激振原理的不同，插入式振动器可分为偏心轴式和行星滚锥式（简称行星式）两种。由于行星式振动器是在不提高软轴的转速情况下，利用振子的行星运动，即可使振动棒获得较高的振率，与偏心式振动器比较，具有振动效果好，机械磨损少等优点，因而得到普遍的应用。

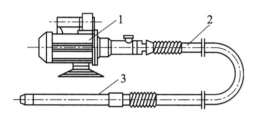

图 10-16 插入式振动器示意图
1—电动机；2—软轴；3—振动棒

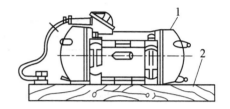

图 10-17 平板式振动器示意图
1—电子振子；2—振捣底板

② 附着式振动器及平板式振动器。附着式振动器又称外部振动器。它在电动机两侧伸出的悬臂轴上安装有偏心块，故当电动机回转时，偏心块便产生振动力，并通过轴承基座传给模板，通过模板将振动能量传递给混凝土，达到使混凝土密实的目的。

将附着式振动器固定在一块底板上则成为平板振动器，如图 10-17 所示，它又称为表面振动器。它的振动力是通过底板传递给混凝土的。故在使用时，振动器的底部应与混凝土面保持接触。在一个位置振动、捣实到混凝土不再下沉、表面出浆时，即可移至下一位置继续进行振动、捣实。

③ 台式振捣器。也是外部振捣器，它的激振原理是由两行频率相等、转向相反的偏心锤装置而产生的，因此只有上下的单向振动而无前后左右的振动。振动台的构造如图 10-18 所示。它主要由支承架、消振弹簧、工作台、偏心装置以及传动轴等组成，并由电动机驱动，通过偏心锤不同数量的配置，可得到大小不同的振幅，以适应各种不同的振捣需要。它的最大优点是产生的振动与混凝土的重力方向正好一致，振波正好通过颗粒的直接接触由下向上传递，能量损失很少。而插入式的内部振捣器只能产生水平振波，与混凝土重力方向不一致，振波只能通过颗粒间的摩擦传递。

(2) 水泥混凝土浇筑的配套机械

混凝土浇筑的配套机械有真空混凝土机组（包括真空泵、真空吸垫）、抹光机、振动梁、压纹机、锯缝机。

(3) 沥青路面压实机械

① 静作用光轮压路机。静作用光轮压路机可分为双轴三轮式（一般为 8～12 t，12～15 t）和双轴双轮式（一般为 6～8 t）。三轮式后面有两个较大的驱动轮，前面是一个较小的从动轮，常用于沥青混合料的初压。

双轮式压路机前后各一个轮子。根据结构要求，转向轮可为分开式，也可为整体式。双轮

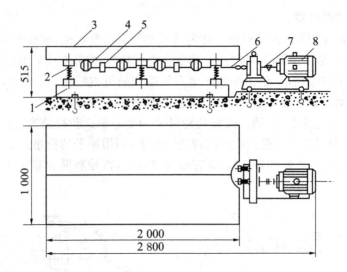

图 10-18 振动台的构造示意图
1—支承架；2—消振弹簧；3—工作台；4—偏心锤；5—偏心盘；6—传动轴；7—离合器；8—电动机

式压路机的结构与三轮压路机的结构比较,具有更好的压实适应性,能在摊铺层上横向碾压,产生更均匀的密实度。

三轮三轴式压路机有三个等宽的碾压滚轮,分装在刚性机架的前、中、后三根轴上,后轮为驱动轮,直径较大,中、前轮均为从动轮,直径较小,也有制成三个均为驱动轮的形式。该种压路机大多为重型,适用于压实沥青混凝土路面,且在作业时可以随被压层表面的不平度自动地重新分配各滚轮上的负荷,压平料层的凸起部分,主要用于要求平整度高的高等级公路路面的压实作业。

② 轮胎压路机。轮胎压路机根据其大小,可装 5~11 个光面橡胶轮,这些橡胶轮通常具有改变轮胎压力的性能,其工作质量一般为 12~28 t)。轮胎压路机可用来进行接缝处的预压、沥青路面复压、弯道预压、消除裂纹及薄摊铺层的压实作业。

图 10-19 20 t 轮胎压路机

图 10-20 26 t 轮胎压路机

③ 振动压路机。振动压路机分为自行式单轮振动压路机、串联振动压路机及组合式振动压路机等三种。

自行式单轮振动压路机。前面有一个振动轮,后面是两个橡胶驱动轮。有些机型前轮也是驱动轮。为了压实沥青混合料,振动轮有不同振幅和频率可供选用。这种压路机的工作质量大致为

12~16 t。自行式单轮振动压路机,常常用于平整度要求不高的辅道、匝道、岔道等路面作业。

串联振动压路机。沥青混合料的压实度要求较高时,常使用这种类型的压路机。它分为单轮振动和双轮振动,并且大型串联振动压路机有较多的频率和振幅。驱动轮是一个或两个,工作质量为 14~16 t。串联振动压路机的转向系统有:铰接转向、前轮转向及前、后轮偏移的铰接转向。

使用传统的铰接式压路机碾压,在转弯时因结构限制,机械后半部分易损坏路缘。前、后轮偏移转向的另一个优点是,在弯道上工作时,司机只要始终注意一个轮子就可以了。因此,铰接转向和前后轮偏移铰接转向的串联振动压路机,在当今沥青混合料压实中,使用得最为广泛。

组合压路机是轮胎压路机和振动压路机的一种组合形式。这种压路机有一个振动轮和3~4个充气橡胶轮,橡胶轮可安装在压路机前面或后面。这一设想,原是为了把轮胎压路机的优点同振动压路机的优点结合在一起。然而,实践证明,这种结合是令人失望的,只有经过适当的选择和运用才能有效。

图 10-21　单轮压路机

图 10-22　双轮压路机(静压与振动)

§10-2　级配碎石层的组成设计与施工

一、设计要求

国内研究表明,以级配碎石基层作为上基层,半刚性基层作为下基层的沥青路面结构,级配碎石基层的非线性在刚度较大的下卧层上得到发挥,具有较高的模量。虽然这种结构有利于克服级配碎石模量小的缺陷,但级配碎石在这种结构下的材料组成设计和工艺仍然是决定模量与变形特性的主要因素。级配是影响级配碎石强度和刚度最重要的因素。一般来说,密实的级配易于获得高密度,从而使级配碎石获得高的 CBR 值、回弹模量及抗永久变形能力。通常获得最密实集料,并使之具有较好透水性的级配,即是所寻求的最佳级配,级配碎(砾)石级配要求见表 7-8。

二、施工要求

在优质级配碎石基层材料、级配及结构组合确定后,碎石基层能否正常发挥其良好的特性关键在于施工。只有将级配碎石基层铺筑成高密实度、均匀,并具有良好透水性的高质量结构层,才能保证其减缓裂缝、排水和抗疲劳等功能的发挥。为此,对于级配碎石基层的施工应严格遵循以下三个要求。

① 严格控制碎石原材料的质量。严格控制碎石原材料强度、压碎值、集料中<0.5 mm 细料的塑性指数。集料中针片状颗粒含量等指标在规定范围内,这是级配碎石基层获得较高强度和刚度的基本保证,同时集料应洁净。

② 严格控制级配碎石基层材料的级配组成。严格的级配是碎石基层取得良好嵌锁力,从而获得高密实度、高强度及保证具有良好透水性的关键因素。因而在级配碎石基层的施工中必须始终保持其级配于规定范围内。

③ 高密实度级配碎石基层。高密实度(压实度≥100%)是保证碎石基层具有高强度(CBR值)和良好抗永久性变形性能的重要保证。由于碎石基层具有刚性较高的下卧半刚性基层,提供了良好的支承,因此其上的碎石基层容易达到高密实度。

以上要求,是高质量级配碎石的基本质量保证措施,是路面结构功能正常发挥的基础,因而在整个级配碎石基层的施工工序中必须严格贯彻执行。施工过程的具体要求如下:

(1) 配料

严格控制料场碎石质量完全符合要求。配料前,对 40~20 mm,20~10 mm,10~5 mm 以及石屑进行严格筛分分析,各级料应隔离,分别堆放;细集料应有覆盖,防止雨淋。再根据§7-2确定级配碎石之级配,并确定各规格碎石所占比例,并换算为体积比以便用装载机配料,配料拌和后应定期抽检所出混合料级配,以便实时控制和调整各规格配料比例。

(2) 拌和

拌和均匀是优质级配碎石形成强度和具有良好功能的关键,对于优质级配碎石施工,要求采用厂拌,实践证明,集中厂拌法比路拌混合料更为均匀而不易离析。此外,拌和中含水量宜高于最佳含水量1%~2%,以抵消运输和摊铺过程中水分散失及利于碾压。级配碎石可在较大含水量下碾压,含水量稍大虽会降低骨料间摩擦力,反而利于达到高密度。拌和机应该保持良好的工作状态,应根据级配碎石材料最大粒径情况适当调整叶片,使其具有适当的尺度及净空。同时调整各料仓的开度,使拌和成的混合料满足级配碎石的级配要求。

(3) 现场施工前的准备工作

恢复中线,进行标高控制。在摊铺前,应该检查底基层的施工情况,底基层的坡度、高程、横断面应该满足要求。

同时,在摊铺前视现场情况,在底基层上洒水,使底基层顶面保持适宜的湿度。

在正式摊铺前,应该根据试铺来确定松铺系数,试铺时可以按照松铺系数1.35进行。

(4) 摊铺

对优质级配碎石的摊铺应采用摊铺机进行,以便使摊铺出的级配碎石充分均匀和平整,压实以后的基层厚度均匀一致。如不具备用摊铺机摊铺级配碎石这一条件,应采用平地机摊铺,但此时应严格检查和消除混合料离析的发生。

用摊铺机进行摊铺时,采用两台摊铺机梯队形作业,并进行全幅摊铺。两台摊铺机一前一后相隔约5~8 m 同步向前摊铺。

摊铺时应该注意材料离析情况,应设专人随时消除粗细集料离析现象。对于粗集料"窝"和粗集料"带",应添加细集料,并拌和均匀;对于细集料"窝",应添加粗集料,并拌和均匀。

(5) 碾压

级配碎石摊铺后,应该立即用压路机碾压。碾压时,根据情况以喷雾式洒水车适当洒水,使级配碎石在最佳含水量下进行碾压,使其达到要求的压实度。

如果含水量过多,待其干到接近最佳含水量时,再用压路机进行碾压。

直线和不设超高的平曲线段,由两侧路肩开始向路中心碾压;在设超高的平曲线段,由内侧路肩向外侧路肩进行碾压。

对于作为上基层的优质级配碎石,压实度要求较高(≥100%)。此时,建议采用振动压实,对于12～15 cm厚优质级配碎石基层,建议采用工作重>12 t(振动总作用力≥20 t)的振动压力机碾压4～6遍,且第一遍初压和最后一遍终压采用>12 t两轮或三轮钢轮压路机碾压,整个碾压过程6～8遍。

此外,碾压过程中,后轮应重叠1/2,后轮压完全宽时为一遍。碾压头两遍宜用Ⅰ挡(1.5～1.7 km/h),以后用Ⅱ挡(2.0～2.5 km/h)。

严禁压路机在已完成的或正在碾压的路段上调头或急刹车。

碾压不平之处,应耙松补充材料,或移除多余部分,然后碾压整平。

施工后的级配碎石层坡度、高程及横断面必须达到设计要求。

施工后的级配碎石应马上洒透层沥青或铺封层,在没洒透层沥青或铺封层时,禁止开放交通,以避免表层在车辆的行驶作用下松散,保证级配碎石的强度和整体性。

(6) 接缝处理

第一天完成的级配碎石接缝处的混合料,可以留5～8 m不碾压,第二天洒水后和新摊铺的混合料一起碾压,必须补充洒水,使其含水量达到规定的要求。

(7) 现场检测

压实后的级配碎石必须进行材料含水量、现场压实度、筛分析、平整度试验,并检测压实后的结构厚度是否满足要求。同时进行弯沉、承载板回弹模量测定,根据情况进行FWD实验。

表10-1 级配碎石的现场检测频率

试验内容	质量要求	试验方法	试验频度
施工含水量	与要求含水量相差不超过2%	挖坑	随时观测,发现有异常时须进行
筛分析	符合级配范围	室内筛分	每段结构至少10个点
离析情况	基本上无离析	目测	随时
现场压实度	基层98%或底基层96%	挖坑灌砂法	每段结构至少10个点
弯沉	实测	贝克曼梁和FWD	每车道25 m一个测点
回弹模量	实测	承载板	每段结构至少10个点
平整度	8 mm	3 m直尺	每200 m两次,每次连续10尺
	标准差不大于3 mm	连续式平整度仪	
厚度	平均值−8 mm 单点−15 mm	挖坑	每段结构至少10个点

§10-3 无机结合料稳定材料的组成设计

一、试验方法与强度要求

无机结合料稳定材料组成设计是通过测试无机结合料稳定材料试件的无侧限抗压强度以确定所需的结合料剂量。

1. 试件制备及数量

无侧限抗压强度试验都采用静力压实法制备的高:直径＝1:1 的圆柱体试件。根据土的最大粒径不同,采用不同尺寸的试模。细粒土:试模的直径×高＝50 mm×50 mm;中粒土:试模的直径×高＝100 mm×100 mm;粗粒土:试模的直径×高＝150 mm×150 mm。

对于同一组无机结合料剂量的混合料,每组所需制备的试件数量(即平行试验的数量)与土的种类及操作的水平有关。对于无机结合料稳定细粒土,每组至少应制备 6 个试件;对于无机结合料稳定中粒土和粗粒土,每组至少应分别制备 9 个和 13 个试件。

试件制备时,首先称取一定量的风干的土样,按最佳含水量计算出所需加水量,将水均匀地洒在土样中,重复拌和均匀后,放在密闭的容器中浸润备用,浸润时间与击实试验相同。

在浸润后的试料中,按预定的剂量,掺入结合料并充分拌和均匀,同样应在 1 h 内制备成试件,否则应予以作废。根据试件的大小,称取一定质量的试料,称取质量 $m_1 = \rho_d V(1+w)$,式中 ρ_d 为混合料的干密度,V 为试件体积,w 为混合料的含水量。

将试模的下压柱放在试模的下部,但需外露 2 cm 左右,将称好的试料按规定方法倒入试模中,并均匀插实,然后将上压柱放入试模中,也外露 2 cm 左右。将这个试模,包括上下压柱,放在反力框架内的千斤顶上或压力机上加压,直到上下压柱都压入试模中为止,维持压力 1 min。解除压力后,取下试模进行脱模。稳定有黏结性的材料时,制件后可以立即脱模,稳定无黏结性的材料时,最好过几小时后再脱模,以确保试件不在脱模过程中破坏。

2. 强度测试

试件从试模中脱出并称量后,应立即放到密封湿气箱和恒温室中进行保温养生,但大、中试件应先用塑料薄膜包覆。养生时间视需要而定,作为工地控制,通常都只需 7 d。整个养生期间的温度应保持 20 ℃±2 ℃。养生期的最后一天,应将试件浸泡在水中进行养护,浸泡前应再次称量试件的质量。在养生期间,试件的质量损失应符合下列规定:小试件质量损失不超过 1 g,中试件质量损失不超过 4 g,大试件质量损失不超过 10 g,超过此规定的试件应予以作废。

将已浸水一昼夜的试件从水中取出,吸干试件表面的可见自由水,并称量试件的质量和高度。将试件放在材料强度试验仪上,以 1 mm/min 的变形速度进行加载,记录试件破坏时的最大压力 $P(N)$。从破坏的试件内部取有代表性的样品测定其含水量。

3. 结果分析

试件的无侧限抗压强度 R_C 采用下列相应公式进行计算:

对于小试件: $$R_C = \frac{P}{A} = 0.000\,51P(\text{MPa}) \tag{10-1}$$

对于中试件: $$R_C = \frac{P}{A} = 0.000\,127P(\text{MPa}) \tag{10-2}$$

对于大试件：
$$R_C = \frac{P}{A} = 0.000\,057P(\text{MPa}) \tag{10-3}$$

式中 A——试件截面积。

计算出试验结果的平均值 $\overline{R}$ 和偏差系数 $C_V(\%)$，在若干次平行试验中的偏差系数应符合表 10-2 的规定，对于不符合规定的应重新做，并应增加平行试件数量。

表 10-2

试件尺寸	小试件	中试件	大试件
$C_V(\%)$不大于	10	15	20

取试件平均强度 $\overline{R_7}$，满足如下公式的试件中的最小剂量，作为稳定土所需的无机结合料剂量。

$$\overline{R_7} = R_d/(1 - Z_\alpha \cdot C_V) \tag{10-4}$$

式中 R_d——设计抗压强度，其值见表 10-3。

C_V——试验结果的偏差系数（以小数计）。

Z_α——标准正态分布表中，随保证率（或称置信度 α）而变的系数：对于高速公路和一级公路应取保证率为 95%，相应 $Z_\alpha = 1.645$；一般公路应取保证率为 90%，相应 $Z_\alpha = 1.282$。

不同稳定材料的压实度和强度标准应符合表 10-3～表 10-6 的要求。

表 10-3 石灰稳定细粒土 7 d 无侧限抗压强度与压实度标准

层位	稳定材料类型	高速公路及一级公路		二级及二级以下公路	
		压实度(%)	抗压强度(MPa)	压实度(%)	抗压强度(MPa)
基层	集料	—	—	≥97	≥0.8
	细粒土	—		≥95	
底基层	集料	≥97	≥0.8	≥95	≥0.5～0.7
	细粒土	≥95		≥93	

表 10-4 水泥稳定材料的 7 d 无侧限抗压强度与压实度标准

层位	稳定材料类型	高速公路及一级公路				二级及二级以下公路			
		压实度(%)	抗压强度(MPa)			压实度(%)	抗压强度(MPa)		
			极重、特重	重	中、轻		极重、特重	重	中、轻
基层	集料	≥98	5.0～7.0	4.0～6.0	3.0～5.0	≥97	4.0～6.0	3.0～5.0	2.0～4.0
	细粒土	—	—	—	—	≥95			
底基层	集料	≥97	3.0～5.0	2.5～4.5	2.0～4.0	≥95	2.5～4.5	2.0～4.0	1.0～3.0
	细粒土	≥95				≥93			

表 10-5　石灰粉煤灰稳定材料的 7 d 无侧限抗压强度与压实度标准

层位	稳定材料类型	高速公路及一级公路				二级及二级以下公路			
		压实度(%)	抗压强度(MPa)			压实度(%)	抗压强度(MPa)		
			极重、特重	重	中、轻		极重、特重	重	中、轻
基层	集料	≥98	≥1.1	≥1.0	≥0.9	≥97	≥0.9	≥0.8	≥0.7
	细粒土	—	—	—	—	≥95			
底基层	集料	≥97	≥0.8	≥0.7	≥0.6	≥95	≥0.7	≥0.6	≥0.5
	细粒土	≥95				≥93			

表 10-6　水泥粉煤灰稳定材料的 7 d 无侧限抗压强度与压实度标准

层位	稳定材料类型	高速公路及一级公路				二级及二级以下公路			
		压实度(%)	抗压强度(MPa)			压实度(%)	抗压强度(MPa)		
			极重、特重	重	中、轻		极重、特重	重	中、轻
基层	集料	≥98	4.0~5.0	3.5~4.5	3.0~4.0	≥97	3.5~4.5	3.0~4.0	2.5~3.5
	细粒土	—	—	—	—	≥95			
底基层	集料	≥97	2.5~3.5	2.0~3.0	1.5~2.5	≥95	2.0~3.0	1.5~2.5	1.0~2.0
	细粒土	≥95				≥93			

二、原材料的要求

1. 石灰

石灰应符合《公路路面基层施工技术细则》(JTG/T F20)所规定的Ⅲ级以上要求(表10-7)。进场的生石灰块应妥善保管,加棚盖或覆土储存,应尽量缩短生石灰的存放时间。

表 10-7　石灰技术要求

指　标		钙质生石灰			镁质生石灰			试验方法
		Ⅰ	Ⅱ	Ⅲ	Ⅰ	Ⅱ	Ⅲ	
有效氧化钙加氧化镁含量(%)		≥85	≥80	≥70	≥80	≥75	≥65	T 0813
未消化残渣含量(%)		≤7	≤11	≤17	≤10	≤14	≤20	T 0815
钙镁石灰的分类界限,氧化镁含量(%)		≤5			>5			T 0812
指　标		钙质消石灰			镁质消石灰			试验方法
		Ⅰ	Ⅱ	Ⅲ	Ⅰ	Ⅱ	Ⅲ	
有效氧化钙加氧化镁含量(%)		≥65	≥60	≥55	≥60	≥55	≥50	T 0813
含水率量(%)		≤4	≤4	≤4	≤4	≤4	≤4	T 0801
细度	0.60 mm方孔筛的筛余(%)	0	≤1	≤1	0	≤1	≤1	T 0814
	0.15 mm方孔筛的筛余(%)	≤13	≤20	—	≤13	≤20	—	T 0814
钙镁石灰的分类界限,氧化镁含量(%)		≤4			>4			T 0812

2. 土

塑性指数为15~20(100 g平衡锥法)的黏性土以及含有一定数量黏性土的中粒土和粗粒

土(如天然砂砾、砾石土等)均可以适用于石灰稳定。塑性指数偏大的黏性土要加强粉碎,粉碎后土块的最大尺寸不应大于15 mm。可以采用两次拌和法,第一次加部分石灰拌和,闷放1~2 d,再加入其余石灰,进行第二次拌和。塑性指数10以下的亚砂土和砂土,使用石灰较多,难于碾压成型,应采用适当的施工措施,或采用水泥稳定。塑性指数15以上的黏性土更适宜用石灰和水泥综合稳定。石灰稳定土中颗粒的最大粒径应小于15 mm;土中硫酸盐含量应小于0.8%,腐蚀质含量应不超过10%。

3. 粉煤灰

粉煤灰是火力发电厂燃烧煤粉产生的粉状灰渣,主要成分是二氧化硅(SiO_2)和三氧化二铝(Al_2O_3),其要求应符合表10-8。粉煤灰不应含有团块、腐蚀质及有害杂质。使用时应将凝固的粉煤灰块打碎或过筛。

表10-8 粉煤灰的技术要求

检测项目	技术要求	试验方法
SiO_2、Al_2O_3 和 Fe_2O_3 总含量(%)	>70	T 0816
烧失量(%)	≤20	T 0817
比表面积(cm^2/g)	>2 500	T 0820
0.3 mm 筛孔通过率(%)	≥90	T 0818
0.076 mm 筛孔通过率(%)	≥70	T 0818
湿粉煤灰含水率(%)	≤35	T 0801

4. 集料

集料的技术指标应满足表10-9~10-11的要求。水泥稳定碎石(砂砾)的颗粒组成范围符合表10-12~10-15的要求,石灰粉煤灰稳定(二灰)碎石(砂砾)基层的颗粒组成和推荐比例应符合表10-16~10-19的技术要求。水泥粉煤灰稳定碎石的颗料组成和推荐比例应符合表10-18和表10-19的技术要求。集料的均匀系数应大于10(通过量为60%的筛孔尺寸与通过量为10%的筛孔尺寸的比值)。不同规格的集料应分别堆放,严禁混堆。

表10-9 粗集料的技术要求

指标	层位	高速公路和一级公路				二级及二级以下公路		试验方法
		极重、特重交通		重、中、轻交通				
		Ⅰ类	Ⅱ类	Ⅰ类	Ⅱ类	Ⅰ类	Ⅱ类	
压碎值(%)	基层	≤22[a]	≤22	≤26	≤26	≤35	≤30	T 0316
	底基层	≤30	≤26	≤30	≤26	≤40	≤35	
针片状颗粒含量(%)	基层	≤18	≤18	≤22	≤18	—	≤20	T 0312
	底基层	—	≤20	—	≤20	—	≤20	
0.075 mm 以下粉尘含量(%)	基层	≤1.2	≤1.2	≤2	≤2	—	—	T 0310
	底基层	—	—	—	—	—	—	
软石含量(%)	基层	≤3	≤3	≤5	≤5	—	—	T 0320
	底基层	—	—	—	—	—	—	

注:[a] 对花岗岩石料,压碎值可放宽至25%。

表 10-10　细集料的技术要求

项目	水泥稳定[a]	石灰稳定	石灰粉煤灰综合稳定	水泥粉煤灰综合稳定	试验方法
颗粒分析	满足级配要求				T 0302/0303/0327
塑性指数[b]	≤17	适宜范围 15～20	适宜范围 12～20	—	T 0118
有机质含量(%)	<2	≤10	≤10	<2	T 0313/0336
硫酸盐含量(%)	≤0.25	≤0.8	—	≤0.25	T 0341

注：[a] 水泥稳定包含水泥石灰综合稳定。
　　[b] 应测定 0.075 mm 以下材料的塑性指数。

表 10-11　集料的分档要求

层位	高速公路和一级公路		二级及二级以下公路
	极重、特重交通	重、中、轻交通	
基层	≥5	≥4	≥3 或 4[a]
底基层	≥4	≥3 或 4[a]	≥3

注：[a] 对一般工程可选择不少于 3 档备料，对极重、特重交通荷载等级且强度要求较高时，为了保证级配的稳定，宜选择不少于 4 档备料。

表 10-12　水泥稳定材料的推荐级配范围(%)

筛孔尺寸(mm)	高速公路和一级公路的底基层或二级公路的基层 C-A-1	高速公路和一级公路的底基层 C-A-2	二级以下公路的基层 C-A-3	二级及二级以下公路的底基层 C-A-4
53	—	—	100	100
37.5	100	100	90～100	—
31.5	90～100	—	—	—
26.5	—	—	66～100	—
19	67～90	—	54～100	—
9.5	45～68	—	39～100	—
4.75	29～50	50～100	28～84	50～100
2.36	18～38	—	20～70	—
1.18	—	—	14～57	—
0.6	8～22	17～100	8～47	17～100
0.075	0～7	0～30	0～30	0～50

注：表中水泥稳定材料不包括水泥稳定级配碎石或砾石。

第10章 路面施工

表10-13 水泥稳定级配碎石或砾石的推荐级配范围(%)

筛孔尺寸(mm)	高速公路和一级公路			二级及二级以下公路		
	C-B-1	C-B-2	C-B-3	C-C-1	C-C-2	C-C-3
37.5	—	—	—	100	—	—
31.5	—	—	100	100~90	100	—
26.5	100	—	—	94~81	100~90	100
19	86~82	100	68~86	83~67	87~73	100~90
16	79~73	93~88	—	78~61	82~65	92~79
13.2	72~65	86~76	—	73~54	75~58	83~67
9.5	62~53	72~59	38~58	64~45	66~47	71~52
4.75	45~35	45~35	22~32	50~30	50~30	50~30
2.36	31~22	31~22	16~28	36~19	36~19	36~19
1.18	22~13	22~13	—	26~12	26~12	26~12
0.6	15~8	15~8	8~15	19~8	19~8	19~8
0.3	10~5	10~5	—	14~5	14~5	14~5
0.15	7~3	7~3	—	10~3	10~7	10~3
0.075	5~2	5~2	0~3	7~2	7~2	7~2

表10-14 水泥稳定材料配合比设计试验推荐水泥试验剂量表(%)标准

被稳定材料	条件		推荐试验剂量(%)
有级配的碎石或砾石	基层	$R_d \geq 5.0$ MPa	5、6、7、8、9
		$R_d < 5.0$ MPa	3、4、5、6、7
土、砂、石屑等		塑性指数<12	5、7、9、11、13
		塑性指数≥12	8、10、12、14、16
有级配的碎石或砾石	底基层	—	3、4、5、6、7
土、砂、石屑等		塑性指数<12	4、5、6、7、8
		塑性指数≥12	6、8、10、12、14
碾压贫混凝土	基层	—	7、8.5、10、11.5、13

表10-15 水泥的最小剂量(%)标准

被稳定材料类型	拌和方法	
	路拌法	集中厂拌法
中、粗粒材料	4	3
细粒材料	5	4

表 10-16　石灰粉煤灰稳定级配碎石或砾石的推荐级配范围(%)

筛孔尺寸 (mm)	高速公路和一级公路				二级及二级以下公路			
	稳定碎石		稳定砾石		稳定碎石		稳定砾石	
	LF-A-1S	LF-A-2S	LF-A-1L	LF-A-2L	LF-B-1S	LF-B-2S	LF-B-1L	LF-B-2L
31.5	100	—	100	—	100~90	100	100~90	100
26.5	95~91	100	96~93	100	94~81	100~90	95~84	100~90
19	85~76	89~82	88~81	91~86	83~67	87~73	87~72	91~77
16	80~69	84~73	84~75	87~79	78~61	82~65	83~67	86~71
13.2	75~62	78~65	79~69	82~72	73~54	75~58	79~62	81~65
9.5	65~51	67~53	71~60	73~62	64~45	66~47	72~54	74~55
4.75	45~35	45~35	55~45	55~45	50~30	50~30	60~40	60~40
2.36	31~22	31~22	39~27	39~27	36~19	36~19	44~24	44~24
1.18	22~13	22~13	28~16	28~16	26~12	26~12	33~15	33~15
0.6	15~8	15~8	20~10	20~10	19~8	19~8	25~9	25~9
0.3	10~5	10~5	14~6	14~6	—	—	—	—
0.15	7~3	7~3	10~3	10~3	—	—	—	—
0.075	5~2	5~2	7~2	7~2	7~2	7~2	10~2	10~2

表 10-17　石灰粉煤灰稳定材料和石灰煤渣稳定材料的推荐比例(%)标准

材料类型	材料名称	使用层位	结合料间比例	结合料与被稳定材料间比例
石灰粉煤灰	硅铝粉煤灰的石灰粉煤灰类[a]	基层或底基层	石灰:粉煤灰=1:2~1:9	—
	石灰粉煤灰土	基层或底基层	石灰:粉煤灰=1:2~1:4[b]	石灰粉煤灰:细粒材料=30:70[c]~10:90
	石灰粉煤灰稳定级配碎石或砾石	基层	石灰:粉煤灰=1:2~1:4	石灰粉煤灰:被稳定材料=20:80~15:85[d]
石灰煤渣	石灰煤渣稳定材料	基层或底基层	石灰:煤渣=20:80~15:85	—
	石灰煤渣土	基层或底基层	石灰:煤渣=1:1~1:4	石灰煤渣:细粒材料=1:1~1:4[e]
	石灰煤渣稳定材料	基层或底基层	石灰:煤渣:被稳定材料=(7~9):(26~33):(67~58)	

注：[a] CaO 含量为 2%~6% 的硅铝粉煤灰。
　　[b] 粉土以 1:2 为宜。
　　[c] 采用此比例时,石灰与粉煤灰之比宜为 1:2~1:3。
　　[d] 石灰粉煤灰与粒料之比为 15:85~20:80 时,在混合料中,粒料形成骨架,石灰粉煤灰起填充孔隙和胶结作用。这种混合料称骨架密实式石灰粉煤灰粒料。
　　[e] 混合料中石灰应不少于 10%,可通过试验选取强度较高的配合比。

表 10-18 水泥粉煤灰稳定级配碎石或砾石的推荐级配范围(%)

筛孔尺寸 (mm)	高速公路和一级公路				二级及二级以下公路			
	稳定碎石		稳定砾石		稳定碎石		稳定砾石	
	CF-A-1S	CF-A-2S	CF-A-1L	CF-A-2L	CF-B-1S	CF-B-2S	CF-B-1L	CF-B-2L
37.5	—	—	—	—	100	—	100	—
31.5	100	—	100	—	100~90	100	100~90	100
26.5	95~90	100	95~91	100	93~80	100~90	94~81	100~90
19	84~72	88~79	85~76	89~82	81~64	86~70	83~67	87~73
16	79~65	82~70	80~69	84~73	75~57	79~62	78~61	82~65
13.2	72~57	76~61	75~62	78~65	69~50	72~54	73~54	75~58
9.5	62~47	64~49	65~51	67~53	60~40	62~42	64~45	66~47
4.75	40~30	40~30	45~35	45~35	45~25	45~25	50~30	50~30
2.36	29~19	28~19	33~22	33~22	31~16	31~16	36~19	36~19
1.18	20~12	20~12	24~13	24~23	22~11	22~11	26~12	26~12
0.6	14~8	14~8	18~8	18~8	15~7	15~7	19~8	19~8
0.3	10~5	10~5	13~5	13~5	—	—	—	—
0.15	7~3	7~3	10~3	10~3	—	—	—	—
0.075	5~2	5~2	7~2	7~2	5~2	5~2	7~2	7~2

表 10-19 水泥粉煤灰稳定材料和水泥煤渣稳定材料的推荐比例(%)标准

材料类型	材料名称	使用层位	结合料间比例	结合料与被稳定材料间比例
石灰粉煤灰	硅铝粉煤灰的 水泥粉煤灰类[a]	基层或底基层	水泥:粉煤灰=1:3~1:9	—
	水泥粉煤灰土	基层或底基层	水泥:粉煤灰=1:3~1:5	水泥粉煤灰:细粒材料 =30:70[b]~10:90
	水泥粉煤灰稳定级 配碎石或砾石	基层	水泥:粉煤灰=1:3~1:5	水泥粉煤灰:被稳定材料 =20:80~15:85[c]
水泥煤渣	水泥煤渣稳定材料	基层或底基层	水泥:煤渣=5:95~15:85	
	水泥煤渣土	基层或底基层	水泥:煤渣=1:2~1:5	水泥煤渣:细粒材料 =1:2~1:5[d]
	水泥煤渣稳定材料	基层或底基层	水泥:煤渣:被稳定材料=(3~5):(26~33):(71~62)	

注:[a]CaO 含量为 2%~6%的硅铝粉煤灰。
   [b]采用此比例时,水泥与粉煤灰之比宜为 1:2~1:3。
   [c]水泥粉煤灰与粒料之比为 15:85~20:80 时,在混合料中,粒料形成骨架,水泥粉煤灰起填充孔隙和胶结作用。
   [d]混合料中水泥应不少于 4%,可通过试验选取强度较高的配合比。

5. 水泥

普通硅酸盐水泥、矿渣硅酸盐水泥或火山灰质硅酸盐水泥都可以用于稳定土,但应选用终凝时间较长(宜 6 h 以上)的水泥。早强、快硬及受潮变质的水泥不应使用。

三、混合料组成的基本要求

1. 水泥稳定土材料

凡能被粉碎的土都可用水泥稳定。宜做水泥稳定类基层的材料有:石渣、石屑、砂砾、碎石土、砾石土等。

对于高速公路和一级公路,当用水泥稳定土做底基层时,碎石或砾石的压碎值应不大于30%,颗粒最大粒径不应超过 37.5 mm;当用水泥稳定土做基层时,碎石或砾石的压碎值应不大于 30%,颗粒最大粒径不应超过 31.5 mm(指方孔筛)。

对二级和二级以下公路,当用水泥稳定土做底基层时,碎石或砾石的压碎值应不大于 35%,颗粒最大粒径不应超过 53 mm;当用水泥稳定土做基层时,碎石或砾石的压碎值应不大于 40%,颗粒最大粒径不应超过 37.5 mm。

为减少基层裂缝,必须做到三个限制:在满足设计强度的基础上限制水泥用量;在减少含泥量的同时,限制细集料、粉料用量;根据施工时气候条件限制含水量。一般要求水泥剂量不应大于 5.5%、集料级配中 0.075 mm 以下颗粒含量不大于 5%、含水量不宜超过最佳含水量的 1%。

2. 石灰稳定土材料

凡能被粉碎的土都可用石灰稳定。宜做石灰稳定类基层的材料有:石渣、石屑、砂砾、碎石土、砾石土等。

对于高速公路和一级公路,当用石灰稳定土做底基层时,碎石或砾石的压碎值应不大于 35%,颗粒最大粒径不应超过 37.5 mm;当用石灰稳定土做基层时,碎石或砾石的压碎值应不大于 30%,颗粒最大粒径不应超过 37.5 mm。

对二级和二级以下公路,当用石灰稳定土做底基层时,碎石或砾石的压碎值应不大于 40%,颗粒最大粒径不应超过 53 mm;当用石灰稳定土做基层时,碎石或砾石的压碎值应不大于 35%,颗粒最大粒径不应超过 37.5 mm。

3. 石灰工业废渣稳定材料

高速公路和一级公路集料的压碎值应≮30%,颗粒最大粒径高速公路和一级公路不大于 31.5 mm(方孔筛);二级公路和二级以下公路集料的压碎值应≮35%,颗粒最大粒径不大于 37.5 mm(方孔筛)。

石灰工业废渣混合料中粒料重量宜占 80% 以上,并有良好的级配。

四、材料组成设计步骤

1. 从沿线料场或计划使用的远运料场选取有代表性的试样。
2. 制备同一种试样、不同结合料剂量(以干试样的重量百分率计)的混合料,一般情况可按下列剂量配制。

(1) 对于石灰稳定土

石灰剂量以全部粗细土颗粒的干重的百分率表示。

做基层用:

砂砾土和碎石土:4%、5%、6%、7%、8%

砂性土:8%、10%、12%、14%、16%

粉性土和黏性土:6%、8%、10%、12%、14%

做底基层用:

砂性土:同基层

粉性土和黏性土:5%、7%、9%、11%、13%

(2) 对于水泥稳定土

做基层用:

中粒土和粗粒土:3%、4%、5%、6%、7%

砂土:6%、8%、9%、10%、12%

其他细粒土:8%、10%、12%、14%、16%

做底基层用:

中粒土和粗粒土:2%、3%、4%、5%、6%

砂土:4%、6%、7%、8%、9%

其他细粒土:6%、8%、9%、10%、12%

3. 确定各种混合料的最佳含水量和最大干密度,至少做三组不同结合料剂量混合料的击实试验,即最小剂量、中间剂量和最大剂量。其他两个剂量混合料的最佳含水量和最大干密度,用内插法确定。

4. 按最佳含水量和计算得的干密度(按规定的现场压力实度计算)制备试件。

5. 试件在规定温度(20 ℃±2 ℃)下保湿养生 6 d,浸水 1 d,然后进行无侧限抗压强度试验。

6. 根据材料的强度标准,选定合适的结合料剂量。此剂量的试件,室内试件试验结果的平均抗压强度$\overline{R_7}$,应符合式(10-4)的要求。

7. 考虑到室内试验和现场条件的差别,工地实际采用的结合料剂量应较室内试验确定的剂量多 0.5%~1.0%。拌和机械的拌和效果好,可只增加 0.5%;如拌和机械的拌和效果较差,则需要增加 1.0%。

§10-4 无机结合料稳定材料层的施工与质量控制

一、准备工作

1. 施工机械

必须配备齐全的施工机械和配件,做好开工前的保养、试机工作,并保证在施工期间一般不发生有碍施工进度和质量的故障。路面基层施工,一律要求采用集中厂拌、摊铺机摊铺,按层次施工,要求各施工单位配备足够的拌和、运输、摊铺、压实机械,每层最大压实厚度不大于20 cm,以确保基层施工质量。底基层可以采用场拌施工工艺。

(1)拌和机的配套设备 根据不同公路等级的技术要求和摊铺日进度配备拌和设备。对高速公路,必须配置产量大于 400 t/h 的拌和机,要保证其实际出料(生产量的 80%)能力超过实际摊铺能力的 10%~15%。拌和机必须采用定型产品,并在多个工程中应用,且用户反映良好。为使混合料拌和均匀,拌缸要满足一定长度,至少要有四个进料斗,料口必须安装钢筋网盖,筛除超出粒径规格的集料及杂物。拌和机的用水应配有大容量的储水箱。所有料斗、水箱、罐仓都要求装配高精度电子动态计量器,所有电子动态计量器应经有资质的计量部门进行计量标定后方可使用。

(2)摊铺机 应根据路面基层的宽度、厚度,参考摊铺机的参数选用合适的摊铺机械。基层施工应采用两台摊铺机梯队作业,并要求两台摊铺机要功能一致,最好为同类机型,而且机型较新,功能较全,以保证路面基层厚度一致,完整无缝,平整度好。

(3) 压路机　至少应配备 12 t 左右轻型压路机 1~2 台，18~20 t 的稳压用压路机 2~3 台，振动压路机 2~3 台和胶轮压路机 2 台。压路机的吨位和台数必须与拌和机及摊铺机生产能力相匹配，使从加水拌和到碾压终了的时间不超过 2 h，保证施工正常进行。

(4) 自卸汽车、装载机、洒水车

(5) 水泥和其他填料钢制罐仓　可视摊铺能力决定其容量，可用 2 个 50 t 的，也可用一个 80~100 t，罐仓内应配有水泥破拱器，以免水泥起拱停流。

2. 质量检测仪器

质量检测仪器包括：水泥质量测定设备、水泥剂量测定设备、重型击实仪、水泥稳定碎石抗压试件制备与抗压强度测定设备、标准养护室、基层密度测定设备、标准筛（方孔）和土壤液、塑限联合测定仪、压碎值仪等。

二、试铺段

高速公路和一级公路在正式开工之前，应铺筑试铺段。试铺段应选择在经验收合格的层位上进行，其长度为 300~600 m，每一种方案各试验 100~200 m。

试铺路段的拌和、摊铺、碾压各道工序符合现行路面基层施工技术细则(JTG/T F20)。试铺段要决定的主要内容如下：(1) 验证用于施工的集料配合比例，① 调试拌和机，分别称出拌缸中不同规格的土、无机结合料、水的重量，测量其计量的准确性；② 调整拌和时间，保证混合料均匀性；③ 检查混合料含水量、集料级配、无机结合料剂量、7 d 无侧限抗压强度。(2) 确定一次铺筑的合适厚度和松铺系数。(3) 确定标准施工方法，① 混合料配比的控制；② 混合料摊铺方法和适用机具(包括摊铺机的行进速度、摊铺厚度的控制方式、梯队作业时摊铺机的间隔距离(一般 5~8 m)；③ 含水量的增加和控制方法；④ 压实机械的选择和组合，压实的顺序、速度和遍数；⑤ 拌和、运输、摊铺和碾压机械的协调和配合。(4) 确定每一作业段的合适长度(一般建议 50~80 m)。(5) 严密组织拌和、运输、碾压等工序，缩短延迟时间。

当使用的原材料和混合料、施工机械、施工方法及试铺路面各检验项目的检测结果都符合规定时，即可按以上内容编写《试铺总结》，作为申报正式路面施工开工的依据。

三、施工

1. 一般要求

开始摊铺的前一天要进行测量放样，按摊铺机宽度与传感器间距，并打好导向控制线支架(一般在直线上为 10 m，在平曲线上为 5 m)，根据松铺系数算出松铺厚度，决定导向控制线高度，挂好导向控制线(测量精度按部颁标准控制)。用于控制摊铺机摊铺厚度的控制线的钢丝拉力应 ≥800 N。

2. 混合料的拌和

开始拌和前，拌和场的备料应能满足 3~5 d 的摊铺用料。每天开始搅拌前，应检查场内各处集料的含水量，计算当天的配合比，外加水与天然含水量的总和要比最佳含水量略高。每天开始搅拌之后，出料时要取样检查是否符合设计的配合比，进行正式生产之后，每 1~2 h 检查一次拌和情况，抽检其配比、含水量是否变化。高温作业时，早晚与中午的含水量要有区别，要按温度变化及时调整。

拌和机出料不允许采取自由跌落式的落地成堆、装载机装料运输的办法。一定要配备带活门漏斗的料仓，由漏斗出料直接装车运输，装车时车辆应前后移动，分三次装料，避免混合料离析。

3. 混合料的运输

运输车辆数一定要满足拌和出料与摊铺数量需要,并略有富余。拌成的混合料应尽快运送到铺筑现场。车上的混合料应覆盖,减少水分损失。如运输车辆中途出现故障,必须立即以最短时间排除,当有困难时,车内混合料不能在初凝时间内运到工地,且碾压完成最终时间超过 2 h 时,必须予以转车或废弃。

4. 混合料的摊铺

调整好传感器臂与导向控制线的关系;严格控制基层厚度和高程,保证路拱横坡度满足设计要求。要求摊铺机连续摊铺。如拌和机生产能力较小,在用摊铺机摊铺混合料时,应采用最低速度摊铺,减少摊铺机停机待料的次数。根据经验,摊铺机的摊铺速度一般宜在 1 m/min 左右。基层混合料摊铺要求采用两台摊铺机梯队作业,一前一后应保证速度一致、摊铺厚度一致、松铺系数一致、路拱坡度一致、摊铺平整度一致、振动频率一致等,两机摊铺接缝平整。

5. 混合料的碾压

每台摊铺机后面,应紧跟有三轮或双钢轮压路机、振动压路机和轮胎压路机进行碾压,一次碾压长度一般为 50~80 m。碾压段落必须层次分明,设置明显的分界标志,有监理旁站。要求稳压要充分,振压不起浪、不推移。压实时,可以先稳压(遍数适中,压实度达到 90%)→开始轻振动碾压→再重振动碾压→最后胶轮稳压,压至无轮迹为止。可用核子仪初检压实度,不合格时,重复再压(注意检测压实时间)。

压路机倒车换挡要轻且平顺,不要拉动基层,在第一遍初步稳压时,倒车后尽量原路返回,换挡位置应在已压好的段落上,在未碾压的一头换挡倒车位置错开,要成齿状,出现个别拥包时,应专配工人进行铲平处理。压路机碾压时的行驶速度,第 1~2 遍为 1.5~1.7 km/h,以后各遍应为 1.8~2.2 km/h。

碾压宜在水泥终凝前及试验确定的延迟时间内完成,并达到要求的压实度,同时没有明显的轮迹。为保证水泥碎石基层边缘强度,应有一定的超宽。

6. 横缝设置

无机结合料混合料摊铺时,必须连续作业不中断,如因故中断时间超过 2 h,则应设横缝;每天收工之后,第二天开工的接头断面也要设置横缝;每当通过桥涵,特别是明涵、明通,在其两边需要设置横缝,基层的横缝最好与桥头搭板尾端吻合。

7. 养生及交通管制

每一段碾压完成并经压实度检查合格后,应立即用洒水、草袋或麻布湿润覆盖开始养生。养生结束后,必须将覆盖物清除干净,同时注意养生车辆对路面的影响。

§10-5 沥青混合料的组成设计与评价

一、沥青混合料的配合比设计

热拌沥青混凝土配合比设计由马歇尔试验设计、浸水马歇尔试验残留稳定度检验及车辙试验抗车辙能力检验三部分组成,热拌沥青混合料配合比设计应按《公路沥青路面施工技术规范》(JTG F40)的步骤进行。矿料筛分的标准筛筛孔以方孔筛为准,经配合比设计确定的各类沥青混合料应符合 JTG F40 的技术标准,并有良好的施工性能。

表 10-20　密级配沥青混凝土混合料马歇尔试验技术标准

（本表适用于公称最大粒径≤26.5 mm 的密级配沥青混凝土混合料）

试验指标		单位	高速公路、一级公路				其他等级公路	行人道路
			夏炎热区(1-1,1-2,1-3,1-4区)		夏热区及夏凉区(2-1,2-2,2-3,2-4,3-2区)			
			中轻交通	重载交通	中轻交通	重载交通		
击实次数(双面)		次	75				50	50
试件尺寸		mm	φ101.6 mm×63.5 mm					
空隙率 VV	深约 90 mm 以内	%	3～5	4～6	2～4	3～5	3～6	2～4
	深约 90 mm 以下	%	3～6	2～4	3～6	3～6	—	
稳定度 MS 不小于		kN	8				5	3
流值 FL		mm	2～4	1.5～4	2～4.5	2～4	2～4.5	2～5
矿料间隙率 VMA (%) 不小于	设计空隙率(%)	相应于以下公称最大粒径(mm)的最小 VMA 及 VFA 技术要求(%)						
		26.5	19	16	13.2	9.5	4.75	
	2	10	11	11.5	12	13	15	
	3	11	12	12.5	13	14	16	
	4	12	13	13.5	14	15	17	
	5	13	14	14.5	15	16	18	
	6	14	15	15.5	16	17	19	
沥青饱和度 VFA(%)			55～70		65～75		70～85	

注：① 对空隙率大于 5% 的夏炎热区重载交通路段，施工时应至少提高压实度 1%。
② 当设计的空隙率不是整数时，由内插确定要求的 VMA 最小值。
③ 对改性沥青混合料，马歇尔试验的流值可适当放宽。

表 10-21　沥青稳定碎石混合料马歇尔试验配合比设计技术标准

试验指标		单位	密级配基层(ATB)	半开级配面层(AM)	排水式开级配磨耗层(OGFC)	排水式开级配基层(ATPB)
公称最大粒径		mm	26.5 mm	等于或大于 31.5 mm	等于或小于 26.5 mm	等于或小于 26.5 mm	所有尺寸
马歇尔试件尺寸		mm	φ101.6 mm×63.5 mm	φ152.4 mm×95.3 mm	φ101.6 mm×63.5 mm	φ101.6 mm×63.5 mm	φ152.4 mm×95.3 mm
击实次数(双面)		次	75	112	50	50	75
空隙率 VV①		%	3～6		6～10	不小于 18	不小于 18
稳定度，不小于		kN	7.5	15	3.5	3.5	
流值		mm	1.5～4	实测	—		
沥青饱和度 VFA		%	55～70	40～70			
密级配基层 ATB 的矿料间隙率 VMA 不小于(%)	设计空隙率(%)	ATB-40		ATB-30		ATB-25	
	4	11		11.5		12	
	5	12		12.5		13	
	6	13		13.5		14	

注：① 在干旱地区，可将密级配沥青稳定碎石基层的空隙率适当放宽到 8%。

表 10-22 SMA 混合料马歇尔试验配合比设计技术要求

试验项目	单位	技术要求 不使用改性沥青	技术要求 使用改性沥青	试验方法
马歇尔试件尺寸	mm	$\phi 101.6$ mm$\times 63.5$ mm		T 0702
马歇尔试件击实次数①		两面击实 50 次		T 0702
空隙率 VV②	%	3～4		T 0708
矿料间隙率 VMA② 不小于	%	17.0		T 0708
粗集料骨架间隙率 VCA_{mix}③ 不大于		VCA_{DRC}		T 0708
沥青饱和度 VFA	%	75～85		T 0708
稳定度④ 不小于	kN	5.5	6.0	T 0709
流值	mm	2～5	—	T 0709
谢伦堡沥青析漏试验的结合料损失	%	不大于 0.2	不大于 0.1	T 0732
肯特堡飞散试验的混合料损失 或浸水飞散试验	%	不大于 20	不大于 15	T 0733

注：① 对集料坚硬不易击碎，通行重载交通的路段，也可将击实次数增加为双面 75 次。
② 对高温稳定性要求较高的重交通路段或炎热地区，设计空隙率允许放宽到 4.5%，VMA 允许放宽到 16.5%（SMA - 16）或 16%（SMA - 19），VFA 允许放宽到 70%。
③ 试验粗集料骨架间隙率 VCA 的关键性筛孔，对 SMA - 19、SMA - 16 是指 4.75 mm，对 SMA - 13、SMA - 10 是指 2.36 mm。
④ 稳定度难以达到要求时，容许放宽到 5.0 kN（非改性）或 5.5 kN（改性），但动稳定度检验必须合格。

表 10-23 OGFC 混合料技术要求

试验项目		单位	技术要求	试验方法
马歇尔试件尺寸		mm	$\phi 101.6$ mm$\times 63.5$ mm	T 0702
马歇尔试件击实次数			两面击实 50 次	T 0702
空隙率		%	18～25	T 0708
马歇尔稳定度	不小于	kN	3.5	T 0709
析漏损失		%	<0.3	T 0732
肯特堡飞散损失		%	<20	T 0733

对用于高速公路和一级公路（二级公路参照此要求执行）的公称最大粒径等于或小于 19 mm 的密级配沥青混合料（AC）及 SMA、OGFC 混合料需在配合比设计的基础上按下列步骤进行各种使用性能检验，不符要求的沥青混合料，必须更换材料或重新进行配合比设计。① 必须在规定的试验条件下进行车辙试验，并符合表 10-24 的要求。② 必须在规定的试验条件下进行浸水马歇尔试验和冻融劈裂试验检验沥青混合料的水稳定性，并同时符合表 10-25 中的两个要求。达不到要求时必须按要求采取抗剥落措施，调整最佳沥青用量后再次试验。③ 宜对密级配沥青混合料在温度－10 ℃、加载速率 50 mm/min 的条件下进行弯曲试验，测定破坏强度、破坏应变、破坏劲度模量，并根据应力应变曲线的形状，综合评价沥青混合料的低温抗裂性能。其中沥青混合料的破坏应变宜不小于表 10-26 的要求。④ 宜利用轮碾机成型的车辙试验

试件,脱模架起进行渗水试验,并符合表 10-27 的要求。

表 10-24 沥青混合料车辙试验动稳定度技术要求

气候条件与技术指标			相应于下列气候分区所要求的动稳定度(次/mm)								试验方法
七月平均最高气温(℃)及气候分区			>30				20~30			<20	
			1. 夏炎热区				2. 夏热区			3. 夏凉区	
			1—1	1—2	1—3	1—4	2—1	2—2	2—3	2—4	3—2	
普通沥青混合料		不小于	800		1 000		600		800		600	T 0719
改性沥青混合料		不小于	2 400		2 800		2 000		2 400		1 800	
SMA 混合料	非改性	不小于	1 500									
	改性	不小于	3 000									
OGFC 混合料			1 500(一般交通路段)、3 000(重交通量路段)									

注:① 如果其他月份的平均最高气温高于七月时,可使用该月平均最高气温。
② 在特殊情况下,如钢桥面铺装、重载车特别多或纵坡较大的长距离上坡路段、厂矿专用道路,可酌情提高动稳定度的要求。
③ 对因气候寒冷确需使用针入度很大的沥青(如大于 100),动稳定度难以达到要求,或因采用石灰岩等不很坚硬的石料,改性沥青混合料的动稳定度难以达到要求等特殊情况,可酌情降低要求。
④ 为满足炎热地区及重载车要求,在配合比设计时采取减少最佳沥青用量的技术措施时,可适当提高试验温度或增加试验荷载进行试验,同时增加试件的碾压成型密度和施工压实度要求。
⑤ 车辙试验不得采用二次加热的混合料,试验必须检验其密度是否符合试验规程的要求。
⑥ 如需要对公称最大粒径等于和大于 26.5 mm 的混合料进行车辙试验,可适当增加试件的厚度,但不宜作为评定合格与否的依据。

表 10-25 沥青混合料水稳定性检验技术要求

气候条件与技术指标			相应于下列气候分区的技术要求(%)				试验方法
年降雨量(mm)及气候分区			>1 000	500~1 000	250~500	<250	
			1. 潮湿区	2. 湿润区	3. 半干区	4. 干旱区	
浸水马歇尔试验残留稳定度(%) 不小于							
普通沥青混合料			80		75		T 0709
改性沥青混合料			85		80		
SMA 混合料	普通沥青		75				
	改性沥青		80				
冻融劈裂试验的残留强度比(%) 不小于							
普通沥青混合料			75		70		T 0729
改性沥青混合料			80		75		
SMA 混合料	普通沥青		75				
	改性沥青		80				

表10-26 沥青混合料低温弯曲试验破坏应变技术要求

气候条件与技术指标	相应于下列气候分区所要求的破坏应变($\mu\varepsilon$)									试验方法
年极端最低气温(℃)及气候分区	<-37.0		-21.5~-37.0			-9.0~-21.5		>-9.0		
	1. 冬严寒区		2. 冬寒区			3. 冬冷区		4. 冬温区		
	1-1	2-1	1-2	2-2	3-2	1-3	2-3	1-4	2-4	
普通沥青混合料 不小于	2 600		2 300			2 000				T 0728
改性沥青混合料 不小于	3 000		2 800			2 500				

表10-27 沥青混合料试件渗水系数技术要求

级配类型	渗水系数要求(ml/min)	试验方法
密级配沥青混凝土 不大于	120	
SMA 混合料 不大于	80	T 0730
OGFC 混合料 不小于	实测	

二、高速公路沥青路面的沥青混合料配合比设计

高速公路、一级公路(二级及二级以下其他等级公路热拌沥青混合料的配合比设计可按上述步骤进行)沥青混合料的配合比设计应在调查以往类同材料的配合比设计经验和使用效果的基础上,按以下步骤进行。当材料与同类道路完全相同时,也可直接引用成功的经验。

(1)目标配合比设计阶段。用工程实际使用的材料按规定的方法,优选矿料级配、确定最佳沥青用量,符合配合比设计技术标准和配合比设计检验要求,以此作为目标配合比,供拌和机确定各冷料仓的供料比例、进料速度及试拌使用。

热拌沥青混合料的目标配合比设计宜按图10-23的框图的步骤进行。

我国现行规范规定,沥青混合料必须在对同类公路配合比设计和使用情况调查研究的基础上,充分借鉴成功的经验,选用符合要求的材料,进行配合比设计。沥青混合料的矿料级配应符合工程规定的设计级配范围。密级配沥青混合料宜根据公路等级、气候及交通条件按表10-28选择采用粗型(C型)或细型(F型)混合料,并在表10-29范围内确定工程设计级配范围,通常情况下工程设计级配范围不宜超出表10-29的要求。其他类型的混合料宜直接以表10-30~表10-34作为工程设计级配范围。

表10-28 粗型和细型密级配沥青混凝土的关键性筛孔通过率

混合料类型	公称最大粒径(mm)	用以分类的关键性筛孔(mm)	粗型密级配		细型密级配	
			名称	关键性筛孔通过率(%)	名称	关键性筛孔通过率(%)
AC-25	26.5	4.75	AC-25C	<40	AC-25F	>40
AC-20	19	4.75	AC-20C	<45	AC-20F	>45
AC-16	16	2.36	AC-16C	<38	AC-16F	>38
AC-13	13.2	2.36	AC-13C	<40	AC-13F	>40
AC-10	9.5	2.36	AC-10C	<45	AC-10F	>45

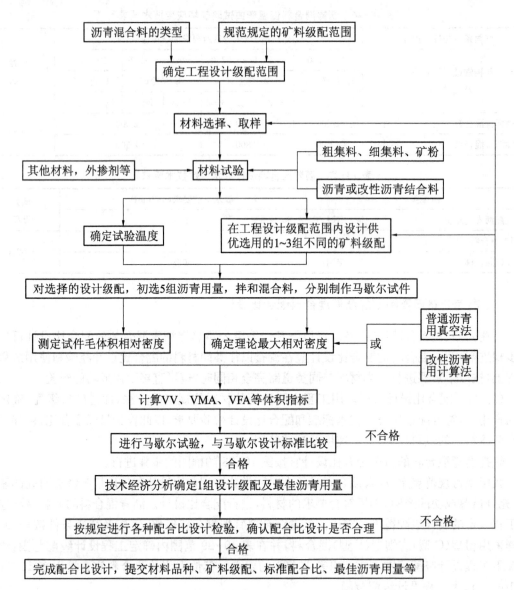

图 10-23 密级配沥青混合料目标配合比设计流程图

表 10-29 密级配沥青混凝土混合料矿料级配范围

级配类型		通过下列筛孔(mm)的质量百分率(%)											
		31.5	26.5	19	16	13.2	9.5	4.75	2.36	1.18	0.6	0.3	0.15	0.075
粗粒式	AC-25	100	90~100	75~90	65~83	57~76	45~65	24~52	16~42	12~33	8~24	5~17	4~13	3~7
中粒式	AC-20		100	90~100	78~92	62~80	50~72	26~56	16~44	12~33	8~24	5~17	4~13	3~7
	AC-16			100	90~100	76~92	60~80	34~62	20~48	13~36	9~26	7~18	5~14	4~8
细粒式	AC-13				100	90~100	68~85	38~68	24~50	15~38	10~28	7~20	5~15	4~8
	AC-10					100	90~100	45~75	30~58	20~44	13~32	9~23	6~16	4~8
砂粒式	AC-5						100	90~100	55~75	35~55	20~40	12~28	7~18	5~10

表 10-30 沥青玛蹄脂碎石混合料矿料级配范围

级配类型		通过下列筛孔(mm)的质量百分率(%)										
		26.5	19	16	13.2	9.5	4.75	2.36	1.18	0.6	0.3	0.15	0.075
中粒式	SMA-20	100	90~100	72~92	62~82	40~55	18~30	13~22	12~20	10~16	9~14	8~13	8~12
	SMA-16		100	90~100	65~85	45~65	20~32	15~24	14~22	12~18	10~15	9~14	8~12
细粒式	SMA-13			100	90~100	50~75	20~34	15~26	14~24	12~20	10~16	9~15	8~12
	SMA-10				100	90~100	28~60	20~32	14~26	12~22	10~18	9~16	8~13

表 10-31 开级配排水式磨耗层混合料矿料级配范围

级配类型		通过下列筛孔(mm)的质量百分率(%)										
		19	16	13.2	9.5	4.75	2.36	1.18	0.6	0.3	0.15	0.075
中粒式	OGFC-16	100	90~100	70~90	45~70	12~30	10~22	6~18	4~15	3~12	3~8	2~6
	OGFC-13		100	90~100	60~80	12~30	10~22	6~18	4~15	3~12	3~8	2~6
细粒式	OGFC-10			100	90~100	50~70	10~22	6~18	4~15	3~12	3~8	2~6

表 10-32 密级配沥青碎石混合料矿料级配范围

级配类型		通过下列筛孔(mm)的质量百分率(%)												
		53	37.5	31.5	26.5	19	16	13.2	9.5	4.75	2.36	1.18	0.6	0.3	0.15	0.075
特粗式	ATB-40	100	90~100	75~92	65~85	49~71	43~63	37~57	30~50	20~40	15~32	10~25	8~18	5~14	3~10	2~6
	ATB-30		100	90~100	70~90	53~72	44~66	39~60	31~51	20~40	15~32	10~25	8~18	5~14	3~10	2~6
粗粒式	ATB-25			100	90~100	60~80	48~68	42~62	32~52	20~40	15~32	10~25	8~18	5~14	3~10	2~6

表 10-33 半开级配沥青碎石混合料矿料级配范围

级配类型		通过下列筛孔(mm)的质量百分率(%)										
		26.5	19	16	13.2	9.5	4.75	2.36	1.18	0.6	0.3	0.15	0.075
中粒式	AM-20	100	90~100	60~85	50~75	40~65	15~40	5~22	2~16	1~12	0~10	0~8	0~5
	AM-16		100	90~100	60~85	45~68	18~40	6~25	3~18	1~14	0~10	0~8	0~5
细粒式	AM-13			100	90~100	50~80	20~45	4~20	2~16	0~10	0~8	0~6
	AM-10				100	90~100	35~65	10~35	5~22	2~16	0~12	0~9	0~6

表 10-34 开级配沥青碎石混合料矿料级配范围

级配类型		通过下列筛孔(mm)的质量百分率(%)												
		53	37.5	31.5	26.5	19	16	13.2	9.5	4.75	2.36	1.18	0.6	0.3	0.15	0.075
特粗式	ATPB-40	100	70~100	65~90	55~85	43~75	32~70	20~65	12~50	0~3	0~3	0~3	0~3	0~3	0~3	0~3
	ATPB-30		100	80~100	70~95	53~85	36~80	26~75	14~60	0~3	0~3	0~3	0~3	0~3	0~3	0~3
粗粒式	ATPB-25			100	80~100	60~100	45~90	30~82	16~70	0~3	0~3	0~3	0~3	0~3	0~3	0~3

具体的沥青路面工程的混合料设计级配范围由工程设计文件或招标文件规定,密级配沥青混合料的设计级配宜在规定的级配范围内,根据公路等级、工程性质、气候条件、交通条件、材料品种,通过对条件大体相当的工程的使用情况进行调查研究后调整确定,必要时允许超出规范级配范围。密级配沥青稳定碎石混合料可直接以规范规定的级配范围作工程设计级配范围使

用。经确定的工程设计级配范围是配合比设计的依据,不得随意变更。

对夏季温度高、高温持续时间长,重载交通多的路段,宜选用粗型密级配沥青混合料(AC-C型),并取较高的设计空隙率。对冬季温度低、且低温持续时间长的地区,或者重载交通较少的路段,宜选用细型密级配沥青混合料(AC-F型),并取较低的设计空隙率。为确保高温抗车辙能力,同时兼顾低温抗裂性能的需要。配合比设计时宜适当减少公称最大粒径附近的粗集料用量,减少 0.6 mm 以下部分细粉的用量,使中等粒径集料较多,形成 S 型级配曲线,并取中等或偏高水平的设计空隙率。同时确定各层的工程设计级配范围时应考虑不同层位的功能需要,经组合设计的沥青路面应能满足耐久、稳定、密水、抗滑等要求。应根据公路等级和施工设备的控制水平,确定的工程设计级配范围应比规范级配范围窄,其中 4.75 mm 和 2.36 mm 通过率的上下限差值宜小于 12%。

以油石比或沥青用量为横坐标,以马歇尔试验的各项指标为纵坐标,将试验结果点入图中,连成圆滑的曲线。确定均符合规范规定的沥青混合料技术标准的沥青用量范围 $OAC_{min} \sim OAC_{max}$。选择的沥青用量范围必须涵盖设计空隙率的全部范围,并尽可能涵盖沥青饱和度的要求范围,并使密度及稳定度曲线出现峰值。如果没有涵盖设计空隙率的全部范围,试验必须扩大沥青用量范围重新进行。根据试验曲线的走势,按下列方法确定沥青混合料的最佳沥青用量 OAC_1。

① 在曲线图上求取相应于密度最大值、稳定度最大值、目标空隙率(或中值)、沥青饱和度范围的中值的沥青用量 a_1、a_2、a_3、a_4。按式(10-5)取平均值作为 OAC_1。

$$OAC_1 = (a_1 + a_2 + a_3 + a_4)/4 \tag{10-5}$$

如果在所选择的沥青用量范围未能涵盖沥青饱和度的要求范围,按式(10-6)求取 3 者的平均值作为 OAC_1。

$$OAC_1 = (a_1 + a_2 + a_3)/3 \tag{10-6}$$

对所选择试验的沥青用量范围,密度或稳定度没有出现峰值(最大值经常在曲线的两端)时,可直接以目标空隙率所对应的沥青用量 a_3 作为 OAC_1,但 OAC_1 必须介于 $OAC_{min} \sim OAC_{max}$ 的范围内。否则应重新进行配合比设计。

② 以各项指标均符合技术标准(不含 VMA)的沥青用量范围 $OAC_{min} \sim OAC_{max}$ 的中值作为 OAC_2。

$$OAC_2 = (OAC_{min} + OAC_{max})/2 \tag{10-7}$$

③ 通常情况下取 OAC_1 及 OAC_2 的中值作为计算的最佳沥青用量 OAC。

$$OAC = (OAC_1 + OAC_2)/2 \tag{10-8}$$

④ 按式(10-8)计算的最佳油石比 OAC,从试验曲线图中得出所对应的空隙率和 VMA 值,检验是否能满足本规范关于最小 VMA 值的要求。OAC 宜位于 VMA 凹形曲线最小值的贫油一侧。当空隙率不是整数时,最小 VMA 按内插法确定,并将其画入试验图中。

⑤ 检查试验图中相应于此 OAC 的各项指标是否均符合马歇尔试验技术标准。

⑥ 根据实践经验和公路等级、气候条件、交通情况,调整确定最佳沥青用量 OAC。调查当地各项条件相接近的工程的沥青用量及使用效果,论证适宜的最佳沥青用量。检查计算得到的最佳沥青用量是否相近,如相差甚远,应查明原因,必要时重新调整级配,进行配合比设计;对炎

热地区公路以及高速公路、一级公路的重载交通路段,山区公路的长大坡度路段,预计有可能产生较大车辙时,宜在空隙率符合要求的范围内将计算的最佳沥青用量减小 0.1%~0.5% 作为设计沥青用量。此时,除空隙率外的其他指标可能会超出马歇尔试验配合比设计技术标准,配合比设计报告或设计文件必须予以说明。但配合比设计报告必须要求采用重型轮胎压路机和振动压路机组合等方式加强碾压,以使施工后路面的空隙率达到未调整前的原最佳沥青用量时的水平,且渗水系数符合要求。如果试验段试拌试铺达不到此要求时,宜调整所减小的沥青用量的幅度;对寒区公路、旅游公路、交通量很少的公路,最佳沥青用量可以在 OAC 的基础上增加 0.1%~0.3%,以适当减小设计空隙率,但不得降低压实度要求。

(2) 生产配合比设计阶段。对间歇式拌和机,应按规定方法取样测试各热料仓的材料级配,确定各热料仓的配合比,供拌和机控制室使用。同时选择适宜的筛孔尺寸和安装角度,尽量使各热料仓的供料大体平衡。并取目标配合比设计的最佳沥青用量 OAC、OAC±0.3% 等 3 个沥青用量进行马歇尔试验和试拌,通过室内试验及从拌和机取样试验综合确定生产配合比的最佳沥青用量,由此确定的最佳沥青用量与目标配合比设计的结果的差值不宜大于±0.2%。对连续式拌和机可省略生产配合比设计步骤。

(3) 生产配合比验证阶段。拌和机按生产配合比结果进行试拌、铺筑试验段,并取样进行马歇尔试验,同时从路上钻取芯样观察空隙率的大小,由此确定生产用的标准配合比。标准配合比的矿料合成级配中,至少应包括 0.075 mm、2.36 mm、4.75 mm 及公称最大粒径筛孔的通过率接近优选的工程设计级配范围的中值,并避免在 0.3~0.6 mm 处出现"驼峰"。对确定的标准配合比,宜再次进行车辙试验和水稳定性检验。

(4) 确定施工级配允许波动范围。根据标准配合比及质量管理要求中各筛孔的允许波动范围,制订施工用的级配控制范围,用以检查沥青混合料的生产质量。同时经设计确定的标准配合比在施工过程中不得随意变更。但生产过程中应加强跟踪检测,严格控制进场材料的质量,如遇材料发生变化并经检测沥青混合料的矿料级配、马歇尔技术指标不符要求时,应及时调整配合比,使沥青混合料的质量符合要求并保持相对稳定,必要时重新进行配合比设计。

§10-6 沥青混凝土路面的施工与质量控制

一、材料和设备的准备

1. 沥青材料的准备

沥青材料应采用导热油加热。温度应调节到能使拌和的沥青混合料出厂温度符合 JTG F40 的要求(表 10-35),并保证按均匀温度把沥青材料源源不断地从贮料器输送到拌和机内,不应使用正在起泡或加热超过 160 ℃ 的沥青胶结料。

表 10-35 确定沥青混合料拌和及压实的适宜温度

黏度	适宜于拌和的沥青结合料黏度	适宜于压实的沥青结合料黏度	测定方法
表观黏度	(0.17 ± 0.02) Pa·s	(0.28 ± 0.03) Pa·s	T 0625
运动黏度	(170 ± 20) mm^2/s	(280 ± 30) mm^2/s	T 0619
赛波特黏度	(85 ± 10) s	(140 ± 15) s	T 0623

2. 集料准备

为了保证集料清洁，集料堆场地面应用水泥混凝土硬化，进入拌和厂和集料堆场的道路也应用水泥混凝土硬化。为了保证集料之间不相互混杂，要求不同规格集料之间应隔离。集料堆场宜搭棚，但至少应将细集料用油布覆盖，以避免集料淋湿。集料和其他材料的技术要求符合表 10-36～表 10-41 的要求。集料在送进拌和设备时的含水量不应超过 1‰。烤干用的火焰应调节适当，以免烤坏和熏黑集料。干燥滚筒拌和机出料时的混合料含水量不应超过 1‰（按 AASHTO T-110 标准测定）。

表 10-36 沥青混合料用粗集料质量技术要求

指 标		单位	高速公路及一级公路		其他等级公路	试验方法
			表面层	其他层次		
石料压碎值	不大于	%	26	28	30	T 0316
洛杉矶磨耗损失	不大于	%	28	30	35	T 0317
表观相对密度	不小于	t/m³	2.60	2.50	2.45	T 0304
吸水率	不大于	%	2.0	3.0	3.0	T 0304
坚固性	不大于	%	12	12	—	T 0314
针片状颗粒含量(混合料)	不大于	%	15	18	20	
其中粒径大于 9.5 mm	不大于	%	12	15		T 0312
其中粒径小于 9.5 mm	不大于	%	18	20		
水洗法<0.075 mm 颗粒含量	不大于	%	1	1	1	T 0310
软石含量	不大于	%	3	5	5	T 0320

注：① 坚固性试验可根据需要进行；
② 用于高速公路、一级公路时，多孔玄武岩的视密度可放宽至 2.45 t/m³，吸水率可放宽至 3%，但必须得到建设单位的批准，且不得用于 SMA 路面；
③ 对 S14 即 3～5 规格的粗集料，针片状颗粒含量可不予要求，<0.075 mm 含量可放宽到 3%。

表 10-37 粗集料与沥青的黏附性、磨光值的技术要求

雨量气候区	1(潮湿区)	2(湿润区)	3(半干区)	4(干旱区)	试验方法
年降雨量(mm)	>1 000	1 000～500	500～250	<250	JTG F40
粗集料的磨光值 PSV 不小于高速公路、一级公路表面层	42	40	38	36	T 0321
粗集料与沥青的黏附性 不小于高速公路、一级公路表面层	5	4	4	3	T 0616
高速公路、一级公路的其他层次及其他等级公路的各个层次	4	4	3	3	T 0663

表 10-38 粗集料对破碎面的要求

路面部位或混合料类型	具有一定数量破碎面颗粒的含量(%)		试验方法
	1个破碎面	2个或2个以上破碎面	
沥青路面表面层			
高速公路、一级公路	100	90	
其他等级公路	80	60	
沥青路面中下面层、基层			T 0361
高速公路、一级公路	90	80	
其他等级公路	70	50	
SMA 混合料	100	90	
贯入式路面	80	60	

表 10-39 沥青混合料用细集料质量要求

项 目		单位	高速公路、一级公路	其他等级公路	试验方法
表观相对密度	不小于	t/m³	2.50	2.45	T 0328
坚固性(>0.3 mm 部分)	不小于	%	12	—	T 0340
含泥量(小于 0.075 mm 的含量)	不大于	%	3	5	T 0333
砂当量	不小于	%	60	50	T 0334
亚甲蓝值	不大于	g/kg	25	—	T 0346
棱角性(流动时间)	不小于	s	30	—	T 0345

注:坚固性试验可根据需要进行。

表 10-40 沥青混合料用矿粉质量要求

项 目		单位	高速公路、一级公路	其他等级公路	试验方法
表观相对密度	不小于	t/m³	2.50	2.45	T 0352
含水量	不大于	%	1	1	T 0103 烘干法
粒度范围	<0.6 mm	%	100	100	
	<0.15 mm	%	90~100	90~100	T 0351
	<0.075 mm	%	75~100	70~100	
外观			无团粒结块		
亲水系数			<1		T 0353
塑性指数			<4		T 0354
加热安定性			实测记录		T 0355

表 10-41 木质素纤维质量技术要求

项 目	单位	指 标	试验方法
纤维长度,不大于	mm	6	水溶液用显微镜观测
灰分含量	%	18±5	高温 590~600 ℃燃烧后测定残留物
pH 值		7.5±1.0	水溶液用 pH 试纸或 pH 计测定
吸油率,不小于		纤维质量的 5 倍	用煤油浸泡后放在筛上经振敲后称量
含水率(以质量计)不大于	%	5	105 ℃烘箱烘 2 h 后冷却称量

3. 沥青混合料拌和设备

沥青混合料的拌和设备宜采用自动控制的间歇式拌和机,拌和机应满足下列要求：

（1）自动控制　自动控制的拌和设备应能一拧开关或一按按钮就可一举调整配合比,定时卸出一盘混合料,混合料的产量不低于 320 t/h,并有装有温度计及保温的成品贮料仓和二次除尘设置。拌和设备应由计算机控制,逐盘打印集料和沥青的加热温度、混合料的拌和温度、材料用量和每盘混合料的产量等。拌和设备的产量应和生产进度相匹配,在安装完成后应按批准的配合比进行试拌调试,直到符合要求。

（2）集尘器　拌和机应配备集尘器,其构造应能把按规定要收集的全部或部分材料消解掉或均匀地送回热料提升器上,而不让有害粉尘逸散空气中去。为防止粉尘排放到空气中,需要给滤尘网盖上防尘密封罩。

（3）拌和场地布置应远离居民区,其距离不少于 1 km。

二、沥青混合料的拌和

1. 沥青应采用导热油加热,沥青与矿料的加热温度应调节到能使拌和的沥青混合料出厂温度满足要求,集料温度应比沥青温度高 10～20 ℃,严格掌握沥青和集料的加热温度以及沥青混合料的出场温度。当混合料出厂温度过高,已影响沥青与集料的黏结力时,混合料不得使用,已铺筑的沥青路面也应予铲除。

2. 拌和时间由试拌确定,必须使所用计量颗粒全部裹覆沥青结合料,并以沥青混合料拌和均匀为度。间歇式拌和机每锅拌和时间宜为 30～50 s（其中干拌时间不得少于 5 s）。热矿料二次筛分用的振动筛筛孔应根据矿料级配选用,其安装角度应根据材料的可筛分性、振动能力等由试验确定。

3. 拌和厂拌和的沥青混合料应均匀一致、无花白料、无结团成块或严重的粗细料分离现象,不符合要求时不得使用,并应及时调整。拌和好的热拌沥青混合料不立即铺筑时,可放入成品储料仓储存。热混凝土成品在储料仓储存后,其温度下降不应超过 5 ℃,储料仓的储料时间一般不宜超过 24 h,最多不得超过 48 h。

4. 拌和楼控制室要逐盘打印沥青及各种矿料的用量和温度,并定期对拌和楼的计量和测温系统进行校核；没有材料计量和温度自动计量装置的拌和机不得使用。每天应用拌和总量检验矿料的配合比和沥青混合料的油石比的误差。

5. 沥青混合料应符合批准的工地配合比的要求,并应在目标值的容许偏差范围内,集料级配目标值的容许偏差应遵守表 10-42 所示。

表 10-42　拌和楼目标配合比的容许偏差

矿料级配（筛孔）	0.075 mm	逐盘在线检测	±2%(2%)	—	计算机采集数据计算
	≤2.36 mm		±5%(4%)	—	
	≥4.75 mm		±6%(5%)	—	
	0.075 mm	逐盘检查,每天汇总 1 次取平均值评定	±1%	—	总量检验
	≤2.36 mm		±2%	—	
	≥4.75 mm		±2%	—	
	0.075 mm	每台拌和机每天 1～2 次,以 2 个试样的平均值评定	±2%(2%)	±2%	T 0725 抽提筛分与标准级配比较的差
	≤2.36 mm		±5%(3%)	±6%	
	≥4.75 mm		±6%(4%)	±7%	

三、沥青混合料的运输

1. 运送沥青混合料的卡车应有紧密、清洁、光滑的金属底板,底板应涂一薄层油水(柴油和水的比例可为1:3)混合液,以防止混合料粘到底板上,但不得有余液积聚在车箱底部。不允许用石油衍生剂来作卡车底板的涂料。装卸前,卡车底板应排干积水。每辆卡车都应有一个帆布篷或其他材料做的篷,其大小应能保护混合料不受天气的影响。需要时,为使混合料按规定温度运到筑路工地,卡车底板应采取保温措施,帆布篷也应扣牢。面层应配有至少16~20辆自卸运输车,具有320 t/h的运量。每辆汽车均备有覆盖混合料的篷布,混合料装入车厢后由专人覆盖缚牢,以免在汽车行驶途中吹落。

2. 施工前应对全体驾驶员进行培训,加强对汽车保养,避免运料途中汽车抛锚混合料冷却受损;装料时汽车应前后移动,避免混合料离析;运料汽车应在摊铺机前10~30 cm处停住,不得撞击摊铺机;卸料过程中运料汽车应挂空挡,靠摊铺机推动前进,以确保摊铺层的平整度。从拌和机向运料车上放料时,应挪动一下汽车位置,以减少粗集料的离析现象。

3. 沥青混合料运输车的运量应较拌和能力或摊铺速度有所富余,施工过程中摊铺机前方应有运料车等候卸料。对高速公路和一级公路,开始摊铺时在施工现场等候卸料的运料车不宜少于5辆。沥青混合料运至摊铺地点后应凭运料单接收,并检查拌和质量。不符合JTG F40-2004(表10-43)温度要求,或已经结成团块、已遭雨淋湿的混合料不得铺筑在道路上。

四、沥青混合料的摊铺

1. 沥青混合料摊铺机

沥青混合料摊铺设备应是自动式的具有一定摊铺宽度的摊铺机,并安装有可调的活动熨平板或整平组件。整平板在需要时可以加热,并能按照规定的典型横断面和图纸所示的厚度在车道宽度内摊铺,并备有修边的套筒。摊铺机应有一套夯板和一个可调整振幅的振动整平板的组合装置,夯板与振动整平板的频率,应能随意变化,并能各自单独的调整。摊铺机应配备容量足以保证均匀摊铺作业的受料斗。还应装备自动进料控制器,并适当调节以使在整平板前方保持厚度均匀的沥青混合料。熨平板或整平组件应能有效地摊铺出具有所需平整度和纹理的密实表面,而不会撕扯、推挤混合料或造成孔眼。

沥青路面
摊铺机

摊铺机应配备整平板自控装置,其一侧或双侧装有传感器,可通过外面的参考线探出纵坡和整平板的横坡,并能自动发出信号操纵整平板,使摊铺机能铺筑出理想的纵横坡度。传感器应制造得能由参考线或滑橇式基准板操作。横坡控制器应能让整平板保持理想的坡度,精度在±0.1%范围内。

2. 温度控制

沥青混合料的摊铺温度应符合JTG F40的要求(表10-43),并应根据沥青标号、黏度、气温、摊铺层厚度选用。

聚合物改性沥青混合料的施工温度根据实践经验并参照表10-44选择。通常宜较普通沥青混合料的施工温度提高10~20 ℃。对采用冷态胶乳直接喷入法制作的改性沥青混合料,集料烘干温度应进一步提高。

表 10-43 热拌沥青混合料的施工温度(℃)

施工工序		石油沥青的标号			
		50 号	70 号	90 号	110 号
沥青加热温度		160～170	155～165	150～160	145～155
矿料加热温度	间隙式拌和机	集料加热温度比沥青温度高 10～30			
	连续式拌和机	矿料加热温度比沥青温度高 5～10			
沥青混合料出料温度		150～170	145～165	140～160	135～155
混合料贮料仓贮存温度		贮料过程中温度降低不超过 10			
混合料废弃温度 高于		200	195	190	185
运输到现场温度 不低于		150	145	140	135
混合料摊铺温度 不低于	正常施工	140	135	130	125
	低温施工	160	150	140	135
开始碾压的混合料内部温度 不低于	正常施工	135	130	125	120
	低温施工	150	145	135	130
碾压终了的表面温度 不低于	钢轮压路机	80	70	65	60
	轮胎压路机	85	80	75	70
	振动压路机	75	70	60	55
开放交通的路表温度 不高于		50	50	50	45

注：① 沥青混合料的施工温度采用具有金属探测针的插入式数显温度计测量。表面温度可采用表面接触式温度计测定。当采用红外线温度计测量表面温度时，应进行标定。
② 表中未列入的 130 号、160 号及 30 号沥青的施工温度由试验确定。

表 10-44 聚合物改性沥青混合料的正常施工温度范围(℃)

工 序		聚合物改性沥青品种		
		SBS 类	SBR 胶乳类	EVA、PE 类
沥青加热温度		160～165		
改性沥青现场制作温度		165～170	—	165～170
成品改性沥青加热温度	不大于	175		175
集料加热温度		190～220	200～210	185～195
改性沥青 SMA 混合料出厂温度		170～185	160～180	165～180
混合料最高温度(废弃温度)		195		
混合料贮存温度		拌和出料后降低不超过 10		
摊铺温度	不低于	160		
初压开始温度	不低于	150		
碾压终了的表面温度	不低于	90		
开放交通时的路表温度	不高于	50		

注：当采用表列以外的聚合物或天然沥青改性沥青时，施工温度由试验确定。

五、沥青混合料的碾压

1. 应选择合理的压路机组合方式及碾压步骤，以达到最佳效果。沥青混合料压实宜采用钢筒式静态压路机与轮胎压路机或振动压路机组合的方法，初压严禁使用轮胎压路机，以确保面层横向平整度。压路机的数量应根据生产率决定。

2. 沥青混凝土的压实层最大厚度不宜大于 100 mm，沥青稳定碎石混合料的压实层厚度不宜大于 120 mm，但当采用大功率压路机且经试验证明能达到压实度时允许增大到 150 mm。

3. 沥青路面施工应配备足够数量的压路机，选择合理的压路机组合方式及初压、复压、终压(包括成型)的碾压步骤，以达到最佳碾压效果。高速公路铺筑双车道沥青路面的压路机数量不宜少于 5 台。施工气温低、风大、碾压层薄时，压路机数量应适当增加。

压路机的碾压速度应符合表 10-45 的规定。

表 10-45 压路机碾压速度(km/h)

压路机类型	初 压		复 压		终 压	
	适宜	最大	适宜	最大	适宜	最大
钢筒式压路机	2～3	4	3～5	6	3～6	6
轮胎压路机	2～3	4	3～5	6	4～6	8
振动压路机	2～3 (静压或振动)	3 (静压或振动)	3～4.5 (振动)	5 (振动)	3～6 (静压)	6 (静压)

六、施工接缝的处理

摊铺混合料部分留下 10～20 cm 宽暂时不碾压，作为后高程基准面，并有 5～10 cm 专用的摊铺层重叠，以热接缝形式在最后作跨缝碾压以消除缝迹。上下层纵缝应错开 15 cm 以上。

横向施工缝全部采用平接缝。用 3 m 直尺沿纵向位置，在摊铺段端部的直尺成悬臂状，以摊铺层与直尺脱离接触处定出接缝位置，用锯缝机割齐后铲除；继续摊铺时，应将接缝锯切时留下的灰浆擦洗干净，涂上少量黏层沥青，摊铺机熨平板从接缝后起步摊铺；碾压时用钢轮压路机进行横向压实，从先铺路面上跨缝逐渐移向新铺路面。横向施工缝应远离桥梁毛勒缝 20 cm 以外，不许设在毛勒缝处，以确保毛勒缝两边路面表面的平顺。

七、沥青路面的质量检测

原材料的质量检查：包括沥青、粗集料、细集料、填料。混合料的质量检查：包括油石比、矿料级配、稳定度、流值、空隙率；混合料出场温度、运到现场温度、初压温度、碾压终了温度；混合料拌和均匀性。上面层终了检查：厚度、平整度、宽度、高程、横坡度、压实度、偏位；摊铺的均匀性；同时进行构造深度和摆式摩擦系数的跟踪检测。施工压实度的检测以钻孔法为准，用核子仪检测时应通过以钻孔密度的标定关系进行换算，标定关系须经总监代表批准，钻孔频率每公里 1 个，核子仪检测频率不低于 2 000 m² 1 次。沥青混凝土上面层施工阶段的质量检查标准列于表 10-46。

沥青路面铺筑过程中必须随时对铺筑质量进行评定，质量检查的内容、频度、允许差应符合表 10-47 的规定。

表 10-46 拌沥青混合料的频度和质量要求

项目		检查频度及单点检验评价方法	质量要求或允许偏差		试验方法
			高速公路、一级公路	其他等级公路	
混合料外观		随时	观察集料粗细、均匀性、离析、油石比、色泽、冒烟、有无花白料、油团等各种现象		目测
拌和温度	沥青、集料的加热温度	逐盘检测评定	符合 JTG F40 规定		传感器自动检测、显示并打印
	混合料出厂温度	逐车检测评定	符合 JTG F40 规定		传感器自动检测、显示并打印,出厂时逐车按 T 0981 人工检测
		逐盘测量记录,每天取平均值评定	符合 JTG F40 规定		传感器自动检测、显示并打印
矿料级配（筛孔）	0.075 mm	逐盘在线检测	±2%(2%)	—	计算机采集数据计算
	≤2.36 mm		±5%(4%)	—	
	≥4.75 mm		±6%(5%)	—	
	0.075 mm	逐盘检查,每天汇总 1 次取平均值评定	±1%	—	JTG F40 附录 G 总量检验
	≤2.36 mm		±2%	—	
	≥4.75 mm		±2%	—	
	0.075 mm	每台拌和机每天 1~2 次,以 2 个试样的平均值评定	±2%(2%)	±2%	T 0725 抽提筛分与标准级配比较的差
	≤2.36 mm		±5%(3%)	±6%	
	≥4.75 mm		±6%(4%)	±7%	
沥青用量（油石比）		逐盘在线监测	±0.3%	—	计算机采集数据计算
		逐盘检查,每天汇总 1 次取平均值评定	±0.1%	—	JTG F40 附录 F 总量检验
		每台拌和机每天 1~2 次,以 2 个试样的平均值评定	±0.3%	±0.4%	抽提 T 0722、T 0721
马歇尔试验：空隙率、稳定度、流值		每台拌和机每天 1~2 次,以 4~6 个试件的平均值评定	符合 JTG F40 规定		T 0702、T 0709、JTG F40 规范附录 B、附录 C
浸水马歇尔试验		必要时(试件数同马歇尔试验)	符合 JTG F40 规定		T 0702、T 0709
车辙试验		必要时(以 3 个试件的平均值评定)	符合本规范规定		T 0719

注：① 单点检验是指试验结果以一组试验结果的报告值为一个测点的评价依据,一组试验(如马歇尔试验、车辙试验)有多个试样时,报告值的取用按《公路工程沥青与沥青混合料试验规程》(JTG E20)的规定执行。
② 对高速公路和一级公路,矿料级配和油石比必须进行总量检验和抽提筛分的双重检验控制,互相校核,表中括号内的数字是对 SMA 的要求。油石比抽提试验应事先进行空白试验标定,提高测试数据的准确度。

第10章 路面施工

表10-47 公路热拌沥青混合料路面施工过程中工程质量的控制标准

项　目		检查频度及单点检验评价方法	质量要求或允许偏差		试验方法
			高速公路、一级公路	其他等级公路	
外观		随时	表面平整密实，不得有明显轮迹、裂缝、推挤、油丁、油包等缺陷，且无明显离析		目测
接缝		随时	紧密平整、顺直、无跳车		目测
		逐条缝检测评定	3 mm	5 mm	T 0931
施工温度	摊铺温度	逐车检测评定	符合 JTG F40 规定		T 0981
	碾压温度	随时	符合 JTG F40 规定		插入式温度计实测
厚度①	每一层次	随时，厚度50 mm以下 厚度50 mm以上	设计值的5% 设计值的8%	设计值的8% 设计值的10%	施工时插入法量测松铺厚度及压实厚度
	每一层次	1个台班区段的平均值 厚度50 mm以下 厚度50 mm以上	−3 mm −5 mm	—	JTG F40 附录G 总量检验
	总厚度	每2 000 m² 一点单点评定	设计值的−5%	设计值的−8%	T 0912
	上面层	每2 000 m² 一点单点评定	设计值的−10%	设计值的−10%	
压实度②		每2 000 m² 检查1组逐个试件评定并计算平均值	实验室标准密度的97%(98%) 最大理论密度的93%(94%) 试验段密度的99%(99%)		T 0924、T 0922 JTG F40 规范 附录E
平整度（最大间隙）④	上面层	随时，接缝处单杆评定	3 mm	5 mm	T 0931
	中下面层	随时，接缝处单杆评定	5 mm	7 mm	T 0931
平整度（标准差）	上面层	连续测定	1.2 mm	2.5 mm	T 0932
	中面层	连续测定	1.5 mm	2.8 mm	
	下面层	连续测定	1.8 mm	3.0 mm	
	基层	连续测定	2.4 mm	3.5 mm	
宽度	有侧石	检测每个断面	±20 mm	±20 mm	T 0911
	无侧石	检测每个断面	不小于设计宽度	不小于设计宽度	
纵断面高程		检测每个断面	±10 mm	±15 mm	T 0911
横坡度		检测每个断面	±0.3%	±0.5%	T 0911
沥青表面层的渗水系数③		每1 km不少于5点，每点3处取平均值	300 mL/min（普通密级配沥青混合料） 200 ml/min（SMA混合料）		T 0971

注：① 表中厚度检测频度指高速公路和一级公路的钻孔频度，其他等级公路可酌情减少状况，且通常采用压实度钻孔试件测定。上面层的允许误差不适用于磨耗层。

② 压实度检测按规范规定执行，钻孔试件的数量按规定执行。括号中的数值是对SMA路面的要求，对马歇尔成型试件采用50次或者35次击实的混合料，压实度应当提高要求。进行核子仪等无破损检测时，每13个测点的平均数作为一个测点进行评定是否符合要求。实验室密度是指与配合比设计相同方法成型的试件密度。以最大理论密度作标准密度时，对普通沥青混合料通过真空法实测确定，对改性沥青和SMA混合料，由每天的矿料级配和油石比计算得到。

③ 渗水系数适用于公称最大粒径等于或小于19 mm的沥青混合料，应在铺筑成型后未遭行车污染的情况下测定，且仅适用于要求密水的密级配沥青混合料、SMA混合料。不适用于OGFC混合料，表中渗水系数以平均值评定，计算的合格率不得小于90%。

④ 3 m直尺主要用于接缝检测，对正常生产路段，采用连续式平整度仪测定。

§10-7 水泥混凝土的配合比设计

水泥混凝土的配合比设计和施工控制是水泥混凝土路面工程质量中极其重要的环节之一。即使原材料相同,由于配合比不妥或失控,常常会造成路面磨损、断板等早期破损现象。这证明了配合比设计和控制的重要性(见《公路水泥混凝土路面施工技术细则》(JTG/T F30))。

与常规混凝土相比,路面混凝土主要是承受冲击、振动、疲劳、磨损等作用的动载结构,其控制技术指标是弯拉强度、耐疲劳性、耐久性、工作性等。技术指标不同,且要求比常规静载结构混凝土严格得多,因此,在配合比设计上具有路面自身特点,既不是任何原材料都可以用来建造路面,也不是满足静载结构的配合比就可以满足路面要求。

路面普通混凝土配合比设计适用于滑模摊铺机、轨道摊铺机、三辊轴机组及小型机具四种施工工艺方式。满足这四种施工方式的塑性插入式振捣的各种水泥混凝土路面,包括插传力杆混凝土、钢筋混凝土和钢纤维混凝土路面。对于桥面铺装层,当检测路面混凝土的抗压强度满足桥面设计要求,可不换配合比,直接使用,这样对于大型机械桥面连续铺筑路面及铺装桥面相当便利,可用一个配合比连续摊铺。

一、水泥混凝土配合比设计的基本资料

配合比设计的基本资料,主要是混凝土工程的具体性质和原材料,以及施工工艺和水平等方面的资料。

1. 混凝土强度设计要求

根据混凝土结构设计要求,确定混凝土强度等级,以便计算配制混凝土过程中应控制的配制强度。

2. 混凝土耐久性要求

根据混凝土所处环境条件或要求的抗冻等级及抗渗等级,确定混凝土的最大水灰比和最小水泥用量。

3. 原材料情况根据混凝土对各种原材料性能的基本要求确定

现有原材料是否适合在此混凝土工程中使用,并测定原材料的基本技术数据,以备配合比设计中计算使用。原材料的情况主要包括以下内容:水泥品种、标号和实际强度、密度、生产日期等;砂、石品种、表现密度及堆积密度、及含水率、级配、最大粒径、压碎值等;拌合用水水质及水源;外加剂品种、名称、特性、适宜剂量。

4. 施工条件及工程性质

搅拌和振捣方法、要求的坍落度、施工单位的施工及管理水平、构件形状及尺寸以及钢筋的疏密程度等。

二、水泥混凝土配合比设计要求

普通混凝土路面的配合比设计应满足下列四项技术经济要求:

1. 弯拉强度

各交通等级公路混凝土路面板的28 d设计弯拉强度标准值、弯拉弹性模量应符合表9-6、表9-14 的规定。

2. 工作性

不同施工工艺水泥混凝土拌合物的工作性应符合下列规定:碎石混凝土滑模摊铺时的坍落度宜为 10~30 mm;卵石混凝土滑模摊铺时的坍落度宜为 5~20 mm,振动黏度系数宜为 200~500 N·s/m²。三辊轴摊铺时拌合物的现场坍落度宜为 20~40 mm;小型机械摊铺时拌合物的现场坍落度宜为 5~20 mm;拌合楼(机)出口拌合物坍落度值应根据不同工艺摊铺是的坍落度值加上运输过程中损失值确定。

轨道摊铺机、三辊轴机组、小型机具及滑模摊铺的路面混凝土最大单位用水量,应满足表 10-48 的规定。

表 10-48　面层水泥混凝土最大单位用水量(kg/m³)

施工工艺	碎石混凝土	卵石混凝土	施工工艺	碎石混凝土	卵石混凝土
滑模摊铺机摊铺	160	155	小型机具摊铺	150	145
三辊轴机组摊铺	153	148			

注:破碎卵石混凝土最大单位用水量可在碎石和卵石混凝土之间内插取值。

3. 耐久性

各级公路路面混凝土全部要求掺引气剂。引气剂的适宜掺量应通过搅拌机口的拌和物含气量测定反向控制,见表 10-49。混凝土路面掺用引气剂,除了提高弯拉强度、工作性和平整度外,仅从耐久性来看,不只是抗(盐)冻性、减小面板伸缩变形、提高抗风化能力,满足耐候性的需要,而且是减少上表面泌水,提高表面的耐磨性和抗海水、海风、酸雨、硫酸盐等腐蚀环境介质的重要措施之一。表中所规定的含气量是搅拌机出口的检测值,国内外所有行业混凝土含气量依此为控制基准。

表 10-49　拌和机出口拌合物含气量均值及允许偏差范围(%)

公称最大粒径(mm)	无抗冻要求	有抗冰冻要求	有抗盐冻要求	试验方法
9.5	4.5±1.0	5.0±0.5	6.0±0.5	混凝土拌合物含气量测定应符合 JTG E30 T0522
16.0	4.0±1.0	4.5±0.5	5.5±0.5	
19.0	4.0±1.0	4.0±0.5	5.0±0.5	
26.5	3.5±1.0	3.5±0.5	4.5±0.5	
31.5	3.5±1.0	3.5±0.5	4.0±0.5	

表 10-50　水泥混凝土面层最大气泡间距系数(μm)

环　　境		公路等级		试验方法
		高速、一级	二、三、四级	
严寒地区	冰冻	275±25	300±35	气泡间距系数检测方法应符合 JTG/T F30 附录 B.2
	盐冻	225±25	250±35	
寒冷地区	冰冻	325±45	350±50	
	盐冻	275±45	300±50	

提高水泥混凝土路面的耐久性要求保证水泥混凝土配合比设计控制最大水灰(胶)比及最小水泥用量,因为水泥混凝土表面要有足够的抗渗性和防水性,使水分不透进混凝土中,而防水

抗渗性混凝土表面必须有足够厚度的水泥砂浆，同样也要求较大水泥用量及低水灰比；普通混凝土的抗滑性主要依靠表面足够低水灰比的水泥浆、砂的硬度及其磨光值，粗集料的影响很小；水泥混凝土的抗磨性本身既需要表面的高硬度及高强度，也需要表面有一层厚度适宜的全封闭砂浆包裹层，较大水泥用量及低水灰比可以保证表面不脱层、脱皮，不成坑；水泥用量低、水灰比较大时，集料未被水泥浆封闭起来，界面孔隙及内部尖锐的裂缝引发尖端多，耐疲劳循环周次会大幅度下降；低水灰比及较大胶材总量可以具有较高的抗海水、海风、酸雨、硫酸盐等腐蚀环境介质化学侵蚀性的能力。耐久性所要求的最大水灰(胶)比及最小水泥用量见表10-51。

表10-51　各级公路面层水泥混凝土最大水灰(胶)比和最小单位水泥用量

公路等级		高速、一级	二级	三、四级
最大水灰(胶)		0.44	0.46	0.48
有抗冰冻要求时最大水灰(胶)比		0.42	0.44	0.46
有抗盐冻要求时最大水灰(胶)比[a]		0.40	0.42	0.44
最小单位水泥用量 (kg/m³)	52.5级	300	300	290
	42.5级	310	310	300
	32.5级	—	—	315
有抗冻冻、抗盐冻要求时最小单位水泥用量 (kg/m³)	52.5级	310	310	300
	42.5级	320	320	315
	32.5级	—	—	325
掺粉煤灰时最小单位水泥用量(kg/m³)	52.5级	250	250	245
	42.5级	260	260	255
	32.5级	—	—	265
公路等级		高速、一级	二级	三、四级
有抗冰冻、抗盐冻要求时掺粉煤灰混凝土最小单位水泥用量 (kg/m³)[b]	52.5级	265	260	255
	42.5级	280	270	265

注：[a] 处在除冰盐、海风、酸雨或硫酸盐等腐蚀性环境中或在大纵坡等加减速车道上，最大水灰(胶)比宜比表中数值降低0.01～0.02。
[b] 掺粉煤灰，并有抗冰冻、抗盐冻要求时，面层不应使用32.5级水泥。

为保证水泥混凝土路面具有较高的抗海水、海洋大气、酸雨、除冰盐和硫酸盐环境的作用，要求混凝土路面掺用粉煤灰、磨细矿渣和硅灰；桥面宜掺用高活性的磨细矿渣和硅灰。

要求严寒地区冻融循环次数不小于250次；寒冷地区不宜小于200次以满足抗冻性要求。

4. 经济性

在满足上述三项技术要求的前提下，配合比应尽可能经济。各级公路混凝土路面最大水泥用量不宜大于400 kg/m³，掺粉煤灰时，最大胶材总量不宜大于420 kg/m³。

三、水泥混凝土配合比设计计算

1. 面层水泥混凝土配制强度

(1) 面层水泥混凝土配制28d弯拉强度均值宜按式(10-9)计算确定：

$$f_c = \frac{f_s}{1-1.04C_v} + ts \qquad (10-9)$$

式中 f_c——面层水泥混凝土配制 28d 弯拉强度均值(MPa)。

f_s——设计弯拉强度标准值(MPa),按设计确定,且不应低于《公路水泥混凝土路面设计规范》(JTG D40)表 3.0.8 或本教材表 9-6 的规定。

t——保证率系数,按表 10-52 取值。

s——弯拉强度试验样本的标准差(MPa),有试验数据时应使用试验样本的标准差;无试验数据时可按公路等级及设计弯拉强度,参考表 10-53 规定范围确定。

C_v——弯拉强度变异系数,应按统计数据取值,小于 0.05 时取 0.05;无统计数据时,可在表 10-54 的规定范围内取值,其中高速公路、一级公路变异水平应为低,二级公路变异水平应不低于中。

表 10-52 保证率系数 t

公路等级	判别概率 p	样本数 n(组)			
		6~8	9~14	15~19	≥20
高速	0.05	0.79	0.61	0.45	0.39
一级	0.10	0.59	0.46	0.35	0.30
二级	0.15	0.46	0.37	0.28	0.24
三、四级	0.20	0.37	0.29	0.22	0.19

表 10-53 各级公路水泥混凝土面层弯拉强度试验样本的标准差 s

公路等级	高速	一级	二级	三级	四级
目标可靠度(%)	95	90	85	80	70
目标可靠指标	1.64	1.28	1.04	0.84	0.52
样本的标准差 s(MPa)	$0.25 \leq s \leq 0.50$		$0.45 \leq s \leq 0.67$	$0.40 \leq s \leq 0.80$	

表 10-54 变异系数 C_V 的范围

弯拉强度变异水平等级	低	中	高
弯拉强度变异系数 C_V 的范围	$0.05 \leq C_V \leq 0.10$	$0.10 \leq C_V \leq 0.15$	$0.15 \leq C_V \leq 0.20$

(2) 面层水泥混凝土配合比设计正交试验法

试验可变因素应根据混凝土的性能要求和材料变化情况按经验确定。水泥混凝土可选水泥用量、用水量、砂率或粗集料填充体积率 3 个因素;掺粉煤灰的混凝土可选用水量、基准胶材总量、粉煤灰掺量、粗集料填充体积率 4 个因素。每个因素至少应选定 3 个水平,并宜先用 $L_9(3^4)$ 正交表安排试验方案。

应对正交试验结果进行直观及回归分析,确定目标配合比,回归分析的考察指标应包括坍落度、弯拉强度、磨损量。有抗冰冻、抗盐冻要求的地区,还应包括抗冻等级、抗盐冻性。

(3) 二级及二级以下公路采用经验公式法时,可按下列规定进行:

① 计算水灰比。无掺合料时,根据粗集料的类型,水灰比可分别按下列统计公式计算。

碎石或破碎卵石混凝土:

$$\frac{W}{C}=\frac{1.5684}{f_c+1.0097-0.3595f_s} \tag{10-10}$$

卵石混凝土：

$$\frac{W}{C}=\frac{1.2618}{f_c+1.5492-0.4709f_s} \tag{10-11}$$

式中 $\frac{W}{C}$——水灰比；

f_s——水泥实测 28 d 抗折强度(MPa)；

f_c——面层水泥混凝土配制 28 d 弯拉强度的均值(MPa)。

② 计算水胶比。掺用粉煤灰、硅灰、矿渣粉等掺合料时，应计入超量取代法中代替水泥的那一部分掺合料用量(代替砂的超量部分不计入)计算水胶比。计算水胶比(或水灰比)大于表 10-51 的规定时，应按表 10-51 取值。

③ 水泥混凝土的砂率宜根据砂的细度模数和粗集料种类，按表 10-55 选取。用作抗滑槽时，砂率可在表 10-55 基础上增大 1%～2%。

表 10-55　水泥混凝土的砂率

砂细度模数		2.2~2.5	2.5~2.8	2.8~3.1	3.1~3.4	3.4~3.7
砂率 S_p(%)	碎石	30~34	32~36	34~38	36~40	38~42
	卵石	28~32	30~34	32~36	34~38	36~40

注：① 相同细度模数时，机制砂的砂率宜偏低限取用；
② 破碎卵石可在碎石和卵石之间内插取值。

④ 根据粗集料种类和坍落度要求，按经验式(10-12)～式(10-14)计算单位用水量。计算单位用水量大于表 10-56 最大用水量的规定时，应通过采用减水率更高的外加剂降低单位用水量。

碎石：

$$W_0=104.97+0.309S_L+11.27\frac{C}{W}+0.61S_P \tag{10-12}$$

卵石：

$$W_0=86.89+0.370S_L+11.24\frac{C}{W}+1.00S_P \tag{10-13}$$

掺外加剂的混凝土单位用水量：

$$W_{0w}=W_0\left(1-\frac{\beta}{100}\right) \tag{10-14}$$

式中 W_0——不掺外加剂与掺合料混凝土的单位用水量(kg/m³)；

S_L——坍落度(mm)；

S_P——砂率(%)；

W_{0w}——掺外加剂混凝土的单位用水量(kg/m³)；

β——所用外加剂剂量的实测减水率(%)。

表 10-56　面层水泥混凝土最大单位用水量(kg/m^3)

施工工艺	碎石混凝土	卵石混凝土	施工工艺	碎石混凝土	卵石混凝土
滑模摊铺机摊铺	160	155	小型机具摊铺	150	145
三辊轴机组摊铺	153	148			

注:破碎卵石混凝土最大单位用水量可在碎石和卵石混凝土之间内插取值。

⑤ 计算单位水泥用量。可由式(10-15)计算,计算结果小于表 10-51 规定值时,应取表 10-51 的规定值。

$$C_0 = \frac{C}{W} W_0 \tag{10-15}$$

式中　C_0——单位水泥用量(kg/m^3)。

⑥ 集料用量可按密度法或体积法计算。按密度法计算时,混凝土单位质量可取 2 400～2 450 kg/m^3;按体积法计算时,应计入设计含气量。

⑦ 经计算得到的配合比,应验算粗集料填充体积率。粗集料填充体积率不宜小于 70%。

(4) 掺用掺合料时,配合比设计应符合下列规定:

掺用矿渣粉或硅灰时,配合比设计应采用等量取代水泥法,掺量应通过试验确定,并应扣除水泥中相同数量的矿渣粉或硅灰。掺用粉煤灰时,配合比设计宜按超量取代法进行,取代水泥的部分应扣除等量水泥量;超量部分应代替砂,并折减用砂量。Ⅰ、Ⅱ级粉煤灰的超量取代系数可按表 10-57 初选。粉煤灰最大掺量,Ⅰ型硅酸盐水泥不宜大于 30%;Ⅱ型硅酸盐水泥不宜大于 25%;道路硅酸盐水泥不宜大于 20%。粉煤灰总掺量应通过试验最终确定。

表 10-57　各级粉煤灰的超量取代系数

粉煤灰等级	Ⅰ	Ⅱ	Ⅲ
超量取代系数 k	1.1～1.4	1.3～1.7	1.5～2.0

四、水泥混凝土配合比的确定

1. 试验室基准配合比的确定、调整及验证

由上述各经验公式估算的配合比应在实验室内按下述程序和《公路工程水泥及水泥混凝土试验规程》(JTG E30)规定方法进行如下各项试配检验、调整及验证:

(1) 应检验混凝土拌合物工作性是否满足相应摊铺工艺的要求。检验项目应包括含气量、坍落度及经时损失、振动黏度系数、碾压混凝土改进 VC 值。

(2) 采用密度法计算的配合比,应实测拌合物视密度,并应按视密度调整配合比,调整时水灰比不得增大,单位水泥用量、各种纤维掺量不得减小。调整后的拌合物视密度允许偏差应达到调整前的±2.0%之内。

(3) 各种混凝土应实测 7 d 和 28 d 配制弯拉强度均值和/或抗压强度均值。掺粉煤灰水泥混凝土还应实测 56 d 配制弯拉强度均值。实测弯拉强度后,宜利用其试件完好部分实测抗压强度与劈裂强度。强度实测结果应符合其质量标准。

(4) 耐久性检验应符合下列规定:

① 各级公路面层与桥面混凝土设计配合比应实测耐磨性,并应符合表 10-58 的规定。

表 10-58　各等级公路面层水泥混凝土磨损量要求

公路等级	高速、一级	二级	三、四级	试验方法
磨损量(kg/m³)≤	3.0	3.5	4.0	JTG E30 T0567

② 有抗冰冻要求时,应实测拌合物含气量、硬化混凝土最大气泡间距系数和抗冻性,并应分别符合表 10-49、表 10-50 和表 10-59 的规定。

③ 有抗盐冻要求时,除应检验含气量和最大气泡间距系数外,尚应实测抗盐冻性,并应符合表 10-59 的规定。

表 10-59　严寒与寒冷地区面层水泥混凝土的抗冻等级要求

公路等级		高速、一级		二、三、四级		试验方法
试件		基准配合比	现场取芯	基准配合比	现场取芯	基准配合比按 JTG E30 TD565 进行
抗冻等级 (F)≥	严寒地区	300	250	250	200	现场取芯按附录 B.1 进行
	寒冷地区	250	200	200	150	

注:严寒指当地最冷月平均气温低于 −8 ℃ 的地区;寒冷指当地最冷月平均气温在 −8 ℃ ~ −3 ℃ 的地区。

(5) 施工期间,料堆的实际含水率发生变化时,应实测粗、细集料的实际含水率,并按下列各式对粗、细集料的称量和加水量做出调整,以保持基准配合比不变。

$$S_w = S_0(1 \pm W_s) \tag{10-16}$$

$$G_w = G_0(1 \pm W_g) \tag{10-17}$$

$$W_w = W_0 - G_0 W_g - S_0 W_s \tag{10-18}$$

$$W_w = W_0 + G_0 W_g + S_0 W_s \tag{10-19}$$

式中　w_s——细集料中增加(+)或减小(−)的含水率(%);

　　　w_g——粗集料中增加(+)或减小(−)的含水率(%);

　　　S_0——原施工配合比细集料单位用量(kg/m³);

　　　G_0——原施工配合比粗集料单位用量(kg/m³);

　　　W_0——原施工配合比单位用水量(kg/m³);

　　　S_w——含水率调整后施工配合比中细集料单位用量(kg/m³);

　　　G_w——含水率调整后施工配合比中粗集料单位用量(kg/m³);

　　　W_w——粗、细集料含水率调整后施工配合比中单位用水量(kg/m³)。

(6) 可根据施工季节、气温和运距等的变化,微调高效减水剂、引气剂、缓凝剂或早强剂的掺量,保持摊铺现场的坍落度始终适宜于铺筑,减小摊铺前混凝土拌合物的工作性波动。

五、搅拌楼试拌配合比

各种混凝土的实验室配合比应通过施工大型搅拌楼实际拌和检验,并应根据料场砂石料含水量、拌和物实测容重、含气量、坍落度及其损失,调整单位用水量、砂率和外加剂掺量等,调整时水灰(胶)比不得变动,水泥(胶材)用量、钢纤维体积率不得减小。满足各种混凝土路面摊铺施工方式的工作性、28 d(或 7 d)试配弯拉强度、抗压强度和耐久性等要求后,得出搅拌楼试拌配合比。搅拌楼试拌配合比应通过监理旁站并签认。

室内配合比确定后,实际路面铺筑前,还应进行大型搅拌楼配合比试拌检验,检验通过,其配合比方可用于摊铺。其主要原因是室内所使用的是小型搅拌机,与大搅拌楼相比,容积大小差别很大,对加水量有影响;搅拌方式有差异。按试验标准:室内为单卧轴强制搅拌机,现场大搅拌楼多为双卧轴型;拌和时间不同,室内拌和不好,可以延长时间,直到拌和好为止,现场大搅拌楼有小时产量的要求,拌和时间通过控制计算机程序设定,这对于相同引气剂掺量时的含气量、拌和物容重影响较大;加之原材料的含水量、清洁度等均有变异,含水量影响加水量、砂石料配量,砂石料的清洁度对混凝土弯拉强度、收缩性、耐久性影响较大。因此,试铺前必须进行搅拌楼试拌试验。

搅拌楼试拌可按上述要求与试铺分成两个阶段分别进行。在摊铺机械已经准备好的条件下,允许与摊铺试验路段合并进行。试拌调整完拌和物的有关参数后,即可投入试验路段试铺。这样无需再调整加水量,同时可以得到路面上的技术指标合格与否的重要信息,并缩短了施工准备所耗费的时间。

六、施工现场配合比的微调与现场控制

1. 从严控制水泥用量和水灰比

考虑施工中原材料含泥量、含水量变化和施工变异性等因素,水泥用量宜比搅拌楼试拌配合比增大 $5\sim10$ kg/m³,但不得减小。施工水灰比应维持不变,并不得增大。无论砂石料含水量及含泥量如何变化,施工配合比中的水泥用量只允许保持不变或略微增大($5\sim10$ kg/m³,含泥量小者,可不增加或用低值;含泥量大时,用大值),不许减小;水灰比应维持不变或略小,不许增大。

2. 微调外加剂掺量

经搅拌楼实拌调整好的配合比,可根据施工季节、气温和运距等的变化,微调缓凝(高效)减水剂、引气剂或保塑剂的掺量,保持摊铺现场的坍落度始终适宜于铺筑,且波动最小。不允许大幅度调整。

3. 调整或微调加水量

在降雨后施工应根据当天不同时间的气温及砂石料实际含水量变化,保持水灰比不变,微调加水量,同时微调砂石料称量,其他配合比参数不得变更,保持现场适宜摊铺的工作性基本不变,并尽可能稳定。

4. 施工配合比审批

实际使用的施工配合比,应通过不少于 200 m 试验路段的试铺验证,至少在满足 7 d 弯拉强度或抗压强度后,通过监理和建设方批准,才可在施工中使用,没有得到审批的配合比不得使用。

§10-8 水泥混凝土路面的施工与质量控制

一、施工准备

1. 设备要求

一般施工技术水平下,不同等级的公路水泥混凝土路面的施工应满足表 10-60 的要求。

表 10-60 不同等级的公路水泥混凝土路面施工的设备要求

摊铺工艺机械装备	高速公路	一级公路	二级公路	三级公路	四级公路
滑模摊铺机	✓	✓	✓	⊙	○
轨道摊铺机	⊙	✓	✓	✓	○
三辊轴机组	○	⊙	✓	✓	✓
小型机具	×	○	⊙	✓	✓
碾压混凝土	×	○	○	✓	⊙
计算机自动控制强制搅拌楼（站）	✓	✓	✓	⊙	○
强制搅拌楼（站）	×	○	⊙	✓	✓

注：① 符号含义：✓应使用；⊙有条件使用；○不宜使用；×不得使用。
② 各等级公路均不得使用体积计量、小型自落滚筒式搅拌机，严禁使用人工控制加水量。

2. 设置模板

模板由钢模或其他材料制成，并符合路面平、纵、横设计的要求，保证模板连接牢固可靠、支立稳固，使在浇注混凝土时能经受捣实和饰面设备的冲击和振动而不位移，模板的高度与混凝土路面厚度相同。

施工缝处的模板应根据传力杆或拉杆的设计位置放样钻孔，模板接头处应有牢固拼接装配装置、拼装简单、拆卸方便。

3. 设置传力杆

横向缩缝及胀缝设置传力杆时与中线及路面表面应平行。传力杆长度的一半再加 5 cm 涂一层沥青。胀缝处的传力杆在涂沥青的一端加一个预制内留 30 mm 的填以纱头或泡沫塑料的盖套。

拉杆要求在混凝土摊铺之前就装设好，或者用一台拉杆震动器把它装入接缝边缘内，或者用混凝土摊铺机上的拉杆自动穿杆器来装设。

二、水泥混凝土路面的施工

1. 混凝土拌合物的搅拌

搅拌场配置的混凝土总拌和设备的生产能力要求保证满足不同的摊铺能力的要求，并按总拌和能力确定所要求的搅拌楼数量和型号，混凝土路面不同摊铺方式的搅拌楼最小配置容量（m³/h）见表 10-61 的要求。

表 10-61 混凝土路面不同摊铺方式的搅拌楼最小配置容量(m³/h)

摊铺宽度 \ 摊铺方式	滑模摊铺	轨道摊铺	碾压混凝土	三辊轴摊铺	小型机具
单车道 3.75～4.5 m	≥100	≥75	≥75	≥50	≥25
双车道 7.5～9 m	≥200	≥150	≥150	≥100	≥50
整幅宽≥12.5 m	≥300	≥200	≥200	—	—

每台搅拌楼在投入生产前，必须进行标定和试拌。在标定有效期满或搅拌楼搬迁安装后，均应重新标定。施工中应每 15 d 校验一次搅拌楼计量精确度。采用计算机自动控制系统的搅

拌楼时,应使用自动配料生产,并按需要打印每天(周、旬、月)对应路面摊铺桩号的混凝土配料统计数据及偏差。

搅拌过程中,拌合物质量检验与控制应符合表10-62的规定。低温或高温天气施工时,拌合物出料温度宜控制在10～35℃,并应测定原材料温度、拌合物的温度、坍落度损失率和凝结时间等。

2. 混凝土拌合物的运输

水泥混凝土材料的运输应根据施工进度、运量、运距及路况,选配车型和车辆总数,总运力应比总拌和能力略有富余,确保新拌水泥混凝土在规定时间内运到摊铺现场。不同摊铺工艺的混凝土拌合物从搅拌机出料到运输、铺筑完毕的允许最长时间应符合表10-63的规定。不满足时应通过试验,加大缓凝剂或保塑剂的剂量。

表10-62 混凝土拌合物的质量检验项目和频率

检查项目	检查频度	
	高速公路、一级公路	其他公路
水灰比及稳定性	每5 000 m³抽检1次,有变化随时测	每5 000 m³抽检1次,有变化随时测
坍落度及其均匀性	每工班测3次,有变化随时测	每工班测3次,有变化随时测
坍落度损失率	开工、气温较高和有变化随时测	开工、气温较高和有变化随时测
振动黏度系数	试拌、原材料和配合比有变化时测	试拌、原材料和配合比有变化时测
钢纤维体积率	每工班测2次,有变化随时测	每工班测1次,有变化随时测
含气量	每工班测2次,有抗冻要求不少于3次	每工班测1次,有抗冻要求不少于3次
泌水率	必要时测	必要时测
视密度	每工班测1次	每工班测1次
温度、凝结时间、水化发热量	冬、夏季施工,气温最高、最低时,每工班至少测1～2次	冬、夏季施工,气温最高、最低时,每工班至少测1次
离析	随时观察	随时观察
VC值及稳定性、压实度、松铺系数	碾压混凝土做复合式路面底层时,检查频率与其他公路相同	每工班测3～5次,有变化随时测

注:① 混凝土拌合物振动黏度系数试验方法见《公路水泥及水泥混凝土试验规程》(JTG E30);
② 钢纤维混凝土拌合物钢纤维体积率试验方法见附录D.2。

表10-63 混凝土拌合物出料到运输、铺筑完毕允许最长时间

施工气温*(℃)	到运输完毕允许最长时间(h)		到铺筑完毕允许最长时间(h)	
	滑模、轨道	三轴、小机具	滑模、轨道	三轴、小机具
5～9	2.0	1.5	2.5	2.0
10～19	1.5	1.0	2.0	1.5
20～29	1.0	0.75	1.5	1.25
30～35	0.75	0.50	1.25	1.0

注:* 指施工时间的日间平均气温,使用缓凝剂延长凝结时间后,本表数值可增加0.25～0.5 h。

3. 水泥混凝土拌合物的铺筑

水泥混凝土的铺筑时,将倾卸在基层或摊铺机箱内的水泥混凝土按摊铺厚度均匀地充满模

板范围之内。主要设备有以下三种:

(1) 滑模机械铺筑

高速公路、一级公路施工,宜选配能一次摊铺 2~3 个车道宽度(7.5~12.5 m)的滑模摊铺机;二级及二级以下公路路面的最小摊铺宽度不得小于单车道设计宽度。硬路肩的摊铺宜选配中、小型多功能滑模摊铺机,并宜连体一次摊铺路缘石。滑模摊铺机的基本技术参数选择见表 10-64。

(2) 三辊轴机组铺筑

三辊轴整平机的主要技术参数见表 10-65。板厚 200 mm 以上宜采用直径 219 mm 的辊轴;桥面铺装或厚度较小的路面可采用直径为 168 mm 的辊轴。轴长宜比路面宽度长出 600~1 200 mm。振动轴的转速不宜大于 380 r/min。

表 10-64 滑模摊铺机的基本技术参数表

项 目	发动机功率 (kW)	摊铺宽度 (m)	摊铺厚度 (mm)	摊铺速度 (m/min)	空驶速度 (m/min)	行走速度 (m/min)	履带数 (个)	整机自重 (t)
三车道滑模摊铺机	200~300	12.5~16.0	0~500	0~3	0~5	0~15	4	57~135
双车道滑模摊铺机	150~200	3.6~9.7	0~500	0~3	0~5	0~18	2~4	22~50
多功能单车道滑模摊铺机	70~150	2.5~6.0	0~400 护栏高度 800~1 900	0~3	0~9	0~15	2,3,4	12~27
路缘石滑模摊铺机	≤80	<2.5	<450	0~5	0~9	0~10	2,3	≤10

表 10-65 三辊轴整平机的主要技术参数

型号	轴直径 (mm)	轴速 (r/min)	轴长 (m)	轴质量 (kg/m)	行走机构质量(kg)	行走速度 (m/min)	整平轴距 (mm)	振动功率 (kW)	驱动功率 (kW)
5001	168	300	1.8~9	65±0.5	340	13.5	504	7.5	6
6001	219	300	5.1~12	77±0.7	568	13.5	657	17	9

(3) 轨道摊铺机铺筑

根据路面车道数或设计宽度选择轨道摊铺机型号,参数要求见表 10-66。最小摊铺宽度不得小于单车道 3.75 m。

表 10-66 轨道摊铺机的参数要求

项 目	发动机功率 (kW)	最大摊铺宽度 (m)	摊铺厚度 (mm)	摊铺速度 (m/min)	整机质量 (t)
三车道轨道摊铺机	33~45	11.75~18.3	250~600	1~3	13~38
双车道轨道摊铺机	15~33	7.5~9.0	250~600	1~3	7~13
单车道轨道摊铺机	8~22	3.5~4.5	250~450	1~4	≤7

4. 水泥混凝土拌合物的捣实

滑模摊铺机的振捣棒下缘位置应在挤压板最低点以上,振捣棒的横向间距不宜大于 450 mm,均匀排列;两侧最边缘振捣棒与摊铺边沿距离不宜大于 250 mm,保证整幅范围内的水泥混凝土振捣密实和均匀。挤压底板前倾角宜设置为 3°左右。提浆夯板位置宜在挤压底板前缘以下两边缘超铺高程根据拌合物稠度宜在 3~8 mm 间调整。搓平梁前沿宜调整到与挤压板后沿高程相同,搓平梁的后沿比挤压底板后沿低 1~2 mm,并与路面高程相同。

三辊轴机组铺筑混凝土面板时应在布料长度大于 10 m 时可开始振捣作业。密排振捣棒组间歇插入振实时,每次移动距离不宜超过振捣棒有效作用半径的 1.5 倍,并不得大于 500 mm,振捣时间宜为 15~30 s。排式振捣机连续拖行振实时,作业速度宜控制在 4 m/min 以内。排式振捣机应匀速缓慢、连续不间断地振捣行进。要求经过振捣的路面表面不露粗集料、液化表面不再冒气泡并泛出水泥浆为准。面板振实后,应随即安装纵缝拉杆。单车道摊铺的混凝土路面,在侧模预留孔中应按设计要求插入拉杆;一次摊铺双车道路面时,除应在侧模孔中插入拉杆外,还应在中间纵缝部位,使用拉杆插入机在 1/2 板厚处插入拉杆,插入机每次移动的距离应与拉杆间距相同。

轨道摊铺机应配备振捣棒组,振捣方式有斜插连续拖行及间歇垂直插入两种,当面板厚度超过150 mm 坍落度小于30 mm 时,必须插入振捣;连续拖行振捣时,宜将作业速度控制在0.5~1.0 m/min 之间,并随着坍落度的大小而增减。间歇振捣时,当一处混凝土振捣密实后,将振捣棒组缓慢拔出,再移动到下一处振实,移动距离不宜大于 500 mm。

5. 终饰、整修、锯缝及养生

经振捣密实的水泥混凝土表面应保持其路拱准确、平整度符合要求。表面整修前应做好清边整缝,清除黏浆,修补掉边、缺角。

当混凝土硬化到足以承受锯缝设备时,即可开始锯缝作业。锯缝作业完成后,应立即把所有锯屑和杂物彻底清除干净。

混凝土板表面修整完毕后,应及时采用湿润养护和塑料薄膜养护 14~21 d。

6. 开放交通

混凝土板达到设计强度时,可允许开放交通。当遇特殊情况需要提前开放交通时,则应根据规定的试验方法测定混凝土与面板同样条件养护的试块应达到设计强度 80% 以上,其车辆荷载不得大于设计荷载。在开放交通之前,路面应清扫干净,所有接缝均应封闭好。

三、质量检验

1. 基本要求

(1)水泥的物理性能和化学成分符合国家有关标准的规定。
(2)粗细集料、水及接缝材料符合规范要求。
(3)施工配合比应根据现场测定水泥的实际标号进行计算,并经试验室试验,选用最佳配合比。
(4)混凝土的摊铺、捣实、整平与面板混凝土养生符合规范要求。
(5)接缝的位置、规格、尺寸和传力杆、拉力杆的设置以及面板补强钢筋的布设等符合设计和规范要求。
(6)路面的平整度和构造深度符合规范要求。

2. 检查项目

表 10-67 为公路混凝土路面铺筑质量要求。表 10-68 为水泥混凝土的检查项目、检查方法和频率。

表 10-67 公路混凝土路面铺筑质量要求

项次	检查项目		允许值	
			高速公路、一级公路	其他公路
1	弯拉强度①(MPa)		100%符合规定	
2	板厚度(mm)		代表值≥−5;极值≥−10,c_v 值符合设计规定	
3	平整度	σ(mm)	≤1.2	≤2.0
		IRI(m/km)	≤2.0	≤3.2
		3m 直尺最大间隙 Δh(mm)	≤3(合格率应≥90%)	≤5(合格率应≥90%)
4	抗滑构造深度(mm)	一般路段	0.70~1.10	0.50~0.90
		特殊路段②	0.80~1.20	0.60~1.00
5	相邻板高差(mm)		≤2	≤3
6	连接摊铺纵缝高差(mm)		平均值≤3;极值≤5	平均值≤5;极值≤7
7	接缝顺直度(mm)		≤10	
8	中线平面偏位(mm)		≤20	
9	路面宽度(mm)		≤±20	
10	纵断高程(mm)		±10	±15

表 10-68 公路水泥混凝土路面质量检测指标、方法和频率

项次	检查项目	检验方法和频率	
		高速公路、一级公路	其他公路
1	弯拉强度	每班留 2~4 组试件,日进度＜500 m 取 2 组;≥500 m 取 3 组;≥1 000 m取 4 组,测 f_{cs}、f_{min}、c_v	每班留 1~3 组试件,日进度＜500 m 取1 组;≥500 m 取 2 组;≥1 000 m取 3组,测 f_{cs}、f_{min}、c_v
	铅芯劈裂强度	每车道每 3 km 钻取 1 个芯样,硬路肩为 1 个车道,测平均 f_{cs}、f_{min}、c_v、板厚 h	每车道每 3 km 钻取 1 个芯样,硬路肩为 1 个车道,测平均 f_{cs}、f_{min}、c_v、板厚 h
2	板厚度	路面摊铺宽度内每 100 m 左右各 2 处,连接摊铺每 100 m 单边 1 处,参考芯样	路面摊铺宽度内每 100 m 左右各 1 处,连接摊铺 100 m 单边 1 处,参考芯样
3	3m 直尺平整度	每半幅车道 100 m 2 处 10 尺	每半幅车道 200 m 2 处 10 尺
	动态平整度	所有车道连续检测	所有车道连续检测
4	抗滑构造深度	铺砂法:每幅 200 m 2 处	铺砂法:每幅 200 m 1 处
5	相邻板高差	尺测:每 200 m 纵横缝 2 条,每条 3 处	尺测:每 200 m 纵横缝 2 条,每条 2 处

续表10-68

项次	检 查 项 目	检验方法和频率	
		高速公路、一级公路	其他公路
6	连接摊铺纵缝高差	尺测:每200 m纵向工作缝,每条3处,每处间隔2 m 3尺,共9尺	尺测:每200 m纵向工作缝,每条2处,每处间隔2 m 3尺,共6尺
7	接缝顺直度	20 m拉线测:每200 m 6条	20 m拉线测:每200 m 4条
8	中线平面偏位	经纬仪:每200 m 6点	经纬仪:每200 m 4点
9	路面宽度	尺测:每200 m 6处	尺测:每200 m 4处
10	纵断高程	水准仪:每200 m 6点	水准仪:每200 m 4点
11	横坡度	水准仪:每200 m 6个断面	水准仪:每200 m 4个断面
12	断板率	数断板面板块占总块数比例	数断板面板块占总块数比例
13	脱皮裂纹露石缺边掉角	量实际面积,并计算与总面积比	量实际面积,并计算与总面积比
14	路缘石顺直度和高度	20 m拉线测:每200 m 4处	20 m拉线测:每200 m 2处
15	灌缝饱满度	尺测:每200 m接缝测6处	尺测:每200 m接缝测4处
16	切缝深度	尺测:每200 m 6处	尺测:每200 m 4处
17	胀缝表面缺陷	每条观察填缝及啃边断角	每条观察填缝及啃边断角
18	胀缝板连浆	每条胀缝板安装时测量	每条胀缝板安装时测量
	胀缝板倾斜	尺测:每块胀缝板每条两侧	尺测:每块胀缝板每条两侧
	胀缝板弯曲和位移	尺测:每块胀缝板每条3处	尺测:每块胀缝板每条3处
19	传力杆偏斜	钢筋保护层仪:每车道4根	钢筋保护层仪:每车道3根

注:路面钻芯劈裂强度应换算为实际面板弯拉强度进行质量评定。

3. 外观鉴定

(1) 混凝土面板无脱皮、印痕、裂纹、露石、蜂窝、麻面、缺边、掉角等现象。

(2) 路面边线直顺、曲线圆顺。

(3) 接缝填缝料饱满密实、黏结牢固、缝缘清洁整齐。

习题与讨论

习 题

1. 简述沥青混合料配合比设计的内容和流程。
2. 简述水泥稳定碎石配合比设计的内容和流程。
3. 简述水泥混凝土配合比设计的内容和流程。
4. 水泥混凝土配比和施工中采用引气剂的原因是什么?
5. 浅谈砂率对水泥混凝土性能的影响。

讨 论

沥青路面的施工控制是保证路面施工质量的重要环节之一,它包括原材料控制、混合料组成设计及评价、路面施工各过程的控制及施工质量的检测。沥青路面施工中的离析

（segregation）是质量隐患的主要来源之一，它包括材料的物理离析和温度离析。请结合路面实习和对现场的观测，提出解决离析的具体建议。

图 10-24　材料离析

图 10-25　沥青路面的温度离析

第 11 章　路基路面养护与管理

> **学习目的**：通过本章学习，了解路基病害、水泥混凝土路面及沥青路面的病害形式及其一般成因和维修方法，大、中修决策与对策及路面管理系统的基本概念和内容。
>
> **教学要求**：通过讲解路基、水泥混凝土路面与沥青路面病害，了解这路基路面的主要病害形式、成因及相应的维修措施。
>
> 重点讲解我国现行养护规范中的路基路面状况评价与养护决策与对策体系，掌握整个大、中修决策形成过程。
>
> 讲解路面管理系统的基本概念，介绍基本内容，了解路面管理系统的基本构成及其作用。

§11-1　概　　述

路面建成通车后，要经历很长一段时间的使用过程，而在这段时间内，为保证路面的行驶功能，保持通车，必须进行必要的养护和管理工作。路面建设时间一般不超过 3 年，如果路面结构能够按设计使用年限正常发挥作用，养护与管理工作要长达 10~20 年，甚至更长。所以，养护与管理工作是公路工程中一项重要工作，在公路管理机关的工作中也占有重要地位。

在路面建成后早期，路面状况良好，随时间增长，病害逐渐出现，并呈加速发展的趋势。所以，早期养护工作主要是以日常养护工作为主，而病害发展到一定阶段或路面结构承载能力下降到一定程度后，就要考虑采取大、中修手段来恢复路面的行驶功能。

日常养护(Routine Maintenance)主要指路面清扫、维持排水系统运作(如边沟清理)、局部路基加固与砌护、绿化植物维护、标志标线等路面结构辅助设施相关工作及路面局部病害修补工作等。这些工作都是在路面结构仍具有较高强度、稳定性与较好的行驶性能，可继续承担车辆荷载的情况下进行的。大、中修特指路面病害进入迅速发展阶段、行驶性能降低时或路面结构已丧失承载能力、达到设计标准轴载累计作用次数的情况下，为防止路面病害的进一步发展、提升路面表面行驶性能、提高结构承载能力进行的铣刨(或移除)、加铺(包括补强)、重建等工程措施，统称为矫正性养护(Corrective Maintenance)。显然，养护工作性质根据路面病害、行驶性能及承载能力状况来确定。所以在决定养护对策前，重要的前期工作就是确定路面目前状况，从以上三个方面界定养护的工作内容和程度，决定养护对策。

预防性养护(Pavement Preventive Maintenance, PPM)是维护现有路面设施，延缓未来病害发展，保持或改善未来功能状况(但并没有增强结构能力)的一种有成本效益的处治计划策略。从这个角度出发，预防性养护更多的是一种理念和方法。

道路预防性养护作为一个完整的概念于 20 世纪 80 年代提出，这种概念有别于传统的道路养护理念。主要有两个观点：一是让状态良好的道路系统保持更长时间，延缓未来的破坏，在不增加结构承载能力的前提下改善系统的功能状况的养护行为；二是在适当的时间，将适用的措施，应用在适宜的路面上。

预防性养护的核心思想是要求采用最佳成本效益的养护措施，强调养护管理的计划性。在美国，把预防性养护归入"路面保值"的范畴中。所谓路面保值，就是指为提供和保持道路使用性能，所采取的包括预防性养护和矫正性养护及某些小型修复项目在内的所有措施（联邦公路局的定义，FHWA，1999）。所谓矫正性养护，就是传统上的修补路面的局部损害或对某些特定病害进行的养护作业，适用于路面已经发生局部的结构性破损，但还没有波及全局的情况，显然这是一种事后、被动的养护方式，治标不治本，各种局部病害积累起来将形成全局性的结构性破坏，最终导致昂贵的修复（大修）工程。采取预防性养护将彻底改变上述情形，如果在路面使用过程的某个最佳时机，进行若干预防性养护措施干预，路面状况将一直保持在较高水平，延长路面使用寿命，综合投入更低。

预防性养护是一种周期性的强制保养措施，是在路面结构强度充足，仅表面功能衰减的情况下，为恢复路面表面服务功能而采取的一种养护措施。预防性养护虽然需要投入一定的费用，但却是一种费用效益比最优的养护措施。美国道路业曾通过对几十万公里不同等级道路的跟踪，发现这些道路的使用性能和寿命有一个共同的变化特征：一条质量合格的道路，在使用寿命前75%的时间内性能下降40%（这一阶段称之为预防性养护阶段），如不能及时养护，在随后的12%的使用寿命时间内，性能再次下降40%，从而造成养护成本大幅度的增加。根据1987年美国启动战略性公路研究项目（SHRP）中养护费用效益研究：在整个路面寿命周期内，进行3~4次的预防性养护可以延长使用寿命10~15年，节约养护费用45%~50%。其带来的收益——延长道路使用寿命，大大超过实施预防性养护的成本。

由此可知预防性养护在延缓路面使用性能恶化速率、延长其使用寿命和节约寿命周期费用方面具有重要意义。因此，发达国家如英国、德国、美国等积极采用预防性养护，日本、英国、加拿大、美国、德国等国家开发了一系列预防性养护新工艺、新技术、新设备。我国在这方面的研究也不断深入，预防性养护的观念已被普遍接受，未来必将成为公路养护的主流策略。

路基路面养护管理工作的主要通过了解路基路面各阶段的行驶性能、强度、病害、交通需求等方面的状况，为养护工作的决策服务。通过资料收集与现场数据采集，管理系统可为路基路面养护决策提供第一手资料，并帮助工程技术人员确定养护工作的轻重缓急和工作顺序，为有限的养护资金的合理利用打下基础。在这些基本功能的基础上，路面管理系统可以对未来的病害发展趋势、养护费用增长趋势、剩余使用寿命等作出预测，为把握养护工作的正确时机提供支持。

§11-2 沥青路面主要病害及防治

一、沥青路面的破坏分类

路面的破坏大体上可分为两类：一类是结构性破坏，它是路面结构的整体或其某一个或几个组成部分的破坏，严重时已不能承受车辆的荷载；另一类是功能性破坏，如由于路面的不平整或太光滑，使其不再具有预期的功能。这两类破坏不一定同时发生，但都是逐渐积累起来的。对于功能性破坏，可以通过修整、养护来恢复路面的平整性或抗滑性，以满足行车使用要求。但对结构性破坏，一般均需进行彻底的翻修。

沥青路面所用的矿料质软和粒径规格不符合要求,往往由于强度不足和劈裂作用使矿料压碎导致路面破坏。夏季高温时,沥青材料黏滞度降低,在荷载作用下,可能使路面表面造成泛油,也可能沥青材料与矿料一起被挤动而引起面层车辙、推挤、波浪等变形破坏。在冬季低温下,沥青材料会由于收缩作用而产生脆裂破坏。在水分和温度作用下,沥青材料与矿料间的黏结力降低,沥青面层就会出现松散、剥落等破坏。

二、沥青路面的病害种类与防治

沥青路面各种病害的成因比较复杂,由于环境、地点、气候条件的不同,病害的情况不一。现将沥青路面的几种主要病害与防治方法介绍如下:

1. 泛油

泛油大多是由于混合料中沥青用量偏多、沥青稠度太低等原因引起,但有时也可能由于低温季节施工,表面嵌缝料散失过多,待气温变暖之后,在行车作用下矿料下挤,沥青上泛,表面形成油层而引起泛油。沥青表面处治和沥青贯入式路面最易产生此类病害。可以根据泛油的轻重程度,采取铺撒较粗粒径的矿料予以处治。

2. 波浪

波浪是路面上形成有规则的低洼和凸起变形。波浪的产生,主要是由于沥青洒布不均形成油垄,沥青多处矿料厚,沥青少处矿料薄,再经过行车不断撞击而造成高低不平。交叉口、停车站、陡坡路段等行车水平力作用较大的地方,最易产生波浪变形。波浪变形处治较为困难,轻微的波浪可在热季采用强行压平的方法处治,严重的波浪则需用热拌沥青混合料填平。

3. 拥包

在行车水平力作用下,沥青面层材料的抗剪强度不足则易产生推挤拥包。这类病害大多是由于所用的沥青稠度偏低,用量偏多,或因混合料中矿料级配不好,细料偏多而产生。此外,面层较薄,以及面层与基层的黏结较差,也易产生推挤、拥包。这种病害一般只能采取铲平的办法来处治。

4. 滑溜

沥青路面滑溜主要是由于行车作用造成的,矿料磨光的,沥青面层中多余的沥青在行车荷载重复作用下泛油,也易形成表面滑溜。这类病害通常采用加铺防滑封层来处治。

5. 裂缝

沥青路面裂缝的形式有纵向裂缝、横向裂缝、龟裂与网裂几种。

沥青路面沿路线纵向产生开裂的原因,一种是因填土未压实,路基产生不均匀沉陷或冻胀作用所造成;另一种是沥青混合料摊铺时间过长,或接缝处理不当,接缝处压实未达到要求,在行车作用下形成纵向裂缝。

冬季气温下降,沥青路面或基层收缩而形成的裂缝,一般为与道路中线垂直的横缝。土基干缩或冻缩产生的裂缝,亦以横缝居多。

路面整体强度不足,沥青面层老化,往往形成闭合图形的龟裂、网裂。对较小的纵缝和横缝,一般用灌入热沥青材料加以封闭处理。对较大的裂缝,则用填塞沥青石屑混合料方法处理。对于大面积的龟裂、网裂,通常采用加铺封层或沥青表面处治。网裂、龟裂严重的路段,则应进行补强或彻底翻修。

6. 坑槽

沥青路面产生坑槽的原因是面层的网裂、龟裂未及时养护而逐渐形成坑槽。基层局部强度不足,在行车作用下也易产生坑槽。坑槽处治的方法是将坑槽范围挖成矩形,槽壁应垂直,在四周涂刷热沥青后,从基层到面层用与原结构相同的材料填补,并予夯实。

7. 松散

松散大多发生在沥青路面使用的初期。松散的原因是采用的沥青稠度偏低,黏结力差,用量偏少;或所用的矿料过湿、铺撒不匀;或所有嵌缝料不合规格而未能被沥青粘牢。基层湿软,则应清除松散的沥青面层后重新压实,待基层干燥后再铺面层。

8. 啃边

在行车作用和自然因素影响下,沥青路面边缘不断缺损,参差不齐,路面宽度减小,这种现象称为啃边。产生的原因是路面过窄,行车压到路面边缘而造成缺损,边缘强度不足,路肩太高或太低,雨水冲刷路面边缘都会造成啃边。对啃边病害的处治方法是设置路缘石、加宽路面、加固路肩。有条件时设法加宽路面基层到面层宽度外 20~30 cm。

三、旧沥青路面再生利用

为了节约能源、减少环境污染、少占堆放废旧料用地和降低路面造价,近年来,许多国家都非常重视旧沥青路面的再生利用。旧沥青路面再生利用就是将旧沥青路面材料经过回收、破碎、加热、掺配新料和再生剂、拌和等处理后,恢复原有沥青路面材料的性能,然后在路面中再次使用。旧沥青路面再生利用方法,按再生材料制备场所的不同分为厂拌法和路拌法两种;按再生材料的用途可分为铺筑面层或基层;按再生材料加热情况又分为冷拌和热拌两类。对沥青混凝土层,可分为厂拌热再生和就地热再生,厂拌冷再生和就地冷再生。对半刚性基层则为厂拌和就地冷再生。

§11-3 水泥混凝土路面主要病害及防治

一、水泥混凝土路面的病害

水泥混凝土路面的使用性能在行车和自然因素的不断作用下逐渐变坏,以至出现各种类型的损坏现象,大体分为接缝破坏和混凝土面板损坏两个方面,损坏性质也可分为功能性损坏与结构性损坏两个范畴。

(一) 接缝的破坏

(1) 挤碎:出现于横向接缝(主要是胀缝)两侧数十厘米宽度内。这是由于胀缝内的滑动传力杆位置不正确,或滑动端的滑动功能失效,或施工时胀缝内局部有混凝土搭连,或胀缝内落入坚硬的杂屑等原因,阻碍了板的伸长,使混凝土在膨胀时受到较高的挤压应力,当其超过混凝土的抗剪强度时,板即发生剪切挤碎。

(2) 拱起:混凝土面板在受热膨胀而受阻时,某一接缝两侧的板突然向上拱起。这是由于板收缩时缝隙张开,填缝料失效,坚硬碎屑等不可压缩的材料塞满缝隙,使板在膨胀时产生较大的热压应力,从而出现纵向压曲失稳。

(3) 错台:横向接缝两侧路面板出现的竖向相对位移。当胀缝下部嵌缝板与上部缝隙未能对齐,或胀缝两侧混凝土壁面不垂直,使缝旁两板在伸胀挤压过程中,会上下错开而形成错台。地面水通过接缝渗入基础使其软化,或者接缝传荷能力不足,或传力效果降低时,都会导致错台的产生。当交通量或基础承载力在横向各幅板上分布不均匀,各幅板沉陷不一致时,纵缝也会产生错台现象。

（4）唧泥：汽车行经接缝时，由缝内喷溅出稀泥浆的现象。在轮载的频繁作用下，基层由于塑性变形累积而同面层板脱空，地面水沿接缝下渗而积聚在脱空的空隙内；在轮载作用下积水变成有压水而同基层内浸湿的细料混搅成泥浆，并沿接缝缝隙喷溅出来。唧泥的出现，使面板边缘部分失去支承，因而往往在离接缝1.5～1.8 m以内导致横向接缝。此外，纵缝两侧的横缝前后错开、纵缝缝隙拉宽、填缝料丧失和脱落等也都属于接缝的破坏。

（二）混凝土板本身的破坏

混凝土板的破坏主要是断裂和裂缝。面板由于所受内应力超过了混凝土的强度而出现横向或纵向以及板角的断裂和裂缝，其原因是多方面的：板太薄或轮载太重；行车荷载的渠化作用（荷载次数超过允许值）；板的平面尺寸太大，使温度翘曲应力过大；地基过量塑性变形使板底脱空失去支承；养生期间收缩应力过大；由于材料或施工质量不良，混凝土未能达到设计要求等等。断裂裂缝破坏了板的结构整体性，使板丧失应有的承载能力。因而，断裂裂缝可视为混凝土面层结构破坏的临界状态。

二、水泥混凝土路面的养护与维修

（1）填缝料的填补：填缝料常因高温被挤出而失落，日久老化而失去弹性，因此，一般在冬季缝隙增宽时增补或更新填缝料，使缝隙填料保持饱满不渗水，避免屑杂物等不可压缩的材料混入。

（2）裂缝的修补：对较小裂缝，应及时将裂缝内的尘土清除干净，再灌填沥青砂或沥青玛蹄脂封缝；或用环氧树脂胶结。对严重的裂缝，宜先将松动部分凿掉并清除干净后，在干燥情况下，用液体沥青涂刷缝壁，再填入沥青砂捣实、烫平，并以细砂覆盖。裂缝的修补工作宜在秋末冬初缝隙较宽时进行。

（3）麻孔、剥落、局部磨损和坑洞的修补：先将尘土碎屑清除干净，再用1:2水泥砂浆（水灰比0.4～0.5）或硫黄水泥填补。硫黄水泥强度高，能与多种材料黏结，快硬、不需养生，并有耐酸抗渗作用。有时也可用掺有50%浓度聚乙酸乙烯乳液的水泥砂浆进行修补。或先涂敷环氧树脂或水泥浆，然后用掺有早强剂的混凝土填补。

（4）大面积磨耗的处理：当磨损、剥落面积较大时，可用坚硬石料进行双层沥青表面处治。粘层油应用较稠的沥青，用量应稍多，以免剥落。对已磨光的路面，国外常铺上防滑沥青砂封层，或者用割槽机将路面割出小横槽，以恢复抗滑力。

（5）断裂的修理：根据断裂位置把混凝土板凿成深约0.05～0.07 m的长方形槽，刷洗干净后，用水泥砂浆涂抹槽壁和底面，然后以混凝土填补。较彻底的办法是将凹槽壁凿至贯通整个板厚，并在凹槽边缘板厚中央打孔插入钢筋，钢筋一半伸出洞外，用最大粒径为5～10 mm的细石混凝土填孔并捣实。待细石混凝土硬结后，再将凹槽边壁润湿，涂刷水泥浆一道，然后将与原来相同的混凝土浇入槽中夯捣密实。

（6）整仓修复：当裂缝分布遍及全板时，可将该板块击破翻除，必要时还应重做基层，再另浇筑新混凝土板。

（7）罩面：混凝土路面损坏后，可在其上以新混凝土罩面。为加强新旧混凝土的结合，加铺前除清除旧面层表面并凿毛外，有时还可在旧路面上先涂敷环氧树脂，然后铺筑新混凝土层，以使新旧层之间达到完全结合。若在旧面层清扫后直接铺筑新混凝土罩面时，则属于部分结合的情况。如在铺筑新混凝土罩面之前,先加上一层油毛毡或其他材料作隔离层,这属于分离式的情况。当用沥青混合料进行罩面时,应有一定的罩面厚度,常用的厚度为 0.09～0.15 m,否则容易剥落,而且旧混凝土路面接缝和裂缝易反射到沥青层上。

三、水泥混凝土路面的加铺

水泥混凝土路面经过一段时间使用之后,行车轴载和轴次大大增加,可能会出现某些损坏,从而不能满足使用要求,而需要加强。为了使混凝土面板加铺设计符合实际,既能适应结构强度要求,又不造成浪费,对旧混凝土路面强度特性和力学参数应进行必要的测试和评定,以便获取旧水泥混凝土路面的有关力学参数,包括基础回弹模量、混凝土面板的抗折强度和抗折弹性模量。旧水泥混凝土路面的强度和模量的评定简称为强度评定。

加铺层与原路面层间结合形式选择同原路面板的完好状况、接缝类型和状况、路拱坡度以及施工条件和造价有关。常用的结合形式有以下几种:

(1) 结合式加铺层,适用于旧混凝土板完好,或虽有损坏业已修复,加铺层与原路面板路拱坡度一致。铺加铺层时,是将原面板表面凿毛,除掉碎屑,清洗干净,涂刷高分子黏结材料或掺有黏结剂的水泥浆,之后浇筑混凝土加铺层。加铺层筑缝与原面板接缝对齐,且缝的类型应相同。目前修筑结合式加铺层费工费时,造价较高,限制了在工程中的广泛应用。

(2) 直接式加铺层,适用于旧混凝土面板完好,没有或只有少量裂缝,加铺层与原路面板路拱大体相同。施工时将原面板表面清洗干净,直接在其上浇筑混凝土加铺层。加铺层接缝的位置和类型应与路面板一致。这种加铺层施工方便,造价不高,为工程单位大量采用。

(3) 分离式加铺层,适用于旧混凝土面板裂缝较多的情况。施工时,应将原面板上的碎屑杂物清扫干净,对严重损坏板块,查清原因,予以处理。在旧路面上铺沥青混凝土或油毛毡卷材,使之与加铺层分离。沥青混凝土常用沥青砂或细粒式沥青混凝土,厚 2～3 cm。油毛毡一至二层,相接处搭接至少 5 cm。加铺层的接缝宜与原面板接缝对齐,接缝类型可不相同。

当因纵坡调整或防冻要求在原混凝土路面板与加铺层之间设置较厚的隔离层时,可用沥青混凝土或水泥稳定粒料等材料修筑。

旧混凝土路面上修筑混凝土加铺层后成为双层混凝土路面,其力学模型属于弹性地基上双层板。研究表明,可采用弹性地基上不同层间接触假设的双层弹性薄板理论进行计算。同时得出,用等刚度原则将弹性地基双层板问题转换为弹性地基单层板计算合理而简便,这样在进行混凝土加铺层设计时,就可利用现行水泥混凝土路面设计规范的方法。

根据实验结果和以往经验,各种层间结合形式的混凝土加铺层最小厚度可取为,结合式 12 cm,直接式 14 cm,分离式 16 cm。

四、水泥混凝土路面的快速修补

水泥混凝土路面一般都承担较繁重的交通运输,如果用普通水泥混凝土材料修补,需要较长的养护期才能开放交通,不能适应繁重交通量的要求。为了应用快速修补技术,修补材料宜具备以下性质:

(1) 有快硬高强的特性,以便在较短的养护期能满足开放通车的强度要求,由于快速修补材料初期强度增长较快,故混凝土的强度应达到设计强度的 70%,即抗折强度达 3 MPa 时可开放通车。

(2) 初凝时间不少于 45 min,以利于施工操作。
(3) 具有便于施工的和易性。
(4) 与旧混凝土与砂浆有较高的黏结力,黏结抗折及黏结抗剪强度不少于修补材料自身强度的 50%。
(5) 硬化过程中收缩小,其干缩值宜小于千分之三。
(6) 28 d 龄期模量值与一般混凝土模量接近。
(7) 与旧混凝土颜色接近,以满足美观要求。

§11-4 路面功能及其评价

路面结构在汽车和自然因素的反复作用下,其使用性能会发生改变,由此路面结构逐渐出现破坏,并最终导致不能满足使用性能的要求。

在路面使用过程中,必须采取相应的养护、补强和改建措施,使路面的使用性能得到部分恢复,甚至提高。

为了了解和掌握路面使用性能的变化情况,以便及时采取各种养护和改建措施,延缓其衰变或恢复其性能,必须定期对路面的使用性能进行评定。路面使用性能包括功能、结构和安全三方面。

路面功能是路面为道路使用者提供的舒适程度。路面结构是指路面的物理状况,包括路面损坏状况和结构承载能力。路面安全是指路面的抗滑能力。功能和安全方面的使用性能是道路使用者所关心的,道路管理部门则更注重结构方面的使用性能。路面使用性能的三个方面既有区别又有一定的联系。路面使用品质及路况的评定就是确定路面结构现时的使用性能。

§11-5 路面破损状况评价

路面结构的损坏状况,反映了路面结构在行车和自然因素作用下保持完整性或完好的程度。

新建或改建的路面,都需采取日常养护措施进行保养,以延缓路面损坏的出现;而在路面结构出现损坏后,应及时采取相应的维修措施以减缓损坏的发展速度;当路面损坏状况恶化到一定限度后,便需采取改建或重建措施以恢复或提高其结构完好程度。因而,路面结构损坏的发生和发展同路面养护和改建工作密切相关。

路面结构出现损坏,会在不同程度上影响路面的平整度。因而,可以通过平整度指标在一定程度上反映路面的损坏状况。然而,平整度的好坏还同路面施工质量等因素有关,并且主要反映道路使用者的要求和利益。因此,路面结构损坏状况为道路管理部门所关注,并据以鉴别需进行养护和改建的路段和选择宜采取的措施。

路面结构的损坏状况,须从三方面进行描述:(1) 损坏类型;(2) 损坏严重程度;(3) 出现损坏的范围或密度。综合这三方面,才能对路面结构的损坏状况作出全面的估计。

一、损坏类型

促使路面出现损坏的原因是多方面的(荷载、环境、施工、养护等),因为结构损坏所表现出的形态和特征也多种多样。各种损坏对路面结构完好程度和路面使用性能有不同程度的影响，需相应采取不同的养护或改建对策。因此，进行路面结构损坏状况调查前，要依据损坏的形态、特征和肇因，对损坏进行分类，并对每一类损坏规定明确的定义。

路上常遇到的主要损坏类型，可按损坏模式和影响程度的不同而分为四大类：
(1) 裂缝或断裂类——路面结构的整体性因裂缝或断裂而受到破坏；
(2) 永久变形类——路面结构虽仍保持整体性，但形状在各种因素的作用下产生较大的变化；
(3) 表面损坏类——路面表层部分出现的局部缺陷，如材料的散失或磨损等；
(4) 接缝损坏类——水泥混凝土接缝及其邻近范围出现的局部损坏。

二、损坏分级

各种路面损坏都有一产生和发展的过程。在这个过程中，处于不同阶段的损坏，对于路面使用性能有不同程度的影响。例如，水泥混凝土路面裂缝初现时，缝隙细微，边缘处材料完整，因而对行车舒适性的影响极小，裂缝间也尚有较高的传荷能力；而发展到后期，缝隙变得很宽，边缘处严重碎裂，行车出现较大颠簸，而裂缝间已几乎无传荷能力。因而，为了区别同一种损坏对路面使用性能的不同影响程度，对各种损坏须按其影响的严重程度划分为几个等级（一般2~3个等级）。

对于断裂或裂缝类损坏，分级时主要考虑对结构整体性影响的程度，可采用缝隙宽度、边缘碎裂程度、裂缝发展情况等指标表征。对于变形类损坏，主要考虑对行车舒适性的影响程度，可采用平整度作为指标进行分级。对于表面损坏类，往往不分级。具体指标和分级标准，可根据各地区的特点和其他考虑，经过调查分析后确定。损坏严重程度分级的调查，往往通过目测进行。为了使不同调查人员得到大致相同的判别，对分级的标准要有明确的定义和规定。

各种损坏出现的范围，对于沥青路面和砂石路面，通常按面积、长度或条数量测，除以被调查子路段的面积或长度后，以损坏密度计（以%或Z条数/子路段长表示）。而对于水泥混凝土路面，则调查出现该种损坏的板块数，以损坏板块数占该子路段总板块数的百分率计。

三、损坏调查

损坏调查通常由2人调查小组沿线通过目测进行。调查人员鉴别调查路段上出现的损坏类型和严重程度并丈量损坏范围后，记录在调查表格上。同一个调查路段上如出现多种损坏或多种严重程度，应分别计量和记录。

目测调查很费时。如果调查的目的不是为了确定养护对策和编制养护计划，则可采用抽样调查的方法，不必对整个路网的每一延米的各种损坏都进行调查。通常，可采取每公里抽取其中100 m长的路段代表该公里的方法，但每次调查都要在同一路段上进行，以减少调查结果的变异性和保证各次调查结果的可比性。近年来，路况综合调查设备逐步发展，可利用车载设备自动连续观测路面破损情况，可大幅度提高效率。

四、损坏状况评价

每个路段的路面可能出现各种不同类型、严重程度和范围的损坏。为了使各路段的损坏状况或程度可以进行定量比较，需采用一项综合评价指标，把这三方面的状况和影响综合起来。

通常采用的是扣分法,选择一项损坏状况度量指标,例如路面状况指数 PCI,以百分制或十分制计量。对于不同的损坏类型、严重程度和范围规定不同的扣分值,按路段的损坏状况累计其扣分值后,以剩余的数值表征或评价路面结构的完好程度。

各种损坏类型和严重程度对路面完好程度及其衰变速率有不同程度的影响,对路面使用要求的满足程度有不同影响,对养护和改建措施有不同的需要。其间很难建立明确的定量关系。因而,只能采用主客观相结合的方法,确定不同损坏类型、严重程度和范围的扣分值。

首先制定一个统一的分级和评分标准表。例如,将路面状况划分为优、良、中、次、差 5 个等级,采用百分制,为每一等级规定相应的级差范围和相应的养护对策类型。

选择一些仅具有单一损坏类型的路段,组织由道路管理部门人员组成的评分小组,按上述评价标准对路段进行评分。整理这些评分结果,可以为每种损坏类型确定扣分曲线或扣分表。

路段上有时常出现几种损坏类型或严重程度等级。如果分别按单项扣分值累加得到多种损坏(或严重程度)路段的扣分值,则有时会出现超过初始评分值 C 的情况,或者超过对多种损坏路段进行评分的结果。为此,对多种损坏的情况需进行修正。利用评分小组对多种损坏路段的评分结果和各项单项扣分值,经过多次反复试算和调整,可得到多种损坏时的修正(权)函数 W_{ij}。

§11-6 路面结构承载能力评价

路面结构承载能力是指路面在达到预定的损坏状况之前还能承受的行车荷载作用次数,或者还能使用的年数。

路面结构的承载能力同损坏状况有着内在联系。在使用过程中,路面的承载能力逐渐下降,与此同时损坏逐步发展。承载能力低的路面结构,其损坏的发展速度迅速;承载能力接近于临界状态时,路面的损坏达严重状态,此时必须采取改建措施(设置加铺层等)以恢复或提高其承载能力。

路面结构承载能力的测定,可分为破损类和无破损类两种。前者从路面各结构层内钻取试样,试验确定其各项计算参数,通过同设计标准相比较,估算其结构承载能力。无破损类测定则通过路表的无破损弯沉测定,估算路面的结构承载能力。

一、弯沉测定

路表面在荷载作用下的弯沉量,可以反映路面结构层的刚度特性。路面的结构破坏可以是由于过量的竖向变形造成的,也可能是由于某一结构层的断裂破坏造成的。对于前者,采用最大弯沉值表征结构承载能力较合适;对于后者,则采用路表弯沉盆的曲率半径表征其刚度特性更为合适。因而,理想的弯沉测定应包含最大弯沉值和弯沉盆两方面。

目前使用的弯沉测定系统有 4 种:(1) 贝克曼梁(Benklemanbeam)弯沉仪;(2) 自动弯沉仪;(3) 稳态动弯沉仪;(4) 脉冲弯沉仪。前两种为静态测定,可得到路表最大弯沉值。后两种为动态测定,可得到最大弯沉值和弯沉盆。

(一) 静态弯沉测定

最常用的是贝克曼梁弯沉仪,测定时梁的端头穿过测定车后轴双轮轮隙,置于车轮前方 5~10 cm 的路面测点上,梁在后三分点处通过支点承于底座上。梁的另一端处架设一百分表,以测定端头的升降量。车辆以爬行速度向前行驶,车轮经过梁的端头时读取百分表的最大读数,车辆驶离后再读取百分表的读数,两者差值的两倍即为路表面的回弹弯沉值。

自动弯沉仪将弯沉测定梁连接到测定车后轴之间的底盘上。测定时,梁支于地面保持不动,车辆向前移动,当后轮驶过并通过梁端头时,弯沉值被自动记录下来,达最大弯沉值时测定梁被提起,并拉到车辆底盘的前端,到下一测点处测定梁再被放下。自动弯沉仪可连续进行弯沉测定,并自动记录测定结果。车辆行驶速度为 3～5 km/h,每天约可测定 30 km。

贝克曼梁弯沉仪量测到的是最大回弹弯沉值,而自动弯沉仪测到的是最大总弯沉值。轮载、轮压和加载时间(行驶速度)是影响测定结果的三项加载条件。在测定前和测定过程中,必须认真检查是否符合规定要求。

测定时,测试车辆沿轮迹带行驶。如仅使用一台贝克曼梁弯沉仪,测点沿外侧轮迹带布置。测点间隔可为 20～50 m,视测定路段长度要求而定。

测定结果可点绘成弯沉断面图。由于影响承载能力的变量众多,可以预料各测点的弯沉值会有较大的变异。因而,通常采用统计方法对每一路段的弯沉值进行统计处理,以路段的代表弯沉值表征该路段的承载能力。

路段的代表弯沉值 l_0 可按下式确定：

$$l_0 = (\overline{l_0} + \lambda\sigma)K_1K_2K_3 \tag{11-1}$$

式中 $\overline{l_0}$——路段各测点弯沉平均值：

$$\overline{l_0} = \sum_1^n l_i/n \tag{11-2}$$

σ——该路段弯沉测定标准偏差：

$$\sigma = \sqrt{\frac{\sum_{i=1}^n (l_i - \overline{l_0})^2}{n-1}} \tag{11-3}$$

λ——控制保证率的系数,保证率为 50% 时,$\lambda = 0$；保证率为 90% 时,$\lambda = 1.282$；保证率为 95% 时,$\lambda = 1.64$；保证率为 97.7% 时,$\lambda = 2.00$。

n——该路段的测点数。

K_1——季节影响系数。

K_2——湿度影响系数。

K_3——温度影响系数。

沥青面层的劲度随温度而变,路基的模量随湿度而变。因而,弯沉测定结果同测定时路面结构的温度和湿度状况有关。通常以 20 ℃ 作为沥青路面的标准测定温度,以最不利潮湿或春融季节作为测定时期。对于在其他环境条件下测定的结果,应作温度和湿度修正。

温度影响系数 K_3 可先计算沥青层内平均温度,然后按经验公式确定。

当测定时气温 $T_0 < 20$ ℃ 时：

$$\left.\begin{aligned}T_1 &= a + bT_0 \\ a &= -2.14 - 0.503h \\ b &= 0.62 - 0.008h\end{aligned}\right\} \tag{11-4}$$

当气温 $T_0 \geqslant 20$ ℃ 时：

$$\left.\begin{aligned} T_1 &= a + bT_0 \\ a &= -2.65 + 0.52h \\ b &= 0.62 - 0.008h \end{aligned}\right\} \quad (11-5)$$

T_1 为沥青路面内部平均温度，根据 T_1 计算结果，决定选择的经验公式。如：某地区采用的公式：

$T_1 \geqslant 20$ ℃ 时：

$$K_3 = \exp\left[h\left(\frac{1}{T_1} - \frac{1}{20}\right)\right] \quad (11-6)$$

$T_1 < 20$ ℃ 时：

$$K_3 = \exp[0.002h(20 - T_1)] \quad (11-7)$$

式中 h——沥青层厚度(cm)。

由于气候、水文和土质条件的不同，各地区路基湿度和季节性变化规律不尽相同；并且，路面结构不同，路基温度变化对路表弯沉值的影响程度也不一样。因而，考虑湿度变化和季节修正系数 K_1、K_2 随地区、土质、路基潮湿类型、路面结构等因素而变，应依据当地具体条件建立的弯沉湿度、季节变化曲线，结合经验确定之。

测定路段的弯沉值如果变化范围很大，需进行分段，分别确定其代表弯沉值。分段可通过目估，并结合路况进行。也可按统计方法，对划分的相邻路段进行显著性检验，依据是否有显著差别抉择其分或合。

（二）动态弯沉测定

稳态动弯沉仪系利用振动力发生器在路表面作用一固定频率的正弦动荷载，通过沿荷载轴线间隔布置的速度传感器（检波器）量测路表面的动弯沉曲线。

脉冲弯沉仪又称落锤弯沉仪（FWD），它以 50～300 kg 质量从 4～40 mm 高度落下，作用于弹簧和橡皮垫上，通过 30 cm 直径承载板传给路面半正弦脉冲力。通过改变质量和落高，可以施加不同级位的荷载，从 15 kN 到 125 kN。脉冲力作用持续时间约为 0.028 s。利用沿荷载轴线间隔布置的速度传感器，量测到路表面的弯沉曲线。由于仪器本身重量轻，路面受到的预加荷载的影响比稳态动弯沉仪小得多。

动态弯沉测定可以得到路表弯沉曲线。作用于路表的动荷载向路面结构内的应力扩散类似圆锥形。应力锥同各结构层次界面的交点具有特定的含义：在交点以外的路表弯沉值仅受到此交点所在界面以下各结构层模量的影响。利用这一特性，可以依据应力锥和结构层次布置传感器的位置，并按量测得到的弯沉值应用层状体系理论解分别确定各结构层的弹性模量值。弯沉测定时，所施加的动荷载大小应尽可能接近于路上的车辆荷载。此外，为了解材料的非线性特征，施加的动荷载需变换级位。

二、结构承载能力评价

不同路面结构具有不同的路表弯沉值。因而，不能单独从最大弯沉值大小来判断路面结构的剩余寿命。同时，路面结构的承载能力会在使用过程中逐渐下降，它反映了路面结构层材料特性的变化。路面结构的承载力评价可通过测定各结构层的材料特性,如抗压强度、抗弯拉强度、疲劳强度或相应的刚度,计算各结构层实际的受力状态(应力、应变),与材料的极限强度或极限应变之比判别路面结构承载力评价。

现有规范利用沥青路面的弯沉值同标准轴载累计作用次数和路面损坏临界状态间的关系曲线,可按路段的代表弯沉值和路面已承受的标准轴载累计作用次数,确定现有路面结构的剩余寿命。

沥青路面现有规范采用强度系数 SSI 作为评价指标,SSI＝路面设计弯沉值/路面代表弯沉值。

§11-7 路面使用性能综合评价

一、路面平整度评价

路面的基本功能是为车辆提供快速、安全、舒适和经济的行驶表面。路面行驶质量反映路面满足这一基本功能的能力。

路面行驶质量的好坏,同路面表面的平整度特性、车辆悬挂系统的振动特性和人对振动的反应或接受能力三方面因素有关。从路面状况的角度,影响路面行驶质量的主要因素是路面平整度。

路面平整度可定义为路面表面诱发行驶车辆出现振动的高程变化。路面不平整所引起的车辆振动,会对车辆磨损、燃油消耗、行驶舒适、行车速度、路面损坏和交通安全等多方面产生直接影响。因此,平整度是度量路面行驶质量的一项性能指标。

(一)平整度测定方法

曾出现过多种路面平整度测定方法和仪器。它们可划分为两大类型:(1)断面类平整度测定;(2)反应类平整度测定。

1. 断面类平整度测定

断面类平整度测定是直接沿行驶车辆的轮迹量测路面表面的高程,得到路表纵断面,通过数学分析后采用综合统计量作为其平整度指标。

属于这一类的方法,主要有:

(1)水准测量:采用水准仪和水准尺沿轮迹测路面表面的高程,由此得到精确的路表纵断面。这是一种测定结果较稳定的简便方法,但测量速度很慢,很费工。

(2)梁式断面仪:用 3 m 长的梁(或直尺)连续量测轮迹处路表同梁底的高程差,由此得到路表纵断面。这种方法较水准测量的测定速度要快些。

(3)惯性断面仪:在测试车车身上安置竖向加速度计,以测定行驶车辆的竖向位置变化。车身同路表面之间的距离,利用激光、超声等传感器进行测定。两方面测定结果叠加后,便可得到路表面纵断面。

断面类平整度测定方法的主要优点是可直接得到轮迹带路表面的实际断面,依据它可以对路面平整度的特性进行分析。而其主要缺点是,对于前两种方法来说,测定速度太慢,不宜用于大范围的平整度数据采集;对于惯性断面仪来说,仪器精密度高,操作和维修技术要求高,因而其广泛应用受到了限制。

2. 反应类平整度测定

反应类平整度测定系统是在主车或拖车上安装由传感器和显示器组成的仪器。可以传感和累计车辆以一定速度驶经不平路表面时悬挂系统的竖向位移量。显示器记下的测定值，通常是一个计数数值，每计一个数相应于一定的悬挂系位移量。反应类平整度测定系统的优点是价格低廉，操作简便，可用于大范围内的路面平整度快速测定。然而，由于这类测定系统是对路面平整度的一个间接度量，其测定结果同测试车辆的动态反应状况有关，也即随测试车辆机械系统的振动特性和车辆行驶的速度而变化。因而，它存在三项主要缺点：(1) 时间稳定性差——同一台仪器在不同时期测定的结果，会因车辆振动特性随时间的变化而不一致；(2) 转换性差——不同部门测定的结果，由于所用测试车辆振动特性的差异而难以进行对比；(3) 不能给出路表的纵断面。

为克服上述第一项缺点，需经常对测定仪器进行标定。标定路段的平整度采用断面类平整度测定方法测定。测定仪器在标定路段上的测定结果与标准结果建立回归关系，即为标定曲线。利用此曲线，可将不同时期的测定结果进行转换。

为克服上述第二项缺点，需寻找一个通用的平整度指标，以便把不同仪器或不同部门定的结果，统一转换成以这个通用指标表示的平整度值。这样，它们就能够进行相互比较。

（二）国际平整度指数

反应类平整度仪测定的结果，通常以车辆行驶一段距离后的累积计数值表示。如果把每一种反应类平整度仪的计数以相应的悬挂系单位公里竖向位移量表示，则测定结果可表示为 m/km，它反映了单位行驶距离内悬挂系的累积竖向行程。这是一个类似于坡度的单位，称作平均调整坡（ARS）。

以 ARS 作为指标表示测定结果时，不同反应类平整度仪测定之间可以建立良好的相关关系。但这种关系只能在测定速度相同的条件下才能成立。因而，必须按速度分别建立回归方程。

国际平整度指数（IRI）是一项标准化的平整度指标。它同反应类平整度测定系统类似，但是采用数学模型模拟 1/4 车（即单轮，类似于拖车）以规定速度（80 km/h）行驶在路面上，分析具有特定特征参数的悬挂系在行驶距离内由于动态反应而产生的累积竖向位移量。分析结果也以 m/km 表示。因而，这一指标与反应类仪器的 ARS 相似，称作参照平均调整坡（RARS30）。

上述分析过程已编成电算程序。在量测到路表纵断面的高程资料后，便可利用此程序计算该段路面平整度的国际平整度指数 IRI 值。对标定路段的平整度，按上述方法用国际平整度指数表征，而后同反应类平整度仪的测定结果建立标定曲线，则使用此类标定曲线便可克服反应类平整度仪转换性差的缺点。

（三）行驶质量评价

如前面所述，路面行驶质量同路表面的不平整度、车辆的动态响应和人的感受能力三方面因素有关。因而，不同的乘客乘坐同一辆车行驶在同一个路段上，由于各人对行驶舒适性的要求和对颠簸的接受能力不同，对该路段的行驶质量会作出不同的评价。

由于评价带有个人主观性，为了避免随意性，提出了主客观相结合的评价方法。一方面邀请具有不同代表性的乘客，分别按各人的主观意见进行评分，而后汇总大家的评价，以平均评分值代表众人的评价。另一方面对各评价路段进行平整度量测。通过回归分析建立主观评分同客观量测结果的相关关系。由此建立的评价模型，便可用来对路面行驶质量进行较统一的评价。

对行驶质量的评价可以采用 5 分或 10 分评分制。评分小组的成员应能覆盖对行驶舒适性有不同反应的各类人员(不同职业、年龄、社会经济和文化背景等)。所选择的评分路段,其平整度和路面类型应能覆盖可能遇到的范围和情况。评分时所乘坐的车辆,应选择其振动特性具有代表性的试验车。整个评分过程中,采用相同的试验车和行驶速度。

整理各评分路段的主观评分和客观量测结果后,通过回归分析可建立线性或非线性的评价模型。利用评价模型可以对路面行驶质量的好坏作出相对的评价。然而,还需要建立行驶质量的标准,以衡量该评价对使用性能最低要求的满足程度。

行驶质量标准的制定,一方面依赖于乘客对行驶舒适性的要求,另一方面在很大程度上受经济因素的制约。标准定得过高,会使路网内许多路段的路面需采取改建措施,从而提高所需的投资额。

乘客对路面舒适性的要求,可以通过在评分表中列入不可接受、可接受和难以确定三种意见供评分者选择,而后汇总其意见得出。例如,图 11-1 中所示为依据评分者在打分时选择的三种意见的比例绘制的频率曲线。由分布频率为 50% 的水平线同可接受和不可接受二条分布曲线的交点,可以确定行驶质量的上下限标准:完全可以接受的最低标准(图中为 RQI=2.9)和完全不可以接受的最高标准(图中为 RQI=2.2)。

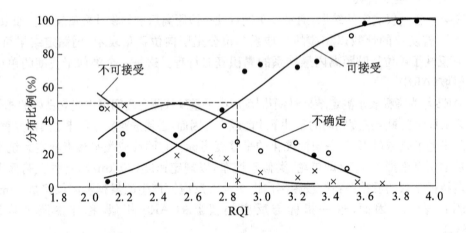

图 11-1 行驶质量标准的确定

按上述方法得到的标准,虽然在一定程度上也反映了乘客在经济方面的考虑,但仍需按当地的经济条件分析这一标准的可接受程度,而后再作抉择。

二、抗滑性能评价

路面抗滑性能是指车辆轮胎受到制动时沿路表面滑移所产生的抗滑力。通常,抗滑性能被看作是路面的表面特性,并定义为:

$$f = \frac{F}{W} \tag{11-8}$$

式中 f——摩阻系数;
　　　F——作用于路表面的摩阻力;
　　　W——垂直于路表面的荷载。

然而,笼统地说路面具有某一摩阻系数值是不确切的。应该对轮胎在路面上的滑移条件给予规定。不同的条件和测定方法,可以得到不相同的摩阻系数值。因此,需规定标准的测定方法和条件。

（一）测定方法

抗滑性能可采用 4 种方法进行测定:(1) 制动距离法;(2) 锁轮拖车法;(3) 偏转轮拖车法;(4) 摆式仪法。

1. 制动距离法

以一定速度在潮湿路面上行驶的 4 轮小客车或轻型车,当 4 个车轮被制动时,车辆减速滑移到停止的距离,可用以表征非稳态的抗滑性能,以制动距离数 SDN 表示:

$$\text{SDN} = \frac{v^2}{225 L_s} \tag{11-9}$$

式中　v——刹车开始作用时车辆的速度(km/h);

　　　L_s——滑移到停车的距离(m)。

测试路段应为材料组成均匀、磨耗均匀和龄期相同的平直路段。测试前和每次测定之间,先洒水润湿路表面到完全饱和。制动速度以 64.4 km/h 为标准速度。也可采用其他速度,但不宜低于 32 km/h。

2. 锁轮拖车法

装有标准试验轮胎的单轮拖车,由汽车拖拉,以要求的测定速度在洒水润湿的路面上行驶。抱锁测试轮,通过测定牵引力确定在载重和速度不变的状态拖拉测试轮时作用在轮胎和路面间的摩阻力。以滑移指数 SN 表征路面的抗滑性能:

$$\text{SN} = \frac{F}{W} \times 100 \tag{11-10}$$

式中　F——作用在试验轮胎上的摩阻力(N);

　　　W——作用在轮上的垂直荷载(N)。

轮上的载重为 4 826 N,标准测试速度为 64.4 km/h。牵引力由力传感器量测,速度由第五轮仪量测。

3. 偏转轮拖车法

拖车上安装有两只标准试验轮胎,它们对车辆行驶方向偏转一定的角度(7.5°~20°)。汽车拖拉以一定速度在潮湿路面上行驶时,试验轮胎受到侧向摩阻力的作用。记下此侧向摩阻力,除以作用在试验轮上的载重,可得到以侧向力系数 SFC 表征的路面抗滑性能:

$$\text{SFC} = \frac{F_s}{W} \tag{11-11}$$

式中　F_s——作用在试验轮胎上的侧向摩阻力(N);

　　　W——作用在轮胎上的垂直荷载(N)。

锁轮拖车法和偏转轮拖车法都具有测定时不影响路上交通,可连续并快速进行的优点。

4. 可携式摆式仪法

这是一种主要在室内量测路面材料表面摩阻特性的仪器,也可用于野外量测局部路面范围的抗滑性能。摆式仪的摆锤底面装一橡胶滑块,当摆锤从一定高度自由下摆时,滑动面同试验表面接触。由于两者间的摩擦而损耗部分能量,使摆锤只能回摆到一定高度。表面摩阻力越大,回摆高度越小。通过量测回摆高度,可以评定表面的摩阻力。回摆高度直接从仪器上读得,以抗滑值 SRV 表示。

(二)抗滑性能评价

影响路面抗滑性能的因素有路面表面特性(细构造和粗构造)、路面潮湿程度和行车速度。

路表面的细构造是指集料表面的粗糙度,它随车轮的反复磨耗作用而逐渐被磨光。通常采用石料磨光值(PSV)表征其抗磨光的性能。细构造在低速(30~50 km/h 以下)时对路表抗滑性能起决定作用。而高速时起主要作用的是粗构造。它是由路表外露集料间形成的构造,其功能是使车轮下的路表水迅速排除,以避免形成水膜。粗构造由构造深度表征其性能。

路表面应具有的最低抗滑性能,视道路状况、测定方法和行车速度等条件而定。各国根据对交通事故率的调查和分析,以及同路面实测抗滑性能间建立的对应关系,制定有关抗滑指标的规定。有的国家除了规定抗滑性能的最低标准外,还对石料磨光值和构造深度的最低标准作出了规定。

§11-8 路基技术状况评价与养护

一、路基技术状况评价

路基是公路工程的重要组成部分,是路面的基础。它承受由路面结构层传递下来的行车荷载和自然因素的作用。路基的强度和稳定性直接影响路面的平整度和强度,是保证路面稳定的先决条件。路基质量的好坏,将直接影响到路面的使用性能,从而对道路使用者的行车安全性、舒适性以及行驶速度产生极大的影响。路面的损坏,往往与路基的排水不畅、路基构造物的缺损有直接关系。随着我国公路建设里程的不断增加,公路建设对于路基性能的要求也逐步提高,但由于公路建设环境复杂,路基工程受雨水温度等外部环境的破坏严重,往往不能满足高等级公路对于路基强度和稳定性的严格要求,因此有必要进行路基工作性能的评价,从而为路基养护工作提供决策依据。

公路路基养护评价指标体系是一套用来评价高等级公路路基养护质量及其使用性能的指标体系,用于对公路路基的整体性能做初步诊断和评价,为进一步养护管理提供依据,指导养护管理工作者的工作。评价指标的选择要能充分地反映路基的特性,反映路基的主客观信息和养护质量。

结合路基养护对象,根据《公路技术状况评定标准》(JTG 5210)进行路基性能评价。对于路肩,可考虑路肩的不整洁、不平整或者是路肩损坏病害;对于边坡,可考虑边坡坍塌、冲沟和裂缝等病害;对于排水设施,可考虑排水淤塞病害;对于挡土墙,可重点考虑挡土墙损坏病害。

我国《公路技术状况评定标准》(JTG 5210)中将路基损坏分为 8 类,分别是路肩边沟不洁、路肩损坏、边坡坍塌、水毁冲沟、路基构造物损坏、路缘石缺损、路基沉降、排水系统淤塞,根据各类损坏的严重程度进行分类并赋予不同权重,如表 11-1 所示。

第 11 章 路基路面养护与管理

表 11-1 路基损坏扣分标准

类型 i	损坏名称	损坏程度	计量单位	单位扣分	权重(w_i)
1	路肩边沟不洁		m	0.5	0.05
2	路肩损坏	轻	m²	1	0.10
		重		2	
3	边坡坍塌	轻	处	20	0.25
		中		30	
		重		50	
4	水毁冲沟	轻	处	20	0.25
		中		30	
		重		50	
5	路基构造物损坏	轻	处	20	0.10
		中		30	
		重		50	
6	路缘石缺损		m	4	0.05
7	路基沉降	轻	处	20	0.10
		中		30	
		重		50	
8	排水系统淤塞	轻	m	1	0.10
		重	处	20	

根据路基病害调查,建立了路基技术状况指数 SCI(Subgrade Condition Index)来评价路基性能,如式(11-12)所示。

$$SCI = \sum_{i=1}^{8} w_i (100 - GD_{iSCI}) \tag{11-12}$$

式中 GD_{iSCI}——第 i 类路基损坏的总扣分(Global Deduction),最高分值为 100,按表 11-1 的规定计算;

w_i——第 i 类路基损坏的权重,按表 11-1 取值;

i——路基损坏类型。

公路管理部门进行路基调查时,可参照表 11-2 进行,并计算路基状况指数 SCI,从而对路基使用状态进行评价,并建立相应的路基养护对策。

二、路基养护与维修

1. 路基养护的主要内容

为了保证路基的坚实和稳定,保证排水性能良好,使各部分尺寸和坡度符合规定,及时消除不稳定的因素,并尽可能地提高路基的技术状况,必须对路基进行及时的养护、维修与改善,路基养护工作的主要内容包括以下几个方面。

(1)维修、加固路肩及边坡。

(2)疏通、改善、铺砌排水系统。对边沟、截水沟、排水沟以及暗沟(管)等排水设施,应及时排除堵塞,疏导水流,保持水流畅通,并结合地形、地质、纵坡、流速等情况,综合考虑铺砌加固。

表 11-2　公路路基技术状况调查表

路线名称：		调查方向：			调查事件：				调查人员：					
调查内容	程度	单位扣分	权重 w_i	计量单位	起点桩号： 路段长度：				终点桩号： 路面宽度：					累计损坏
					1	2	3	4	5	6	7	8	9	10	
路肩边沟不洁		0.5	0.05	m											
路肩损坏	轻	1	0.10	m²											
	重	2													
边坡坍塌	轻	20	0.25	处											
	中	30													
	重	50													
水毁冲沟	轻	20	0.25	处											
	中	30													
	重	50													
路基构造物损坏	轻	20	0.10	处											
	中	30													
	重	50													
路缘石缺损		4	0.05	m											
路基沉降	轻	20	0.10	处											
	中	30													
	重	50													
排水系统淤塞	轻	1	0.10	m											
	重	20		处											
评定结果： SCI=					计算方法： $SCI=\sum_{i=1}^{8}w_i(100-GD_{iSCI})$										

(3) 维护、修理各种防护构造物及透水路堤,管理保护好公路两旁用地。

(4) 清除塌方、积雪,处理塌陷,检查险情,预防水毁。

(5) 观察、预防、处理滑坡、翻浆、泥石流、崩塌、塌方及其他路基病害,及时检查各种路基的险情并向上级报告,加强对水毁的预防与治理。

(6) 有计划地局部加宽、加高路基,改善急弯、陡坡和视距,以逐步提高其技术标准和服务水平。

2. 路基养护的基本要求

《公路养护技术标准》(JTG H10)对公路养护的质量要求是:保持路面清洁,横坡适度,行车舒适;路肩整洁,边坡稳定,排水通畅;构造物完好,沿线设施完善;绿化协调美观,逐步实现 GBM 工程,力争构成畅、洁、绿、美的公路交通环境。具体到路基部分,必须保持路基土的密实,排水性能良好,各部尺寸和坡度符合要求,及时消除不稳定因素。路基养护工作应符合下列基本要求:

(1) 路基各部分经常保持完整,各部分尺寸满足规定的标准要求,不损坏变形,经常处于完好状态。

(2) 路肩无车辙、坑洼、隆起、沉陷、缺口,横坡适度,边缘顺适,表面平整坚实、整洁,与路面接茬平顺。

(3) 边坡稳定、坚固,平顺无冲沟、松散,坡度符合规定。

(4) 边沟、排水沟、截水沟等排水设施无淤塞、无高草,纵坡符合规定,排水通畅,进出口维护完好,保证路基、路面及边沟内不积水。

(5) 挡土墙保持完好无损坏,泄水孔无堵塞。

3. 路基养护对象与措施

结合路基养护的基本要求,确定路基养护的主要对象为路肩、边坡、排水设施和挡土墙。

(1) 路肩是保证道路路基、路面整体稳定性和排除路面水的重要结构,同时也是为确保临时停车所需两侧余宽的重要组成部分。路肩养护的好坏直接关系到路基路面强度、稳定性和行车的安全畅通。其主要功能是侧向支撑路面的基层和垫层,稳定路面各层次的结构,排出路面积水,使路面免受雨水侵蚀。路肩分为硬路肩和土路肩两大类。

路肩养护与维修工作的重点是减少或消除水对路肩的危害,方法如下:

① 设置截水明槽;

② 用粒料加固土路肩或有计划地铺筑硬路肩;

③ 在陡坡路段的路肩和边坡上全范围人工植草,以防冲刷。

(2) 边坡防护的主要功能是保护路基边坡表面免受雨水冲刷,防治路基病害,保证路基稳定,改善环境景观,保护生态平衡。边坡包括路堑边坡和路堤边坡,边坡防护主要包括植物防护和工程防护。边坡养护与维修的重点是确保边坡的排水和稳定性,方法如下:

石质边坡——清除、抹面、喷浆、勾缝、嵌补、锚固等,避免危及行车、行人安全和堵塞边沟,影响排水。

土质边坡——采取种草、铺草皮、栽灌木林、投放石笼、干砌或浆砌片石护坡等措施,进行防护和加固。

(3) 排水设施的主要功能是排除路基、路面范围内的地表水和地下水,将路基范围内的土基湿度降低到一定限度以内,保持路基常年处于干燥状态,保证路基和路面的稳定,防止路面积水影响行车安全。排水设施包括边沟、泄水槽、截水沟、排水沟、跌水、急流槽、拦水带等。路基排水系统能否正常工作,直接影响到路基的稳定性。具体养护措施是:疏通、加固、增建排水系统。

(4) 挡土墙是为防止路基填土或山坡岩土坍塌而修筑的承受土体侧压力的墙式构造物,用来支撑天然边坡或人工填土边坡以保证土体的稳定。挡土墙包括重力式挡土墙、悬臂式挡土墙、扶臂式挡土墙、锚杆式挡土墙、加筋土挡土墙等不同结构形式。

挡土墙的日常养护除经常检查其有否损坏外,每年应在春秋两季进行定期检查。当挡土墙表面出现风化剥落时,应喷涂水泥砂浆保护层。对于挡土墙出现的轻微缝隙、断裂病害,可将缝隙凿毛,清除碎渣和杂物,然后用水泥砂浆填塞,水泥混凝土或钢筋混凝土挡土墙的裂缝也可用环氧树脂黏合;当挡土墙发生倾斜、鼓肚、滑动或下沉时,可采用锚固、套墙加固以及增建支撑墙等方法来进行加固(图11-2);当原挡墙损坏严重时,应拆除重建。此外,挡土墙的泄水孔应保持畅通。

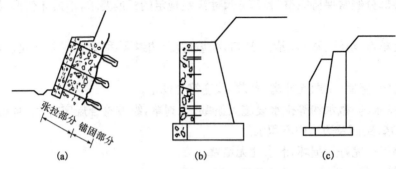

图 11-2 挡土墙加固维修方法
(a) 锚固法；(b) 套墙加固法；(c) 增建支撑墙加固法

§11-9 路面状况调查评定与一般养护对策

路面养护与维修对策要根据路面的实际状况确定，养护策略的确定既有客观标准也有主观因素，是这些因素的综合反映。路面养护决策中最重要的内容就是决定何时进行大、中修。下面结合我国现行规范介绍沥青路面和水泥混凝土路面的养护对策。

一、路面状况调查方法、频率及综合评定

根据我国现行规范《公路技术状况评定标准》(JTG 5210)的规定，沥青路面调查分为：路面破损调查、平整度调查、抗滑能力调查、路面车辙调查及结构强度调查五项，其中前四项综合评定确定公路使用性能等级，最后一项为结构状况分级依据。各项数据最低检测与调查频率见表 11-3。相应的调查指标和方法见表 11-4。

表 11-3 路面最低检测与调查频率表

检测频率			检测内容				
			路面损坏 (PCI)	路面平整度 (RQI)	抗滑性能 (SRI)	路面车辙 (RDI)	结构强度 (PSSI)
路面 PQI	沥青	高速公路、一级公路	1年1次	1年1次	2年1次	1年1次	抽样检测
		二、三、四级公路	1年1次	1年1次			
	水泥混凝土	高速公路、一级公路	1年1次	1年1次	2年1次		
		二、三、四级公路	1年1次	1年1次			

表 11-4 调查指标表及设备与方法表

评价指标	破损	平整度	车辙	抗滑	强度
调查指标	路面损坏状况指数 PCI	路面行驶质量指数 RQI	车辙深度指数 RDI	路面抗滑性能指数 SRI	路面结构强度指数 PSSI
调查方法	自动调查车、人工调查	车载设备（全面）、高精度断面设备（抽样）、3 m 直尺（三、四级公路）	快速检测设备	横向力系数测定车	自动弯沉仪贝克曼梁

路面综合评价指标(PQI)用分项指标加权计算，其范围为 0~100。其值越大，表明路况

越好。

$$PQI = \omega_{PCI}PCI + \omega_{RQI}RQI + \omega_{RDI}RDI + \omega_{PBI}PBI + \omega_{PWI}PWI + \omega_{SRI}SRI + \omega_{PSSI}PSSI$$
(11-13)

式中，ω_{PCI}、ω_{RQI}、ω_{RDI}、ω_{PBI}、ω_{PWI}、ω_{SRI}、ω_{PSSI} 按表 11-5 取值。

表 11-5　PQI 分项指标权重

路面类型	权重	高速公路、一级公路	二、三、四级公路
沥青路面	ω_{PCI}	0.35	0.6
	ω_{RQI}	0.30	0.4
	ω_{RDI}	0.15	—
	ω_{PBI}	0.10	—
	$\omega_{SRI(PWI)}$	0.10	—
	ω_{PSSI}	—	—
水泥混凝土路面	ω_{PCI}	0.50	0.60
	ω_{RQI}	0.30	0.40
	ω_{PBI}	0.10	—
	$\omega_{SRI(PWI)}$	0.10	—

注：采用式(11-13)计算 PQI 时，路面抗滑性能指数 SRI 和路面磨耗指数 PWI 应二者取一。

根据 PQI 及各分项的不同大小，可进行路面综合评价，其评价标准见表 11-6。

表 11-6　公路技术状况分项指标等级划分标准

PCI、RQI、RDI、PBI、PWI、SRI、PSSI	≥90	≥80，<90	≥70，<80	≥60，<70	<60

注：① 高速公路路面状况指数 PCI 等级划分标准，"优"应为 PCI≥92，"良"应为 80≤PCI<92，其他保持不变。
② 水泥混凝土路面行驶质量指数 RQI 等级划分标准，"优"应为 RQI≥88，"良"应为 80≤RQI<88，其他保持不变。

二、各分项评价指标的计算与单项评价标准

1. 路面损坏状况指数 PCI

PCI 指标是根据路面损坏情况调查数据进行综合计算与评定得到的单一指标，是对路面上可能出现的多种不同程度病害及其对路面使用性能的影响大小的综合反映，其原始数据来源于病害调查。

表 11-7 是沥青路面病害的分类分级及其权重表，根据现场调查中发现的病害情况，确定其病害发生的严重程度和计量值大小。

表 11-7　沥青路面损坏类型和权重

类型(i)	损坏名称	损坏程度	权重(w_i)	计量单位
1	龟裂	轻	0.6	面积 m²
2		中	0.8	
3		重	1.0	
4	块状裂缝	轻	0.6	面积 m²
5		重	0.8	

续表 11-7

类型(i)	损坏名称	损坏程度	权重(w_i)	计量单位
6 7	纵向裂缝	轻 重	0.6 1.0	长度 m (影响宽度:0.2 m)
8 9	横向裂缝	轻 重	0.6 1.0	长度 m (影响宽度:0.2 m)
10 11	坑槽	轻 重	0.8 1.0	面积 m²
12 13	松散	轻 重	0.6 1.0	面积 m²
14 15	深陷	轻 重	0.6 1.0	面积 m²
16 17	车辙	轻 重	0.6 1.0	长度 m (影响宽度:0.4 m)
18 19	波浪拥包	轻 重	0.6 1.0	面积 m²
20	泛油		0.2	面积 m²
21	修补		0.1	面积 m²

表 11-8 是水泥混凝土路面病害调查的分级分类及其权重表。

表 11-8　水泥混凝土路面损坏类型和权重

类型(i)	损坏名称	损坏程度	权重(w_i)	计量单位
1 2	破碎板	轻 重	0.8 1.0	面积 m²
3 4 5	裂缝	轻 中 重	0.6 0.8 1.0	长度 m (影响宽度:1.0 m)
6 7 8	板角断裂	轻 中 重	0.6 0.8 1.0	面积 m²
9 10	错台	轻 重	0.6 1.0	长度 m (影响宽度:1.0 m)
11	唧泥		1.0	长度 m (影响宽度:1.0 m)
12 13 14	边角剥落	轻 中 重	0.6 0.8 1.0	长度 m (影响宽度:1.0 m)
15 16	接缝料损坏	轻 重	0.4 0.6	长度 m (影响宽度:1.0 m)
17	坑洞		1.0	面积 m²
18	拱起		1.0	面积 m²
19	露骨		0.3	面积 m²
20	修补		0.1	面积 m²

调查结束后,需要根据各种病害及其程度与数量的全面调查结果计算"路面综合破损率(DR)":

$$DR = 100 \times \frac{\sum_{i=1}^{i_0} w_i A_i}{A} \tag{11-14}$$

式中 DR——路面破损率(Pavement Distress Ratio),为各种损坏的折合损坏面积之和与路面调查面积之百分比(%);

A_i——第 i 类路面损坏的面积(m^2);

A——调查的路面面积(调查长度与有效路面宽度之积,m^2);

w_i——第 i 类路面损坏的权重,沥青路面按表 11-7 取值,水泥路面按表 11-8 取值;

i——考虑损坏程度(轻、中、重)的第 i 项路面损坏类型;

i_0——包含损坏程度(轻、中、重)的损坏类型总数,沥青路面取 21,水泥混凝土路面取 20,砂石路面取 6。

然后根据 DR 值计算路面损坏状况指数(PCI)。路面状况指数(PCI)的数值范围为 0~100。其值越大,路况越好。计算公式为:

$$PCI = 100 - a_0 DR^{a_1} \tag{11-15}$$

式中 a_0——沥青路面采用 15.00,水泥混凝土路面采用 10.66,砂石路面采用 10.10;

a_1——沥青路面采用 0.412,水泥混凝土路面采用 0.461,砂石路面采用 0.487。

根据路面破损情况,可将路面质量分为优、良、中、次、差五个等级。路面破损状况评价标准见表 11-9。

表 11-9 路面破损状况评价标准

评价等级	优	良	中	次	差
路面损坏状况指数 PCI	≥90	≥80,<90	≥70,<80	≥60,<70	<60

2. 路面行驶质量指数 RQI

路面的行驶质量采用行驶质量指数(RQI)作为评价指标,行驶质量指数由国际平整度指数(IRI)计算,按式(11-16)计算:

$$RQI = \frac{100}{1 + a_0 e^{a_1 IRI}} \tag{11-16}$$

式中 IRI——国际平整度指数(International Roughness Index,m/km);

a_0——高速公路和一级公路采用 0.026,其他等级公路采用 0.018 5;

a_1——高速公路和一级公路采用 0.65,其他等级公路采用 0.58。

路面行驶质量评价标准见表 11-10。

表 11-10 路面行驶质量评价标准

评价等级	优	良	中	次	差
路面行驶质量指数 RQI	≥90	≥80,<90	≥70,<80	≥60,<70	<60

3. 车辙深度指数 RDI

路面车辙用路面车辙深度指数(RDI)评价，按式(11-17)计算：

$$RDI = \begin{cases} 100 - a_0 RD & (RD \leqslant RD_a) \\ 60 - a_1(RD - RD_b) & (RD_a < RD \leqslant RD_b) \\ 0 & (RD > RD_b) \end{cases} \quad (11\text{-}17)$$

式中　RD——车辙深度(Rutting Depth, mm);
　　　RD_a——车辙深度参数，采用 10.0 mm；
　　　RD_b——车辙深度限值，采用 40.0 mm；
　　　a_0——模型参数，采用 1.0；
　　　a_1——模型参数，采用 3.0。

4. 路面磨耗指数 PWI

路面磨耗指数 PWI 应按式(11-18)计算：

$$PWI = 100 - a_0 WR^{a_1} \quad (11\text{-}18)$$

式中　WR——路面磨耗率(%), $WR = 100 \times \dfrac{MPD_c - \min\{MPD_L, MPD_R\}}{MPD_c}$；
　　　a_0——模型参数，采用 1.696；
　　　a_1——模型参数，采用 0.785；
　　　MPD_c——路面构造深度基准值，采用无磨损的车道中线路面构造深度(mm)；
　　　MPD_L——左轮迹带的路面构造深度(mm)；
　　　MPD_R——右轮迹带的路面构造深度(mm)。

5. 路面结构强度指数 PSSI

路面结构强度采用路面结构强度指数 PSSI 来表征，按式(11-19)计算：

$$PSSI = \dfrac{100}{1 + a_0 e^{a_1 SSR}} \quad (11\text{-}19)$$

$$SSR = \dfrac{l_0}{l}$$

式中　a_0——模型参数，采用 15.71；
　　　a_1——模型参数，采用 -5.19；
　　　SSR——路面结构强度系数(Structure Strength Ratio)，为路面弯沉标准值与实测弯沉代表值之比；
　　　l_0——路面弯沉标准值(0.01mm)；
　　　l——实测弯沉代表值(mm)。

路面结构强度的评价标准见表 11-11。

表 11-11　路面强度的评价标准

评价等级	优	良	中	次	差
路面结构强度指数 PSSI	≥90	≥80, <90	≥70, <80	≥60, <70	<60

6. 路面跳车指数 PBI

路面跳车指数 PBI 应按式(11-20)计算：

$$\mathrm{PBI} = 100 - \sum_{i=1}^{i_0} a_i \mathrm{PB}_i \tag{11-20}$$

式中　PB_i——第 i 类程度的路面跳车；
　　　a_i——第 i 类程度的路面跳车单位扣分，按表 11-12 的规定取值；
　　　i——路面跳车类型；
　　　i_0——路面跳车类型总数，取 3。

表 11-12　路面跳车扣分标准

类型 i	跳车程度	计量单位	单位扣分
1	轻度		0
2	中度	处	25
3	重度		50

三、路面一般养护对策

1. 沥青路面养护一般对策

沥青路面养护对策，应根据公路等级、交通量、分项路况评价结果确定。分项路况评价包括路面破损状况、行驶质量、路面强度和抗滑性能等方面。

公路养护管理部门需结合路面管理系统的使用，根据路面分项评价结果和养护资金的情况，统筹安排本地区公路网的资金需求计划和资金分配方案，确定公路养护的优先次序。

公路沥青路面养护可根据公路等级、交通量、分项路况的评价结果，结合养护资金情况，采取如下维修养护对策：

(1) 在满足强度要求的前提下(路面的结构强度系数为中等以上时)，若高速公路及一级公路的路面状况指数(PCI)评价为优、良，或者二级及二级以下公路的路面状况指数评价为优、良、中时，以日常养护为主，并对局部破损进行小修；若高速公路及一级公路的路面状况指数(PCI)评价为中及中以下，或者二级及二级以下公路的路面状况指数评价为次及次以下，应采取中修罩面措施。

(2) 在不满足强度要求的前提下(路面的结构强度系数为中等以下时)，应采取大修补强措施以提高其承载能力。

(3) 若高速公路及一级公路的行驶质量指数(RQI)评价为优、良，或者二级及二级以下公路的行驶质量指数评价为优、良、中时，以日常养护为主；若高速公路及一级公路的行驶质量指数(RQI)评价为中及中以下，或者二级及二级以下公路的行驶质量指数评价为次及次以下时，应采取罩面等措施改善路面的平整度。

(4) 高速公路及一级公路的抗滑能力不足(SFC 小于 40)的路段，或二级及二级以下公路抗滑能力不足(SFC 小于 30 或 BPN 小于 32)的路段，应采取加铺罩面层等措施提高路表面的抗滑能力。

(5) 因路面不适应现有交通量或载重的需要，应通过提高现有路面的等级，或通过加宽等改建措施提高道路的通行能力和服务质量。

2. 水泥混凝土路面养护一般对策

高速公路及一级公路的路面破损状况等级为优和良,或者二级及二级以下公路的路面破损状况等级为中及中以上时,可采用日常养护和局部或个别板块修补措施。各种病害的养护或修补措施,可参考表 11-13。

表 11-13　各种病害的养护或修补措施

病害	措施										
	可暂不修	填封裂缝	填封接缝	部分深度修补	全深修补	换板	沥青混合料修补	板底堵封	板顶研磨	刻槽	边缘排水
纵、横、斜向裂缝和角隅断裂	L	L, M, H			H						
交叉裂缝和断裂板		L, M				M, H					
沉陷、胀起	L, M						M, H	H	M, H		
唧泥、错台	L		L, M					H	H		M, H
接缝碎裂	L			M, H	H		M, H				
拱起	L			M, H	H						
纵缝张开			L, H								
填缝料损坏	L		M, H								
纹裂或网裂和起皮	L, M			M, H			M, H				
磨损和露骨	磨损						露骨			磨光	
活性集料反应	L				H	M					
集料冻融裂纹	L			M, H	H						

注：表中 L、M、H 表示病害轻重程度等级,L—轻度,M—中等,H—严重。

水泥混凝土路面维修养护对策如下：

(1) 高速公路及一级公路的路面破损状况等级为中及中以下,或者二级及二级以下公路的路面破损状况等级为次及次以下时,应采取全路段修复或改善措施,包括沥青混合料修补、板块破碎和碾压稳定、铺筑沥青混凝土或水泥混凝土加铺层以及修建纵向边缘排水设施等。

(2) 高速公路及一级公路的路面行驶质量等级为中及中以下,或者二级及二级以下公路的行驶质量等级为次及次以下时,应采取刻槽、罩面或加铺层等措施改善路面的平整度。

(3) 高速公路及一级公路的路面抗滑能力等级为中及中以下,或者二级及二级以下公路的抗滑能力等级为次及次以下时,应采取刻槽、罩面等措施提高路表面的抗滑能力。

(4) 路面结构承载能力不满足现有交通的要求时,应采取铺筑沥青混凝土或水泥混凝土加铺层措施提高其承载能力。

§11-10　路面养护管理系统(PMS)

一、路面管理系统的基本概念

路面管理系统的概念于 70 年代前起源于加拿大的路面养护管理工作。70 年代以来美国、西欧、日本以及一些发展中国家和地区也根据各自的实际情况相继开发和实施了路面管理系统。我国对路面管理系统的研究开始于 80 年代中期。"七·五"和"八·五"期间,许多单位对路面管理系统进行了较广泛的研究和推广应用工作。

路面在使用过程中,其使用性能会因行车荷载和环境因素的不断作用而逐渐变坏。路面使用性能的恶化,将增加车辆的运行费用,包括泛油、轮胎和保修材料的消耗及行程时间等费用。因而,在路面使用期内,还需继续投入大量资金用以养护或改建,使之保持一定的使用性能。

路面管理是应用系统分析的方法,综合考虑技术、经济、社会和政治等方面的因素,协调各项路面管理活动。从道路有关数据的采集、整理和分析、到根据具体情况建立相关的数学模型,最后提出和编制相应的道路维修、养护乃至改建计划,并使计划得以实施的整个过程。

路面管理系统则是以路面管理为目的,运用计算机和现代管理科学等先进技术来实现管理的目标。其中,道路工程学是道路管理系统的基础。但整个系统则是道路工程学、管理科学、计算机科学三者有机的结合。它综合考虑了技术、经济、政治、环境等多方面的因素,使得整个管理过程系统化、科学化和现代化,为管理部门的决策人员提供了分析的方法和工具,并为管理部门提供了可靠的依据,积累了管理经验。系统的核心在于研究如何在有限的资源(资金、劳动力、材料、能源等)下以最低的消耗,提供并维持路面在预定使用期内具有足够的服务水平,也即在预定的标准和约束条件下,选用费用——效益最佳的方案。

路面管理系统可划分为网级管理和项目级管理两个层次,以分别适应不同管理层次的需求,两者具有不同的结构和功能。网级管理系统的范围,适用于一个地区(省、市)的公路网或一大批工程项目。主要任务是为管理部门在进行关键性的行政决策时提供相应的对策。网级管理的主要内容:

(1) 分析路况——路网内路面的使用性能的评价及未来路况的发展变化预估;
(2) 规划路网——根据路况分析确定路网内要进行养护和维修、改建的项目;
(3) 优化排序——根据预定标准、约束条件决定项目的优先排序,制订维修计划;
(4) 经济分析——路网达到不同预定的服务水平时,各年度所需要的养护管理资金;
(5) 计划实施——根据上述分析结果,将资源进行分配,并积累实施计划后反馈回来的信息。

网级管理系统对路网进行系统地优化决策后,将提出路面养护项目清单。对于养护项目段还要进行更详细的设计分析,提出各种可能的设计方案,优化比较得到一个技术可行、经济合理的最优方案。这便是路面管理系统项目管理的主要工作。因此项目级管理系统仅针对一个工程项目,它的主要任务是为管理部门,对某一工程进行技术决策时提供对策,以选择费用效益最佳的方案。项目级管理的主要内容:

(1) 路面结构分析——对路面结构损坏情况进行分析和路面使用性能进行预估。
(2) 寿命周期费用分析——针对各项目在路面寿命周期内所有费用(包括初建、养护、改建、用户费用等)进行分析。
(3) 经济评价——根据实际需要,在现值法、年费用法、收益率法、效益—费用比法等诸多经济分析方法中选择合适的方法对各项目的分析结果进行评价。
(4) 优化排序——把由网级管理系统得到的三方面目标:行动目标(采取哪一类养护、改建措施),费用目标(可分配到的最高投资额)和使用性能目标(预定期限内应具有的使用性能指标)作为约束条件,选择合适的优化模型以费用最少为目标进行优化,并选择最佳的方案。

(5)方案实施——实施最佳方案,并利用使用性能监测系统收集方案实施后,反馈的信息。

由上述分析可知,路面管理系统无论是网级还是项目级,均包含以下要素:

(1)道路使用性能状况日常检查和数据库管理系统——采集、存贮、处理、检索路面管理系统所需的各种数据。包括:路面、桥梁结构设计数据、施工数据、养护改建历史数据、使用性能状况数据、费用数据、交通环境数据等。数据的准确程度直接影响到路面管理系统的运行质量。因此,它是路面管理系统的核心。

(2)使用性能评价模型——依据采集来的数据,选择能反映道路设计结构特点、功能特点、服务特点、管理特点的指标,按照一定的标准进行评定,其结果是进行道路设施养护对策分析、需求分析以及项目优化排序的重要依据。

(3)养护对策模型——依据技术状况,综合考虑技术、材料、环境、经济等因素,选择技术上先进、经济上合理的对策方案。

(4)设施使用性能预估模型——从资源合理分配的角度出发,结合上述的各个模型考虑道路设施在寿命周期内的费用与效益情况,采用多目标决策和数学规划原理,将有限的道路养护维修资金合理分配到道路中去以尽可能提供最好服务水平的道路设施。它是进行项目规划和排序的重要依据之一。

实施路面管理系统的重要意义在于它帮助管理部门改善所要作出的决策,扩大了决策范围,为决策的效果及时提供反馈信息,以积累管理经验,并保证管理部门内部的协调一致。需要强调的是,路面管理系统只是一种辅助决策工具,它是专门为相关管理部门的决策提供依据和进行项目分析的工具,其本身并不进行决策。它的功能主要体现在以下几个方面:

(1)可通过检测手段采集到的客观资料来说明路面现状,以便能及时采取相应的措施来解决出现的和存在的问题。

(2)可迅速、及时地查询有关管理信息、数据、资料等,利用客观的数据来分析解决日常管理工作中所遇到的问题,提高决策的科学性和效率。

(3)可以利用具有一定可靠性的预估模型预测未来路面状况的发展变化及采取养护和改建措施的对策。

(4)申请投资时,可以用客观的数据作为依据,并可以论证不同投资水平对路段、路网状况和服务水平的影响。

(5)为合理、有效、科学地分配有限的资金和资源提供费用—效益最佳方案。

(6)可合理评价各种设计方案,为选择费用—效益最佳方案打下基础。

(7)利用采集到的数据,可考察、评价设计、施工乃至养护,改建工作的情况,为改善和更新不合理的设计、施工、养护方法提供客观、科学的依据。

(8)实施管理系统将带来管理方式和观念上的更新。

二、路面管理系统的数据库

路面管理系统涉及路面的规划、设计、施工、评价和相关研究工作。因此,与上述工作相关的数据库就成为路面管理系统的核心。

为了实现路面管理系统的目标,为路面养护和修复对策提供支持,施工和养护历史数据是非常重要的。不断收集起来的路面资料为开发、更新、评价在规划和设计中使用的路面模型提供了基础。施工和养护资料对于路面模型的开发至关重要。路面施工资料包括材料的质量信息,例如,混凝土的抗弯强度、沥青混凝土的密实度等等。路面养护资料包含所有影响使用的养护工作,例如封缝、补坑、表面剥落等等。高效的养护将使得使用周期大于设计周期成为可能。

使用性能评价的主要目的是确定路面结构现有状况。常用的四项关键测试可以用来确定路面状况:

(1) 不平整度(与行车舒适性有关);

(2) 破损状况;

(3) 弯沉或弯沉盆(与结构承载能力有关);

(4) 表面摩擦(与安全有关)。

一个好的路面应该是行车舒适、结构可靠并且可提供足够的摩擦以避免滑车事故。区别表面破碎、不平整度、结构能力与表面摩擦是十分重要的。破坏是路表的物理损坏,如坑洞、裂缝、和车辙等。不平整度是由路表外形变化引起的并影响行车的舒适性。在主要考虑用户要求的前提下,不平整度是路面用户行车特性的主要影响因素。它限制了路面的可服务性或功能响应。结构能力是路面在不损坏的情况下承受荷载的能力,它也会受到严重的车辙或坑洞的影响。

上述四项指标和养护、用户费用一起可被看作路面的输出参数,即它们是确定路面是否令人满意的变量。这些输出变量多数在设计阶段就应预测,并且在路面服务期间予以结束。如果有足够的资金进行修复,则一个新的服务周期又开始了。

三、路面损坏的预测模型

为了估计路网中某些路段的服务年限,有必要预测路面评价指标的变化率,进而进行维护需求的分析和评价。

为了建立路面损坏预测模型,必须具备以下基本条件:

(1) 满足要求的数据库;

(2) 包含影响路面损坏的所有重要因素;

(3) 认真选择能代表实际情况的预测模型的形式;

(4) 合理评价模型精度的标准。

路面预测模型可分为两种基本类型:确定型和概率型。确定型模型可以用于结构基本响应的确定等。根据不同的工作目的,常用的模型又可分为以下四类:

(1) 纯力学模型,通常是结构响应类模型,如应力、应变和弯沉等。

(2) 力学经验模型,如通过回归方程建立路面响应参数与实测的结构性或功能性损坏(如弯沉和不平整度)的关系。

(3) 回归模型,由观察或实测得到的结构性或功能性的相关变量与一个或多个独立变量,如路基强度、轴载分布、路面厚度及其材料特性和环境因素以及它们之间的相互作用的关系。

(4) 主观模型,用转移过程模型"捕捉"经验,如开发损坏预测模型。

习题与讨论

习 题

1. 路基病害调查的主要内容有哪些？简述路基技术状况评价的方法。
2. 我国规范中沥青路面和水泥路面调查与评定的基本内容是什么？有何异同点？
3. 沥青路面的主要病害有哪些？原因是什么？
4. 水泥路面的主要病害有哪些？原因是什么？
5. 谈谈你对路面管理系统的认识。

习题与讨论

路面功能性破坏主要是路面不平整或太光滑失去使用功能；而结构性损坏是路面整体或一部分出现结构不完整的破坏，请举例分析两种破坏类型及其危害，如何进行维修养护。

预防性养护是一种效果很好的初期养护措施，举例说明哪种类型的破坏可以采取预防性养护措施。

参考文献

［1］黄晓明. 路基路面工程.［M］. 6版. 北京：人民交通出版社，2019.

［2］黄晓明，等. 路基路面工程.［M］. 3版. 南京：东南大学出版社，2016.

［3］中华人民共和国交通运输部. 公路沥青路面设计规范：JTG D50—2017[S]. 北京：人民交通出版社，2017.

［4］中华人民共和国交通运输部. 公路水泥混凝土路面设计规范：JTG D40—2011[S]. 北京：人民交通出版社，2011.

［5］中华人民共和国交通运输部. 公路路基设计规范：JTG D30—2015[S]. 北京：人民交通出版社，2015.

［6］中华人民共和国交通运输部. 公路路基施工技术规范：JTG/T 3610—2019[S]. 北京：人民交通出版社，2019.

［7］中华人民共和国交通运输部. 公路工程节能规范：JTG/T 2430—2020[S]. 北京：人民交通出版社，2019.

［8］中华人民共和国交通运输部. 公路沥青路面施工技术规范：JTG F40—2004[S]. 北京：人民交通出版社，2004.

［9］中华人民共和国交通运输部. 公路水泥混凝土路面施工技术细则：JTG/T F30—2014[S]. 北京：人民交通出版社，2014.

［10］中华人民共和国交通运输部. 公路路面基层施工技术规范：JTG/T F20—2015[S]. 北京：人民交通出版社，2015.

［11］中华人民共和国交通运输部. 公路沥青路面养护技术规范：JTG 5142—2019[S]. 北京：人民交通出版社，2019.

［12］中华人民共和国交通运输部. 公路技术状况评定标准：JTG 5210—2018[S]. 北京：人民交通出版社，2019.

［13］中华人民共和国交通运输部. 公路沥青路面养护设计规范：JTG 5421—2018[S]. 北京：人民交通出版社，2019.

［14］中华人民共和国交通运输部. 公路工程技术标准：JTG B01—2014[S]. 北京：人民交通出版社，2015.

［15］中华人民共和国交通运输部. 公路工程抗震规范：JTG B02—2013[S]. 北京：人民交通出版社，2014.

［16］中华人民共和国交通运输部. 公路排水设计规范：JTG/T D33—2012[S]. 北京：人民交通出版社，2013.

［17］中华人民共和国交通运输部. 公路沥青路面再生技术规范：JTG/T 5521—2019[S]. 北京：人民交通出版社，2019.

［18］中华人民共和国交通运输部. 公路工程名词术语：JTJ 002—87[S]. 北京：人民交通出版社，1987.

[19] 中华人民共和国交通运输部. 公路自然区划标准:JTJ 003—86[S]. 北京:人民交通出版社,1986.

[20] 中华人民共和国交通运输部. 公路土工试验规程:JTG E40—2007[S]. 北京:人民交通出版社,2007.

[21] 中华人民共和国交通运输部. 小交通量农村公路工程技术标准:JTG 2111—2019[S]. 北京:人民交通出版社,2019.

[22] 中华人民共和国交通运输部. 农村公路养护技术规范:JTG T5190—2019[S]. 北京:人民交通出版社,2019.

[23] 中华人民共和国交通运输部. 公路工程地质勘察规范:JTG C20—2011[S]. 北京:人民交通出版社,2011.

[24] 中华人民共和国交通运输部. 公路路线设计规范:JTG D20—2017[S]. 北京:人民交通出版社,2017.

[25] 中华人民共和国交通运输部. 公路沥青路面设计规范:JTG D50—2006[S]. 北京:人民交通出版社,2007.

[26] 中华人民共和国交通运输部. 公路工程结构可靠性设计统一标准:JTG 2120—2020[S]. 北京:人民交通出版社,2020.

[27] 中华人民共和国交通运输部. 公路水泥混凝土路面施工技术规范:JTG F30—2003[S]. 北京:人民交通出版社,2003.

[28] 中华人民共和国交通运输部. 公路建设项目环境影响评价规范:JTG B03—2006[S]. 北京:人民交通出版社,2006.

[29] 中华人民共和国交通运输部. 公路项目安全性评定指南:JTG/T B05—2004[S]. 北京:人民交通出版社,2004.

[30] 中华人民共和国交通运输部. 国家高速公路网命名和编号规则:JTG A03—2007[S]. 北京:人民交通出版社,2007.

[31] 中华人民共和国交通运输部. 公路工程地质遥感勘察规范:JTG C21—01—2005[S]. 北京:人民交通出版社,2005.

[32] 中华人民共和国交通运输部. 公路工程水文勘测设计规范:JTG C30—2002[S]. 北京:人民交通出版社,2004.

[33] 中华人民共和国交通运输部. 公路工程物探规程:JTG/T C22—2009[S]. 北京:人民交通出版社,2009.

[34] 中华人民共和国交通运输部. 公路环境保护设计规范:JTG B04—2010[S]. 北京:人民交通出版社,2010.

[35] 中华人民共和国交通运输部. 沙漠地区公路设计与施工指南:JTG/T D31—2008[S]. 北京:人民交通出版社,2008.

[36] 中华人民共和国交通运输部. 公路工程无机结合料稳定材料试验规程:JTG E51—2009[S]. 北京:人民交通出版社,2009.

[37] 中华人民共和国交通运输部. 公路工程沥青及沥青混合料试验规程:JTG E20—2011[S].

北京:人民交通出版社,2011.

[38] 中华人民共和国交通运输部.公路工程水泥及水泥混凝土试验规程:JTG E30—2005[S]. 北京:人民交通出版社,2005.

[39] 中华人民共和国交通运输部.公路工程岩石试验规程:JTG E41—2005[S].北京:人民交通出版社,2005.

[40] 中华人民共和国交通运输部.公路工程集料试验规程:JTG E42—2005[S].北京:人民交通出版社,2005.

[41] 中华人民共和国交通运输部.公路圬工桥涵设计规范:JTG 61—2005[S].北京:人民交通出版社,2005.

[42] 中华人民共和国交通运输部.公路桥涵地基与基础设计规范:JTG 3363—2019[S].北京:人民交通出版社,2019.

[43] 中华人民共和国交通运输部.公路路基路面现场测试规程:JTG 3450—2019,北京:人民交通出版社,2020.

[44] 中华人民共和国交通运输部.多年冻土地区公路设计与施工技术细则:JTG/T D31-04—2012)[S].北京:人民交通出版社,2013.

[45] 中华人民共和国交通运输部.公路软土地基路堤设计与施工技术细则:JTG/T D31-02—2013[S].北京:人民交通出版社,2013.

[46] 中华人民共和国交通运输部.公路工程质量检验评定标准 第一册 土建工程:JTG F80/1—2004[S].北京:人民交通出版社,2005.

[47] 中华人民共和国交通运输部.公路工程施工监理规范:JTG G10—2006[S].北京:人民交通出版社,2007.

[48] 中华人民共和国交通运输部.公路养护技术标准:JTG H10—2018[S].北京:人民交通出版社,2018.

[49] 中华人民共和国交通运输部.公路土工合成材料应用技术规范:JTG/T D32—2012[S].北京:人民交通出版社,2012.

[50] 中华人民共和国交通运输部.公路桥梁抗震设计细则:JTG/T B02—01—2008[S].北京:人民交通出版社,2008.

[51] 中华人民共和国住房和城乡建设部.城市桥梁设计规范:CJJ 11—2011[S].北京:中国建筑工业出版社,2012.

[52] 中华人民共和国建设部.城镇道路养护技术规范:CJJ 36—2006[S].北京:中国建筑工业出版社,2006.

[53] 中华人民共和国住房和城乡建设部.城市道路工程设计规范:CJJ 37—2012[S].北京:中国建筑工业出版社,2012.

[54] 中华人民共和国住房和城乡建设部.城市快速路设计规程:CJJ 129—2009[S].北京:中国建筑工业出版社,2009.

[55] 中华人民共和国住房和城乡建设部.城镇道路路面设计规范:CJJ 169—2011[S].北京:中国建筑工业出版社,2011.

[56] 中华人民共和国住房和城乡建设部. 城市道路路线设计规范:CJJ 193—2012[S]. 北京:中国建筑工业出版社,2013.

[57] 中华人民共和国国家质量监督检验检疫总局,中国国家标准化管理委员会. 通用硅酸盐水泥:GB 175—2007[S]. 北京:中国标准出版社,2008.

[58] 中华人民共和国建设部. 土的工程分类标准:GB/T 50145—2007[S]. 北京:中国计划出版社,2008.

[59] 中华人民共和国国家质量监督检验检疫总局,中国国家标准化管理委员会. 汽车、挂车及汽车列车外廓尺寸、轴荷及质量限值:GB 1589—2016[S]. 北京:中国标准出版社,2016.

[60] 中华人民共和国国家质量监督检验检疫总局. 汽车和挂车类型的术语和定义:GB/T 3730.1—2001[S]. 北京:中国标准出版社,2001.

[61] 中华人民共和国国家质量监督检验检疫总局,中国国家标准化管理委员会. 汽车平顺性术语和定义:GB T4971—2009[S]. 北京:中国标准出版社,2010.

[62] 中华人民共和国国家质量监督检验检疫总局,中国国家标准化管理委员会. 汽车平顺性试验方法:GB T4970—2009[S]. 北京:中国标准出版社,2010.

[63] 方福森. 路面工程[M]. 2版. 北京:人民交通出版社,1987.

[64] 方左英. 路基工程[M]. 北京:人民交通出版社,1987.

[65] 汪双杰,黄晓明. 冻土地区道路设计理论与实践[M]. 北京:科学技术出版社,2012.

[66] 黄晓明,汪双杰. 现代沥青路面设计理论与实践[M]. 北京:科学技术出版社,2013.

[67] 黄晓明,赵永利. 沥青路面再生利用理论与实践[M]. 北京:科学技术出版社,2014.

[68] 姚祖康. 道路路基和路面工程[M]. 上海:同济大学出版社,1994.

[69] 邓学钧,陈荣生. 刚性路面设计[M]. 2版. 北京:人民交通出版社,2005.

[70] 黄晓明,高英. 路面设计原理与方法[M]. 3版. 北京:人民交通出版社,2015.

[71] 沈金安. 沥青及沥青路用性能[M]. 北京:人民交通出版社,2001.

[72] 沙庆林. 高速公路沥青路面早期破坏现象及预防. 北京:人民交通出版社. 2008.

[73] Chen Jiaying, Huang Xiaoming. Real-time identification system of asphalt pavement texture based on the close-range photogrammetry. Construction and building materials, 2019, 226.

[74] Liu Xiuyu, Cao Qingqing, Huang Xiaoming. Evaluation of vehicle braking performance on wet pavement surface using an integrated tire-vehicle modeling approach. Transportation research record, 2019, 2673(3).

[75] Karasahin M. Anisotropic characteristics of granular material. Proceedings of the fifith international symposium on unbound aggregates in roads, 2000: 139-142.

[76] Lekarp F, Isaacson U, Dawson A. State of the art I: Resilient response of unbound aggregates. Journal of transportation engineering, ASCE, 2000, 126(1): 66-75.

[77] Seed H B, Chan C K, Monismith C L. Effects of aepeated loading on the strength and

deformation of compacted clay. Proceedings, highway research board, 34, Washington, D C, 1955:541-558.

[78] Allen J J. The effects of non-constant lateral pressures on resilient response of granular materials. Ph. D. Dissertation. University of Illinois at urbana-champaign, II,1973.